Ines Heisig

Kulturförderung als Prestigepolitik

Elitenwandel in der Moderne

Elites and Modernity

Herausgegeben von / Edited by
Gabriele B. Clemens, Dietlind Hüchtker, Martin Kohlrausch,
Stephan Malinowski und Malte Rolf

Band / Volume 24

Ines Heisig

Kulturförderung als Prestigepolitik

Der Aufstieg der Unternehmerfamilie Heyl im Deutschen Kaiserreich

DE GRUYTER
OLDENBOURG

Dissertationsschrift, Universität des Saarlandes 2021.

Die Entstehung dieser Arbeit wurde gefördert durch ein Stipendium der Gerda-Henkel-Stiftung.
Druckkostenzuschuss durch den Altertumsverein Worms.

ISBN 978-3-11-068328-8
e-ISBN (PDF) 978-3-11-068343-1
e-ISBN (EPUB) 978-3-11-068351-6
ISSN 2192-2071

Library of Congress Control Number: 2022944546

Bibliografische Information der Deutschen Nationalbibliothek
Die Deutsche Nationalbibliothek verzeichnet diese Publikation in der Deutschen Nationalbibliografie; detaillierte bibliografische Daten sind im Internet über http://dnb.dnb.de abrufbar.

Einbandabbildung: Familienfoto auf der Terrassentreppe von Schloss Herrnsheim, um 1896, Familienarchiv Leonhard Frhr. von Heyl/Nonnenhof, StA Worms Abt. 186 Nr. 1654
Satz: bsix information exchange GmbH, Braunschweig
Druck und Bindung: CPI books GmbH, Leck

www.degruyter.com

Die Frage nun sollt ihr nicht wehren,
dass sie ihm jetzt von mir gestellt:
Nach Namen, Stand und Ehren
frag ich ihn laut vor aller Welt!
Wer ist er, der ans Land geschwommen,
gezogen von einem wilden Schwan?

Richard Wagner: Lohengrin, 2. Akt

Vorwort und Dank

Das vorliegende Buch ist die leicht überarbeitete Fassung meiner Dissertationsschrift, die ich im April 2021 an der Philosophischen Fakultät der Universität des Saarlandes, Fachrichtung Geschichte, verteidigt habe. Vielen Menschen, die meine Arbeit an diesem Buch begleitet haben, bin ich zu großem Dank verpflichtet. An erster Stelle gilt der Dank meiner Doktormutter Prof. Dr. Gabriele Clemens, für ihre wissenschaftliche und persönliche Unterstützung während der gesamten Phase meiner Dissertation. Sie begeisterte mich während meines Studiums für das lange 19. Jahrhundert und förderte das Projekt stets ermutigend, mit Verve und großem Engagement. Danken möchte ich auch Prof. Dr. Joachim Rees, der mein Promotionsverfahren als Zweitgutachter betreut hat. Meinen akademischen Lehrern Prof. Dr. Dr. h. c. Rainer Hudemann und Prof. Dr. Clemens Zimmermann danke ich für die Förderung meines Werdegangs und ihre stets positive Bestärkung.

Mein Dank gilt auch der Gerda-Henkel-Stiftung, die mein Projekt mit einem großzügigen Promotionsstipendium förderte. Für die Aufnahme in die Reihe „Elitenwandel in der Moderne“ danke ich Prof. Dr. Gabriele Clemens, Prof. Dr. Martin Kohlrausch, Prof. Dr. Stephan Malinowski, Prof. Dr. Malte Rolf und Prof. Dr. Dietlind Hüchtker, wobei letztere die Begutachtung vornahm. Für die zugewandte Betreuung der Drucklegung meines Manuskripts im Verlag De Gruyter danke ich Jessica Bartz sowie Marina Unger für das umfangreiche Lektorat. Die Drucklegung erfolgte unter anderem mit der finanziellen Förderung des Altertumsvereins Worms e. V., wofür ich stellvertretend für den Vorstand Dr. Burkhard Keilmann zu Dank verpflichtet bin.

Außerdem gilt mein Dank Dr. Gerold Bönnen, der als leitender Stadtarchivar von Worms diese Arbeit erst möglich machte und mich bei der Bearbeitung stets durch zielführende Gespräche und anhaltende Beratung begleitete und unterstützte. Auch seinem gesamten Archiv-Team möchte ich für die kompetente und immer freundliche Beratung und Betreuung vor Ort danken. Mein Dank geht außerdem an Dr. Olaf Mückain, Museum Heylshof, für die umfangreiche Beratung. Ebenso danke ich seinen Mitarbeiterinnen und Mitarbeitern, namentlich Maria Storf-Felden, für die Gastfreundschaft im Haus. Im Bayerischen Hauptstaatsarchiv in München wurde ich von Claudia Mannsbart fachkundig beraten.

Umfassende Unterstützung erhielt ich von zahlreichen Kolleginnen und Kollegen, mit denen mich zugleich ein dickes Band der Freundschaft verbindet. Über den gesamten Zeitraum hat mich vor allem Dr. Sabine Steidle unterstützt. Ich danke ihr von Herzen für alle zahlreichen und unermüdlichen fachlichen Gespräche, Ratschläge und Anmerkungen zum Manuskript, die wesentlich zur Fertigstellung des Buches beigetragen haben. Auch Susanne Dengel war während der Bearbeitungszeit immer für mich da, sei es für inhaltliche Fragestellungen oder wichtige Korrekturen – ich danke sehr dafür. Mit Dr. Amerigo Caruso verbrachte ich eine intensive gemeinsamen Promotionsphase, in der wir den kontrovers-kreativen, immer freundschaftlichen Austausch lebten. Für Korrekturen, Hinweise, stetigen Rückhalt und die Zusammenarbeit bei

https://doi.org/10.1515/9783110683431-201

zahlreichen parallellaufenden Projekten danke ich Dr. Frank Hirsch. Maike Jung danke ich für die inspirierende Bürogemeinschaft, den fachlichen Austausch und Rat auf vielen Ebenen. Dr. Birgit Metzger danke ich für konstruktives Krakenbändigen und Dinosaurierzähmen. Mein Dank gilt außerdem den Teilnehmerinnen und Teilnehmern am Kolloquium zur westeuropäischen Geschichte an der Universität des Saarlandes und den gemeinsamen Kolloquien mit der Projektgruppe „Aufbruch in die Moderne“ am Deutschen Historischen Institut Paris, mit denen ich mein Vorhaben diskutieren konnte. Für Korrekturen und Anregungen danke ich Natascha Denner, Alexander Hilpert, Jörg Jakoby, Markus Lay, Dr. Katharina Thielen und Dr. Fabian Trinkaus. Danken möchte ich zudem Doris Kurz, die auch in der Pandemiezeit die Fäden am Lehrstuhl zusammenhielt.

Auch viele nicht-wissenschaftliche und motivierende Gespräche sowie schöne Aktivitäten haben meine Arbeit unterstützt. Dafür danke ich meinen Freundinnen und Freunden: Catharina und Dr. Frank Döbrich mit Louise und Anton, Fee Girod, Ludwig Hofstätter, Carolin Manns, Sabine Merz, Rouhollah Mohammadi mit Milad und Jonas, Prof. Dr. Eva Schmidt mit Martha und Robin sowie Corinna Stüttgen. Besonders möchte ich an dieser Stelle meiner Familie – Regina und Dieter Heisig, Katja und Marlene Morkel, Prof. Thaddäus und Jeannot Hüppi – danken. In der Hüppi-Burg fand ich die nötige Ruhe und Rückhalt. Meine Eltern und meine Schwester haben durch ihren Zuspruch die entscheidenden Voraussetzungen für das Gelingen des Promotionsprojektes geschaffen. Ihnen widme ich dieses Buch.

Ines Heisig
Saarbrücken, 23. Februar 2023

Abkürzungsverzeichnis

BayHStA	Bayerisches Hauptstaatsarchiv München
fl	Gulden
GHRegBl	Großherzoglich-Hessisches Regierungsblatt
GMrhKg	Gesellschaft für Mittelrheinische Kirchengeschichte
HStADa	Hessisches Staatsarchiv Darmstadt
k. A.	keine Angabe
k. W.	keine Währung
LA Speyer	Landesarchiv Speyer
Mrk	Mark
o. D.	ohne Datum
o. O.	ohne Ort
SMB-ZA	Zentralarchiv der Staatlichen Museen zu Berlin
StA Worms	Stadtarchiv Worms

https://doi.org/10.1515/9783110683431-202

Inhaltsverzeichnis

Anhang

1 Einleitung

Kaiserwetter am Rhein. Familie Heyl hat sich auf der Freitreppe vor ihrem Schloss Herrnsheim bei Worms versammelt. Mehrere Generationen, Männer, Frauen und Kinder, stehen in lockerer Haltung vor der Kamera, Hunde begleiten die Szenerie. Alle haben sich für die Familienzusammenkunft zurechtgemacht, tragen ausgewählte Kleidungsstücke und glänzende Lackschuhe. Die Hausherrin Sophie Heyl kokettiert mit ihrem Sonnenschirm, der Hausherr Cornelius Wilhelm Heyl nimmt lässig souverän zwei Stufen zugleich ein.

Abb. 1: Die Freiherren von Heyl zu Herrnsheim auf der Treppe vor ihrem Schloss Dalberg, Fotografie von 1892.

Mit der Kulisse der großzügigen Schlossarchitektur, den steinernen Prunkvasen auf der Balustrade, dem jungen Dandy oben rechts und den Hunden steht die Fotografie aus dem Jahr 1892 (Abb. 1) emblematisch für eine typisch adlige Selbstrepräsentation im Kaiserreich.

Wir haben es hier jedoch nicht mit deutschem Uradel zu tun, der sich vor seinem Stammsitz ablichten lässt, sondern mit einer frisch nobilitierten Unternehmerfamilie, die sich im ausgehenden 19. Jahrhundert mit hohem Ressourceneinsatz und strategischem Geschick ihren Platz im Adel erobert hatte. Auf diesem Familienporträt warten

https://doi.org/10.1515/9783110683431-001

die Heyls mit dem Repertoire an adlig-elitärem Habitus auf, den sie sich im Verlauf des Säkulums angeeignet hatten: „Adlig sein hieß, alles in Form zu verwandeln, Form welche Auserwähltheit suggerierte, Autonomie der Lebensführung simulierte, Macht und Ansehen konstituierte."[1] Die selbstverständliche Dynamik, mit der sich die Familienmitglieder über die breiten Stufen vor der Schlossfassade verteilen und ihr selbstbewusster Ausdruck in der luxuriösen Umgebung vermitteln die von Heinz Reif skizzierte Form eindrücklich. Das Vermögen der Heyls, das es ihnen erlaubte, diese Formsprache umzusetzen, stammte aus der Lacklederfabrik, die der Großvater 1834 aufgebaut hatte und die der hier abgebildete Enkel Cornelius Wilhelm Heyl (1843–1923) zu einem führenden Unternehmen der deutschen Lacklederproduktion weiter ausbaute. Cornelius Wilhelms gesellschaftlicher Aufstieg als Konsequenz einer vielseitigen Integrations- und Etablierungsstrategie im Deutschen Kaiserreich, die er gemeinsam mit seiner Ehefrau Sophie Heyl (1847–1915, geb. Stein) umsetzte, steht im Zentrum der vorliegenden Untersuchung.

Die Kombination aus Gerberei, Reichtum und adliger Performanz reizte die Zeitgenossen dazu, Cornelius Wilhelm Heyl als „Lederkönig", „Ritter vom Leder" oder „ungekrönten König von Worms" zu karikieren.[2] Es findet sich aber auch die Zuschreibung „Moderne Medici von Worms", die auf das kulturelle Engagement der Familie anspielt.[3] Durch eine ehrgeizige Netzwerk-, Wohlfahrts- und Kunstpolitik war es den Heyls gelungen, sich Traditionen anzueignen, die Adlige im Lauf von Jahrhunderten erworben hatten.[4] Dazu gehörte der Kauf des Schlosses des adligen Geschlechts Dalberg, vor dem sie sich auf der Fotografie zeigen, die Mitgliedschaft in der Ersten Kammer des hessischen Herrenhauses, die Errichtung einer Grabkapelle, die Stiftung diverser Fideikommisse sowie die Erfindung eines eigenen Wappens. Der adlig-bürgerlichen Elitenpraxis folgend, förderten die Heyls außerdem soziale Einrichtungen, Kultur- sowie Bildungsinstitutionen und etablierten sich als Kunstsammler und Mäzene. Erfolgreich stiegen sie so mit einer vielseitigen Strategie an die gesellschaftliche Spitze des Kaiserreichs auf, gekrönt durch die Verleihung des hessischen Freiherrentitels im Jahr 1886. Franz von Lenbach (1836–1904), der das Unternehmerpaar porträtierte (Abb. 2 u. 3), brachte in einem Gratulationsschreiben anlässlich der Nobilitierung auf den Punkt, welchen Lebensstil die beiden verfolgten, und formulierte, was sie nur zu gerne hören wollten: „Nach iure ipso waren Sie mir immer schon längst Freiherr, ein Aristokrat im wirklichen Sinn des Wortes."[5] Bernhard Fürst von

---

1 Reif, Adeligkeit, in: Reif (Hrsg.), Adel, 2016, S. 325.

2 Anonym, Sozialpolitische Drahtzieherei, in: Vorwärts 27 (1905), S. 6; Fürst von Bülow, Denkwürdigkeiten, 1930, S. 92; Anonym, Sub rosa, in: Jugend 26 (1906), S. 575.

3 Göring, Todfeinde, Manuskript im StA Worms, Abt. 186, Nr. 547.

4 Gabriele Clemens verweist auf das Großbürgertum, das etwa mittels Kunst- und Kulturförderung in wenigen Jahrzehnten versuchte, sich Traditionen zu erkaufen, die Adlige im Laufe von Jahrhunderten erworben hatten: Clemens, Sammler, in: Bönnen/Werner (Hrsg.), Industriellenfamilie, 2010, S. 18. Zur Übernahme adliger Traditionen im Privatsammlertum: von Stockhausen, Gemäldegalerie, 2000, S. 136.

5 StA Worms Abt. 186 Nr. 1202, von Lenbach an C. W. Heyl, 11.04.1886.

Bülow hingegen spottete: „Seitdem hielt sich Cornelius Heyl durch eine Art Autosuggestion für einen Dalberg.“[6]

Ohne Zweifel war die durch den Calvinismus geprägte protestantische Unternehmerfamilie Heyl im ausgehenden 19. Jahrhundert für die Stadt Worms und ihre Region von großer wirtschaftlicher, sozialer und kultureller Bedeutung. Cornelius Wilhelm und Sophie gehörten zur sogenannten „Gründergeneration“[7] und stellten sich als Gewinner der Reichsgründung heraus, auch indem sie ihre Vorfahren im Hinblick auf ökonomischen und gesellschaftlichen Erfolg weit übertrafen. Als Kunstsammler und Mäzene wirkten sie nachhaltig auf die Kunsttopografie und die sozialen Einrichtungen ihrer Heimatstadt ein. Heutige Spaziergängerinnen und Spaziergänger durch Worms können die Spuren der Heyls direkt nachvollziehen. Von ihrem Engagement zeugen etwa der durch die Familie gestiftete Siegfriedbrunnen neben der Dreifaltigkeitskirche, das Hagenstandbild, das Sophienstift und das ursprünglich zum Heylschen Besitz gehörende Schloss Herrnsheim mit englischem Garten. In unmittelbarer Nachbarschaft zum Dom hält das „Museum Heylshof – Stiftung Freiherr Cornelius Wilhelm und Freifrau Sophie von Heyl zu Herrnsheim“ die größte noch im Gesamtbestand erhaltene Privatsammlung des 19. Jahrhunderts in Deutschland für den Besucher bereit.[8]

Durch ihre Nobilitierung standen die Heyls an der Schnittstelle zwischen Wirtschaftsbürgertum und Adel. Die Ressourcen dieser beiden Gruppen spielten eine Rolle, wobei im Fall der Familie Heyl deutlich wird, wie erstrebenswert adlige Werte weiterhin wirkten. Mit großer Zielstrebigkeit verfolgten die Heyls ihren wirtschaftlichen und gesellschaftlichen Aufstieg und erfüllten mit einem hohen Grad an Perfektion alle Erwartungen, die zu dieser Zeit auch in den europäischen Nachbarländern für die Elitenbildung galten. Ausgehend von einem aristokratischen Leitbild engagierten sie sich philanthropisch wie mäzenatisch mit den damals üblichen individuellen und kollektiven Maßnahmen.[9] Sie setzten alle für das Kaiserreich typischen Fördermodelle um: Stiftungen, Schenkungen, Spenden, Legate bzw. Vermächtnisse und Mitgliedsbeiträge für gemeinnützige Vereine. Die Heyls stellten konkrete Dienstleistungen für Personen sowie institutionelle Einrichtungen bereit und betätigten sich in der privaten Kunstpatronage. Für ihre kulturpflegenden Projekte holten sie den Rat international agierender Experten ein.[10]

Die Kulturförderung bildete im wilhelminischen Kaiserreich, so die forschungsleitende These dieser Arbeit, ein Feld, auf dem sich Großbürgerliche und Adlige begegneten und miteinander kooperierten. Im oberen gesellschaftlichen Segment entstand im

6 Bülow, Denkwürdigkeiten, 1930, S. 92.
7 Zum Begriff der Gründergeneration: Berghahn, Kaiserreich, 2003, S. 149.
8 Schenkluhn (Hrsg.), Stiftung Kunsthaus Heylshof, 1992.
9 Zu dieser Praxis vgl. Dorrmann, Arnhold, 2002, S. 97.
10 Heisig, Briefe, in: Bönnen/Werner (Hrsg.), Industriellenfamilie, 2010, S. 487–498; Heisig, Unternehmerfamilie, in: Clemens et al. (Hrsg.), Hochkultur, 2011, S. 233–262.

ausgehenden 19. Jahrhundert eine „composite elite" aus reichem Adel und Großbürgertum.[11] Das Mäzenatentum wird in dieser Untersuchung folglich als adlig-bürgerliche Elitenpraxis beschrieben. Am Beispiel der Kulturförderung der Wormser Industriellenfamilie von Heyl lässt sich diese epochenspezifische Praxis als Bestandteil einer strategisch angelegten Prestigepolitik nachweisen. Da die Familie geradezu plakativ im Sinne der zeitgenössischen adlig-bürgerlichen Kulturpraxis agierte, eröffnet die Analyse ihrer Kulturförderung neue Sichtweisen und Fragestellungen zu Leitbildern, gendergeschichtlichen Perspektiven und der sozialen Verortung der Familie. Die Betrachtung der Kulturförderung in einer Mittelstadt wie Worms leistet außerdem einen Beitrag zur Schließung einer Forschungslücke, da sich die derzeitige Mäzenatentumsforschung ausschließlich Berlin und andere Großstädte fokussiert. Weiterhin wurde die Genese von privaten Kunstsammlungen und Funktionsweisen des Kunstmarktes bisher nur ungenügend untersucht.

Abb. 2: Franz von Lenbach: Sophie von Heyl, 1901, Museum Kunsthaus Heylshof, Inv. Nr. 102.

Abb. 3: Franz von Lenbach: Cornelius Wilhelm von Heyl, 1883, Museum Kunsthaus Heylshof, Inv. Nr. 101.

11 Reif, Adel, 2012, S. 125. Zur „composite elite" s. a. Kohlrausch et al., Elites, in: Kohlrausch et al. (Hrsg.), Leisure, 2020, S. 1–18. Zum Kunstmarkt als Begegnungsfeld alter und neuer Eliten: Clemens, Art market, in: Kohlrausch et al. (Hrsg.), Leisure, S. 99–118.

1.1 Forschungskontext

In der bisherigen Forschung wurde das Mäzenatentum aus dem Blickwinkel der Bürgertumsforschung als Ausdruck einer das 19. Jahrhundert prägenden Bürgerkultur betrachtet. Wie jedoch in der vorliegenden Untersuchung gezeigt wird, kann weder auf der Akteursebene noch auf der Projektebene von einem „bürgerlichen" Mäzenatentum die Rede sein. Die Heyls folgten vielmehr einem adligen Wertekanon und reproduzierten respektive adaptierten einen aristokratischen Habitus. Insofern ist es notwendig, einen Perspektivwechsel zu vollziehen und das Phänomen des Mäzenatentums im langen 19. Jahrhundert als Aspekt eines aristokratischen Leitbildes und als Mittel zur Integration in die „gute Gesellschaft"[12] des Kaiserreichs zu untersuchen. Ferner darf die adlige Traditionslinie des Mäzenatentums nicht ignoriert werden. Folglich bezieht die Arbeit Fragestellungen und Ergebnisse der Bürgertums-, Adels-, Eliten- und Mäzenatentumsforschung ein.

Durch die Fokussierung auf die Epoche des Kaiserreichs ist die vorliegende Untersuchung in einem spannungsreichen und aktuellen Forschungskontext zu verorten. Die Gründung des Deutschen Kaiserreichs 1871 leitete eine Epoche fundamentalen Wandels vom agrarisch geprägten Entwicklungsland zur Industrienation im Spannungsfeld zwischen Modernisierungsschüben und damit verbundenen Konflikten ein.[13] Die enormen Brüche und Gegensätze, die sich aus dieser Gemengelage ergaben, führen bis heute zu gespaltenen Positionen, wenn Historiker und Historikerinnen das Kaiserreich bewerten und einordnen. Mit dem 150. Jahrestag der Nationalstaatsgründung im Jahr 2021 erschienen zahlreiche neue Publikationen zum Deutschen Kaiserreich[14] und die Debatten werden aktuell breit und öffentlich ausgetragen, wie in den jüngsten Artikeln zum Thema von Eckart Conze, Hedwig Richter und Heinrich August Winkler in der Wochenzeitung „Die Zeit".[15] Auch aufgrund einer Blickerweiterung auf die Demokratiedefizite der anderen westlichen Länder,[16] besteht zwar inzwischen im Hinblick auf die Sonderwegsdebatte der 1980er Jahre Konsens darüber, dass das Jahr

12 Elias, Studien, 1992, S. 65 f.

13 Nonn, Kaiserreich, 2017, S. 10; Birgit Aschmann bezeichnet das gesamte 19. Jahrhundert als „Säkulum der Widersprüche": Aschmann, Säkulum, in: Aschmann (Hrsg.), Durchbruch, 2019, S. 7.

14 Vgl. u. a. Briatte, Staatsbürgerinnen, 2020; Caruso, Blut, 2021; Haardt, Bund, 2020; Jäger, Kaiserreich, 2020; Richter, Aufbruch, 2021.

15 Conze, Reich, in: Die Zeit 2 (2021); Richter, Untertan, in: Die Zeit 4 (2021); Winkler, Hitler, in: Die Zeit 6 (2021).

16 Vgl. Anderson, Demokratiedefizit, in: Geschichte und Gesellschaft 44 (2018), S. 367–398. Die Historikerin Christine Krüger warnt davor, die Sonderwegsthese, nur weil einige ihrer Elemente nicht haltbar seien, in ihr komplettes Gegenteil zu wenden. Sie stellt fest: „Es bleibt zulässig zu fragen, ob es deutsche Besonderheiten gab und welche Rolle diese für die weitere Entwicklung spielten." Zu den Spezifika des deutschen Kaiserreichs habe beispielsweise das „Aufkommen antisemitischer Parteien und ein stark verbreiteter Antisemitismus in Massenorganisationen" gehört. Krüger: Das deutsche Kaiserreich, in: Geschichte für heute 1 (2023), S. 28 u. 33.

1933 nicht der „unausweichliche Zielpunkt“[17] der deutschen Geschichte seit 1871 gewesen sei, aber es gibt unterschiedliche Perspektiven. Richter hebt insbesondere die Liberalisierung und Modernisierung im Deutschen Kaiserreich hervor und rückt dabei die Massenpolitisierung, die Arbeiter- und die Frauenbewegung der Zeit in den Mittelpunkt. Conze und Winkler betonen hingegen eher den autoritären Nationalstaat, der von Zeitgenossen auch aufgrund der militärischen Prägung als Obrigkeitsstaat wahrgenommen wurde. Die Diskussionen machen deutlich, dass das Kaiserreich als Gebilde voller Gegensätze eine besondere Herausforderung für die Geschichtsschreibung darstellt.[18] Auch die Aufstiegsgeschichte der Familie Heyl, ihre Prestigepolitik und Kulturförderung zeugen von den hier kurz angerissenen Spannungen und Widersprüchen.

Die Untersuchung mäzenatischen Handelns im 19. Jahrhundert setzte sich in den 1990er Jahren als eigenständiger Zweig innerhalb der Bürgertumsforschung durch. Um die Entstehung des einseitigen Paradigmas von einem ‚bürgerlichen Mäzenatentum‘ zu erfassen, ist es zunächst notwendig, die Entwicklungen in der Bürgertumsforschung, insbesondere seit Mitte der 1980er Jahre, nachzuverfolgen. Damals vollzog sich ein Interpretationswandel der Bewertung der Rolle, die das Bürgertum innerhalb des langen 19. Jahrhunderts spielte.[19] In den späten 1940er und 1950er Jahren suchte man nach den langfristigen Bedingungen, die in Deutschland, anders als in den anderen westlichen Ländern, zur Ausprägung eines „Radikalfaschismus“ im Nationalsozialismus führten. Als Mitverursacher dieser fehlgeleiteten Entwicklung Deutschlands, des sogenannten deutschen Sonderwegs, galt das Bürgertum, das als ‚feudalisierte‘ Gruppe keine liberale Identität herausgebildet hatte. Gemeinsam mit der These Max Webers von einer ‚Feudalisierung des Bürgertums‘ besagte die Sonderwegsthese, dass ein deutscher Rückstand an Bürgerlichkeit zu einer schwachen politischen Partizipation und zu einem ungenügenden Aufbau an modernen politischen Institutionen geführt habe.

Vor diesem Hintergrund formierten sich in den 1980er Jahren Forschergruppen, die die Demokratiefähigkeit der deutschen Gesellschaft untersuchten. Ihre Ausgangsfrage betraf die Mit-Verantwortung des Bürgertums für die Katastrophen des 20. Jahr-

---

17 Winkler, Hitler, in: Die Zeit 6 (2021). Zur Sonderwegsdebatte vgl. Conze, Schatten, 2020, S. 199–221. Jürgen Kocka hat 2018 den Sonderweganansatz als „German-Anglo-American debate“ rekapituliert und in den Kontext der Westanbindung der Bundesrepublik gestellt. Er betrachtet die Sonderwegdebatte inzwischen als obsolet, bewertet aber einzelne Elemente des Ansatzes als weiterhin überzeugend: Kocka, Sonderweg, in: Central European History 51 (2018), S. 138. Dazu auch: Kocka, Comparison, in: History and Theory 38/1 (1999), S. 40–50, insb. S. 45–46.

18 Conze charakterisiert das Kaiserreich als spannungsreiche Gemengelage: „Das Kaiserreich lag nicht nur chronologisch in zwei Jahrhunderten, auch im übertragenen Sinne lag es zwischen den Zeiten. Aus der Gleichzeitigkeit und – immer wieder – dem Zusammenprall zweier Zeiten und zweier Welten erwuchsen jene Ambivalenzen und Spannungen, die das kaiserliche Deutschland charakterisieren.“ Conze, Jenseits des Sonderwegs, in: Geschichte für heute 1 (2023), S. 17.

19 Als federführend ist hier Jürgen Kocka zu nennen. Eine Zusammenfassung des Bielefelder Sonderforschungsbereichs Sozialgeschichte des neuzeitlichen Bürgertums: Deutschland im internationalen Vergleich: Lundgreen (Hrsg.), Sozial- und Kulturgeschichte, 2000.

hunderts.[20] Hierzu gehörten der Bielefelder Sonderforschungsbereich „Sozialgeschichte des neuzeitlichen Bürgertums. Deutschland im internationalen Vergleich“ unter der Leitung Jürgen Kockas und der Arbeitskreis „Moderne Sozialgeschichte“ in Bad Homburg.[21] Untersucht wurden die Zusammensetzung und Abgrenzung des Bürgertums sowie die Einflüsse des Bürgertums auf die Gesellschaft.[22] Die Frankfurter Historikergruppe „Stadt und Bürgertum im 19. Jahrhundert“ unter der Leitung Lothar Galls untersuchte das städtische Bürgertum im Übergang von der traditionalen zur modernen Gesellschaft.[23]

Ein wesentliches Problem bildete für alle Bürgertumsforscher die Heterogenität ihres Untersuchungsgegenstandes: Welche signifikanten Merkmale konnten sich für diese gesellschaftliche Gruppe finden lassen, zu der Beamte, Lehrer, Großunternehmer, Einzelhändler und kleine Handwerksmeister gleichermaßen gehörten?[24] Bereits die Zeitgenossen im 19. und frühen 20. Jahrhundert kamen zu unterschiedlichen Definitionen. Der Wirtschafts- und Sozialhistoriker Hansjoachim Henning schlussfolgerte in den 1970er Jahren, dass die „pauschale Bezeichnung ‚Bürgertum‘“ dem rückschauenden Betrachter eine soziale Geschlossenheit vorgetäuscht habe, die gar nicht vorhanden gewesen sei.[25]

Bei dem Versuch, den Begriff ‚Bürgertum‘ zu präzisieren, gerieten daher gemeinbürgerliche Praktiken und habituelle Dispositionen in den Fokus der neuen Studien.[26] Die Suche nach ‚Bürgerlichkeit‘ und nach einem ‚bürgerlichen Lebensweltkonzept‘ förderte Untersuchungsgegenstände wie die Ausprägung und Bedeutung von Symbolen, symbolische Akte, Strategien, Erinnerungen und Erinnerungsorte, Feste und Festtagsrituale sowie Werte und Wertevermittlung.[27] Kurzum, man verlegte die Fragestellungen auf eine sogenannte bürgerliche Kultur. Diese Akzentuierung vollzog die Metamorphose des Bürgertums von der Klasse zur Kultur. Ein gemeinsamer Habitus, eine

---

20 Budde, Blütezeit, 2009, S. 2.

21 Um eine Vorstellung wesentlicher Gestalter dieser Studien zu erhalten vgl. den Arbeitskreis Moderne Sozialgeschichte in Bad Homburg und die Aufsatzsammlung in vier Teilen: Conze et al. (Hrsg.), Bildungsbürgertum, 1985, 1990, 1992, 1989. Zum Bielefelder Sonderforschungsbereich: Kocka, Bürgertum, in: Kocka (Hrsg.), Bürger, 1987, S. 11–76; Kocka, Bürgertum, in: Kocka (Hrsg.), Bürgertum, 1988, S. 11–78; Lepsius, Bürgertum, in: Schieder/Sellin (Hrsg.), Sozialgeschichte, 1987, S. 61–80; Lepsius, Soziologie, in: Lepsius (Hrsg.), Interessen, S. 153–169; Kosseleck et al., Welten, in: Puhle (Hrsg.), Bürger, S. 14–58; Kosseleck/Schreiner, Bürgerschaft, 1994; Gesammelte Ergebnisse des Sonderforschungsbereichs in Bielefeld mit ausführlicher Bibliographie: Lundgreen (Hrsg.), Sozial- und Kulturgeschichte, 2000.

22 Mergel, Bürgertumsforschung, in: Archiv für Sozialgeschichte 41 (2001), S. 515 f.

23 Gall, Stadt, in: Gall (Hrsg.), Stadt, 1993, S. 1–12.

24 Henning, Bürgertum, 1972, S. 14.

25 Henning, Bürgertum, 1972, S. 31.

26 Ludwig Beutin betonte bereits 1956, dass der soziale Status oft mehr „durch standesgemäßes Ansehen, ererbte oder erworbene Autorität, Aufstiegswünsche und viele andere, der Tiefe des Einzellebens entspringende irrationale Strebungen“ als durch die ökonomische Lage bestimmt sei: Beutin, Geschichte, 1956, S. 96.

27 Budde, Blütezeit, 2009, S. 3. Auch Schneider, Festkultur, 1995.

geteilte Lebensart und eine spezifische Weltanschauung kennzeichneten diese ‚bürgerliche Kultur', die schließlich in den Begriff ‚Bürgerlichkeit' mündete.[28] Eine ähnliche Metamorphose wird auch in der Adelsforschung konstatiert. Der Adel verlor im Laufe des 19. Jahrhunderts seine gesetzlich privilegierte Stellung, blieb aber dank seiner *soft power* und habitusgesteuerter Elemente dominierend. Analog zum Begriff der ‚Bürgerlichkeit' wurde das Konstrukt ‚Adligkeit' gebildet.[29]

Für Jürgen Kocka und Manuel Frey grenzten sich Wirtschaftsbürger und Bildungsbürger als städtische Minderheit von adligen Eliten, Arbeitern und Unterschichten sowie der ländlichen Gesellschaft ab. Auf die Frage, was das Bürgertum im Inneren zusammenhielt, antworten Kocka und Frey: „ihre Kultur im Sinne von Selbstverständnis, Weltdeutung und Lebensweise."[30] Lothar Gall verweist vor allem auf das Vereinswesen und die kommunale Politik. Er betont die städtische Selbständigkeit, die eine eigene „Bürgerkultur" hervorbrachte.[31]

Heute gilt diese in den 1980er und 1990er Jahren erarbeitete Vorstellung von einer ‚Bürgerkultur', die das nicht nur sozial und ökonomisch heterogene Bürgertum auf einen gemeinsamen Nenner bringt, als etabliert. Durchsetzen konnte die ‚Bürgerkultur-Schule' auch ihre Kritik an der Idee eines deutschen Sonderwegs. Sie relativierte den Einfluss des Adels und des Militärs im 19. Jahrhundert. Die Rolle des Liberalismus und des Bürgertums erlebten hingegen eine Aufwertung. Die ursprüngliche Absicht, den Forschungsgegenstand aufzuwerten, führte letztlich zu einer Überbewertung des Potentials des Bürgertums und zu dem „Bild einer bürgerlich geprägten Gesellschaft mündiger, stolzer und aufgeklärter ‚Citoyens'".[32]

1.2 Mäzenatentum als bürgerliche Kulturpraxis? Ein Perspektivwechsel

Bevor eine kritische Bewertung der bisherigen Mäzenatentumsforschung erfolgen kann, sind zunächst einige zentrale Begriffe zu definieren und zeitlich zu verorten. Der weite Begriff des Mäzenatentums sieht den Mäzen als Akteur, der private Mittel

---

28 Vgl. Mergel, Bürgertumsforschung, in: Archiv für Sozialgeschichte 41 (2001), S. 525.

29 Reif, Adeligkeit, in: Reif (Hrsg.), Adel, 2016, S. 323–337, hier S. 324.

30 Kocka/Frey: Einleitung, in: Kocka/Frey (Hrsg.), Bürgerkultur, 1998, S. 7–17, hier S. 9.

31 Vgl. Gall, Stadt, in: Gall, Bürgertum, 1996, S. 38–54. Gabriele B. Clemens konnte hingegen nachweisen, dass die deutsche Gesellschaftsgeschichte den Adel im Vereinsweisen übersah. Vgl. Clemens, Sanctus amor patriae, 2004, S. 394.

32 Vgl. Clemens, Sammler, in: Bönnen/Werner (Hrsg.), Industriellenfamilie, 2010, S. 11–20. Ausgehend von der Frage, wie sich das Geschichtsvereinswesen im 19. Jahrhundert in Italien und Deutschland in die beschworene bürgerliche Gesellschaft einfügten, zeigt Clemens ein anderes Bild. Sie fand keine bürgerliche Ausrichtung der Vereine, sondern eine vor allem aristokratisch geprägte Struktur. Vgl. Clemens, Sanctus amor patriae, 2004; zu weiterer Kritik an der bisherigen Bürgertumsforschung s. auch: Clemens, Biegen, in: Informationen zur modernen Stadtgeschichte 2 (2008), S. 71–78.

zum allgemeinen Nutzen zur Verfügung stellt. Er greift aktiv in das Gemeinwesen ein, um konkrete Veränderungen sozialer, politischer und kultureller Art zu erwirken. Drei Bereiche mäzenatischen Handelns sind nach Kocka auszumachen: das kulturelle, wissenschaftliche und soziale Feld.[33] Als Motivation gilt zunächst der Anspruch, soziale bzw. kulturelle Defizite zu beheben, denen die Elite vor Ort gegenüberstand. Gleichzeitig gebrauchten Mäzene diese private Förderung jedoch auch als Steuerungs- und Kontrollmittel, die ihnen eine hohe Entscheidungsautonomie im Hinblick auf die konkrete Umsetzung von Veränderungen sicherte.[34] In Bezug auf die Stiftermotivation ist zwischen Intention und Funktion zu unterscheiden. Der ‚Mythos' des uneigennützig handelnden Mäzens wurde durch die Forschung dekonstruiert. Das Stiften besaß und besitzt eine wichtige Funktion für die Elitenbildung.[35] Weiterführend kann die Kulturförderung durchaus vor dem Hintergrund zweckrationalen Handelns innerhalb einer beispielsweise unternehmerischen Strategie betrachtet werden.[36]

Das 19. Jahrhundert gilt als Blütezeit der privaten Kulturförderung. Gegen Ende des Jahrhunderts gewann das Mäzenatentum im Zuge der Industriellen Revolution und der damit verbundenen Probleme zusätzlich an Prestige und wurde als soziales Handeln positiv gewertet.[37] Damit erfuhr der Begriff ‚Mäzen' eine Bedeutungserweiterung in den sozialen Bereich, sodass die Begriffe ‚Mäzen' und ‚Stifter' für den Untersuchungszeitraum synonym gebraucht werden können. Auch das Sammeln von Kunst ging im Kaiserreich als gängige Praxis mit der Kunstförderung einher, dadurch verschmolzen zudem die Funktionen Sammler und Mäzen.[38] Häufig stifteten Kunstsammler einzelne Werke, manche auch ihre gesamte Sammlung an Museen oder ihre Heimatstädte und trugen damit erheblich zur Gestaltung der Kulturtopographie bei. Damit ist eine enge Reziprozität zwischen Stiftern und ihren Heimatstädten auszumachen. Wenn die Städte von den mäzenatischen Projekten profitieren wollten, mussten sie ihre Dankbarkeit öffentlichkeitswirksam kundtun.[39] Dies unterstützte zugleich die Memorialpolitik der städtischen Mäzene, da nicht selten Denkmäler für die Stifter und andere Erinnerungsgegenstände in das Stadtbild integriert wurden. Stephen Pielhoff spricht in diesem Zusammenhang von einem „Gabentauschritual öffentlichen Stiftens und Ehrens", das eine untrennbare Verbindung zwischen der Stadtpräsentation und der Herrschaftsdokumentation herstellte.[40] Immerhin gehörten die Förderer stets zur führenden Elite.

Noch im ausgehenden 18. Jahrhundert waren Kulturförderung und Mäzenatentum vorwiegend machtpolitische Instrumente der Herrschenden in den Residenzen. Doch

33 Vgl. Kocka/Frey, Einleitung, in: Kocka/Frey (Hrsg.), Bürgerkultur, 1998, S. 7.
34 Vgl. Kraus, Tradition, in: Historisches Jahrbuch 121 (2001), S. 412.
35 Frey, Macht, 1999, S. 19.
36 Vgl. Effmert, Sal. Oppenheim, 2006, S. 23.
37 Frey, Moral, in: Gaehtgens/Schieder (Hrsg.), Handeln, 1998, S. 11 f.
38 Dorrmann, Arnhold, 2002, S. 99.
39 Pielhoff, Guss, in: Epkenhans/Stremmel (Hrsg.), Krupp, 2010, S. 115 f.
40 Pielhoff, Guss, in: Epkenhans/Stremmel (Hrsg.), Krupp, 2010, S. 115.

zu den dominanten fürstlichen Mäzenen gesellten sich zunehmend auch gebildete, bürgerliche Mäzene.[41] Frey spricht von einer „lokalen Druckkulisse", in der bekannte wohlhabende und gebildete Stadtbürgerinnen und -bürger aus einem sozialen Verpflichtungsgefühl heraus spendeten, stifteten und sich ehrenamtlich engagierten.[42] Viola Effmert macht für Köln die gleiche Beobachtung und betont die soziale Kontrolle, die bei der Einwerbung von freiwilligen Finanz- oder Sachmitteln ausgeübt wurde.[43] Eine wichtige Rolle spielte dabei auch die Titelvergabe.[44] So ging beispielsweise die Verleihung des Titels „Kommerzienrat" mit einer moralischen Verpflichtung einher, für wohltätige Zwecke zu spenden.[45]

Ab den 1860er Jahren, aber insbesondere nach der Reichsgründung 1870/71 erwarb eine wirtschafts- und bildungsbürgerliche städtische Elite enorme Privatvermögen, die ihr philanthropisches und kulturförderndes Engagement erst ermöglichten.[46] Mit beträchtlichem Reichtum statteten Unternehmer und Industrielle ihre Villen und Schlösser mit Kunstwerken aus dem Inland, aber auch aus Italien, Frankreich und England aus.[47] Der wirtschaftliche Aufschwung führte zu einer bemerkenswerten Expansion des Kunstmarkts und die aufstrebenden Kunsthändler schufen ein engmaschiges Netz für den internationalen Absatzmarkt.[48] Nur ein repräsentativ ausgestattetes Wohnhaus ermöglichte es Bürgerinnen und Bürgern, Angehörige der wilhelminischen, aber auch der internationalen Hofgesellschaft einzuladen. Somit war dieser Wohnstil eindeutig ein fördernder Faktor, um Hoffähigkeit zu erlangen.[49]

Es ist also durchaus plausibel, das Mäzenatentum der Großbürger als Phänomen des 19. Jahrhunderts zu untersuchen. Eine Behandlung als Zweig der Bürgertumsforschung schränkt die Sichtweise allerdings ein: Auf der Bühne der Kulturförderung erscheinen dann ausschließlich Bürger, während der Adel als Akteur ausgeblendet wird.[50] Auch neuere Studien halten an der Sichtweise des ‚bürgerlichen Mäzenaten-

41 Vgl. Mai/Paret, Mäzene, in: Mai/Paret (Hrsg.), Sammler, 1993, S. 5.

42 Frey, Macht, 1999, S. 64.

43 Effmert, Sal. Oppenheim, 2006, S. 75.

44 Effmert, Sal. Oppenheim, 2006, S. 73.

45 Dies illustriert die Entscheidung Hermann Wallichs, Bankdirektor der Deutschen Bank AG in Berlin, der 1880 zunächst die Verleihung des Kommerzienrattitels ablehnte, um nicht „wiederholt für einen wohltätigen Zweck mißbraucht zu werden": Schreiben Hermann Wallich 1880, zit. n. Reitmayer, Bankiers, 1999, S. 72. Zu den Kriterien für die Titelverleihung an preußische Kommerzienräte s. Kaudelka-Hanisch, Kommerzienräte, 1993.

46 Zu dieser Entwicklung s. Clemens, Sammler, in: Bönnen/Werner (Hrsg.), Industriellenfamilie, 2010, S. 11–20 und Clemens, Kunstsammler, in: Clemens et al. (Hrsg.), Raum, 2011, S. 105–120.

47 Hermsen, Kunstförderung, 1997, S. 40.

48 Vgl. Lenman, Kunstmarkt, in: Mai/Paret (Hrsg.), Sammler, 1993, S. 141.

49 Dies belegt eindrucksvoll die Analyse der Kunstsammlung des jüdischen Bankiers Oskar Hainauer: Kuhrau, Kunstsammler, 2005, S. 66.

50 So geschehen etwa bei: Veltzke, Patron, 1986. Gabriele B. Clemens stellt dies dezidiert fest für: Biedermann, Mäzenatentum, 2001; Pilger, Zentral-Dombauverein, 2004. Außerdem: Marburg, Adel, in: Marburg/Matzerath (Hrsg.), Schritt, 2001, S. 45–61.

tums' fest.[51] Johannes Gramlich erforscht in seiner insgesamt sehr facettenreichen Untersuchung die auf Kunst bezogenen Aktivitäten von drei Generationen der Familie Thyssen in den Jahren 1900–1970 als soziales und ökonomisches Handeln.[52] Er streicht deutlich heraus, dass sich das Kunstsammeln im Zuge des Nationalismus zunehmend als patriotische Pflicht gerierte.[53] Weiterhin charakterisiert er die Praxis des Kunstsammelns als elitäre Pflicht und schließt sich Pierre Bourdieu an, der Kunstwerke in Privatbesitz als die „am stärksten klassifizierenden und Klasse verleihenden" Objekte bezeichnet.[54] Insbesondere das Wirtschaftsbürgertum habe mit der materiellen Aneignung von Kunstgegenständen „ein wichtiges Element fürstlicher Herrschaftsinsignien" übernommen, so Gramlich, und daneben auch andere Eigenschaften adliger Herrschaftseliten eingenommen.[55] Letztlich lautet seine Schlussfolgerung aber dennoch: „Die Machtkonnotationen von Kunstbesitz weiterhin nutzend, wurde das Sammeln von Kunst im 19. Jahrhundert damit zu etwas spezifisch Bürgerlichem", da die bürgerliche Aneignung von Kunstwerken einer „bürgerlich-ideellen Neudeutung von Sinn und Wesen der Kunst" gefolgt sei.[56] Worin diese genuin bürgerliche Neudeutung bestand, führt er nicht aus. Gramlichs Schlussfolgerung ist eine Konsequenz aus seiner Ablehnung der Feudalisierungsthese. Diese These ist allein aufgrund der gesamteuropäischen Dimension des Phänomens des Kunstsammelns als Elitenpraxis obsolet. Statt also eine bürgerliche Neudeutung der Kunst zu konstruieren, scheint es plausibler, von einem rationalen und selbstbewussten Aufbau von Adelsnähe seitens der Großbürger auszugehen – vorausgesetzt, es handelt sich um den Geschmackskanon des Kaiserreichs.[57]

Davon abzugrenzen ist die als typisch wahrgenommene Vorstellung von dem bürgerlichen Mäzen als Förderer der Avantgarde, der impressionistische und expressionistische Künstler für seine Sammlungen entdeckte und erwarb, wie etwa die Unternehmer Max Silberberg und Alfred Cassirer oder der Privatier Heinrich Kirchhoff. So konstatiert Sibylle Discher in ihrer Studie über Kirchhoffs Kunstsammlung: „Um 1900 galt es für das Bürgertum wie für die Kunst bedingungslos ‚modern' zu sein."[58] Festzu-

51 Rüfenacht konzentriert sich in seiner Studie über das Mäzenatentum des nobilitierten Rittergut- und Schlossbesitzers von Quandt auf das „intellektuelle Porträt eines typischen Bildungsbürgers des 19. Jahrhunderts.": Rüfenacht, Johann Gottlob von Quandt, 2019, S. 13.

52 Gramlich, Die Thyssens, 2015. Die Dissertation entstand im Rahmen des Projekts Die Unternehmerfamilie Thyssen im 20. Jahrhundert, das von der Fritz Thyssen Stiftung und der Stiftung zu Industriegeschichte Thyssen gefördert wurde.

53 Gramlich, Die Thyssens, 2015, S. 35. Zum Thema Kunst und Nationalisierung halten Siegrist und Höpel fest: „Die Entwicklung der Kunst wurde mit der Entwicklung der nationalen Kultur, Gesellschaft und Wirtschaft verknüpft." Siegrist/Höpel, Funktionen, in: Themenportal Europäische Geschichte, 2020, URL: www.europa.clio-online.de/essay/id/fdae-50320 [08.02.2022].

54 Gramlich, Die Thyssens, 2015, S. 39; Bourdieu, Unterschiede, 1983, S. 36.

55 Gramlich, Die Thyssens, 2015, S. 39. Er bezieht sich auf: Kuhrau, Kunstsammler, 2005, S. 19.

56 Gramlich, Die Thyssens, 2015, S. 40.

57 Vgl. Ludwig et al. (Hrsg.), Aufbruch, 2012.

58 Discher, Mäzen, 2018, S. 9.

halten ist jedoch, dass die Förderer der Moderne in der Sammlerszene eine Minderheit bildeten, während die weit überwiegende Mehrzahl einem konservativem Geschmackskanon folgte und wertvollere und deutlich teurere flämische oder niederländische Alte Meister des 17. Jahrhunderts sowie italienische Kunst der Renaissance bevorzugte.[59]

Durch eine ‚Bürgertumsbrille' gesehen, verschwimmt die tatsächliche Praxis. Somit präsentiert die Mäzenatentumsforschung die Kulturförderung des 19. Jahrhunderts als reine ‚Bürgerkultur'. Jürgen Kocka fasst seine Idee eines bürgerlichen Mäzenatentums folgendermaßen zusammen:

> Mäzenatische Handlungen lassen sich [...] als Ausdruck einer (bürgerlichen) Kultur deuten, die großes Gewicht auf Selbständigkeit legt, im Sinne der Lösung drängender Aufgaben in eigener Regie, ohne obrigkeitsstaatliche Gängelung und Fürsorge. Sie lassen sich [...] als Versuche deuten, Normen und Inhalte bürgerlicher Kultur zu verbreiteter Geltung zu verhelfen, auch über den Bereich des Bürgertums hinaus, mit dem Anspruch, Einfluß zu praktizieren, Deutungsmacht auszuüben und Gesellschaft zu prägen.[60]

Um das ‚Paradigma eines bürgerlichen Mäzenatentums', das hier im Zentrum der Kritik steht, kurz zu umreißen, wird an dieser Stelle anhand ausgewählter Beispiele das Muster wiedergegeben, dem die neuere Erforschung des Mäzenatentums folgt und dadurch stets die Lehrmeinung der oben erläuterten ‚Bürgerkultur-Schule' bestätigt. Im Sinne der etablierten Bürgertumsforschung arbeiten die wesentlichen bisher erschienenen Einzelstudien das mäzenatische Handeln als zentrales Element der bürgerlichen Kultur- und Lebensweise heraus.[61] Dabei konzentrieren sich die Forschungen auf das Verhältnis von „Staat und bürgerliche[n] Mäzene[n]"[62] oder auf das Mäzenatentum als Ausdruck kultureller Lebensäußerungen des Bürgertums. Die Untersuchungen entsprechen dem folgenden Schema:

Zunächst wird in der Einleitung die Prämisse eines ‚bürgerlichen Mäzenatentums' bzw. der Kulturförderung als „Ausdruck einer bürgerlichen Kultur" festgelegt. Es folgt eine empirische Studie, die oft äußerst detailreich die kulturfördernden Projekte der ausgewählten Akteure darstellt. Dabei werden auch die bürgerlich-adligen Netzwerke, in denen sich dieses Engagement abspielt, beleuchtet. Dennoch betont die abschließende Bewertung dieser Studien stets die Ausgangsprämisse von einem ‚bürgerlichen Mäzenatentum', sodass die Rezipientin letztlich einer widersprüchlichen Aussage gegenübersteht.

Im Rahmen einer interdisziplinären Berliner Initiative untersuchten der Kunsthistoriker Thomas W. Gaehtgens sowie die Historiker Jürgen Kocka und Reinhard Rürup

59 Vgl. Clemens, Händler, in: Themenportal Europäische Geschichte, 2014, URL: www.europa.clio-online.de/essay/id/fdae-1638 [08.02.2022].

60 Kocka, Bürger, in: Gaehtgens/Schieder (Hrsg.), Handeln, 1998, S. 34.

61 Vgl. u. a. Gaehtgens/Schieder (Hrsg.), Handeln, 1998; Kocka/Frey (Hrsg.), Bürgerkultur, 1998.

62 Untertitel einer Studie von Frey, Macht, 1999.

das mäzenatische Handeln städtischer Führungsgruppen als Ausdruck einer ‚bürgerlichen Gesellschaft'.[63] In der hieraus entstandenen Reihe veröffentlichte Olaf Matthes eine Studie über das mäzenatische Handeln des jüdischen Bankiers James Simon. Er geht von folgender Definition aus: „Mäzenatisches Handeln ist [...] eine Form von Verantwortungsbewußtsein des Einzelnen gegenüber der Gesellschaft und somit ein zentrales Ideal bürgerlichen Handelns."[64]

Ausgehend von dieser Prämisse analysiert Matthes die sozialen und kunstmäzenatischen Aktivitäten Simons, dessen Stiftungen das Kaiser-Friedrich-Museum, das heutige Bode-Museum in Berlin, in höchstem Maß aufwerteten. Sicherlich ist es wünschenswert, dass die Leistungen Simons gewürdigt werden, doch wird dieser in Matthes' Darstellung zu einem selbstlosen und patriotisch handelnden Akteur, dem es vor allem um die Belange der Berliner Museen gegangen sei.[65] Als Begründung für Simons Engagement führt Matthes lediglich dessen „persönliche Neigung" an.[66] Er spricht zwar von einem spezifisch bürgerlichen Handeln des Mäzens, macht aber letztlich nicht deutlich, worin dieses Spezifikum bestand.

Der Logik vom mäzenatischen Handeln als Form von Verantwortungsbewusstsein des Einzelnen gegenüber der Gemeinschaft entsprechen allerdings auch adlige Ideale. Immerhin gehörten „Familientradition, Diensttradition, Selbstlosigkeit und Opferfähigkeit, Gemeinwohlorientierung und Verpflichtungsbewusstsein, Dienst für Ehre und Ruhm statt Geld" zu den traditionell-funktionsständischen Eigenschaften des Adels.[67] Dass dieser Aspekt in den Einzelstudien nicht zum Tragen kommt, ist das Ergebnis des verengten Blicks im Sinne der etablierten Bürgertumsforschung. Auf der Suche nach einer reinen Bürgerkultur blenden die Forschenden die tatsächliche Lebenswelt der Elite, manchmal sogar wider besseres Wissen, aus.

Die Kunsthistorikerin Viola Effmert, die die Kulturförderung der Bankiersfamilie Oppenheim in Köln erforscht, löst sich zwar von dem Bild des selbstlosen Mäzens, folgt aber ansonsten der etablierten Lehrmeinung. Obwohl sie im Verlauf ihrer Analyse stets die Orientierung der Oppenheims an adligen Lebensmustern belegt, besteht sie letztlich dennoch auf deren „ächte[m] Bürgersinn".[68] Offensichtlich verliert sie das tatsächliche Setting aus den Augen und greift für ihre Beurteilung pragmatisch auf das Paradigma zurück.

Der Kunstsoziologe Thomas Hermsen, ebenfalls ein Vertreter der Bielefelder Bürgertumsforschung, wertet das Sammler- und Mäzenatentum des 19. Jahrhunderts gar

---

63 In der Reihe „Bürgerlichkeit, Wertewandel, Mäzenatentum", hrsg. von Thomas W. Gaehtgens, Jürgen Kocka und Reinhard Rürup erschienen: Gaehtgens/Schieder (Hrsg.), Handeln, 1998; Kocka/Frey (Hrsg.), Bürgerkultur, 1998; Meyer, Gesellschaft, 1998; Frey, Macht, 1999; Matthes, James Simon, 2000.
64 Matthes, James Simon, 2000, S. 15.
65 Matthes, James Simon, 2000, S. 183.
66 Matthes, James Simon, 2000, S. 272.
67 Reif, Adel, 1999, S. 25.
68 Vgl. Effmert, Sal. Oppenheim, 2006. Kritik an dieser Arbeit übt auch: Clemens, Biegen, in: Informationen zur modernen Stadtgeschichte 2 (2008), S. 71–78.

als Zeichen eines „fundamentalen Demokratisierungs- oder zumindest Pluralisierungsproze[sses] in Bezug auf Entwicklung einer bürgerlich geprägten ästhetischen Kultur".[69] Im gleichen Absatz, versteckt in einer Fußnote, zählt er allerdings die bedeutendsten Sammler dieses Saeculums auf: die Berliner Sammler Adolph Thiem, ein Börsenmakler, und Eduard Arnold, ein jüdischer Unternehmer sowie König Ludwig I. von Bayern und Graf Adolf Friedrich von Schack. Die Monarchen, gesteht Hermsen zu, hatten noch zu Beginn des 20. Jahrhunderts eine wichtige Stellung in Kunstpolitik, Sammlertum und Kunstförderung inne.[70] Dennoch beharrt er auf der Idee vom Mäzenatentum als Ausdruck einer Bürgerkultur. Sicherlich eroberten Bürgerliche im 19. Jahrhundert das Feld der Kultur, aber nicht aus einem bestimmten bürgerlichen Impetus heraus: „Der Großindustrielle, der Bankier und der erfolgreiche Unternehmer des Kaiserreichs traten in die Rolle des fürstlichen Auftraggebers ein."[71] Wie die Fürsten – so Gaehtgens –, umgaben sie sich in repräsentativem Rahmen mit Schätzen.[72] Mit welcher Argumentation sollte man hier also das Attribut ‚bürgerlich' vergeben?

Stephen Pielhoff, der einen grundlegenden Aufsatz über „Stifter und Anstifter" vorlegte, geht zunächst sehr überzeugend auf die Pragmatik des mäzenatischen Handelns ein und zeigt die involvierten Gruppen auf: Milieus des Adels, bürgerliche Wirtschaftseliten, professionalisierte Akademiker und die künstlerisch-intellektuelle Bohème.[73] Damit erkennt er „verschiedene Lebenswelten wilhelminischer Eliten" an, betont jedoch die Konkurrenz, die unter diesen Eliten herrschte.[74] Auf Kooperationen zwischen dem Adel und der Großbourgeoisie innerhalb der Kulturförderung geht Pielhoff nicht ein. Gabriele B. Clemens hingegen, die sich in diesem Punkt zurecht von der traditionellen Bürgertumsforschung distanziert, konstatiert: „Adlige und bürgerliche Eliten prägten durch ihr Mäzenatentum die Kunsttopografie der europäischen Städte. Sie bewegten sich dabei selten in einem Spannungsfeld, sondern kooperierten in einer adlig-bürgerlichen Elitenkultur."[75]

Als widersprüchlich erweist sich die Forschung auch dann, wenn die hohe Prägekraft der bürgerlichen Kultur behauptet wird, aber mit monarchisch geprägten Objekten belegt werden soll. Charlotte Tacke etwa interpretiert die Entstehungsgeschichte des Denkmals für den Germanen Arminius bei Detmold als Ausdruck der ‚bürgerlichen Gesellschaft'.[76] Es ist jedoch fraglich, ob diese hier überhaupt analysierbar ist – immerhin handelt es sich um die Darstellung eines martialisch bewaffneten Kriegers und nicht um eine mit bürgerlichen Attributen ausgestattete Figur. Darüber hinaus arbeiteten adlige und bürgerliche Eliten zusammen. Thomas Nipperdey stellt fest, dass politi-

69 Hermsen, Kunstförderung, 1997, S. 45.
70 Hermsen, Kunstförderung, 1997, S. 45.
71 Gaehtgens, Wilhelm von Bode, in: Mai/Paret (Hrsg.), Sammler, 1993, S. 167.
72 Vgl. Gaehtgens, Wilhelm von Bode, in: Mai/Paret (Hrsg.), Sammler, 1993, S. 167.
73 Vgl. Pielhoff, Stifter, in: GG 33 (2007), S. 10–45.
74 Pielhoff, Stifter, in: GG 33 (2007), S. 23.
75 Clemens, Kunstsammler, in: Clemens et al. (Hrsg.), Raum, 2011, S. 117.
76 Tacke, Denkmal, 1995.

sche Denkmäler und Symbole von „etablierten Kräften, vom Staat oder von ‚staatstragenden' Gruppen" gebaut wurden.[77] Insofern sollte es darum gehen, welche und wessen Kultur sich im Denkmalbau, aber auch in anderen mäzenatischen Projekten manifestierte. Wer gehörte zu diesen ‚staatstragenden Gruppen'? In der vorliegenden Studie soll daher nachgewiesen werden, dass im Gegensatz zu einer Verbreitung von „Normen und Inhalten bürgerlicher Kultur"[78] häufig eine Verherrlichung der Dynastie im Vordergrund mäzenatischer Projekte stand.

Folgt man Norbert Elias, ist insbesondere nach 1871 eine deutliche Annäherung zwischen Teilen des Bürgertums und des Adels zu beobachten. Der bürgerliche Kanon füllte sich mit Elementen des monarchisch-aristokratischen Kanons, die Elias vor allem im Kriegerethos und der Bewahrung der Ungleichheit unter den Menschen, erkennt.[79] In seiner Charakterisierung der „guten Gesellschaft" des Kaiserreichs beschreibt Elias ein Netzwerk von Menschen, die zwar untereinander rivalisierten, aber dennoch ein Zusammengehörigkeitsgefühl entwickelten, das andere ausgrenzte und dadurch „Exklusivität" schuf.[80] Zugehörigkeit zu dieser Elite erlangte eine Person durch ihren Status, also durch „interne Kriterien wie Herkunft, Titel, berufliche Position, Bildung, Ruf und Einkommenshöhe".[81] Der Rang innerhalb dieser ‚guten Gesellschaft' wurde entsprechend der Machtverteilung im Kaiserreich vergeben.[82] Die Herkunft war bestimmend: „[D]en reichgewordenen Kaufleuten und Unternehmern ohne studentische oder militärische Bluttaufe sah man in den ‚guten Gesellschaften' des Kaiserreiches den Makel, daß sie von ‚unten' kamen, daß sie ‚Aufsteiger', Parvenüs waren, nie recht nach."[83]

Die Forschungsarbeiten zum Thema Mäzenatentum im 19. Jahrhundert zeigen deutliche Bemühungen, Philanthropie und Kulturförderung als konstituierende Elemente einer als allgemein anzuerkennenden Bürgerkultur zu würdigen, die aus dem heterogenen Bürgertum eine gesellschaftliche Gruppe erschafft. Während die klassischen ‚Bürgertum-Historikerinnen und -historiker' nach einer spezifisch bürgerlichen Kulturausprägung suchen, geraten die eigentliche Provenienz dieser Aktivitäten, der Ansporn und der tatsächliche gesellschaftliche Kontext aus dem Blick. In der vorliegenden Untersuchung werden vier Perspektivwechsel vollzogen:

1. Das Phänomen des Mäzenatentums im langen 19. Jahrhundert wird als Aspekt eines aristokratischen Leitbildes und als Mittel zur Integration in die ‚gute Gesellschaft' des Kaiserreichs untersucht. Diese Realität offenbart Werte und Geschmacksmuster, die auch hinsichtlich ihrer Tradition jenseits eines „bürgerli-

77 Nipperdey, Nationalidee, in: Historische Zeitschrift 206 (1968), S. 531.
78 Kocka, Bürger, in: Gaehtgens/Schieder (Hrsg.), Handeln, 1998, S. 34.
79 Vgl. Elias, Studien, 1992, S. 83.
80 Elias, Studien, 1992, S. 63 u. 65.
81 Elias, Studien, 1992, S. 63.
82 Vgl. Elias, Studien, 1992, S. 65 f.
83 Elias, Studien, 1992, S. 63 f.

chen Wertehimmels“[84] liegen. Auf diese Weise wird das einseitige Paradigma von ‚bürgerlicher Kulturförderung‘ in Frage gestellt und damit eine partielle Korrektur der bisherigen Forschung vorgenommen.

2. Ein weiterer Perspektivwechsel entsteht durch die Wahl des Untersuchungsortes. Worms als Klein- und Mittelstadt bringt einen neuen, bislang unberücksichtigten Aspekt ein. Es ist zu fragen, ob die Familie von Heyl einen auf die Mittelstadt angepassten Typus der Kulturförderung entwickelte. Zumeist fanden Mäzene ihren Wirkungskreis in ihren Heimatstädten. Dort griffen sie in die Kulturtopografie ein und setzten eigene Akzente. Auf diese Weise werteten sie ihre Stadt auf und genossen selbst die Vorzüge eines attraktiveren Stadtlebens. Daraus ergibt sich eine enge Verbindung zwischen der Geschichte mäzenatischen Handelns und der Stadtgeschichte. Die bisherige Mäzenatentumsforschung fokussiert allerdings ausschließlich Berlin und andere Großstädte. Doch bot die Provinz größere Möglichkeiten der Einflussnahme und eine überschaubare Bühne, um Alleinstellungsmerkmale für die eigene Familie zu erschaffen. Außerdem forderte die Provinzialität dazu heraus, sich auch auf überregionaler Ebene in einem größeren Maßstab zu profilieren.
3. Weiterhin ist die Konfession der Protagonisten in die Untersuchung einzubeziehen, was die bisherige Forschung vernachlässigte. Einschlägige Studien verweisen nur im Fall jüdischer Stifter stets auf die religiöse Dimension mäzenatischen Handelns. So wird beispielsweise diskutiert, inwiefern das Mäzenatentum als jüdische Tradition im Sinne der Sozialethik ‚Zedaka‘ anzusehen ist, oder überkonfessionell als „Pflicht des Reichtums“ angesehen wurde.[85] Über die Bedeutung des Calvinismus bzw. Protestantismus für die Stiftertätigkeit liegen noch keine Untersuchungen vor. Somit ist zu überprüfen, ob die untersuchte Familie eine entsprechende Auswahl und Gewichtung ihrer mäzenatischen Projekte im Hinblick auf ihre Konfession vornahm.
4. Die Tatsache, dass nicht allein Kunstliebhaberei für den Aufbau von Kunstsammlungen ausschlaggebend war, ist in der Forschung seit langem akzeptiert, allerdings wurde die Genese von privaten Kunstsammlungen und die Funktionsweise des Kunstmarktes bisher nur ungenügend untersucht. Doch finden sich genau hier besonders gute Möglichkeiten, die Bühne mäzenatischen Handelns mit ihren Protagonisten, Netzwerken und Praktiken zu untersuchen. Dabei sollte nicht allein die Oberfläche dieser Bühne interessieren, sondern auch die tiefere Ebene der Interaktionen, die sich darauf abspielen. Denn die private Kunstsammlung war ein bedeutendes Element des adlig-bürgerlichen Mäzenatentums.[86] Der Kunsthistoriker Sven Kuhrau arbeitete in seiner umfassenden Untersuchung über die Kunstsammler im wilhelminischen Berlin das Sammeln und Stiften als

---

84 Vgl. Hettling, Wertehimmel, 2000.
85 Dorrmann, Arnhold, 2002, S. 104; Matthes, James Simon, 2000.
86 Vgl. Kuhrau, Kunstsammler, 2005.

Distinktions- und Integrationsmedium der sich neu formierenden bürgerlichen ‚kulturellen Elite' heraus.[87] Mit privaten Kunstsammlungen, die häufig als Stiftungen in öffentlichen Museen aufgingen, konnten die Akteure eine nachhaltige Familienmemoria forcieren. Der Autor Samuel N. Behrman, der in den 1950er Jahren über den New Yorker Kunstsammler Henry Clay Frick schreibt, erläutert dies folgendermaßen:

> Die Mäzene der Renaissance ließen sich verewigen in den Bildern, die sie bestellten. Ihre amerikanischen [die europäischen ebenso, Anm. I. H.] Nachfolger [...] kauften Sammlungen und schenkten sie den Museen. Es liegt etwas sehr Menschliches [...] in diesem Verlangen, noch jenseits der zugemessenen Lebensspanne fortzudauern. Die Frick betreffende Eintragung in der Encyclopedia Britannica ist dreiundzwanzig Zeilen lang. Zehn davon sind seiner Laufbahn als Industrieller gewidmet und dreizehn seinen Kunstsammlungen. In diesen dreizehn Zeilen steht er im trauten Verkehr mit Tizian, Vermeer und El Greco, mit Goya, Gainsborough und Velázquez.[88]

Sowohl klassische als auch neuere Beiträge zur historischen Adelsforschung diskutieren das ‚Obenbleiben' des europäischen Adels in Zeiten revolutionärer Umbrüche. Arno Mayers Grundlagenwerk „The Persistence of the Old Regime" (1981) löste ein anhaltendes Interesse für die Geschichte der europäischen Aristokratie aus.[89] Die neuere Forschung zeigt, dass die im *Ancien Regime* konsolidierten Herrschaftselemente und ihre adligen Protagonisten sich gegenüber Modernisierungsschüben als äußerst anpassungsfähig erwiesen. Zudem bildeten die kulturellen Paradigmen der adligen und höfischen Gesellschaft bis in die erste Hälfte des 20. Jahrhunderts hinein ein attraktives Integrationsmodell für bürgerliche Unternehmer, Beamte und Intellektuelle.[90] Insgesamt wurde die Beharrung der Sozialformation des Adels und ihres kulturellen Kapitals in der Forschung zwar deutlich aufgezeigt, aber es entstanden wenige Arbeiten zum Thema Mäzenatentum. Dabei ist zu konstatieren, dass die Monarchen weiterhin die wichtigsten Mäzene und der niedere und der hohe Adel ebenfalls bedeutende Akteure auf dem Kunstmarkt blieben.[91]

---

87 Vgl. Kuhrau, Kunstsammler, 2005.

88 Behrman, Duveen, 1953, S. 252, zit. n. Hermsen, Kunstförderung, S. 17.

89 Vgl. Mayer, Adelsmacht, 1984. Einen Forschungsstand bietet: Clemens/Jakobs, Mäzenatentum, in: Zeitschrift für Württembergische Landesgeschichte 75 (2016), S. 171–192.

90 Frie et al., Ways, in: Journal of Modern European History 11 (2013), S. 433–453; Leonhard et al., Identities, in: Leonhard et al. (Hrsg.), Nobility, 2011, S. 7–32; Matzerath, Adelsprobe, 2006. Für den Elitenwandel in Ostmitteleuropa im 19. ahrhundert legte Halina Beresneviciūtė-Nosálová 2018 eine Monographie vor, in der sie die diskursive Konstruktion von Adel in Zeitungen im Hinblick auf das „ennoblement" von Künstlern untersuchte. Die „adligen" Beispiele von Wohltätigkeit, Geschmack, Kosmopolitismus und Patriotismus seien weiterhin attraktive Vorbilder für Karrieren etwa in der Kunstszene gewesen: „Despite democratizing and nationalizing change, these originally ‚noble' qualities did not lose their original ‚noble' glamour." Halina Beresneviciūtė-Nosálová, Artists, 2018, S. 26.

91 Clemens/Jakobs, Mäzenatentum, in: Zeitschrift für Württembergische Landesgeschichte 75 (2016), S. 174.

Aus der Adelsforschung sind drei Konzepte hervorzuheben: erstens das zum Ansatz der Bürgertumsforschung analoge Konzept der Adligkeit,[92] zweitens das Konzept des Adels als Erinnerungsgruppe[93] und drittens eine Erweiterung des zeitgenössischen Aristokratismusbegriffs als Analysekategorie.[94] Im Jahr 2013 eröffneten Eckart Conze, Ewald Frie, Gudrun Gersmann und Tatjana Tönsmeyer die Publikationsreihe „Adelswelten", mit der sie der aktuellen Dynamisierung der historischen Adelsforschung entgegenkommen.[95] Darin werden Adels- und Aristokratiekonzepte als Elitenmodelle diskutiert. Die Herausgeber und Herausgeberinnen gehen davon aus, dass während des zunehmenden Funktionsverlusts des Adels im 19. und 20. Jahrhundert dieser gleichzeitig zur Projektionsfläche für elitäre Ideale geworden sei.[96] Die Orientierung am aristokratischen Habitus werten sie als „Reaktion auf die Krisenerfahrungen der Moderne".[97] Aus diesem Kontext entwickeln sie Fragen, die sich auch für die vorliegende Untersuchung als zielführend darstellen: War diese Orientierung am aristokratischen Habitus rein defensiv und anachronistisch oder handelte es sich hier um ein adäquates Bewältigungs- beziehungsweise ein zukunftsfähiges Elitemodell?

1.3 Konzeption und Methode

Die zentralen Fragen dieser Studie berühren vor allem die sozialen Beziehungsgefüge von Akteuren und die hierbei angewandten Repräsentationsformen. Daher werden in der Untersuchung vorrangig relationale Methoden angewendet und performative Konzepte verfolgt. Leitende Ansätze bieten hierzu die Soziologie Norbert Elias' und Pierre Bourdieus, die soziale Netzwerkanalyse sowie der kulturwissenschaftliche Theatralitätsbegriff.

Mäzenatisches Handeln diente der Vernetzung von Personen in gehobenen sozialen Gesellschaftskreisen und kann als „Zeichen gesellschaftlicher Integration und Akzeptanz" interpretiert werden.[98] Dabei ist zu bedenken, dass bereits etablierte Akteure einer Elite mit einer anderen Intention stiften und sammeln als Akteure, die sich in diese Elite zu integrieren versuchen.[99] Es liegt also nahe, die Kulturförderung der Familie Heyl in das Beziehungsgeflecht der kaiserzeitlichen Eliten einzubetten und gleichzeitig das Spannungsfeld zu beleuchten, in dem sich die Selbstbehauptungsmuster der Familie entwickelten. In dieser Untersuchung werden Elias' theoretische Kon-

92 Malinowski/Funck, Geschichte, in: Historische Anthropologie 7 (1999), S. 236–270; Malinowski, König, 2010, S. 6.

93 Matzerath/Marburg, Stand, in: Matzerath/Marburg (Hrsg.), Schritt, 2001, S. 14.

94 Conze, Aristokratismus, in: Conze et al. (Hrsg.), Aristokratismus, 2013, S. 12.

95 Der erste Band der Reihe Adelswelten: Conze et al. (Hrsg.), Aristokratismus, 2013.

96 Conze, Aristokratismus, in: Conze et al. (Hrsg.), Aristokratismus, 2013, S. 18.

97 Conze, Aristokratismus, in: Conze et al. (Hrsg.), Aristokratismus, 2013, S. 19.

98 Dorrmann, Arnhold, S. 99.

99 Dorrmann, Arnhold, S. 99.

zepte rezipiert, da diese geeignet sind, die Eigendynamik der Verflechtungsordnung zwischen Individuen und Sozialgruppen in räumlich und zeitlich begrenzten Untersuchungsfeldern herauszuarbeiten.[100] Norbert Elias beschreibt die soziale Schichtung im Kaiserreich anhand der Theorie der „satisfaktionsfähigen Gesellschaft“,[101] in der nicht allein Besitz oder Nichtbesitz von Produktionsmitteln, sondern vor allem die Herkunft eines Menschen zählten. Sein Status hing außerdem vom Titel, der beruflichen Position, Bildung, Ruf und schließlich vom Einkommen ab.[102] Elias betont, dass die ‚alten‘ Familien im Gesellschaftsgefüge des Kaiserreichs den ‚Kapitalisten‘ an gesellschaftlicher Macht und gesellschaftlichem Rang eindeutig überlegen waren.[103]

Die Potenz des Adels im Kaiserreich ist stets zu vergegenwärtigen, um die Aktivitäten einer Industriellenfamilie innerhalb des sozialen Gefüges adäquat einzuordnen.[104] Die wissenschaftliche Untersuchung der Rolle einzelner Personen innerhalb struktureller Spannungen einer Gesellschaft führt zu Elias’ Figurationssoziologie. In deren Mittelpunkt stehen der Mensch und die strukturellen Beziehungen zwischen den Menschen, beziehungsweise ihre jeweiligen Interdependenzen. Der Figurationsbegriff bezeichnet also unterschiedliche soziale Beziehungsordnungen und deren „ganz bestimmte Gestalt“.[105] Mit anderen Worten: Mit seinem Figurationsbegriff lenkt Elias den Blick auf Beziehungsgeflechte und Spannungsbalancen zwischen Menschen und Sozialgruppen. Gleichzeitig schärft er den Blick für die Suche nach Funktionen anstelle von Aktionen bei der Untersuchung von Verknüpfungen im gesellschaftlichen Zusammenleben.[106] So sei das Verhalten der Oberschichten im Sinne einer ständigen Abgrenzung nach unten zu verstehen und die Prestige- und Repräsentationsausgaben in ihrer Funktion als „unentbehrliches Instrument der Selbstbehauptung“ zu beschreiben.[107] Welche Position der Akteur in den Figurationen und auf den Handlungsfeldern einnimmt, ist für Elias, der diesen Begriff bereits vor Pierre Bourdieu prägte, eine Frage des Habitus.[108]

---

100 Jäger, Menschenwissenschaft, in: Archiv für Kulturgeschichte 77 (1995), S. 108.

101 Elias, Studien, 1989, S. 61–158.

102 Elias, Studien, 1989, S. 65.

103 Elias, Studien, 1989, S. 63 f.

104 Vgl. trotz aller Kritik an Elias’ historischen Studien sind ihm wesentliche Einsichten über die Oberschichten des 19. Jahrhunderts zu verdanken. Vgl. Jäger, Menschenwissenschaft, in: Archiv für Kulturgeschichte 77 (1995), S. 115.

105 Willems, Theatralität, in: Willems (Hrsg.), Theatralisierung, 2009, S. 100.

106 Jäger, Menschenwissenschaft, in: Archiv für Kulturgeschichte 77 (1995), S. 90.

107 Jäger, Menschenwissenschaft, in: Archiv für Kulturgeschichte 77 (1995), S. 99 f. Hier geht es zwar um die Höfische Gesellschaft der Frühen Neuzeit, aber diese Einschätzung lässt sich nach Elias’ Beurteilung der sozialen Schichtung im Kaiserreich auch auf diese Zeit übertragen. Dies wird umso plausibler, wenn man das mäzenatische Handeln der Familie Heyl betrachtet.

108 Vgl. Willems, Theatralität, in: Willems (Hrsg.), Theatralisierung, 2009, S. 103. Katharina Liebsch definiert den Habitus im Sinne Bourdieus zum einen als habitualisierte Gewohnheiten und Handlungen von Personen. Zum anderen meine Habitus ein sozialisatorisch erworbenes Schema zur Erzeugung immer neuer Handlungen. Dieses Schema reproduziert und verändert Grenzen und Spielräume.

Bourdieu entwickelte eine Theorie, die Elias' Soziologie ähnelt, da sie ebenfalls soziale Beziehungsgefüge von Menschen und ihre „symbolischen, rituellen und strategischen ‚Spiele'" in den Blick nimmt.[109] Die theoretischen Konzepte Pierre Bourdieus weisen ein hohes analytisches Potenzial für die Geschichtswissenschaft auf.[110] Zentral ist vor allem Bourdieus Feldtheorie, die verbunden mit dem Habitusbegriff sowie seinem Kapitalkonzept im Hinblick auf die Untersuchung des mäzenatischen Handelns der Familie Heyl von Bedeutung ist.[111] Ausgehend von sozialen Handlungsgebieten definiert Bourdieu Felder (akademische, ökonomische, religiöse, künstlerisch-literarische etc.), in denen spezifische ‚Spielregeln' gelten.[112] Nur derjenige kann sich auf einem Feld behaupten, der über die entsprechenden Kapitalsorte und Habitusform verfügt. Um verschiedene Formen sozialen Austausches abzudecken, unterscheidet Bourdieu drei mögliche Arten von Kapital: ökonomisches, kulturelles und soziales.[113] Der Zusammenhang zwischen Feld, Kapital und Habitus erschließt sich über Investitionen.[114] Entscheidend ist dabei die Feststellung, dass Akteure in Felder ‚hineinwachsen'. Es stellt sich also die Frage, auf welche Weise und unter welchen familiären, materiellen und zeitlichen Bedingungen sich Menschen die jeweiligen Kapitalsorten aneignen, die sie auf dem entsprechenden Feld investieren.[115] Dies ist vor allem dann relevant, wenn – wie im Fall der Heyls – reichlich mit ökonomischem Kapital ausgestattete ‚Aufsteiger', im Zentrum der Analyse stehen. Mit Hilfe dieses ökonomischen Kapitals können die anderen Kapitalarten nämlich um den Preis von Transformationsarbeit erworben werden.[116]

Als dialektischer Begriff bezeichne Habitus das bereits Strukturiert-Sein und die strukturierende Funktion der Handlungen von Individuen, die gesellschaftliche Prägung und die individuellen Gestaltungsmöglichkeiten. Vgl. Liebsch, Identität, in: Korte/Schäfers (Hrsg.), Einführung 2008, S. 76.

109 Willems sieht begriffliche Parallelitäten zwischen Elias und Bourdieu in den Schlüsselbegriffen des Feldes und des Habitus sowie bei den Begriffen des Rituals, des (Lebens-)Stils und der Distinktion, wobei Elias den Feld- wie auch den Habitusbegriff nicht systematisch ausgearbeitet habe. Vgl. Willems, Theatralität, in: Willems (Hrsg.), Theatralisierung, 2009, S. 103 f. u. Anm. 58.

110 Simone Lässig untersuchte mithilfe Bourdieus' Kapitalkonzepts, den sozialen Aufstieg jüdischer Bürger im 19. Jahrhundert. Lässig, Wege, 2004. Morten Reitmayer legte eine sozialgeschichtliche Studie über den Habitus von Bankiers im Kaiserreich vor, in der er die Kategorien Bourdieus anwendete: Reitmayer, Bankiers, 1999.

111 Vgl. Bourdieu, Kapital, in: Kreckel (Hrsg.), Ungleichheiten, 1983, S. 183–198.

112 Flaig, Bourdieu, in: Erhart/Jaumann (Hrsg.), Jahrhundertbücher, 2000, S. 373 und Lässig, Wege, 2004, S. 27.

113 Der Kapitalbegriff der Wirtschaftswissenschaft greife, so Bourdieu, zu kurz. Die Reduktion des Kapitalbegriffs auf Warentausch mache aus allen anderen Formen sozialen Austauschs „uneigennützige Beziehungen". Er hebt im Zusammenhang mit intellektuellen und künstlerischen Praktiken sowie Gütern hervor, dass auch scheinbar unverkäufliche Dinge ihren Preis haben. Dies sei umso bemerkenswerter, da diese Praktiken und Güter ein „Quasi-Monopol der Angehörigen der herrschenden Klasse sind." Bourdieu, Kapital, in: Kreckel (Hrsg.), Ungleichheiten, 1983, S. 184.

114 Flaig, Bourdieu, in: Erhart/Jaumann (Hrsg.), Jahrhundertbücher, 2000, S. 374.

115 Flaig, Bourdieu, in: Erhart/Jaumann (Hrsg.), Jahrhundertbücher, 2000, S. 373.

116 Bourdieu, Kapital, in: Kreckel (Hrsg.), Ungleichheiten, 1983, S. 195.

Bourdieu unterscheidet drei, teilweise miteinander verbundene Formen des kulturellen Kapitals: Bildung, objektiviertes Kulturkapital (Gemälde, Bücher, Instrumente, Denkmäler etc.) sowie institutionalisiertes Kulturkapital (akademische Titel). Zentral ist der Gedanke, dass die inkorporierte Form des kulturellen Kapitals, die Bildung eines Menschen, an ihn gebunden ist und somit zum Habitus wird.[117] Eine wesentliche Rolle spielt die Familie, welche diese Kulturkompetenz vermittelt. Das Problem der privaten Mäzene spricht Bourdieu direkt an: Sie wollten ihr objektiviertes Kulturkapital beherrschen, aber brauchten dafür Personen, die über das entsprechende inkorporierte kulturelle Kapital verfügen. Ökonomisches Kapital ermögliche zwar den Aufbau einer Gemäldesammlung, doch die kulturelle Fähigkeit des ‚Kunstgenusses' sei nicht direkt eintauschbar.[118]

Die Kategorie des sozialen Kapitals knüpft an Elias' Konzept an. Bourdieu definiert das soziale Kapital als die „Gesamtheit der aktuellen und potentiellen Ressourcen, die mit dem Besitz eines dauerhaften Netzes von mehr oder weniger institutionalisierten Beziehungen gegenseitigen Kennens oder Anerkennens verbunden sind."[119] Diese Ressourcen basieren auf der Zugehörigkeit zu einer Gruppe: Der Akteur zieht soziales Kapital aus den sozialen Netzwerken, in die er sich aufgrund seiner Herkunft, aber möglicherweise auch durch stetige Anstrengung integriert. Je höher das Gesamtkapital innerhalb der Gruppe ist, desto mehr Sicherheit bietet das Netzwerk für den Einzelnen, da ihm die Zugehörigkeit Kreditwürdigkeit verleiht.[120] Soziales Kapital entfaltet sein Potenzial verbunden mit anderen Kapitalsorten und steigert häufig deren Wirksamkeit.[121] Dies gibt den Anreiz, in das Beziehungsnetz zu investieren, um neue Sozialbeziehungen zu schaffen oder die bestehenden zu erhalten. Entscheidend ist in jedem Fall der unmittelbare Nutzen, den sich der Akteur aus diesen Beziehungen verspricht.[122] Um sich ein wirksames Netzwerk aufbauen und die notwendige Beziehungsarbeit leisten zu können, ist das Wissen über kulturelle Praktiken und symbolische Codes (wenn diese noch nicht habitualisiert sind) unabdingbar, die auf dem relevanten Handlungsfeld erforderlich sind: Der erfolgreiche Netzwerker braucht also ein feldspezifisches kulturelles Kapital.[123] Diese Einsicht spannt den Bogen zur ‚guten Gesellschaft' des Kaiserreichs. Wer zu ihr gehören wollte, um den Multiplikatoreneffekt des sozialen Kapitals auf das tatsächlich verfügbare Kapital auszunutzen, musste sich durch entsprechendes kulturelles Handeln auszeichnen.

Abschließend sei Bourdieus Begriff des symbolischen Kapitals erwähnt, das in Form von Ehre, Prestige und Reputation als Vertrauensvorschuss innerhalb der Netz-

117 Bourdieu, Kapital, in: Kreckel (Hrsg.), Ungleichheiten, 1983, S. 186.
118 Bourdieu, Kapital, in: Kreckel (Hrsg.), Ungleichheiten, 1983, S. 186 u. 188.
119 Bourdieu, Kapital, in: Kreckel (Hrsg.), Ungleichheiten, 1983, S. 190.
120 Bourdieu, Kapital, in: Kreckel (Hrsg.), Ungleichheiten, 1983, S. 191.
121 Lässig, Wege, 2004, S. 28.
122 Bourdieu, Kapital, in: Kreckel (Hrsg.), Ungleichheiten, 1983, S. 192.
123 Lässig, Wege, 2004, S. 27.

werke fungiert. Prinzipiell kann symbolisches Kapital von jeder der genannten Kapitalsorten hervorgebracht werden, wenn diese von sozialen Akteuren wahrgenommen werden, die imstande sind, ihren Wert anzuerkennen.[124] Symbolisches Kapital ist notwendig, um sich in einem Netzwerk zu etablieren und kann wiederum aus der Integration in eine Gruppe gezogen werden. Im Hinblick auf die enorme Stiftertätigkeit der Heyls muss die Frage gestellt werden, ob sie eine Gegengabe für ihre Geschenke oder, in den Begrifflichkeiten Pierre Bourdieus, die Umwandlung ihres zur Verfügung gestellten ‚ökonomischen Kapitals' in ‚soziales Kapital' anstrebten. Inwiefern also beherrschten die Heyls die gefragte „kulturelle Klaviatur"[125] der wilhelminischen Elite?

Anknüpfend an Elias' und Bourdieus Konzepte von Relationalität ist an dieser Stelle auf die soziale Netzwerkanalyse zu verweisen, die in den vergangenen Jahren immer häufiger in der Sozial- und auch in der Geschichtswissenschaft zur Anwendung kommt.[126] Es geht hier um eine datenbasierte, systematische Auswertung von Netzwerkstrukturen. Begriffe wie Dichte, Clusterbildung, Positionierung, strukturelle Löcher und Beziehungsmuster bieten dabei die Grundlage zur Entwicklung von Fragestellungen.[127] Die Netzwerkforschung geht davon aus, dass die Einbettung der Akteure in netzwerkartige Strukturen Auswirkungen auf ihre Handlungsmöglichkeiten hat. Über die Aufschlüsselung von Netzwerkstrukturen kann die Handlungskoordination der verschiedenen Akteure sichtbar gemacht werden. Des Weiteren ist es möglich, dass ein Netzwerk über einen Akteur mit einem anderen Netzwerk verbunden ist.[128] Historikerinnen und Historiker stehen allerdings oftmals vor dem Problem des nur lückenhaft vorliegenden Quellenmaterials. Wenn sie die Netzwerkanalyse im Sinne der aktuellen Sozialwissenschaft nutzen wollen, können sie dadurch nicht die gesamte Bandbreite an soziologischen Kenngrößen anwenden. Netzwerke bieten dennoch für die historische Forschung die Möglichkeit, Zusammenhänge zu verstehen, weil sie die

---

124 Bourdieu, Vernunft, 1998, S. 108.

125 Lässig, Wege, 2004, S. 29.

126 Dazu problemorientiert, mit zahlreichen Literaturhinweisen: Hirsch, Netzwerke, in: Hergenröder (Hrsg.), Gläubiger, 2010, S. 133–142. Zu den historischen Arbeiten, die sich die Netzwerkanalyse zu eigen machen, gehören u. a. Padgett/Ansell, Action, in: American Journal of Sociology 98 (1993), S. 1259–1319; Clemens (Hrsg.), Schuldenlast, 2008; Duhamelle/Schlumbohm (Hrsg.), Eheschließungen, 2003; von Saldern, Netzwerkökonomie, 2009; Gorißen, Netzwerkanalyse, in: Joergens/Reinicke (Hrsg.), Archive, 2006, S. 159–174; Reitmayer/Marx, Netzwerkansätze, in: Stegbauer/Häußling (Hrsg.), Handbuch, 2010.

127 Jansen, Netzwerk, in: Schäfer/Kopp (Hrsg), Grundbegriffe, 2006, S. 210. Als Vorläufer der sozialen Netzwerkanalyse gilt Georg Simmel, der bereits 1889 so genannte Wechselwirkungen in den Blick nahm und die Beziehungen zwischen Individuen innerhalb der soziologischen Forschung fokussierte. Vgl. Jansen, Einführung, 2006, S. 37. Neben der deutsch-österreichischen Tradition der Sozialpsychologie lieferte auch die britische und amerikanische Sozialanthropologie Ansätze, die in die aktuelle Soziale Netzwerkanalyse einfließen. Als Gemeinsamkeit gilt das Interesse am Funktionieren und den tatsächlichen Beziehungsstrukturen in sozialen Einheiten. Vgl. Jansen, Netzwerk, in: Schäfer/Kopp (Hrsg), Grundbegriffe, 2006, S. 208. Zur Geschichte der Netzwerkanalyse s. das entsprechende Kapitel in: Jansen, Einführung, 2006, S. 37–49.

128 Jansen, Einführung, 2006, S. 11.

Datenfülle aus den Quellen auch ohne vollständige Rekonstruktion strukturieren. Adelheid von Saldern untersuchte beispielsweise unternehmerische Netzwerke im frühen 19. Jahrhundert im Hinblick auf ihre wirtschaftliche und soziale Funktion sowie kulturelle Struktur und Wirkungsweise.[129] Sie beschreibt die „Essenz" von Netzwerken im Sinne eines weit gefassten Netzwerkbegriffs: Diese liege in der Schaffung eines Kommunikationsraumes, in dem sich Beziehungen unterschiedlicher Art entfalten.[130] Die Netzwerkakteure nutzen das Beziehungsgewebe zur Durchsetzung eigener oder gemeinsamer Ziele, wobei schlechte Rahmenbedingungen durch das Netzwerk ausgeglichen werden können.[131] Wesentlich für die Stabilität der Beziehungen sei der gemeinsame Wertehorizont der Akteure. In Verbindung mit Pierre Bourdieus Kapitaltheorie interpretiert von Saldern Netzwerke als soziales Kapital und betont die Bedeutung des Vertrauens.[132] Vor allem der Blick auf die diversen Funktionen der Netzwerke und die Analyse der Beziehungen innerhalb eines Netzwerks, sowie das Nachzeichnen seiner Genese und Aufrechterhaltung können für die Geschichtsschreibung gewinnbringend eingesetzt werden.

Weil das Mittel der Inszenierung innerhalb von Distinktionsprozessen eine wichtige Rolle spielt und von der Familie Heyl in unterschiedlichen Formen auch zur Netzwerkbildung angewendet wurde, ist es sinnvoll, auch das Theatralitätsmodell der Kulturwissenschaften in die Untersuchung einzubeziehen. Im Mittelpunkt dieses Modells stehen die Kultur *der* Inszenierung sowie die Kultur *als* Inszenierung. Es greift besonders dann, wenn Einzelne und gesellschaftliche Gruppen ihre Lebenswelt wirkungsvoll in Szene setzen und betont den spezifischen Aufführungscharakter von Kultur und kulturellen Handlungen.[133] Der Aufführungsbegriff setzt sich aus den Elementen Inszenierung, Körperlichkeit und Wahrnehmung zusammen, die anhand des Theatralitätsmodells untersucht werden können. Auch hier liegt der Fokus auf den sozialen Prozessen, da eine Aufführung als „Zusammentreffen unterschiedlicher Gruppen, die unterschiedliche Beziehungen zueinander eingehen" definiert wird.[134] Fruchtbar ist dieses Modell für die Untersuchung der Kulturförderung der Familie Heyl, da es Prozesse der (Selbst-)Inszenierung greifbarer macht und zugleich auf „Strukturen, Funktionen und Interessen, die im ‚Spiel' umkämpft sind" verweist.[135] Infolgedessen ist zu

129 von Saldern, Netzwerkökonomie, 2009.

130 von Saldern, Netzwerkökonomie, 2009, S. 13.

131 von Saldern, Netzwerkökonomie, 2009, S. 13.

132 von Saldern, Netzwerkökonomie, 2009, S. 20. Hartmut Berghoff bezeichnet Vertrauen als „Grundlage von Kooperation und Regelhaftigkeit": Berghoff, Vertrauen, in: Ellerbrock/Wischermann (Hrsg), Wirtschaftsgeschichte, 2004, S. 59.

133 Fischer-Lichte, Einleitung, in: Fischer-Lichte (Hrsg.), Theatralität, 2004, S. 7 u. 10.

134 Fischer-Lichte, Einleitung, in: Fischer-Lichte (Hrsg.), Theatralität, 2004, S. 10 u. 12.

135 Fischer-Lichte definiert als Teile der Inszenierung: Erstens das, was in/mit ihr zur Erscheinung gebracht wird und von anderen wahrgenommen wird. Zweitens das Ensemble von Techniken und Praktiken, das eingesetzt wird, um es in Erscheinung zu bringen. Vgl. Fischer-Lichte, Einleitung, in:

fragen, inwiefern die Heyls Inszenierungen zur Netzwerkbildung nutzten und welche Bühne sie sich zur Aufführung ihrer kulturellen Praxis schufen.

1.4 Quellenbasis

In der Geschichtsschreibung der Stadt Worms wird durchgängig auf die Bedeutung der Heylschen Lederwerke und der Unternehmerfamilie für den Städtebau und die Industrialisierung hingewiesen.[136] Der Sammelband „Geschichte der Stadt Worms" enthält im Index 97 Verweise auf Familienmitglieder der Heyls und das Unternehmen.[137] Die parlamentarische Arbeit Cornelius Wilhelm Heyls als Reichstagsabgeordneter sowie sein politischen Wirken im Großherzogtum Hessen und der Stadt Worms wurde bereits eingehend untersucht.[138] Über das mäzenatische Handeln der Familie gibt es jedoch noch keine eigenständige Monographie. Bisher liegt allein ein kritischer Katalog der Gemäldesammlung der Stiftung Kunsthaus Heylshof vor.[139]

Grundlegende Forschung zur Familie leistete federführend Gerold Bönnen, Leiter des Stadtarchivs Worms. Gemeinsam mit dem Architekturhistoriker und Publizisten Ferdinand Werner gab er 2010 einen Sammelband über die Geschichte der Familie und ihre vielfältigen Aktivitäten zwischen dem 19. Jahrhundert und dem Ende des 20. Jahrhunderts heraus.[140] In seiner detaillierten Studie bietet Bönnen erstmals einen Überblick der rasanten Heylschen Aufstiegsgeschichte als Beitrag zur Stadtgeschichte und wirft zahlreiche Fragen auf, die zu einer vertiefenden Untersuchung ihrer Familiengeschichte und insbesondere von ihrem Mäzenatentum anregen.[141] Als Desiderat bezeichnet er insbesondere eine Analyse des Lebens von Cornelius Wilhelm Heyl, wobei er von einer Verortung in die deutschen Bürgertumslandschaft des Kaiserreichs ausgeht.[142]

Die Untersuchung kann sich auf eine äußerst breite Quellenbasis stützen.[143] Zentral sind hierbei die bislang nicht ausgewerteten Bestände des Archivs der Familie Heyl, das in den Jahren 2002 bis 2005 ins Stadtarchiv Worms überführt und dort erst-

Fischer-Lichte (Hrsg.), Theatralität, 2004, S. 8; direktes Zitat: Willems, Theatralität, in: Willems (Hrsg.), Theatralisierung, 2009, S. 105.

136 Vgl. bspw. Reuter, Hofmann, 1993; Reuter, Worms, 1993.

137 Bönnen (Hrsg.), Geschichte, 2005.

138 Kriegbaum, Tätigkeit, 1962; Hoffmann, Untersuchungen, 2001.

139 Schenkluhn (Hrsg.), Stiftung Kunsthaus Heylshof, 1992.

140 Bönnen/Werner (Hrsg.), Industriellenfamilie, 2010.

141 Bönnen, Familie Heyl, in: Bönnen/Werner (Hrsg.), Industriellenfamilie, 2010, S. 41.

142 Bönnen, Familie Heyl, in: Bönnen/Werner (Hrsg.), Industriellenfamilie, 2010, S. 41.

143 Ich danke Dr. Gerold Bönnen, dem Leiter des Stadtarchivs Worms und seinem Team für die bestmögliche Zugänglichmachung des Archivs und stets engagierte Unterstützung des Projekts.

mals erschlossen wurde.[144] Es handelt sich im Kern um den verloren geglaubten Nachlass von Cornelius Wilhelm von Heyl. Die Familienarchivalien beinhalten eine umfangreiche Korrespondenz, Tagebücher, Erinnerungsschriften, Manuskripte, Berichte, private Papiere, Gesellschaftsbücher, Tischordnungen, Inventare, Kataloge, Zeitungsausschnitte, Publikationen, Firmenschriften, Markenzeichen, Wappenzeichnungen, Fotografien und Pläne und bieten einen hervorragenden Quellenbestand für die Erforschung der Heylschen Kulturförderung, ihres Lebensstils sowie ihrer politischen und wirtschaftlichen Aktivitäten. Dazu liegen aus dem Nachlass Sophie von Heyls, geb. Stein, Archivalien der Kölner Bankiersfamilie vor. Der Schwerpunkt der Überlieferung liegt im Zeitraum von ca. 1880 bis 1930 und umfasst 1806 Verzeichniseinheiten. Die Auswertung des Familienarchivs brachte über hundert karitative und kulturfördernde Projekte von Cornelius Wilhelm und Sophie Heyl zu Tage, die neben Patronage, Stiftungswesen und Kulturförderung auch soziale und betriebliche Wohlfahrt einschließen.

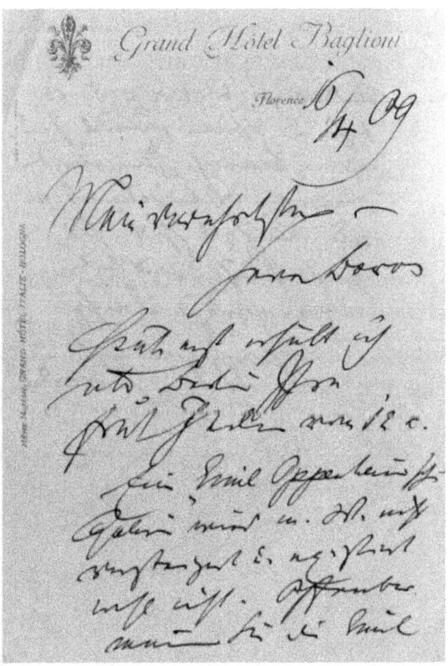
Grand Hôtel Baglioni
Florence 16/4 09

Abb. 4: Brief von Wilhelm von Bode an Cornelius Wilhelm Heyl, Florenz, 16.04.1909.

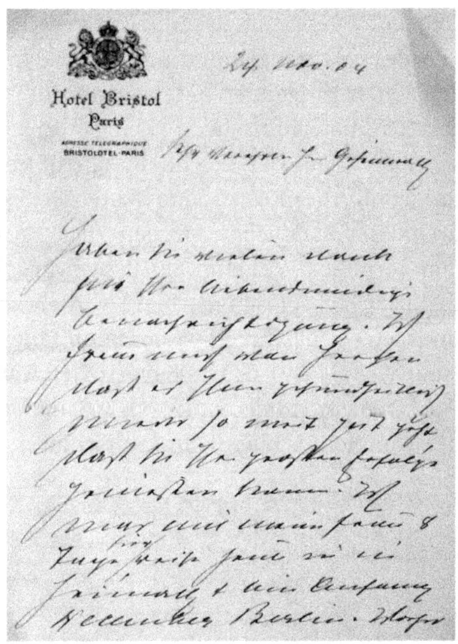
Hotel Bristol
Paris
ADRESSE TÉLÉGRAPHIQUE
BRISTOLOTEL-PARIS

Abb. 5: Brief von Cornelius Wilhelm Heyl an Wilhelm von Bode, Paris, 24.11.1904.

144 StA Worms Abt. 186, Familienarchiv Leonhard Frhr. von Heyl/Nonnenhof. 2002 schloss Herr Dr. Ludwig von Heyl einen Depositalvertrag über das Familienarchiv seines Onkels Leonhard von Heyl (1924–1983) ab.

Ebenfalls wurde bisher das 1997 zu den Archivbeständen gelangte Familien- und Firmenarchiv von Ludwig Cornelius von Heyl kaum bearbeitet, das Unterlagen zu den zahlreichen öffentlichen Ämtern und Funktionen der Familie zwischen 1877 und 1974 enthält.[145] Unterlagen aus der Aktenführung der Cornelius Heyl AG bieten Material zur Firmenentwicklung der Heylschen Lederwerke während des 19. und frühen 20. Jahrhunderts.[146] Allerdings ist die Überlieferung für die Anfangsjahre äußerst lückenhaft, da das Archiv des Kernunternehmens im Zweiten Weltkrieg zerstört wurde.[147]

Für die vorliegende Untersuchung erwies sich die erhaltene Korrespondenz als besonders aufschlussreich. Überliefert ist ein umfangreiches Konvolut von über 500 Briefen, Telegrammen, Auktionsberichten, Rechnungen, Quittungen sowie Angebots-, Empfehlungs- und Provenienzschreiben. Die größtenteils handschriftlich verfassten Briefe (Abb. 4 u. 5) wurden für die Auswertung vollständig transkribiert. Sie ermöglichen eine Rekonstruktion der Verbindungen der Heyls auf privater und familiärer Ebene, ebenso wie in kulturellen, politischen und gesellschaftlichen Feldern. Anhand der überlieferten Korrespondenz in der Klassifikationsgruppe *„Besondere Briefe / Kunst betreffend“*[148] lässt sich das Netzwerk erschließen, in dem Cornelius Wilhelm und Sophie von Heyl als Mäzene und Kunstsammler agierten. Zudem lassen sich ihre Verbindungen zu den prägenden Akteuren der Kunstszene und des Kunstmarkts zur Zeit des Kaiserreichs nachvollziehen.

Im Verlauf der Erschließung trat vor allem Wilhelm von Bode als wesentlicher Protagonist des Korrespondenznetzwerks hervor. In seinem Nachlass, der im Zentralarchiv der Staatlichen Museen Berlin aufbewahrt wird, fanden sich die Gegenbriefe von Cornelius Wilhelm und dessen Bruder Maximilian von Heyl (1844–1925), sodass die Briefwechsel rekonstruiert werden konnten.[149] Weitere Gegenbriefe befinden sich im Nachlass des für die Familie umfangreich tätigen Künstlers und Heraldikers Otto Hupp (1859–1949), der im Bayerischen Hauptstaatsarchiv München liegt.[150]

Über das Fideikommiss, den Grunderwerb und die Nobilitierung der Familie gibt der Familiennachlass kaum Aufschluss. Akten, die diesen Themenkomplex betreffen,

---

145 StA Worms Abt. 185, Familien- und Firmenarchiv Ludwig C. Freiherr von Heyl.

146 StA Worms Abt. 170/26, Familie/Firma von Heyl.

147 Erst für die Heylschen Lederwerke Liebenau in Worms-Neuhausen liegt für den Zeitraum zwischen 1920 und 1974 eine relativ vollständige Firmenüberlieferung vor (StA Worms Abt. 180/1). Die Lederwerke Cornelius Heyl AG sind für die Jahre 1930–1960 gut dokumentiert, vereinzelt finden sich auch Unterlagen zu einem früheren Zeitraum (StA Worms 180/2). Vgl. Gerold Bönnen, Quellen, in: Archiv und Wirtschaft 23, 1 (2010), S. 26 und 31.

148 StA Worms, Abt. 186, Nr. 937, 1174, 1165, 1202, 1217, 1266, 1416, 1492, 1502, 1761.

149 SMB-ZA, IV/NL Bode 3598.

150 BayHStA, NL Hupp.

wurden in Darmstadt während des Zweiten Weltkriegs zerstört.[151] Zur Eintragung in das bayerische Adelsmatrikel bietet hingegen die vollständige Akte des Freiherren Cornelius Wilhelm von Heyl im Bayerischen Hauptstaatsarchiv einen guten Einblick.[152] Die bruchstückhafte Überlieferung der ökonomischen Situation der Familie konnte zum Teil mit Hilfe der Höchstbesteuertenlisten, die aufgrund von Kriegsverlusten für die Jahre 1856 bis 1879[153] und dann für die Jahre 1901, 1903, 1906 und 1913[154] überliefert sind, ergänzt werden. Auch die Fotoabteilung des Stadtarchivs wurde einbezogen, insbesondere der fotografische Nachlass des großherzoglichen Hoffotografen Christian Herbst, der den Heylshof in zahlreichen Aufnahmen ablichtete (Abb. 8).[155]

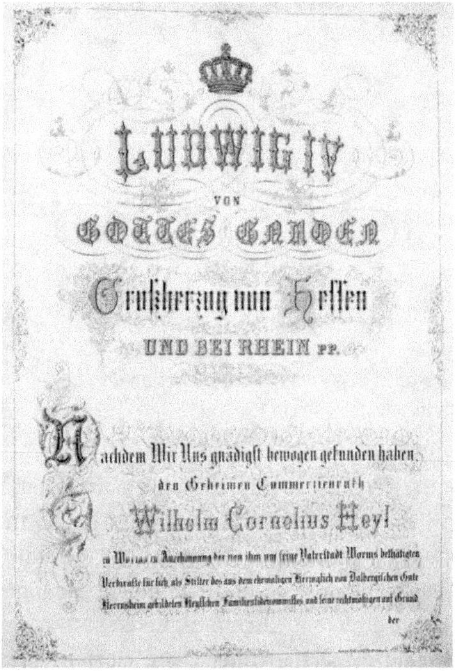

Ludwig IV
von
Gottes Gnaden
Großherzog von Hessen
und bei Rhein pp.

Nachdem Wir Uns gnädigst bewogen gefunden haben,
den Geheimen Commerzienrath
Wilhelm Cornelius Heyl

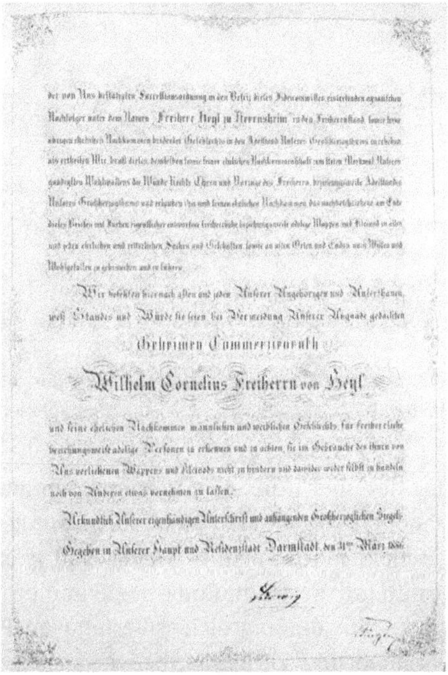

Geheimen Commerzienrath
Wilhelm Cornelius Freiherrn von Heyl

Abb. 6a-b: Adelsdiplom für Cornelius Wilhelm Heyl, verliehen von Ludwig IV. Großherzog von Hessen und bei Rhein am 31. März 1886.

151 Auskunft von Gerold Bönnen, Leiter des Stadtarchivs Worms.

152 BayHStA, Fr H 58, Acta des Königl. Bayerischen Reichsheroldenamtes, 1902.

153 StA Worms Abt. 42 Nr. 159.

154 StA Worms Abt. 5 Nr. 456, 457 u. 461.

155 StA Worms Abt. 302 CH.

Abb. 7a-b: Familienwappen nach einem Entwurf von Otto Hupp (1859–1949), ausgeführt von Carl Beyer (1826–1903), Bestandteil des Adelsdiploms, kolorierte Lithografie, 52 x 44 cm.

Der Heylshof (Abb. 8) mit seinen Sammlungen stellt als Gesamtensemble eine gegenständliche Quelle dar. Nach Zerstörungen im Februar 1945 wurde das Stadtpalais in bescheidenerer Form renoviert und wieder museal genutzt. Hier wird nicht nur die gestiftete Privatsammlung der Familie mit über tausend Objekten, sondern darüber hinaus ein umfangreicher Bestand an Prunkurkunden zu Ehrenmitgliedschaften in Vereinen und Verbänden sowie Ehrenbürgerschaften aufbewahrt.[156] Im Verlauf der Arbeit konnte zudem die Original-Nobilitierungsurkunde aus dem Jahr 1886 im Heylshof aufgefunden werden. Sie wurde 2019 in das Stadtarchiv Worms überführt, verzeichnet und digitalisiert (Abb. 6 u. 7).[157]

156 Mein Dank gilt an dieser Stelle Dr. Olaf Mückain, Leiter des Museums Heylshof Worms, der mir nicht nur die Sammlung, sondern darüber hinaus den Urkundenbestand und weiteres Material zugänglich machte.

157 StA Worms, Abt. 170/26, Familie/Firma (von) Heyl, Nr. 145, Urkunde über die Erhebung der Familie Heyl in den Freiherrenstand 1886, Eigentum Stiftung Kunsthaus Heylshof, depositarische Hinterlegung 02/2019.

Abb. 8: Christian Herbst: Der Heylshof in Worms, Straßenseite, Aufnahme von 1905.

Für die Untersuchung der medialen Präsenz der Familie Heyl wurden zeitgenössische Tageszeitungen und Zeitschriften herangezogen. Dabei profitierte die Arbeit von dem 2013 abgeschlossenen DFG-Projekt „Digitalisierung und Erschließung illustrierter Kunst- und Satirezeitschriften des 19. und frühen 20. Jahrhunderts" der Universitätsbibliothek Heidelberg.[158]

Im Rahmen jenes Projekts wurden 45 deutsch- und französischsprachige Kunstzeitschriften digitalisiert und erschlossen (Abb. 9[159] u. 10[160]). Mithilfe dieser Digitalisate konnten alle einschlägigen Satirezeitschriften für den Untersuchungszeitraum ausgewertet werden, um die Grenzen der Selbstinszenierung der Familie Heyl auszuloten. In einem weiteren Projekt digitalisierte die Universität Heidelberg gemeinsam mit der Kunstbibliothek der Staatlichen Museen zu Berlin Auktionskataloge der Jahre 1901 bis 1929. Auch diese Katalogsammlung konnte für die Aufarbeitung der Sammlungsgeschichte des Heylshofes genutzt werden.[161]

158 Universitätsbibliothek Heidelberg, art journals – Kunst- und Satirezeitschriften, URL: http://artjournals.uni-hd.de [08.02.2022].

159 Universitätsbibliothek Heidelberg, Kunstchronik: Wochenschrift für Kunst und Kunstgewerbe URL: https://digi.ub.uni-heidelberg.de/diglit/kunstchronik [08.02.2022].

160 Universitätsbibliothek Heidelberg, Jugend: Münchner illustrierte Wochenschrift für Kunst und Leben, URL: https://digi.ub.uni-heidelberg.de/diglit/jugend [08.02.2022].

KUNSTCHRONIK

WOCHENSCHRIFT FÜR KUNST UND KUNSTGEWERBE

Verlag von E. A. SEEMANN in Leipzig, Querstr. 13

Neue Folge. XIII. Jahrgang. 1901/1902. Nr. 33. 11. September.

DIE GEMÄLDE-AUSSTELLUNG IN WORMS 1902

J. M. Molenaer, Beim Frühstück. Besitzer Freiherr C. W. von Heyl in Herrnsheim

Abb. 9: Bericht zur Gemäldeausstellung in Worms 1902, Titelblatt der *Kunstchronik*. Das gezeigte Gemälde von Jan Miense Molenaer stammte aus der Sammlung Heyl und wurde entsprechend gekennzeichnet.

Der neue Plutarch

Der nationalliberale Abgeordnete Freiherr von Heyl zu Herrnsheim schwänzte den Reichstag und ging statt auf die Fasanen- und Hasen-, auf die Rehjagd.

„Geh'n S' nur wieder in Reichstag!" rief ein gefehlter Rehbock höhnisch. „Dort thun Sie sich leichter mit dem — Böck' schießen!"

Abb. 10: Anonym, Plutarch, Jugend, 51 (1902), 10.12.1902.

161 Universitätsbibliothek Heidelberg, Auktionskataloge – digital, URL: http://artsales.uni-hd.de [08.02.2022].

1.5 Aufbau und Gliederung

In der vorliegenden Untersuchung soll gezeigt werden, dass die Familie Heyl Kulturförderung als Distinktionsmittel und Bestandteil einer vielseitigen Strategie nutzte, um sich in die kaiserzeitliche Elite zu integrieren und etablieren, in der weiterhin aristokratische Leitbilder dominierten. Die Untersuchung erfolgt in drei Teilen:

Der erste Teil (Kapitel 2) ist der Rahmensetzung für die private Kulturförderung der Familie Heyl gewidmet. Hier geht es darum, anhand von prominenten Beispielen das Panorama der europäischen Mäzenatentums- und Privatsammlerszene im 19. Jahrhundert auszuleuchten. Ausgehend von der These, dass die Heyls sich an den europäischen Eliten orientierten, um in die höchsten Kreise der Gesellschaft aufzusteigen, werden aus der zeitgenössischen Elitenpraxis charakteristische Muster erschlossen, um die Leitbilder der Wormser Industriellenfamilie identifizieren zu können. Räumlich ist die mäzenatische Praxis dieser Zeit vorwiegend in den kulturellen Zentren Europas zu verorten. Wie das Beispiel der Familie Heyl zeigt, gab es aber auch mäzenatisches Handeln abseits der großen Metropolen. Für die folgenden Kapitel schließt sich also die Frage an, wie Kulturtransferprozesse in die mittelstädtische Provinz hineinwirkten bzw. wie Aneignungsprozesse erfolgten (Vgl. v. a. Kapitel 4).

Kapitel 3 knüpft unmittelbar an die räumliche Kategorie an. Der Standort der Heyls in der mittelgroßen, ehemals historisch bedeutenden Stadt Worms trug zu einer spezifischen Ausformung ihres kulturellen Engagements bei. Im Kern geht es in diesem Kapitel um die Indikatoren und Mittel, die die Familie innerhalb von vier Generationen für ihre langfristigen Aufstiegsstrategien von der Sattelzeit[162] bis zum Kaiserreich einsetzte. Untersucht werden Standort, Familiengeschichte, ökonomische Situation, Grundbesitz und Unternehmensgeschichte. Die Familientraditionen, das Familienunternehmen und gesellschaftliche Leitbilder bestimmten den Habitus der Familie, der schließlich auch ihre mäzenatische Praxis hervorbrachte. Der soziale Status der Akteure kann anhand von Merkmalen wie Herkunft, Bildung, gesellschaftliche Beziehungen und Heiratsverhalten untersucht werden. Die Fabrik generierte nicht nur einen großen Teil des ökonomischen Kapitals für die kulturfördernden Projekte, sondern bereitete auch die Grundlage für den protektoralen Patriarchalismus, der ebenfalls das mäzenatische Handeln der Familie prägte. Die Jahre von 1866 bis 1886 werden als Phase der Erlangung der Adelswürde[163] betrachtet, in der die Familie schließlich durch Nobilitierung ihren Freiherrentitel erlangte. Den Kriterien von Heinz Reif folgend werden untersucht: Grundbesitz, Ämtererfolg, Ehrungen, gesellschaftliche wie familiäre Verbindungen und kulturelles sowie soziales Engagement.[164] Im Hinblick auf die Aufstiegsstrategie sind die Anstrengungen der Familie Heyl, sich – größtenteils

162 Der Historiker Koselleck prägte diese Bezeichnung für den Zeitraum zwischen 1750 und 1850. Vgl. Dipper, Reinhart Koselleck im Gespräch, in: Neue Politische Literatur 43 (1998), S. 195 und 197.

163 Reif, Adel, 1999, S. 34.

164 Reif, Adel, 1999. S. 34.

mit fiktiven Mitteln – in die Adelsgeschichte einzuschreiben besonders aufschlussreich. Die letzte Phase (1886–1918) kann als Sicherung des aristokratischen Status im Sinne des Fortbestehens der neu gegründeten Adelsdynastie aufgefasst werden.

In Kapitel 4 wird die Kulturförderung als maßgebliches Element der Heylschen Prestigepolitik herausgearbeitet. Durch die Ausübung, Präsentation und Förderung kultureller Praktiken schuf die Familie ein attraktives ‚Setting' für ihre Prestigepolitik und damit eine Voraussetzung zur Vernetzung mit der kaiserzeitlichen Elite. Außerdem zeigt das Beispiel der Heyls, Bourdieu folgend, dass ein hoher gesellschaftlicher Rang kulturelle Praktiken hervorbringt, die auf eine Sicherung des Führungsanspruchs gerichtet sind.[165] Untersucht werden Praktiken und Techniken im Kontext des Mäzenatentums, darunter Elitenkooperation und Nutzung von Netzwerken, Inszenierung und Kulturtransferprozesse. Aus der Kunstsammlung der Heyls und ihren mäzenatischen Projekten in Worms, auf regionaler, und auf nationaler Ebene lassen sich Rückschlüsse auf den Wertehorizont und auf die Geschmacksvorstellungen der Familie ziehen. Die Rekonstruktion der Sammlungsgenese samt Provenienzforschung erlaubt es, das in Kapitel 2 ausgearbeitete Muster der europäischen Elitenpraxis auf das Beispiel der Heyls anzuwenden und schließlich eine Ikonografie der Heylschen Prestigepolitik zu entwickeln.

165 Bourdieu, Die feinen Unterschiede, 1988. Gabriele Clemens weist dieses Prinzip anhand der Geschichtsvereine im 19. Jahrhundert nach, die ihren Mitgliedern „ideale Möglichkeiten" boten, „ihre Positionen zur Schau zu stellen und zu verfestigen." Clemens, Sanctus, 2004, S. 10.

2 Mäzenatentum und Kunstsammeln als adlig-bürgerliche Elitenpraxis im Europa des 19. Jahrhunderts und beginnenden 20. Jahrhunderts

Die europäische Mäzenaten- und Privatsammlerszene im 19. Jahrhundert bildete den Rahmen für die private Kulturförderung der Familie Heyl. Räumlich ist die mäzenatische Praxis dieser Zeit vorwiegend in den kulturellen Zentren Europas zu verorten, wobei sich sowohl chronologische Phasen als auch diverse Akteurskonstellationen unterscheiden lassen. Abhängig von den Regeln des internationalen Kunstmarkts vernetzten sich Sammler, Mäzene, Künstler, Kunsthändler, Kunsthistoriker und Kunstpublizisten in den europäischen Metropolen, indem sie Geschäftsbeziehungen eingingen, gemeinsame Projekte planten oder Informationen austauschten. Sie profitierten von der in dieser Zeit „wachsenden Mobilität von Personen, aber auch von Gütern und Informationen".[1] Postdienste und Medien sowie technisch basierte Formen des Transports und der Kommunikation förderten die Vernetzung. Diese transnationalen Netzwerke leiteten vielfach dynamische Kulturtransferprozesse ein, die auf private Ausstattungsprogramme und Geschmacksmuster, aber auch auf die Förderpolitik der Mäzene reziprok einwirkten.[2] Eine Schlüsselfunktion kam dem französischen Kulturtransfer zu, der wesentliche Impulse für das private Sammeln und das Patronagewesen setzte. In den europäischen Metropolen des 19. und frühen 20. Jahrhunderts und in herausragenden Protagonisten auf dem Feld des Kunstsammelns und der Kulturförderung fanden die Heyls eine Blaupause für ihre Projekte, entweder durch eigene Anschauung und persönliche Kontakte oder durch die mediale Präsenz der Akteure.

Die Bankiersfamilie Jacquemart-André und ihre Pariser Kunstsammlung, die Londoner *Wallace Collection* der Marquesses of Hertford, die Bankiers und Mäzene Torlonia in Rom, der Mailänder Kunst- und Waffensammler Poldi Pezzoli aus einer nobilitierten Kaufmannsfamilie, die Kulturförderung der preußischen Kronprinzessin Victoria, die jüdischen Privatsammler und Mäzene Oskar Hainauer und James Simon in Berlin werden im Folgenden detailliert vorgestellt. Diese bereits sehr gut erforschten Beispiele stehen für die Blütezeit des Mäzenatentums im langen 19. Jahrhundert. Es handelt sich durchweg um berühmte Sammler und Mäzene, die eine große mediale Präsenz erlangten. Die zeitlich, politisch, konfessionell und gesellschaftlich äußerst unterschiedlichen Akteure folgten in der Kultur des Sammelns, Präsentierens und Förderns auffallend ähnlichen Mustern. So erweisen sich trotz der Heterogenität der Beispiele die Praxis und Performanz als überraschend homogen. Das Panorama der

1 Jäger, Kaiserreich, 2020, S. 9.

2 Zum Konzept des Kulturtransfers s. Lüsebrink, Kulturtransferansatz, in: Lüsebrink et al. (Hrsg.), Transfer, 2013, S. 37–50.

https://doi.org/10.1515/9783110683431-002

europäischen Kulturszene zeigt zudem, dass das Mäzenatentum und insbesondere das Sammeln von Kunst eine transnationale elitäre Kulturpraxis darstellte, die sich an adligen Mustern orientierte und eine adlige Identität verkörperte. Entscheidend waren dabei die Vernetzung mit international agierenden Experten sowie das Bemühen um mediale Aufmerksamkeit. Auch mit der Benennung der Museumsstiftungen verfolgten die Protagonisten eine Familienmemoriapolitik, die dem Mäzenatentum der Familie Heyl zum Vorbild diente.

Besonders anschaulich führt uns der Schriftsteller und Journalist Guy de Maupassant (1850–1893) mit seinem im Jahr 1885 veröffentlichten Roman *Bel-Ami*[3] die kulturelle Praxis des Sammelns und Förderns der Bourgeoisie und des Adels in Paris des ausgehenden 19. Jahrhunderts vor Augen. Maupassant stammte selbst aus einer nobilitierten Familie und war dadurch mit den Methoden des sozialen Aufstiegs bestens vertraut.[4] In *Bel-Ami* charakterisiert der Autor auf satirische Weise die Pariser ‚High Society', die sich um die fiktive Figur des Publizisten Walter schart, einen der reichsten Männer der Stadt. Maupassant zeichnet ein scharfes Bild der verschiedenen Funktionen von Walters Kunstsammlung, als er den Emporkömmling George Duroy, seinen Protagonisten, bei einer Abendgesellschaft in Walters Stadtpalais am Boulevard Malesherbes auftreten lässt. Bereits auf dem Weg zu der Abendveranstaltung fühlte sich Duroy „wie ein völlig neuer Mensch, er kam sich wie verwandelt vor, er war nun ein Mann der Gesellschaft, der feinen Gesellschaft“, denn er war unterwegs, „um bei reichen, sehr reichen, sehr bekannten, sehr wichtigen Leuten zu dinieren.“[5] Vor dem Diner herrscht im Salon noch „betretene[s] Schweigen.“[6] Aus Unsicherheit starrt Duroy daher auf die Wände des Zimmers, was seinen Gastgeber zu einer Führung durch seine private Kunstsammlung veranlasst: „‚Sie schauen wohl *meine* Bilder an?' Die Betonung legte er auf das Wort *meine*.“[7] Beginnend mit den Landschaftsdarstellungen präsentiert er daraufhin „wie ein Zeremonienmeister“ die „hohe Malerei“, die „Stimmungsmaler“ und Aquarelle.[8] Der Parcours wird von einem „Ja, das ist wirklich zauberhaft, zauberhaft, zauber…“ von Duroy kommentiert.[9] Zum Abschluss des Rundgangs gibt der Sammler noch einen Einblick in sein Kauf- und Sammelverhalten: „Ich habe auch noch andere [Gemälde] in den Nebenräumen, aber sie sind nicht so schön geordnet. Das hier ist mein kleines Museum. Im Augenblick bin ich dabei, junge Künstler zu kaufen, die ganz jungen; ich hänge sie erst mal an nicht so prominenter Stelle in den Privaträumen auf, bis zu dem Zeitpunkt, da sie berühmt geworden sind.“[10] Er gibt

---

3 Verwendete Ausgabe: Maupassant, Bel-Ami, 2012.
4 Johnston, Guy de Maupassant, 2012, S. 23 f.
5 Maupassant, Bel-Ami, 2012, S. 139.
6 Maupassant, Bel-Ami, 2012, S. 140.
7 Maupassant, Bel-Ami, 2012, S. 141.
8 Maupassant, Bel-Ami, 2012, S. 141.
9 Maupassant, Bel-Ami, 2012, S. 141.
10 Maupassant, Bel-Ami, 2012, S. 142.

folgende Empfehlung ab: „Derzeit muss man Bilder kaufen. Die Maler nagen am Hungertuch. Sie sind arm wie Kirchenmäuse, wie Kirchenmäuse…“[11]

Maupassant lässt den Leser zum Zeugen einer elitären Kulturpraxis werden, die es seinen Zeitgenossen erlaubte, ihre soziale Stellung zu inszenieren und auszubauen. Die Gesellschaft, die sich im Hause Walter versammelt, setzt sich aus Adligen und Bürgerlichen zusammen, die ihre Beziehung zu dem reichen Verleger für die Erweiterung ihres sozialen Netzwerks in Paris nutzen. Aufgrund seiner exponierten Position in der Stadt entscheidet er über Inklusion und Exklusion aus der ‚feinen Gesellschaft‘: Personen, die nicht oder nicht mehr von ihm eingeladen werden, gehören nicht (mehr) dazu. Auch die Architektur dient der Repräsentation von Stellung und Reichtum Walters. Die Anordnung und Ausgestaltung einzelner Treppen, Flure und Salons unterstützt die Choreographie eines aufwändigen Begrüßungszeremoniells. Die Kunstsammlung dient der Ausstellung des ökonomischen Vermögens und erlaubt dem Gastgeber, mit noch unvertrauten Besuchern unverfänglich ins Gespräch zu kommen. Die Kunst wird damit Teil der Konversation und befördert die Zerstreuung.[12] Der gemeinsame Kunstgenuss, sei er nur gespielt oder authentisch, lockert die zunächst hergestellte Atmosphäre einer repräsentativen Begegnung und formalen Machtdemonstration auf. Damit erfüllt die Kunstsammlung verschiedene Funktionen, die über die der bloßen Dekoration hinausgehen. Kunst und Architektur werden zu Legitimationsfaktoren für die gesellschaftliche Position des Kunstsammlers.

Die kulturelle Praxis des Sammelns und Förderns, die Maupassant literarisch für Bourgeoisie und Adel in Paris des ausgehenden 19. Jahrhunderts beschreibt, wurde in allen europäischen Kulturzentren dieser Zeit gepflegt. Die Wormser Unternehmerfamilie Heyl konnte also auf bewährte Leitbilder zurückgreifen, um all jene Kriterien zu erfüllen, die im Deutschen Kaiserreich und in den europäischen Nachbarländern für die Elitenbildung galten. Über die Generationen hinweg folgten die Heyls einem bewährten Muster des Aufstiegs, sie orientierten sich an den Gepflogenheiten der europäischen Elite. Unter der Einflussnahme ihrer Ehefrauen aus der Kölner Bankiersfamilie Stein betätigten sich Cornelius Wilhelm und Maximilian Heyl schließlich auch als Mäzene und Kunstsammler. Sie erkannten, dass die Kulturförderung eine wesentliche Kulturpraxis war, die zum Verhaltensstandard adlig-bürgerlicher Vorbilder gehörte. Der Historiker Fritz Stern formulierte die Gemengelage der Epoche folgendermaßen: „two worlds clashed: the new world of capitalism and an earlier world with its ancient feudal ethos; gradually a new and broadened elite emerged.“[13] In dieser Gesellschaft begegneten die Nachkommen des alten Feudaladels dem neuen Geldadel. Die Heyls – und mit ihnen zahlreiche Aufsteiger[14] – bewegten sich in dieser nur teilweise durchläs-

---

11 Maupassant, Bel-Ami, 2012, S. 142.

12 Zur kommunikativen Rolle von Kunstsammlungen s. Gramlich, Die Thyssens, 2015, S. 39.

13 Stern, Gold, 1979, S. xv.

14 Aus Hans-Konrad Steins Studie über die Nobilitierungspolitik Preußens geht hervor, dass viele Vertreter des Geldadels in prunkvolle Anwesen und Kunstsammlungen investierten und die staatliche

sigen und extrem ritualisierten Gesellschaft wie gelehrige Musterschüler. Hof- und Funktionsadel, reiche Bankiers, Unternehmer und Künstler lebten ihnen vor, welche Bedingungen und Prestigeanstrengungen zu erfüllen waren, um ihrer ‚erweiterten Elite' anzugehören.

Die Kulturpraxis der europäischen Eliten setzte sich stets aus einer Kombination von Repräsentationsarchitektur, Kunstsammeln und Förderung der bildenden Künste, Literatur und Musik zusammen. Eine Verknüpfung solcher kulturellen Aktivitäten mit sozialen, etwa in der Armenfürsorge, war ebenfalls Usus.[15] Als Höhepunkt der Kulturförderung einer Person oder Familie galt die Stiftung der zusammengetragenen Kunstobjekte an die Heimatstadt oder das Heimatland. Häufig erfolgte diese Stiftung per Testament nach dem Tod des Mäzens. Bereits seit der Antike gehörten Mäzenatentum und Stiftung zur Memoriapolitik und waren daher „Akt[e] der Vergegenwärtigung durch stellvertretendes Handeln".[16] Durch die Stiftung oder das mäzenatische Projekt wurde der abwesende oder bereits verstorbene Stifter an Ort und Zeit zurückgeholt. Insbesondere bei der postmortalen Stiftung konnte der Tote durch seinen Nachlass wie ein Lebender handeln. Daher trugen die Stiftungen zumeist den Namen des Stifters. „Innerweltliche Verdauerung" war ein zentraler Beweggrund für die vorchristlichen Stifter.[17] Durch sogenannte Gedächtnisräume oder Erinnerungsorte wie Grabmonumente, aber auch öffentliche Anlagen wie Thermen, Gärten, Wandelhallen und Wasserspiele, die allen Bürgerinnen und Bürgern frei zur Verfügung gestellt wurden, erlangten die Stifter „Unsterblichkeit als Ruhm".[18] Motivation zum Stiften war aber auch seit jeher die Sicherung von Eigentum. Durch die Stiftungsmodalitäten konnte beispielsweise dem Fiskus der Zugriff verwehrt werden. Ähnlich vielseitige Ambitionen trieben auch die Stifter von Kunstsammlungen im ausgehenden 19. Jahrhunderts an. Vor diesem Hintergrund ist auch die Übergabe der Heylschen Kunstsammlung an die Stadt Worms in den 1920er Jahren zu betrachten.

Kulturpflege unterstützten. In Schlesien ließ etwa die nobilitierte Familie Ruffer ein opulentes Schloss mit künstlerischer Ausgestaltung erbauen. Vgl. Stein, Geldadel, 1982, S. 76 u. 84 f. Der aus der Industriellenfamilie stammende und 1888 nobilitierte Ferdinand Eduard von Stumm sammelte ebenfalls Kunst und baute das Schloss Rauischholzhausen. Vgl. Nees, Schloss Rauischholzhausen, 2010. Auch für Köln finden sich zahlreiche Beispiele: Der Zuckerfabrikant Emil vom Rath förderte die prähistorische Forschung, der „Gerbermillionär" Johann Heinrich Richartz stiftete ein hohes Vermögen an das Wallraf-Museum, und die nobilitierten Bankiers Oppenheim und Stein legten hochkarätige Kunstsammlungen an. Vgl. Ayçoberry, Köln, 1996, S. 328–330.

15 Clemens, Kunstsammler, in: Clemens et al. (Hrsg.), Raum, 2011, S. 105.

16 Borgolte, Einleitung, in: Borgolte (Hrsg.), Stiftungen, 2005, S. 11.

17 Borgolte, Einleitung, in: Borgolte (Hrsg.), Stiftungen, 2005, S. 12.

18 Borgolte, Einleitung, in: Borgolte (Hrsg.), Stiftungen, 2005, S. 12f u. 17.

2.1 Das Modell Paris: Alexandre du Sommerards *Hôtel de Cluny* und die repräsentative Sammlung Jacquemart-André

Im Frühjahr 1866, ein Jahr vor ihrer Eheschließung mit Cornelius Wilhelm Heyl, reiste die 19-jährige Sophie Stein mit ihrem Vater, dem Kölner Bankier und Kunstsammler Carl Martin Stein (1806–1868) nach Paris. Ihre Eindrücke hielt Sophie eilig in ihrem Tagebuch fest – sie hatte sich vorgenommen, alles zu notieren, was in „dem ersten Jahre des Erwachsenenseins" Eindruck auf sie machen würde.[19] In einem Staccato der touristischen Attraktionen erwähnt die junge Reisende die Notre Dame, die Brücken über der Seine, den Bois de Boulogne und den Jardin du Luxembourg. Sophie besuchte eine Aufführung im Théâtre Français und flanierte über die Champs-Élysées, die breiten Boulevards mit Läden voller „Lichtschimmer" und einem „ewig vorüberbrausenden Menschenstrom".[20] Das großstädtische Flair der Metropole erlebte sie außerdem in Restaurants, Cafés und auf dem Pferderennen; die Modestadt Paris ließ sie staunen über „die reizenden Damen, alle in schönsten Toiletten, einige mit rotgefärbten Haaren, dabei unter den Augen ganz schwarz, was mit dem weißgepuderten Teint einen merkwürdigen Effekt macht."[21] Gemeinsam mit ihrem Vater suchte sie zudem die Museen der Metropole auf:

> Anderen Tags mit Papa Louvre herrliche Sammlung von Kunstschätzen! Papa musste mich überall fortreißen, wir sahen alles im Fluge, die herrlichen Raffaels, Rubens, dann die Venus von Milan, die reizenden Bilder von Lebrun [...]. Mittwoch dann ich allein mit Papa im offenen Wagen nach dem Hôtel Cluny [...], das Schlößchen aus der Zeit der Hugenotten voller Kunstschätze, herrliche Elfenbeinsachen, Gläser, alte Waagen, Schuhe von Marie-Antoinette und außer vielem andern auch die Kinnlade Molières. Das Schlößchen ist zwar restauriert, ist aber dennoch ganz wie zur damaligen Zeit eingerichtet, sehr interessante Kaminschränke, Läden etc. Von Cluny [...] nach Notre Dame, herrliches Bauwerk, doch nicht mit unserem Dom zu vergleichen.[22]

Sophies Erwähnung des *Musée Cluny* ist an dieser Stelle besonders aufschlussreich, denn diese Sammlung entwickelte Mitte des 19. Jahrhunderts eine enorme Strahlkraft auf das gesamte Sammelwesen und die Inszenierung von Kunstbesitz in Europa.[23] Auch für Sophie und Cornelius Wilhelm Heyl lieferte Cluny später viele Grundideen für die Präsentation ihres Kunstbesitzes im Heylshof. Der Antiquar Alexandre du Sommerard (1779–1842) hatte zu Beginn des 19. Jahrhunderts eine Kunst- und Kunstgewerbesammlung mit Artefakten des Mittelalters und der Renaissance zusammengetragen.[24] In den 1830er Jahren inszenierte er seinen Kunstbesitz im ehemaligen

19 StA Worms, Abt. 187, Nr. 56, Sophie Stein, Tagebuch 1864–1866, Transkript, 1. Dezember 1865, S. 34.

20 StA Worms, Abt. 187, Nr. 56, Sophie Stein, Tagebuch 1864–1866, Transkript, o. D., S. 55.

21 StA Worms, Abt. 187, Nr. 56, Sophie Stein, Tagebuch 1864–1866, Transkript, o. D., S. 56.

22 StA Worms, Abt. 187, Nr. 56, Sophie Stein, Tagebuch 1864–1866, Transkript, o. D., S. 54 f.

23 Vgl. Clemens/Jacobs: Fürstliches Mäzenatentum, in: Zeitschrift für Württembergische Landesgeschichte 75 (2016), S. 177.

24 Vgl. Kuhrau: Kunstsammler, 2005, S. 32.

Stadtpalais der Äbte von Cluny in historisierender Weise. Je nach Raumkonzept und -funktion ließ er die einzelnen Säle des mittelalterlichen Palais in verschiedenen historischen Stilen ausstatten. Gemälde, Skulpturen, kunstgewerbliche Gegenstände und antike Möbelstücke wurden in einer teils authentischen, teils historisierenden Rahmenarchitektur arrangiert. Dadurch verlebendigte Sommerard die historischen Artefakte und simulierte den Eindruck, „dass es sich wirklich um das Schlafzimmer des Königs handelte.“[25]

Das Ausstellungs- und Inszenierungsmodell *Hôtel de Cluny* verbreitete sich durch ein Album mit lithographischen Abbildungen aus den Jahren 1838–1846 und wurde zur Schablone für die Inszenierung *repräsentativer Sammlungen* in ganz Europa sowie später auch den Vereinigten Staaten.[26] Nach dem Tod Sommerards wurde dessen Privatsammlung zudem ab 1844 zu einem öffentlich zugänglichen Museum.[27] Das Modell der *repräsentativen Sammlung*, ermöglichte es den Kunstsammlerinnen und -sammlern die übliche Trennung von Gemäldegalerie und Wohnbereich aufzulösen und ihren teilweise als Universalsammlung angelegten Kunstbesitz – bestehend aus Malerei, Skulptur, Bronzen, Kunstgewerbe und Möbeln – als *integrierte Kunstsammlungen* innerhalb ihrer Wohnräume zu präsentieren.[28] Attraktiv waren diese Arrangements in ihrer Doppelfunktion von repräsentativem Wohnraum und Sammlung nicht allein wegen ihrer Raffinesse und den bereit gehaltenen Überraschungsmomenten, sondern auch, weil sie den Sammlerpersönlichkeiten eine Bühne zur spezifisch historisierenden Inszenierung ihrer Person lieferten.[29]

In Paris ließen sich zahlreiche renommierte Kunstsammler von der Präsentationsform in Sommerards *Hôtel Cluny* zu ähnlichen Arrangements anregen. So folgte etwa der Sammler Adolph de Rothschild dem Modell Du Sommerards in seinem Pariser Palais, wo er Ende der 1860er Jahre die Inszenierung der Renaissance-Sammlung aus dem *Hôtel Cluny* übernahm.[30] Ein „piccolo Museo de Cluny“ richtete sich der Kunstsammler Gian Giacomo Poldi Pezzoli (1822–1879) in den 1850er Jahren in Mailand ein. Er ließ jeden Raum in einem bestimmten Kunststil der Vergangenheit einrichten. In Berlin wurde die „inszenierte Sammlerkultur“ aus dem *Hôtel Cluny* von der französi-

25 Vgl. Kuhrau: Kunstsammler, 2005, S. 32.

26 Vgl. Vgl. Michiero, Katalogbeitrag zu: Deroy, in: Michiero/Mazzocca, Gian Giacomo Poldi Pezzoli, 2012, S. 98–99. Diesem Modell folgten auch die Sammler Adolph de Rothschild und Friedrich von Pourtalès, der es schließlich nach Berlin brachte. Vgl. Clemens: Städtische Kunstsammler, in: Clemens/Gammal / Lüsenbrinck (Hrsg.): Städtischer Raum, insb. S. 107–110; Kuhrau: Kunstsammler, 2005, S. 32.

27 Vgl. Stammers: The purchase, 2020, S. 166.

28 Zum Modell der repräsentativen Kunstsammlung im Deutschen Kaiserreich, vgl.: Gaehtgens: Wilhelm von Bode, in: Mai/ Paret (Hrsg.): Sammler, 1993, S. 153–172; Siebel: Der großbürgerliche Salon, 1999, v. a. S. 207–255; Paul: Kollektionieren, in: Kritische Berichte 21 (1993), S. 41–64.

29 Vgl. Kuhrau: Kunstsammler, 2005, S. 33.

30 Vgl. Vgl. Kuhrau: Kunstsammler, 2005, S. 108.

schen Grafenfamilie Pourtalès etabliert.[31] Friedrich von Pourtalès (1779–1861), der Oberzeremonienmeister von Friedrich Wilhelm III. und Friedrich Wilhelm IV., ließ sich in den 1850er Jahren ein Palais erbauen, das den entsprechenden Rahmen für seine Kunstsammlung bieten sollte. Als Vorbild für die Präsentation seiner Kunstwerke diente ihm die Sammlung seines Bruders James Alexanders in Paris, der sich wiederum am Modell Du Sommerards orientierte.

Das berühmteste Beispiel für die Adaption des Cluny-Modells findet sich auch weiterhin im Palais des Bankierserben Édouard Andrés – ein klassizistisches Stadtschloss im Stil der herrschaftlichen Palais des 18. Jahrhunderts, das er 1868 im Arrondissement de l'Élysée am Boulevard Haussmann errichten ließ. Hier schuf André gemeinsam mit seiner Ehefrau, der Künstlerin Nélie Jacquemart, diverse *mise en scene* für ihre gemeinsamen Gemälde- und Kunstgewerbesammlungen aus dem mittelalterlichen Italien und dem frühneuzeitlichen Frankreich.[32] Das Arrondissement de l'Élysée wurde auch *village Monceau* genannt und bildete das Zentrum der prominenten Pariser Sammler- und Mäzenatentumskultur des späten 19. Jahrhunderts.[33] Hier residierten sowohl der kaiserliche Adel unter Napoleon III. als auch die neureichen Großbürger. Für sein Bauprojekt inmitten dieses gesellschaftlichen und politischen Zentrums beauftragte Édouard André[34] den Architekten Henri Parent (1819–1895), der ein klassizistisches Stadtschloss im Stil der herrschaftlichen Palais der zweiten Hälfte des 18. Jahrhunderts entwarf.[35] Über Beziehungen war es André gelungen sich den strengen Regeln der Haussmann'schen Boulevardarchitektur zu entziehen. Es entstand ein erhöhtes ‚Castle', das die benachbarten Immobilien dominierte.[36] Das Hôtel beherbergte fortan die Kunstsammlung Andrés. Zu ihrer Präsentation ließ er vollständige Dekors aus ihrem angestammten Zusammenhang abbauen und in seiner Villa neu anbringen.[37] 1881 beschrieb die Pariser Wochenzeitschrift *L'Illustration*[38] den Bau und dessen

31 Vgl. Clemens: Städtische Kunstsammler, in: Clemens/Gammal / Lüsenbrinck (Hrsg.): Städtischer Raum, S. 110.

32 Vgl. Clemens: Städtische Kunstsammler, in: Clemens/Gammal / Lüsenbrinck (Hrsg.): Städtischer Raum, S. 109.

33 Clemens, Händler, in: Themenportal Europäische Geschichte, 2014, URL: www.europa.clio-online.de/essay/id/fdae-1638 [08.02.2022].

34 Édouard André wurde 1833 als einziger Sohn einer protestantischen Bankiersfamilie geboren. Er durchlief eine militärische Karriere und nahm als Offizier des *Régiment des Guides de la Garde impériale*, der Kaiserlichen Garde, 1859 am Sardinischen Krieg teil. Im Anschluss wurde er mit dem Ritterorden der Heiligen Mauritius und Lazarus *(l'ordre des Saints Maurice et Lazare de Sardaigne)* und mit der *Medaille commemorative de la campagne d'Italie* ausgezeichnet.

35 1861 war Parent einer der Preisträger des Wettbewerbs um die neue Oper, den letztlich Charles Garnier gewann. Vgl. Sainte Fare Garnot, L'hôtel Jacquemart-André, in: Gazette des Beaux-Arts (Februar 1995), S. 116.

36 Sainte Fare Garnot, L'hôtel Jacquemart-André, in: Gazette des Beaux-Arts (Februar 1995), S. 116.

37 Pons, Grands Décors, 1995, S. 84 f.

38 Die illustrierte Wochenzeitschrift *L'Illustration. Journal universel* wurde 1843 nach dem Vorbild der *Illustrated London News* gegründet. Die beiden Magazine richteten sich an ein überwiegend bour-

internationale Einflüsse folgendermaßen: „superbe hôtel du boulevard Haussmann tout rempli d'oeuvres d'art et qui fait rêver à la fois de palais vénitiens et de grand *clubs* anglais."[39] Nach seiner Heirat mit der Malerin Nélie Jacquemart baute André die Sammlung weiter aus.[40] Die Sammlungen von Gemälden und anderen Kunstgegenständen sowie Inszenierung wurden zu einem Gemeinschaftsprojekt des Ehepaars.[41] Sie schufen Räume für festliche Empfänge, Bälle und Theateraufführungen, die in der Presse begeistert besprochen wurden. In der französischen Wochenzeitung L'Illustration lautete ein bewundernder Kommentar im Jahr 1876: „[A]u milieu des éblouissements du bal féerique de M. André. Il y avait là toutes les célébrités de la mode et de l'élégance."[42] Der Autor fügte einen Auszug aus der Gästeliste an, in der er neben anderen die Gräfin Pourtalès, die Herzogin von Mouchy, die Gräfin Tolstoi, die Gräfin Petrowska, die Gräfin von Viel-Castel, die Baronin von Vuitry, die Baronin Alphonse de Rothschild und die Herzogin von La Rochefoucault-Bisaccia namentlich erwähnte. Es habe an nichts gefehlt, um aus diesem Ball ein sensationelles Fest zu machen, das in seiner Pracht epochal zu nennen sei, wobei – so endet der Bericht – eine derartige Prachtentfaltung „à notre époque" nur einem Herrscher oder einem Bankier gestattet sei.[43]

Der entsprechende Rahmen konnte Standesgrenzen aufheben, sodass sich im Hôtel André der traditionelle Feudaladel unter den neuen Geldadel mischte, wobei die die Presse stets die Anwesenheit der Aristokratie hervorhob. Unter den genannten Namen befinden sich auch bedeutende Pariser Sammlerfamilien wie die Barone von Rothschild oder Grafen von Pourtalès.[44] Die Kunstsammlung des Sammlerehepaars

geoises Publikum, das sich mit bebilderten aktuellen Informationen versorgen wollte. Siehe dazu: Bacot, La presse, 2005.

39 L'Illustration Nr. 1999 (18.06.1881), S. 412.

40 In der Zeitschrift *L'Illustration* erschien anlässlich der Hochzeit ein Artikel, der unter der Überschrift Courrier de Paris die Dimension dieser Hochzeit vergegenwärtigt: „Un autre mariage entre une artiste et un homme du monde, union qui fait grand bruit dans la société parisienne, est celui de M. Edouard André et Mlle Nélie Jacquemart. Jadis les rois épousaient des bergères; les millionnaires aujourd'hui épousent les reines du pinceau." Vgl. L'Illustration Nr. 1999 (18.06.1881), S. 412.

41 Monnier, André, 2006, S. 201.

42 L'Illustration Nr. 1734 (20.05.1876), S. 322.

43 L'Illustration Nr. 1734 (20.05.1876), S. 322. „Rien ne manquait d'ailleurs pour faire du bal de Monsieur André une de ces fêtes à sensation, dont les magnificences font époque. [...] De semblables somptuosités ne sauraient être permises à notre époque qu'à un souverain ou à un banquier."

44 In diesen Häusern entstand der sogenannte Stil des repräsentiven Sammelns, der später auch von Cornelius Wilhelm und Sophie verwirklicht wurde. Im Kapitel 4.2.2 wird dieser Sammlungstypus ausführlich erläutert. Zur Entstehung s. Gaehtgens, Wilhelm von Bode, in: Mai/Paret (Hrsg.), Sammler, 1993. Die Familien Rothschild und Pourtalès werden auf S. 155 explizit genannt. Gabriele Clemens geht auf die Präsenz Alphonse de Rothschilds auf dem internationalen Kunstmarkt ein: „Wenn er persönlich als Interessent auftrat, schnellten die Preise gleich in die Höhe." Clemens, Händler, in: Themenportal Europäische Geschichte, 2014, URL: www.europa.clio-online.de/essay/id/fdae-1638 [08.02.2022], S. 3; Wilhelm von Bode nennt den Grafen Pourtalès als einen der „kunstsinnigsten Sammler seiner Zeit". Vgl. von Bode, Mein Leben, 1930, Bd. 1, S. 25.

spiegelte das *mixtum compositum* der im Haus André verkehrenden Gesellschaft sinnbildlich wieder: Gemälde der Alten Meister des 16. und 17. Jahrhunderts kombinierten sie mit Renaissance-Truhen, Sesseln im Louis-XIV-Stil und deutschen Silberschmiedearbeiten; Nippes fand sich neben imposanten Tableaus, Raritäten wurden in Vitrinen ausgestellt. Damit folgten die André-Jacquemarts dem Cluny-Modell und dem ästhetischen Programm der *Union centrale des Arts décoratifs*, einer Vereinigung, die für die Kombination unterschiedlicher künstlerischer Gattungen und eine Förderung des Kunstgewerbes eintrat. Édouard André führte zwischen 1874 und 1882 den Vorsitz dieses Vereins.[45] Dementsprechend richtete er im Hôtel keine Galerie für die Hauptwerke ein, sondern eine Folge von sogenannten period rooms, in denen auch neu produzierte Möbel im Stil des 17. und 18. Jahrhunderts platziert wurden, um die Ensembles zu vervollständigen.[46]

Kunstsammeln und Kulturförderung machten zwar einen erheblichen Anteil der unterschiedlichen Tätigkeitsfelder der Andrés aus, wurden aber stets von einem publikumswirksamen Engagement im Wohltätigkeitssektor begleitet, das insbesondere von der Ehefrau nach außen getragen wurde. Nélie Jacquemart-André war in der *Société philanthropique*, aktiv, dem ältesten Hilfswerk der Stadt, das 1780 von adligen Familien gegründet wurde und unter der Schirmherrschaft von Louis XVI stand. Die Sociéte betrieb soziale Einrichtungen wie Suppenküchen, Herbergen und Säuglingsheime.[47] ‚Activités charitables' gehörten zum Selbstverständnis der Aristokraten und Großbürger. ‚Avoir ses pauvres', d. h. die Verpflichtung zur Wohltätigkeit, bildete das Gegengewicht zum Reichtum.[48] Nélie folgte also dem Kanon, der für adlige Damen verbindlich war, aber auch von großbürgerlichen Frauen erwartete wurde, sobald sie in der Öffentlichkeit standen. Sie sollten als positive Vorbilder innerhalb der Gesellschaft fungieren.[49] Deshalb fanden die philanthropischen Aktivitäten bekannter Frauen regelmäßig ein mediales Echo. Insbesondere der gemeinsame Einsatz für wohltätige Zwecke schien die privilegierte Position der ‚haute société' zu rechtfertigen, er erbrachte – in ihren Augen – den Beweis für den „sozialen Nutzen" der Elite.[50] Dementsprechend berichtete

45 Monnier, André, 2006, S. 172 u. 202 f.

46 Sainte Fare Garnot, L'hôtel Jacquemart-André, in: Gazette des Beaux-Arts (Februar 1995), S. 117 u. Vétois, Arts, in: Gazette des Beaux-Arts (Februar 1995), S. 191 f. Zu Sommerards Vorbildcharakter: Clemens, Kunstsammler, in: Clemens et al. (Hrsg.), Raum, 2011, S. 107; Kuhrau, Kunstsammler, 2005, S. 32–33. Vgl. Clemens, Kunstsammler, in: Clemens et al. (Hrsg.), Raum, 2011, S. 107–110.

47 Mension-Rigau, Aristocrates, 1994, S. 463.

48 Mension-Rigau, Aristocrates, 1994, S. 465.

49 Wienfort, Gesellschaftsdamen, in: Wienfort/Conze (Hrsg.), Adel, 2004, S. 183.

50 de Saint Martin, L'Espace, 1993, S. 163, Anm. 67: „La charité mondaine ou la philanthropie avaient pris dans la première moitié du XIXe siècle une grande importance; elles étaient sous la Restauration un apanage aristocratique dont la bourgeoisie sohaitait s'emparer, elles s'amplifient et se diversifient sous la monarchie de Juillet. Cette action charitable, [...] s'inscrivait dans des espaces variés [...]. Elle avait pour fonction officielle d'aider les pauvres, [...] et devait aussi permettre de prouver l'utilité sociale de l'élite."

die Presse emphatisch über Nélies Engagement: „Perles et diamants, Mme Edouard André donne tout aux pauvres.“[51]

Neben dem sozialen Engagement und der privaten Kunstsammlung gehörte es zu den ‚sozialen Verpflichtungen‘, ein breiteres Publikum am Kunstbesitz partizipieren zu lassen. Entsprechend stifteten die Andrés zwei italienische Statuen aus dem 13. und 14. Jahrhundert an den Louvre. Nach dem Tod Édouards im Jahr 1894 schenkte Nélie dem Louvre einen Altarflügel von Hans Memling (1433/1440–1494) und zwei von Jean-Baptiste Carpeaux (1827–1875) gefertigte Büsten, die ihren Gatten und ihren Schwiegervater darstellten und dem Andenken an ihren Mann dienen sollten.[52] Auch das *Musée des Arts décoratifs* wurde durch das Sammlerpaar bedacht.[53] Als Witwe führte Nélie die Sammeltätigkeit fort. Sie bevorzugte die Kunst der Alten Meister, während ihr Ehemann eine Vorliebe für zeitgenössische Kunst gepflegt hatte. Von ihr stammte die Idee, eine italienische Sammlung, das sogenannte *Musée Italien*, in ihrem Stadthaus einzurichten. Dafür kaufte sie 1911 Werke von Giotto (1266–1337) in Paris und 1907 in Palermo Skulpturen von Antonello Gagini (1478–1536), dem Hauptvertreter der sizilianischen Renaissance.[54] Bei ihren Ankäufen nahm sie, wie bereits zu Lebzeiten ihres Mannes, die Beratung verschiedener Experten in Anspruch. Zu den prominenten Kunsthistorikern, mit denen die Jacquemart-Andrés in Kontakt standen, gehörte Wilhelm von Bode, der gerade als Direktor der Berliner Museen eine der größten öffentlichen Sammlungen italienischer Skulptur außerhalb Italiens aufbaute.[55] Bode vermittelte den Kontakt zu Stefano Bardini, dem renommiertesten Florentiner Antiquar der Zeit. Dieser wurde zu einem der bevorzugten Händler der Andrés und versorgte sie mit Skulpturen des Trecento und Quattrocento.[56] Außerdem wurden die Andrés von Louis Courajod, Kurator am Louvre, und Eugène Müntz, Professor an der École des Beaux Arts in Paris beraten.[57]

Nélie Jacquemart-André krönte ihr Engagement 1912 mit der Stiftung ihrer Sammlungen und des Hôtels an das *Institut de France*. Der Wert der Schenkung wurde in *L'Illustration* auf ungefähr 50 Millionen Franc geschätzt.[58] Der Autor feierte diese „donation magnifique“, ging auf einzelne Werke und ihre Provenienz ein und hob die ita-

51 L'Illustration Nr. 2354 (07.04.1888), S. 246.

52 Memlings Kunst erlebte im 19. Jahrhundert eine Renaissance. Der Künstler galt als „bedeutendster niederländischer Maler des 15. Jahrhunderts“: Reclams Künstlerlexikon, 2002, S. 484.

53 Bautier, Nélie Jacquemart-André, in: Gazette des Beaux-Arts (Februar 1995), S. 93, Anm. 68.

54 Bautier, Nélie Jacquemart-André, in: Gazette des Beaux-Arts (Februar 1995), S. 104 Abb. 14 u. S. 105 Anm. 104.

55 Von Bode sind fünf Briefe an die Andrés aus den Jahren 1887 bis 1889 im Archiv des *Musée Jacquemart-André* erhalten, die in einem familiären Ton gehalten sind. Hinweise auf Fälschungen, Ratschläge und Empfehlungen sind in diesen Briefen überliefert. Bode schickte Nélie André aber auch Kinderzeichnungen seiner dreijährigen Tochter mit. Moureyre, André, in: Gazette des Beaux-Arts (Februar 1995), S. 124 u. 131 f.

56 Moureyre, André, in: Gazette des Beaux-Arts (Februar 1995), S. 126.

57 Moureyre, André, in: Gazette des Beaux-Arts (Februar 1995), S. 124.

58 Ricci, Donation, in: L'Illustration Nr. 3613 (25.05.1912), S. 462.

lienische Sammlung hervor: „le plus beau musée d'art italien qui ait jamais été réuni par un amateur."[59] Er benannte u. a. Werke von Mantegna, Signorelli, Baldovinetti, Morone, Tizian, Guardi und Tiepolo.[60] Das Prunkstück der Sammlung war sicherlich Giambattista Tiepolos Fresko *Henri III. reçu à la Villa Contarini*, das er um 1745 für die Villa Contarini in Mira gemalt hatte und das André 1894 aus Venedig nach Paris transferieren ließ.[61] In einem aufwändigen Prozess wurde das Fresko an der Wand im Prunktreppenaufgang des Stadtschlosses angebracht, sodass die Trompe-l'œil-Malerei von beiden Seiten der Flügeltreppe begehbar erschien und ein spektakulärer Raumeindruck entstand. In der Sammlung waren außerdem flämische und holländische Werke Alter Meister wie Rubens, van Dyck, Franz Hals, Rembrandt, Ruysdael und Cuyp sowie französische Maler wie Watteau, Lancret, Pater, Chardin, Nattier und Greuze vertreten.[62] Aus der französischen Schule des 19. Jahrhunderts wurde das Gemälde *Christophe Colomb au couvent de la Rabida* von Eugène Delacroix aus dem Jahr 1838 hervorgehoben, das André 1870 von dem osmanischen Diplomaten Khalil-Bey erworben hatte.[63]

Als das *Musée Jacquemart-André* 1913 eröffnet wurde, begleitete die Revue *L'Illustration* auch dieses Ereignis und erläuterte, dass Nélie Jacquemart Frankreich nicht nur ein Museum hinterlassen wollte, sondern auch den Ort, an dem ein kunstbeflissenes Paar ein luxuriöses Leben voller Freude verbracht habe.[64] Feierlich und mit nationalistischem Pathos ging der Berichterstatter auf die patriotische Dimension der Stiftung ein und repräsentierte deutlich den übersteigerten Nationalismus der Zeit vor 1914: „La véritable bénéficiaire du legs Jacquemart-André s'appelle la France!"[65] Mit der Betonung der französischen Nation als Adressat der Schenkung gerät zudem eine weitere Tugend der Aristokratie und Großbourgeoisie in den Fokus: „le sens de l'honneur et du

59 Ricci, Donation, in: L'Illustration Nr. 3613, (25.05.1912), S. 462.

60 Italienische Maler: Andrea Mantegna, (1431–1506); Luca Signorelli (1440–1523), Hauptvertreter der Frührenaissance; Alessio Baldovinetti (1425–1499); Domenico Morone (1471–1529), Vertreter der Schule von Verona; Tiziano Vecelli(o) (1477/1488–1576), Hauptvertreter der Hochrenaissance; Francesco Guardi (1712–1793), Meister der vernezianischen Rokokomalerei; Giovanni Battista Tiepolo (1696–1770), Hauptvertreter der venezianischen Malerei des Spätbarock.

61 Sainte Fare Garnot, L'hôtel Jacquemart-André, in: Gazette des Beaux-Arts (Februar 1995), S. 119.

62 Flämische und holländische Meister: Peter Paul Rubens (1577–1640), Hauptverteter des flämischen Barock; Anthonis van Dyck (1599–1641); Franz Hals (1580/1585–1666), Meister der Haarlemer Malerschule; Rembrandt (1606–1669), Hauptvertreter der holländischen Malerei des 17. Jahrhunderts; Salomon van Ruysdael (1600/1603–1670), Begründer der holländischen Landschaftsmalerei; Aelbert Cuyp (1620–1691), Hauptvertreter der holländischen Landschaftsmalerei. Französische Maler: Jean-Antoine Watteau (1684–1721), Hauptvertreter der französischen Malerei des 18. Jahrhundert; Nicolas Lancret (1690–1743), Watteau-Schüler; Jean-Baptiste Pater (1695–1736), Watteau-Schüler; Jean-Baptiste-Siméon Chardin (1699–1779), Genre- und Stillebenmaler; Jean-Marc Nattier (1685–1766), Hauptvertreter des französischen Rokoko; Jean-Baptiste Greuze (1725–1805), Genrebildmaler des späten Rokoko.

63 Ricci, Donation, in: L'Illustration Nr. 3613 (25.05.1912), S. 463; Monnier, André, 2006, S. 145.

64 Roujon/Bertaux, Les Collections, in: L'Illustration Weihnachtsausgabe (1913), o. S.

65 Roujon/Bertaux, Les Collections, in: L'Illustration Weihnachtsausgabe (1913), o. S.

service et l'amour de la France comme des qualités propres au groupe."[66] Wie wichtig der Familienmemoria-Gedanke auch bei dieser Stiftung Jacquemarts war, geht aus der testamentarischen Verfügung hervor, die bestimmte, dass das Ensemble als Ganzes erhalten bleiben und den Namen *Jacquemart-André* tragen sollte. Das Museum erfüllte somit die Funktion eines Denkmals für die Stifterin und ihren Mann.

Die Presse würdigte nicht zuletzt die Einzigartigkeit der Sammlung Jacquemart-André: „Où trouver, en Europe, un autre ‚Musée' où l'art du passé soit ainsi replacé sous son toit et ‚dans ses meubles'?"[67] Nur die Wallace-Collection in Hertford House in London schien vergleichbar. Deshalb wurde das *Musée Jacquemart-André* auch als das ‚Musée Wallace de Paris' bezeichnet:[68] Der Anspruch der Andrés, ein ähnlich spektakuläres Ensemble wie die Londoner Wallace-Collection aufzubauen, zeigt sich in den Sammlungsgegenständen, dem Sammlungstypus, der Präsentation und schließlich in der Stiftung des Privatmuseums an die Nation. Nélie Jacquemart war regelmäßig nach London gereist und hatte auch in Hertford House verkehrt, kannte es also aus erster Hand.[69]

2.2 The Wallace Collection im Londoner Hertford House: Urtyp des „House-Museum"

The Wallace Collection öffnete im Juni 1900 ihre Tore und ist bis heute für Besucher zugänglich. In der Geschichte der Kunstsammlungen gilt sie als Urtypus des historischen „House-Museum".[70] In einem Punkt weicht sie allerdings vom Großteil der „House-Museums" ab, da sie nicht auf der Schöpfung eines individuellen Sammlers beruhte, sondern von mehreren Mitgliedern einer Familie zusammengetragen wurde. Damit weist die *Wallace Collection* eine Parallele zu großen fürstlichen Sammlungen auf.[71] Ihre Gründer waren die ersten vier Marquesses of Hertford und der illegitime Sohn des vierten Marquess, Sir Richard Wallace (1818–1890), der Namenspate, den Wilhelm von Bode in seinen Memoiren für das Jahr 1881 als den „berühmteste[n] damalige[n] Sammler" bezeichnete.[72] Das ehemalige Privatmuseum der Hertford-Familie

---

66 Mension-Rigau, Aristocrates et Grands-Bourgeois, 1994, S. 458.

67 Roujon/Bertaux, Les Collections, in: L'Illustration Weihnachtsausgabe (1913), o. S.

68 Roujon/Bertaux, Les Collections, in: L'Illustration Weihnachtsausgabe (1913), o. S.

69 Duffy/Hedley, Pictures, 2004, S. xxxiv. Als vergleichbar berühmte zeitgenössische Privatsammlungen werden Bridgewater House und Grosvenor House in London genannt, die aber in der damaligen Form nicht mehr zu besichtigen sind. Vgl. Duffy/Hedley, Pictures, 2004, S. xxxiii.

70 Warren, Marquess, in: Reist (Hrsg.), Models, 2014, S. 117.

71 Jeremy Warren, Kurator der Wallace Collection, konstatiert diese Parallele zu den „great princely collections" insbesondere im Vergleich mit der Frick Collection in New York, die er als „close cousin" der Wallace Collection einstuft. Sie ging aus der individuellen Sammeltätigkeit von Henry Clay Frick (1849–1919) hervor. Warren, Marquess, in: Reist (Hrsg.), Models, 2014, S. 117.

72 Bode, Mein Leben, 1930, Bd. 1, S. 197.

entsprach im besten Sinn der Kategorie der ‚Universalsammlung', d. h. es umfasste Gemälde, französische dekorative Künste des 18. Jahrhunderts, mittelalterliche und renaissancezeitliche Objekte, Glas, Majoliken und Skulpturen sowie Rüstungen und Waffen. Geprägt wurde der Bestand insbesondere durch Richard Seymour-Conway, den vierten Marquess of Hertford (1800–1870), der einen großen Teil seines Lebens in Paris verbracht hatte.[73] Der in Hertford House präsentierte Geschmack wird daher als „essentially nineteenth-century Anglo-French" bezeichnet.[74]

Unter den Gemälden befinden sich so prominente Werke wie *The Laughing Cavalier* von Frans Hals aus dem Jahr 1624 und *The Swing* von Jean-Honoré Fragonard (1732–1806) aus dem Jahr 1776.[75] Das Museum verfügt über eine herausragende Sammlung Alter Meister, die in Großbritannien lediglich von der *National Gallery,* dem *Windsor Castle* und dem *Buckingham Palace* übertroffen wird.[76] Der spektakulärste Kauf des vierten Marquess war ein Barockgemälde von Peter Paul Rubens: *The Rainbow-Landscape* aus der Zeit um 1636, das aus der Sammlung des Dogen Constantino Balbi in Genua stammte. Der Marquess hatte es 1856 über seinen Agenten Samuel Mawson für 4.550 Guineas erworben.[77] Bereits 1854 berichtete der deutsche Kunsthistoriker und damalige Direktor der *Königlichen Museen zu Berlin,* Gustav Friedrich Waagen, über die Sammlung des vierten Marquess von Hertford und betonte, dass der Sammler Meisterwerke von den größten Künstlern des 16., 17. und 18. Jahrhunderts erworben hatte, und zwar zu Preisen, die selbst von Regierungen selten ausgegeben würden. Entsprechend hielt Waagen die Sammlung des Marquess für die wichtigste aller Sammlungem, die seit 1935 entstanden waren.[78]

Die Zeitschrift *L'Illustration,* die sich 1913 so ausführlich mit dem *Musée Jacquemart-André* beschäftigen sollte, berichtete in ihrer Weihnachtsausgabe 1912 von der Wallace-Sammlung. Der Artikel geht insbesondere auf die französischen Anteile der Objekte und Arrangements ein. Bemerkenswert war offensichtlich der Gegensatz zwischen der britischen Außenwirkung der Stadtvilla und dem französisch anmutenden Interieur: „Le sol, le ciel, le décor, tout est britannique à plaisir. Entrons: nous sommes en France."[79] Während die Fassade des Palais eine britische Herrschaftlichkeit, in den Augen des Autors wohl auch eine britische Düsternis ausstrahlte, waren die Innenräume von einem „parfum du XVIIIème siècle" erfüllt, „qui est le plus français des siècles."[80] Dieser Eindruck wurde durch Louis-XVI-Möbel von Jean-Henri Riesener (1734–

73 Lord Hertford gehörte zu den reichsten Personen der Welt. Sein jährliches Einkommen wurde mit 250.000 Pfund beziffert. Warren, Marquess, in: Reist (Hrsg.), Models, 2014, S. 122.

74 Duffy/Hedley, Pictures, 2004, S. xvii.

75 Fragonard: Hauptvertreter des französischen Rokoko. Reclams Künstlerlexikon, 2002, S. 239.

76 Duffy/Hedley, Pictures, 2004, S. xvii.

77 Duffy/Hedley, Pictures, 2004, S. xxii u. S. 381.

78 Waagen, Treasures, 1854, Bd. 2, S. 154.

79 Sizeranne, Collection, in: L'illustration Weihnachtsausgabe (1912), o. S.

80 Sizeranne, Collection, in: L'illustration Weihnachtsausgabe (1912), o. S.

1806)[81] im sogenannten „französischen Königsstil“[82], Sèvres-Porzellan, Büsten von Jean-Antoine Houdon (1741–1828)[83] sowie Gemälde von Jean-Antoine Watteau, Jean-Honoré Fragonard und Jean-Baptiste de Greuze hervorgerufen. Richard Seymour-Conways Vorliebe für sogenannte *pleasing pictures* mit fröhlichen, sentimentalen oder romantisch-historischen Motiven bestimmte die Atmosphäre.[84] Diese Präferenz für sorgenfreie Sujets wird teilweise psychologisch gedeutet und in den Kontext der gesellschaftlichen Umformungen gestellt: Sie suggerierten den Sammlern des 19. Jahrhunderts den Kontext einer untergangenen Gesellschaft, in der aristokratische und monarchische Privilegien gesichert waren und seien deshalb auch in „complete accord“ mit der Gefühlswelt des Marquess lesbar.[85]

Sir Richard Wallace trat das Erbe als unehelicher Sohn des vierten Marquess of Hertford an. Auch er lebte in Paris, bis er 1872 mit seiner französischen Ehefrau Julie-Amélie-Charlotte Castelnau in das Hertford House in London umzog. 1871 hatte er den englischen Adelstitel eines Baronets erhalten und wurde Member of Parliament.[86] Dennoch galt er weiterhin als „Parisien d'adoption“ oder „Parisien de cœur“.[87] 1872 hatte er aufgrund der schlechten Versorgungslage in der französischen Hauptstadt 50 Trinkwasserbrunnen für die bedürftige Stadtbevölkerung gestiftet, die als sogenannte *Wallace-Brunnen* bis heute das Pariser Straßenbild prägen.[88] Als Assistent seines Vaters hatte sich Wallace bereits früh ein fundiertes kunsthistorisches Wissen angeeignet und war mit dem Kunstmarkt vertraut. Er führte die Sammlung der Marquesses von Hertford fort und erweiterte das Spektrum. Im Gegensatz zu Richard Seymour-Conway bevorzugte er die Epochen des Mittelalters und der Renaissance, dem Geschmack seiner Generation entsprechend. 1871 kaufte er *en bloc* die Sammlung des Comte de Nieuwerkerke, die insbesondere europäische Waffen, Rüstungen und Renaissanceobjekte

---

81 Deutsch-französischer Kunsttischler, geboren 1734 in Gladbeck, gestorben 1806 in Paris. Als „Ebéniste du Roi“ schuf er Möbel im Louis XV. und Louis XVI. Stil. Riesener war der „favorite cabitemaker“ von Marie Antoinette. Kisluk-Grosheide, Furniture, in: The Metropolitan Museum of Art Bulletin 3 (2006), S. 20.

82 Louis XV.- und Louis XVI.-Möbel waren Einrichtungsgegenstände im französischen Königsstil und können als konservatives Bekenntnis gelesen werden. Clemens, Händler, in: Themenportal Europäische Geschichte, 2014, URL: www.europa.clio-online.de/essay/id/fdae-1638 [08.02.2022], S. 4. Felicitas Kuhnt bezeichnet diesen Königsstil auch als „aristokratischen Repräsentationsstil“: Kuhnt, Gemäldesammlungen, 2006, S. 67.

83 Französischer Bildhauer, Vertreter des späten Rokoko und frühem Klassizismus. Zu seinen bekanntesten Bildnisbüsten gehört die der Kaiserin Josephine. Reclams Künstlerlexikon, 2002, S. 339 f.

84 Der vierte Marquess von Hertford war zwar kein Pionier des Rokokorevivals im 19. Jahrhundert, gehörte aber wie James de Rothschild und der Duc de Morny, zu den Sammlern, die während des Zweiten Kaiserreichs in Paris die Preise für Rokokowerke in die Höhe trieben. Vgl. Duffy/Hedley, Pictures, 2004, S. xxvii.

85 Duffy/Hedley, Pictures, 2004, S. xxvii.

86 Warren, Marquess, in: Reist (Hrsg.), Models, 2014, S. 125; Montebianco, Wallace, 2007.

87 Sizeranne, Collection, in: L'illustration Weihnachtsausgabe (1912), o. S.

88 Warren, Marquess, in: Reist (Hrsg.), Models, 2014, S. 125.

umfasste.[89] Nieuwerkerke, der als *Surintendant des Beaux Arts* unter Napoleon III. eine zentrale Position in den Kunstkreisen des Zweiten Kaiserreichs eingenommen hatte, war nach dessen Fall gezwungen seine Schätze für 600.000 Franc zu verkaufen, um sein Exil zu finanzieren.[90] Von dem späteren König Edward VII., dem damaligen Prince of Wales, erwarb Richard Wallace 1878 das Gemälde *The Arab Tent* von Edwin Henry Landseer (1802–1873) aus dem Jahr 1866. Landseer war der bevorzugte Maler der königlichen Familie, insbesondere der Queen Victoria, und Wallace zahlte dafür die außergewöhnlich hohe Summe von 7.912 Pfund.[91] Charakteristisch für seinen Geschmack war zudem eine ‚kontinentale‘ Vorliebe für „delicate, intricate objects of the *Kunstkammer* type.“[92]

Die Präsentation der Kunstwerke in Hertford House folgte dem viktorianischem *eclectic manner*. Richard Wallace richtete allerdings auch einige Räume nach stilistisch-thematischer Ordnung ein. So erhielten die Gemälde Canalettos (1697–1768) und Reynolds (1723–1792) eigene Säle.[93] Der sogenannte *Reynolds Room* erhielt eine Einrichtung im *Regency taste*: Englische Porträts des 18. Jahrhunderts, französische Möbel und Sèvres-Porzellan ergänzten die ausgestellten Bilder Reynolds’.[94] Dieser *Period Room* sollte die Vorstellung suggerieren, ins 16. Jahrhundert versetzt zu sein: Wallace gestaltete ihn mit Majoliken, Skulpturen, Handschriften und Gemälden aus der Sammlung des Vicomte de Tauzia.[95]

Die Privatsammlung der Wallaces in Hertford House wirkte insgesamt nicht museal, sondern behielt einen persönlichen Charakter, da sie in die funktionalen Wohnkontexte eingebettet blieb. Die Zeitschrift *L’Illustration* beschreibt diesen Eindruck folgendermaßen: „Dès l’entrée, on a l’impression qu’on n’est pas dans un musée; on est chez quelqu’un: chez quelqu’un qui aimait les belles choses et qui les rassemblait autour de lui“.[96] Wer mit Sir Wallace Billiard spielte, tat dies umgeben von Boulle-Möbeln[97],

89 Duffy/Hedley, Pictures, 2004, S. xxx.

90 Suzanne Higgot, Kuratorin der Wallace Collection, bezeichnet Alfred-Émilien O’Hara, comte de Nieuwerkerke (1811–1892) als „most powerful figure in Napoléon III’s Second Empire art establishment.“ Seine Sammlung bestand aus mehr als 800 Objekten, die er zwischen 1865 und 1870 zusammentrug. Higgot, Sales, in: Revista de Història da Arte 3 (2015), S. 119–130, hier S. 126.

91 Duffy/Hedley, Pictures, 2004, S. xxxii.

92 Warren, Marquess, in: Reist (Hrsg.), Models, 2014, S. 117–131, hier S. 127. Eine seiner „major Kunstkammer acquisitions“ war ein niederländisches Miniaturtabernakel aus dem 16. Jahrhundert, das er 1871 von Charles Mannheim erwarb.

93 Canaletto I., eigentlich Giovanni Antonio Canal, malte insbesondere Stadtansichten von Venedig, von denen acht Exemplare in der Wallace Collection vertreten sind. Reynolds war Hauptvertreter der englischen Porträtkunst des 18. Jahrhunderts.

94 Duffy/Hedley, Pictures, 2004, S. xxxiii.

95 Der Vicomte Both de Tauzia war ein französischer Kunstsammler und Kunsthistoriker. Er arbeitete u. a. als Kurator im Louvre.

96 Sizeranne, Collection, in: L’illustration Weihnachtsausgabe (1912), o. S.

97 André-Charles Boulle, französischer Kunsttischler, geboren 1642 in Paris, gestorben 1732 ebd. Boulle arbeitete für den Hof in Versailles.

Bronzestatuetten und holländischen Gemälden. Wilhelm von Bode lobte insbesondere die Qualität der Bilder des holländischen Malers Aelbert Cuyp, den man nur in England wirklich studieren könne, etwa in der National Gallery oder der Wallace Collection.[98]

Die Integration der Kunstsammlung in die Wohnlandschaft war jedoch nicht allein Ausdruck von Kunstgenuss, wie es das Zitat etwas naiv nahelegt, sondern Teil der Selbstinszenierung und Repräsentationspolitik der nobilitierten Familie Wallace. In Hertford House knüpften sie an die Tradition ihrer adligen Vorfahren an, indem sie das Anwesen für die Sammlungen umfassend umbauten. Der Kurator der Wallace-Collection Stephen Duffy und Joanne Hedley konstatieren, dass Wallace den sozialen Aufstieg angestrebt habe, der ihm aufgrund seines Status als unehelicher Sohn erschwert war.[99] Seine Kunstsammlung und Kennerschaft seien doch förderlich für seinen Eintritt in die englische Gesellschaft gewesen. Unzählige Besucher kamen, um die Schätze in Hertford House zu besichtigen, und für eine gesellschaftliche Elite sei das Haus – das auf Antrag einen Tag pro Woche besichtigt werden konnte – zu einem etablierten Bestandteil der Londoner Gesellschaftsszene geworden.[100] Eine dieser Besucherinnen war 1886 Nélie Jacquemart-André, aber auch Henry Clay Frick, der in den 1880er Jahren begonnen hatte, seine berühmte New Yorker Kunstsammlung aufzubauen, gehörte zum Publikum, das in Hertford House verkehrte.[101]

Wie im Fall der Sammlung Jacquemart-André verknüpfte auch die Witwe von Sir Richard Wallace, Lady Julie Wallace, die Stiftung mit der Bedingung, dass sowohl die Bilder als auch die anderen Kunstgegenstände nur im Ensemble ausgestellt und nicht mit anderen Kunstwerken vermischt werden sollten.[102] Durch die Schenkung von Kulturgütern innerhalb eines weiterhin sichtbaren familiären und privaten Zusammenhangs ging es also auch bei diesem Londoner Beispiel um eine möglichst weitreichende Familienmemoria. Dabei ist hervorzuheben, dass sich das großbürgerliche Kunstsammeln nicht von den aristokratischen Gepflogenheiten unterschied. Nach der Depression der Jahre 1836 bis 1842 etablierte sich London als ein Zentrum des internationalen Kunsthandels und als ein erstklassiger Markt für zeitgenössische Kunst.[103] 1851 konstatierte der Maler Charles Robert Leslie[104]: „The increase of private patronage of Art in this country is surprising. Almost every day I hear of some man of fortune, whose name is unknown to me, who is forming a collection of the works of living pain-

98 Bode, Mein Leben, 1930, Bd. 1, S. 66.

99 Duffy/Hedley, Pictures, 2004, S. xxxiv.

100 Duffy/Hedley, Pictures, 2004, S. xxxiv.

101 Zu Fricks Sammlung und dem britischen Einfluss: Vgl. Finocchio, One, in: Reist (Hrsg.), Models, 2014, S. 181–193.

102 Duffy/Hedley, Pictures, 2004, S. xxxiv.

103 Bayer/Page, Development, 2011, S. 99.

104 Charles Robert Leslie, englischer Maler, geboren 1749 in London, gestorben 1859 ebd. Vertreter der viktorianischen Genremalerei.

ters."[105] Die Vorliebe für Gegenwartskunst lag zum einen an zahlreichen Fälschungen alter Kunst, zum anderen an neuen Marketingstrategien der Kunsthändler, die zunehmend begannen, mit den Künstlern zusammenzuarbeiten. In der Wallace-Collection sind zahlreiche zeitgenössische Londoner Künstler mit Porträts vertreten. Von Thomas Lawrence[106], dem Nachfolger Reynolds' als Hofmaler, befinden sich Porträts des Königs George IV. aus dem Jahr 1822 und der Countess of Blessington aus demselben Jahr in der Sammlung. Auch zwei Bildnisse der Queen Victoria sind im Museum vorhanden: ein Porträt aus dem Jahr 1838 von Thomas Sully (1783–1872) und eine Sully-Kopie von Stephen Poyntz Denning.[107]

Der Kunst-Boom, der das viktorianische Zeitalter in Großbritannien begleitete, baute nicht nur auf französischen Kunstschätzen, sondern auch auf den reichen Kunstgütern Italiens, die im Zuge der Umwälzungen seit der Französischen Revolution in die Sammlungen und Kunsthandlungen jenseits des Ärmelkanals gelangten. Die Wallace-Collection illustriert den immensen Transfer italienischer Kunst nach Frankreich und Großbritannien. Bereits der erste Marquess Francis Seymour-Conway (1719–1794) kaufte sechs Stadtansichten des venezianischen Malers Canaletto und dessen Werkstatt an.[108] Das Schlüsselwerk der Wallace-Collection, das oben erwähnte Rubens-Gemälde *The Rainbow Landscape*, stammt aus der Genueser Sammlung von Constantino Balbi. Abgesehen von der Provenienz hatten rund 900 Werke der Sammlung einen italienischen Urheber, seien es unbekannte Meister der Waffenschmiedekunst oder namhafte Maler wie Antonio Cigognara (1480–nach 1500), Andrea del Sarto (1486–1530), Bernardino Luini (1480/82–1532), Tizian und Francesco Guardi. Otto Mündler, ein deutscher Kunsthändler in Paris, reiste zwischen 1855 und 1858 jeweils mehrere Monate als *travelling agent* der Londoner *National Gallery* durch Italien. Die zu jener Zeit getätigten Ankäufe bildeten, so Wilhelm von Bode, „den Grund der ganz einzigen Sammlung von Meisterwerken der italienischen Schule, welche die National Gallery heute besitzt."[109]

---

105 Zit. n. Bayer/Page, Development, 2011, S. 100.

106 Thomas Lawrence war ein englischer Maler, geboren 1769 in Bristol, gestorben 1830 in London. Vertreter der viktorianischen Genremalerei. Zu Thomas Lawrence und Joshua Reynolds: West, Manner Portraiture, in: Bindman (Hrsg.), History, 2008, S. 144–145.

107 Zum amerikanischen Maler Thomas Sully und seine Arbeit für Queen Victoria: Barratt, Queen Victoria, 2000.

108 Duffy/Hedley, Pictures, 2004, S. xvii. Giovanni Antonio Canal, genannt Canaletto, fand im englischen Konsul in Venedig einen einflussreichen Mäzen. 1746 verließ der Künstler Venedig für einige Jahre und zog nach London, wo zahlreiche Themsedarstellungen entstanden.

109 Bode, Mein Leben, 1930, Bd. 1, S. 71. Zu Otto Mündler: Andersen, Otto Mündler, in: Dowd (Hrsg.), Otto Mündler, 1985, S. 7–68.

2.3 Rom als Mekka der abendländischen Kunst: Die Kunstsammlung Torlonia

Italien war im 19. Jahrhundert nicht nur ‚Lieferant'; Rom war weiterhin ein „Mekka abendländischer Kunst".[110] Eine Beschäftigung mit dem Mäzenatentum dieser Stadt führt unweigerlich zur Bankiersfamilie Torlonia.[111] Mit ihrer Kulturförderung, die sich auf die Jahrzehnte zwischen 1800 und 1850 konzentrierte, ließen die Torlonia das legendäre Mäzenatentum der Renaissance in Rom noch einmal aufleben. Sie sammelten Kunst und protegierten Künstler, beteiligten sich an Kirchenrestaurierungen und Theaterbauten, unterstützten die archäologische Forschung und investierten in die Ausgestaltung des öffentlichen Raums. Die Ausstrahlung der Torlonia schlug sich nicht nur in der Kulturtopographie Roms nieder, sondern ging in die Literatur großer Autoren wie Alexander Dumas, Jules Verne und Stendhal ein.[112] Auch der dänische Schriftsteller Hans-Christian Andersen nahm seine die Leser in seinem Roman *Nur ein Geiger* von 1837 mit in den Palast der Torlonia, der sich an der Piazza Venezia befand:

> Bei der Herzogin Torlonia findet ein Ball statt. […] Die Colonnaden sind blendend erleuchtet, Büsten und Statuen scheinen durch den beweglichen Fackelschein belebt zu sein […], die Bildergalerie selbst dient zur Promenade. […] Wir treten in den größten Tanzsaal, rings umher strahlen Lichter aus prächtigen Candelabern, […]. In der großen Nische vor uns steht der colossale Herkules, der in seinem wilden Schmerz Lykos am Fuße und bei den Haaren ergriffen hat, um ihn gegen den Felsen zu schleudern, ein seltsamer Contrast zu den sanften Tanzmelodien und der frohen Jugend rings umher.[113]

Andersen beschreibt hier das Paradestück der Sammlung Torlonia: Die marmorne *Herkules- und Lichas-Gruppe* des Bildhauers Antonio Canova aus dem Jahr 1801.[114] Herkules stand, wie die Kunsthistorikerin Barbara Steindl überzeugend darlegt, im Zentrum eines Ausstattungsprogramms, das die Torlonia der Gestaltung ihrer Residenzen zugrunde legten und das eine Form von Familienikonographie generieren sollte. Auch der antike Held Theseus gehörte zu dem Bildprogramm der *Virtù*, in dem sich Giovanni Torlonia als Privatperson, Geschäftsmann und Oberhaupt einer Dynastie widerge-

---

110 Mai, Kunstakademien, 2010, S. 156.

111 Zur Kaufmanns- und späteren Bankiersfamilie Torlonia mit weiteren Literaturangaben: Steindl, Mäzenatentum, 1993; Felisini, Capitalista, 2004; Felisini, Geld, in: Clemens et al. (Hrsg.), Hochkultur, 2011, S. 211–232.

112 Felisini, Geld, in: Clemens et al. (Hrsg.), Hochkultur, 2011, S. 211 f.; Steindl, Mäzenatentum, 1993, S. 16.

113 Andersen, Geiger, in: Katscher (Hrsg.), Werke, 1880, Bd. 1, S. 297 f. Auf die Erwähnung durch Andersen verweist: Steindl, Mäzenatentum, 1993, S. 129.

114 Antonio Canova, italienischer Bildhauer, geboren 1757 in Possagno, gestorben 1822 in Venedig. Giovanni Torlonia zeigte die Skulptur ab 1815 in der *Galleria dell'Ercole* seines Palasts. Heute befindet sich die Gruppe in der Galleria Nazionale d'Arte Moderna, Rom. Vgl. Dönike, Herakles, in: Martus et al. (Hrsg.), Schlachtfelder, 2003, S. 106 u. Abb. Nr. 1, S. 112.

spiegelt sehen wollte.[115] Die 1797 geadelten Torlonia nutzten, so Steindl, das Mäzenatentum zu Repräsentationszwecken. Innerhalb von nur zwei Generationen gelang es den aus Frankreich eingewanderten Kaufleuten, sich in Rom zu etablieren und als Bankiers an die Spitze der römischen Gesellschaft zu gelangen. Die Künste setzten die Torlonia mit dem Ziel ein, eine historisch anmutende Umgebung zu erschaffen, um ihre eigentliche Geschichtslosigkeit zu verschleiern und um das Geld, dem sie ihre Standeserhöhung verdankten, zu nobilitieren.[116] Die Kunstpatronage gehörte, neben zahlreichen philanthropischen Projekten, zu den Repräsentationspflichten, die der soziale Status erforderte.[117] Die italienische Wirtschaftshistorikerin Daniela Felisini fasst diese Strategie folgendermaßen zusammen: „Es handelte sich also bei den Torlonia um eine junge Nobilitierung, die er [Giovanni Torlonia, Anm. I. H.] aber mehr und mehr konsolidierte und ausgestaltete auf einem ureigenen Feld der Aristokratie: dem Mäzenatentum."[118]

Im Gegensatz zum Jacquemart-André-Museum in Paris und der Wallace-Collection in London, ist die Kunstsammlung der Torlonia nicht mehr in ihrer ursprünglichen Einheit und ihrem angestammten Präsentationszusammenhang erhalten. 1902 wurde der Palazzo Torlonia zwar abgerissen, doch die Forschung konnte die darin ehemals ausgestellte Gemälde- und Skulpturensammlung relativ genau rekonstruieren.

Insbesondere Giovanni Torlonia hatte sich mit Hilfe von Agenten am großen Kunstkaufrausch betätigt, der in Folge der napoleonischen Kriege ganz Europa erfasste. Er ließ Gemälde, antike und moderne Skulpturen, Büsten, aber auch kunsthandwerkliche Artefakte zusammentragen, um seinen Stadtpalast adäquat zu schmücken. Neben zahlreichen prominenten Malern stattete der Historienmaler Francesco Hayez (1791–1882) die Galerie des Palasts mit Fresken aus.[119] Der 1808 vom Grafen Virginio Conci Bolognetti erworbene Palazzo spielte innerhalb der Prestigepolitik der Torlonia eine entscheidende Rolle, da er den Aufstieg der Familie im Stadtzentrum Roms prominent zur Schau stellte.[120] Zum Besitz der Familie gehörte außerdem eine *Villa suburbana* an der Via Nomentana. Diesem Landsitz, der 1797 in den Besitz der Familie kam, verdankte Giovanni Torlonia seinen neuen Adelstitel *Marchese di Romavecchia*, den er noch im Jahr des Kaufs erhielt.[121] Auch die *Villa Torlonia* wurde mit Kunstwerken ausgestattet.

---

115 Steindl, Mäzenatentum, 1993, S. 37, 50 u. 59.

116 Steindl, Mäzenatentum, 1993, S. 4.

117 Die Torlonia gründeten beispielsweise während der Choleraepidemie 1836–1837 das Hospital S. Onofrio. Vgl. Felisini, Geld, in: Clemens et al. (Hrsg.), Hochkultur, 2011, S. 219.

118 Felisini, Geld, in: Clemens et al. (Hrsg.), Hochkultur, 2011, S. 215.

119 Zu Francesco Hayez s. Clemens, Hayez, in: Clemens/Späth (Hrsg.), Risorgimento, 2014, S. 147–166; Steindl, Mäzenatentum, 1993, S. 48.

120 Steindl, Mäzenatentum, 1993, S. 13.

121 Giovanni Raimondo Torlonia (geboren 1754 in Siena, gestorben 1829 in Rom) erhielt diesen Titel nach einem Landsitz, den er ebenfalls 1797 gekauft hatte. Vgl. Steindl, Mäzenatentum, 1993, S. 4.

Alessandro Torlonia (1800–1886) führte die mäzenatische Praxis seines Vaters fort und konsolidierte die Nobilitierung. Während er sich zwischen den „Fixpunkten Geld, Macht und politischem Einfluss" bewegte, erweiterte er das kulturelle Kapital der Familie.[122] Als junger Mann hatte er im Rahmen einer Grand Tour die europäischen Hauptstädte wie London und Paris besucht und Verbindungen zur Familie Rothschild hergestellt.[123] Alessandro heiratete Teresa Colonna und damit in die italienische Hocharistokratie ein. Kurz nach der Hochzeit erhielt er eine Anerkennung seiner Titel durch Papst Gregor XVI. Als *Duca di Cesi*, *Marchese di Romavecchia* und *Principe di Civitella Cesi* engagierte er sich für eine spektakuläre Familienmemoria, indem er 1842 zu Ehren seiner verstorbenen Eltern zwei Obelisken in Rom aufstellen ließ und das Ereignis massenwirksam inszenierte. Zu den illustren Gästen gehörten u. a. Papst Gregor XVI. und König Ludwig I. von Bayern.[124] Alessandro betätigte sich auch als Förderer, insbesondere der zeitgenössischen Skulptur, und vergab Aufträge an den dänischen Bildhauer Bertel Thorvaldsen (1770–1844), der, äußerst prominent, die *Accademia di San Luca* in Rom leitete.[125] Bei der Neugestaltung der *Galleria dell'Ercole* beschäftigte er die angesehenen Maler Francesco Podesti (1800–1895) und Francesco Coghetti (1802–1875).[126]

Die Prunkentfaltung und Kulturförderung der Torlonia standen stets im Zusammenhang mit Kontinuitätsvorstellungen, denen die Familie im Sinne einer Mäzenatentumsnachfolge entsprechen wollte, und der konkreten Konkurrenzsituation zur alten Aristokratie in Rom. Besonderen Einfluss auf die Aktivitäten der Torlonia hatte ihre Rivalität zur altadligen Familie Borghese. Alessandro Torlonia imitierte die kulturelle Praxis der Borghese und deren Methoden der Sichtbarkeit.[127] Dabei ging es jedoch nicht nur um Nachahmung, sondern darum, die altadlige Familie zu übertreffen: So waren die Obelisken der Torlonia höher als die der Borghese und als in der Villa Borghese ein ägyptischer Raum eingerichtet wurde, konterte Alessandro in der Villa Torlonia mit einer *Stanza di Cleopatra*.[128] Die Umorientierung von einem eher einheitlichen Dekor im antikisierenden Stil zu Gestaltungsformen, die dem historistischen

122 Felisini, Geld, in: Clemens et al. (Hrsg.), Hochkultur, 2011, S. 212.

123 Felisini, Geld, in: Clemens et al. (Hrsg.), Hochkultur, 2011, S. 215 f. Die Praxis der Grand Tour war kein Phänomen des 19. Jahrhunderts, sondern bereits eine Elitenpraxis im 18. Jahrhundert. Vgl. Rees et al. (Hrsg.), Europareisen, 2002.

124 Felisini, Geld, in: Clemens et al. (Hrsg.), Hochkultur, 2011, S. 219 f. König Ludwig I. von Bayern sah in der Kunstförderung einen Schwerpunkt seiner Regierungsphase und nutzte die Kunst zur Vermittlung politischer Aussagen. Vorbilder für seine musealen Bestrebungen fand er insbesondere in Rom, wo er sich auch gerne auf die Kunstszene einließ, Ateliers besuchte und Kunst akquirierte. Dazu ausführlich: Putz, Königtum, 2013 u. Putz, Leidenschaft, 2014.

125 Vgl. Felisini, Geld, in: Clemens et al. (Hrsg.), Hochkultur, 2011, S. 222.

126 Steindl, Mäzenatentum, 1993, S. 123.

127 Der Begriff der „Sichtbarkeit" geht auf Heinz Reif zurück, der den Adel als „Experten der Sichtbarkeit" charakterisiert und die Adelspersistenz auch als das Ergebnis erfolgreicher Symbolisierungsleistungen betrachtet: Reif, Adel, 1999, S. 25 f.

128 Apolloni et al., Villa, in: Ricerche di Storia dell'arte 28–29 (1987), S. 8.

Eklektizismus entsprachen, beruhte auf dem Raumkonzept des Architekten Giuseppe Valadier (1762–1839). Er richtete in der Villa Torlonia Räume ein, die von diversen Stilen inspiriert waren, etwa dem pompeijanischen, dem neogotischen und dem Stil der Neorenaissance.[129] Diese Pastiche-Interieurs gingen den *Period Rooms* voraus, die in den 1830er und 1840er in Paris entstanden waren und in Großbritannien von zahlreichen Kunstsammlern aufgegriffen wurden. Auch in den Sammlungen der Jacquemart-Andrés und der Wallace-Collection beeinflussten sie den Präsentationsstil.[130]

Viel Zeit, Geld und Energie investierte Alessandro Torlonia in die Einrichtung eines Antikenmuseums in der Villa Albani.[131] Diese Sammlung erhielt einen musealen Charakter und ist bis heute als *Museo Torlonia* im Privatbesitz der Familie. Bereits vor dem Kauf der Villa 1866 hatte sich Torlonia an Kardinal Albani und dessen Mäzenatentum orientiert. Er stilisierte sich in dessen Tradition, um als Nachfolger der Sammlungstätigkeit Albanis zu gelten. Durch den Kauf der Villa konnte er diese Suggestion einer Kontinuität visualisieren, indem er den Namen Torlonia neben den Namen Albanis stellte.[132] Um die Sammlung zu erweitern, förderte Alessandro auf seinen Latifundien archäologische Ausgrabungen. Die Torlonia gaben ihre Sammlungen jedoch nicht in die öffentliche Hand wie die Andrés oder Wallace. Deshalb veranschaulicht ihr Beispiel vielmehr die Rolle des Mäzens als Auftraggeber und Patron der Künste – ein Schwerpunkt, der auf dem Feld der Kulturförderung stets von großer Bedeutung war. So war etwa in der deutschen Zeitschrift Kunst-Blatt 1837 zu lesen:

> Die italienischen Künstler sind gegenwärtig stärker beschäftigt als seit langer Zeit, da die Wiedererbauung der St. Paulskirche viele Kunstgegenstände erfordert […]; auch das bekannte Handlungshaus Torlonia hat viele Künstler, sowohl Maler als Bildhauer und Architekten, mit Aufträgen für den Ausbau seines Palastes engagirt. Außer den Bestellungen bei Thorwaldsen hat Torlonia die zwölf obersten Götter Griechenlands bei den besten italienischen Bildhauern, in weißem Marmor in Lebensgröße bestellt.[133]

Indem Torlonia insbesondere den Neoklassizismus förderte, folgte er zum einen zeitgenössischen Geschmacktrends, zum anderen forcierte er auch ihre Verbreitung und Nachfrage. Seine Villen und Palazzi wurden zum Symbol für die *grandezza di Roma* und warben insbesondere bei ausländischen Besuchern für den Kauf neoklassizistischer Kunst. Der Kunstmarkt verband demnach die Interessen des Mäzens mit den Interessen des Bankiers Torlonia.[134] Im Vordergrund stand jedoch immer die Prestigepolitik der Familie. Mit den „traditionellen Instrumente[n] der Aristokratie“ wie Kulturförderung, Kunstpatronage, Philanthropie, Grundbesitz und Heiratspolitik ge-

129 Apolloni et al., Villa, in: Ricerche di Storia dell'arte 28–29 (1987), S. 15.
130 Harris, Rooms, 2007.
131 Vgl. dazu: Settis/Gasparri: I Marmi Torlonia, 2020.
132 Apolloni et al., Villa, in: Ricerche di Storia dell'arte 28–29 (1987), S. 8.
133 Kunst-Blatt, Nr. 25, 28. März 1837, S. 100, URL: http://digi.ub.uni-heidelberg.de/diglit/kunstblatt18_1837/0098 [25.05.2022].
134 Apolloni et al., Villa, in: Ricerche di Storia dell'arte 28–29 (1987), S. 31.

lang es den Torlonia, einen unanfechtbaren sozialen Status in der Elite Roms zu erlangen und in die Geschichte der ewigen Stadt einzugehen.[135]

2.4 Die Kunstsammlung der Familie Poldi Pezzoli in Mailand

Im Gegensatz zu Frankreich und Großbritannien, wo die Hauptstädte auch jeweils die unbestrittenen kulturellen und wirtschaftlichen Zentren waren, herrschte in den späteren Nationalstaaten Italien und Deutschland im ausgehenden 19. Jahrhundert weiterhin Polyzentrismus. Die wirtschaftlich aufstrebende Stadt Mailand, Hauptstadt der Lombardei, nahm neben Rom, Venedig und Turin eine zentrale Stellung im kulturellen Leben Italiens ein.[136] Einer der Hauptakteure auf diesem Feld war der Mailänder Kunstsammler Gian Giacomo Poldi Pezzoli d'Albertone (1822–1879).[137]. Sein Vater Giuseppe Poldi Pezzoli (1768–1833) hatte Architektur in Parma studiert.[138] 1818 trat er das Erbe seines kinderlosen Onkels Giuseppe Pezzolis an, von dem er neben einem großen Vermögen und Immobilien auch den Adelstitel erhielt. Damit gehörte er zu den exklusiven Heiratskandidaten für die Frauen des Hochadels.[139] Durch die Beziehungen des Erbonkels existierten bereits Beziehungen zur Familie Trivulzio. Poldi ergriff diese Gelegenheit und heiratete 1819 Rosina Trivulzio (1800–1859) und damit in ein altes lombardisches Adelsgeschlecht ein. So verband sich das ökonomische Kapital der Poldi Pezzoli mit der jahrhundertelangen Reputation der Trivulzio.[140] Rosina forcierte eine noch prächtigere Ausstattung der Residenzen. In einem schier ‚grenzenlosen Luxus' orientierte sie sich an ihrem Elternhaus, das eine bedeutende Privatsammlung beherbergte.[141] Ihr Vater Gian Giacomo Trivulzio (1774–1831) besaß unzählige kostbare Objekte wie Tapisserien, Waffen, Rüstungen, Glas und Keramik sowie Gemälde, darunter Werke von Mantegna und Leonardo da Vinci. Seinen Sammlungsschwerpunkt legte er allerdings auf Porträts der Mailänder Herrscher, die er – wenn sie sich nicht kaufen ließen – als Kopien in Auftrag gab.[142]

Gian Giacomo Poldi Pezzoli trug den Vornamen seines Großvaters Gian Giacomo Trivulzio und wuchs im Ambiente und in den Kreisen des traditionellen adligen Mäzenatentums, der *commitenza aristocratica* in Mailand auf. Als er elf Jahre alt war, verstarb sein Vater. Jener hinterließ das formidable Vermögen von fünf Millionen öster-

135 Felisini, Geld, in: Clemens et al. (Hrsg.), Hochkultur, 2011, S. 219.

136 Lenger, Metropolen, 2013, S. 79.

137 Darauf verweist Clemens, Kunstsammler, in: Clemens et al. (Hrsg.), Raum, 2011, S. 107, Anm. 15.

138 Die Familie Poldi Pezzoli stammte ursprünglich aus Bergamo und besaß dort Seiden- und Wollmanufakturen. Michero, Parabola, in: Michero/Mazzocca, Pezzoli, 2012, S. 51 f. Die Anmerkung bezieht sich auch auf die folgenden Ausführungen über Poldi Pezzoli.

139 Galli Michero, Lineamenti, S. 21.

140 Squizzato, Trivulzio, in: Galli Michero/Mazzocca (Hrsg.), Gian Giacomo Poldi Pezzoli, 2012, S. 42.

141 Galli Michero, La parabola, 2011, S. 52.

142 Squizzato, Trivulzio e Poldi Pezzoli, 2012, S. 43.

reichischen Lire und vererbte an den Sohn zudem den Titel eines *cavaliere dell'Ordine constantiniano*. Unter der Ägide seiner Mutter Rosina erhielt Poldi Pezzoli nicht nur eine umfassende Ausbildung, sondern lernte auch die aktuelle Kunstszene Italiens kennen.[143] Als Mäzenin förderte Rosina Künstler und empfing sie in der Familienvilla am Comer See. Im Rahmen der Kulturförderung umgab sie sich mit einer Art ‚Hofgesellschaft' und vergab Aufträge an angesagte Künstler, etwa Francesco Hayez und Lorenzo Bartolini (1777–1850).[144] Weiterhin pflegte sie Kontakte zu wichtigen Mäzenen Norditaliens: Filippo Ala Ponzoni, marchese Terzaghi und Filippo Pontiatowsky.[145] Auf Reisen besichtigte Rosina gemeinsam mit ihrem Sohn Kulturdenkmäler und Museen.

Bei einem längerem Parisaufenthalt im Jahr 1840 übte das *Musée de Cluny* des Privatsammlers Alexandre du Sommerard eine besondere Faszination auf Gian Giacomo Poldi Pezzoli aus.[146] Hier fand er die erste Inspirationsquelle für seine eigenen Sammlungsbestände.[147] Es lag daher nahe, dass das *Museo Poldi Pezzoli* kurz nach der Eröffnung 1881 als „piccolo Museo de Cluny" bezeichnet wurde.[148] Das Mailänder Fallbeispiel zeigt erneut, welche Ausstrahlungskraft Alexandre du Sommerards Sammlung besaß. Auch Poldi Pezzoli reihte das besagte Cluny-Album in seine Graphiksammlung ein.[149] Zudem hatte er den Museumsgründer Alexandre de Sommerard persönlich kennengelernt, als dieser in den 1840er Jahren die Sammlung seines Großvaters Trivulzio in Mailand besucht hatte.[150]

Innerhalb von 25 Jahren baute Poldi-Pezzoli mit der Unterstützung renommierter Berater eine bedeutende Gemäldesammlung aufgebaut: Leonardo da Vinci, Bellini, Mantegna, Botticelli und Tiepolo sind lediglich die prominentesten Meister, die er ankaufte.[151] Das teuerste von ihm angekaufte Gemälde stammte von Andrea Solario (1460–1524), der im 19. Jahrhundert besonders hoch gehandelt wurde, für 45.000 Lire.[152] In der Sammeltätigkeit lassen sich neben der Malerei verschiedene Schwerpunkte ausmachen: In den 1840er Jahren lag der Fokus vorwiegend auf Waffen, in den 1850er Jahren auf Glas und in den 1860er Jahren auf Tapisserien. Die meisten Juwelen

143 Galli Michero, Lineamenti, 2012, S. 21.

144 Squizzato, Trivulzio e Poldi Pezzoli, 2012, S. 47 f.

145 Galli Michero, Lineamenti, 2012, S. 23.

146 Galli Michero, Lineamenti, 2012, S. 23.

147 Galli Michero, Gian Giacomo Poldi Pezzoli, in: Galli Michero/Mazzocca (Hrsg.), Gian Giacomo Poldi Pezzoli, 2012, S. 23.

148 Galli Michero, Katalogbeitrag zu: Deroy *La Camera*, 1838–1846, in: Galli Michero/Mazzocca (Hrsg.), Gian Giacomo Poldi Pezzoli, 2012, S. 98–99.

149 Galli Michero, Katalogbeitrag zu: Deroy *La Camera*, 1838–1846, in: Galli Michero/Mazzocca (Hrsg.), Gian Giacomo Poldi Pezzoli, 2012, S. 98–99. Auch die Sammlung Poldi Pezzoli diente wiederum als Vorbild. So wurde beispielsweise die Sammlerin Isabella Stewart Gardener von seiner Kunstsammlung zum Aufbau eines ähnlichen Museums in Boston angeregt. Vgl. Clemens, Städtische Kunstsammler, 2011, S. 107, Anm. 15 mit dem Hinweis auf: Goldfarb, Gardener Museum, 1995, S. 6.

150 Galli Michero, La parabola, 2011, S. 57 u. 59.

151 Leonardo da Vinci (1452–1519); Giovanni Bellini (1437–1516), Sandro Botticelli (1445–1510).

152 Galli Michero, La parabola, 2011, S. 60–63.

erwarb er in den 1870er Jahren. Außerdem gehörten Elfenbeinobjekte und Möbel zum Sammlungsbestand.[153] Poldi Pezzolis persönliches Interesse galt jedoch vorwiegend den Waffen. Damit erschloss er ein für die Familie neues Sammlungsgebiet. Er reiste selbst durch ganz Europa, um griechische, etruskische, römische und mittelalterliche Waffen zusammenzutragen. Seine Vorliebe für Waffen beeinflusste schließlich auch die Präsentation der gesamten Sammlung: Um sie optimal zur Geltung zu bringen, benötigte Poldi Pezzoli eine geeignete Bühne. Ein mittelalterliches Setting, ähnlich dem *Musée Cluny*, schien ihm am geeignetsten.

Der Historien- und Freskomaler Giuseppe Bertini (1825–1898), der Poldi Pezzoli als Berater am nächsten stand, gestaltete federführend die *casa-museo* Poldi Pezzoli. Das berühmte Vorbild Cluny kannte er von einem Besuch in Paris im Jahr 1851. Jeder Raum wurde bis ins Detail in einem bestimmten Stil eingerichtet. Bertini selbst leitete die Gruppe unterschiedlichster Künstler an, darunter der Bronzekünstler Giuseppe Speluzzi (1827–1890) und der Bildhauer Lorenzo Vela (1812–1897). Auf diese Weise wurde das *appartamento-museo* Poldi Pezzolis zu einem Zentrum des lombardischen Kunstgewerbes. Hier trafen sich Künstler und Kunsthandwerker, präsentierten ihr Können und vernetzten sich.[154] Poldi Pezzoli förderte in diesem Rahmen auch einzelne Künstler, wie etwa die Brüder Galli. Neben individueller Auftragsvergabe und Patronage unterstützte er zudem verschiedene Kunstvereine und Gesellschaften, wie die *Società di Incoraggiamento Arti e Mestieri* und die *Fondazione Artistica*. So gelang es ihm, sich zunehmend als „protettore degli artisti" zu stilisieren und feiern zu lassen.[155]

Die Bedeutung der Sammlung Poldi Pezzoli und der hohe Standard ihrer Präsentation waren in Elitekreisen bald bekannt, sodass das Haus die renommiertesten Protagonisten der europäischen Museumslandschaft anzog. Der in London tätige Kunsthändler Otto Mündler besuchte 1856 die Sammlung Poldi Pezzoli und hielt fest: „A house splendidly fit in the modern Milanese taste."[156] Lady Eastlake, Ehefrau des Direktors der National Gallery, schrieb 1858 über ihren Besuch: „Truly imagination never conceived anything more sumptuous […] all the work of Milanese workmen who may compete with the world."[157] Umgekehrt reiste auch Poldi Pezzoli häufig, insbesondere

153 Die meisten Ankäufe tätigte Poldi Pezzoli bei dem Kunsthändler Giuseppe Baslini. Dies geht aus dem Rechnungsbuch hervor, das Poldi Pezzoli zwischen 1861 und 1879 führte und das als bedeutende Quelle zur Sammlungsgeschichte erst kürzlich wiederentdeckt wurde. Bode bezeichnet Baslini in seinen Memoiren als den „eigentlichen Schöpfer der Sammlung Poldi Pezzoli". Baslini war als Agent für die National Gallery London tätig und eine zentrale Kontaktperson für Wilhelm Bode in Mailand. Vgl. Bode, Leben, 1930, S. 74 u. 93. Das Rechnungsbuch Poldi Pezzolis *Cassa mia particolare. Libro die conti dal 1861 al 1879 di Gian Giacomo Poldi Pezzoli* ist abgedruckt in: Galli Michero/Mazzocca (Hrsg.), Gian Giacomo Poldi Pezzoli, 2012, S. 161–170.

154 Galli Michero, La parabola, 2011, S. 57 f.

155 Galli Michero, La parabola, 2011, S. 24 u. 53 f. Sebregondi beschrieb Poldo Pezzoli als „d'animo mite, di modi cortesi, semplice nelle sue abitudini, protettore degli artisti, generoso senza ostententazione." Zit. n. Galli Michero, La parabola, 2011, S. 54.

156 Mündler, zit. n. Galli Michero, La parabola, 2011, S. 58.

157 Eastlake, zit. n. Galli Michero, La parabola, 2011, S. 58.

um berühmte Waffensammlungen zu besichtigen und um seine Netzwerke, die er üblicherweise über Vermittler und brieflich pflegte, persönlich zu vertiefen.[158]

Poldi Pezzoli sorgte mit verschiedenen Methoden dafür, seine Sammlung bekannter zu machen: 1871 ließ er einen Katalog veröffentlichen. Ein Jahr später beteiligte er sich mit Leihgaben in Form von Waffen, Gemälden, Schmuck und Antiken an einer Ausstellung in der *Pinacoteca di Brera* in Mailand. Besondere Aufmerksamkeit erhielt seine Sammlung schließlich auf der großen *Esposizione Storica d'arte Industriale*, einer historischen Kunstgewerbeausstellung, die 1874 in Mailand stattfand. Poldi Pezzoli gehörte neben anderen Angehörigen des lombardischen Adels[159] zum Ausstellungskommitee und kuratierte außerdem die Abteilungen Waffen, Elfenbein, Bronzen und Glas. Insgesamt konnte er bei dieser Gelegenheit etwa die Hälfte seines Sammlungsbestandes, d. h. 927 Objekte, präsentieren.[160] Die Pariser Illustrierte *L'art. Revue hebdomadaire illustré* widmete dieser Ausstellung einen umfassenden Artikel, nannte Poldi Pezzoli als Hauptaussteller und bildete einige seiner Exponate ab.[161]

Ein weiterer Schwerpunkt in Poldi Pezzolis Aktivitäten lag auf seinen Bemühungen um eine standesgemäße Familienmemoria. 1875 ließ er ein Mausoleum in neogotischem Stil errichten, der bereits für das Dante-Zimmer und die Waffenräume seiner Kunstsammlung gewählt wurde.[162] Eine wirksamere Maßnahme zu einer nachhaltigen Erinnerungspolitik war jedoch die Stiftung seiner Kunstsammlung an die Stadt Mailand.[163] Erste Festlegungen dazu traf Poldi Pezzoli 1861. Testamentarisch setzte er seinen Neffen als Erben ein, begründete eine *Fondazione Artistica* und bestimmte, dass seine Sammlung der Öffentlichkeit zugänglich sein sollte. Mit dem Ziel, die Zersplitterung der Sammlung zu verhindern, sollte das Palais in ein Museum umgewandelt werden. Er richtete einen Fonds ein, der mit einem jährlichen Betrag den Unterhalt der Kunststiftung sichern und Neuanschaffungen für das Museum ermöglichen sollte. Besonderen Wert legte der Stifter darauf, sein Museum als „ewige Erinnerung" an seine Verbundenheit mit Mailand zu etablieren.[164]

Die Stiftung der Sammlung erweckte internationale Resonanz. In den einschlägigen Kunstzeitschriften, wie der französischen *L'art. Revue hebdomadaire illustré*[165] und der deutschen *Zeitschrift für Bildende Kunst*, erschienen ausführliche Berichte

158 1860 verweilte Poldi Pezzoli als Gast des Prinzen Polignac in Paris und besichtigte das Grabmahl Kaiser Maximilians I. in Innsbruck. 1862 besuchte er die Weltausstellung in London. Am regelmäßigsten zog es ihn aber nach Paris. Vgl. Galli Michero, Lineamenti, 2012, S. 28.

159 Die Zeitschrift *L'art. Revue hebdomadaire illustré* nennt u. a.: Ludovici Trotti, Carlo Ermes Visconti und Alessandro Greppi. Vgl. Lerois, Jours, in: L'art. Revue hebdomadaire illustré 4 (1877), S. 103.

160 Galli Michero, Lineamenti, 2012, S. 29.

161 Lerois, Jours, in: L'art Revue hebdomadaire illustré 4 (1877), S. 304.

162 Galli Michero, Lineamenti, 2012, S. 29.

163 Dazu auch im Folgenden: Zanni, La fondazione, in: Galli Michero/ Mazzocca (Hrsg.), Gian Giacomo Poldi Pezzoli, 2012, S. 36 f.

164 Zanni, La fondazione, in: Galli Michero/ Mazzocca (Hrsg.), Gian Giacomo Poldi Pezzoli, 2012, S. 36.

165 Yriarte, Lettres, in: L'art Revue hebdomadaire illustré 7 (1881), S. 164 f.

über das neue Museum. Gustav Frizzoni kommentierte die testamentarische Schenkung folgendermaßen:

> Mailand, im Sommer 1881. Der 25. April dieses Jahres brachte uns die feierliche Einweihung und der folgende Tag die Eröffnung eines neuen Museums, der Stiftung unseres vor zwei Jahren verstorbenen edeln Mitbürgers, Don Giacomo Poldi-Pezzoli. Es ist dies eine Sammlung, welche schon durch die außerordentliche Mannigfaltigkeit ihres Inhalts den Kunstfreunden [...] ein ungewöhnliches Interesse darbietet. Dazu kommt als ein besonderer Reiz, die Pracht und der Reichtum an Mobilien und Ausstattungsstücken jeder Gattung, welche die Räume zieren [...]. Der verstorbene Besitzer hat nämlich in seinem Testamente bestimmt, daß die von ihm seit einer Reihe von Jahren bewohnten [...] Räume ganz in dem Zustande erhalten bleiben sollen, wie er sie angelegt [...] hatte, nach dem von ihm in Gemeinschaft mit seinem Freunde, dem gegenwärtigen Direktor des Museums, Prof. Giuseppe Bertini, ausgearbeiteten Plane.[166]

In seinem Artikel behandelt Frizzoni den Aufbau der *Casa Poldi*, das Dekor der verschiedenen Säle und die herausragendsten Kunstwerke der Sammlung. Der spezifische Präsentationsstil des Museums wird deutlich, vom im Barockstil erbauten Treppenhaus über die mit Porträts geschmückten Vorzimmer, den vorwiegend an die Renaissance rekurrierenden *goldenen Saal*, den *schwarzen Saal* im Stil des frühen Cinquecentos bis hin zum Schlafgemach im Barockstil des 17. Jahrhunderts und den rein der Malerei gewidmeten Räume. Der Autor hebt die Werke der Maler Boticelli, Signorelli, Solari und Jan Breughel hervor. Insgesamt kommt Frizzoni zu dem Schluss, dass es sich einerseits um eine äußerst großzügige und durchaus qualitätvolle Stiftung handelte, andererseits aber eine weniger private und schlichtere Ausstellungsform für den Kunstinteressierten zweckmäßiger wäre.[167]

2.5 Die Kunstsammlungen im Berlin des Kaiserreichs

Die hier angeführten Protagonisten, die als Privatsammler und Mäzene in Paris, London, Rom und Mailand bereits bei ihren Zeitgenossen prominent waren, zeigen eine spezifische und überraschend homogene Elitenpraxis auf. Durch Kulturtransferprozesse, die auf etablierten Familiennetzwerken, Reisen, politischen und wirtschaftlichen Verbindungen sowie dem internationalen Kunstmarkt basierten, bewegten sich die Akteure in einem relativ überschaubaren Kreis und reproduzierten die den meisten Erfolg versprechenden Repräsentationstechniken. Diese Praxis setzte sich auch in den Städten des (späteren) Deutschen Kaiserreichs durch.[168] Eine zentrale Rolle nahm dabei der polyglotte „Condottiere der Museumsinsel"[169] in Berlin ein, Wilhelm von

166 Frizzonio, Museum, in: Zeitschrift für Bildende Kunst 17 (1882), S. 43.
167 Frizzonio, Museum, in: Zeitschrift für Bildende Kunst 17 (1882), S. 123.
168 Frizzonio, Museum, in: Zeitschrift für Bildende Kunst 17 (1882), S. 124.
169 Gaehtgens, Museumsinsel, in: Francois/Schulze (Hrsg.), Erinnerungsorte, Bd. 3, 2009, S. 93.

Bode, über den Adolph Donath (1876–1937) schrieb: „Er ist international wie die Kunst selbst.“[170]

Als Wilhelm von Bode in den 1870er Jahren nach Italien reiste, suchte er nicht nur für die königlichen Museen zu Berlin nach „hervorragenden Gemälden italienischer Künstler, namentlich der Renaissance, [...] die im Handel oder sonst käuflich wären“, er belieferte auch die private Sammlerszene.[171] Zu dieser Zeit befand sich der italienische Kunstmarkt durch die Nachwirkungen der Kriege in einem Zustand der Stagnation und wirkte aufgrund der Dominanz britischer Käufer undurchlässig für deutsche Interessenten. Im Verlauf des 19. Jahrhunderts hatte sich die Italienbegeisterung der britischen Sammler auf Werke der italienischen Frührenaissance verlagert. Insbesondere die Wiederentdeckung Botticellis bewirkte eine „Anglo-Florentine love affair“.[172] Wilhelm von Bode gelang es als *latecomer* dennoch, in Florenz Fuß zu fassen. Er knüpfte Kontakte mit deutschen Adligen, die in Italien ansässig waren, und nutzte ihre Beziehungen zum italienischen Kunstmarkt. Giuseppe Baslini, der bevorzugte Kunsthändler Poldi Pezzolis, führte ihn in die bedeutendsten Kunstsammlungen Mailands ein. Mit Stefano Bardini in Florenz fand er einen „findigen und energischen Vermittler“, der ihn bei der Sammlung italienischer Skulpturen unterstützte.[173] Wie oben bereits angemerkt, stellte Bode unter anderem den Kontakt zwischen Bardini und den Jacquemart-Andrés, den Berliner Kunstsammlern Fürst Liechtenstein und Oskar Hainauer sowie, wie noch gezeigt wird, der Wormser Industriellenfamilie Heyl her.[174]

Auch für die deutschen Sammler des 19. Jahrhunderts galt die Kultur der italienischen Renaissance als „Gipfel der abendländischen Kunstproduktion“.[175] Nach 1850 fand eine kontinuierliche Vermögensbildung statt, die die neuen Unternehmer, Bankiers und Kaufleute auch für mäzenatische Zwecke und den Aufbau von Kunstsammlungen verwendeten. Sie gesellten sich, so Gabriele Clemens, „zu den traditionellen Kunstkäufern aus Adels- und Hofkreisen“ und orientierten sich an den „von der Aristokratie vorgelebten Wertmustern“.[176] Bode nahm sich dieser Klientel an und half durch seine Expertise beim Aufbau von Privatsammlungen, mit dem Ziel, die dort enthalte-

---

170 Donath, Wilhelm Bode, in: Berliner Zeitung am Mittag (01.08.1912), abgedruckt in: Ohmann (Hrsg.), Berlin, 2011, S. 89.

171 Bode, Leben, Bd. 1, 1930, S. 69.

172 Stourton, Door, 2014, in: Reist (Hrsg.), Models, S. 38.

173 Bode, Leben, Bd. 1, 1930, S. 74 u. S. 153. Stefano Bardini, selbst Künstler, handelte in Florenz bevorzugt mit Renaissancekunstwerken. Bardini arbeitete seit den 1870er für Bode als Unterhändler. Bode erwähnt ihn mehrmals in seiner Autobiographie. Die erste Erwähnung Bardinis ist Beschreibung seines Ateliers im Palazzo Canigiani Florenz und die Beurteilung seines Geschmacks als „ungewöhnlich“: Bode: Leben, Bd. 1, 1930, S. 122. Zur Korrespondenz zwischen Stefano Bardini und Wilhelm Bode 1875–1920 s. Niemeyer Chini, Stefano Bardini, 2009.

174 Bode, Leben, Bd. 1, 1930, S. 181. u. S. 107.

175 Gaehtgens, Bode, in: Mai/Paret (Hrsg.), Sammler, 1993, S. 165.

176 Clemens, Städtische Kunstsammler, 2011, S. 111.

nen Kunstwerke schließlich durch Schenkungen, Nachlässe oder Verkauf den Berliner Museen einzuverleiben.[177]

Zur Zeit des Deutschen Kaiserreichs profilierte sich die Berliner Sammlerszene zunehmend, wie der Kunsthistoriker Sven Kuhrau in einer dichten und aufschlussreichen Studie darlegt.[178] Die Berliner Sammler orientierten sich, was Ausstattungsluxus und Kunstkonsum anbetraf, an den großbürgerlichen und aristokratischen Häusern in Londo n und Paris.[179] Der österreichische Kunsthistoriker und Publizist Adolph Donath, der als Mitarbeiter Wilhelm von Bodes zu einem ausgewiesenen Experten in den Berliner Kunstkreisen aufstieg, beschrieb 1911 den „Aufschwung des Sammelwesens im modernen Berlin", der unmittelbar nach der Reichsgründung einsetzte.[180] Das deutsche Sammelwesen habe, so Donath, im 18. Jahrhundert in allen großen Städten erheblichen Zuwachs verzeichnet: „An den Höfen sowohl als im geldkräftigen Bürgertum, das durch die Kunstbegeisterung der Fürsten angeregt, für die künstlerischen Bestrebungen der Zeit empfänglicher wurde."[181]

Im 19. Jahrhundert wurden dann Museen in Deutschland, wie Donath schreibt, „förmlich aus dem Boden gestampft".[182] Obgleich es Ende des 18. Jahrhunderts auch schon etliche Sammler in Berlin gegeben habe, sah Donath seit 1871 eine rapide Entwicklung.[183] Kuhrau analysiert für den Zeitraum des Kaiserreichs mehr als 70 bedeutende Privatsammlungen, die in dieser lokalen Dichte und dem ihnen zugrundeliegenden spezifischen Geschmacksmuster eine eigene Sammlerkultur repräsentierten.[184] Er beschreibt die Berliner Sammlerszene als eine von Beginn an „adelig-bürgerliche Hybridkultur".[185] Die Akteure vernetzten sich in der Markt-, Experten- und Vereinsstruktur der Szene sowie auf dem gesellschaftlichen Parkett der Elite.[186] Der Adel nutzte die kulturelle Praxis des Kunstsammelns als „Strategie des Obenbleibens"[187] und diente gleichermaßen als Vorbild für das Großbürgertum. Die Kulturförderung der Kronprin-

177 Gaehtgens, Bode, in: Mai/Paret (Hrsg.), Sammler, 1993, S. 165 und S. 154.

178 Kuhrau, Kunstsammler, 2005.

179 Kuhrau, Kunstsammler, 2005, S. 9.

180 Donath, Psychologie, 1911, S. 88. Sven Kuhrau verweist auf die Schriften Adolph Donaths: Kuhrau, Kunstsammler, 2005, S. 118. Zur Biographie Adolph Donaths: Bensimon, Adolph Donath, 2001.

181 Donath, Psychologie, 1911, S. 68.

182 Donath, Psychologie, 1911, S. 86.

183 Donath, Psychologie, 1911, S. 88.

184 Kuhrau, Kunstsammler, 2005, S. 29.

185 Kuhrau, Kunstsammler, 2005, S. 49.

186 Sie trafen sich nicht nur als Konkurrenten um Kunstwerke, sondern stellten auch gemeinsam als Leihgeber aus. Diese Form des Mäzenatentums fand die gewünschte Resonanz in der Presse. Als Beispiel sei hier die sechste internationale Kunstausstellung in München 1892 genannt. Als Leihgeber „alter Kunst" traten auf: Kaiserin Friedrich; die Berliner Sammler Thiem, Professor Knaus, Wesendonck und Hainauer; der Leipziger Generalkonsul Thieme; aus Wien Miller von Aichholz und die Baronin Todesco; der Hamburger Konsul Weber und die Münchner Sammler Schubart und Fiedler. Vgl. Anonym, Sammlungen, in: Kunstchronik 3 (1892), S. 425.

187 Braun, Bemerkungen, in: Wehler (Hrsg.), Adel, 1990, S. 87–95.

zessin Victoria (ab 1888 als Witwe Kaiserin und Königin Friedrich genannt), die sich in einer regen Sammeltätigkeit und dem Engagement für die Gründung eines Kunstgewerbemuseums zeigte, ist ein eindrückliches Beispiel für diese Praxis. 1896 erschien unter der Federführung Wilhelm Bodes die Publikation „Die Kunstsammlung ihrer Majestät der Kaiserin und Königin Friedrich in Schloss Friedrichshof", in der die Sammlungsbereiche Victorias in einzelnen Kapiteln behandelt wurden: Bildwerke, Gemälde, Arbeiten in Edelmetall, Mobiliar, Miniaturporträts, deutsches Steingut, Email, Eisen, Zinngeräthe und Porzellan.[188] Die einzelnen Objekte ließ sie in Ensembles zusammenfassen und *period rooms* einrichten, in denen Möbel, Dekor und Kunstwerke aus der gleichen Epoche stammten.[189] Ab den 1880er Jahren verfolgte die Fürstin das Ziel, „einen möglichst lückenlosen Überblick über die Meisterleistungen des internationalen Kunstgewerbes von der Antike bis zum 19. Jahrhundert in den verschiedensten Materialien in ihrer Sammlung bieten zu können."[190]

In Victorias Porträtsammlung ragten die englischen Werke heraus, etwa von Reynolds und Lawrence. Sie kaufte aber auch Damenporträts von Paris Bordone und Peter Paul Rubens an. An Porzellan sammelte sie insbesondere Rokoko-Objekte der Meißener und der Königlichen Manufaktur Berlin. Die Möbel waren vorwiegend aus der italienischen Renaissance oder Produkte der französischen Mobiliarskunst im Stil Louis XV. oder Louis XVI.[191] Der Kontakt zu anderen berühmten Sammlern ihrer Zeit brachte Victoria prominente Geschenke ein: Sir Richard Wallace gab ihr einen Spiegel aus dem Besitz der Königin Marie Antoinette von Frankreich und der Berliner Privatsammler Ferdinand Robert Tornow überließ ihr testamentarisch seinen Bestand an Kleinplastik, Glas, Silber, mittelalterlichen Skulpturen und ähnlichem.[192] Später verfügte sie, dass ihre Kunstsammlung in das Städelsche Kunstinstitut Frankfurt eingehen sollte, falls ihre Erblinie aussterben oder die Erben die Sammlung nicht übernehmen wollten.[193] Eine Zeitgenossin Victorias, die Schriftstellerin Marie von Bunsen, beschrieb die Sammlung folgendermaßen: „Von all den Kostbarkeiten wie geblendet, gingen wir durch den Flur, an alten Stühlen und Truhen vorbei, bis in die geringfügigste Einzelheit hatte alles im Schlosse Qualität."[194]

Das Sammlungs- und Förderungsverhalten Victorias verdeutlicht Kuhraus These: der kulturellen Praxis lag, so Kuhrau, die künstlerisch ausgerichtete höfische Mädchenausbildung zugrunde. Ein Prozess der ‚Verbürgerlichung' kann daher aus der Kontaktpflege mit bürgerlichen Sammlern und der Offenheit Victorias für Museumsreformen nicht abgelesen werden. Ihre kulturelle Praxis setzte zugleich Maßstäbe inner-

188 Bode, Kunstsammlungen, 1896.
189 Eichler, Victoria, in: von Hessen (Hrsg.), Victoria, 2002, S. 145.
190 Eichler, Victoria, in: von Hessen (Hrsg.), Victoria, 2002, S. 144.
191 Eichler, Victoria, in: von Hessen (Hrsg.), Victoria, 2002, S. 145 f.
192 Eichler, Victoria, in: von Hessen (Hrsg.), Victoria, 2002, S. 143.
193 Eichler, Victoria, in: von Hessen (Hrsg.), Victoria, 2002, S. 146.
194 von Bunsen, zit. n. Eichler, Victoria, in: von Hessen (Hrsg.), Victoria, 2002, S. 143.

halb der Adelskreise als auch der Bourgeoisie.[195] Kunstsammlungen wurden als Symbole adliger Identität gedeutet und dazu genutzt, eine aristokratische Lebensführung zu repräsentieren.

Das kunstmäzenatische Handeln des jüdischen Bankiers Oskar Hainauer in Berlin demonstriert diesen Prozess. Hainauer orientierte sich einerseits an der Familie Rothschild, andererseits diente ihm der Kunstgeschmack Victorias als Vorbild. Die Rothschilds waren in den Adelsstand aufgestiegen und manifestierten ihre gesellschaftliche Position mit dem Bau prestigeträchtiger Paläste und Schlösser.[196] Hainauer folgte diesem Prinzip und orientierte sich bei der Ausstattung seiner Villa mit integrierter Kunstsammlung nachweislich an französischen Vorbildern. Ab 1875 stellte er systematisch eine Kollektion alter Kunst zusammen. Wilhelm Bode bemerkte hierzu in seiner Biographie: „Als erster in Berlin gab er [Oskar Hainauer, Anm. I. H.] dafür wirklich höhere Preise aus."[197] und in einem Beitrag für den *Kunstwanderer* schrieb er: „Hainauer war der erste Berliner, den ich zum Sammeln im großen Stil und von hoher Kunst bewegen konnte".[198] Hainauer trug maßgeblich dazu bei, den Pariser Wohnstil als Modell in Berlin zu etablieren. In der *Gazette des Beaux Arts* wurde Hainauers Beitrag zur Entwicklung des Kunstsinns hervorgehoben: Oscar Hainauer habe viel dazu beigetragen, in Berlin das Interesse an Renaissance-Sammlungen zu wecken.[199] Seine über zwanzig Jahre lang währende Suche nach Skulpturen, Gemälden, Wandteppichen und Bronzen in Italien, Frankreich und England, habe es ihm schließlich ermöglichte, sein *hôtel de la Rauchstrasse* zu einem der „reizvollsten Wohnhäuser Berlins" zu machen.[200]

Kuhrau weist darauf hin, dass Hainauers Interesse für Renaissancekunst nicht zuletzt durch Kronprinzessin Victoria geweckt wurde.[201] Neben seinem Engagement für das Kunstgewerbemuseum und die Königlichen Museen in Form von Schenkungen und finanzieller Unterstützung, brachte ihm seine repräsentativ und reich ausgestattete Stadtvilla schließlich den Besuch der Kronprinzessin und ihrer Entourage ein. Trotz dieser Anerkennung und der Konvertierung zum evangelischen Glauben gelang es Hainauer jedoch nicht, die erwünschte Nobilitierung zu erreichen. Er musste sich mit dem Kronenorden zweiter Klasse begnügen.[202]

Alle Berliner Sammler verband die intensive Netzwerkarbeit Wilhelm von Bodes. Sein Schüler Donath stellt Bodes System folgendermaßen vor: Er hielt engen Kontakt mit den Mäzenen, regte sie zu Käufen an und nahm damit erheblichen Einfluss auf die

---

195 Kuhrau, Kunstsammler, 2005, S. 49. Zur künstlerischen Erziehung Victorias s. auch die Biographie: Pakula, Woman, 1995, S. 42.

196 Vgl. Sven Kuhrau über die Sammlung Oskar Hainauers: Kuhrau: Kunstsammler, 2005, S. 43.

197 Bode, Leben, Bd. 1, 1930, S. 191.

198 Bode, Privatsammlungen, in: Der Kunstwanderer, zweites Augustheft 1922, S. 540.

199 Molinier, Collection, in: Gazette des Beaux-Arts, 1.12.1897, S. 498.

200 „une des habitations les plus charmantes de Berlin": Molinier, Collection, in: Gazette des Beaux-Arts, 1.12.1897, S. 498.

201 Kuhrau, Kunstsammler, 2005, S. 44.

202 Kuhrau, Kunstsammler, 2005, S. 45.

privaten Sammlungen. Damit habe er nicht nur die Museumslandschaft reformiert, sondern zur Internationalisierung und Aufwertung der Kunstsammlerszene der Reichshauptstadt beigetragen.[203] In großen Ausstellungsprojekten, wie etwa der Ausstellung von Gemälden älterer Meister aus Berliner Privatbesitz, die anlässlich der Silberhochzeit des Kronprinzenpaars 1883 organisiert wurde, bot er den Sammlern eine glänzende Bühne.[204] Für seine Beratungstätigkeit erwartete Bode von seinen Sammlern neben Leihgaben auch Schenkungen an die königlichen Museen. Mit der Gründung des Kaiser-Friedrich-Museums-Vereins 1897 intensivierte Bode dieses Zusammenspiel aus Beratung und Akquise von Werken für die Museen.[205] Zu den Gründungsmitgliedern des exklusiven Vereins gehörte auch Cornelius Wilhelm Heyl.

Eine geradezu symbiotische Beziehung ergab sich zwischen Wilhelm Bode und James Simon, der in den 1880er Jahren begann, eine Privatsammlung aufzubauen.[206] Simon führte mit dem Familienunternehmen *Gebrüder Simon* den deutschen Baumwollhandel an. 1911 stand er auf der sechsten Position der Berliner Einkommensliste. Mit einem Drittel seiner Einkünfte unterstützte er philanthropische Projekte. Insgesamt ist seine Beteiligung in 60 Hilfsvereinen belegt.[207] Für Kunst gab er zwischen 1890 bis 1902 durchschnittlich 60.000 Mark pro Jahr aus, was bei seinem Einkommen von 750.000 Mark annähernd 10 Prozent ausmachte. Wohltätigkeits- und Bildungseinrichtungen für Minderbemittelte hatten für Simon entsprechend eine höhere Priorität.[208] Dennoch war sein Beitrag für die Berliner Museumslandschaft enorm: 1904 vermachte er noch zu Lebzeiten seine gesamte Sammlung der Renaissancekunst – d. h. insgesamt 439 Objekte – dem Kaiser-Friedrich-Museum. Damit setzte er Maßstäbe für die anderen Privatsammler, die durch sein Vorbild ebenfalls zu Schenkungen animiert wurden. Kaiser Wilhelm II. schickte sich an, James Simon anlässlich seiner beispiellosen Stiftung in das preußische Herrenhaus aufzunehmen. Doch Simon lehnte ab, da er befürchtete, ansonsten judenfeindliche Ressentiments zu bestärken.[209]

James Simon hatte zunächst mit der Sammlung holländischer Meister des 17. Jahrhunderts begonnen. 1885 erwarb er etwa ein Werk Rembrandts, später konzentrierte er sich vorwiegend auf die Epoche der Renaissance. Unter der Beratung Bodes kaufte James Simon u. a. Werke der Künstler Andrea Mantegna, Giovanni Bellini und Bronzino. Mit seiner Stiftung 1904 gingen 21 hochkarätige Gemälde in den Bestand des Berliner Museums ein. Sie wurden geschlossen in einer als „Kabinett Simon" gekennzeichneten Sektion gezeigt – eine von James Simon vorgebrachte Stiftungsbedingung. Die Nationalsozialisten lösten das Ensemble 1938 auf und beseitigten alle Angaben zu den

203 Donath, Psychologie, 1917, S. 102.

204 Otto, Bode, in: Staatliche Museen zu Berlin (Hrsg.), Bode, 1995, S. 31. Aus rund 50 Privatsammlungen stellte Bode 300 Objekte aus. Vgl. Ridler, Privat gesammelt, 2012, S. 31.

205 Matthes, James Simon, 2000, S. 136.

206 Schultz, Mäzen, in: Schultz (Hrsg.), James Simon, 2007, S. 13.

207 Schultz, Mäzen, in: Schultz (Hrsg.), James Simon, 2007, S. 11 f.

208 Matthes, James Simon, 2000, S. 152.

209 Schultz, Mäzen, in: Schultz (Hrsg.), James Simon, 2007, S. 14 u. 16.

jüdischen Förderern des Hauses.[210] Erst seit 2011 wird der Mäzen wieder im James-Simon-Raum des Bode-Museums gewürdigt.[211] Auch die vielleicht berühmtesten Exponate auf der Berliner Museumsinsel – das Ischta-Tor von Babylon und die Porträtplastik Nofrete – gehen auf Schenkungen Simons zurück. 1920 stiftete er den inzwischen Staatlichen Museen seine gesamte ägyptische Sammlung.[212] Mehr als 1.500 Objekte mesopotamischer Kunst und Inschriften gab er dem Vorderasiatischen Museum, wobei die Funde aus von ihm finanzierten Grabungen resultierten.[213] Olaf Matthes nennt James Simon in seiner Biographie „Prototyp des von Bode angeleiteten Sammlers", da er das von Bode propagierte Ideal aus Privatsammler und Museumsmäzen durch sein Handeln verwirklichte.[214]

2.6 Das Handlungsrepertoire der adlig-bürgerlichen Elite

Die Beispiele erlauben, zahlreiche Elemente des Handlungsrepertoires abzuleiten, derer sich großstädtische Akteure auf dem Feld des Mäzenatentums und Kunstsammelns im 19. Jahrhundert in zentralen europäischen Kulturmetropolen bedienten. Ihre kulturfördernden Projekte gehörten jeweils zu einem Programm von Prunkentfaltung und Inszenierung von gesellschaftlicher Stellung und Reichtum. Von Bedeutung waren dabei die Erlangung von Sichtbarkeit und überregionaler medialer Präsenz sowie die Sicherstellung einer nachhaltigen Familienmemoria. Die Schenkungen ganzer Sammlungen oder einzelner Objekte konnten zudem als patriotische oder zumindest heimatverbundene Handlungen aufgefasst werden. Da wesentliche Impulse weiterhin von den kaiserlichen und königlichen Höfen ausgingen, bediente die Praxis des Kunstsammelns und der Kulturförderung Kontinuitätsvorstellungen, die den Akteuren entweder dazu verhalfen, die eigene adlige Identität zu festigen oder eine neu aufzubauen.[215] Für die Praxis des Kunstsammelns und Präsentierens nahm das Pariser *Musée Cluny* eine Schlüsselrolle im europäischen Kulturtransfer ein. Die Privatsammler integrierten ihre Kunstobjekte in die repräsentativen Wohnräume. So konnten sie Empfänge und Feste im privaten Ambiente des *house museum* oder der *casa museo* arrangieren und über den Kunstbesitz ihren Reichtum, ihre Geschichte und Tradition sowie ihr Prestige kommunizieren. Für den kostspieligen und komplexen Aufbau der Kollektionen sowie deren Aufbereitung, Inszenierung und Publikation benötigten die Kunst-

210 Lindemann, Gemäldegalerie, in: Schultz, James Simon, 2007, S. 86–87.

211 Auch das neue Besucherzentrum der Museumsinsel in Berlin wurde 2019 unter dem Namen James-Simon-Galerie eröffnet.

212 Wildung, Museum, in: Schultz (Hrsg.), James Simon, 2007, S. 26–27.

213 Salje, Museum, in: Schultz (Hrsg.), James Simon, 2007, S. 46–47.

214 Matthes, James Simon, 2000, S. 137.

215 Richard Wallace knüpfte an die familiäre Kontinuität des Kunstsammelns an. Auf diese Weise konnte er – als unehelicher Sohn und erst später nobilitierter Erbe – eine adelige Identität aufbauen und stabilisieren. Die Torlonia verfolgten die historische Kontinuität der alten römischen Aristokratie.

sammler die Mitarbeit von Experten, die sich zunehmend professionalisierten. Kunsthistoriker, Kunsthändler und Künstler betätigten sich als Agenten und Vermittler. Jedoch sollte zumeist der Eindruck entstehen, dass die reichen Sammler selbst über die Käufe und Arrangements entschieden.

Cornelius Wilhelm und Sophie Heyl verkehrten in den soeben vorgestellten kulturellen Metropolen. Insbesondere Paris und Berlin erlangten große Bedeutung als Kunststandorte für die Aufsteiger aus der rheinischen Provinz. Im vierten Kapitel dieser Arbeit wird gezeigt werden, dass die Heyls in ihrer Prestigepolitik, die sie in ganz besonderer Weise auf dem Feld der Kulturförderung betrieben, auf die hier dargestellten Leitbilder und damit auf die Verhaltensstandards adlig-bürgerlicher Vorbilder zurückgriffen. Sie adaptierten eine elitäre Kulturpraxis, die ganz eindeutig auf adligen Traditionen aufbaute. Insbesondere die Kunstsammlung hatte sich als Symbol adliger Identität etabliert. Sophie und Cornelius Wilhelm Heyl begannen in den 1860er Jahren Kunst zu sammeln und nutzten sie, wie die oben dargestellten Familien, um ihren Reichtum und ihre gesellschaftliche Position zu präsentieren sowie auszubauen. Wie die Jacquemart-Andrés und Poldi Pezzoli orientierten sie sich in hohem Maße am ‚Modell Cluny' mit repräsentativer Sammlung und *period rooms* in historisch anmutender Umgebung.

Eine zentrale Rolle beim Sammlungsaufbau spielten Experten. Wilhelm von Bode, der die Heyls beim Kunstkauf beriet, beriet auch die Sammler Jacquemart-André, war ein Kenner der Wallace-Collection und verband die Berliner Sammlerszene durch seine versierte Netzwerkarbeit. Allen gemeinsam war das Streben nach Aufmerksamkeit und Sichtbarkeit durch mediale Präsenz. Auch die Heyls betrieben eine strategische Medienpolitik und sorgten für eine gute Presse in den Tageszeitungen, aber auch in Fachzeitschriften. Eine weitere Parallele zu den prominenten, internationalen Akteuren in diesem Kapitel liegt in der Familienmemoriapolitik: Als Cornelius Wilhelm Heyl schließlich sein Privatmuseum als komplettes Ensemble mit patriotischem Impetus an seine Heimatstadt stiftete, legte er ebenso wie die Familien Jacquemart-Andrés, Wallace und Pezzoli darauf wert, dass sein Name titelgebend für die Museumsstiftung wurde. Die ausgewählten Beispiele aus Frankreich, England, Italien und Deutschland zeigen vor allem soziale Aufsteiger, die an die Spitze ihrer jeweiligen Gesellschaft gelangten. Auch Sophie und Cornelius Wilhelm Heyl wollten als Lederfabrikanten in der mittelgroßen Stadt Worms die gesellschaftlichen Höhen des Deutschen Kaiserreichs erklimmen und konnten ihre Strategien an bewährten europäischen Mustern schulen. Analog zu den Torlonia, die sich mit der Figur des Herkules ein familieneigenes Bildprogramm zu eigen gemacht hatten, wählten die Heyls den Mythos des Nibelungenliedes als künstlerisch gestaltetes Identifikationsrepertoire. Doch zunächst gilt es, die Protagonisten dieser Studie in Worms zu verorten. Dort verfolgten die Heyls ihren gesellschaftlichen Aufstieg und bündelten ihre wirtschaftlichen, politischen und kulturellen Aktivitäten. Letztlich war es auch ihre Heimatstadt, die am meisten von der Kulturförderung der Heyls profitierte.

3 Prestigepolitik der Unternehmerfamilie Heyl in Worms zur Zeit des langen 19. Jahrhunderts

3.1 Die Familie Heyl und ihr ökonomisches Kapital 1800–1914

Die Geschichte der Familie Heyl ist die Geschichte eines Aufstiegs. An ihrem Beispiel lässt sich die Karriere einer Unternehmerfamilie in einer Mittelstadt am Rhein nachvollziehen, die zur Zeit des Deutschen Kaiserreichs Zugang in die obersten Kreise der europäischen Elite erlangte. Die spezifischen wirtschaftlichen, sozialen und kulturellen Umbrüche des 19. Jahrhunderts spiegeln sich in ihrem Handeln und Streben wider. Anfang des 18. Jahrhunderts als reformierte ‚Emigrantenfamilie' aus Bacharach am Rhein nach Worms gekommen, etablierte sie sich im Lauf der Zeit in der „guten Gesellschaft" der Stadt. Im mehrkonfessionellen Worms nutzten die Heyls alle sich bietenden Möglichkeiten zur Partizipation an Entscheidungsprozessen. In einer Hochphase, welche die Familie zur Zeit des Deutschen Kaiserreichs erlebte, stieg sie vom Großbürgertum in den Adel auf. Diese Karriere folgte einem europäischen Muster, trug aber durchaus individuelle Züge. Familientraditionen, das Familienunternehmen und gesellschaftliche Leitbilder bestimmten den Habitus der Familie, der schließlich auch ihre mäzenatische Praxis hervorbrachte. Als entscheidende Wendepunkte in der Familiengeschichte erwiesen sich der Wechsel aus der kaufmännischen Tätigkeit in das Großunternehmertum in den 1830er und 1840er Jahren sowie die Nobilitierungsphase in den 1880er Jahren. Daneben trug der Standort der Heyls in der mittelgroßen, historisch bedeutenden Stadt Worms zu einer spezifischen Ausformung ihres kulturellen Engagements bei.

Um die Entwicklung der Familie nachvollziehen zu können, ist es notwendig, den Raum zu untersuchen, in dem sie zunächst agierte. Deshalb ist das anschließende Unterkapitel der städtischen Entwicklung von Worms im 19. Jahrhundert gewidmet. In einem kurzen Porträt werden die Geschichte, die demographische und industrielle Entwicklung sowie die konfessionelle und politische Konstellation der Stadt zusammengefasst. Entscheidend ist hierbei das reziproke Verhältnis zwischen der Stadt und den Heyls: Keine andere Familie prägte Worms nachhaltiger und gleichzeitig bot Worms der Familie optimale Entfaltungsmöglichkeiten.

3.1.1 Worms. Eine Mittelstadt im Zeitalter der Industrialisierung

Die historische Forschung wies bereits ausführlich auf den engen Zusammenhang zwischen Mäzenen und ihren Heimatstädten hin.[1] Mäzene investieren zumeist einen

1 Zahlreiche Mäzene stifteten in der Heimatstadt, auch wenn sie nicht mehr vor Ort wohnten. Etwa die Ferrraris an Genua u. a. m. Vgl. Clemens, Gaehtgens, Kuhrau, etc.; Matthes/Simon, Mäzen, 2000, S. 49.

https://doi.org/10.1515/9783110683431-003

Großteil ihrer Kulturausgaben in die entsprechende Infrastruktur *ihrer* Stadt. Projekte an anderen Orten kamen erst an zweiter Stelle. Sie förderten die örtlichen Museen und werteten den öffentlichen Raum durch Denkmäler und Parkanlagen auf, sie organisierten Konzerte und luden auswärtige Künstler in ihre Heimatstädte ein. Die Städte dankten ihnen mit öffentlicher Anerkennung und Privilegierung, Ehrenbürgerschaften und einem teilweise über den Tod hinausreichenden Gedenken.

Die einschlägigen Untersuchungen befassten sich jedoch mehrheitlich mit großstädtischen Bedingungen. Bislang fehlen Fragestellungen nach den Besonderheiten, die die Beziehungen zwischen Mäzenen und Klein- sowie Mittelstädten charakterisieren. Anhand der Heylschen Kulturförderung, die zweifelsohne auch auf einem wechselseitigen Stadt-Mäzen-Verhältnis beruhte, kann geklärt werden, welche Spezifika in einer mittelstädtischen Konstellation auftraten. Es ist davon auszugehen, dass Mittelstädte weniger Konkurrenz und eine bessere Sichtbarkeit des Einzelnen boten als Großstädte.

Eine Einordnung von Worms in die Städtelandschaft des 19. Jahrhunderts steht noch aus. Grundsätzlich sind dabei demographische, aber auch qualitative und kulturelle Eigenschaften zu berücksichtigen. Wegen seiner Größe und seiner historischen Bedeutung als ehemalige Reichsstadt kann Worms nicht als Kleinstadt bezeichnet werden. Die Maßstäbe einer Großstadt erfüllte es aber gleichfalls nicht. Ebenso wies Worms im Hinblick auf Industrie und Verkehr mittlere Größen auf. Im hier relevanten Zeitraum zwischen 1800 und 1914 beliefen sich die Wormser Bevölkerungszahlen zwischen ca. 5.000 und 10–20.000 Einwohner (Tab. 1). Worms entsprach folglich dem Typus ‚Mittelstadt'. Es wird gezeigt werden, dass qualitative Faktoren diese Klassifizierung stützen.

Tab. 1: Das Bevölkerungswachstum von Worms im Vergleich zu Horst Matzeraths Kategorisierung der preußischen Städte im Urbanisierungsprozess

Einwohnerzahlen von Worms[2]	Städtekategorisierung nach Horst Matzerath[3]
1800: ca. 5.000	1816 bis 1840 mittelgroße Stadt: ab 3.500
1840: ca. 8.000	1840 bis 1871 mittelgroße Stadt: ab 5.000
1886: ca. 20.000	1871 bis 1910 mittelgroße Stadt: 20.000–100.000
1914: ca. 50.000	1867 bis 1939 Kleinstadt: 5.000–20.000 Mittelstadt: 20.000–100.000 Großstadt: über 100.000

2 Zahlen nach: Reuter, Worms, in: Der Wormsgau. Wissenschaftliche Zeitschrift der Stadt Worms und des Altertumsvereins Worms Beiheft 32 (1993), S. 68. Eine genaue Auflistung bei: Reuter, Karl Hofmann, 1993, S. 491.

3 Matzerath, Urbanisierung, in: Schriften des Deutschen Instituts für Urbanistik 72 (1985), S. 43, 120, 256 u. 391.

Die Geschichtswissenschaft lieferte noch kaum allgemeine Aussagen zum Typus der Mittelstadt. Erstmals stellte der Stadthistoriker Clemens Zimmermann allgemeine Charakteristika vor, indem er thesenhaft kleinstädtische und großstädtische Elemente auf Mittelstädte überträgt: Ähnlich der Kleinstadt waren hier persönliche Netzwerke und das damit verbundene Vereinsleben zentral. Während die Infrastruktur eher großstädtisch war, prägte eine kleinstädtische ‚Überschaubarkeit' das Leben.[4] In dynamischen Mittelstädten, eine Bezeichnung, die auf Worms im 19. Jahrhundert zutrifft, herrschte demnach größtmögliche Konstanz und Transparenz, d. h. die gesellschaftlichen Strukturen und personellen Konstellationen blieben übersichtlich, während gleichzeitig Expansions- und Industrialisierungsprozesse abliefen. Zimmermanns Thesen von der spezifisch mittelstädtischen „Verbindung von Altem und Neuem" und der „größeren Bedeutung individueller Initiativen"[5] (im Gegensatz zur Großstadt) bestätigen sich im Verlauf der Untersuchung auf vielfältige Weise.

Die Entwicklung von Worms steht im Kontext der enormen „Umformung des deutschen Städtewesens", die Ende des 18. Jahrhunderts begann.[6] Die wesentlichen Etappen der neueren Wormser Geschichte geben Aufschluss über seine Urbanisierung, die letztlich den Raum bestimmte, in dem sich der Aufstieg und das Mäzenatentum der Familie Heyl entfalteten. Wie anschließend gezeigt wird, entwickelte sich Worms recht durchschnittlich zu einer Industriestadt. Als Besonderheit erwies sich die städtische Erinnerung, die bis ins 20. Jahrhundert die vergangene Glanzzeit Worms im Mittelalter betrauerte, verstärkt durch die Kriegszerstörungen des 17. Jahrhunderts und den Verlust des reichsstädtischen Status. Dies trug dazu bei, dass schlechtere Zeiten in Worms unverhältnismäßig stark als Phasen des ‚Niedergangs' wahrgenommen wurden. Auch der gesamtdeutsche Trend einer Mittelalterbegeisterung war vor diesem Hintergrund ausgeprägter als andernorts und schlug sich im späten 19. Jahrhundert städtebaulich im sogenannten „Nibelungenstil" nieder.[7]

Von der Reichsstadt zur Industriestadt

Die Stadt Worms, am linken Rheinufer im nördlichen Oberrheingraben gelegen, profitierte seit ihrer Besiedlung vom milden Klima und den fruchtbaren Böden der Gegend. Wichtige Fernverkehrsstraßen entlang des Rheins führten über Worms ins Pfrimm- und Eisbachtal. Bei allen Vorteilen, die die Lage am Rhein mit sich brachte, blieb die Hochwassergefährdung eine ständige städtebauliche Herausforderung.[8] Bezogen auf seine weitere Umgebung liegt Worms am Rand des Rhein-Neckar-Raums. Dieser im Verlauf der Industrialisierung entstehende Ballungsraum zentrierte sich in Mannheim

4 Zimmermann, Kleinstadt, 2002, S. 279 u. 283.
5 Zimmermann, Kleinstadt, 2002, S. 280.
6 Reulecke, Geschichte, 1985, S. 9.
7 Spille, Stadt, 1992, S. 30 u. 134.
8 Ministerium für Bildung und Kultur (Hrsg.), Stadt Worms, 1992, S. 11 u. 28.

und Ludwigshafen, südlich von Worms.[9] Für die Entwicklung der Stadt spielte auch die Nähe zu Mainz eine entscheidende Rolle. Wie Worms selbst wandelten sich, je nach herrschaftlicher Zugehörigkeit und ökonomischen Möglichkeiten, auch seine Einflussgebiete.

In die Geschichte ging Worms als Kaiser- und Bischofsstadt im hohen Mittelalter ein. In dieser Epoche befand sich die Stadt auf dem Zenit ihrer politischen, wirtschaftlichen und religiösen Bedeutung.[10] Diese Blütezeit blieb lange Zeit der Maßstab, wenn über die Entwicklung und den Zustand der Stadt geurteilt wurde. Bis Mitte des 19. Jahrhunderts fiel dieser Vergleich enttäuschend aus, wie der folgende Auszug aus einer Stadt-Geschichte von 1828 zeigt:

> Zwischen den schönen Bergreihen des Odenwald und des Haardtgebirges [...] breitet sich ein großartiges Thal aus [...]. Man nannte es in frühern Zeiten links dem Rheine, das Wonnegau [...]. Nächst seinen Fluthen erhebt sich das uralte, berühmte Worms, Stadt der altdeutschen Pracht und Herrlichkeit, das wie eine Pyramide hervorragt in Deutschlands Geschichte – jetzt klein und voll Ruinen, die das Gemüth bewegen – ein schwacher Schatten seiner ehemaligen Größe und Bedeutung![11]

Der Chronist spielt hier auf die Zerstörung der Stadt durch französische Soldaten 1668 an. Der damals erlittene Verlust blieb bis weit ins 19. Jahrhundert hinein im städtischen Gedächtnis.[12] Hinzu kam, dass bereits seit den 1790er Jahren der Status einer Freien Reichsstadt der Vergangenheit angehörte. Die Vorstellung von ‚Worms im Niedergang' setzte sich fest. Die Situation im 18. und frühen 19. Jahrhunderts wurde daher in zeitgenössischen und späteren historischen Darstellungen schlechter gezeichnet, als sie tatsächlich war.[13] Dabei ist zu bedenken, dass viele Reichsstädte in der Frühen Neuzeit an Bedeutung eingebüßt hatten.[14]

Im Januar 1798 wurde Worms, zugehörig zum Departement Donnersberg, für fünfzehn Jahre Teil Frankreichs. Nach dieser zwangsläufigen Aufgabe der alten Ordnung ereigneten sich weitere verfassungsrechtliche Umbrüche. Im Anschluss an Napoleons Rückzug über den Rhein wechselte die Verwaltung mehrfach, bis Worms 1816 nach dem Wiener Kongress schließlich als Kreisstadt in die Provinz Rheinhessen des Großherzogtums Hessen einging. Hauptstadt dieser Provinz war Mainz, die Residenz mit dem regierenden Großherzog befand sich in Darmstadt.[15] In dieser Konstellation erleb-

---

9 Der Rhein-Neckar-Raum gehört seit 2005 zu den Europäischen Metropolregionen. Vgl. Krauß, Wachstum, in: Krauß/Nieß (Hrsg.), Stadt, 2011, S. 11.

10 Spille, Stadt, 1992, S. 14 und Bönnen, Blütezeit, in: Bönnen (Hrsg.), Geschichte, 2005, S. 133.

11 Pauli, Geschichte, 1828, S. 2.

12 Mahlerwein, Reichsstadt, in: Bönnen (Hrsg.), Geschichte, 2005, S. 292 f.

13 Gunter Mahlerwein relativierte das negative Bild von Worms in der Frühen Neuzeit. Vgl. Mahlerwein, Reichsstadt, in: Bönnen (Hrsg.), Geschichte, 2005, S. 292.

14 Zschaler, Folgen, in: Müller et al. (Hrsg.), Ende, 2007, S. 32.

15 Reuter, Karl Hofmann, 1993, S. 18.

ten die Wormser auch die Gründung des Deutschen Kaiserreichs 1871, in dem das Großherzogtum Hessen einen Bundesstaat bilden sollte.

Mit dem Ende des *Ancien Régime* wandelte sich um 1800 auch das Verhältnis der Glaubensrichtungen in der mehrkonfessionellen Stadt. Die Vorherrschaft der lutherischen Protestanten wurde im Zuge der staatlichen Umgestaltung während der französischen Zeit abgeschafft. Sie waren die ‚Verlierer' der ‚von oben' ausgeführten Neuordnungen des *Code civil*.[16] Insbesondere für die Reformierten, wie die Heyls, erwies sich dieser Emanzipationsschritt als eine entscheidende Etappe. Die Katholiken hatten ohnehin eine Sonderrolle gehabt, da sie Unterstützung durch den Bischof erhielten.[17] Für die jüdische Gemeinde fand eine tatsächliche Umsetzung der Gleichstellung erst Mitte des 19. Jahrhunderts statt.[18] Aufgrund von zugezogenen Katholiken aus dem Bistum Mainz und die Vereinigung der reformierten und lutherischen Protestanten 1822 pendelte sich die Konfessionszusammensetzung schließlich bei einem Drittel Katholiken und zwei Dritteln Evangelischen ein.[19]

Die Ökonomie in Worms basierte im 18. Jahrhundert auf Agrarwirtschaft, Handel, Handwerk und dem Dienstleistungssektor. Wegen der hohen Bodenqualität betätigten sich die meisten Bewohner in der Landwirtschaft. Der größte Teil des Gewerbes bestand in Nahrungsmittelerzeugung.[20] Aus statistischen Studien der 1820er und 1830er Jahre ist ersichtlich, dass sich diese Zusammensetzung auch im ersten Drittel des 19. Jahrhunderts kaum änderte. In der Landwirtschaft wurden überwiegend Getreide sowie Wein angebaut.[21] Für den Handel waren insbesondere Früchte von Bedeutung, v. a. im Hinblick auf den in der Region wichtigen Getreidemarkt in Mainz. Begünstigt durch die Lage am Rhein wurden außerdem Holz- und Weinhandel betrieben.[22]

Für die gewerbliche Situation Anfang des 19. Jahrhunderts liefert das statistische Jahrbuch der Provinz Rheinhessen 1824 wesentliche Hinweise: Gerbereien fanden in der Region von Worms, wie auch im gesamten rheinhessischen Gebiet, durch trockenes Klima und zahlreiche Flüsse und Bäche gute Bedingungen vor.[23] Viele Menschen sicherten ihr Auskommen in der Fischerei und wohnten auf den sogenannten Fischerweiden, einer Wormser Vorstadt.[24] Wie später in der Familiengeschichte ausgeführt,

16 Dumont, Worms, in: Bönnen (Hrsg.), Geschichte, 2005, S. 400.

17 Spille, Stadt, 1992, S. 25.

18 Reuter, Warmasia, 1987, S. 151.

19 Reuter, Nebeneinander, in: Blätter für pfälzische Kirchengeschichte und religiöse Volkskunde 62 (1995), S. 328.

20 Mahlerwein, Reichsstadt Worms, in Bönnen (Hrsg.), Geschichte, 2005, S. 334 u. 336.

21 Heße, Rheinhessen, 1835, S. 45 u. 87.

22 Heße, Rheinhessen, 1835, S. 87 u. 88.

23 Im Statistischen Jahrbuch sind sechs Gerbereien in Worms verzeichnet. Vgl. Jérome, Jahrbuch, 1824, S. 302.

24 Jérome, Jahrbuch, 1824, S. 15.

siedelten auch die Heyls als Mitglieder der Schiffer- und Fischerzunft hier, bevor sie an der Wende zum 19. Jahrhundert in die Stadt zogen.[25]

Die industrielle Entwicklung von Worms vollzog sich in mehreren Etappen, die dem allgemeinen Prozess im späteren Deutschen Kaiserreich entsprachen. Bis in die 1850er Jahre hinein lebte die Stadt vorwiegend vom Handel.[26] Für die vorindustrielle Phase[27] bildet das statistische Jahrbuch 1824 die Ansätze eines frühindustriellen Prozesses ab. Genannt werden u. a. Tabakfabriken, Ölmühlen, eine Bleizucker- und eine Textilfabrik.[28] Wie in ganz Deutschland zeigten diese bescheidenen Unternehmungen einen ersten Eindruck von der bevorstehenden Umformung der gewerblichen Produktion in größere, zentral und arbeitsteilig organisierte Betriebe.[29] Ende der 1830er Jahre beschleunigte sich diese Entwicklung, sodass die Industrialisierung (1840–1873) in Worms ebenfalls in den 1840er Jahren einsetzte. Zahlreiche Unternehmen wurden gegründet, darunter entwickelten sich einige zu sogenannten Großbetrieben mit mehr als 200 Beschäftigten.[30] 1857 arbeiteten ca. 2.098 Menschen in elf Fabriken.[31] Der Durchbruch der Industrialisierung manifestierte sich in den deutschen Ländern spätestens zwischen 1848 und 1871 im Eisenbahnbau.[32] Ins Jahr 1848 fiel auch der Baubeginn der Eisenbahnlinie Mainz-Worms-Ludwigshafen durch die Ludwigsbahn, was als Reaktion auf den Vorsprung Mannheims im Hinblick auf den Fernverkehr gesehen wird.[33]

Die Lederwerke der Familien Heyl, Doerr und Reinhart führten die Dynamik der Industrialisierung in Worms an. Sie beschäftigten in den 1850er Jahren etwa 650 (Heyl) bzw. 350 (Doerr & Reinhart) Arbeiter. Von Bedeutung war auch eine Wollgarnspinnerei, die anteilig ebenfalls der Familie Heyl gehörte. Diese größeren Betriebe setzten Dampfmaschinen ein und arbeiteten exportorientiert für den internationalen Markt. Insgesamt bleibt festzuhalten, dass Worms spätestens 1860 eine Industriestadt war. Der allgemeine ‚Gründerboom' zeigte sich nicht nur in Form industrieller Fertigungsstätten, sondern prägte auch das städtische Leben durch eine rege Bautätigkeit und die Einrichtung zahlreicher Ladengeschäfte.[34] Die Forschung betont die führende Stellung

25 Bönnen, Familie, in: Bönnen/Borck (Hrsg.), Stadtarchiv Worms, 1998, S. 176.

26 Reuter, Worms, in: Der Wormsgau. Wissenschaftliche Zeitschrift der Stadt Worms und des Altertumsvereins Worms Beiheft 32 (1993), S. 74.

27 Die Phaseneinteilung entspricht: Kocka, 19. Jahrhundert, in: Gebhardt (Hrsg.) Handbuch 13 (2001), S. 50–52.

28 Jérome, Rheinhessen, 1824, S. 302.

29 Pierenkemper, Gewerbe, 1994, S. 6.

30 Zur Definition eines Großbetriebs s. Pierenkemper, Gewerbe, 1994, S. 6; Kocka, 19. Jahrhundert, in: Gebhardt (Hrsg.) Handbuch 13 (2001), S. 53.

31 Reuter, Karl Hofmann, 1993, S. 27.

32 Vgl. ohne Verweis auf Worms: Gall, Eisenbahn, in: Gall/Pohl (Hrsg.), Eisenbahn, 1999, S. 29.

33 Vgl. Ziegler, Eisenbahn, 1996, S. 101.

34 Vgl. Reuter, Karl Hofmann, 1993, S. 27 f.

der reformierten und katholischen Familien im Industrialisierungsprozess der Stadt, die die traditionell begünstigte Gruppe der Lutheraner überholten.[35]

Bis zur Gründerkrise 1873 hielt der Wachstumstrend stetig an, abgesehen von den punktuellen Rückschlägen durch die Kriege der Jahre 1866 und 1870/71. Die Lederfabriken und Gerbereien bestimmten zunehmend das wirtschaftliche Leben, indem sie weitere Betriebe anzogen.[36] So hieß es in der Darmstädter Zeitung 1872:

> Die Lederfabrikation, insbesondere die Fabrikation aller Arten von Schuhleder, als Lackleder, Kidleder, Satinleder, Wichsleder und Sohlleder, ist der bedeutendste Industriezweig von Worms. [...] Wie bedeutend die Wormser Lederfabrikation ist, mag daraus erhellen, daß [...] in Worms [...] pro Jahr über 2 1/2 Million Stück [Kalbfelle] verarbeitet werden, und daß der Werth der gesammten Production an Leder und Leim [...] über 10,000,000 fl. [Gulden, Anm. I. H.] beträgt. Die Leder-Industrie beschäftigt 2600 bis 3000 Arbeiter, [...] so ist in der Lederfabrikation mehr als die Hälfte aller Arbeiter beschäftigt.[37]

Die Phase der Hochindustrialisierung war zweigeteilt. Zunächst verlangsamte sich die wirtschaftliche Entwicklung in einer Rezessionsperiode.[38] Die beschriebenen Wormser Großbetriebe waren zwar finanziell solide aufgestellt, dennoch hatten sie mit Exportschwierigkeiten und einer erstarkenden amerikanischen Konkurrenz zu kämpfen, was sich in einem Rückgang der Beschäftigtenzahlen niederschlug.[39] Mitte der 1890er Jahre kam es im gesamten Deutschen Reich zu einer „ausgeprägten Prosperitätsperiode", die bis 1914 anhielt.[40] Dem allgemeinen Trend dieser Phase entsprechend, etablierten sich in Worms wenige expandierende Großbetriebe mit einer höheren Beschäftigtenzahl.[41] Kleinere Wormser Lederfabriken wurden durch Aktienerwerb in die Cornelius Heyl Werke eingegliedert. Textilfabriken gingen gleichzeitig in der Tuchfabrik Valckenberg auf. Die städtische Fabriklandschaft erweiterte sich um Großmühlen, Maschinen- und Chemiefabriken.[42]

---

35 Reuter, Nebeneinander, in: Blätter für Pfälzische Kirschengeschichte und religiöse Volkskunde 62 (1995), S. 329.

36 Reuter, Nebeneinander, in: Blätter für Pfälzische Kirschengeschichte und religiöse Volkskunde 62 (1995), S. 329 u. Reuter, Karl Hofmann, 1993, S. 27 f.

37 Anonym, Rückblick, in: Darmstädter Zeitung Nr. 286, Vol. 2 (14.10.1872), S. 1188.

38 Das konjunkturelle Phänomen der Großen Depression zwischen 1873 und 1896 wird in der Forschung kontrovers diskutiert. Der Wirtschaftshistoriker Carsten Burhop kommt zu dem Ergebnis, dass es auf der Ebene der Realwirtschaft keine Große Depression gegeben habe. Vielmehr sei für den Zeitraum zwischen 1871 und 1913 von sechs Konjunkturzyklen mit entsprechenden Tiefpunkten auszugehen. Generell geht er von einer kontinuierlich wachsenden Wirtschaft aus. Vgl. Burhop, Wirtschaftsgeschichte, 2012, S. 69 f. und 215.

39 Reuter, Karl Hofmann, 1993, S. 28.

40 Grabas, Konjunktur, 1992, in: Schriften zur Wirtschafts- und Sozialgeschichte 39, S. 29.

41 Kocka, 19. Jahrhundert, in: Gebhardt (Hrsg.) Handbuch 13 (2001), S. 52; Reuter, Worms, 1993, S. 70.

42 Reuter, Sprung, in: Bönnen (Hrsg.), Geschichte, 2005, S. 498 f.

Eine ausgesprochene ‚Blütezeit' wie sie etwa Mannheim in den Jahren um 1900 erlebte,[43] entfaltete sich in Worms jedoch nicht in dieser Tragweite. Mannheim war es gelungen sich aufgrund geschickter Kapitalinvestitionen eine ideale Verkehrssituation zu schaffen und neue Industriezweige anzusiedeln.[44] In Worms hingegen verlief der Ausbau der Infrastruktur letztlich zu langsam, um für die Ansiedlung weiterer und größerer Industriebetriebe attraktiv zu sein.[45] Dessen ungeachtet durchlief Worms Ende des 19. Jahrhunderts eine beachtliche Innovationsphase, die erst durch den Ausbruch des Ersten Weltkriegs zum Erliegen kam.

Obwohl die Bevölkerungsstatistik einen rasanten Einwohneranstieg für die Zeit der Industrialisierung anzeigt, sind diese Zahlen nicht auf den Zustrom von Beschäftigten in der Großindustrie zurückzuführen. Die Belegschaften der großen Fabriken wohnten zumeist in den umliegenden Dörfern.[46] Die Unternehmer, namentlich der 1843 geborene Cornelius Wilhelm Heyl, förderten aus ökonomischen und politischen Gründen diese Lebensweise. Mit Arbeitersiedlungsprojekten außerhalb von Worms schufen sie günstigen Wohnraum, der wenig mit großstädtischen Mietskasernen dieser Zeit gemeinsam hatte. Zugleich forcierten sie auch den Ausbau der Verkehrsinfrastruktur.[47] In Worms selbst stieg der Anteil an Bewohnern, die bei örtlichen Handwerkern, im Handel oder im Dienstleistungssektor, darunter auch als Hausangestellte, arbeiteten. Trotz der vergleichsweisen positiven Situation, dass Worms ohne Arbeiterwohnblöcke auskam und die größeren Unternehmen mit einer relativ gut aufgestellten Betriebsfürsorge aufwarteten, wuchs ab den 1860er Jahren die sozial benachteiligte Schicht.[48]

Städtebaulicher und politischer Wandel

Das Stadtbild von Worms veränderte sich im Lauf des 19. Jahrhunderts grundlegend. Zerstörungen durch Kriegshandlungen, politische und damit verbundene sozioökonomische Reformen und nicht zuletzt das enorme Bevölkerungswachstum, gaben Worms eine neue Gestalt, die sich grundlegend von der alten Reichsstadt unterschied. Die in den Revolutionskriegen 1794 zerstörte fürstbischöfliche Residenz wurde vollständig beseitigt, der zentrale Dombezirk ging in einem neuen baulichen Kontext auf. Im Zuge der Nationalgüterversteigerungen bauten private Eigentümer die ehemals kirchlichen Immobilien um oder errichteten Neubauten.[49] Durch die Profanierung verschwanden die meisten katholischen Einrichtungen, die zuvor als Hauptcharakteristika die westli-

43 Jungbluth, Mannheim, in: Mannheimer historische Schriften 6 (2013), S. 33.
44 Probst, Stadtgeschichte, 2005, S. 116–122.
45 Reuter, Sprung, in: Bönnen (Hrsg.), Geschichte, 2005, S. 499.
46 Vgl. Spille, Stadt, 1992, S. 28.
47 Bönnen, Bemerkungen, in: Krauß/Nieß (Hrsg.), Stadt, 2011, 133–135.
48 Vgl. Reuter, Karl Hofmann, 1993, S. 26.
49 Reuter, Worms, 1993, S. 13f u. S. 21; einen Gesamtüberblick bietet: Schieder (Hrsg.), Säkularisation, 1991.

che Innenstadt geprägt hatten.[50] Privatleute kauften Teile der Stadtmauer und nahmen auch hier Abrisse vor.[51] Dennoch kam es bis in die 1850er Jahre nicht zu einer Ausdehnung der relativ geschlossenen Innenstadt über den ursprünglichen Mauerring hinaus.[52]

Um 1840 bot Worms einen kargen Anblick. Mehrheitlich mit kleinen niedrigen Häusern bebaut, verfügte die Stadt noch über das gleiche Straßennetz wie im Spätmittelalter. Die Hauptachse führte von der Speyerer Straße über den Marktplatz in die Kämmerer Straße. Nur vereinzelt schmückten Barockbauten das Stadtbild. Mit der Verkehrserschließung, die mit der Industrialisierung einherging, öffnete sich die Stadt in ihre Umgebung. Die Vorstädte wuchsen und es bildeten sich mehrere Industriestandorte heraus. Der erste Bahnhof entstand, es folgte der Bau einer Schiffsbrücke über den Rhein, wodurch das Einzugsgebiet jenseits des Flusses viel besser erreicht werden konnte. Auch das 1868 erbaute monumentale Lutherdenkmal befand sich außerhalb des Mauerrings. Die Stadt dehnte sich durch diese Maßnahmen nach Westen aus. Den zunehmenden Wohlstand kennzeichneten die Villen der Unternehmer im neu entstehenden Stadtviertel zwischen der ehemaligen Stadtbefestigung und dem Bahnhof.[53] Insgesamt war in den 1860er Jahren eine allgemeine Aufbruchsstimmung spürbar, die mit der erfolgreichen Industrie und einem steigenden Arbeitsangebot zusammenhing.[54]

1886 wurde der Architekt Karl Hofmann als Stadtbaumeister eingesetzt. In dieser Rolle oblag ihm die Leitung des Stadtbaus und er verfolgte eine auf Langfristigkeit, Funktionalität aber auch einheitliche ästhetische Maßgaben angelegte Stadtplanung.[55] Seine Arbeit musste einer sich rasch wandelnden Situation gerecht werden, denn der Bevölkerungszuwachs zwischen 1885 und 1890 betrug um die 16 Prozent und war damit höher als in anderen hessischen Städten wie Mainz, Darmstadt, Offenbach oder Gießen.[56] Bis 1900 erreichte Worms eine Einwohnerzahl von 35.000.[57] Auf der Grundlage eines Stadtentwicklungsplans forcierte Karl Hofmann den Hochwasserschutz und den Straßenbau in den Neubaugebieten.[58] Er ließ kommunal genutzte Gebäudekomplexe wie Schulen und Krankenhäuser, aber auch ein Gaswerk und einen Wasserturm errichten. Er bediente sich des zeitgenössisch gebräuchlichen Stils der Neurenaissance, verwandte aber auch Elemente der Spätromanik, womit er sich explizit auf den Wormser Dom bezog. Seine relativ freie Kombination verschiedener historischer Baustile mit einer Betonung auf romanische Formen, nahm die lokalgeschichtsbegeisterte städ-

50 Spille, Stadt, 1992, S. 25.
51 Reuter, Worms, 1993, S. 24.
52 Spille, Stadt, S. 27.
53 Vgl. Spille, Stadt, 1992, S. 27–29.
54 Reuter, Sprung, in: Bönnen (Hrsg.), Geschichte, 2005, S. 494.
55 Reuter, Karl Hofmann 1993, S. 126 u. 267.
56 Reuter, Sprung, in: Bönnen (Hrsg.), Geschichte, 2005, S. 496.
57 Vgl. Spille, Stadt, 1992, S. 28.
58 Reuter, Sprung, in: Bönnen (Hrsg.), Geschichte, 2005, S. 496.

tische Elite positiv auf. Damit prägte Karl Hofmann seinen sogenannten Nibelungenstil, den die von ihm gestaltete Ernst-Ludwig-Brücke mit ihren prominenten Brückentürmen veranschaulicht.[59] Dieser Lokalstil spiegelte die seit den 1860er Jahren wachsende Erinnerungskultur der Stadt wider, die sich zumeist auf die Wormser Blütezeit im Mittelalter zurückbezog.[60]

Politisch entwickelte sich Worms zu einer nationalliberal dominierten Stadt. Hier wirkte sich insbesondere die Reform der Städteordnung von 1874 aus. Sie ermöglichte die Wahl eines Berufsbürgermeisters durch den Stadtrat. Vorher hatte die Regierung Bürgermeister bestimmt, die eine eher konservative, katholische Politik verfolgten.[61] Nach der Reform bekleideten bis zum Ende des Kaiserreichs ausschließlich Vertreter der Nationalliberalen Partei dieses Amt.[62] In den 1880er Jahren setzte sich der Stadtverordnetenrat zu einem großen Teil aus Industriellen und Unternehmern zusammen. Sie bildeten einen beständigen nationalliberalen Zirkel, der die Kommunalpolitik fortan maßgeblich lenkte.[63] Selbst der 1868 gegründete Arbeiterbildungsverein geriet in den nationalliberalen Einflussbereich, wobei die Sozialdemokratie ein Schattendasein führte. Gemeinsam mit der Gewerkschaftsbewegung bildete sie das stark bekämpfte Feindbild der städtischen Führungselite.[64] Während etwa in Mannheim sozialdemokratische Vertreter bereits seit 1884 in der Stadtverordnetenversammlung saßen, feierten die Wormser Sozialdemokraten erst 1907 dort ihren Einzug.[65] Die langanhaltende nationalliberale Dominanz zeigte sich auch in der Presselandschaft. Mit der *Wormser Zeitung* hatte die Nationalliberale Partei ein zuverlässiges Sprachrohr, ohne eine Parteizeitung im engeren Sinne zu sein. Demokratisch-fortschrittliche Blätter entstanden auch, aber sie verfügten nicht über eine vergleichbare Langlebigkeit. Erst um die Jahrhundertwende setzte sich die *Wormser Volkszeitung* als starke Gegenstimme durch. Eine katholische Plattform stellte die Zeitung *Wormser Nachrichten*. Die Sozialdemokraten publizierten aufgrund ihrer marginalen Bedeutung bis zum Ende des Kaiserreichs keine eigene Parteizeitung.[66]

59 Spille, Stadt, 1992, S. 30 u. 134.

60 Reuter, Karl Hofmann, 1993, S. 272.

61 Reuter, Nebeneinander, in: Blätter für pfälzische Kirchengeschichte und religiöse Volkskunde 62 (1995), S. 329. Während zwischen 1813 und 1860 vier von fünf Bürgermeistern katholischen und einer jüdischen Glaubens waren, gab es im Zeitraum zwischen 1860 und 1924 unter ebenfalls fünf Bürgermeistern nur einen Katholiken neben vier nationalliberalen Protestanten. Vgl. Liste der Bürgermeister und Oberbürgermeister 1813–1918 (1933), in: Reuter, Karl Hofmann, 1993, S. 469.

62 Reuter, Nebeneinander, in: Blätter für pfälzische Kirchengeschichte und religiöse Volkskunde 62 (1995), S. 329.

63 Reuter, Karl Hofmann, 1993, S. 66 u. 69.

64 Reuter, Worms, in: Der Wormsgau. Wissenschaftliche Zeitschrift der Stadt Worms und des Altertumsvereins Worms Beiheft 32 (1933), S. 99 f.

65 Gillen, Großstadt, in: Nieß/Caroli (Hrsg.), Geschichte, Bd. 2, 2007, S. 424; Reuter, Karl Hofmann, 1993, S. 287.

66 Reuter, Karl Hofmann, 1993, S. 59–61.

Als sich Worms von der Reichsstadt zu einer nationalliberalen Industriestadt wandelte, hatte die Familie Heyl daran keinen geringen Anteil. Sie trieb diese Entwicklung mit unternehmerischen Ambitionen und politischem Machtstreben voran. Auch das wachsende Geschichtsbewusstsein in der Stadt machten sich die Mitglieder der Familie zu eigen, sodass sich das ästhetische Programm von Worms allmählich mit dem der Heyls deckte. Um von dem vergangenen Glanz des mittelalterlichen Worms zu profitieren, nutzten sie jede Chance, ihre Vorstellungen und Präferenzen in das städtebauliche und kulturelle Programm der Stadt einzubringen. Die Eigenschaften von Worms als Mittelstadt ermöglichten der Familie Heyl eine enorme Präsenz und Einflussmöglichkeiten: Die trotz Wachstum noch überschaubare Größe der Stadt erhöhte die Einwirkungskraft einzelner Akteure der Familie. Gleichzeitig konnten sie auf eine Infrastruktur zurückgreifen, die den großstädtischen Bedingungen ähnelte.

Die folgenden Abschnitte bieten einen Überblick über die Familie Heyl und ihr ökonomisches Kapital als Grundlage ihrer Prestigepolitik: Erstens liefert ein Kurzporträt der Urgroßeltern-, Großeltern- und Elterngenerationen von Cornelius Wilhelm Heyl einen Einblick in die Familiengeschichte und die wichtigen Entwicklungslinien und langfristigen Trends, die sich aus der Familiengeschichte ergaben (3.1.2). Dabei wird auch auf den Werdegang Cornelius Wilhelm Heyls V. und den seines Bruders Maximilian Heyl eingegangen. Darauf folgt eine Untersuchung der ökonomischen Basis der Familie (Kap. 3.1.3 und 3.1.4). Ein besonderes Augenmerk liegt dabei auf der Geschichte des Familienunternehmens, aber auch der umfangreiche Immobilienbesitz wird als Vermögensindikator herangezogen. Drittens (3.2 und 3.3) wird der Aufstieg der Familie Heyl von der Sattelzeit bis in das 20. Jahrhundert hinein untersucht. Dies geschieht anhand verschiedener Indikatoren, die die Karriereetappen, oder in der Terminologie Pierre Bourdieus die „sozialen Orte“[67] der Heyls in den verschiedenen Generationen anzeigen. Dazu gehören Ehrungen, Amtserhebungen, Einladungen und Eheschließungen, insbesondere mit sozial höher gestellten Familien. Außerdem sind die strategischen Mittel zu untersuchen, die in den verschiedenen Generationen für die gesellschaftliche Karriere eingesetzt wurden. Als maßgeblich erwiesen sich hier das politische, soziale und kulturelle Engagement, Erwerb von Grundbesitz sowie die betriebliche Wohlfahrt. Eine wesentliche Rolle in dieser Strategie spielte die Sichtbarkeit der Familie in der Stadt, aber auch darüber hinaus. Als wesentliche Zäsur der Aufstiegsgeschichte erscheint die Nobilitierung der Heyls, sodass schließlich zu zeigen sein wird, wie sie ihren neu gewonnenen Status als adlige Dynastie sicherten.

3.1.2 Vier Generationen im Kurzporträt

Dieser Untersuchungsabschnitt dient dazu, einen Überblick über die Wirkungsweisen der jeweiligen Aufstiegsstrategien der Heyls über vier Generationen von der Sattelzeit

67 Krais/Gebauer, Habitus, 2002, S. 36.

bis zum Kaiserreich zu vermitteln. Dabei werden Schwerpunktverschiebungen sichtbar: Anfangs richteten sich die handlungsleitenden Motive der Heyls auf eine Integration in das städtische Bürgertum. Zur Zeit des Kaiserreichs strebten sie einen Adelstitel an und bemühten sich anschließend um Anerkennung als wahrhaftige Aristokraten. In diesem Zusammenhang ist auch der kulturelle Führungsanspruch zu verstehen, den sie immer offensiver auslebten. Innerhalb ihrer Nobilitierungsstrategie spielte die Kulturförderung eine bedeutende Rolle, da sie im Konzept von ‚Adligkeit' maßgeblich war. Folglich ist auch zu diskutieren, welche Provenienz den Heylschen Leitbildern zugrunde lag. Denn im Generationenverlauf ist zu beobachten, dass sich vermehrt aristokratische Verhaltensweisen in das bürgerliche und unternehmerische Verhaltensrepertoire mischten.

Cornelius Wilhelm Heyls Aufstieg am Ende des 19. Jahrhunderts baute zu einem großen Teil auf den Errungenschaften seiner Vorfahren in der Sattelzeit auf. Sie schufen die wirtschaftliche Grundlage, tradierten Verhaltensweisen und knüpften langfristige Beziehungen. Seinem Urgroßvater gelang der Einstieg in die städtische Selbstverwaltung und die Etablierung der Heyls in der Wormser Bürgerelite. Der Großvater führte das politische Engagement weiter. Außerdem gründete er das Heylsche Lederwerk, mit dem er den Wohlstand der Familie vermehrte. Die Unternehmensführung ging mit internationalen Kontakten einher, wodurch sich der Horizont der Familie über die Region hinaus erweiterte.

Der Urgroßvater und der Großvater profitierten von den neuen Chancen der Sattelzeit. Zu nennen sind hier insbesondere der Wandel nach 1798 und dem Zerfall des Reiches 1806 hin zu föderalen Strukturen sowie eine emanzipatorische Orientierung innerhalb der Gesellschaft, die letztlich zu einer Auflösung der Ständegesellschaft führte.[68] Die Umbruchphase um 1800, die von den Zeitgenossen durchaus als „Übergangserfahrung"[69] wahrgenommen wurde, bot der in Worms eingewanderten reformierten Familie erstmals Spielräume, nicht nur ökonomisches Kapital zu erwirtschaften, sondern es auch in soziales Kapital als Mittel zum Aufstieg auf dem gesellschaftlichen Feld umzuwandeln.

Die Position als Inhaber einer Firma mit mehreren hundert Arbeitnehmern veränderte den Habitus der Familie. Das Unternehmertum bildete eine soziale Bedingung, die einen spezifischen Habitus in den Familienangehörigen verankerte, der eine entsprechende Praxis von ‚Wohltätigkeit' erzeugte: Die Heyls handelten und inszenierten sich zunehmend als ‚Wohltäter'.[70] In ihrer Gesamtheit führte die betriebliche Wohl-

---

68 Dipper/Koselleck, Begriffsgeschichte, in: Neue Politische Literatur 43 (1998), S. 195 und 197.

69 Koselleck, Jahrhundert, in: Koselleck/Herzog (Hrsg.), Epochenschwelle, 1987, S. 280.

70 Pierre Bourdieu definiert Habitus als „verinnerlichte, inkorporierte Geschichte". Als „Produkt der Geschichte eines Individuums" sei der Habitus aus sozialen Bedingungen hervorgebracht, die wiederum eine bestimmte Praxis erzeugen. Die Familienmitglieder der Heyls inkorporierten die Geschichte ihrer Ahnen. Ihr Habitus wurde demnach u. a. von der Familiengeschichte hervorgebracht. Vgl. Krais/Gebauer, Habitus, 2002, S. 6. Bourdieu bezeichnet „Habitus" als ein „sozial konstruiertes System von

fahrt zu einer Zunahme an Sichtbarkeit, die der Familie am großherzoglichen Hof in Darmstadt Bekanntheit verschaffte. In der Vatergeneration vertieften sich die Beziehungen zum Hochadel.

Johann Cornelius Heyl II. (1758–1818) zählte zu den Gewinnern der französischen Zeit in den linksrheinischen Gebieten.[71] Aus Sicht der nachfolgenden Generationen kam ihm die Rolle eines Weichenstellers zu, da er die Voraussetzungen für das den raschen gesellschaftlichen Aufstieg der Familie schuf. Geboren als Sohn des Schiffmanns und Händlers Johann Cornelius Heyl I. (1721–1787) wuchs er vor den Toren der Stadt Worms auf den Fischerweiden auf.[72] Aus seiner Ehe mit Anna Maria Leutz (1768–1805)[73] gingen zwei Söhne und zwei Töchter hervor. Als Kaufmann betätigte er sich erfolgreich im Holzhandel und gelangte zu Wohlstand, der es ihm erlaubte in die Wormser Innenstadt zu ziehen. Aufwind bekam Johann Cornelius Heyls Karriere im napoleonischen Worms. Ab 1801 partizipierte der reformierte Protestant an der kommunalen Politik. Im *Ancien Régime* war dieses Recht den lutherischen Protestanten vorbehalten. Die gesellschaftliche Integration Heyls II. manifestierte sich zudem in seiner Teilhabe am Vereins- und Kulturleben in Worms.

Johann Cornelius Heyl III. (1792–1859) legte den Grundstein für den unternehmerischen Erfolg der Familie Heyl. Seine Jugend fiel in die französische Zeit, in der er den gesellschaftlichen und ökonomischen Aufstieg seines Vaters miterlebte. Nach seiner Schulzeit bildete er sich auf Reisen weiter. Diese in Kaufmannskreisen verbreitete Praxis nach Art der adlig tradierten Kavalierstour rundete die Ausbildung des jungen Mannes ab. Seine Reiseeindrücke hielt Johann Cornelius Heyl III. in einem Bericht fest, der posthum veröffentlicht wurde.[74] 1817 heiratete er die Tochter einer Wormser Patrizierfamilie, Wilhelmine Luise Martenstein (1799–1875).[75] Die Eheleute hatten zwei Söhne und eine Tochter. In den 1820er Jahren eröffnete Johann Cornelius Heyl III. gemeinsam mit seinem Bruder Leonhard Heyl I. einen Holzhandel. Ein hohes unternehmerisches Risiko ging er 1834 ein, als er mit seinem Schwager Johann Karl Martenstein

strukturierten und strukturierenden Dispositionen, das durch Praxis erworben wird und konstant auf praktische Funktionen ausgerichtet ist." Bourdieu/Wacquant, Anthropologie, 1996, S. 154.

71 In einer Fallstudie über Christoph Philipp Nell (1753–1825) zeigt Gabriele B. Clemens die wesentlichen Elemente einer vergleichbaren Entwicklung. Vgl. Clemens, Nell, in: Irsigler/Minn (Hrsg.), Portrait, 2005, S. 214–226.

72 Als ‚Stammvater' der Heyls wird in der Literatur Johann Cornelius Heyl I. (1721–1787) genannt. Er arbeitete als Schiffmann, Rheinfahrt-Beständer, Salz-, Wein- und Brennholzhändler und wohnte dementsprechend auf der Fischerweide vor der Stadt. Vgl. Reuter, Reaktion, in: Bönnen, Geschichte, S. 455.

73 Anna Elisabet Leutz stammte aus Eberbach am Neckar. Ihre ratsfähige Familie betätigte sich in der Eberbacher Forstwirtschaft. Vgl. Illert, Umriss, 1934, S. 4.

74 Heyl, Bemerkungen, in: Vom Rhein. Monatsschrift des Altertumsvereins für die Stadt Worms 1 (1902); StA Worms, Abt. 170/26 Nr. 10.

75 Zu Wilhelmine Luise Martenstein: Bönnen: Heyl, in: Heimkreitner /Schäfer (Hrsg.): Wormserinnen, 2016, S. 36–41. Wilhelmines Vater Johann Daniel Martenstein (1771–1862), Ölmühlenbesitzer und Ölhändler, heiratete Maria Appolonia Widt (1775–1846). Die lutherische Familie Widt war ratsfähig und renommiert, sodass Martenstein durch die Heirat gesellschaftlich an Prestige gewann.

(1789–1874) die Saffianmanufaktur *Heyl & Martenstein* gründete.[76] Sie entwickelten das Unternehmen nicht aus ihrem handwerklichen Können heraus, wie die 1840 gegründete Konkurrenzfirma Doerr & Reinhart, sondern stellten lackiertes Kalbleder auf der Grundlage eines in England erworbenen Patents her. Gleichzeitig gelang es Heyl und Martenstein ein Schwesterunternehmen in Paris aufzubauen. Nachdem der Schwager nach einigen Jahren ausstieg, leitete Johann Cornelius Heyl III. die Firma gemeinsam mit seinen Söhnen. Neben seinen geschäftlichen Aufgaben übte er, seinem Vater folgend, das Amt eines Stadtverordneten aus. Der ‚Privatmensch' Heyl III. hatte eine Passion für Botanik, die er in weitläufigen Gewächshäusern auslebte.[77] Nach seinem Tod führte seine Witwe das Lederunternehmen weiter, da ihre Söhne Cornelius Julius (1821–1846) und Friedrich Cornelius (1818–1844) jung verstorben waren. Nach dieser kurzen Übergangsphase übergab sie die Firma ihrem Enkel Cornelius Wilhelm Heyl.

Friedrich Cornelius Heyl, der Vater von Cornelius Wilhelm Heyl, verstarb bereits 1844 im Alter von 26 Jahren. Aufgrund seines frühen Todes ist nur wenig über sein Leben bekannt. Immerhin überlieferte Cornelius Wilhelm Heyl, dass sein Vater das Gymnasium in Speyer besucht hatte. Dort lebte er ungeachtet seiner protestantischen Konfession im Haushalt des katholischen Weihbischofs und späteren Kardinal Geissel.[78] Im Anschluss verbrachte er einige Zeit im Ausland, unter anderem oblag ihm die Leitung der Firmenniederlassung in Paris.[79] 1840 heiratete er Karoline Friederike Frommel (1822–1889), die aus einer bildungsbürgerlichen Familie in Karlsruhe stammte.[80] Ihr Großvater war Architekt, ihr Onkel, Carl August Frommel, ein regional bekannter Landschaftsmaler.[81] Die evangelische Religion spielte in der Familie Frommel eine wichtige Rolle. Karolines Cousin Emil Frommel übte später das Hofpredigeramt bei Kaiser Wilhelm II. aus. Sie verbrachte ihre Konfirmationszeit in der Herrnhuter Brüdergemeine in Neuwied.[82] Mit Friedrich Cornelius Heyl IV. hatte sie drei Söhne: Daniel Friedrich Cornelius (1841–1861), Cornelius Wilhelm (1843–1923) und Karl Maximilian (1844–1925). Als ihr Ehemann an einer Typhusinfektion starb, zog Karoline Heyl mit den Söhnen zum Großvater Johann Cornelius Heyl III., der zu dieser Zeit noch leb-

76 Saffian war die Bezeichnung für fein gegerbtes Ziegenleder. Anfang des 19. Jahrhunderts war die Saffianlederfirma Hassenmayer und Zahn in Calw marktführend im deutschen Raum. Das feine Leder wurde u. a. zur Herstellung von Handschuhen und Schuhen verwendet. Vgl. Schwankl, Ausstellungswesen, 1988, S. 101, Anm. 390 u. 392.

77 Bonin/Heyl, Großindustrieller, in: Haupt (Hrsg.), Biographien, 1973, S. 179.

78 StA Worms, Abt. 170/26, Nr. 5, Cornelius Wilhelm von Heyl, Aus meinem Leben, Manuskript o. J., Transkript 1966, S. 2.

79 Von Friedrich Cornelius Heyl ist ein Tagebuch mit fragmentarischen Aufzeichnungen über eine Reise nach London und französischen Briefentwürfen aus dem Jahr 1838 erhalten. StA Worms, Abt. 186, Nr. 491.

80 Bönnen, Industriellenfamilie, in: Bönnen/Werner (Hrsg.), Industriellenfamilie, 2010, S. 36.

81 Zur Familie Frommel: Baumann, Dichtung, 1995, S. 142.

82 Darauf verweist Cornelius Wilhelm in seinen Erinnerungen. Vgl. StA Worms, Abt. 170/26, Nr. 5, Cornelius Wilhelm von Heyl, Aus meinem Leben, Manuskript o. J., Transkript 1966, S. 38.

te und das sogenannte Schlösschen am Dom bewohnte.[83] Der Großvater ebenso wie die Großmutter Wilhelmine Martenstein übten also einen großen Einfluss auf die Erziehung und den weiteren Lebensweg der drei Jungen aus. 1852 heiratete Karoline Heyl den Wormser Oberleutnant und späteren Major Ferdinand Hahn (1822–1870). Die Familie Hahn stand über das Lederunternehmen in Verbindung mit den Heyls: Ferdinands Bruder Charles war dort Prokurist und später Generaldirektor.[84] Beziehungen zwischen den Familien bestanden nachweisbar auch durch die Wormser Casinogesellschaft.[85] Im Zuge der militärischen Karriere Hahns verlegte die Familie ihren Lebensmittelpunkt nach Darmstadt, wo Kontakte zur großherzoglichen Familie entstanden.

Aufgrund des frühen Todes des Vaters kam unter den männlichen Verwandten vor allem dem Großvater Johann Cornelius Heyl III. eine Vorbildfunktion für die Enkel zu. Auch der Stiefvater beeinflusste die Biographie der Brüder, schon allein durch den Umzug nach Darmstadt. Als weitere zentrale Person aus der Familie Heyl ist der Cousin des Vaters zu nennen: Leonhard Heyl II. (1814–1877), ein bedeutender Akteur der ‚Wormser Gründerzeit' um 1855 bis 1875.[86] Leonhard Heyl II. war ein innovativer Unternehmer und erfolgreicher Kommunalpolitiker. Seine Karriere zeigte sich außerdem in einflussreichen Wirtschaftspositionen, die er etwa in der Wormser Handelskammer bekleidete. Gekrönt wurde sein sozialer Aufstieg mit der Verleihung des Titels eines Geheimen Kommerzienrats durch Großherzog Ludwig III.[87]

Cornelius Wilhelm Heyl kann als Gewinner der Reichsgründung 1871 bezeichnet werden.[88] Er übertraf seine Ahnen, was den gesellschaftlichen und ökonomischen Aufstieg angeht, um Längen. In unternehmerischer Hinsicht gelang es ihm, die Firma des Großvaters zu erweitern und noch größere Gewinne zu erzielen. Er vermehrte so das

---

83 StA Worms, Abt. 170/26, Nr. 5, Cornelius Wilhelm von Heyl, Aus meinem Leben, Manuskript o. J., Transkript 1966, S. 1 f.

84 StA Worms, Abt. 170/26, Nr. 5, Cornelius Wilhelm von Heyl, Aus meinem Leben, Manuskript o. J., Transkript 1966, S. 3 u. Blachetta, Auf- und Abstieg, in: Bönnen/Werner (Hrsg.), Industriellenfamilie, 2010, S. 345.

85 StA Worms, Abt. 72, Nr. 271, Mitgliederlisten.

86 Vgl. mit weiterer Literatur: Bönnen, Fabrikant, in: Bönnen/Werner (Hrsg.), Industriellenfamilie, 2010, S. 313. Um Leonhard Heyl II. in die Familienkonstellation einzuordnen, ist kurz festzuhalten, dass sein Vater Leonhard Heyl I. ein Bruder von Johann Cornelius Heyl III. war. Dementsprechend war Leonhard I. der Onkel von Friedrich Cornelius Heyl IV. und der Großonkel von Cornelius Wilhelm Heyl V. Leonhard Heyl II. war folglich der Cousin von Friedrich Cornelius Heyl IV. und der Onkel zweiten Grades von Cornelius Wilhelm Heyl V.

87 Bönnen, Fabrikant, in: Bönnen/Werner (Hrsg.), Industriellenfamilie, 2010, S. 329.

88 Cornelius Wilhelm und Maximilian Heyl sind zur sogenannten Gründergeneration zu zählen: „Sicherlich gab es so etwas wie eine Gründergeneration, die die Reichsgründung sowie die großen politischen Kompromisse der 1860er und 1870er Jahre getragen hatte. Für sie stand, zumal im Angesicht des retardierten wirtschaftlichen Wachstums in den 1870er und 1880er Jahren, weiterhin fest, daß es die Hauptaufgabe der Zeit sei, das 1871 Erreichte zu konsolidieren. Freilich wird man in dieser Hinsicht nur von mehrheitlichen und nach Sozialgruppen geteilten Empfindungen sprechen können.": Berghahn, Kaiserreich, 2003, S. 149.

Vermögen und den Immobilienbesitz der Familie. Gemeinsam mit seiner Ehefrau Sophie reüssierte er gesellschaftlich in den Kreisen der kaiserzeitlichen Elite, in der der Adel eine Vorrangstellung einnahm. Als Zeichen für ihre Zugehörigkeit erhob Großherzog Ludwig III. sie 1886 in den Freiherrenstand. Cornelius Wilhelm wurde mit Orden und Hoftiteln überhäuft, in politische Ämter eingesetzt oder gewählt und mit akademischen Graden ausgezeichnet. Diese ‚sozialen Orte', ihre Umstände und die zugrundeliegende Prestigepolitik sind im Weiteren genauer zu untersuchen. An dieser Stelle sei lediglich auf die wesentlichen biographischen Etappen verwiesen.

Cornelius Wilhelm Heyl war der zweite von drei Söhnen von Friedrich Cornelius Heyl IV. und Karoline Friederike Frommel. Seinen Geburtsnamen Wilhelm Hermann gab er zugunsten des ersten Vornamens Cornelius auf, nachdem sein älterer Bruder Daniel Friedrich Cornelius zwanzigjährig starb. Er trat damit auch namentlich an dessen Stelle der ‚Dynastie Heyl'. Seine frühe Kindheit verbrachte Cornelius Wilhelm im Schlösschen der Großeltern. Die ersten Schuljahre absolvierte er auf der Volksschule in Worms.[89] Anschließend wechselte er auf das Wormser Gymnasium. Nach der erneuten Heirat der Mutter mit Ferdinand Hahn zog die Familie nach Darmstadt. Dort besuchte Heyl von 1852 bis 1856 eine Privatschule. Anschließend folgte er seinem älteren Bruder in das evangelische Jungeninternat der so genannten Herrnhuter Brüdergemeine in Neuwied, wo er bis 1858 blieb. Im Anschluss an die Schulzeit verbrachte Cornelius Wilhelm, wie schon sein Großvater und Vater, längere Zeit im Ausland. Ein handgeschriebenes Buch, in dem der junge Heyl verschiedene Gerbverfahren zusammenfasste, belegt seine Lehrzeit in Paris im Jahr 1860.[90] Achtzehnjährig wurde Cornelius Wilhelm Heyl zum Assoziierten seiner verwitweten Großmutter in der Lederfabrik Cornelius Heyl in Worms. Ein Jahr später, 1862, übergab sie ihm die Firmenleitung. 1867 heiratete Cornelius Wilhelm Heyl die Kölner Bankierstochter Sophie Stein. Aus ihrer Ehe gingen drei Töchter und vier Söhne hervor.

Cornelius Wilhelm Heyl erweiterte ab 1866 kontinuierlich das Familienunternehmen. Er vergrößerte die Produktpalette, modernisierte die Produktion und kaufte andere Firmen auf. Parallel zu seiner unternehmerischen Karriere positionierte sich Heyl auf dem politischen Feld: Indem er ab 1870 als Stadtverordneter in Worms fungierte, etablierte er sich zunächst auf der kommunalen Ebene. Überregional trat Heyl als Politiker der Nationalliberalen auf, ab 1874 als gewähltes Mitglied des Berliner Reichstags. 1877 erbte er von seinem Onkel zweiten Grades, Leonhard Heyl II., der in diesem Jahr verstorben war, einen Sitz in der Ersten Kammer der Landstände des Großherzogtums Hessen.[91]

Cornelius Wilhelm Heyl hatte seinen Lebensmittelpunkt in Worms. Mit seiner Frau Sophie Heyl führte er im Stadtzentrum ein repräsentatives Haus, das den Ansprü-

89 StA Worms, Abt. 170/26, Nr. 5, Cornelius Wilhelm von Heyl, Aus meinem Leben, Manuskript o. J., Transkript 1966, S. 2.

90 StA Worms, Abt. 170/26, Nr. 76

91 Bönnen, Familie Heyl, 2010, S. 146.

chen der kaiserzeitlichen Elite entsprach. Auf Worms konzentrierten sie auch ihre philanthropischen und kulturfördernden Projekte. Für ein standesgemäßes Wohnen und die Errichtung eines Fideikommisses erwarben sie außerdem ein Schloss im benachbarten Herrnsheim. In ihrem Stadtpalais umgab sich das Paar mit einer wertvollen Kunst- und Kunstgewerbesammlung.[92] Weitere Landsitze dienten unter anderem der Sommerfrische und der Ausrichtung von Jagdgesellschaften. Aufgrund seiner politischen Tätigkeit verbrachte Cornelius Wilhelm Heyl außerdem viel Zeit in Berlin und Darmstadt. Der Wohnrhythmus der Heyls entsprach demnach den jeweiligen Pflichten und den saisonalen Gepflogenheiten.[93] Nach dem Tod Sophies 1915 verlegte Cornelius Wilhelm sein Domizil vorwiegend auf Gut Pfauenmoos in der Schweiz, wo er 1923 verstarb.[94]

Sophie Heyl stammte aus der Kölner Bankiersfamilie Stein, die, ebenso wie die Heyls, der evangelischen Konfession angehörte.[95] Sophie wurde 1847 als erstes gemeinsames Kind des Bankiers Carl Martin Stein (1806–1868) und Marie Antoinette Jung (1821–1890) geboren. Aus der ersten Ehe des Vaters mit Marie Antoinettes älteren Schwester Maria Sophia Jung (1811–1844) gab es in der Familie bereits zwei Kinder, Ada Stein (1835–1855) und Raoul Stein (1839–1904). Später kamen noch die Geschwister Dorothea (Doris) Stein (1848–1930), Marie Antoinette Stein (1853–1933) und Melanie Stein (1858–1884) hinzu.

Die Familie Stein gehörte bereits zu diesem Zeitpunkt zur städtischen Elite Kölns. Das Bankhaus J. H. Stein war grundlegend für das Kölner Finanzwesen, das auf den vier Säulen der Familien Schaafhausen, Stein, Herstatt und Oppenheim beruhte, wie Pierre Ayçoberry in seiner Untersuchung der Sozialgeschichte Kölns zwischen 1794 und 1871 zeigen konnte (vgl. Tab. 2).[96] Wie die meisten privaten Banken ging auch das Bankhaus J. H. Stein als Nebenzweig einer kaufmännischen Unternehmung hervor.[97] Johann Heinrich Stein (1773–1820) hatte jene Firma 1790 in Köln gegründet.[98] Unter anderem beteiligte sich Stein bei der erfolgreichen Gerberei und Lederhandlung Stein und Werotte.[99] Ab 1840 widmete sich der Nachfolger Carl Stein jedoch vollständig dem Bankgeschäft.

92 Heisig, Unternehmerfamilie, in: Clemens et al. (Hrsg.), Hochkultur, 2011, S. 241.

93 So stellte es Sophie Heyls Biographin Ella Mensch, dar. Vgl. Mensch, Erinnerungen, S. 19 f.

94 StA Worms, Abt. 170, Nr. 26–45, Ludwig Cornelius von Heyl, Erinnerungen an Pfauenmoos und die Familiengeschichte nach stenographierten Interviews, maschschr. hg. von Leonhard von Heyl, 1960.

95 Soénius, von Stein, in: Neue Deutsche Biographie 25 (2013), S. 135–137.

96 Ayçoberry, Köln, 1996, S. 132 u. 275.

97 Wehler, Gesellschaftsgeschichte, 1996, S. 99.

98 Dieses Jahr war in der Familientradition der Steins als Gründungsjahr etabliert. Zur Geschichte des Bankhauses: Vgl. Krüger, Bankiergewerbe, 1925, S. 57–63.

99 So heißt es in der vom Bankhaus selbst in Auftrag gegebenen Schrift von Eckert/Stein, Werden, 1940, S. 21.

Tab. 2: Leitende Teilhaber des Bankhauses J. H. Stein, nach Alfred Krüger, Das Kölner Bankiergewerbe. Vom Ende des 18. Jahrhunderts bis 1875, Essen 1925, S. 63.

Leitende Teilhaber	Eintritt	Ausscheiden
Johann Heinrich Stein	1790 (?)	1820
Clemens Schmits	1821	1825
Carl Eduard Schnitzler	1822	1864
Johann Heinrich Stein-Herstatt	1830	1876
Carl Stein	1834	1868
Eduard Schnitzler	1851	1876
Johann Heinrich Stein jun.	1857	1904
Raoul Stein	1865	1904

Bereits in den 1830er Jahren gab es im Rheinland 53 lokale Privatbanken. Allein im Bankenzentrum Köln existierten vor 1850 zwölf Bankhäuser, wobei die vier oben genannten an der Spitze standen. Alle beteiligten sich am Industriegeschäft.[100] J. H. Stein erweiterte in den 1850er Jahren sein Angebot zudem auf amerikanische Obligationen, womit er das regionale Gebiet verließ.[101] Erfolg garantierte das familiäre Verbundnetz das die christlichen Kölner Bankiersfamilien Stein, Schnitzler, Herstatt und Deichmann aufbauten, indem sie untereinander heirateten und sich gegenseitig protegierten.[102] Im Kölnischen Stadtmuseum liefern Gemälde der ehemaligen Stein-Galerie, die vor allem Porträts von Familienangehörigen zeigen, Einsichten in „kölsche Verwandtschaften“.[103]

Ihren Geschäftsstil passten die Kölner Privatbankiers dem der Rothschilds in Frankreich an, indem sie Gelder fest investierten und Geschäfte mit festgelegten Wert-

100 Wehler, Gesellschaftsgeschichte, 1996, S. 99.

101 Pritzkoleit, Wunder, 1959, S. 189. Der Journalist Pritzkoleit wurde im Spiegel als „Chronist der bundesdeutschen Wirtschaft“ bezeichnet. Vgl. Rezension zu Pitzkoleit, Woge, in: Spiegel 52 (1961), S. 78. Im zitierten Werk geht er in das 19. Jahrhundert zurück, um die Grundlagen für die Wirtschaftskräfte der späteren Bundesrepublik aufzuzeigen. Vgl. Ayçoberry. Köln, 1996, S. 275.

102 Köhler, Wirtschaftsbürger, in: Ziegler (Hrsg.), Großbürger, 2000, S. 126.

103 Werner Schäfke, von 1984 bis 2009 Leiter des Kölnischen Stadtmuseums verweist auf die Kolbe Porträts von Johann Heinrich Stein, dem ‚Urvater‘ des Bankhauses und Großvater von Sophie Stein, aus dem Jahr 1818 und dessen Ehefrau Katharina Maria Peill (Kat.-Nrn. 0392, 0393). Die darauffolgende Generation ist mit einem Porträt des Schwiegersohns Carl Eduard Schnitzler (Ehemann von Wilhelmine Stein) von Carl Ferdinand Sohn aus dem Jahr 1838 (Kat. Nr. 0748) vertreten. Im Stadtmuseum findet sich außerdem das Bildnis von Sophies Schwester Maria, die in die Zuckerdynastie vom Rath eingeheiratet hatte. Vgl. Schäfke (Hrsg.): Bildersaal, 2006, S. 14, 151f, 276. Der Wiener Künstler Heinrich von Angeli aus Wien, der Maria vom Rath anlässlich ihres fünfzigsten Geburtstags 1883 malte, tat sich vor allem als Lieblingsporträtist von Queen Victoria hervor. 1920 vermachte Maria vom Rath die Pendant-Porträts der Schwiegereltern Johann Jakob vom Rath (Kat. Nr. 0604) und Juliane geb. Böninger (Kat. Nr. 0754) von den Künstlern Julius Roeting und Carl Sohn an das Wallraf-Richartz-Museum. Zur Geschichte der Familie vom Rath und ihrer Verbindung mit den Kölner Steins: Vgl. von Eynern, Unternehmungen, 1930, S. 159–160.

papieren tätigten.[104] Wie die anderen Kölner Bankiers versorgte das Bankhaus J. H. Stein durch die Übernahme von Aktien und Obligationen mit Kapital bevorzugt die prosperierende Textil- und Montanindustrie sowie den Eisenbahnbau.[105] In den 1850er setzte das Bankhaus zudem vermehrt auf Kohleunternehmungen, wobei es insbesondere das Netzwerk von Gustav von Mevissen (1815–1899) nutzte, einem bedeutenden Unternehmer, der mit den Steins verschwägert war.[106]

Für den Zeitraum um 1850 schätzt Wehler die Kölner Oberschicht auf rund 1.400 Personen, also etwa zwei Prozent der Stadtbevölkerung. Dabei zeichnete sich eine deutliche Spitzengruppe ab, die Wehler anhand des durchschnittlichen Jahreseinkommens der jeweiligen Höchstbesteuerten ermittelt. Während das Einkommen der Privilegierten zwischen 3.000 und 30.000 Taler lag (vgl. Tab. 3), kamen nur fünf Prozent der Kölner auf ein jährliches Einkommen von mehr als 400 Taler, das ihnen erst das städtische Wahlrecht eröffnete.[107] Somit handelt es sich bei den in der Tabelle bezeichneten nicht nur um eine „Elite des Reichtums und des Ansehens", sondern auch um die Gruppe der politisch Mächtigen innerhalb der Kommunalpolitik.[108]

Tab. 3: Jahreseinkommen der Höchstbesteuerten in Köln um 1850 mit Daten von Hans-Ulrich Wehler, Deutsche Gesellschaftsgeschichte, Bd. 2, S. 178.

Mitglieder der Spitzengruppe, nach Wehler (Auswahl)	Geschätztes Jahreseinkommen um 1850
Bankiers	
F. Herstatt	30.000 Taler
A. L. Camphausen	24.000 Taler
J. H. Stein	20.000–25.000 Taler
A. S. Oppenheim	15.000 Taler
Großhändler	
Familie Bürger	25.000 Taler
De Noël	20.000 Taler
„Allround-Unternehmer"[109]	
Gustav Mevissen	20.000 Taler
Familie Deichmann	20.000 Taler
Hochdotierte preußische Beamte	3.000–6.000 Taler

104 Ayçoberry, Köln, 1996, S. 132.
105 Wandel, Banken, 1998, Bd. 45, S. 1.
106 Soénius, von Stein, in: Neue deutsche Biographie 25 (2013), S. 136.
107 Vgl. Wehler, Gesellschaftsgeschichte, 1996, S. 178.
108 Vgl. Wehler, Gesellschaftsgeschichte, 1996, S. 178.
109 Die von Wehler so bezeichneten Allround-Unternehmer beteiligten sich im Versicherungsgeschäft, an Eisenbahn- und Dampfschiffsgesellschaften sowie an Großhandlungen, Fabriken und Bergwerksunternehmen. Vgl. Wehler, Gesellschaftsgeschichte, 1996, S. 178.

Vor diesem Hintergrund von Wohlstand und elitärer Familienzugehörigkeit wuchs Sophie Stein in einem großbürgerlichen Haushalt auf, in dem sie eine betont musische Erziehung erhielt.[110] Carl Martin Stein pflegte Kontakte zur Kölner Kunstszene und legte eine eigene Kunstsammlung an.[111] Sophie erhielt Gesangstunden und einen umfangreichen Fremdsprachenunterricht. Bei einem Internatsaufenthalt in Brüssel am Institut Gousseart im Château Kockelberg vertiefte sie ihre Kenntnisse der kulturellen Elitenpraktiken durch Klavier-, Tanz- und Zeichenunterricht.[112] Das exklusive und teure Pensionat wurde vorwiegend von britischen und deutschen Schülerinnen besucht.[113] Die Bezeichnung „Pensionnat des dames anglaises" verdeutlicht die internationale Ausrichtung der Schule.[114]

Nach ihrer Heirat im Jahr 1867 zog die zwanzigjährige Sophie Heyl in das viel provinziellere Worms. Cornelius Wilhelm Heyl sicherte ihr eine privilegierte und luxuriöse Existenz und sie erfüllte die Pflichten, die eine Industriellengattin erwarteten. Sophie gebar sieben Kinder und nahm regen Anteil an der Karriere ihres Mannes. Sie beriet ihn in politischen Fragen und gestaltete das Familienleben. Dazu gehörte auch die ästhetische und architektonische Ausstattung der unterschiedlichen Wohnsitze. Zudem engagierte sie sich in der Wohltätigkeitsarbeit und im kulturellen Leben der Stadt.

In den 1870er Jahren fand Sophie Heyl Anschluss an die philanthropischen Aktivitäten der Großherzogin Alice von Hessen, Ehefrau des Großherzogs Ludwig IV., der zweiten Tochter von Königin Victoria von England. Alices Ideal waren die sozialreformerischen Vorstellungen ihres Vaters Prinz Albert von Sachsen-Coburg. Im Rahmen ihrer Möglichkeiten konzentrierte sich ihr Einsatz auf die Verbesserung der Krankenpflege und auf den Ausbau von Ausbildungs- und Arbeitsbedingungen für Frauen.[115] Auf dieser Grundlage gründeten Sophie Heyl und die Großherzogin den Wormser Alice-Frauenverein, der u. a. durch die Gründung von Bildungseinrichtungen für Mädchen aus unterprivilegierten Schichten förderte.[116] Für ihre Leistungen als Leiterin eines Lazaretts für Verwundete des deutsch-französischen Krieges verlieh Kaiser

110 Dies geht u. a. aus den Tagebüchern von Sophie Stein hervor. Überliefert ist ein Tagebuch aus dem Zeitraum 18.06.1863–08.04.1864. Hier beschreibt Sophie die Phase vor ihrer Pensionatszeit in Belgien. Sie berichtet von Theaterbesuchen, einer französischen Bonne, großen Diners im Hause Stein und Gesangsstunden. In ihren hagiografischen Erinnerungen an Sophie Heyl betont auch die Journalistin und Schriftstellerin Ella Mensch (1859–1935) den kulturbeflissenen Hintergrund der Protagonistin. Vgl. Mensch, Erinnerungen, 1917, S. 1–3. Ebenfalls mit hagiografischem Hintergrund: von Heyl, Sophie von Heyl, in: Heimkreitner/Schäfer (Hrsg.), Wormserinnen, 2016, S. 57–64.

111 Vgl. Mensch, Erinnerungen, 1917, S. 2.

112 StA Worms, Abt. 187, Nr. 56. Sophie Stein, Tagebuch 1864–1866, Transkript, o. S.

113 Fraser, Charlotte Bronte, 2012, o. S.

114 Chateau De Koekelberg, in: Barnard /Barnard (Hrsg.), Encyclopedia, 2007, Blackwell Reference Online, URL: https://onlinelibrary.wiley.com/doi/book/10.1002/9780470692219 [25.05.2022].

115 Marx, Erbe, in: Heidenreich/Franz (Hrsg.), Kronen, 2009, S. 157.

116 Mensch, Erinnerungen, 1917, S. 5; Bönnen, Familie, in: Bönnen/Borck (Hrsg.), Stadtarchiv Worms, 1998, S. 174. Der gesamthessische Alice-Frauenverein war der wesentliche Träger karitativer Einrich-

Wilhelm I. Sophie Heyl das Eiserne Kreuz, beziehungsweise eine verkleinerte Version des Kreuzes, mit dem die Soldaten ausgezeichnet wurden.[117] Zu Beginn des Ersten Weltkriegs wählten die Wormser Frauenvereine Sophie Heyl als Gesamtvorsitzende, damit sie die „Kriegsarbeit“ der neunzehn Vereine aller Konfessionen koordinieren konnte.[118] Das Beispiel von Sophie Heyls sozialem Engagement in Frauenorganisationen bestätigt Ute Planerts These, dass die Berufung auf Nation und Vaterland sowie Patriotismus politisierend wirkte und auf gesellschaftlich anerkannte Weise weibliche Handlungsspielräume vergrößerte.[119] Die Frauenvereinigungen, die Sophie Heyl zum Teil selbst ins Leben rief, lassen einen Bezug zu Sophie von La Roches 1794 formulierten Ideen zur Fragestellung, ob Politik auch für Frauen geeignet sei, erkennen. Unter der Prämisse des Patriotismus sah La Roche Möglichkeiten politischen Engagements für Frauen in Form von Sozialfürsorge, das heißt: „Spendensammeln, Benefizveranstaltungen und die ‚Erziehung‘ der unteren Sozialschichten“.[120] Damit sind auch die Felder von Sophie Heyls Aktivitäten treffend umrissen. Ihren Ehemann unterstützte Sophie bei seinen Maßnahmen für die betriebliche Wohlfahrt. Nach ihrem Tod richtete Cornelius Wilhelm 1918 die Stiftung „Freifrau Sophie von Heyl zu Herrnsheimsche Wohlfahrtsanstalten zu Worms“ ein, die zahlreiche soziale Einrichtungen unter ihrem Dach vereinte.[121]

Innerhalb der Familie übernahm sie selbstverständlich die Überwachung und Koordination der Kindererziehung, die hauptsächlich durch Personal und in Internaten stattfand. Ihr oblagen zudem die Organisation der ständigen Umzüge in die saisonal sich ändernden Domizile. Außerdem fungierte sie häufig als Gastgeberin repräsentativer gesellschaftlicher Empfänge.[122] Weiterhin betreute Sophie die Heylsche Kunstsammlung, für die sie selbständig das erste Inventar anfertigte und Cornelius Wilhelm widmete.[123] Nach dem Tod ihrer Mutter Marie Antoinette Stein ging ein Drittel der Stein'schen Kunstschätze in die Sammlung der Eheleute Heyl ein.

Obwohl sich Sophie bei ihrer karitativen Arbeit insbesondere für die Belange von Frauen einsetzte, ging es ihr nicht um die Ideen der modernen Frauenbewegung, vielmehr entsprach sie damit genderspezifischen, konservativen Erwartungen. Sie gehörte zu den Gegnerinnen der Frauenemanzipation und folgte der Linie von konservativen Frauenvereinigungen wie dem Vaterländischen Frauenverein, die das Ideal der „die-

---

tungen in der Region. Offensichtlich setzte die Großherzogin Sophie als Leiterin der Wormser Zweigstelle ein.

117 BayHStA, NL Hupp, Nr. 2272, Cornelius Wilhelm Heyl an Otto Hupp, o. D.

118 Mensch, Erinnerungen, 1917, S. 6.

119 Planert, Nationalismus, in: Planert (Hrsg.): Nation, 2000, S. 10.

120 Planert, Vater Staat, in: Planert (Hrsg.): Nation, 2000, S. 25 f.

121 Bönnen, Familie, in: Bönnen/Borck (Hrsg.), Stadtarchiv Worms, 1998, S. 177.

122 StA Worms, Abt. 187, Nr. 112, Adrienne von Deichmann geb. Freiin von Heyl zu Herrnsheim, Kinder- und Jungmädchen-Erinnerungen bis zur Ehe, Aufzeichnung aus dem Jahr 1931, Transkript, o. S.

123 StA Worms 186, Nr. 1173.

nenden, helfenden, betenden Frau“, propagierten.[124] In einem Nachruf der Wormser Frauenvereine heißt es dazu: „[e]hrlich und redlich war sie bemüht, der Frauenbewegung gerecht zu werden, sie zu verstehen und mitzuhelfen, bis an die Grenze, die ihrem weiblichen Empfinden zulässig erschien.“[125] Diesen Rahmen gaben die klaren Rollenverteilungen der Zeit vor, in denen sich die Frauen auf das häusliche Leben konzentrierten und dies nur dann verließen, wenn es um die Repräsentation der Familie im Sinne der ‚Wohltätigkeit‘ oder ‚Kunstpflege‘ ging. Wenn sich Sophie Heyl beratend in die Sphäre ihres Ehemannes einmischte, geschah dies außerhalb der Öffentlichkeit.

Innerhalb dieser Familiengeneration spielte auch Cornelius Wilhelms jüngerer Bruder Maximilian Heyl, eine wesentliche Rolle. Er wurde 1844 in Worms geboren. Kurz nach seiner Geburt starb der Vater Friedrich Cornelius Heyl. Wie Cornelius Wilhelm wuchs Maximilian zunächst in Worms auf, bis die Familie mit Ferdinand Hahn nach Darmstadt umzog. Im Gegensatz zu seinen älteren Brüdern besuchte Maximilian allerdings nicht das Jungeninternat in Neuwied, sondern blieb in Darmstadt. Wie bereits oben erwähnt, knüpften die Heyls respektive Hahns in der Residenzstadt Kontakte zur großherzoglichen Familie.

Wie Hahn schlug Maximilian eine militärische Laufbahn ein und verlegte letztlich seinen Lebensmittelpunkt auch nach Darmstadt. Für seine weiterführende Ausbildung besuchte Maximilian eine Kadettenanstalt. Im Anschluss trat er in das Zweite Großherzoglich-Hessische Reiter-Regiment ein. Hier diente er im 1866er Krieg als Patrouillenführer. Im Deutsch-Französischen Krieg von 1870/71 erfüllte er die Funktion eines Ordonnanzoffiziers in der Hessischen Division unter Prinz Ludwig von Hessen. Nach dem Krieg stieg er als Rittmeister aus dem aktiven Dienst aus. Als Offizier à la suite lebte Maximilian anschließend von seinen ererbten Gütern und der Teilhabe am Familienunternehmen, das sein Bruder leitete. 1871 heiratete er Doris Stein, die Schwester seiner Schwägerin. Die Ehe blieb kinderlos. Das Ehepaar lebte in einem eigens erbauten Stadtpalais in Worms, das nach dem Aufstieg Maximilians in den Majorsrang 1880 *Majorshof* genannt wurde. Das Palais diente auch der Präsentation und Pflege ihrer umfangreichen Kunst- und Antikensammlung. 1886 wurden sie gemeinsam mit Cornelius Wilhelm und Sophie Heyl durch den Großherzog Ludwig IV. nobilitiert. 1887 folgte die Erhebung in den persönlichen Freiherrenstand. Nach ihrem Umzug nach Darmstadt 1900 etablierten sich Maximilian und Doris in einer neugebauten Villa. Sie beteiligten sich am höfischen Leben der Darmstädter Residenz, brachten sich aber weiterhin in die kulturelle Aufwertung von Worms ein. 1925 starb Maximilian als Generalleutnant à la suite in Darmstadt, fünf Jahre später verstarb auch seine Frau

124 Süchting-Hänger, Gewissen, 2002, S. 38.
125 Nachruf, zit. n. Mensch, Erinnerungen, 1917.

Doris. Kurz zuvor hatte sie noch ihre Nichte Eva-Marie von Heyl, geb. von der Marwitz adoptiert.[126]

Mit den Kurzporträts der wesentlichen Protagonisten der Familie Heyl im 19. Jahrhundert liegen jetzt die biographischen Grundlagen vor, die notwendig sind, um den gesellschaftlichen Aufstieg der Familie innerhalb von vier Generationen untersuchen zu können. Der folgende Abschnitt dokumentiert ebenso überblicksartig die wirtschaftlichen Grundlagen für diese Entwicklung.

3.1.3 Das Lederwerk Cornelius Heyl

Unternehmen sind nicht nur „ökonomische Motoren der Geschichte", sondern auch „kulturschaffende Institutionen".[127] Die unternehmerische Seite der Familie hatte weitereichende Konsequenzen für die spezifische Ausprägung des Mäzenatentums. Es wäre demnach kurzsichtig, das Mäzenatentum von Cornelius Wilhelm Heyl isoliert von seiner Tätigkeit als Unternehmer zu betrachten. Die Fabrik generierte nicht nur einen großen Teil des ökonomischen Kapitals, das er für seine kulturfördernden Projekte brauchte, sondern bot dem jungen Mann auch ein Feld, sich in die Rolle eines Patriarchen einzufinden. Letztendlich pflegte er in seinem Unternehmen einen protektoralen Patriarchalismus, der sich, wie noch gezeigt werden wird, auch auf sein mäzenatisches Handeln auswirkte.

Weder die Erzeugung von Eisen und Stahl, noch andere für die Industrialisierung zentrale Güter, bildeten den Grundstock für den späteren Reichtum der Heyls. Es war das Lackleder, eine modische Raffinesse des 19. Jahrhunderts, das den Aufstieg der Familie so positiv beeinflussen sollte. Cornelius Wilhelm Heyl erkannte bereits früh das Potential dieses Produkts und etablierte sich in der internationalen Lederindustrie.

Lackschuhe oder Lackstiefel gehörten im 19. Jahrhundert zur Garderobe der feinen Gesellschaft. Der Romancier und Gesellschaftsjournalist Fedor von Zobeltitz beschrieb die Erscheinung eines „vollendeten Hofmann[es]" folgendermaßen: „in enganliegendem Gehpelz, mit blankem Zylinder und blanken Lackstiefeln."[128] Auch der Kulturpublizist Alfred Loos äußerte sich in einem Text zur aktuellen Fußbekleidung eingehend über Lackschuhe. So bezeichnete er die in diesen Kreisen verbreiteten „Knöpfelschuhe", als „Schuhe zum Nichtsthun", die „man nur als Lackschuhe gelten lassen" konnte.[129] Laut Loos erforderten außerdem Galauniformen die Kombination

126 StA Worms, Abt. 185, Nr. 2902, Notarielle Urkunde über die Adoption der Eva Marie Freifrau von Heyl zu Herrnsheim geb. von der Marwitz durch Doris Freifrau von Heyl geb. Stein am 11.03.1926 durch Notar Theodor Kleinschmidt, Darmstadt.

127 Berghoff, Unternehmensgeschichte, 2004, S. 22.

128 Zobeltitz, Herr, 1903, Kapitel 8.

129 Loos, Fussbekleidung, in: Loos, Schriften, S. 125.

mit glatten Lackstiefeln, die mit Wichslederschäften unter der Hose getragen wurden. Auch für Tanzschuhe kam nur Lackleder in Frage.[130]

Der folgende Abschnitt ist der Unternehmensgeschichte des Familienunternehmens Cornelius Heyl gewidmet. Leider ist die Quellenlage für die Anfangsjahre äußerst lückenhaft, da das Archiv des Kernunternehmens im Zweiten Weltkrieg zerstört wurde.[131] Die Untersuchung stützt sich daher auf die regionale Geschichtsschreibung, einzelne Nachlass-Splitter[132] sowie auf Sekundärquellen und Egodokumente im privaten Familiennachlass.

Der Familienüberlieferung zufolge war es Johann Cornelius Heyl III., der in den 1830er Jahren in Paris und London entscheidende Anregungen dafür erhielt, „Glanzleder zu fabrizieren".[133] Rückblickend folgte er damit einem Trend, nach dem die deutschen „Entwicklungsländer" in „zielstrebigen Lernprozessen", den Vorsprung anderer westeuropäischen Länder durch Nachahmung und Patenterwerb einholten.[134] Insbesondere in Fragen der Herrenmode gab England zu dieser Zeit unbestritten den Ton an.[135] Ansonsten beherrschte nach wie vor die Modemetropole Paris den europäischen Markt. Lack- und Saffianleder bedienten den Luxusgütersektor im deutschen Raum und trafen damit eine Marktlücke.[136] Der erfolgreiche Absatz des veredelten Rohstoffes hing mit den neuen Möglichkeiten der Konsumgüterindustrie zusammen, die im 19. Jahrhundert entstand. Diese Sparte beeinflusste das Marktgeschehen nicht unerheblich und sollte daher in ihrer Bedeutung für die europäische Industrialisierung nicht unterschätzt werden, wie es häufig in der Forschung geschieht, die zumeist auf die Investitionsgüter fokussiert.[137]

Die Firmengründung der Saffianledermanufaktur *Heyl & Martenstein* 1834 basierte auf einer guten finanziellen Grundlage, die Cornelius Heyl II. geschaffen hatte. Die-

---

130 Loos, Fussbekleidung, in: Loos, Schriften, S. 125.

131 Erst für die Heylschen Lederwerke Liebenau in Worms-Neuhausen liegt für den Zeitraum zwischen 1920 und 1974 eine relativ vollständige Firmenüberlieferung vor (StA Worms, Abt. 180/1. Der Bestand umfasst 1.096 Verzeichniseinheiten). Die Lederwerke Cornelius Heyl AG sind für die Jahre 1930–1960 gut dokumentiert, vereinzelt finden sich auch Unterlagen zu einem früheren Zeitraum (StA Worms, Abt. 180/2, 260 Verzeichniseinheiten). Vgl. Bönnen, Quellen, in: Archiv und Wirtschaft 23, 1 (2010), S. 26 u. 31.

132 StA Worms, Abt. 170/26, Nr. 5, Cornelius Wilhelm von Heyl, Aus meinem Leben, Manuskript o. J., Transkript 1966.

133 StA Worms, Abt. 170/26, Nr. 5, Cornelius Wilhelm von Heyl, Aus meinem Leben, Manuskript o. J., Transkript 1966, S. 5 f.

134 Wehler, Kaiserreich, 1994, S. 41.

135 Vgl. Zobeltiz, Smoking, in: Zobeltiz, Chronik, S. 63. Auch in aristokratischen französischen Familien genossen die britischen Schneider und Schuhmacher den besten Ruf. Wer etwas auf sich hielt, hatte einen *tailleur* und einen *bottier* in London. Mension-Rigau, Aristocrates, 1994, S. 332.

136 Rommel, Wormser, 1996, S. 83.

137 Vgl. Haupt, Konsum, 2003, S. 90. In diesem Zusammenhang hebt Haupt hervor, dass mit 56 % eine hohe Anzahl aller in der Industrie Beschäftigten im Jahr 1850 in der Bekleidungs-, Textil- und Nahrungsmittelbranche arbeitete.

ser hatte sich bereits vor 1779 als erfolgreicher Kaufmann profiliert.[138] Zur Zeit des napoleonischen Worms gehörte er zu den 600 Höchstbesteuerten des Departements Donnersberg mit seinen circa 435.900 Einwohnern und war damit Mitglied der Notabelngesellschaft.[139] In der früheren Regionalgeschichte wurde die hohe Kapitalkraft der Heyls allgemein auf ihren religiös fundierten Arbeitsethos als Reformierte zurückgeführt. Die neuere Forschung liefert ein erweitertes Erklärungsmodell für den wirtschaftlichen Ehrgeiz der Familie: Die Heyls glichen die oben dargelegten fehlenden politischen Gestaltungsmöglichkeiten im *Ancien Régime* durch einen erhöhten Einsatz auf dem ökonomischen Feld aus und verfolgten somit eine Kompensationsstrategie.[140]

Um sich innerhalb der napoleonischen Notabelnelite zu etablieren, war Immobilienbesitz unabdingbar. Kaufleute und Gewerbetreibende konnten durch Grundbesitz leichter Kredite aufnehmen, da sie dann über hypothekarische Sicherheiten verfügten. Deshalb lieferte der Grundbesitz häufig die Grundlage für die ersten Industriegründungen. Hinzu kam der hohe Prestigewert von Immobilien.[141] Johann Cornelius Heyl II. erwarb bei den 1806 stattfindenden Nationalgüterversteigerungen mehrere Immobilien in Worms. Zu diesen Liegenschaften gehörte auch ein exponiertes und geschichtsträchtiges Objekt in zentraler Lage: das Gelände und die Überreste des fürstbischöflichen Schlosses in direkter Nachbarschaft zum Dom.[142]

Auf dieser komfortablen ökonomischen Basis baute die kaufmännische und später auch unternehmerische Tätigkeit seiner Söhne Leonhard und Johann Cornelius Heyl III. auf. Über ihr zunächst gemeinsam geführtes Kaufmannsgeschäft gibt das Geheimbuch der Brüder Auskunft.[143] Zwischen 1819 und 1834 hatte Johann Cornelius genügend Kapital zusammengetragen, um das Risiko mit der Gründung einer Saffianmanufaktur eingehen zu können. Obwohl es eigentlich üblich war, Lederfabriken aus kleinen Handwerksbetrieben zu entwickeln, legten er und sein Schwager Martenstein den Betrieb direkt als Großunternehmen an.[144] Damit schufen sie, wie bereits eingangs dargestellt, die Grundlage für die spätere Industrialisierung der Region. Unter dem Namen

138 Vgl. Reuter, Reaktion, in: Bönnen (Hrsg.), Geschichte, 2005, S. 455.

139 Vgl. Dumont, Worms, in: Bönnen (Hrsg.), Geschichte, 2005, S. 389; Bodmann, Jahrbuch, 1811, S. 149.

140 Vgl. Reuter, Reaktion, in: Bönnen (Hrsg.), Geschichte, 2005, S. 455.

141 Vgl. Clemens, Immobilienhändler, 1995, S. 199 u. 258; s. auch: Clemens, Kontinuität, in: Wilhelm (Hrsg.), Napoleon, 2012, S. 34.

142 Vgl. Dumont, Worms, in: Bönnen (Hrsg.), Geschichte, 2005, S. 386. Schieder führt diese vier Käufe von „Kornelius Heyl“ auf: 1. 25. Februar 1806: das Hôtel de Wessenberg in der Kaemmergasse Nr. 46 (ein Haus, zwei Keller, ein großer ummauerter Hof mit großem Garten, ein Schuppen) aus dem Besitz des Domstifts Worms; 7275 Francs; 2. 26. November 1806: die Dornen-Mühl, Fischmarktgasse Nr. 202 (eine Mühle, eine Scheuer, Ställe, Bering), aus dem Besitz des Klosters Maria Münster, Worms; 18100 Francs; 3. 18. Februar 1808: einen Weinberg, Kuppelgass aus dem Besitz des Stifts unserer lieben Frau; 600 Francs; 4. 18. Februar 1808: einen Acker aus dem Besitz des Stifts unserer lieben Frau, Worms; 1050 Francs. Vgl. Schieder (Hrsg.), Säkularisation, 1991, S. 427, 430, 433 und 434.

143 StA Worms, Abt. 170/26, Nr. 2, Geheimbuch Brüder Leonhard u. Cornelius Heyl 1819–1873. Die Hinterlassenschaft der Eltern beziffert Heyl III. in einer Kapitalkontoaufstellung auf 55.400 Gulden.

144 Vgl. Link, Lederindustrie, 1913, S. 46

Cornelius Heyl stieg die Firma im Verlauf des 19. Jahrhunderts zur bedeutendsten Fabrik in Worms auf und erlangte internationale Bekanntheit.

Die Fabrik wurde ursprünglich mit Wasserkraft betrieben und hatte deshalb ihren Standort in einer ehemaligen Ölmühle in der Michaelvorstadt. 1839 eröffnete Heyl auf demselben Gelände im Alleingang eine weitere Fabrik, die sich auf die Herstellung von lackiertem Kalbsleder spezialisierte, während die Firma *Heyl & Martenstein* die Produktion der anderen Lederarten weiterführte. Als sich das insbesondere für Schuhe verwendete Lackkalbsleder, das Heyl in seiner separaten Fabrik herstellte, letztlich als Erfolgsprodukt erwies, lösten die Gründer die Saffianmanufaktur *Heyl & Martenstein* 1841 auf. Letzterer verließ das gemeinsame Unternehmen. Johann Cornelius Heyl III. hingegen vergrößerte die Lackkalbslederproduktion. Das Firmengelände erstreckte sich dann auch über den ehemaligen Klosterbezirk Mariamünster.[145] Innovatives Knowhow brachte Jean Fréderic Koehler mit – Ehemann von Heyls Cousine Anna Sofie Heyl (geb. 1792) –, der sich bei längeren Arbeitsaufenthalten in Paris als Gerber weitergebildet hatte und die technische Leitung der Ledermanufaktur *Cornelius Heyl* übernahm.[146] Er initiierte die Produktion von verschiedenfarbigem Lackleder, wobei er insbesondere auf eine hohe Qualität des Produkts achtete. Dieses neuartige Leder hatte zudem den Vorteil, dass es nach Feuchtigkeitseinwirkung nicht matt wurde.[147]

3.1.3.1 Die Erschließung internationaler Märkte und Technologietransfer

Bereits diese kurze Einleitung in die Geschichte der Heylschen Lederwerke zeigt, dass die gesamte Unternehmung auf transnationalen Beziehungen aufbaute: Sowohl die Herstellungsmethoden wie auch die Produktpalette wurden aus dem Ausland importiert. Heyl kaufte ein englisches Patent zur Lacklederherstellung und bemühte sich um ein im Ausland, insbesondere in Frankreich geschultes Personal. Im Unternehmen wurde das damals aktuelle Fachwissen über industrielle Lederveredelung zusammengeführt, um eine Produktion im großen Maßstab zu verwirklichen und hohe Marktanteile zu sichern. Es lag daher nahe, dass sich der Unternehmensgründer nicht mit dem deutschen Markt zufriedengab. Im Gegenteil, er baute ein internationales Geschäft auf.

Cornelius Wilhelm Heyl hob in seinen Erinnerungen hervor, dass sein Großvater Johann Cornelius Heyl III. die Firma durch spezifische technische Verfahren im „Weltgeschäft" verankert hatte.[148] Aus dem „Inventarium-Buch der Lakierfabrik von Corne-

145 Vgl. StA Worms, Abt. 180/02, Friedrich M. Illert, Umriss einer Geschichte des Hauses Cornelius Heyl, zum 60. Geb. des Seniorchefs D. Dr. jur. Cornelius Freiherr Heyl zu Herrnsheim, masch., 27. Juli 1934, S. 8–10 und StA Worms, Abt. 180/01, Nr. 245, Festrede von Stadtarchivar Friedrich M. Illert zur Feier des 100. Geburtstags von Cornelius Wilhelm Freiherr Heyl zu Herrnsheim am 10. Februar 1943 im Nibelungensaal des Cornelianums zu Worms am Rhein, S. 16 u. 19.

146 Vgl. Blachetta, Auf- und Abstieg, in: Bönnen/Werner (Hrsg.), Industriellenfamilie, 2010, S. 340.

147 Vgl. Spille, Lederwerken, in: Spille et al (Hrsg.), Leder, S. 56.

148 Vgl. StA Worms, Abt. 170/26, Nr. 5, Cornelius Wilhelm von Heyl, Aus meinem Leben, Manuskript o. J., Transkript 1966, S. 6.

lius Heyl" der Jahre 1840–1852 geht hervor, dass Johann Cornelius 1852 über ein Konto von 573.430,14 Gulden verfügte.[149] Das Geschäftsnetz umfasste in diesem Zeitraum Kontakte nach Darmstadt und Fürth, aber beispielsweise auch nach Wien, Linz, Brüssel, Antwerpen, Rom, London und New York.[150] Bereits früh verfügte die Firma also über einen weltweiten Vertrieb, da der Markt für Luxusprodukte alleine in Deutschland zu klein gewesen wäre.

Den Erfolg der Lederwerke verdankte Heyl nicht allein der Qualität seiner Erzeugnisse, sondern auch seiner kaufmännischen Herangehensweise. Im Gegensatz zu Gerbereien, die eher einen handwerklichen Ansatz vertraten, wollte Heyl vorrangig ein Produkt erzeugen, dass die neuesten Trends auf dem Modemarkt bediente. Leder, das den aktuellen Anspruch erfüllte, wie Heyl es mithilfe seines Gerbers Fréderic Koehler *à la française* herstellte, erfüllte die Bedürfnisse der weiterverarbeitenden Betriebe, die sich für ihre Waren an den Modemetropolen orientierten. Das französische Glanzleder zeichnete sich durch seine besondere Geschmeidigkeit aus.[151] In diesem Sinne stellte die Wormser Fabrik regelmäßig weitere französische Gerber ein, die jeweils die neuesten Lacklederrezepturen mitbrachten.[152] In einem Bericht über die Industrieausstellung in New York 1853 wird deutlich, welche Rolle der französische Qualitätsstandard spielte und, dass es der Firma Heyl gelang, sich entsprechend erfolgreich international zu positionieren:

> Das wormser Glanzleder bildet hier einen bedeutenden Handelsartikel und concurriert seiner Weichheit wegen erfolgreich mit den französischen Waaren dieser Art. […] Auf die Fabrikate der einzelnen Aussteller im Zollvereins-Departement übergehend, bemerken wir zuvörderst die weltberühmten Fabrikate des Hrn. Cornelius Heyl in Worms, welche hierher einen bedeutenden Absatz finden, mit Recht obenan.[153]

Die New Yorker Jury prämierte das lackierte Leder Heyls mit einer Bronzemedaille.[154] Auf der *Allgemeinen Deutschen Industrieausstellung* in München 1854 wurde Cornelius Heyl „wegen seiner ganz vorzüglichen lackirten Leder bei großem, jeder Concurrenz des Auslande gewachsenem Geschäftsbetriebe" im Bereich der Lederfabriken mit einer Großen Denkmünze ausgezeichnet.[155]

Nachdem sich die Lederfabrikation der Heyls als ertragreich und zukunftsträchtig erwiesen hatte, blieben Nachahmungen nicht aus. Bereits wenige Jahre nach der Gründung der Saffianmanufaktur *Heyl & Martenstein*, eröffneten Jean Baptiste Doerr und Andreas Nikolaus Reinhart das Konkurrenzunternehmen *Doerr & Reinhart* in Worms.

149 StA Worms, Abt. 170/26, Nr. 31.
150 Vgl. Blachetta, Auf- und Abstieg, in: Bönnen/Werner (Hrsg.), Industriellenfamilie, 2010, S. 342.
151 Vgl. Anonym, Frankreichs und Englands Lederhandel, in: Magazin für die Literatur des Auslandes 76 (26.06.1835), S. 304.
152 Vgl. Blachetta, Auf- und Abstieg, in: Bönnen/Werner (Hrsg.), Industriellenfamilie, 2010, S. 346.
153 New-Yorker Handels-Zeitung (Hrsg.), Bericht, 1854, S. 121.
154 New-Yorker Handels-Zeitung (Hrsg.), Bericht, 1854, S. 121.
155 Hermann (Hrsg.), Bericht, 1855, Abt. VI, S. 93 f.

Beide hatten ursprünglich für Cornelius Heyl III. gearbeitet.[156] Beide waren katholisch. In der Firmenüberlieferung der Heyls gab es dazu folgende Geschichte: „Katholiken gaben ihnen Geld zu einer kleinen Fabrik, die zweimal ganz oder teilweise abbrannte [...] und die dann immer grösser wiederaufgebaut wurde."[157] Doerr und Reinhart sollten sich insbesondere für Cornelius Wilhelm Heyl V. als Kontrahenten herausstellen, da sie aufgrund der Generationenlücke nach dem Tod Heyls III. an die Spitze der Wormser Fabrikanten aufstiegen.

Als weitere Wormser Konkurrenzunternehmen entstanden die *Melas & Gernsheim*, *Ludwig Melas & Co*, die *Wormatia AG*, die von jüdischen Familien geführt wurden, sowie *Schlösser & Comp.*[158] Diese Ansammlung von Lederwerken erwuchs jedoch nicht aufgrund von Traditionen und idealen Standortvorteilen, sondern resultierte aus der Dynamik, die von der ersten Firmengründung durch Cornelius Heyl III. und seinen Schwager Martenstein ausging. Die Lederindustrie war in Worms zu einem Selbstläufer geworden. Nun galt es für die Heyls, sich aus dieser Gruppe der Lederunternehmen abzuheben.

Den Heyls gelang es, ihren Vorsprung auf dem Feld der Lederproduktion langfristig zu verteidigen und stets weiter auszubauen. Dies ist auch an den Beschäftigtenzahlen abzulesen, denn qualifizierte Mitarbeiter zu gewinnen und zu halten, war eine der großen Herausforderungen. 1845 beschäftigte die Lederlackierfabrik bereits 220 Arbeiter.[159] 1857, ein Jahr vor dem Tod des Gründers, arbeiteten dort ca. 650 Menschen. Die konkurrierenden Lederlackierfabriken der Stadt Worms hatten mit ca. 350 Arbeitern im Fall von *Doerr & Reinhart* und ca. 190 Arbeitern bei *Melas & Gernsheim* nur einen Bruchteil dieses Ausmaßes. Heyl sowie *Doerr & Reinhart* hatten zudem je zwei Dampfmaschinen, während die Fabrik *Melas & Gernsheim* nur über eine Dampfmaschine verfügte.[160]

3.1.3.2 Die Ära von Cornelius Wilhelm Heyl in der Unternehmensgeschichte

Nach einer kurzen Interimsphase, in der die Witwe des Firmengründers die Verantwortung für das Unternehmen trug, übernahm Cornelius Wilhelm Heyl 1862 die Lederwerke seines Großvaters. In den folgenden ca. 50 Jahren seiner Leitung baute er das Unternehmen zu einem großindustriellen Betrieb aus. Die Person und damit auch der Mäzen Cornelius Wilhelm Heyl wäre nicht vollständig charakterisiert, wenn seine Rol-

156 Dem späteren Direktor Wilhelm Dingeldein zufolge waren Doerr als Reisender und Reinhart als Gerber im Werk Cornelius Heyl beschäftigt. Vgl. StA Worms, Abt. 185, Nr. 483, Wilhelm Dingeldein, Meine Erinnerungen seit 1873 Worms betreffend (masch. schriftliche Abschrift für Ludwig von Heyl um 1940).

157 StA Worms, Abt. 185, Nr. 483, Wilhelm Dingeldein, Meine Erinnerungen seit 1873 Worms betreffend (masch. schriftliche Abschrift für Ludwig von Heyl um 1940), S. 2.

158 Vgl. Blachetta, Auf- und Abstieg, in: Bönnen/Werner (Hrsg.), Industriellenfamilie, 2010, S. 344.

159 Bönnen, Familie, in: Bönnen/Werner (Hrsg.), Industriellenfamilie, 2010, S. 75.

160 Vgl. Reuter, Reaktion, in: Bönnen (Hrsg.), Geschichte, 2005, S. 457.

le als Firmenleiter unberücksichtigt bliebe. Im Gegenteil, aus dieser Rolle erschließen sich zahlreiche Verhaltensmuster und Wertvorstellungen, die allgemein auf Heyls Weg in die oberen Gesellschaftskreise zu beobachten sind.

Zunächst sollen einige Zahlen die Dimension des Unternehmens verdeutlichen. 1863, ein Jahr nach der Übernahme durch Cornelius Wilhelm Heyl, verfügte der Betrieb über 700 Beschäftigte.[161] In der zeitgenössischen Wahrnehmung stand Heyl damit unbestritten einem Großbetrieb vor.[162] Ende der 1860er Jahre erreichte das Unternehmen erstmals eine Belegschaftszahl von über 1.000.[163] Dies entsprach der Dimension eines sogenannten „Riesenbetriebs".[164] Im Zuge der Gründerkrise in den 1870er Jahren kam es zu einem Rückgang, aber bereits 1879 arbeiteten 1.293 Beschäftigte im Unternehmen. Zehn Jahre später verfügte Heyl über eine Belegschaft von 2.239 und 1913 über 5.127 Arbeitnehmern.[165] Damit veränderte sich auch das Verhältnis zu den Belegschaftszahlen des Hauptkonkurrenten, der Lacklederfabrik *Doerr & Reinhart* in Worms. Während diese 1868 mit 500 Mitarbeitern noch mit einem Verhältnis von ca. 1,5 zu 2,5 Arbeitnehmerinnen und Arbeitnehmerinnen bei Cornelius standen, betrug das Verhältnis 1873 bereits 1 zu 4.

Ein ausführlicher Rückblick auf die *Wormser Local-Gewerbe-Ausstellung* 1872, der in der *Darmstädter Zeitung* publiziert wurde, belegt anschaulich die Vorrangstellung der Heylschen Unternehmung: „Die Firma Cornelius Heyl ist, nach Umfang des Geschäfts, die bedeutendste in Worms."[166] Aus dem Beitrag geht nicht nur hervor, dass die konkurrierenden Fabriken versuchten, sich gegenseitig bei der Ausstellung ihrer Produkte auszustechen, wobei die Firma Heyl durch eine besonders aufwändige Dekoration auffiel. Der Artikel liefert auch harte Fakten über die Produktion der einzelnen Unternehmen: Der Wert der Produktion im Haus Cornelius Heyl betrug danach jährlich rund 3 ¼ Millionen Gulden. Das Unternehmen belieferte alle europäischen Länder, den Orient, d. h. die Türkei und Ägypten, sowie Amerika und Australien. Genannt werden Filialen der Firma, die sich in Frankfurt am Main, Paris und Barcelona befanden.[167]

161 Vgl. Bönnen, Familie, in: Bönnen/Werner (Hrsg.), Industriellenfamilie, 2010, S. 75.

162 Laut Gerhard A. Ritter und Klaus Tenfelde galt ein Unternehmen in der zeitgenössischen Wahrnehmung bereits mit einer Belegschaft ab 50 Personen als Großbetrieb. Sie selbst bezeichnen für die Zeit von 1882 bis 1907 einen Betrieb ab 200 Arbeitnehmern als Großbetrieb. Vgl. Ritter/Tenfelde, Arbeiter, 1992, S. 302.

163 Vgl. Blachetta, Auf- und Abstieg, in: Bönnen/Werner (Hrsg.), Industriellenfamilie, 2010, S. 348.

164 Vgl. Ritter/Tenfelde, Arbeiter, 1992, S. 302.

165 Vgl. Bönnen, Familie, in: Bönnen/Werner (Hrsg.), Industriellenfamilie, 2010, S. 75.

166 Anonym, Rückblick auf die Wormser Local-Gewerbe-Ausstellung, in: Darmstädter Zeitung (16.10.1872), S. 1195.

167 Vgl. Anonym, Rückblick auf die Wormser Local-Gewerbe-Ausstellung, in: Darmstädter Zeitung (16.10.1872), S. 1195.

Aufgrund der Daten, die im beschriebenen Artikel der Darmstädter Zeitung genannt werden, ergibt sich folgender Vergleich für die Wormser Lederfabrikation im Jahr 1872 (Tab. 4):

Tab. 4: Übersicht der Wormser Lederfabrikation und ihr Produktionsvolumen pro Jahr.

Wormser Lederfabrikation	Menge von produzierten Fellen pro Jahr
Cornelius Heyl	800.000 (plus 300 Zentner Leim)
Dörr & Reinhart	600.000
Melas & Comp.	360.000
P. Wendel	80.000
Wormatia, Gesellschaft zur Lederbereitung und L. Schlösser & Comp. (gemeinsam veranschlagt)	620.000

Die Gewinne der Wormser Lederindustrie sind kaum noch zu rekonstruieren. Eine Bilanz liegt nur in einem Inventar vom 26. Oktober 1873 vor, das sich heute in Privatbesitz befindet.[168] Daraus geht hervor, dass das Unternehmen Heyl, einen Gesamtgewinn von 160.375,36 Gulden machte. Für Cornelius Wilhelm Heyl fielen davon 53.458,32 Gulden als Lohn ab. Damit nahm er dreizehnmal soviel ein wie Ernst Gernsheim, der Direktor der Lederfabrik Wormatia, der im Jahr 1873 rund 4.000 Gulden verdiente.[169] Maximilian Heyl erhielt 13.364,38 Gulden, ebenso der Vetter Friedrich Schoen. Das Inventar führt außerdem Guthaben auf Konten an: 90.091,27 Gulden befanden sich etwa auf einem Konto bei der Bank des Schwiegervaters J. H. Stein in Köln.

Auch im gesamtdeutschen Vergleich nahm die Heylsche Unternehmung eine herausragende Position ein. Die nachstehende Übersicht präsentiert verschiedene Betriebsgrößenklassen mit der jeweiligen Anzahl von Ledererzeugungsstätten in Deutschland in den Jahren 1875, 1882, 1895. Die Zahlen stammen aus einer Studie über Lederproduktion aus dem Jahr 1905.[170] Zusätzlich sind die Beschäftigtenzahlen der Wormser Lederfabriken *Cornelius Heyl* (CH) und *Dörr & Reinhart* (D&R) in diesen Jah-

168 Zum Folgenden: Blachetta, Auf- und Abstieg, in: Bönnen/Werner (Hrsg.), Industriellenfamilie, 2010, S. 350.

169 „In 1873 gab es in Süddeutschland die Guldenwährung, in Preussen Thaler, was die Frakturierung und Buchhaltung natürlich complizierte. Der Gulden war in 60 Kreuzer zu je 4 Pfennige / Heller eingeteilt, es gab winzige Kreuzer in Silber. Goldmünzen gab es kaum, nur in Preussen. 1875 kam Markwährung aber damit auch eine Verteuerung. Was 6 Kreuzer kostete, kam auf 20 Pfennige = 7 Kreuzer. [...] Ein Brief nach Valparaiso kostete via Frankreich im Gewicht von 10 Gramm 59 Kreuzer = RM 1.70.“, StA Worms, Abt. 185, Nr. 483, Wilhelm Dingeldein, Meine Erinnerungen seit 1873 Worms betreffend (masch. schriftliche Abschrift für Ludwig von Heyl um 1940).

170 Hanisch, Lederproduktion, 1905, S. 54.

ren angegeben.[171] Eine weitere Vergleichsgröße bietet die Firma *Carl Freudenberg* in Weinheim. Carl Johann Freudenberg (1819–1898) hatte 1848 gemeinsam mit Heinrich Christian Heintze (1800–1862) eine Lederfabrik in Weinheim gegründet.[172] Zwischen Freudenberg und dem Wormser Firmengründer Johann Cornelius Heyl III. bestanden verwandtschaftliche Beziehungen: 1844 hatte Freudenberg Sophie Martenstein aus Worms geheiratet, eine Cousine von Heyls Ehefrau Wilhelmine Martenstein.[173] Das prosperierende Unternehmen erlebte einen stetigen Aufstieg und gehörte (vgl. Tab. 5), wie *Cornelius Heyl*, zu den „größten Gerbereien Europas".[174]

Tab. 5: Anzahl von Betrieben nach Betriebsgrößenklassen in der deutschen Ledererzeugungsindustrie und die jeweiligen Beschäftigtenzahlen der Unternehmen Cornelius Heyl, Doerr & Reinhart in Worms und Carl Freuden in Weinheim.

	Betriebe mit					
	bis zu 5 Personen	**6–10 Personen**	**11–50 Personen**	**51–200 Personen**	**201–1.000 Personen**	**über 1.000 Personen**
1875	10.153	808	408	45	7	–
Einordnung der Vergleichsfirmen					CH: 950; D&R: 320 CF: 420	
1882	8.614	741	456	61	10	1
Einordnung der Vergleichsfirmen					D&R: 644 CF: 415	CH: 1.979
1895	5.671	720	620	119	17	3
Einordnung der Vergleichsfirmen						CH: 3.500 D&R: 1.180 CF: 1.220

Die Tabelle 5 zeigt, dass das Unternehmen der Familie Heyl in den 1880er Jahren die deutsche Lederproduktion größenmäßig anführte. Später kristallisierten sich drei große Firmen mit jeweils über 1.000 Beschäftigten heraus: *Cornelius Heyl* und *Doerr & Reinhart* in Worms sowie die Firma *Carl Freudenberg* im nahegelegen Weinheim. Die Anzahl der kleinen Betriebe nahm stark ab, während die Zunahme der Großbetriebe die enormen Konzentrationsprozesse der Zeit demonstriert.

Es liegt nahe, dass diese drei Unternehmen in besonders hohem Maße miteinander konkurrierten. Aufgrund der angespannten Arbeitsmarktsituation in Worms griffen die Unternehmer einerseits zu Recht aggressiven Maßnahmen, um Arbeiter und

171 Vgl. Blachetta, Auf- und Abstieg, in: Bönnen/Werner (Hrsg.), Industriellenfamilie, 2010, S. 348.

172 Vgl. Groth, Kommanditgesellschaft, in: Plate et al. (Hrsg.), Familienunternehmen, S. 322.

173 Anonym, Heyl, Johann Cornelius, in: Hessische Biografie, URL: https://www.lagis-hessen.de/pnd/1096770490 [26.05.2022].

174 Walser Schuster, Leder, in: Laufer/Ottomeyer (Hrsg.), Gründerzeit, S. 303.

Angestellte abzuwerben. Andererseits führten die Unternehmen eine Bandbreite von betriebsfürsorglichen Maßnahmen ein, um die Beschäftigten stärker an die jeweiligen Betriebe zu binden, wie später gezeigt wird. Schließlich suchten die Unternehmen nach einvernehmlichen Lösungen. Ende der 1880er Jahre trafen die Firmen *Heyl, Doerr & Reinhart* und *Carl Freudenberg* gegenseitige Vereinbarungen, die ein Abwerben von Fachkräften unterbinden sollten. Teilweise arbeiteten sie auch bei der Rohfellbeschaffung zusammen.[175]

Die stetig ansteigende Zahl der in den Werken der Familien Heyl und Freudenberg Beschäftigten, wie sie in der folgenden Tabelle 6 aufgelistet sind, verdeutlicht erstens das arbeitsintensive Produktionsverfahren in der industriell betriebenen Gerberei. Zweitens ist darin die Expansion der Unternehmen abzulesen, insbesondere wenn man berücksichtigt, dass gleichzeitig der Ausbau einer maschinellen Arbeitsweise stattfand. Um drittens die Größendimensionen der damaligen Industriebetriebe besser einschätzen zu können, sind in der nachstehenden Aufstellung die Belegschaftszahlen der 1847 gegründeten und zum Weltkonzern aufgestiegenen Siemens-Werke mit angegeben (Tab. 6).

Tab. 6: Belegschaftszahlen der Lederwerke Cornelius Heyl, Carl Freudenberg und den Siemens-Werken.

Jahr	Lederwerke Cornelius Heyl Belegschaft[176]	Lederwerke Carl Freudenberg Belegschaft	Siemens-Werke Belegschaft[177]
1845	220	–	–
1857	650	330	367
1865	819	420	652
1870	850	417	1080
1879	1293	390	2128
1889	2238	713	4513
1913	5127	2787	81.795

Auch die räumliche Erweiterung der Lederwerke zeigt eindrücklich die zügige Expansion des Unternehmens: Heyl III. begann die Produktion 1839 mit drei oder vier Gebäuden.[178] Sein Nachfolger Cornelius Wilhelm Heyl verfügte 1889 bereits über 206 Gebäude, 1903 umfasste die Fabrik einen Komplex von 402, 1913 schließlich von 510

175 Blachetta, Auf- und Abstieg, in: Bönnen/Werner (Hrsg.), Industriellenfamilie, 2010, S. 339–354, hier S. 348 f.

176 Bönnen, Familie, in: Bönnen/Werner (Hrsg.), Industriellenfamilie, 2010, S. 75.

177 Kocka, Unternehmensverwaltung, 1968, S. 563.

178 Vgl. StA Worms, Abt. 180/02, Friedrich M. Illert, Umriss einer Geschichte des Hauses Cornelius Heyl, zum 60. Geb. des Seniorchefs D. Dr. jur. Cornelius Freiherr Heyl zu Herrnsheim, masch., 27. Juli 1934, S. 15.

Produktionsstätten und Verwaltungshäusern.[179] Entsprechend heißt es dann auch in Soldans Worms-Stadtführer, der anlässlich der Pariser Weltausstellung 1889 herausgegeben wurde:

> Unseren Spaziergang um die alte Stadt können wir, [...] auch in westlicher Richtung bis zum Speierthor fortsetzen. Dabei geht unser Weg mitten durch die grossen Anlagen der Lederfabrik von ‚Dörr und Reinhart'. Von hier führt der Steinweg zu der grössten der hiesigen Fabriken, der Heylschen Lederfabrik, die im Süden fast einen Stadtteil für sich bildet.[180]

Um auf dem internationalen Markt konkurrenzfähig zu bleiben, investierten die Unternehmen stets in die Einführung und Entwicklung technischer Neuerungen. Cornelius Wilhelm Heyl V. führte Mitte der 1890er Jahre die Chromgerbung ein, die schließlich die vegetabile Verfahrensweise ersetzte.[181] Die Produktionszeit verringerte sich dadurch um mehrere Monate. Ab den 1880er Jahren verdrängte der Maschineneinsatz zunehmend die Handarbeit. Mit dieser Umstellung ging auch die weitere Aufteilung des Herstellungsprozesses in einzelne Produktionsschritte einher. Durch eine kontinuierliche Erweiterung der Produktpalette konnten sich die Lederwerke zusätzlich auf dem Markt behaupten. Die maßgeblichen Einflüsse auf diese Innovationsleistungen kamen nun nicht mehr aus Frankreich, sondern aus der amerikanischen Lederindustrie.[182] Nach dem Modell des Großvaters, der sich am französischen Vorbild orientiert hatte, schickte Cornelius Wilhelm Heyl seine Ingenieure nun in die USA, um an die notwendigen Rezepturen zu gelangen. Außerdem stellte er Amerikaner in seinen Wormser Produktionsstätten ein.[183] In einer Standortstudie zur deutschen Lederindustrie von 1913 wies der Autor auf die „vorzüglichen Lackfirnisse" der Lacklederfabriken in Worms hin.[184]

Profilierungsmöglichkeiten auf dem internationalen Markt boten Industrie- und Gewerbeausstellungen. Cornelius Wilhelm Heyl knüpfte auf diesem Feld an die Erfolge seines Großvaters an. Bei der Weltausstellung in Paris 1867 wurden seine lackierten Kalbfelle mit der Goldenen Medaille ausgezeichnet. Dieselbe Auszeichnung erhielt nur

179 Vgl. StA Worms, Abt. 180/02, Friedrich M. Illert, Umriss einer Geschichte des Hauses Cornelius Heyl, zum 60. Geb. des Seniorchefs D. Dr. jur. Cornelius Freiherr Heyl zu Herrnsheim, masch., 27. Juli 1934, S. 19.

180 Soldan, Worms, 1889, S. 68.

181 Zu diesen technischen Prozessen s. Schlottau, Lohgerberei, 1993.

182 Vgl. StA Worms, Abt. 180/02, Friedrich M. Illert, Umriss einer Geschichte des Hauses Cornelius Heyl, zum 60. Geb. des Seniorchefs D. Dr. jur. Cornelius Freiherr Heyl zu Herrnsheim, masch., 27. Juli 1934, S. 13, 17 u. 19 f.

183 Vgl. Blachetta, Auf- und Abstieg, in: Bönnen/Werner (Hrsg.), Industriellenfamilie, 2010, S. 347 f.

184 Link, Lederindustrie, 1913, S. 52. Allerdings weist Link auf S. 40 seiner Studie darauf hin, dass er von der „großen Lacklederfabrik Cornelius Heyl in Worms" kein Material über die Entwicklung des Unternehmens erhalten habe.

eine weitere Firma, *Houette & Comp.* aus Paris.[185] Cornelius Wilhelm Heyls Großmutter kommentierte den Medaillengewinn in einem Brief an ihren Enkel am 18. Juli 1867:

> Die goldene Medaille macht auch mir Freude; dein Großvater hat die Auszeichnung in der Londoner Ausstellung erlebt; & ich nun als Wittwe den ersten Preis in Paris. Möge die jüngere Generation, welche nach meinem Tod, Erben all' dieses werden, durch Fleiß, Rührigkeit, weise Sparsamkeit es so erhalten, so werden sie auch in späteren Jahren die Genugthuung haben, nützlich im Berufe ihres Lebens gewesen zu sein.[186]

1873 folgte unter der Leitung Cornelius Wilhelm Heyls ein Ehrendiplom für Lederfabrikation auf der Weltausstellung in Wien.[187] Die gewonnenen Medaillen setzte die Firma, entsprechend der zeitgenössischen Werbegepflogenheiten, bei der Gestaltung von Reklame ein.[188]

Da das produzierte Leder, das die höchsten Qualitätsstandards erfüllte, weltweit vertrieben wurde, mussten Maßnahmen getroffen werden, die Marke *Cornelius Heyl* durch Warenzeichen international zu schützen. Anwälte der Firma sorgten dafür, dass die Patent- und Handelsämter der wichtigen Absatzländer die sogenannte Schutzmarke (trade-mark) *Cornelius Heyl* urkundlich garantierten (Abb. 11).[189]

Abb. 11: Schutzmarke der Firma Cornelius Heyl, 1906.

Für die Gestaltung des Markenzeichens wurden heraldische Elemente verwendet, die auch im Familienwappen der Heyls nach ihrer Nobilitierung vorkommen (Abb. 7). Das Heylsche Monogramm erscheint plastisch hervorgehoben auf einer schildartigen Fläche und wird, wie auch das Wappenschild der Freiherren von Heyl, von zwei Drachen

185 Vgl. K. K. Österreichisches Central-Comité (Hrsg.), Ausstellungs-Bericht, 1868, S. 343.
186 StA Worms, Abt. 186, Nr. 1438, Wilhelmine Heyl an Cornelius Wilhelm Heyl, 18. Juli 1867.
187 Vgl. Weltausstellung 1873 in Wien (Hrsg.), Verzeichniss, 1873, S. 6.
188 StA Worms, Abt. 170/26, Nr. 40 (6), Werbeflyer der Firma Cornelius Heyl.
189 StA Worms, 170/26, Nr. 40. Unter der Bezeichnung „Zertifikate über Warenzeichen" sind hier die Anerkennungen der Schutzmarke „Cornelius Heyl" zwischen 1897 und 1940er Jahren aus verschiedenen Ländern wie Chile, Argentinien, USA, Österreich, Budapest, Griechenland, Russland (1940) und Oslo abgelegt.

flankiert. Dieses Detail verdeutlicht die Einheit von Familie und Firma: Die Unternehmerfamilie erfüllte gleichzeitig die Rolle einer Organisation und einer Familie.[190] Die Bedeutung der Heraldik für die nach Sichtbarkeit strebenden und auf Wettbewerb ausgerichteten Heyls ist Thema in Kapitel 3.3.6.

Die Betriebsstruktur der *Cornelius Heyl* Lederwerke entsprach dem Trend vieler Unternehmen im Zuge der deutschen Industrialisierung. In der Gründungsgeneration prägten Unternehmerpersönlichkeiten die Fabriken, die gleichzeitig die Besitzer und die Leiter ihrer Betriebe waren. In den darauffolgenden Generationen kam es häufig zu einer Auflösung dieser Einheit: Die Leitung von Großunternehmen übernahmen dann vermehrt angestellte Vorstände. Der Eigentümer kümmerte sich in dieser Konstellation vorrangig um strategische Fragen und weniger um das Tagesgeschäft.[191] Im Fall des Heylschen Unternehmens erfolgte dieser Prozess bereits früh, da Cornelius Wilhelm Heyl V. sehr jung in die Firmenleitung einstieg und daher besonders stark auf die angestellten Führungskräfte angewiesen war.[192] Die Einbindung einer zweiten und dritten Leitungsebene in Entscheidungs- und Regulierungsprozesse eröffnete Heyl auch den nötigen Freiraum für seine politischen und kulturellen Aktivitäten. An der Unternehmensführung und am Gewinn war auch sein Bruder Maximilian beteiligt, obwohl er keine definierte Position im Betrieb innehatte. Wilhelm Dingeldein, ein langjähriger Direktor der Lederwerke, überlieferte in seinen Erinnerungen, die er im Rückblick auf die 1870er Jahre verfasste, dass der Rittmeister Maximilian Heyl über ein Büro auf dem Firmengelände verfügt und dort jeden Morgen für die Werkmeister einen Appell gehalten habe, ganz nach dem Motto des saarländischen Eisenhüttenunternehmers Carl Ferdinand von Stumm: „Ein erfolgreiches Unternehmen muß soldatisch [...] verwaltet werden."[193] Sicherlich änderte sich dieser Usus nach dem Umzug von Max und Doris Heyl nach Darmstadt 1890. Dennoch liefert diese kurze Anekdote Hinweise einerseits auf die Inszenierung militärischer Disziplin im Betrieb und andererseits auf die Autorität, die die gesamte Familie Heyl auf die Beschäftigten ausübte.[194]

Nach Hans-Ulrich Wehler gehört dieser unternehmerische Leitungsstil in den Komplex der „Feudalisierung" bzw. der großbürgerlichen Adelsnähe, da er innerhalb der modernen Industrie Elemente vormoderner Traditionen aufwies.[195] Die paternalistisch agierenden Unternehmer übten eine „Herrschafts- und Disziplinierungsgewalt"

190 Vgl. Groth/Simon, 100 Jahre, in: Plate et al. (Hrsg.), Familienunternehmen, S. 41.
191 Vgl. Burhop, Wirtschaftsgeschichte, 2012, S. 145.
192 Vgl. StA Worms, Abt. 180/01, Nr. 245, Festrede von Stadtarchivar Friedrich M. Illert zur Feier des 100. Geburtstags von Cornelius Wilhelm Freiherr Heyl zu Herrnsheim am 10. Februar 1943 im Nibelungensaal des Cornelianums zu Worms am Rhein, S. 18.
193 StA Worms, Abt. 185, Nr. 483, Wilhelm Dingeldein, Meine Erinnerungen seit 1873 Worms betreffend (masch. schriftliche Abschrift für Ludwig von Heyl um 1940), S. 2; Carl-Ferdinand von Stumm, zit. n. Wehler, Gesellschaftsgeschichte, 1995, S. 724.
194 Fabian Trinkaus wies die repressive Seite des „Systems Stumm" in seiner Studie über Arbeiterexistenzen eindrücklich nach. Vgl. Trinkaus, Arbeiterexistenzen, 2014, S. 377.
195 Wehler, Gesellschaftsgeschichte, 1995, S. 725.

nach dem Vorbild adliger Rittergutsbesitzer aus, indem sie mit den Arbeitern in ihren Betrieben wie mit „Untertanen des ‚ganzen Hauses'" umgingen.[196] Mit einer Verschmelzung von patriarchalischen, militärischen und aristokratischen Faktoren legitimierten Unternehmer wie Heyl und Stumm ihre Unternehmerautorität. Sie entlehnten den Kommandoton und das herrische Auftreten aus dem Kontext des Militärs und des Landadels, während sie sich gleichzeitig den modernen Herausforderungen des Kapitalismus stellten: „Der überkommene Führungsstil verband sich selbstverständlich mit der Berücksichtigung moderner Imperative einer straffen, ja autoritären Lenkung kapitalistischer Betriebe."[197] So integrierte Cornelius Wilhelm Heyl eine adlige Haltung und Vorgehensweise gegenüber „[s]einen Arbeitern und Arbeiterinnen" in sein bürgerliches Arbeitsfeld als „industrielle[r] Führer" während Maximilian Heyl für die militärische Komponente sorgte.[198]

Wie in den typischen Familienunternehmen der Zeit wurde die Gründungsphase des Unternehmens von einer starken Persönlichkeit, von Cornelius Heyl III., geprägt. Er führte das Unternehmen und gab auch innerhalb der Familie den Ton an.[199] Für die Nachfolge galt bei den Heyls das Prinzip der ‚Primogenitur': Der älteste Sohn sollte den Platz des Vaters in der Firmenleitung einnehmen. Nachdem diese Position nach dem Tod der potenziellen Nachfolger eine Generation übersprungen und auf Cornelius Wilhelm Heyl V. gefallen war, übernahm er die Verantwortung für den Fortgang des Unternehmens und stützte sich dabei auf Geschäftsführer, die nicht zur Familie gehörten. Diese Vorgehensweise entspricht dem Muster, das in der Unternehmensforschung „reinszenierte Kleinfamilie" genannt wird.[200] Heyl führte die Nachfolgepraxis der Primogenitur zwar weiter, lockerte sie aber auf. Das Stammunternehmen gab er an seinen ältesten Sohn Cornelius Wilhelm Karl weiter, aber die Niederlassung in Worms-Liebenau überließ er seinem jüngsten Sohn Ludwig.[201]

3.1.3.3 Soziale Einrichtungen und Kulturförderung im Betrieb

Die „hochkapitalistisch organisierte Industrie", zu der auch das Lederwerk *Cornelius Heyl* zählte, brachte eine „gewinnorientierte Arbeiterpolitik der Unternehmer" hervor, die sich mit dem Begriff „betriebliche Sozialpolitik" zusammenfassen lässt.[202] Darunter ist „die Inaussichtstellung und Gewährung von nicht im Arbeitslohn bzw. Gehalt inbe-

---

196 Wehler, Gesellschaftsgeschichte, 1995, S. 725.

197 Wehler, Gesellschaftsgeschichte, 1995, S. 726 u. 727.

198 StA Worms, Abt. 170/26, Nr. 5, Cornelius Wilhelm von Heyl, Aus meinem Leben, Manuskript o. J., Transkript 1966, S. 2 und S. 15.

199 Vgl. Groth/Simon, 100 Jahre, in: Plate et al. (Hrsg.), Familienunternehmen, S. 24.

200 Vgl. Groth/Simon, 100 Jahre, in: Plate et al. (Hrsg.), Familienunternehmen, S. 25.

201 Zur Leitung des Unternehmens unter Cornelius Wilhelm Karl Heyl und dessen Sohn Cornelius Wilhelm Bruno Heyl vgl. den stark nationalsozialistisch geprägten Text von Eckert, Lederwerke, 1940, S. 6–8.

202 Nipperdey, Geschichte, 1990, S. 368.

griffenen betrieblichen Sach-, Dienst- und Geldleistungen“[203] zu verstehen. Der folgende Abschnitt ist den entsprechenden Maßnahmen im Heylschen Unternehmen gewidmet, ohne dass auf die Forschungsdiskussion um die Vielfalt der Motive und Adressaten dieser betrieblichen Politik näher eingegangen werden kann.[204] Im Hinblick auf die zeitgenössisch sogenannte betriebliche Wohlfahrt nahm insbesondere die Eisenindustrie eine Vorreiterrolle ein. Namentlich traten die Firmen Krupp in Essen und das Neunkircher Eisenwerk von Carl Ferdinand Stumm in der Saarregion hervor.[205] Mit beiden Unternehmern pflegte Cornelius Wilhelm Heyl einen persönlichen Kontakt.[206]

Die Firmen *Cornelius Heyl* und *Doerr & Reinhart* zeigten bereits seit den 1840er Jahren Ansätze einer betrieblichen Sozialpolitik. Diese Maßnahmen wurden für das Haus Cornelius Heyl sehr gut dokumentiert. In zwei Broschüren aus den Jahren 1889 und 1913 publizierte das Unternehmen die bestehenden „Wohlfahrts-Einrichtungen“ bzw. die „Arbeiterfürsorge“.[207] Die erste erschien im Rahmen der *Deutschen Allgemeinen Ausstellung für Unfallverhütung*, die zweite als Jubiläumsausgabe anlässlich des 70. Geburtstags von Cornelius Wilhelm Heyl. Diese Schriften nennen als frühste nachgewiesene „Einrichtung zum Wohle der Arbeiter“ die von Heyl III. in den 1840er Jahren gegründete Betriebskrankenkasse. Solche Kassen und andere Hilfsangebote für Arbeiter wurden auch in anderen Unternehmen eingerichtet, auffallend ist der relativ frühe Zeitpunkt der Heylschen Maßnahme.[208] Cornelius Wilhelm Heyl betrachtete, seinen Erinnerungsnotizen zufolge, die „sozialpolitische Fürsorge“ für die Arbeiter als „Erbe“ seines Großvaters.[209] Aus der Perspektive der Unternehmer gab es zahlreiche Gründe, in eine soziale Sicherung ihrer Beschäftigten zu investieren. Neben moralischen Erwägungen ging es wohl zunächst darum, eine „soziale Infrastruktur des indus-

---

203 Welskopp, Sozialpolitik, in: Archiv für Sozialgeschichte 34 (1994), S. 333.

204 Vgl. dazu: Trinkaus, Überlegungen, 2010.

205 In der Literatur finden sich die Bezeichnungen: „Stummsches Modell“ und „System Stumm“ für die betriebliche Sozialpolitik des Werks. Der Unternehmer selbst wurde von den Zeitgenossen als „König von Saarabien“ bezeichnet, der mittels Fürsorgemaßnahmen eine engmaschige soziale Kontrolle über die Betriebsangehörigen ausübte. Vgl. Krebs, Saarabien, in: Hudemann (Hrsg.), Stätten/Lieux, 2002.

206 Heyls Tochter Adrienne erwähnt in ihren Erinnerungen etwa Krupps Besuch anlässlich ihrer Hochzeit mit Wilhelm Theodor von Deichmann 1892. Vgl. StA Worms, Abt. 187, Nr. 112, Adrienne von Deichmann geb. Freiin von Heyl zu Herrnsheim, Kinder – und Jungmädchen-Erinnerungen bis zu Ehe, Aufzeichnung aus dem Jahr 1931, Transkript, o. S., Abschnitt 22.10.1931.

207 StA Worms, Abt. 170/26, Nr. 57, Denkschrift über die Wohlfahrts-Einrichtungen für die Arbeiter des Hauses Cornelius Heyl in Worms am Rhein. Zusammengestellt für die Deutsche Allgemeine Ausstellung für Unfallverhütung, Berlin 1889; StA Worms, Abt. 170/26, Nr. 57, Arbeiterfürsorge im Hause Heyl Worms a. Rhein, hg. von: Cornelius Heyl (Unternehmen), Leipzig 1913.

208 Als frühste betriebliche Gründungen von Krankenkassen in Industrieunternehmen ist die Kasse im Werk von Alfred Krupp im Jahr 1836 zu nennen. Vgl. Schulz, Sozialpolitik, in: Pohl (Hrsg.), Sozialpolitik, 1991 S. 141.

209 StA Worms, Abt. 170/26, Nr. 5, Cornelius Wilhelm von Heyl, Aus meinem Leben, Manuskript o. J., Transkript 1966, S. 6.

triellen Umfelds“ ihrer Betriebe herzustellen, um überhaupt die „sozialen Grundlagen für eine geregelte Produktion“ zu schaffen.[210]

Ein kurzer Blick auf die Situation der Arbeiter verdeutlicht diese Notwendigkeit: Wie man sich unschwer vorstellen kann, ging der rasante Ausbau der Lederfabrik, insbesondere in den ersten Jahren, zu Lasten der Mitarbeiter. Sie produzierten unter den gesundheitsschädlichen Bedingungen der Lederherstellung ohne jeglichen Arbeitsschutz. Viele Arbeitsschritte fanden in sogenannten Wasserwerkstätten statt, sodass die Arbeiter ständiger Nässe ausgesetzt waren. Die schweren Häute wurden unter großer körperlicher Anstrengung von Hand in die Äscher und Gruben gelegt und wieder entnommen.[211] Außerdem drohten Krankheiten und Infektionen, wie die sogenannte Gerberkrätze, das Kuhfieber und der Milzbrand.[212] Trotz langer Arbeitszeiten – zu Beginn der Industrialisierung waren Arbeitszeiten von sechs Uhr morgens bis sieben Uhr abends üblich – reichte der Lohn oftmals nicht aus, die Subsistenz zu sichern. Ebenfalls prekär war die Wohnsituation in der Stadt. Hans Kühn stellte in seiner sozialhistorischen Studie erhebliche hygienische und soziale Missstände an den Lebensbedingungen der Wormser Arbeiter in den 1860er Jahren fest.[213]

Cornelius Wilhelm Heyl reagierte auf diesen Notstand mit der Anlage von Werksiedlungen. Bis 1913 baute das Unternehmen insgesamt 118 Arbeiterwohnhäuser mit insgesamt mehr als 200 Wohnungen. Mit einer „Grund- und Hauserwerbskasse“ unterstützte die Firma auch den persönlichen Hausbesitz der Arbeiter.[214] Innerbetriebliche Einrichtungen für Hygiene und Versorgung mit Nahrungsmitteln sollten der Gesundheit und der Verbesserung der „allgemeinen wirtschaftlichen Lage“ dienen. Für „besondere Notlagen“ wie etwa Krankheit und Witwenschaft hielt das Unternehmen diverse Fonds bereit. Für Kinder und Jugendliche bot das Werk medizinische Betreuung, einen Kindergarten sowie Möglichkeiten zur schulischen und betrieblichen Ausbildung an.

Diese Aktivitäten waren jedoch kein Alleinstellungsmerkmal der Heyls. Im Jahr 1898 gab es im Deutschen Reich insgesamt 140.049 ‚Arbeiterwohnungen‘.[215] In Worms selbst stellten auch die anderen Lederwerke, namentlich *Doerr & Reinhart*, ihren Beschäftigten eine soziale Infrastruktur zur Verfügung, wodurch auch auf diesem Gebiet ein Wettbewerb entstand.[216] Ob in diesem Zusammenhang auch konfessionelle Konstellationen eine Rolle spielten, konnte nicht geklärt werden. Immerhin war der Groß-

210 Welskopp, Sozialpolitik, in: Archiv für Sozialgeschichte 34 (1994), S. 352.

211 Vgl. Groß, Lohgerberhandwerk, in: Kroker (Hrsg.), Leder, 2000, S. 63.

212 Vgl. StA Worms, Abt. 204, Nr. 53/01, Karl Saulheimer, Rede in seiner Funktion als DGB Vorsitzender Worms / Gewerkschaft Leder anlässlich der Neueinweihung des Lederarbeiterdenkmals am 23.04.1994 in Worms, maschschr. Manuskript.

213 Kühn, Wandel, 1975, S. 86 u. 89.

214 Im Folgenden: StA Worms, Abt. 170/26, Nr. 57, Arbeiterfürsorge im Hause Heyl Worms a. Rhein, hg. von: Cornelius Heyl (Unternehmen), Leipzig 1913.

215 Schulz, Sozialpolitik, in: Pohl (Hrsg.), Sozialpolitik, 1991, S. 156.

216 Vgl. Brüchert, Verhältnisse, in: Bönnen (Hrsg.), Geschichte, 2005, S. 803.

teil der Arbeiter katholisch, während das Unternehmen Heyl von einer protestantischen Familie geführt wurde. *Doerr & Reinhart* hingegen hatte einen katholischen Hintergrund.

Hervorhebenswert für die betriebliche Sozialpolitik Heyls sind der umfassende Maßnahmenkatalog, die hohe Qualität der einzelnen Projekte, die Selbstverwaltung einzelner Einrichtungen durch die Arbeiter und die innerbetriebliche Kulturförderung. Der Kindergarten etwa sollte keine gewöhnliche Bewahranstalt sein, sondern war „nach Fröbel'schem System eingerichtet."[217] Außerdem stand er unter der Aufsicht eines innerbetrieblichen Schulvorstands, der sich aus Arbeitervertretern zusammensetzte.

Die Arbeiterhäuser wurden von bekannten Architekten gestaltet. 1908 beteiligte sich das Unternehmen *Cornelius Heyl* mit einem Arbeiterhaus des Architekten Arthur Wienkoop an der hessischen Landesausstellung in Darmstadt. Unter der Schirmherrschaft des Großherzogs entstand in diesem Rahmen eine Musterarbeitersiedlung auf der Mathildenhöhe.[218] Der Reformarchitekt Heinrich Metzendorf konnte für die Entbindungsanstalt der Firma in Worms und die Erholungsstätte für Arbeiterkinder im Odenwald gewonnen werden. Dieser hatte sich bereits einen Namen als Villenbauer gemacht und u. a. für den Wormser Großbürger Wilhelm Valckenberg ein Anwesen entworfen. Auch auf dem Sektor des Arbeiterwohnungsbaus brachte er vielfältige Erfahrungen mit. Dabei profitierte Metzendorf von der Arbeit seines Bruders Georg, der für Krupp in Essen die berühmte Gartensiedlung auf der Margarethenhöhe entworfen hatte. Eine ähnlich angelegte Kolonie für die Heylschen Lederwerke wurde zwar geplant, konnte jedoch nicht umgesetzt werden.[219]

Zum „Mäzen im eigenen Haus"[220] wurde Cornelius Wilhelm Heyl durch Maßnahmen zur innerbetriebliche Kulturförderung. In der Firmenpublikation von 1913 sind sie unter der Überschrift „Bildungsanstalten und Vereine" zusammengefasst: Das Lederwerk führte eine Bücherei, mehrere Gesangsvereine, einen Knabenchor, ein Trommlerkorps und einen Instrumentalverein. Für diese werksinternen Aktivitäten stellte die Firma ein ‚Vereinshaus' zur Verfügung, bezahlte die jugendlichen Musikanten und den entsprechenden Musikleiter für die Proben, finanzierte teilweise den Einzelunterricht, übernahm die Kosten für Notenmaterial und stellte Musikinstrumente zur Verfügung oder half bei deren privater Anschaffung.[221]

---

217 StA Worms, Abt. 170/26, Nr. 57, Arbeiterfürsorge im Hause Heyl Worms a. Rhein, hg. von: Cornelius Heyl (Unternehmen), Leipzig 1913, S. 25.

218 Anonym, Kleinwohnungs-Kunst, in: Deutsche Kunst und Dekoration 22 (April 1908–Sept. 1908), S. 326 f.

219 Vgl. Werner, Charles Bittel, in: Der Wormsgau 30 (2013), S. 245, 261 u. 273; s. auch Werner, Wirklichkeit, in: Delarue/Kaffenberger (Hrsg.), Lebensräume, 2013.

220 Fohrbeck, Renaissance, 1989, S. 187.

221 StA Worms, Abt. 170/26, Nr. 57, Arbeiterfürsorge im Hause Heyl Worms a. Rhein, hg. von: Cornelius Heyl (Unternehmen), Leipzig 1913, S. 18–21.

Die betriebliche Kulturförderung diente, wie auch die sozialen Maßnahmen, vielfältigen Zwecken. Sicherlich nutzte sie einer positiven Außenwirkung, wenn die Orchester und Chöre auf sogenannten nationalen Veranstaltungen[222] und Volksfesten in Worms aufspielten und damit das Lederwerk repräsentierten. Mit der innerbetrieblichen Musikförderung verfolgte Cornelius Wilhelm Heyl ebenso erzieherische Ziele: Es ging darum, die „Gemüther für gewähltere Freuden" heranzubilden.[223] Aber auch Vaterlandsliebe und nationale Werte spielten eine Rolle, wenn etwa der Knabenchor, der für „stimmbegabte jugendliche Arbeiter" obligatorisch war, in den „Volksliederschatz der Nation" einführen sollte.[224] Prestige- und Imagepflege sowie der erzieherische Ansatz finden sich auch in Heyls kulturfördernden Projekten außerhalb des Betriebs.

Mit den genannten Einrichtungen für Bildung und Kultur, die teilweise bereits in den 1860er Jahren die betriebliche Infrastruktur in den Freizeitbereich erweiterten, gehörte das Unternehmen *Cornelius Heyl* zu einer Minderheit. Viele der größeren Betriebe in Preußen verfügten um 1876 zwar über Krankenkassen und Wohnfürsorge, aber nur um die fünf Prozent investierten in Erziehung und Bildung. Noch weniger sorgten für eine innerbetriebliche Kulturförderung. Daraus ist zu schließen, dass Heyl sich vor allen an prominenten Industriellen seiner Zeit orientierte. Die „Krupp'sche Sozialpolitik", die auf innerbetriebliche Bildungs- und Kultureinrichtungen setzte, wurde zwar vielfach als Modell wahrgenommen, aber selten in diesem Sektor nachgeahmt.[225]

Die umfassenden Maßnahmen im Bereich der ‚Arbeiterfürsorge', die sich auch auf den Bildungs- und Freizeitbereich erstreckten, zahlten sich aus der Unternehmensperspektive aus. Stolz berichtet die Firmenschrift von der langen Dauer vieler Arbeitsverhältnisse.[226] Es war gelungen, die Belegschaft zu verstetigen und sie davon abzuhalten, zur Konkurrenz zu wechseln. Außerdem konnte Heyl auf eine Arbeiterschaft bauen, die „sich gegen die neuzeitlichen, alle Bande der Ordnung im Staate wie der Familie und Werkstatt auflösenden Bestrebungen [...] ablehnend" verhielt.[227] Während sich

222 StA Worms, Abt. 170/26, Nr. 57, Arbeiterfürsorge im Hause Heyl Worms a. Rhein, hg. von: Cornelius Heyl (Unternehmen), Leipzig 1913, S. 20.

223 StA Worms, Abt. 170/26, Nr. 57, Denkschrift über die Wohlfahrts-Einrichtungen für die Arbeiter des Hauses Cornelius Heyl in Worms am Rhein. Zusammengestellt für die Deutsche Allgemeine Ausstellung für Unfallverhütung, Berlin 1889, S. 21.

224 StA Worms, Abt. 170/26, Nr. 57, Denkschrift über die Wohlfahrts-Einrichtungen für die Arbeiter des Hauses Cornelius Heyl in Worms am Rhein. Zusammengestellt für die Deutsche Allgemeine Ausstellung für Unfallverhütung, Berlin 1889, S. 21.

225 Vgl. Epkenhans, Friedrich Alfred Krupp, in: Epkenhans/Stemmel (Hrsg.), Friedrich Alfred Krupp, 2010, S. 70. S.; auch: Lillie et al., 1908–1914, in: Bayer AG – Kulturabteilung (Hrsg.), Kulturarbeit, 1986, S. 10.

226 StA Worms, Abt. 170/26, Nr. 57, Denkschrift über die Wohlfahrts-Einrichtungen für die Arbeiter des Hauses Cornelius Heyl in Worms am Rhein. Zusammengestellt für die Deutsche Allgemeine Ausstellung für Unfallverhütung, Berlin 1889, S. 5 f.

227 StA Worms, Abt. 170/26, Nr. 57, Denkschrift über die Wohlfahrts-Einrichtungen für die Arbeiter des Hauses Cornelius Heyl in Worms am Rhein. Zusammengestellt für die Deutsche Allgemeine Ausstellung für Unfallverhütung, Berlin 1889, S. 24.

1905 ganze 59 Prozent der Holzarbeiter in Worms gewerkschaftlich organisiert hatten, wiesen die Lederarbeiter mit nur 1,6 Prozent einen sehr geringen Organisationsgrad auf.[228] Ob diese Zurückhaltung der Beschäftigten im Lederwerk auf die sozialen und kulturellen Angebote des Unternehmens oder eher auf eine restriktive Disziplinierungspraxis zurückzuführen ist, kann in diesem Rahmen nicht diskutiert werden. Aus seiner ablehnenden Haltung der Sozialdemokratie gegenüber machte Heyl jedenfalls keinen Hehl. Er unterstellte den Sozialdemokraten, dass sie „die Menge irreleiten“ und beschrieb sie als Personen, „auf deren Stirnen etwas Verbrecherhaftes aufgestempelt zu sein scheint.“[229] Sein Tagebuch der Jahre 1875 bis 1878 steckt voller zynischer Kommentare gegen Liebknecht und Bebel: „Der skandalösen Wirtschaft dieser Menschen muss ein Ende gemacht werden.“[230]

Sicher ist, dass es im Unternehmen kaum Arbeitsniederlegungen gab. Als es im Jahr 1889 einmal zu einem Streik kam, erhöhte Cornelius Wilhelm Heyl den allgemeinen Lohn um zehn Prozent und beschwor seine „völlige[n] Hingabe an das Wohl der Arbeiter“.[231] Anschließend löschte das Unternehmen dieses Ereignis aus der Firmengeschichte: „Wir haben keine Streiks gekannt, das Haus Cornelius Heyl nicht in 110 Jahren!“ heißt es in einer publizierten Rede von Ludwig Cornelius Heyl aus dem Jahr 1943.[232] Wie hoch der Druck war, den der Firmenchef ausüben konnte, zeigt ein Streit, den Cornelius Wilhelm Heyl mit dem freisinnigen Gymnasialprofessor Franz Staudinger im Zuge dieses Streiks führte.

Staudinger gründete 1898 die linksliberale „Wormser Volkszeitung. Unabhängige politische Tageszeitung für Rheinhessen, Starkenburg und die Pfalz“.[233] Als Verfechter der Genossenschaftsbewegung war er ein Gegner des Heylschen Patriarchalismus und nutzte verschiedene Plattformen, um Heyls Machtstellung in Worms anzuprangern. In einem offenen Briefwechsel, der im Wormser Generalanzeiger abgedruckt wurde, berichtet Staudinger davon, dass Heyl von seinen Angestellten forderte, aus dem Gartenbauverein auszutreten, weil dort ein angeblicher Rädelsführer des Streiks von 1889 als

228 Vgl. Brüchert, Verhältnisse, in: Bönnen (Hrsg.), Geschichte, 2005, S. 803.

229 StA Worms, Abt. 186, Nr. 1345, Cornelius Wilhelm Freiherr Heyl zu Herrnsheim, Tagebuch 1875–1878, 28. Januar 1876 u. 23. November 1875, S. 30 u. 7.

230 StA Worms, Abt. 186, Nr. 1345, Cornelius Wilhelm Freiherr Heyl zu Herrnsheim, Tagebuch 1875–1878, 26. März 1878, S. 67.

231 StA Worms, Abt. 186, Nr. 1018, Flugschrift von Freiherr Heyl zu Herrnsheim an die Arbeiter vom 15. Juni 1889.

232 StA Worms, Abt. 186, Nr. 1387, Ludwig Cornelius von Heyl, Ansprache, in: Ehrung der Jubilare der Heylschen Lederwerke Liebenau und Feier des 100. Geburtstages des Werkgründers Cornelius Wilhelm Freiherr Heyl zu Herrnsheim am 10. Februar 1943 im Nibelungensaal des Cornelianums zu Worms am Rhein, Worms 1943, S. 5–12.

233 Franz Staudinger (1849–1921) war der Vater des Nobelpreisträgers Hermann Staudinger (1881–1965). Er gehörte zu den Gründern der freisinnigen *Wormser Volkszeitung* und war damit ein bekennender Gegner der Nationalliberalen um Cornelius Wilhelm Heyl. Vgl. Gallé, Technik, in: Worms. Heimatjahrbuch für die Stadt Worms 6 (2011), S. 150.

Ehrenmitglied zum Vortrag geladen wurde.[234] Laut Staudinger verließen die „Heylianer“ geschlossen den Verein, weil sie sonst eine „Schädigung ihrer Existenz“ befürchten mussten. Dies veranlasste Staudinger zu folgendem Vorwurf:

> Sie sind seit langem gewohnt, daß Tausende ohne Einrede Ihrem Willen Folge leisten. Und Sie müssen in Ihrem Betriebe solchen Gehorsam fordern. [...] Allein man könnte glauben, daß Sie die feine Grenzlinie zwischen nothwendiger Disziplin und unberechtigtem Eingreifen in die freie Selbstbestimmung öfters mißachtet hätten.[235]

Einige Jahre später übte Staudinger Kritik in literarischer Form. In seiner Publikation *Sprüche der Freiheit* lässt er Cornelius Wilhelm Heyl dessen Wappen und der oben beschriebenen Firmenmarke entsprechend als Drache auftreten, der die Menschen ausbeutet: „Wozu arbeiten wir? fragen die Menschen; und der Drache sagt ihnen: Für mich. Für uns wollen wir arbeiten, sagen die Freien. Aber der Drache sagt: Nein!“[236] Den Arbeiterwohnungsbau interpretiert Staudinger in dieser Schrift als eine reine Kontrollmaßnahme „falsche[r] Menschenfreunde, die da Wohnungen bauen für ihre Knechte, sie besser zu hüten, und Kassen gründen, sie zu fesseln, damit sie wählen, wie es der Herr will. Solche Wohltäter gibt es, aber ihre Wohltat ist der Gewissen Vergiftung.“[237]

Abgesehen von solchen kritischen Stimmen seitens der Freisinnigen und Sozialdemokraten, die aber tatsächlich erst Ende der 1890er Jahre hörbar wurden, verfehlte die betriebliche Sozial- und Kulturpolitik für eine positive Außendarstellung der Lederwerke nicht ihre Wirkung. Im Rahmen der in dieser Studie ausführlich untersuchten Prestigepolitik erreichte diese unternehmerische Imagepflege die höchsten Kreise der kaiserzeitlichen Elite. 1899 wandte sich Hugo Göring, ein zu dieser Zeit populärer Pädagoge und Vertreter der sogenannten Deutschen Erziehung, mit einer Immediateingabe an Kaiser Wilhelm II., um ihn auf Heyls Arbeit in Worms aufmerksam zu machen:

> In der Industriestadt Worms, wo Freiherr von Heyl zu Herrnsheim durch bewundernswerte Wohlfahrtseinrichtungen das höchste Maaß von Menschenliebe gegen seine 4000 Arbeiter bethätigt, ist die Fürsorge dieses ebenso edlen, wie politisch klardenkenden Mannes, der seine Zeit versteht und nicht rückwärts blickt, ein sittlich zwingendes Vorbild für alle anderen Fabrikherren geworden: und in dem Industriezentrum Worms wurden die Socialdemokraten geschlagen.[238]

---

234 StA Worms, Abt. 170/26, Nr. 8, Kopie eines Offenen Briefes von Franz Staudinger an Cornelius Wilhelm von Heyl, in: Wormser Generalanzeiger, 5. April 1898.

235 StA Worms, Abt. 170/26, Nr. 8, Kopie eines Offenen Briefes von Franz Staudinger an Cornelius Wilhelm von Heyl, in: Wormser Generalanzeiger, 5. April 1898.

236 Staudinger, Sprüche, 1904, S. 138 f.

237 Staudinger, Sprüche, 1904, S. 108.

238 StA Worms, Abt. 186, Nr. 547, Hugo Göring, Immediateingabe an Kaiser Wilhelm II., 27. Januar 1899, am 31. August 1899 von Göring als Abschrift an Cornelius Wilhelm Heyl gesandt. Zur Person Hugo Göring, siehe Flöter, Eliten-Bildung, 2009, S. 63.

Aufgrund seiner betrieblichen Sozialpolitik wurde Cornelius Wilhelm Heyl im März 1890 zur internationalen Arbeiterschutzkonferenz eingeladen. Diese Einladung war besonders prestigeträchtig, da die Veranstaltung auf Initiative des Kaisers in Berlin ausgerichtet wurde. Bei dieser Gelegenheit begegnete Heyl dem Kaiser persönlich, wie er seiner Frau Sophie in einem Brief mitteilte:

> Abends waren wir mit Auswahl zum Herrenabend beim Kaiser geladen. [...] Bei der ersten Begegnung hat mir der Kaiser gesagt, er hätte mich in den Staatsrath berufen wollen, da in meiner Fabrik alles so vorzüglich im Stande sei, da ich aber kein Preusse sei, so hätte er mich nicht holen können nun aber um so mehr hierher.[239]

Die Reputation, die eine Einladung beim Kaiser einbrachte, kann nicht überschätzt werden, bildete doch der Kaiserhof das „am höchsten rangierende Integrationszentrum [der] Gesellschaft der Satisfaktionsfähigen“[240], zu der Cornelius Wilhelm von Heyl zweifelsohne zu diesem Zeitpunkt gehörte.

Die hier dargestellte Unternehmensgeschichte kann auch mit der Fragestellung nach der privaten Kulturförderung der Heyls als Prestigepolitik in Verbindung gebracht werden. Drei Aspekte von Heyls Unternehmensführung lassen sich zumindest teilweise auf den Kontext seines mäzenatischen Handelns übertragen: Internationalität, das Streben nach Machtlegitimation durch Inszenierung als Wohltäter und die Herstellung von Sichtbarkeit: Erstens vernetzte, wie oben dargestellt, bereits der Großvater Heyl III. das Unternehmen international. Dies setzte Cornelius Wilhelm Heyl fort und bewegte sich ganz selbstverständlich auf internationalem Parkett. Dadurch entging er der provinziellen Enge des mittelstädtischen Worms. Zweitens bot ihm das Unternehmen, wenn man es als geschlossenen sozialen Raum betrachtet, ein Feld der Machtausübung über eine große Gruppe von Beschäftigten. Hier konnte er als patriarchalisch agierende Autoritätsperson durch innerbetriebliche soziale und kulturelle Maßnahmen politische Ideen umsetzen und Menschen beeinflussen. Dem Legitimationsdrang, den der Fabrikbesitzer Cornelius Wilhelm Heyl als „homo novus Unternehmer“[241] verspürte, begegnete er – wie auch viele andere Unternehmer dieser Zeit – mit sozialen Projekten. Das Lederwerk wurde zu einem Ort, den Heyl zur Selbstinszenierung als Wohltäter seiner Arbeiter nutzte. Drittens ermöglichte ihm das Unternehmen, seine Fabrik und seine Familie in Worms fest zu verankern. Durch bauliche Maßnahmen, die im Fall von Werksiedlungen mit entsprechenden Versorgungseinrichtungen auch eine soziale Infrastruktur boten, erreichte Heyl Sichtbarkeit im Stadtbild. Je populärer das Lederwerk in Worms wurde, umso höher stieg auch der Bekanntheitsgrad der Familie Heyl in der Region und darüber hinaus.

239 StA Worms, Abt. 186, Nr. 555, Cornelius Wilhelm Heyl an Sophie Heyl, Berlin, 30. März 1890.
240 Elias, Gesellschaft, in: Elias, Studien, 1992, S. 75.
241 Nipperdey, Geschichte, 1990, S. 231.

3.1.4 Vermögen und Immobilienbesitz

Der Reichtum der Heyls war zugleich Ursache und Konsequenz für ihren gesellschaftlichen Aufstieg. Im 19. Jahrhundert vergrößerte sich ihr Kapital zunächst durch kaufmännische Tätigkeiten, dann durch das familieneigene Unternehmen. Im Lauf der Zeit stieg ihre Steuerleistung enorm an. Ihre Kapitalkraft äußerte sich insbesondere im Haus- und Grundbesitz. Da Immobilienbesitz eine nicht zu unterschätzende Funktion innerhalb der Prestigepolitik der Familie hatte und diese durch fideikommissarische Stiftungen im letzten Viertel des 19. Jahrhunderts noch an Bedeutung gewann, ist dieses Vermögen als eindeutiges Mittel innerhalb der Aufstiegsstrategie anzusehen. Um ein klares Bild der wirtschaftlichen Situation der Familie zu vermitteln, wird in diesem Kapitel ihr Grundbesitz ausgewertet.

Über die ökonomische Situation der Familie existiert eine nur bruchstückhafte Überlieferung. Indizien für das Vermögen der früheren Generationen, die des Urgroßvaters und Großvaters, können dem Geheimbuch der Brüder Leonhard und Johann Cornelius Heyl der Jahre 1819–1873 entnommen werden.[242] Die Hinterlassenschaft der Eltern bezifferte Johann Cornelius Heyl III. in einer Kontoaufstellung vom 23. April 1820 auf 55.400 Gulden.

Am besten ist die wirtschaftliche Lage der Heyls, die sich im Lauf der Zeit verbesserte, an den Listen der Höchstbesteuerten abzulesen, die allerdings durch Kriegsverluste nur lückenhaft vorliegen. Entsprechend der Staatsverfassung des Großherzogtums Hessen von 1820 erhielten nur Personen, die mehr als 100 Gulden an direkter Steuer zahlten das passive Wahlrecht zur Wahl der Zweiten Kammer der Stände. Diese Wahlberechtigten wurden in Verzeichnissen der Höchstbesteuerten erfasst und veröffentlicht.[243] Aus einer vereinzelt überlieferten Liste aus dem Jahr 1831 geht hervor, dass sich Johann Cornelius Heyl III. mit einer direkten Steuerleistung von 259 Gulden 48 Kreuzern bereits zu diesem Zeitpunkt auf dem zweiten Platz der 15 Höchstbesteuerten des Kreises Worms befand.[244] Damit gehörte er zur sozialen Oberschicht der Stadt, die zu dieser Zeit ca. 5 Prozent der Bevölkerung ausmachte. Diese hatte ihren Wohlstand vorwiegend durch den Handel mit regionalen Produkten erlangt oder führte kleinere Betriebe. Außerdem verfügte diese Gruppe über einen ausgedehnten Grundbesitz.[245] Dies ist umso erwähnenswerter, als die indirekten Steuern sich auch aus dem Immobiliarvermögen zusammensetzten.[246] Im Fall der Heyls hatte der Grundbesitz seinen Ursprung größtenteils in den Nationalgüterversteigerungen: Sie waren die Ein-

242 StA Worms, Abt. 170/26, Nr. 2, Geheimbuch Brüder Leonhard u. Cornelius Heyl 1819–1873.

243 Die Verzeichnisse dienten zur Feststellung der Wahlberechtigten und der Aufstellung von Wahlmännern. Vgl. Gehm, Einkommensteuergesetz, in: Archiv für Hessische Geschichte 65 (2007), S. 97–120.

244 Vgl. Kühn, Wandel, 1975, S. 81 Anm. 248, s. auch StA Worms, Abt. 170/11, Nr. 8, Liste der Höchstbesteuerten des Jahres 1831 aus dem Nachlass Valckenberg.

245 Vgl. Kühn, Wandel, 1975, S. 82.

246 Vgl. Wagner, Statistik, 1831, S. 296.

trittskarte in die soziale Oberschicht der Stadt und lieferten „zusätzliche Voraussetzungen […] für deren weiteren wirtschaftlichen und damit sozialen Aufstieg zur absoluten Spitzenstellung in der Stadt Worms.“[247]

Anhand der Höchstbesteuertenlisten aus dem Kreis Worms, die für den Zeitraum von 1856 bis 1879[248] und dann für die Jahre 1901, 1903, 1906 und 1913[249] überliefert sind, ist die ökonomische Situation der Familie in verschiedenen Stadien abzulesen. Johann Cornelius Heyl III. belegte als „Lakirfabrikant“ bis zu seinem Tod 1858 den ersten Platz unter den inzwischen 179 Höchstbesteuerten aus dem Kreis Worms. Aus dem Verzeichnis des Jahres 1859 geht hervor, dass er im Vorjahr eine monatliche direkte Steuer von 110 Gulden entrichtet hatte. Damit hatte er einen erheblichen Abstand zum Zweitplatzierten, dem Müller Johann Weisheimer, mit seinem monatlichen Steuerbetrag von 63 Gulden.

1870 erscheint Cornelius Wilhelm Heyl V. erstmals im Verzeichnis. Er hatte im Jahr 1869 monatlich 37 Gulden bezahlt und stand damit auf Platz 17. In diesem Jahr nahmen gleich drei Lederfabrikanten die ersten Plätze ein: Dörr war mit 143 Gulden auf dem ersten, Reinhart mit 130 Gulden auf dem zweiten und Ludwig Melas mit 116 Gulden auf dem dritten Platz.[250] Die Liste der Höchstbesteuerten demonstriert somit sehr eindrucksvoll die ökonomische Potenz dieses Industriezweigs in der Stadt Worms, die inzwischen zu einem Zentrum der deutschen Ledererzeugung geworden war.

Das Jahr nach der Reichsgründung war für die Familie Heyl äußerst erfolgreich: 1872 befand sich Leonhard Heyl II., inzwischen als ‚Commercienrath‘, auf dem elften Platz, während Cornelius Wilhelm Heyl. auf den 14. Rang gestiegen war. Doerr, Melas und Reinhart rangierten weiterhin auf den ersten drei Plätzen.[251] In den Folgejahren kletterte Cornelius Wilhelm Heyl in den Verzeichnissen kontinuierlich weiter an sie Spitze, bis er 1875 hinter Doerr auf dem zweiten Platz stand[252] und diesen schließlich 1876 mit einer monatlichen Steuer von 653 Mark überholte.[253]

Auch nach der Jahrhundertwende verblieb Cornelius Wilhelm Heyl auf dem ersten Platz. Die „Grundzahl über ganze Einkommenssteuerbeträge für 1903/04“ wurde für den Privatmann Cornelius Wilhelm Heyl auf 106.324 Mark beziffert.[254] An zweiter

---

247 Kühn, Wandel, 1975, S. 83

248 StA Worms, Abt. 42, Nr. 159.

249 StA Worms, Abt. 5, Nr. 456, 457 u. 461.

250 StA Worms, Abt. 42, Nr. 159, Verzeichniß der zu den Geschworenen im Jahre 1870 zu ziehenden 178 Höchstbesteuerten aus dem Kreise Worms.

251 StA Worms, Abt. 42, Nr. 159, Verzeichniß der zu den Geschwornen [sic!] im Jahre 1872 zu ziehenden 178 Höchstbesteuerten aus dem Kreise Worms.

252 StA Worms, Abt. 42, Nr. 159, Verzeichniß der zu den Geschworenen im Jahre 1875 zu ziehenden 178 Höchstbesteuerten aus dem Kreise Worms.

253 Die „Verordnung, betreffend die Einführung der Reichswährung“ (RGB1. S. 303) vom 22. September 1875 hatte inzwischen im gesamten Reichsgebiet die Währung von Mark und Pfennig durchgesetzt. Vgl. Trapp, Handbuch, 1999, S. 115.

254 StA Worms, Abt. 5, Nr. 456, Verzeichniß der 85 Höchstbesteuerten der Stadt Worms 1903/04.

Stelle nennt die Liste das Unternehmen *Cornelius Heyl*, das mit 37.133 Mark veranschlagt wurde. Die Firma *Doerr u. Reinhart* stand auf dem fünften Platz mit 15.012 Mark, während Doerr selbst erst an 14. Stelle genannt wurde. Auch Melas und Reinhart waren von den ersten Plätzen verschwunden. Inzwischen befand sich die katholische Familie Valckenberg mit der Tuchfabrik von Wilhelm Joseph Dieudonné Valckenberg (1844–1914) auf Platz drei.[255] Die Valckenbergs waren eine prominente Familie in Worms. Insbesondere durch ihren Handel mit dem Rheinwein *Liebfrauenmilch* wurden sie international bekannt. Ende der 1860er Jahre teilte sich die Familie in die damals ironisch sogenannten „Wein-Valckenbergs" und die „Lumpen-Valckenbergs", die in die Produktion von Wollgarn, Kunstwolle und Tuch eingestiegen waren.[256] Die Wein-Valckenbergs rangierten seit 1870er unter den ersten 20 Höchstbesteuerten.

Die jüngsten Verzeichnisse der hundert Höchstbesteuerten des Kreises Worms wurden im amtlichen Teil der Wormser Zeitung veröffentlicht. Allerdings sind diese Listen rein alphabetisch sortiert; Angaben über die Höhe der abgeführten Steuern sind darin nicht zu finden. Die letzte für diese Studie ausgewertete Liste stammt aus dem Jahr 1913. Die Familie Heyl ist hier dreimal genannt: Cornelius Wilhelm von Heyl als Privatmann, außerdem seine Firma und sein ältester Sohn Cornelius Wilhelm Karl von Heyl.[257]

Aus der eben dargelegten Untersuchung der Höchstbesteuertenlisten lassen sich zusammenfassend folgende Schlüsse ziehen: Die Familie Heyl nahm im 19. Jahrhundert eine kontinuierlich hohe Position in der Oberschicht der Stadt Worms ein. Obwohl sie ihre Spitzenstellung in den 1860er Jahren aufgrund des Ausfalls einer Generation im Lederunternehmen zeitweise einbüßte, gelang es Cornelius Wilhelm Heyl 1876 in weniger als fünfzehn Jahren wieder auf den ersten Rang in der ökonomischen Führungsschicht der Stadt zu kommen. Seitdem nahm er diesen unbestritten ein und vergrößerte stetig den Abstand zwischen sich und seinen Konkurrenten, sodass er Ende der 1870er Jahre tatsächlich exponiert war.

Darüber hinaus ermöglichen die Höchstbesteuertenlisten einen Einblick in die Zusammensetzung der Wormser Oberschicht. Während in den 1850er Jahren noch vorwiegend Landwirte, Müller und Gutsbesitzer die ersten zehn Stellen dominierten, spiegelt sich ab Mitte der 1860er Jahre der Take-off der Wormser Industrialisierung und die genannten Fabrikantenfamilien nehmen mehrheitlich die oberen Plätze ein. Bemerkenswerterweise handelte es sich bei diesen Protagonisten um eine zumindest konfessionell recht heterogene Gruppe.

Neben der steuerlichen Leistung, die die Heyls erbrachten, gibt ihr Grundbesitz einen Eindruck über ihre wirtschaftliche Stellung im Untersuchungszeitraum. Die stetige Landbesitzerweiterung der Familie ist auch im Kontext ihrer Aufstiegsstrategie zu

255 StA Worms, Abt. 5, Nr. 456, Verzeichniß der 85 Höchstbesteuerten der Stadt Worms 1903/04.

256 Vgl. Reuter, Reaktion, in: Bönnen (Hrsg.), Geschichte, 2005, S. 456.

257 StA Worms, Abt. 5, Nr. 461, Verzeichniß der 100 Höchstbesteuerten des Kreises Worms, in: Wormser Zeitung. Morgenblatt (04.11.1913), S. 1.

sehen. Da aber an dieser Stelle allein das ökonomische Kapital interessiert, erfolgt die Kontextualisierung der Heylschen Kauf- und Fideikommisspolitik im folgenden Kapitel. In diesem Kapitel soll ein Überblick über die Güter und Immobilien genügen.

Über die Generationen hinweg wies die Erwerbungspraxis der Familie Kontinuitäten, aber auch wechselnde Schwerpunktsetzungen auf: Der ‚Weichensteller' Johann Cornelius Heyl II. nutzte die Nationalgüterversteigerungen von 1805 als Möglichkeit, sich in Worms zu etablieren. Der Unternehmensgründer Johann Cornelius III. intensivierte die Bestrebung, zentrale Grundstücke in Worms zu erwerben, kaufte aber auch Ländereien in der Schweiz. Sein Enkel Cornelius Wilhelm Heyl V. griff diese Tendenz auf, forcierte den Kauf ausgedehnter Güter und Jagdgebiete aber erst nach seiner Nobilitierung.

Der Grundbesitz der Heyls umfasste bis zum Ende des 19. Jahrhunderts insgesamt etwa 5.000 Hektar.[258] Dieser gliederte sich in verschiedene Güter, die teilweise über 100 Hektar groß waren und damit der zeitgenössischen Kategorie des Großgrundbesitzes, zumindest in Preußen, entsprachen.[259] Insgesamt waren die Landgüter sehr heterogen und über verschiedene Landstriche verteilt. Es handelte sich um landwirtschaftliche Flächen mit Pächterbetrieben, Weingüter, Waldstücke und Jagdgebiete. Teilweise erwies sich aber die Lage und Nutzung der Ländereien als wichtiger für ihre strategische oder wirtschaftliche Bedeutung als ihre Größe.

Aus einer Bestandsaufnahme der Heylschen Besitzungen, die Gerold Bönnen vorgenommen hat, geht hervor, dass Johann Cornelius Heyl III. 1848 das Gut Pfauenmoos im Kanton St. Gallen in der Schweiz mit einer Größe von 77 Hektar als ersten größeren Landsitz erwarb.[260] Die Familie Heyl verbrachte dort die Sommerfrische. Im Ersten Weltkrieg und der anschließenden französischen Besatzung von Worms diente das Gut als Rückzugsort für Cornelius Wilhelm Heyl.[261] Obwohl Pfauenmoos kleiner war als andere Besitzungen der Familie und auch jagdlich nicht viel hergab, kam ihm aufgrund seiner Lage eine prominente Stellung im Heylschen Gesamtbesitz zu. Ursprünglich hatte es dem Geschlecht der Zollikofer-Altenklingen gehört.[262] 1866 kaufte die Witwe von Heyl III., Wilhelmine Martenstein, das Gut Nonnenhof und den Walddistrikt Nonnenbusch, das südlich von Worms in der zum Königreich Bayern gehörenden

258 Vgl. StA Worms, Abt. 186, Nr. 575, Übersicht über die Entwicklung des Heylschen Grundbesitzes ab Johann Cornelius Heyl II. ohne Mundenheim und Friesenheim bis 1958.

259 Vgl. Schiller, Rittergut, 2003, S. 23.

260 Vgl. Bönnen, Familie, in: Bönnen/Werner (Hrsg.), Industriellenfamilie, 2010, S. 103.

261 Vgl. StA Worms, Abt. 170, Nr. 26–45, Ludwig Cornelius von Heyl, Erinnerungen an Pfauenmoos und die Familiengeschichte nach stenographierten Interviews, maschschr. hg. von Leonhard von Heyl 1960.

262 StA Worms, Abt. 170/26, Nr. 5, Cornelius Wilhelm von Heyl, Aus meinem Leben, Manuskript o. J., Transkript 1966, S. 7.

Rheinpfalz lag. Damit kam erstmals ein Großgrundbesitz mit 379 Hektar in das Familienvermögen,[263] das aus dem Gräflich Hunyady'schen Besitz stammte.[264]

Für die Generation Cornelius Wilhelm Heyls und Maximilian Heyls gewann der Besitz von Ländereien innerhalb der familiären Prestigepolitik an Bedeutung. Wie in Kapitel 3.3.4 ausführlich dargelegt wird, waren insbesondere die Fideikommiss-Stiftungen entscheidend, die Cornelius Wilhelm Heyl in den 1880er Jahren gemeinsam mit seiner Frau Sophie errichtete. Das Ehepaar stiftete insgesamt drei Familienfideikommisse. Das erste Heylsche Fideikommiss umfasste den Schlosskomplex in Herrnsheim. Am 8. Dezember 1883 kauften Cornelius Wilhelm und Sophie Heyl das Schloss Dalberg mit den dazugehörigen Ländereien in Herrnsheim, Abenheim und Neuhausen. Sie erhielten das Anwesen für insgesamt 650.000 Mark von Lord John Dalberg-Acton und dessen Ehefrau Maria geborene Gräfin Arco-Valley.[265] Zwei Jahre später am 24. Februar 1885, ein Jahr vor der Nobilitierung, erklärten die Eheleute die Absicht, „zur Erhaltung und Sicherung des Wohlstandes und des Ansehens unserer Familie" die Liegenschaften in einem Familienfideikommiss zusammenzufassen.[266] Die zum Schloss gehörigen Güter umfassten rund 202 Hektar.[267] Der Großherzog Ludwig IV. von Hessen bestätigte die Errichtung am 26. März 1886.[268] Wenige Tage später, am 31. März 1886, wurde Cornelius Wilhelm Heyl in den Adelsstand erhoben.[269] Zu einer Erweiterung des Herrnsheimer Besitzes kam es 1892 mit der Erwerbung von 43 Hektar Land in

263 Vgl. Bönnen, Familie, in: Bönnen/Werner (Hrsg.), Industriellenfamilie, 2010, S. 103.

264 Vgl. Kühn, Wandel, 1975, S. 198, Anm. 305.

265 StA Worms, Abt. 170/26, Nr. 6, Stiftungs-Urkunde und landesherrliche Bestätigungs-Urkunde über das Familien-Fideicommiß des Herrn Cornelius W. Freiherrn Heyl zu Herrnsheim und der Freifrau Sophie Heyl zu Herrnsheim geborene Stein, Februar 1886, S. 13. In der Fideikommissurkunde ist als Betrag für die bezeichneten Objekte „sechs mal hundert fünfzig Tausend R.-Mark" angegeben. Auch eine spätere Quelle aus dem Adelsmatrikel von Heyl im Bayerischen Hauptstaatsarchiv nennt als Kaufsumme für das Schlossgut Herrnsheim eine Summe von 650.000 Mark, s. BayHStA, Adelsmatrikel, Fr H 58, Acta des Königl. Bayerischen Reichsheroldenamtes Freiherrn Heyl zu Herrnsheim, Wilhelm, Großherzoglich Hessischer Geheimer Commerzienrath und Guts- und Fabrikbesitzer in Worms. In erblicher Weise 1902, Bescheinigung über den Kauf des Schloßguts Herrnsheim durch Notar Gustav Wallenstein Worms, 20. Juli 1901.

266 StA Worms, Abt. 170/26, Nr. 6, Stiftungs-Urkunde und landesherrliche Bestätigungs-Urkunde über das Familien-Fideicommiß des Herrn Cornelius W. Freiherrn Heyl zu Herrnsheim und der Freifrau Sophie Heyl zu Herrnsheim geborene Stein, Februar 1886.

267 BayHStA, Adelsmatrikel, Fr H 58, Acta des Königl. Bayerischen Reichsheroldenamtes Freiherrn Heyl zu Herrnsheim, Wilhelm, Großherzoglich Hessischer Geheimer Commerzienrath und Guts- und Fabrikbesitzer in Worms. In erblicher Weise 1902, Bescheinigung über den Kauf des Schloßguts Herrnsheim durch Notar Gustav Wallenstein Worms, 20. Juli 1901.

268 Großherzogliches Ministerium des Innern und der Justiz, Bekanntmachung. Die Errichtung eines Familienfideikommisses aus dem früher Dalberg'schen Gute bei Herrnsheim durch den Geheimen Kommerzienrath C. W. Heyl in Worms betreffend am 26. März 1886, in: Großherzoglich Hessisches Regierungsblatt, Beilage Nr. 7, Darmstadt, 10.04.1886, S. 49.

269 StA Worms, Abt. 170/26, Nr. 6, Beglaubigte Abschrift der Nobilitierungsurkunde von Ludwig IV., Großherzog von Hessen und bei Rhein für Wilhelm Cornelius Heyl am 31. März 1886.

Ibersheim bei Worms.[270] Der Schlosskauf mit dazugehörigem Jagdgebiet diente als Fideikommissstiftung also der Vorbereitung für die spätere Nobilitierung, nicht nur der Demonstration eines adligen Lebensstils. Womit ein eindeutiger Hinweis auf die strategische Vorgehensweise der Familie gegeben ist.

In den folgenden Jahren kamen weitere Ländereien dazu, die ebenfalls fideikommissarisch gebunden wurden. 1888 investierte Cornelius Wilhelm Heyl in Liegenschaften in der rheinhessischen Gemarkung Guntersblum, zu denen auch Wald aus dem ehemaligen Besitz Metternichs gehörte. Manche Güter grenzten direkt an das „Großherzogliche Haus-Familieneigenthum".[271] Genutzt wurde das Territorium insbesondere zu Jagdzwecken. Das „Familien-Fideicommiß Guntershausen" schloss das ehemals gräflich von Oberndorff'sche Landgut Schmitthausen auf der Rheininsel Kühkopf mit ein. Es wurde am 29. Juni 1894 errichtet und umfasste 577 Hektar und 83 Ar, als Preis für das Gut und die Parzellen wurden 1.029.509.35 Mark angegeben.[272] 1896 erwarben die Heyls ausgedehnte Güter von ca. 2.100 Hektar Größe im bayerischen Allgäu. In ihrem Gesuch zur Erlangung des bayerischen Adelstitels beziffern sie den Wert mit ca. 500.000 Mark.[273] Das Land wurde als „Fideikommiß Gerstruben" ebenfalls von der Erbteilung ausgeschlossen. Im Trettachtal gelegen, bot es ein attraktives Jagdgelände.

Auch im frühen 20. Jahrhundert betrieb Cornelius Wilhelm von Heyl den Ankauf größerer Güter. Dazu gehörte 1906 das Schlossgut Monsheim mit 104 Hektar im Kreis Alzey und ein 14,5 Hektar großes Weingut in Nierstein, das seit dem 16. Jahrhundert bestand.[274] Die Weinberge lagen am Roten Hang in Nierstein, eine Lage mit optimaler Sonneneinstrahlung direkt an der Rheinfront, von der die Heylsche Weinproduktion sehr profitierte. Außerdem gehörte eine repräsentative Villa aus dem Jahr 1861 zum Anwesen.[275] Einen bereits 1895 angekauften Landbesitz in Seehof wertete Cornelius Wilhelm von Heyl noch 1917 mit dem Kauf des Schlosses Rennhof auf, das 1853 durch den Frankfurter Bankier Baron Mayer Carl von Rothschild erbaut worden war. Insge-

270 Bönnen, Familie, in: Bönnen/Werner (Hrsg.), Industriellenfamilie, 2010, S. 103.

271 StA Worms, Abt. 170/26, Nr. 6, Stiftungs-Urkunde und landesherrliche Bestätigungs-Urkunde über das Familien-Fidecommiß Guntershausen des Herrn Cornelius W. Freiherrn Heyl zu Herrnsheim und der Freifrau Sophie Heyl zu Herrnsheim, geborenen Stein, nebst Fideicommiß-Erweiterung vom 16. Mai und 5. August 1899, S. 5.

272 BayHStA, Adelsmatrikel, Fr H 58, Acta des Königl. Bayerischen Reichsheroldenamtes Freiherrn Heyl zu Herrnsheim, Wilhelm, Großherzoglich Hessischer Geheimer Commerzienrath und Guts- und Fabrikbesitzer in Worms. In erblicher Weise 1902: Bescheinigung Guntershausen. Weitere Güter aus dem Besitz des Kreisrats Eduard Ernst Conrad von Grolman, der mit Anna Doerr aus Worms verheiratet war, kamen 1899 hinzu.

273 BayHStA, Adelsmatrikel, Fr H 58, Acta des Königl. Bayerischen Reichsheroldenamtes Freiherrn Heyl zu Herrnsheim, Wilhelm, Großherzoglich Hessischer Geheimer Commerzienrath und Guts- und Fabrikbesitzer in Worms. In erblicher Weise 1902: Ehrerbietliches Gesuch des Geheimen Hofrats Dr. Pemsel namens des Freiherrn Cornelius Heyl zu Herrnsheim um Eintragung in die Adelsmatrikel des Königreichs betreffend mit 13 Beilagen, München, 23. Februar 1902.

274 Vgl. Bönnen, Familie, in: Bönnen/Werner (Hrsg.), Industriellenfamilie, 2010, S. 103.

275 Vgl. Homepage der Stiftung Mathildenhof, URL: http://www.ahr-info.de [17.06.2014].

samt umfasste der Heylsche Besitz im Südhessischen 322 Hektar Land und 173 Hektar Schlossgut.[276] Im selben Jahr erwarb die Familie außerdem das 250 Hektar große und ebenfalls in Hessen-Darmstadt gelegene Hofgut Engelthal. Es handelte sich um ein 1803 aufgelöstes ehemaliges Zisterzienserinnenkloster. In den 1920er Jahren erwarben die Heyls schließlich noch Güter im Allgäu zu ihrem bereits bestehenden Besitz in Gerstruben.[277]

Die Übersicht über den Grundbesitz zeigt, dass die Heyls zwischen 1848 und 1917 zehn zum Teil sehr ausgedehnte Güter erwarben, darunter ein einträgliches Weingut in bester Lage.[278] Auffällig ist die hochrangige Provenienz der Ländereien und ihre teilweise sehr exklusive Nutzung als Jagdrevier. Dadurch wird Rolle, die der Grundbesitz in der gesamten Aufstiegsstrategie der Heyls über die Generationen hinweg spielte, umso deutlicher. Hans-Ulrich Wehler nennt vier Beweggründe für den Landbesitz von Großbürgern. Erstens habe das adlige Landleben wie ein Magnet gewirkt: „Schloß und Grundbesitz demonstrierten, daß man mithalten, ja den Adel aus seiner eigenen Domäne sogar verdrängen konnte."[279] Zweitens nutzten die bürgerlichen Großgrundbesitzer ihren Landbesitz als Rückzugsort, während sie ihre städtischen Unternehmen weiterführten. Drittens eigneten sich diese Güter als „Rahmen für prahlerische Gastlichkeit" und viertens boten sie eine Vermögensanlage, da in dieser Epoche die Zollpolitik große Agrarbetriebe begünstigte.[280] Darüber hinaus sicherte der Grundbesitz die politische Teilhabe und diente der Kreditsicherung.[281]

Abschließend sei auf das *Jahrbuch des Vermögens und Einkommens der Millionäre in Bayern* verwiesen, das 1914 erschien.[282] In diesem Nachschlagewerk, das innerhalb der Reihe *Das Jahrbuch der Millionäre Deutschlands in 21 Bänden* erschien, stellt der frühere Regierungsrat Rudolf Martin eine Reihenfolge der Millionäre im Königreich Bayern zusammen. Er beschreibt Bayern als Land, das sich insbesondere durch seine Naturschönheit und Kunstschätze auszeichne.[283] Deshalb gebe es, so Martin, eine große Zahl an ursprünglich nicht-bayerischen Millionären, die ihren (Neben-) Wohnsitz in München oder in den Alpen eingenommen haben: „Insonderheit ist der Reichtum vie-

---

276 StA Worms, Abt. 186, Nr. 0821, Verzeichnis über vorhandene Akten rechtserheblichen Inhalts, d. h. Zusammenstellung der Urkunden (19./20. Jh.) betr. Besitzungen in Hüttenfeld-Seefeld, Monsheim, Herrnsheim, Guntershausen, Ibersheim etc., hptsl. Kaufurkunden, Rechtsakte betr. Fideikommiss.

277 Es handelt sich um das Gut Allmey mit 22 Hektar und den Maienhof mit 43 Hektar, die 1922 gekauft wurden. Vgl. Bönnen, Familie, in: Bönnen/Werner (Hrsg.), Industriellenfamilie, 2010, S. 107.

278 Carl Ferdinand von Stumm hatte auch ein eigenes Weingut in Mertesdorf. Vgl. Clemens, Riesling, in: Nipperdey/Reinholdt, Essen, 2016, S. 249–262.

279 Wehler, Gesellschaftsgeschichte, 1995, S. 721.

280 Wehler, Gesellschaftsgeschichte, 1995, S. 721.

281 Vgl. dazu auch: Clemens, Riesling, in: Nipperdey/Reinholdt, Essen, 2016, S. 249–262.

282 Martin, Jahrbuch, 1914, S. 15. Die Buchreihe blieb unvollständig. Eine Ausgabe zum Großherzogtum Hessen ist nicht mehr erschienen.

283 Martin, Jahrbuch, 1914, S. 7.

ler aus Norddeutschland und außerdeutschen Ländern stammenden Fremden viel größer als in Bayern irgend jemand bisher angenommen haben dürfte."[284]

Zu diesen ‚Fremden' gehörte eben auch Cornelius Wilhelm von Heyl, der allerdings 1901 die bayerische Staatsbürgerschaft erworben hatte.[285] Rudolf Martin gibt an, er habe sich bemüht, „das gesamte Vermögen und Einkommen dieser Fremden festzustellen und anzugeben."[286] Bereits an sechster Stelle der Liste befindet sich Cornelius Wilhelm von Heyl, der als „Wilhelm Frhr. Von Heyl zu Herrnsheim, 3. Präsident der ersten Kammer d. hessischen Stände, M. d. R., Fabrikbesitzer in Worms. Fideikommißbesitzer in Bayern (2860 ha) auf Gerstruben, B.-A. Sonthofen, Schwaben (Nebenwohnsitz), gewöhnlich in Worms, Großherzogtum Hessen (Hauptwohnsitz)" bezeichnet wird.[287] Als Vermögen gibt das Jahrbuch 45 Millionen Mark an, während das Einkommen auf 2 Millionen Mark taxiert wird. In der Reihenfolge fällt auf, dass die ersten zehn Plätze ausschließlich von Personen mit Adelstiteln belegt sind. Darunter befindet sich neben Cornelius Wilhelm von Heyl nur ein weiterer Fabrikbesitzer: Auf Platz sieben wird Hugo von Maffei genannt, der bereits 1808 nobilitiert wurde und eine Lokomotiv- und Maschinenfabrik in München besaß.[288]

3.2 Der soziale Aufstieg in der Übergangsgesellschaft 1800–1850/60

Nach dem Überblick über das ökonomische Kapital der Familie als notwendige Bedingung für den gesellschaftlichen Aufstieg werden im folgenden Kapitel die sozialen Orte der Familie im Verlauf der Generationen untersucht und die Mittel aufgezeigt, die sie für ihre Aufstiegsziele einsetzten. Der soziale Status der Akteure kann nach Cassis anhand von Merkmalen wie Herkunft, Bildung, gesellschaftliche Beziehungen und Heiratsverhalten untersucht werden.[289] Für die gesellschaftliche Spitzenposition, die die

284 Martin, Jahrbuch, 1914, S. 7.

285 Vgl. Kapitel 3.4.1

286 Martin, Jahrbuch, 1914, S. 7.

287 An erster Stelle steht König Ludwig III. mit einem Vermögen von 300 Millionen Mark und einem Einkommen von 5,6 Millionen Mark; an zweiter Stelle Guido Fürst Henckel von Donnersmarck mit einem Vermögen von 290 Millionen Mark und einem Einkommen von 15 Millionen Mark; an dritter Stelle Fürst Albert von Thurn und Taxis mit einem Vermögen von 270 Millionen Mark und einem Einkommen von 5 Millionen Mark; an vierter Stelle Adolf Josef Fürst zu Schwarzenberg mit einem Vermögen von 119 Millionen Mark und einem Einkommen von 3 Millionen Mark; an fünfter Stelle: Marie Adelheid Großherzogin von Luxemburg mit einem Vermögen von 55 Millionen Mark und einem Einkommen von 2,5 Millionen Mark; an siebter Stelle Hugo von Maffei mit einem Vermögen von 45 Millionen Mark und einem Einkommen von 1,74 Millionen Mark. (Martin, Jahrbuch, 1914, S. 14 f.)

288 Martin, Jahrbuch, 1914, S. 123. Bei dem hier angegebenen „Edlen von Massei" handelt es sich um einen Lesefehler. Gemeint ist Hugo von Maffei.

289 Vgl. Cassis, Wirtschaftselite, in: Kocka (Hrsg.), Bürgertum, 1988, S. 20.

Familie im letzten Drittel des 19. Jahrhunderts einnahm, war zudem ihr politischer Einfluss entscheidend.[290]

In der Sattelzeit (1750–1850), die sich durch eine dynamische Innovationsbereitschaft bei gleichzeitigem Traditionalismus auszeichnete, entstand das Fundament für die gesellschaftlichen Erfolge, die Adelsnähe und schließlich die Adelswürdigkeit der Heyls. Der Zeitraum zwischen 1801 und 1858 kann als Integrationsphase der Familie in die regionale Elite bezeichnet werden. Diese Phase setzt mit der politischen Karriere des Kaufmanns Johann Cornelius Heyl II. ein und endet, aufgrund der Generationenlücke, mit der Übernahme der Unternehmensleitung durch Cornelius Wilhelm Heyl V. im Jahr 1862.

3.2.1 Die Vorfahren als Weichensteller in der Heylschen Aufstiegsgeschichte

3.2.1.1 Die Laufbahn des Kaufmanns Johann Cornelius Heyl II.

Cornelius Wilhelm Heyls Urgroßvater, Johann Cornelius Heyl II., zählte zu den Gewinnern der französischen Zeit in den linksrheinischen Gebieten.[291] Als Weichensteller schuf er die Voraussetzungen für das rasche Aufstreben seiner Familie.[292] Bereits vor 1789 hatte er sich als erfolgreicher Kaufmann profiliert.[293] Seine ökonomische Situation bildete die Voraussetzung für Heyls Ämtererfolg, der zweifelsohne die soziale Etablierung der Familie anzeigt.

Johann Cornelius Heyl II. war unter den 600 Höchstbesteuerten des Departements Donnersberg mit ca. 435.900 Einwohnern und gehörte damit zur Notabelngesellschaft.[294] 1801 wurde er von den französischen Behörden in das Amt des Stadtrates berufen. Im *Ancien Régime* hatte die Familie wegen ihrer Zugehörigkeit zur reformierten Kirche keinen Zugang zu politischen Ämtern gehabt, sodass die politische Partizipation der Familie Heyl erst in dieser Umbruchphase beginnen konnte.[295] Aus französischer Perspektive eigneten sich die Reformierten gut für die Mitarbeit in der Kommune, da sie neben einer hohen ökonomischen Kompetenz auch eine gewisse Offenheit für die

---

290 Cassis legte in seiner immer noch grundlegenden Studie zur Wirtschaftselite um 1900 dar, dass die Großunternehmer ihre gesellschaftlichen Spitzenpositionen drei Faktoren verdankten: „ihrer wirtschaftlichen Macht, ihrem sozialen Prestige und ihrem politischen Einfluß." Cassis, Wirtschaftselite, in: Kocka (Hrsg.), Bürgertum, 1988, S. 11.

291 In einer Fallstudie über Christoph Philipp Nell zeigt Gabriele B. Clemens die wesentlichen Elemente einer vergleichbaren Entwicklung. Vgl. Clemens: Christoph Philipp Nell, in: Irsigler/Minn (Hrsg.), Portrait, 2005, S. 214–226.

292 Vgl. dazu Kapitel 3.1.2.

293 Vgl. Reuter, Reaktion, in: Bönnen (Hrsg.), Geschichte, 2005, S. 455.

294 Vgl. Dumont, Worms, in: Bönnen (Hrsg.), Geschichte, 2005, S. 389; Bodmann, Jahrbuch, 1811, S. 149.

295 Vgl. Reuter, Reaktion, in: Bönnen (Hrsg.), Geschichte, 2005, S. 455; Bönnen, Familie, in: Bönnen/Werner (Hrsg.), Industriellenfamilie, 2010, S. 35.

Strukturen der französischen Republik mitbrachten.[296] Heyl blieb allerdings auch dann Ratsmitglied, als 1802 die Bürger ein Vorschlagsrecht für die Besetzung des Stadtrats aus den hundert Höchstbesteuerten des Kreises bekamen.[297] Im Zusammenhang mit der „politisch-konfessionelle[n] Neuorientierung des Magistrats"[298] verhalfen ihm vermutlich nicht nur seine Rolle als politischer Außenseiter zur Zeit des *Ancien Régimes* und seine Prosperität zu einem Gemeinderatssitz, sondern auch ein langfristiger Netzwerkaufbau.[299]

Heyls gute Vernetzung innerhalb der städtischen Elite bestätigt sich auch auf der gesellschaftlich-kultureller Ebene: 1798 trat Johann Cornelius Heyl II. auf Initiative des ehemaligen bischöflichen Hofkammerrats Heger der Wormser „Lese- und Conversationsgesellschaft" bei.[300] Lesegesellschaften und andere gesellige sowie kulturell orientierte Vereine entstanden seit dem 18. Jahrhundert. Als europäisches Phänomen gingen sie aus den emanzipatorischen und aufklärerischen Ideen des städtischen Bürgertums hervor, hatten aber eine eindeutig elitäre Struktur.[301] Da diese Vereine jeweils die namhaftesten Statusgruppen in der Stadt repräsentierten, ist die Mitgliedschaft Heyls in diesem Verein eindeutig als seine Integration im sich neu etablierenden Wormser Bürgertum zu deuten.[302] Der Status der Mitglieder setzte sich aus der wirtschaftlichen Situation, Bildung und persönlichen Reputation zusammen.[303] Zu einer Aufnahme in diese exklusive Gemeinschaft wurden mindestens ein Fürsprecher und die Annahme durch die Mitgliederversammlung benötigt. 1802 übertrug der Verein Johann Cornelius Heyl II. die Position eines Ausschussmitglieds.[304]

Es kann also festgehalten werden, dass bereits Heyl II. über ein umfassendes ökonomisches Kapital, über kulturelles Kapital in Form von Bildung und über soziales Ka-

---

296 Vgl. Kühn, Wandel, 1975, S. 108 f. Kühn nennt an dieser Stelle folgende ‚Vorteile' der Reformierten aus französischer Sicht: Die vergleichsweise hohe Prosperität der Reformierten und ihre Aufgeschlossenheit gegenüber den französischen Strukturen. Diese speiste sich daraus, dass sie im Gegensatz zu den Lutheranern mehr Vorteile als Nachteile erhielten. Außerdem beinhaltete ihre Kirche ebenfalls gewählte Ältestenverwaltungen, weshalb sie etwa den Grundsätzen der Volkssouveränität mehr abgewinnen konnten als Mitglieder anderer Kirchen.

297 Vgl. Kühn, Wandel, 1975, S. 103 f.

298 Reuter, Reaktion, in: Bönnen (Hrsg.), Geschichte, 2005, S. 455.

299 Für Köln ist beispielsweise belegt, dass die städtische Oberschicht zur Zeit der napoleonischen Herrschaft eine relativ geschlossene Struktur aufwies. Der Aufstieg innerhalb dieser Gesellschaft, insbesondere als Funktionär im Gemeinderat, beruhte weitestgehend auf Klientelismus seitens der Bürgermeister. In Worms, das wie Köln eine Reichsstadt gewesen war, wird es nicht anders gewesen sein. Dieses endogene System zeigte sich auch in der Einsetzung von Johann Peter Valckenberg als Bürgermeister 1813, der mit Johann Cornelius Heyl verschwägert war. Zur Situation in Köln vgl. Rowe, Reich, 2003, S. 100; Horn, Commissariat, in: Boudon/Horn (Hrsg.), Police, 2013, S. 107. Zu Johann Peter Valckenberg, vgl. Reuter, Reaktion, in: Bönnen (Hrsg.), Geschichte, 2005, S. 456.

300 Mahlerwein, Wirken, in: Bönnen/Werner (Hrsg.), Industriellenfamilie, 2010, S. 355–360.

301 Vgl. Clemens, Christoph Philipp Nell, in: Irsigler/Minn (Hrsg.), Portrait, 2005, S. 220.

302 Vgl. Schulz, Lebenswelt, 2014, S. 11.

303 Vgl. Schulz, Lebenswelt, 2014, S. 11.

304 Vgl. Mahlerwein, Wirken, in: Bönnen 2010, Industriellenfamilie, 2010, S. 355.

pital verfügte, die ihm ein überdurchschnittliches Ansehen einbrachten. Dies ist umso mehr zu betonen, da er aus einer Neubürgerfamilie stammte. Diese Familien durchliefen zumeist mehrere Etappen der Sozialisation, die Aufnahme in eine Assoziation bildete dabei einen entscheidenden Schritt. Die Teilhabe an einem solchen „soziokulturellen Knotenpunkt" ermöglichte es, die Vorteile des Elitenetzwerks zu genießen: Hier wurden wirtschaftliche Beziehungen geknüpft und gepflegt und man hatte Gelegenheit den eigenen Nachwuchs in die Gesellschaft einzuführen.[305]

Einen weiteren Indikator für den sozialen Aufstieg dieser Generation finden wir in der erfolgreichen Heiratspolitik. Sie gibt Aufschluss über die „soziale Platzierung" der Familie.[306] Johann Cornelius Heyl II. hatte zwei Söhne und eine Tochter. Der Erstgeborene Leonhard Heyl I. (1789–1854) heiratete 1811 Katharina Friederike Vollmer (geb. 1791) aus Zweibrücken.[307] Der zweitgeborene Sohn Johann Cornelius Heyl III. (1792–1858) ehelichte 1817 Wilhelmine Luise Martenstein (1799–1875), deren Familie bereits seit dem 18. Jahrhundert zur Wormser Oberschicht gehörte.[308] Die einzige Tochter Barbara (1797–1865) ging 1813 einen überkonfessionellen Ehebund mit dem katholischen Kaufmann Peter Franz Joseph Valckenberg (1788–1844) ein und verband die Heyls dadurch mit einer weiteren etablierten Wormser Familie. Noch im gleichen Jahr wurde der Vater des neuen Schwiegersohns zum Bürgermeister der Stadt.[309]

Das Heiratsverhalten folgt den im Bürgertum des 19. Jahrhunderts gängigen Heiratsmustern. Die Heyls grenzten sich vom Handwerkerstand ab und suchten unterschiedliche Platzierungsmöglichkeiten, auch außerhalb von Worms. Die Wahl der Ehepartner war kalkuliert.[310] Obwohl sich im Verlauf des 19. Jahrhunderts vermehrt auch persönliche Entscheidungsmöglichkeiten für die Wahl eines Ehepartners ergaben, entschieden meist zweckrationale Abwägungen im Sinne der Kapitalakkumulation über die zu schließende Verbindung.[311] Aus der politischen Handlungsfähigkeit heraus verbreiterte sich der allgemeine Aktionsspielraum der Heyls. Die Teilnahme an der Lesegesellschaft diente zum Knüpfen und Vertiefen nützlicher Kontakte, so schlug sie sich auch positiv in der Heiratspolitik nieder: auch die Familie Valckenberg gehörte diesem Kreis an.

Als Voraussetzungen ebenso wie als weitere Kennzeichen für die Etablierung sind die beiden Wohnortverlegungen der Heyls zu betrachten. Sie markieren jeweils Stufen der gesellschaftlichen Verbesserung. Zunächst zog Johann Cornelius Heyl II. von der Fischerweide auf den Wormser Marktplatz und verankerte damit die Präsenz der Fa-

305 Schulz, Lebenswelt, 2014, S. 17.

306 Schulz, Lebenswelt, 2014, S. 15.

307 Vgl. Bönnen, Fabrikant, in: Bönnen/Werner (Hrsg.), Industriellenfamilie, 2010, S. 314. Aus diesem Familienzweig ging Leonhard Heyl II. (1814–1877) hervor. Er war ein Cousin von Cornelius Wilhelm Heyls V. Vater und damit dessen Onkel zweiten Grades.

308 Vgl. Bönnen, Familie, in: Bönnen/Werner (Hrsg.), Industriellenfamilie, 2010, S. 36

309 Vgl. Reuter, Reaktion, in: Bönnen (Hrsg.), Geschichte, 2005, S. 456.

310 Vgl. Schulz, Lebenswelt, 2014, S. 15.

311 Vgl. Schulz, Lebenswelt, 2014, S. 5.

milie im Stadtkern. Dies sorgte für eine bessere Sichtbarkeit. Dann erwarb er im Zuge der Nationalgüterversteigerungen 1806 einen exponierten und geschichtsträchtigen Standort im Herzen der Stadt Worms: das Gelände und die Überreste des fürstbischöflichen Schlosses in direkter Nachbarschaft zum Dom.[312] Damit profitierte er von den französischen Säkularisationsmaßnahmen und erhöhte deutlich das Sozialprestige seiner Familie.[313]

3.2.1.2 Die Laufbahn von Johann Cornelius Heyl III.

Die darauffolgende Generation erlebte einen entscheidenden Umbruch in der Wormser Geschichte. Ab 1816 gehörte die Stadt zur Provinz Rheinhessen im Großherzogtum Hessen und war Ludwig I., dem Großherzog von Hessen und bei Rhein, unterstellt. Aus dieser Zeit ging der Firmengründer Johann Cornelius Heyl III. hervor. Seine unternehmerische Laufbahn wurde bereits dargestellt. An dieser Stelle soll auf die gesellschaftlichen Erfolge von Johann Cornelius Heyl III. eingegangen werden, die an den ihm übertragenen Ämtern und Ehrungen sowie seiner Heiratspolitik festzumachen sind. Seit 1832 hatte er, wie sein Vater, einen Sitz in der Gemeindevertretung. Sein sozialer Aufstieg manifestierte sich jedoch insbesondere in Ehrungen, die ihm auf der höchsten Ebene zuteilwurden. 1856 berief ihn Großherzog Ludwig III. als Mitglied in die Erste Kammer der Landstände. Diese war dem britischen Oberhaus nachempfunden und hatte zusammen mit der 2. Kammer, die auf einer Zensuswahl basierte, eine gesetzgeberische Funktion. Die Mitglieder berief der Großherzog persönlich. Sie setzten sich aus Angehörigen des Hochadels und des Klerus sowie anderen Amtsträgern zusammen.[314] Johann Cornelius Heyl III. trat diese Position aus gesundheitlichen Gründen jedoch nicht an. 1858 wurde ihm der Orden Philipps des Großmütigen verliehen. Die Ehrungen durch das Großherzogshaus belegen, dass die Familie bereits zu diesem Zeitpunkt weit über die städtische Gesellschaft und den geschäftlichen Bereich hinaus Anerkennung fand.[315]

Die Heiratspolitik, die Johann Cornelius Heyl III. für seine Tochter und seinen Sohn betrieb, zeigt zwei Facetten der familiären Ausrichtung: Einerseits sollte die Familie weiterhin in der ‚guten Gesellschaft' der Stadt verankert werden und andererseits erweiterte sich der Radius über die Grenzen von Worms hinaus. Die Tochter Maria Barbara Heyl (1819–1865) heiratete 1847 den Wormser Kaufmann Johann August Schoen (1821–1856). Die Familie Schoen zählte ebenso wie die Heyls zur Notabelnelite der französischen Zeit.[316] Der Sohn Friedrich Cornelius Heyl IV. (1818–1844) heiratete 1840 Karoline Friederike Frommel (1822–1889), die aus einer bildungsbürgerlichen Fa-

312 Vgl. Dumont, Worms, in: Bönnen (Hrsg.), Geschichte, 2005, S. 386.

313 Vgl. Clemens, Immobilienhändler, 1995, S. 258; s. auch Clemens, Kontinuität, in: Wilhelm (Hrsg.), Napoleon, 2012, S. 34.

314 Vgl. Bönnen, Fabrikant, in: Bönnen/Werner (Hrsg.), Industriellenfamilie, 2010, S. 323

315 Vgl. Bönnen, Familie, in: Bönnen/Werner (Hrsg.), Industriellenfamilie, 2010, S. 38.

316 Vgl. Bönnen, Fabrikant, in: Bönnen/Werner (Hrsg.), Industriellenfamilie, 2010, S. 320.

milie in Karlsruhe stammte.[317] Ihr Großvater war Architekt, ihr Onkel, Carl August Frommel, ein regional bekannter Landschaftsmaler.[318] Karoline brachte eine fundierte religiöse Erziehung mit in die Ehe, die sie aufgrund der Religiosität ihrer Familie in der Herrnhuter Gemeinde Neuwied erhalten hatte.[319] Mit dieser Verbindung außerhalb von Worms kündigte sich ein neuer Trend in der Heiratspolitik der Heyls an, dem eine Orientierung in weitere gesellschaftliche Kreise zugrunde lag.

Für seinen sozialen Aufstieg setzte Johann Cornelius Heyl III. unterschiedliche Mittel ein. Einen großen Teil seines Erfolges verdankte er seiner unternehmerischen Leistung. Zu dieser Entwicklung trug aber auch der Einsatz auf anderen Feldern bei. Heyl griff dabei auf Strategien zurück, die bereits sein Vater verfolgt hatte: Erstens setzte er ebenso auf politisches Engagement, wie durch das bereits erwähnte Amt im Gemeinderat. Zweitens erwarb er wie Johann Cornelius Heyl II. Immobilien, allerdings in größerem Stil und außerhalb der Wormser Region. Dazu gehörte auch das oben genannte Gut Pfauenmoos (Kap. 3.1.4).[320] Drittens betrieb auch er eine ausgiebige Netzwerkarbeit. Wie sein Vater war Johann Cornelius Heyl III. Mitglied in der Lese- bzw. Casinogesellschaft, wie sie sich seit 1836 nannte.[321] Hier zeigte die Familie Präsenz im gesellschaftlichen Leben der Stadt, indem sie beispielsweise auf den Bällen der exklusiven Vereinigung auftrat. Dies schlug sich einerseits in der erfolgreichen Heiratspolitik nieder, und trug andererseits zur Festigung von Heyls politischer und geschäftlicher Machtposition in Worms bei. Darüber hinaus nahm auch der Darmstädter Hof Notiz vom Aufstreben der Heyls in Worms und Cornelius Heyl III. wurde durch den Großherzog geehrt.

Eine andere Form der gesellschaftlicher Sichtbarkeit erzeugte der Lederfabrikant mit der Einrichtung ausgedehnter Treibhäuser und einer aufwändigen Parkgestaltung auf seinem Villengrundstück in Worms. Dafür engagierte Cornelius Heyl III. eigens einen englischen Landschaftsgärtner.[322] 1856 wurde sein botanisches Interesse vom Gartenbauverein im Großherzogtum Hessen zu Darmstadt durch eine Ehrenmitgliedschaft honoriert.[323] Ein weiterer Faktor, der auch für die spätere Entwicklung der Familie entscheidend werden sollte, ist die internationale Kompetenz verbunden mit Fremdsprachenkenntnissen, die Johann Cornelius Heyl III. auf Auslandsreisen und

317 Vgl. Bönnen, Familie, in: Bönnen/Werner (Hrsg.), Industriellenfamilie, 2010, S. 36.

318 Zur Familie Frommel s. Baumann, Dichtung, 1995, S. 142.

319 Karoline Frommels Cousin Emil Frommel wurde Hofprediger bei Kaiser Wilhelm II. Darauf verweist: StA Worms, Abt. 170/26, Nr. 5, Cornelius Wilhelm von Heyl, Aus meinem Leben, Manuskript o. J., Transkript 1966, S. 38. Vgl. auch Baumann, Dichtung, 1995, S. 142.

320 StA Worms, Abt. 170/26, Nr. 5, Cornelius Wilhelm von Heyl, Aus meinem Leben, Manuskript o. J., Transkript 1966, S. 7. Die Familie besaß das Gut Pfauenmoos seit 1848. Es umfasst 77 ha. Vgl. Bönnen, Familie, in: Bönnen/Werner (Hrsg.), Industriellenfamilie, 2010, S. 103 und 38.

321 Vgl. Mahlerwein, Wirken, in: Bönnen/Werner (Hrsg.), Industriellenfamilie, 2010, S. 357.

322 Vgl. StA Worms, Abt. 170/26, Nr. 5, Cornelius Wilhelm von Heyl, Aus meinem Leben, Manuskript o. J., Transkript 1966, S. 1.

323 Vgl. Engels, Familie, in: Bönnen/Werner (Hrsg.), Industriellenfamilie, 2010, S. 499.

durch transnationale Geschäftsbeziehungen erwarb. Schließlich kennzeichnen die paternalistisch-philanthropischen Maßnahmen, die der Fabrikbesitzer im Sinne einer betrieblichen Fürsorge vornahm, das Aufstreben des Unternehmensgründers.

3.2.1.3 Die sozialen Voraussetzungen in der Elterngeneration

Auch Angehörigen der Elterngeneration von Cornelius Wilhelm Heyl war es daran gelegen, den sozialen Status der Familie zu verbessern. Sie bauten Strukturen und gesellschaftliche Verbindungen weiter auf, die sich letztlich als nützlich für die Karriere von Cornelius Wilhelm Heyl erweisen sollten.

Friedrich Cornelius Heyl, der Sohn von Johann Cornelius Heyl III. verstarb bereits 1844 in jungen Jahren. Er hinterließ drei Söhne, darunter den Protagonisten dieser Studie, Cornelius Wilhelm Heyl. Auch der ältere Bruder von Heyl IV., Cornelius Julius (1821–1846), starb früh.[324] Dennoch entstand keine langfristige Generationen-Lücke: Erstens konnten sich die Großeltern Heyl noch viele Jahre um die Erziehung ihrer Enkel kümmern und das Unternehmen weiterführen. Zweitens heiratete die Witwe von Friedrich Cornelius Heyl, Karoline Friederike Frommel erneut, wodurch ihre Söhne noch anderweitige Einflüsse erhielten. Drittens setzte der Cousin des verstorbenen Vaters, Leonhard Heyl II. entscheidende Impulse für den späteren Lebensweg Cornelius Wilhelm Heyls. Insgesamt vertiefte die Elterngeneration die Beziehung der Familie Heyl mit dem großherzoglichen Hof in Darmstadt und hob sie auf eine persönliche Ebene, was im Verlauf dieses Überblicks dargelegt wird.

1852 ging Karoline Friederike mit dem Wormser Oberleutnant und späteren Major Ferdinand Hahn (1822–1870, gefallen in Gravelotte) eine zweite Ehe ein.[325] Wie die Familie Heyl war auch die Familie Hahn in der Wormser Casinogesellschaft vertreten.[326] Ferdinand Hahn war außerdem der Bruder des damaligen Generaldirektors der Le-

324 Adrienne Heyl (1868–1949), Tochter von Cornelius Wilhelm und Sophie Heyl, schrieb in ihren Erinnerungen folgendes über Julius Heyl: „[Er] verliebte sich in England in eine bildhübsche junge Engländerin, die er heiraten wollte und worüber er an seinen Vater, also meinen Urgrossvater, der damals noch lebte, schrieb. In der damaligen Zeit war die Heirat mit einer Ausländerin in diesen Kreisen streng altmodischer Auffassung eine absolute Unmöglichkeit, und mein Urgrossvater schrieb damals auch seinem Sohn ganz energisch nach England, dass er seine Zustimmung zu dieser Ehe nicht geben würde und mit dem Gehorsam seines Kindes fest rechnete. Nach langen Kämpfen entschloss sich dieser Julius Heyl, auf seine Liebe zu verzichten und schrieb seinem Vater [...] er hätte den Gehorsam zu seinem Vater resp. seinen Eltern über seine Neigung gestellt und er würde seine Pflicht tun. Er kam nach Worms zurück, ein gebrochener Mann und wurde von seinen Eltern zur Zerstreuung [...] auf Reisen geschickt nach Italien. Er erlag auf dieser Reise in Palermo einer ansteckenden Krankheit und ist in Palermo begraben.“ StA Worms, Abt. 187, Nr. 112, Adrienne von Deichmann geb. Freiin von Heyl zu Herrnsheim, Kinder- und Jungmädchen-Erinnerungen bis zu Ehe, Aufzeichnung aus dem Jahr 1931, Transkript, o. S.

325 Vgl. Engels, Familie, in: Bönnen/Werner (Hrsg.), Industriellenfamilie, 2010, S. 500.

326 StA Worms, Abt. 72, Nr. 271, Mitgliederlisten der Kasino- und Musikgesellschaft Worms, erstellt durch Gunter Mahlerwein.

derfabrik *Cornelius Heyl*.[327] Er scheint die Söhne aus erster Ehe väterlich aufgenommen zu haben. Seine wenigen erhaltenen Briefe verfasste er in anteilnehmenden Ton und unterschrieb mit den Worten: „herzlichste Grüße von deinem dich stets liebenden Vater F. Hahn".[328] Allerdings nimmt seine Person in den Erinnerungen Cornelius Wilhelm Heyls bemerkenswert wenig Raum ein.

Im Zuge der militärischen Karriere Hahns erfolgte 1854 ein Umzug nach Darmstadt, in direkte Nachbarschaft zum Prinz-Carls-Palais.[329] Hahn verkehrte in seiner Funktion als Oberleutnant am Hof. Offenbar förderte er die persönliche Beziehung seiner angeheirateten Söhne mit der großherzoglichen Familie. So wurde Maximilian Heyl ein Spielgefährte des Prinzen Wilhelm von Hessen, des jüngeren Bruders des Erbprinzen Ludwig und späteren Großherzogs von Hessen Ludwig IV. Der Vater Prinz Carl erwähnte Ferdinand Hahn namentlich in Tagebucheinträgen und vermerkte 1857 gegenseitige Besuche: „Um 5 Uhr ging Wilhelm [Prinz Wilhelm von Hessen, Anm. I. H.] zu Oberleutnant Hahn zu dessen Stiefsohn Max Heyl."[330] Als geburtstägliches Vergnügen exerzierte der Prinz gemeinsam mit Maximilian Heyl in eigens dafür angefertigten Uniformen im Prinz-Carls-Palais.[331] Außerdem erlebten die Kinder gemeinsame Ausflüge.[332] Es gibt weiterhin Hinweise darauf, dass Maximilian Heyl gemeinsam mit Prinz Wilhelm und anderen Jungen, darunter mindestens einem weiteren aus bürgerlichem Haus, Privatunterricht erhielt.[333]

Als Grund für den ungewöhnlich engen Umgang der großherzoglichen Familie mit der bürgerlichen Familie Hahn bzw. den Kindern Heyl führt der Darmstädter Historiker Peter Engels das eher lockere Protokoll im Prinz-Carls-Palais und die nachbarschaftliche Wohnlage der etwa gleichaltrigen Jungen an.[334] Wie ehemals in Worms,

---

327 StA Worms, Abt. 170/26, Nr. 5, Cornelius Wilhelm von Heyl, Aus meinem Leben, Manuskript o. J., Transkript 1966, S. 3.

328 StA Worms, Abt. 186, Nr. 584, Brief von Friedrich Hahn an Cornelius Wilhelm Heyl, 8. August 1867. Aus der Ehe mit Karoline gingen zwei Kinder hervor, Wilhelmine Elisabethe (1854) und Ferdinand, genannt Ferdus (1859), der 1913 als Generaladjutant des Großherzogs Ernst Ludwig durch Kaiser Wilhelm II. nobilitiert wurde. Vgl. Engels, Familie, in: Bönnen/Werner (Hrsg.), Industriellenfamilie, 2010, S. 510. Die Halbgeschwister Cornelius Wilhelm Heyls V. werden in verschiedenen Briefen erwähnt, bspw. in: StA Worms, Abt. 186, Nr. 584, Karoline Friederike Hahn, geb. Frommel an Sophie Stein, o. D.; StA Worms, Abt. 186, Nr. 1187, Briefe von Ferdus an seinen Bruder.

329 Vgl. Engels, Familie, in: Bönnen/Werner (Hrsg.), Industriellenfamilie, 2010, S. 506.

330 HStADa, Großherzogliches Familienarchiv, D 23, Nr. 24/18, Prinz Carl: Tagebuch für das Jahr 1857, zit. n. Engels, Familie, in: Bönnen/Werner (Hrsg.), Industriellenfamilie, 2010, S. 505.

331 HStADa, Großherzogliches Familienarchiv, D 23, Nr. 24/18, Prinz Carl: Tagebuch für das Jahr 1857, zit. n. Engels, Familie, in: Bönnen/Werner (Hrsg.), Industriellenfamilie, 2010, S. 505.

332 HStADa, Großherzogliches Familienarchiv, D 24, Nr. 4/5 (1858/59), Erbprinz Ludwig: Notiz vom 23. Oktober 1858, zit. n. Engels, Familie, in: Bönnen/Werner (Hrsg.), Industriellenfamilie, 2010, S. 505.

333 Gemeint ist Ernst Becker, dessen Vater Friedrich Christian Becker (1809–1875) zeitgleich Major und Offizier des Generalstabs war. Vgl. Engels, Familie, in: Bönnen/Werner (Hrsg.), Industriellenfamilie, 2010, S. 505.

334 Vgl. Engels, Familie, in: Bönnen/Werner (Hrsg.), Industriellenfamilie, 2010, S. 506.

trug auch in Darmstadt die zentrale Wohnlage zu einer bestmöglichen Vernetzung mit den städtischen Eliten bei, wobei jetzt die Gefilde der höfischen Gesellschaft berührt wurden. Was in der bisherigen Forschung noch nicht herausgestellt wurde, aber nicht unberücksichtigt bleiben darf, ist die zeitliche Überschneidung zwischen den gemeinsamen Aktivitäten Maximilian Heyls und Prinz Wilhelms und den beiden Ehrungen, die dem Unternehmensgründer Johann Cornelius Heyls III. durch den hessischen Großherzog Ludwig III. zuteil wurden: die Berufung in die Erste Kammer der Landstände 1856 und die Aufnahme in den Orden Philipps des Großmütigen 1858. Mit dieser Auszeichnung ging die Hoffähigkeit einher. Es ist demnach ebenfalls möglich, dass die Würdigung des Großvaters Heyl III. auch den Kontakt zwischen Maximilian Heyl und dem Prinzen positiv beeinflusste.

Das Prinzip der Primogenitur in der Nachfolgepolitik des Familienunternehmens führte zu einer ‚Aufteilung' der Söhne: Während der älteste Bruder den Betrieb übernehmen sollte, blieb dem oder den jüngeren eine Karriere beim Staat. Maximilian schlug eine militärische Laufbahn ein. Er berichtete schließlich auch seinem Bruder vom Tod Ferdinand Hahns, der die Schlacht bei Gravelotte im August 1870 nicht überlebte: „Mein teurer Bruder! Am Sterbebett unseres guten Vaters schreibe ich Dir, dass ich ihm versprach, für seine Kinder, unsere Geschwister, so zu sorgen, wie er es getan hätte. [...] Vater wurde vorhin begraben. Sein Bataillon stand in Waffen, vom Prinzen [Prinz Ludwig, Kommandeur der Division, Anm I. H.] an waren alle Offiziere zugegen."[335]

Der älteste Bruder Daniel Friedrich Cornelius war als Nachfolger des Großvaters für die Leitung des Familienunternehmens in Worms vorgesehen. Erst nachdem er 1861 starb, sollte Cornelius Wilhelm Heyl auf diese Position kommen. 1854 zog Daniel Friedrich Cornelius gar nicht mit seiner Familie nach Darmstadt um, sondern ging direkt auf das Internat der Herrnhuter Brüdergemeinde in Neuwied, auf dem auch die Mutter ihre Konfirmationszeit verbracht hatte. Cornelius Wilhelm Heyl kam 1856 ebenfalls nach Neuwied.[336] Diese Internatszeit ging sicherlich mit einer Distanzierung zur stiefväterlichen Familie einher, wovon der jüngere Bruder Maximilian nicht betroffen war.

Eine gewisse Wirkung auf den späteren Werdegang Cornelius Wilhelm Heyls kann für die Elterngeneration dem Cousin des verstorbenen Vaters, Leonhard Heyl II. (1814–1877) zugeschrieben werden. Er setzte neben unternehmerischen Maßstäben, die allerdings hinter denen Cornelius Wilhelm Heyls III. zurückstanden, Schwerpunkte auf eine intensive Lobbyarbeit und eine generelle politische Einflussnahme. Damit etablierte er in der Familie ein Machtstreben, das sich in der folgenden Generation mit Cornelius Wilhelm Heyl fortsetzte. Es ist jedoch nicht rekonstruierbar, inwiefern Leonhard Heyl II. bewusst den Werdegang seines Neffen zweiten Grades prägte. Es gibt nur einen überlieferten Brief von Leonhard Heyl II. an Cornelius Wilhelm Heyl aus dem

335 StA Worms, Abt. 186, Nr. 1429, Brief Maximilian Heyl an Cornelius Wilhelm Heyl, 19.08.1870.
336 Engels, Familie, in: Bönnen/Werner (Hrsg.), Industriellenfamilie, 2010, S. 501.

Jahr 1861 und in den Erinnerungsnotizen Cornelius Wilhelm Heyls fand Leonhard keine Erwähnung.[337] Offensichtlich verschlechterte sich das Verhältnis der beiden Familienzweige im Verlauf der Zeit.[338]

Leonhard Heyl II. war zunächst als Kaufmann und Produzent im Tabakgroßhandel tätig.[339] In den 1850er Jahren gründete Leonhard Heyl II. gemeinsam mit anderen eine Wollgarn-Spinnerei als Aktiengesellschaft.[340] Eine wichtige Etappe in der sozialen Karriere Leonhard Heyls II. war das Präsidentenamt der Großherzoglichen Handelskammer Worms, das er ab 1856 bis 1875 innehatte. Dieses Amt zeichnete sich durch einen hohen Grad an politischer Einflussnahme aus. Wie Cornelius Heyl III. wurden auch Leonhard Heyl II. Ehrungen aus dem Darmstädter Großherzogshaus entgegengebracht. 1858 erhielt er das Ritterkreuz des Verdienstordens Philipps des Großmütigen durch Großherzog Ludwig III. (im selben Jahr wurde auch Cornelius Wilhelm Heyl III. in den Orden Philipps des Großmütigen aufgenommen). Bemerkenswert waren zudem Ehrungen aus Österreich, Spanien, Bayern und Württemberg, die er seinem unternehmerischen Engagement, seiner Lobby- und Netzwerkarbeit und seinen Kontakten zum großherzoglichen Hof verdankte.[341] Aus diesen Gründen erfolgte seine Berufung zum lebenslänglichen Mitglied der Ersten Kammer der Landstände im Jahr 1859, wo er bis zu seinem Lebensende 1877 als erster Abgeordneter aus Worms eine konservativ ausgerichtete Politik betrieb.[342]

Die Berufung in die Erste Kammer der Landstände war auch Cornelius Wilhelm Heyl III., dem Onkel Leonhards II., 1856 angetragen worden, der jedoch aus gesundheitlichen Gründen abgelehnt hatte. Die Geschichte seiner Zugehörigkeit zu diesem politischen Gremium interessiert im Zusammenhang der vorliegenden Studie vor allem deshalb, weil der Hauptakteur Cornelius Wilhelm Heyl im Jahr 1877 ebenfalls vom Großherzog berufen wurde und daraufhin die Nachfolge seines Onkels zweiten Gra-

---

337 In diesem Brief geht Leonhard Heyl II auf den Tod des älteren Bruders Daniel Cornelius ein und weist Cornelius Wilhelm auf dessen neue Verpflichtungen hin: „Für Dich, lieber Wilhelm, ist mit dem Verlust des Bruders der Ernst des Lebens in erhöhtem Grade herangetreten. [...] befleißige dich des Guten mehr und mehr und laß' das Andenken an Deinen Cornel Dir die Pflicht auferlegen, Deinen Eltern vor allem zu ersetzen, was sie in ihm verloren haben!" StA Worms, Abt. 186, Nr. 548, Leonhard Heyl II. an Cornelius Wilhelm Heyl V., 20. Januar 1861. Dieser Brief ist transkribiert und als StA Worms, Abt. 186, Nr. 598 angegeben bei: Bönnen, Fabrikant, in: Bönnen/Werner (Hrsg.), Industriellenfamilie, 2010, S. 338.

338 Hinweise dazu liefert ein Brief von Maximilian Heyl an seine Schwägerin Sophie aus dem Jahr 1870, in dem dieser sich als aktiver Soldat von seiner Familie verabschiedet: Leonhard habe ihm zum Aufbruch in den Krieg „wie einem Sterbenden" alle Sünden vergeben, woraufhin Maximilian ihm „klaren Wein" eingeschenkt habe, „über unsere Entfremdung und deren Gründe" StA Worms, Abt. 186, Nr. 1441, Maximilian Heyl an Sophie Heyl, Darmstadt 23. Juli 1870.

339 Vgl. Bönnen, Fabrikant, in: Bönnen/Werner (Hrsg.), Industriellenfamilie, 2010, S. 320.

340 Vgl. Bönnen, Fabrikant, in: Bönnen/Werner (Hrsg.), Industriellenfamilie, 2010, S. 317.

341 Vgl. Bönnen, Fabrikant, in: Bönnen/Werner (Hrsg.), Industriellenfamilie, 2010, S. 322.

342 Vgl. Bönnen, Fabrikant, in: Bönnen/Werner (Hrsg.), Industriellenfamilie, 2010, S. 323 u. 325.

des, Leonhard Heyl II., in diesem Amt antrat.[343] Die Berufung der Vertreter aus der Großvater- und Vatergeneration der Familie Heyl war außergewöhnlich, da der Großherzog sehr wenige bürgerliche Mitglieder in die Erste Kammer berief. Noch 1873 setzte sich die Erste Kammer aus 15 Adligen und Geistlichen neben nur vier Vertretern aus dem Bürgertum zusammen.[344]

1861 wurde Leonhard Heyl II. königlich spanischer Konsul für das Großherzogtum Hessen.[345] Auf seine Ernennung zum Kommerzienrat im Jahr 1863 folgte 1871 als absoluter Höhepunkt der Karriereleiter der Titel ‚Geheimer Kommerzienrat', den er durch den Großherzog Ludwig III. verliehen bekam.[346] Damit besaß Leonhard Heyl II. schließlich Hoffähigkeit, da nur die mit dem Zusatz ‚geheim' versehenen Titel für den Zugang zum Hof von Bedeutung waren.[347] Mit der erlangten Hoffähigkeit verband sich die Befugnis, an Festlichkeiten, Bällen und anderen offiziellen Empfängen am Hof zu partizipieren. Während Adlige allein durch ihre Geburt ‚hoffähig' waren, erwarben Bürgerliche diese Eigenschaft nur durch Positionen in der hohen Beamtenschaft oder im Offizierskorps, wenn sie nicht wie Leonhard Heyl II. mit einer entsprechenden Titulatur ausgezeichnet wurden.[348] Eckhart G. Franz, ein ausgewiesener Experte für die Geschichte des Großherzogtums Hessen, weist die Titelvergabe ‚Geheimer Kommerzienrat' an Leonhard Heyl II. als erste dieser Art an einen Wirtschaftsbürger im Großherzogtum aus.[349]

Die Heiratsbeziehungen der Töchter Leonhard Heyls II. zeigen eine deutliche Orientierung in weitere gesellschaftliche Kreise, da sie ausnahmslos in Familien außerhalb von Worms einheirateten. Dies belegt nochmals den überregionalen Handlungsraum ihres Vaters und dadurch ermöglichte Kontakte. Die älteste Tochter Caroline Louise (1843–1934) ehelichte den späteren Konsul Johann Heinrich Friedrich Crome in Berlin.[350] Die mittlere Tochter Louise Mathilde (1847–1929) heiratete den Mainzer Geschäftsführer eines Ateliers für Raumkunst, August Bembé. Die Jüngste Helene Friederike Caroline (1859–1942) heiratete Max von Glenanth (1849–1903), der Miteigentümer eines Eisenwerks in Hochstein war und aus einer Anfang des 19. Jahrhunderts nobili-

343 Vgl. Bönnen, Fabrikant, in: Bönnen/Werner (Hrsg.), Industriellenfamilie, 2010, S. 323.
344 Vgl. Bönnen, Fabrikant, in: Bönnen/Werner (Hrsg.), Industriellenfamilie, 2010, S. 323.
345 Zur Ersten Kammer, s. ausführlich Kap. 3.3.2.
346 Vgl. Bönnen, Fabrikant, in: Bönnen/Werner (Hrsg.), Industriellenfamilie, 2010, S. 329.
347 Vgl. Franz, Hof- und Hofgesellschaft, in: Möckl (Hrsg.), Hof- und Hofgesellschaft, 1985/1986, S. 170.
348 Vgl. Wienfort, Adel, 2006, S. 135.
349 Franz, Hof- und Hofgesellschaft, in: Möckl (Hrsg.), Hof- und Hofgesellschaft, 1985/1986, S. 170, zit. n. Bönnen, Fabrikant, in: Bönnen/Werner (Hrsg.), Industriellenfamilie, 2010, S. 329. Bönnen weist an dieser Stelle nach, dass Franz bei seiner Bewertung Heyl als Lederfabrikanten bezeichnet und damit die Familienzweige verwechselt habe. Gemeint sei der hier vorgestellte Leonhard Heyl II.
350 Vgl. Bönnen, Fabrikant, in: Bönnen/Werner (Hrsg.), Industriellenfamilie, 2010, S. 325.

tierten Familie stammte.[351] Sie ist damit das erste Mitglied der Familie Heyl, die in eine adlige Familie heiratete.[352]

Das Wohnhaus Leonhard Heyls II. in Worms lag zentral in der Kämmererstraße am damaligen Paradeplatz. Es trug den Namen *Wessenberger Hof*. Johann Cornelius Heyl II. hatte das repräsentative Objekt aus dem Bestand des aufgelösten Domstifts im Rahmen der Nationalgüterversteigerungen angekauft.[353] Weiterhin besaß er ein Haus in Bessungen bei Darmstadt, womit Leonhard seine Ausrichtung auf den großherzoglichen Hof zu demonstrieren konnte.[354]

Bis auf seine Mitgliedschaft in der Wormser Casinogesellschaft in Worms, in der er auch Vorstandspositionen bekleidete, ist für Leonhard Heyl II. kein besonderer Einsatz auf dem kulturellen Feld verzeichnet.[355] In seinem Inventar befanden sich zwar einige Kunstgegenstände, darunter Kupferstiche und Bilder, aber dies lässt keine Rückschlüsse auf eine systematische Sammlertätigkeit oder eine anderweitige Kunstpflege zu.[356] Allerdings zeigte Leonhard verschiedentlich Einsatz auf dem karitativen Gebiet, insbesondere im Bereich der Kranken-, Verwundeten- und Invalidenpflege in den Kriegen von 1866 und 1870. Im *Hilfsverein der Sektion Worms* übernahm er 1866 die Präsidentschaft. Den Vorsitz hatte er auch im „Verein für die Unterstützung von Invaliden und Hinterbliebenen gefallener Hessischer Soldaten vom Feldzug 1866".[357] Im „Frauen-Verein für Krankenpflege in der Stadt Worms" gehörte er zu den Vorstandsmitgliedern. Sophie Heyl war 1867 auch ein Mitglied in diesem Vorstand. 1870 fungierte Leonhard als Vorsitzender des „Hilfsvereins für die Pflege verwundeter und erkrankter Krieger". Zudem förderte er das Diakonissenhaus in Worms und wirkte im Vorstand des Verwaltungsrates der Barackenstation des Alice-Frauenvereins, die 1870 als Lazarett fungierte.[358] Diese Positionen waren neben der ehrenamtlichen Zeitaufwendung vor allem mit Geldspenden verbunden.

In seiner Funktion als Handelskammerpräsident war Leonhard Heyl II. mit der Wirtschaftselite von Worms und darüber hinaus verbunden. Auch innerhalb der Casinogesellschaft konnte er elitäre soziale Kontakte pflegen. Außerdem pflegte er Kontakt

351 Vgl. Bönnen, Fabrikant, in: Bönnen/Werner (Hrsg.), Industriellenfamilie, 2010, S. 334. Zur Familie von Gienanth vgl. Baumann, Gienanth, Johann Michael Ludwig Ritter von, Freiherr von, in: Neue Deutsche Biographie 6 (1964), S. 372 f.

352 Mit der Familie von Gienanth gab es auch späteren brieflichen Kontakt. Beispielsweise zwischen Ludwig Cornelius von Heyl und Carl von Gienanths (1873–1949). Die Korrespondenz ist im Familiennachlass der Familie von Gienanth überliefert. Vgl. LA Speyer, Best. T 89, Nr. 01.07/879, Familien- und Werksarchiv Gebr. Gienanth-Eisenberg, Private und geschäftliche Korrespondenz Carl von Gienanths Jahr 1932.

353 Vgl. Bönnen, Fabrikant, in: Bönnen/Werner (Hrsg.), Industriellenfamilie, 2010, S. 317.

354 Vgl. Bönnen, Fabrikant, in: Bönnen/Werner (Hrsg.), Industriellenfamilie, 2010, S. 329.

355 Vgl. Bönnen, Fabrikant, in: Bönnen/Werner (Hrsg.), Industriellenfamilie, 2010, S. 321 f.

356 LA Speyer, Best. K 65, Nr. 285, Urk. Nr. 6084 u. Nr. 6134 v. 26.03.1877, s. Bönnen, Fabrikant, in: Bönnen/Werner (Hrsg.), Industriellenfamilie, 2010, S. 330.

357 Vgl. Bönnen, Fabrikant, in: Bönnen/Werner (Hrsg.), Industriellenfamilie, 2010, S. 327.

358 Vgl. Bönnen, Fabrikant, in: Bönnen/Werner (Hrsg.), Industriellenfamilie, 2010, S. 328.

zu Angehörigen des Adels. Erleichtert wurden diese Beziehungen durch die verliehenen Titel und die Zugehörigkeit zur Ersten Kammer, die der Sozialdemokrat Bernhard Adelung nicht zu Unrecht als „feudale Erste Kammer“ oder das „Hohe Haus“ benannte.[359] Leonhard Heyl II. korrespondierte beispielsweise mit Reinhard Carl Friedrich Freiherr von Dalwigk zu Lichtenfels und mit Heinrich von Gagern, dem damaligen hessischen Gesandten am österreichischen Hof.[360] Weitere Kontakte zum Adel lassen sich aufgrund der Gästebeschreibung nachvollziehen, die die Fürstin Marie zu Erbach-Schönberg (1852–1923) in ihren Memoiren festhielt. Sie schreibt über eine Einladung Leonhard Heyls II. zur Enthüllung des Lutherdenkmals in Worms 1868.[361] Als Tochter des Prinzen Alexander von Hessen und bei Rhein besuchte sie dieses Ereignis und traf im Haus Leonhard Heyls II. das erste mal ihren späteren Ehemann Graf Erbach-Schönberg. Als weitere Gäste nennt sie Gräfin Castell und den Grafen zu Solms-Laubach.[362]

3.2.2 Die Sozialisierung Cornelius Wilhelm Heyls zwischen Volks- und Adelsnähe

Bereits vor seiner Nobilitierung verfügte Cornelius Wilhelm Heyl, ebenso wie sein oben beschriebener Verwandter Leonhard Heyl II., über eine aristokratisch wirkende Attitüde. Dieser Außenwirkung lagen zahlreiche Ursachen zugrunde. Die Vorgängergenerationen ließen bereits eine Orientierung an den höchsten gesellschaftlichen Schichten erkennen. Weitere Grundlagen wurden in der Erziehung des jungen Cornelius Wilhelm Heyl gelegt, bis er schließlich selbstständig anfing, an seiner Prestigepolitik zu arbeiten.

Die hier beschriebene Sozialisationszeit umfasst die Kinder- und Jugendzeit Cornelius Wilhelm Heyls im Hinblick auf sein späteres Engagement als Kunstmäzen und Mitglied der erweiterten Elite des Kaiserreichs. Eine wesentliche Zäsur, die den Übergang zwischen der Jugend und dem Erwachsenenleben markiert, liegt in Heyls früher Übernahme der Lederfabrik 1862. Im Zusammenhang mit seiner kulturellen Prägung ist jedoch auch seine Heirat mit der Sophie Stein 1867 als wesentliche Zäsur zu betrachten. Die Verbindung mit der kulturell versierten Bankierstochter war ein bedeutender Schritt für die Erlangung der Adelswürdigkeit. Deshalb erfolgt hier zunächst ein Überblick über die Jahre 1850 bis 1867.

Cornelius Wilhelm Heyl hieß ursprünglich Wilhelm Hermann, gab diesen Namen aber zugunsten des ersten Vornamens Cornelius auf, nachdem sein älterer Bruder Daniel Friedrich Cornelius 1861 zwanzigjährig verstorben war. Er trat damit auch namentlich an dessen Stelle und sollte die ‚Dynastie Heyl‘ als Unternehmensleiter weiterführen. Die Kindheit und Jugend Cornelius Wilhelm Heyls verlief teilweise parallel zu

359 Adelung, Sein, 1952, S. 116.
360 Vgl. Bönnen, Fabrikant, in: Bönnen/Werner (Hrsg.), Industriellenfamilie, 2010, S. 325.
361 Vgl. Bönnen, Fabrikant, in: Bönnen/Werner (Hrsg.), Industriellenfamilie, 2010, S. 327.
362 Vgl. Erbach-Schönberg, Memoiren, 1958, S. 129–134.

den Lebens- und Ausbildungswegen aristokratischer Sprösslinge. Er besuchte Schulen, die auch von Adligen wurden und schloss seine Jugendzeit mit einer Kavalierstour bzw. Grand Tour durch Italien ab, wie sie vom Adel seit dem 17. Jahrhundert als Initiation und Einstieg in das Erwachsenenleben praktiziert wurde.[363]

Allerdings ließ Cornelius Wilhelms Familie möglichst viele Einflüsse von ‚volksnah' bis ‚elitär' auf ihn einwirken. Seine Schulbildung verlief also mehrgleisig, was die gesellschaftliche Selbstverortung der Familie Heyl zu diesem Zeitpunkt verdeutlicht. Cornelius Wilhelm sollte einerseits als Wirtschaftsbürger praktische Kenntnisse zur Leitung einer Fabrik erhalten. Andererseits sorgte die Familie für eine Vermittlung kultureller Kompetenzen, die es ihm erlaubten, sich in den höchsten Kreisen der Gesellschaft zu bewegen. Zudem wurde seine Identität als Angehöriger einer ursprünglich reformierten, evangelischen Familie gefestigt. Deshalb durchlief Cornelius Wilhelm Heyl diverse Schulformen mit elementarer, humanistischer, neusprachlicher und konfessioneller Ausrichtung. Außerdem entsprachen die Schulen unterschiedlichen gesellschaftlichen Schichten und machten ihn dadurch mit einfachen bis exklusiven Kreisen vertraut. Die ersten Schuljahre absolvierte Cornelius Wilhelm auf der Volksschule in Worms, da er aus der Sicht seines Großvaters, die „Seele des Volkes" kennenlernen sollte, um diesem später als „industrieller Führer" zur Seite zu stehen und besuchte im Anschluss das städtische Gymnasium.[364] Nach dem Umzug in die Residenzstadt Darmstadt wurde er von 1852 bis 1856 in einer Privatschule unterrichtet. Anschließend folgte er seinem älteren Bruder in das Jungeninternat der sogenannten *Herrnhuter Brüdergemeine* (sic) in Neuwied, wo er bis 1858 blieb. Diese Schule entsprach in ihrer Fächerkombination einem Realgymnasium.[365]

Der Aufenthalt im Internat der Herrnhuter Brüdergemeine beeinflusste Cornelius in religiöser Hinsicht und erweiterte seinen Horizont auf gesellschaftlicher und interkultureller Ebene. Die Privatschule war nicht nur für ihre streng evangelische Erziehung berühmt, sondern auch für ihren Ruf als „Muster eines stramm disziplinierten Instituts" und für den hohen Anteil an Schülern aus hochadligen Familien.[366] Immerhin war bekannt, dass die Anstalt seit Friedrich Wilhelm I. kontinuierlich in der Gunst des preußischen Königshauses stand. Hermann Plitt[367], ein Theologe der Brüdergemeine, betonte 1862 in einem Nachschlagewerk zum Unterrichtswesen, dass es „im allgemeinen mehr die höheren Schichten der Gesellschaft, theils der Adel, theils und hauptsächlich der wohlhabende Bürgerstand, die kaufmännischen und Beamtenkreise" seien, „aus denen die Brüderanstalten sich rekrutirten."[368] Die Herrnhuter warben mit

363 Vgl. Tilgner, Kavalierstour, in: Jaeger (Hrsg.), Enzyklopädie der Neuzeit. Bd. 6, 2007, Sp. 523–526.
364 Vgl. StA Worms, Abt. 170/26, Nr. 5, Cornelius Wilhelm von Heyl, Aus meinem Leben, Manuskript o. J., Transkript 1966, S. 2.
365 Plitt, Herrnhutisches Erziehungswesen, in: Schmid (Hrsg.), Encyklopädie, 1862, S. 474 Anmerkung.
366 Doerfel, Engländer, in: Geschichte in Wissenschaft und Unterricht 37 (1986), S. 427 u. 424.
367 Hermann Plitt stand zwischen 1853 und 1880 dem Theologischen Seminar der Herrnhuter Brüdergemeine als Direktor vor. Vgl. Meyer, Zinzendorf, 2000, S. 171.
368 Plitt, Herrnhutisches Erziehungswesen, in: Schmid (Hrsg.), Encyklopädie, 1862, S. 472.

einer „christlich-evangelisch Erziehung“, dem Wohnen in „ländlicher Zurückgezogenheit“ und einem „ungekünstelte[n] Gemeinschaftsleben“.[369] Ihr höchstes Bildungsziel sei die „echte Humanität in Christo“.[370]

Zusätzlich wurde die Schule von einer großen Anzahl englischer Schüler – bis 1856 gingen jährlich 60 bis 80 Jungen aus England auf das Internat in Neuwied –, aber auch von Kindern aus anderen europäischen Ländern besucht.[371] Davon profitierte Cornelius Wilhelm Heyl. Er hatte in der international ausgerichteten Schule mit adliger Klientel nicht nur schon früh die Möglichkeit Kontakte zu knüpfen, er erweiterte zudem seine Fremdsprachenkenntnisse. Sicherlich erlaubte ihm der Umgang mit Jugendlichen adliger und ausländischer Herkunft auch Einblicke in andere Lebenswirklichkeiten mit spezifischen sozialen wie kulturellen Praktiken. Cornelius Wilhelm geht darauf speziell in seinen Erinnerungen ein: Er habe in Neuwied perfekt moderne Sprachen gelernt und auch von den Schilderungen der Mitschüler über ihre Heimatverhältnisse habe er später den größten Vorteil gehabt.[372]

Direkt im Anschluss an seine Schulzeit verbrachte Cornelius Wilhelm längere Zeit im Ausland und unternahm eine der *Grand Tour* entsprechende Reise, die als Ausdruck eines elitären Bildungsideals und als Statussymbol gewertet werden kann. Sie bildete eine Art Initiationsritus für junge Männer, die der adligen und der bürgerlichen Elite angehörten. Eine solche Reise in ihrer tradierten Form sollte kanonische Bildungsinhalte vermitteln und die Persönlichkeit formen. Im Idealfall kehrten die jungen Menschen selbstsicherer zurück.[373] Wie bereits die schulische Ausbildung, hatten auch die Auslandsreisen Cornelius Wilhelm Heyls jeweils einen wirtschaftsbürgerlichen und einen aristokratischen Schwerpunkt. So verbrachte er einige Zeit in England und in Frankreich, wo er, in seinen Worten, seine Studien „ergänzte“.[374] Dies entsprach der *Petit Grand Tour* der jungen Männer aus wirtschaftsbürgerlichen und aus Patrizierfamilien.[375] Für sie hatte eine solche Reise den Zweck, sich über technische Innovationen, Produktionsmethoden und ökonomische Strukturen im Ausland zu informieren. Später reiste er nach Italien, was dem humanistischen aristokratischen Kanon entsprach. In England hielt sich Cornelius Wilhelm Heyl längere Zeit bei der Familie des Lederfabrikanten Colonel Samuel Bevington (1832–1907) auf, kam doch England immer noch eine Vorreiterrolle auf dem Gebiet der Industrie zu. Außer unternehme-

369 Plitt, Herrnhutisches Erziehungswesen, in: Schmid (Hrsg.), Encyklopädie, 1862, S. 470.
370 Plitt, Herrnhutisches Erziehungswesen, in: Schmid (Hrsg.), Encyklopädie, 1862, S. 474.
371 Im 19. Jahrhundert waren von insgesamt 4.573 Schülern im Internat 2.720 Engländer. Vgl. Doerfel, Engländer, in: Geschichte in Wissenschaft und Unterricht 37 (1986), S. 422 u. Mettele, Weltbürgertum, 2009, S. 102.
372 Vgl. StA Worms, Abt. 170/26, Nr. 5, Cornelius Wilhelm von Heyl, Aus meinem Leben, Manuskript o. J., Transkript 1966, S. 4.
373 Pieper, Grand Tour, in: Imorde/Pieper (Hrsg.), Grand Tour, 2008, S. 4.
374 StA Worms, Abt. 170/26, Nr. 5, Cornelius Wilhelm von Heyl, Aus meinem Leben, Manuskript o. J., Transkript 1966, S. 4.
375 Vgl. mit weiterer Literatur: Bock: Baedeker, 2010, S. 261.

risch relevanter Kenntnisse, konnte sich Cornelius Wilhelm Heyl bei dem zehn Jahre älteren Bevington auch Anregungen im Bereich des sozialen Engagements holen. Wie Cornelius Wilhelms Großvater profilierte auch dieser sich als ‚Wohltäter' seiner großen Arbeiterschaft.[376]

1861, also im Alter von achtzehn Jahren, wurde Cornelius Wilhelm Heyl Assoziier seiner verwitweten Großmutter in der Lederfabrik *Cornelius Heyl* in Worms. Ein Jahr später übergab sie ihm die Firmenleitung. Dennoch erlaubte er sich in dieser Zeit eine dreimonatige Italienreise, wo er sich von einem Experten durch die kunsthistorisch bedeutenden Städte Rom und Neapel führen ließ.[377] Heyl konnte nur eine sehr reduzierte Form der *Grand Tour* erleben, da er, im Gegensatz zum adligen Gentleman, berufliche Verpflichtungen hatte. In seinen Memoiren betonte er jedoch besonders, dass er in Italien, in „wahrhaft erhebender Weise" in die Kunstgeschichte eingeführt worden sei.[378]

Die Tätigkeit Cornelius Wilhelm Heyls als Unternehmer wurde oben bereits beschrieben. An dieser Stelle sei lediglich in Erinnerung gerufen, dass er es sich zum Ziel gesetzt hatte, die Arbeit seines Großvaters in unternehmerischer, aber auch betriebsfürsorglicher Hinsicht fortzusetzen. Dementsprechend führte er 1863 ein Wartegeld ein, das im Falle von Betriebseinschränkungen und daraus resultierenden zeitweiligen Beurlaubungen an die betroffenen Arbeiter fortgezahlt wurde.[379] 1864 trug er zu Gründung eines betrieblichen Konsumvereins bei, der die Fabrikangehörigen mit Lebensmitteln und Konsumartikeln zum Einkaufspreis versorgte.[380] Auf dem Feld der Sozialpolitik innerhalb seines Betriebs engagierte sich Heyl auch in den folgenden Jahren und erweiterte diese Aktivitäten auf den kulturellen Bereich (s. Kap. 4). Diese zunächst rein innerbetriebliche Kulturförderung sollte sich später auf die Stadt Worms, das Großherzogtum Hessen und letztlich auf die kulturellen Zentren des Deutschen Kaiserreichs ausweiten. Die Fokussierung auf kulturelle Belange und die sich daraus ergebenden repräsentativen Möglichkeiten beruhten nicht zuletzt auf Cornelius Wilhelm Heyls Verbindung mit Sophie Stein, die 1866 in sein Leben getreten war. Ab diesem Zeitpunkt verdichten sich die Handlungen, die sich zu einer Etablierungsstrategie zu-

---

376 1900 wurde Bevington Mayor (Bürgermeister) von Bermondsey. Er soll sich für Verbesserungen im Sozial- und Bildungswesen eingesetzt haben. 1910 wurde zu seinem Andenken eine Bronzestatue in London in der Nähe der Tower Bridge errichtet. Vgl. Baker, Statues, 2002, S. 185.

377 Vgl. StA Worms, Abt. 170/26, Nr. 5, Cornelius Wilhelm von Heyl, Aus meinem Leben, Manuskript o. J., Transkript 1966, S. 4.

378 StA Worms, Abt. 170/26, Nr. 5, Cornelius Wilhelm von Heyl, Aus meinem Leben, Manuskript o. J., Transkript 1966, S. 4.

379 StA Worms, Abt. 170/26, Nr. 57, Arbeiterfürsorge im Hause Heyl Worms a. Rhein, hg. von: Cornelius Heyl (Unternehmen), Leipzig 1913, S. 12.

380 StA Worms, Abt. 170/26, Nr. 57, Denkschrift über die Wohlfahrts-Einrichtungen für die Arbeiter des Hauses Cornelius Heyl in Worms am Rhein. Zusammengestellt für die Deutsche Allgemeine Ausstellung für Unfallverhütung, Berlin 1889, S. 11.

sammenschließen lassen und die Cornelius Wilhelm Heyl schließlich die ‚Adelswürdigkeit' erbrachten.

3.3 Die Erlangung der Adelswürde 1866–1886

Die Angleichungs- und Integrationsbestrebungen der Heyls in die zeitgenössische Elite zeigen im zeitlichen Verlauf vermehrt das Bedürfnis auf, in Adels- und Hofkreise vorzudringen. Dieses Ziel erreichten sie mit ihrer Nobilitierung am 31. März 1886 durch den Großherzog Ludwig IV. von Hessen.[381] Voraussetzung für eine Standeserhöhung war die sogenannte Adelswürdigkeit, für die es jedoch keine explizit festgelegten Standards, also auch keine einheitliche auf die Nobilitierung ausgerichtete Strategie gab.[382] Für das Großherzogtum Hessen legte Christoph Franke eine statistische Untersuchung der Nobilitierungspraxis vor.[383] Aufgrund der schlechten Quellenlage fand er zwar weder genaue Zahlen, noch konnte er konzeptionelle Überlegungen der Großherzöge oder der Staatsminister zur Nobilitierungspraxis finden.[384] Dennoch liefert Frankes Studie zahlreiche Ergebnisse, die für eine Einordnung der Familie Heyl als geadelte Unternehmer hilfreich sind: Die hessischen Großherzöge nobilitierten im Vergleich zu anderen deutschen Fürsten wenig.[385] Am häufigsten erhielten verdiente Beamte einen Adelstitel, dabei federführend die Beamten des Staatsministeriums. Sie verharrten in den traditionellen Vorstellungen von Adel als dem führenden Stand der Monarchie, in den Bereichen Hofdienst, Kriegswesen, Staatsverwaltung und Kirche.[386] Über die tatsächlichen Zahlen der in den Adelsstand erhobenen Unternehmer kann man keine Aussagen treffen, da diese häufig unter der Bezeichnung ‚Gutsbesitzer' erfasst wurden. Ludwig IV., der als besonders technik- und kulturbegeistert galt, nobilitierte zwei Gutsbesitzer und zwei Unternehmer, darunter Cornelius Wilhelm Heyl.[387] Franke kommt

381 StA Worms, Abt. 170/26, Nr. 6, Beglaubigte Abschrift der Nobilitierungsurkunde von Ludwig IV., Großherzog von Hessen und bei Rhein für Wilhelm Cornelius Heyl am 31. März 1886.

382 Reif, Adel, 2012, S. 34. Eine systematische Untersuchung der Nobilitierungspraxis in den deutschen Ländern steht noch aus. Vgl. Forschungsstand bei Franke, Adel, in: Conze (Hrsg.), Adel, 2010, S. 359–374. Für Schlesien und Böhmen stellt Rudolf Kučera jeweils unterschiedliche Nobilitierungspraktiken fest, die jeweils von verschiedenen Adelsqualifikationen ausgingen, vgl. Kučera, Staat, 2012.

383 Franke, Adel, in: Conze (Hrsg.), Adel, 2010, S. 361.

384 Als wesentliche Quellen dienten ihm die Beilagen zum Großherzoglich-Hessischen Regierungsblatt.

385 Insgesamt kam es in Hessen in den Jahren zwischen 1806 und 1918 zu 172 Nobilitierungen. Bayern weist für den gleichen Zeitraum 200 auf; von 1850 bis 1900 wurden in Bayern vier Personen jährlich nobilitiert. In Preußen wurden zwischen 1870 und 1918 jährlich 23,5 Nobilitierungen vollzogen. Zudem gab es im Großherzogtum Hessen einen hohen Anteil von Adelsanerkennungen und Neunobilitierungen, im Vergleich dazu waren Standeserhöhungen selten: in den Jahren 1806–1918 insgesamt vier, s. Franke, Adel, in: Conze (Hrsg.), Adel, 2010, S. 362 u. 363.

386 Franke, Adel, in: Conze (Hrsg.), Adel, 2010, S. 369.

387 Franke, Adel, in: Conze (Hrsg.), Adel, 2010, S. 365.

zu dem Ergebnis, dass im Großherzogtum Hessen der bestehende Adel zwar ergänzt wurde, aber, abgesehen von wenigen Ausnahmen, keine Öffnung zu neuen Gruppen der industriellen Gesellschaft vollzogen wurde.[388] In Anbetracht der Tatsache, dass deutsche Fürsten im 19. Jahrhundert insgesamt nur selten nobilitierten und Unternehmer dies noch weniger als Offiziere und Staatsbeamte erwarten konnten,[389] ist die Erhebung von Cornelius Wilhelm und Sophie Heyl in den Adelsstand als eine Ausnahmeerscheinung zu bewerten. Großherzog Ludwig IV. erhob während seiner Regierungszeit (1877–1892) neben Cornelius Wilhelm Heyl nur einen weiteren Unternehmer in den Adelsstand, vermutlich den Mainzer Weingroßhändler Willibald Brentano, allerdings wurde nur dessen alter italienischer Adelstitel bestätigt.[390] Wenn Brentano zudem als Minister geadelt wurde, was naheliegend ist, wären die Heyls die absolute Ausnahme.

‚Titelkäuflichkeit' war, ebenso wie etwa in Preußen, keine verlässliche Option. Vermögen und Großgrundbesitz waren zwar ausschlaggebende Faktoren, aber sie reichten nicht aus.[391] ‚Adelswürdigkeit' erlangte man, so Heinz Reif, durch: Gutsbesitz, Ämtererfolg, Ehrungen und gesellschaftliche wie familiäre Verbindungen.[392] Auch kulturelles und soziales Engagement gehörten zu den Bedingungen. In den Jahren 1866 bis 1886, also beginnend mit der Eheanbahnung mit Sophie Stein, erreichte Cornelius Wilhelm Heyl gemeinsam mit seiner Familie ‚Adelswürdigkeit', weil er aristokratische Konzepte als Elitemodell verfolgte: Lange bevor sie nobilitiert wurden, lebten und verhielten sich die Heyls bereits wie ihre adligen Vorbilder.

Die Adelsaffinität der Heyls lässt sich mit der elitären Stellung erklären, die der Adel noch innehatte. Rechtlich wurde der Adel dem Bürgertum im 19. Jahrhundert zwar nahezu gleichgestellt, es gab jedoch Unterschiede und Abstufungen: Während der sächsische Adel seine Sonderrechte komplett verloren hatte, behielt er in Bayern oder Preußen seine politische Bevorzugung in den ersten Kammern.[393] Die Verfassung des Großherzogtums Hessen, die mit kleineren Modifikationen von 1820 bis 1918 bestand, orientierte sich an der bayerischen Verfassung von 1818 und beruhte auf einem Zweikammersystem.[394] In der ersten Kammer konnte sich der Adel eine dominante Stellung bewahren und sicherte sich so „seinen früheren Einfluss in Gestalt seines sozialnormativen Verhaltens".[395]

---

388 Franke, Adel, in: Conze (Hrsg.), Adel, 2010, S. 368 u. 369.

389 Vgl. Wienfort, Adel, 2006, S. 139. Eine Ausnahme stellte Preußen mit 1.129 Nobilitierungen zwischen 1871 und 1918 dar.

390 Franz, Otto Rudolf von Brentano, in: Heidenreich (Hrsg.), Geist, 2000, S. 183 f., Anm. 4; Franke, Adel, in: Conze (Hrsg.), Adel, 2010, S. 367.

391 Schiller, Rittergut, 2003, S. 259.

392 Reif, Adel, 2012, S. 34.

393 Clemens, Sanctus, 2004, S. 278.

394 Fleck, Verfassung, in: Schriften zur politischen Landeskunde Hessen 4 (1997).

395 Clemens, Sanctus, 2004, S. 278.

Allein die Zugehörigkeit zu seiner Familie brachte dem Adligen eine „zeitlose Elitequalität".[396] Silke Marburg und Josef Matzerath betonen, dass eine adlige Familie, der es gelang innerhalb des Adelsstandes oben zu bleiben, über eine Elitestellung verfügte, die für Konkurrenten uneinholbar war. Die Rechtfertigung des adligen Führungsanspruchs sei einzigartig, da er auf Alter, Erfahrung und der Kontinuität eines Adelsgeschlechts beruhte, so Marburg und Matzerath.[397] Der Adel versinnbildlichte seine Elitestellung durch spezifische Interessen, wie etwa Heraldik, Genealogie und Jagd sowie durch eine Strategie, die sich im Erhalt der Familiengüter und einer damit verbundenen Bodenbindung zeigte. Zum Adelsethos gehörten zudem Familiendisziplin und damit der Verzicht auf Selbstverwirklichung sowie die Beschränkung auf ökonomische Aktivitäten, die auf dem Grundbesitz und Positionen am Hof beruhten, die adligen Familien als exklusives symbolisches Kapital zukamen.[398] Heinz Reif beschreibt fünf Kernpunkte der Adelsmentalität: Erstens war der Adel ein „erbliches Substrat", das aus dem Prinzip der Ungleichheit heraus entstanden war.[399] Zweitens gehörte zur Adelsmentalität das Prinzip der Ehre, ein Anspruch, der an jeden einzelnen Vertreter dieser Elite gerichtet wurde. Drittens stand der Adel für das Prinzip Familie, was bedeutete, dass jeder Einzelne in die Reihe seiner Ahnen und Nachkommen eingebunden war. Viertens verstand sich der Adel als „Einheit von Herrschaftsbefähigung und Dienstpflicht". Fünftens definierte sich der Adel nach Reif als Lebensform, die auf Bodenbesitz und eine weit zurückreichende Bodenbindung basierte.[400]

Der Lebensstil und die Haltung der Heyls zeigten schon früh Ansätze des „Aristokratismus" im Sinne der Definition in Meyers Konversationslexikon 1888 und 1905: Eine „ausgesprochene Vorliebe für aristokratische Vorrechte und Gebräuche."[401] Sie verfolgten den Aristokratismus als kulturelles Konzept, in dem politische Herrschaftsansprüche ebenso enthalten waren wie das „Streben nach kultureller Hegemonie".[402] Im Laufe der Zeit verinnerlichte die Unternehmerfamilie die oben definierten adligen Mentalitätskerne und entwickelte ein Selbstbild, das einer aristokratischen Familie entsprach. Mehrere Faktoren waren für die ungewöhnliche Standeserhöhung von Cornelius Wilhelm Heyl und Sophie Heyl entscheidend. Dazu gehörten der unternehmerische Erfolg und die betriebliche Wohlfahrt. Weiterhin spielte auch die militärische Karriere des Bruders Maximilian Heyl eine Rolle, der im selben Jahr gemeinsam mit seiner Frau Doris nobilitiert wurde.

---

396 Marburg/Matzerath, Stand, in: Marburg/Matzerath (Hrsg.), Schritt, 2001, S. 14.
397 Marburg/Matzerath, Stand, in: Marburg/Matzerath (Hrsg.), Schritt, 2001, S. 14.
398 Marburg/Matzerath, Stand, in: Marburg/Matzerath (Hrsg.), Schritt, 2001, S. 14.
399 Reif, Adeligkeit, 1997, zit. n. Matzerath, Adelsprobe, 2006, S. 31.
400 Reif, Adeligkeit, 1997, zit. n. Matzerath, Adelsprobe, 2006, S. 31.
401 Art. Aristokratie, in: Meyers Großes Konversationslexikon, Bd. 1., Leipzig/Wien 1888, S. 812 u. 61905, S. 762, zit. n. Conze, Aristokratismus, in: Conze et al. (Hrsg.), Aristokratismus, 2013, S. 9–29, hier S. 12.
402 Gerstner, Adel, 2008.

Durch die Heirat mit Sophie erschloss sich Cornelius Wilhelm inkorporiertes kulturelles Kapital, ein zentrales Element der Adelswürdigkeit, wie zunächst gezeigt wird. Wesentlich für die Erhebung in den Adelsstand waren des Weiteren die politische Karriere und Lobbyarbeit auf Stadt-, Staats- und Reichsebene sowie Orden und Titel als Zeichen staatlicher Anerkennung. Erheblichen Einfluss hatten zudem Grundbesitz und Landbindung. Der Kauf von Schloss Dalberg in Herrnsheim mit der Errichtung eines Fideikommisses wird daher in einem eigenen Abschnitt näher beleuchtet. Mit Einladungen und Besuchen aus Adelskreisen, einer persönlichen Beziehung zur großherzoglichen Familie und sozialem Engagement für die Armen lebten die Heyls ganz im Zeichen eines aristokratischen Lebensmodells. Mit hohem persönlichem und finanziellem Einsatz inszenierte sich die Unternehmerfamilie durch Projekte zur Geschichtspflege als altes Adelsgeschlecht. Eine besondere Rolle spielte die Verwendung eines mittelalterlich anmutenden Wappens, das bereits vor der Nobilitierung in Auftrag gegeben wurde. Das Kapitel schließt mit einer Einordnung der Heylschen Prestigepolitik in die Debatte um die „Feudalisierungsthese".

3.3.1 Erschließung inkorporierten kulturellen Kapitals – Heirat mit Sophie Stein

Als Cornelius Wilhelm Heyl 1867 die Kölner Bankierstochter Sophie Stein heiratete, gewann er eine Partnerin, die in einer kunst- und kulturbegeisterten Familie aufgewachsen war. In der Sprache Bourdieus formuliert, erlangte Heyl durch die Heirat ökonomisches Kapital in Form der Mitgift und ihres späteren Erbes[403] sowie kulturelles Kapital „in verinnerlichtem, inkorporiertem Zustand", im Sinne der schöngeistigen Bildung, die Sophie mitbrachte.[404] Nach dem Tod der Eltern Stein 1890 kam auch kulturelles Kapital „in objektiviertem Zustand" hinzu, als ein Drittel der Kölner Kunstsammlung in den Wormser Bestand von Cornelius Wilhelm und Sophie einging.[405] Sophies Herkunft aus einer traditionsreichen Bankiersfamilie, die sich um die Kulturpflege in Köln und einen eigenen Kunstbesitz sowie um dessen Kennerschaft bemühte, bewahrte Cornelius Wilhelm Heyl davor, zu einem „neureiche[n], erschreckend kulturlosen Sammler" zu werden, die Mitte des 19. Jahrhunderts in den „jungen Industriestädten […] als erste Vertreter der sich bildenden plutokratischen Sammlerschicht auftraten", wie es der Kunsthistoriker Otto Helmut Förster 1931 formulierte.[406] Während die Kurzbiographie

403 Die Summe der Mitgift ist nicht bekannt. In der Firmenchronik heißt es im Zusammenhang mit den Mitgiften an Sophie, Doris und Marie Antoinette: „Von größeren Abbuchungen auf dem Konto [Kapitalkonto Wwe. Carls Stein, Anm. I. H.] seien die Zuwendungen an die Töchter erwähnt." Nach dem Tod der Mutter Marie Antoinette Stein 1890 wurden die hinterlassenen Kapitalien an die Geschwister Raoul, Sophie, Doris und Marie Antoinette ausgeschüttet. Jedes Kind bekam eine halbe Million Mark. Vgl. Eckert, Stein, 1940, S. 127.

404 Bourdieu, Kapital, in: in: Kreckel (Hrsg.), Ungleichheiten, 1983, S. 185.

405 Bourdieu, Kapital, in: Kreckel (Hrsg.), Ungleichheiten, 1983, S. 185.

406 Förster, Kunstsammler, 1931, S. 112.

Sophies in Kapitel 3.1.2 kursorisch auf die wirtschaftliche und gesellschaftliche Situation der Bankiersfamilie Stein in der Mitte des 19. Jahrhunderts einging, widmet sich der folgende Abschnitt ihrem kulturellen Engagement.

Mit der Großbank J. H. Stein wuchs das Kapital der Familie Stein beachtlich an. Ihr Reichtum äußerte sich in zwei Stufen: Zunächst ließen sie Luxus in ihr Alltagsleben einfließen, indem sie kostbares Mobiliar auswählten, zahlreiches Hauspersonal einstellten, ihre Sommerfrische in angesagten Kurbädern verlebten und schließlich auch Kunst ankauften. Erst nach diesen Investitionen in Luxus wandten sich die Großbürger einer „zweckfreie[n] kulturelle[n] Betätigung" zu.[407] Dieser Prozess ist nicht nur als prestigeträchtige Äußerung von Reichtum zu verstehen, sondern kann auch als ein Prozess der Angleichung an den Adel interpretiert werden.[408] Die Kulturförderung der Steins vereinte die Praxis des Kunstsammelns und des Mäzenatentums. Sie förderten kollektiv im Verein und individuell, machten Schenkungen an die städtische Gemeinschaft und protegierten einzelne Künstler.[409]

Der Kunsthistoriker Otto Helmut Förster, der 1931 eine Geschichte des Kölner Sammelwesens veröffentlichte, zählte Carl Stein (Abb. 12) zu den relativ wenigen Sammlern, „die sich über die Ebene der hausbackenen biedermeierlichen Liebhaberei zu erheben und europäische Geltung zu erringen wußten."[410] Carl Steins Privatsammlung blieb über die 1860er Jahre hinaus bestehen. Damit gehörte seine Kollektion gemeinsam mit der Oppenheim-Sammlung zu den Ausnahmen innerhalb der Kölner Sammlerszene.[411] Laut Förster starb die alte Sammlergeneration aus und ihr Besitz wurde in „alle Winde" zerstreut.[412] Georg Swarzenski (1876–1957), der von 1906 bis 1938 Direktor des Städelschen Kunstinstituts und der Städtischen Galerie in Frankfurt am Main war, vermerkte zum Steinschen Haus, dass dort ein sehr reges geistiges und künstlerisches Leben geherrscht habe: „zahlreiche Künstler verkehrten hier und vor allem befand sich hier eine hervorragende Kunstsammlung."[413]

---

407 Ayçoberry, Köln, 1996, S. 144, 148 f.

408 Ayçoberry schließt dies für das Großbürgertum in Köln, u. a. auch für die Familie Stein aus. Ein vorherrschendes bürgerliches Kulturmodell sieht der Historiker für Köln innerhalb seines Untersuchungszeitraums nicht: „Es gibt gebildete Bürger, aber keine bürgerliche Kultur mehr." Ayçoberry, Köln, 1996, S. 149 und 333.

409 In einem Nachruf zum Tod Carl Steins heißt es dazu – entsprechend der Textgattung – emphatisch: „Im Atelier des Künstlers, in der Werkstatt des Kunsthandwerkers, da war die Stelle, [...] wo er mit stets bereiter Hülfe eintrat, wenn die Lebensnoth den Flügelschlag einer schaffenden Seele einzuengen drohte." Anonym, Herr Carl Stein und sein Vermächtniß, Cöln, den 31. Juli 1868, handschriftliches Manuskript (wahrscheinlich ein Nachruf), StA Worms, Abt. 186, Nr. 1199.

410 Förster, Kunstsammler, 1931, S. 117.

411 Ayçoberry, Köln, 1996, S. 330.

412 Förster, Kunstsammler, 1931, S. 127.

413 StA Worms, Abt. 202, Nr. 288a, Swarzenski, Kunstsammlung, 1921, S. VI. Es handelt sich um nichtgebundene Seiten im Schuber, zwei weitere Exemplare befinden sich in der Stadtbibliothek Worms und in der Stiftung Heylshof.

Abb. 12: Porträt Carl Martin Stein (nach einer Fotografie).

Die Sammlung von Carl Stein wurde nach seinem Tod 1868 vom Kölner Kunsthändler Heinrich Lempertz auf 15.998 Taler geschätzt und dann auf die Nachkommen verteilt.[414] In der Kölner Sammlerchronik von Otto Förster finden insbesondere die Gläser, Silbersachen und Keramiken Erwähnung.[415] Einen sehr lebendigen Eindruck der Sammlung und ihrer Präsentation vermitteln die Erinnerungen Adrienne Heyls, der Tochter von Cornelius Wilhelm und Sophie Heyl, die das Haus ihrer Großmutter folgendermaßen beschreibt:

> Ich vergass zu sagen, dass meine Grossmutter eine wunderbare Kunstsammlung besass, stammend von ihrem Mann [...], der jedes Stück einzeln gesammelt hatte. Sie bestand aus prachtvollen mittelalterlichen Krügen vom zehnten Jahrhundert an, meist Kölner Schule oder Augsburg, prachtvollen Gläsern, deutsche und florentiner, Bilder aus der frühen Kölner Schule, alte Italiener und Elfenbein- und Handschnitzereien wertvollster Art. Diese Sachen waren verteilt in den Salons, und besonders schön und reizvoll eingerichtet war das Billardzimmer, da die feinen seltenen Gläser und Porzellane in eingebauten Glasvitrinen ringsum an den Wänden aufgestellt waren. Die Sammlung ging nach dem Tode meiner Grossmutter in vier Teile, also an ihre lebenden Töchter. Ein Teil davon übernahm also meine Mutter und ging in die Heylsche Sammlung mit hinein. [...] Die Stimmung dieses Hauses [in Köln, Anm. I. H.], wie gesagt, durch die Sammlung, durch die Grösse der Räume, durch das elegante Treppenhaus, was bis in den dritten Stock durch

414 Werner, Wohnhäusern, in: Werner/Bönnen (Hrsg.), Industriellenfamilie, 2010, S. 218. Zum Vergleich: Um die Jahrhundertmitte erhielten ein Kölner Lehrer oder ein Gerbereifacharbeiter mit einem Dreizehnstundentag ca. 220 Taler als Jahreseinkommen. Vgl. Klein, Köln, 1992, S. 198.

415 Förster, Kunstsammler, 1931, S. 127.

ging, die grosse Einfahrt für Pferdewagen mit Glastüre zum Vestibül, alles das beeindruckte unser Kindergemüt sehr, denn es war unbedingt in jeder Beziehung aus dem Alltäglichen fallend.[416]

Abb. 13: Verherrlichung Mariens, um 1470, Museum Kunsthaus Heylshof, Inv. Nr. 2, Schenkluhn, Kritischer Katalog.

Georg Swarzenski schreibt in seinem unveröffentlichten Katalog der Kunstsammlung im Heylshof ebenfalls, dass große Bestände aus der Steinschen Sammlung in Köln stammten und den Gesamteindruck maßgeblich prägten.[417] Vor allem die altdeutschen Gemälde und Skulpturen waren ursprünglich aus dem Besitz der Bankiers Stein, denn Kölner Sammler schätzten diese bereits in der Epoche der Romantik hoch ein. Zu nennen wären etwa die Tafelbilder *Engel der Verkündigung* aus dem Umkreis des Meisters von St. Laurenz, um 1420, und *Die Verherrlichung Mariae* des nach der Tafel benannten Meisters, um 1470 (Abb. 13).[418] Unter den Holzbildwerken des 15. Jahrhunderts befindet

416 StA Worms, Abt. 187, Nr. 112, Adrienne von Deichmann geb. Freiin von Heyl zu Herrnsheim, Kinder- und Jungmädchen-Erinnerungen bis zu Ehe, Aufzeichnung aus dem Jahr 1931, Transkript, o. S., Aufzeichnung vom 7. November 1931.

417 StA Worms, Abt. 202, Nr. 288a, Swarzenski, Kunstsammlung, 1921, S. VI.

418 Inv. Nr. 1 und Inv. Nr. 2, in: Schenkluhn, Kritischer Katalog, in: Schenkluhn (Hrsg.), Stiftung Kunsthaus Heylshof, 1992, S. 75 u. 78.

sich beispielsweise eine vollrunde Wandfigur der heiligen Ursula aus Steinschem Besitz. Des Weiteren sind Figuren aus Buchs- und Koniferenholz der Sammlung Stein aus dem 17. und 18. Jahrhundert in Worms vorhanden, die ursprünglich eine Bemalung aufweisen. Auch die Heylsche Sammlung von deutschen Krügen und Gläsern bezog ihren Grundstock aus dem Kölner Erbe, wie der mit Perlen verzierte Reichsadlerhumpen mit Kruzifix aus dem Jahr 1660 (Abb. 14) oder der um 1700 entstandene gläserne Balusterpokal. Bereits diese wenigen Beispiele verweisen auf den Typus der Steinschen Sammlung, der im Gegensatz zu Spezialsammlungen unterschiedliche Kunst- und Kunstgewerbeartefakte vereint. Diesen Sammlungstypus, der als „repräsentative Sammlung"[419] bezeichnen werden kann, setzten später auch Sophie und Cornelius Wilhelm Heyl um, wie in Kapitel 4 erörtert wird.

Abb. 14: Reichsadlerhumpen, Swarzenski, Kunstsammlung, 1921, Inv. Nr. Sw 772.

Die Praxis des Kunstsammelns verknüpften die Steins im Sinne der Gepflogenheiten ihrer Zeit mit der Kulturförderung ihrer Stadt. Somit gehörte Carl Stein bereits im Gründungsjahr 1839 dem Kölner Kunstverein als Ausschussmitglied an.[420] Dieser Verein, der auf Aktienbasis entstanden war und in den 1840er Jahren bereits über 1.000 Mitglieder aufwies, zielte einerseits auf die Schulung des Kunstgeschmacks ab.[421] Ande-

419 Vgl. Kuhrau, Kunstsammler, 2005, S. 9.

420 Förster, Kunstsammler, 1931, S. 127.

421 Mettele, Bildungssinn, in: Kaufhold/Sösemann (Hrsg.), Wirtschaft, 1998, S. 174. Gabriele Clemens gibt zu bedenken, dass es sich bei der Vorgabe des Kölner Kunstvereins, man wende sich mit seinen

rerseits und vorrangig diente er aber als exklusives Konstituierungsforum für die ‚gute Gesellschaft' der Stadt. Die Vereinsmitgliedschaft war „der manifeste Ausdruck dessen, daß eine Person ‚dazugehörte'", so Norbert Elias.[422] Demnach vermittelte das Verzeichnis der Vorstandsmitglieder des Kölner Kunstvereins ein *Who is Who* der Stadt.[423] Der Verein war auch kein ‚bürgerlicher' Verein, wie etwa Gisela Mettele in ihrer Studie annimmt, sondern ein Begegnungs- und Repräsentationsort sowohl für das Großbürgertum wie Bankiers und Geschäftsleute als auch für ranghohe Beamte und Vertreter des rheinischen Adels. Die Mitglieder machten durch breit angelegte Ausstellungen ihrer besten Sammlungsstücke von sich reden. Durch eine geschickte Präsentation dienten ihre Kunstobjekte als prestigereiche Reklame für das Wirtschaftsunternehmen der Leihgeber oder den ‚guten Namen' der jeweiligen Familie.[424]

Ein bleibendes Denkmal schuf sich ein Kulturförderer aber erst, wenn er seiner Heimatstadt ein möglichst kostbares Stück aus seiner eigenen Sammlung vermachte. So schenkte der Bankier Stein der Stadt Köln den spätmittelalterlichen Thomas-Altar des Bartholomäusmeisters (Abb. 15).[425] Durch diese Schenkung stellte sich Stein in eine Reihe mit dem spätmittelalterlichen Stifter Peter Rinck (gest. 1501), der den Altar ursprünglich der Kölner Karthäuserkirche St. Barbara gestiftet hatte.[426]

Carl Stein legte in seinem Vermächtnis großen Wert auf die besondere Bedeutung, die das Werk für die Stadt Köln besaß und betonte dadurch die patriotische Beziehung zwischen ihm als Mäzen und der Stadt: „Den Thomas-Altar aus der Lyversberg'schen Sammlung habe ich seiner Zeit bei Herrn Haan hier für 2500 Thaler nur aus dem Grunde gekauft, damit dieses Meisterwerk eines altkölnischen Künstlers unserer Stadt erhalten bliebe und anstatt ins Ausland zu wandern, später die Sammlung unseres Museums bereichere und vervollständige."[427]

Ausstellungen an das Volk, um diesem die Kunst näher bringen zu wollen, um eine „idealistische Rhetorik" handelte: „Das in den Reden häufig bemühte ‚Volk' war aufgrund seiner mangelhaften Bildung, der elitären Schranken, Eintrittspreise sowie des herrschenden Kleidercodes wohl kaum in der Lage, die gebotene Kunst zu rezipieren." Clemens, Kunstmarkt, in: Rheinische Vierteljahrsblätter 76 (2012), S. 212 f.

422 Elias, Gesellschaft, in: Elias, Studien, 1992, S. 65.

423 Clemens, Kunstmarkt, in: Rheinische Vierteljahrsblätter 76 (2012), S. 212.

424 Clemens, Kunstmarkt, in: Rheinische Vierteljahrsblätter 76 (2012), S. 212 f.

425 Meister des Bartholomäus-Altars: Thomas-Altar, um 1495–1500, Eichenholz, 143 x 106 cm, jeweils 143 x 47 cm (Flügel), Köln, Wallraf-Richartz-Museum, Inv.-Nr. WRM 179 (Vermächtnis Carl Stein, 1868). Vgl. Budde/Krischel (Hrsg.), Genie, 2001, Kat.-Nr. 82, S. 376f; Kemperdick/Weniger, Bartholomäusmeister, in: Budde/Krischel (Hrsg.), Genie, 2001, S. 40; Corley, Maler, 2009, S. 311 u. 313; Gaus, Thomas-Altar, in: Budde/Krischel (Hrsg.), Genie, 2001, S. 44.

426 Schmid, Netzwerk-Analysen, in: Budde/Krischel (Hrsg.), Genie, 2001, S. 55.

427 Das Vermächtnis Carl Steins vom 29. März 1867 befindet sich kommentiert und als Abschrift in einem handschriftlichen Manuskript (wahrscheinlich ein Nachruf) im Nachlass der Familie Heyl (Familienangelenheiten Stein). StA Worms, Abt. 186, Nr. 1199, Anonym, Herr Carl Stein und sein Vermächtniß. Cöln, den 31. Juli 1868.

Abb. 15: Meister des Bartholomäus-Altars (und Werkstatt?): Thomas-Altar, um 1495–1500, Wallraf-Richartz-Museum.

Carl Stein verfügte, dass der Altar als unveräußerliches Eigentum in den Besitz der Stadt übergehen sollte. Als Ausstellungsort legte er die Sektion *Kölnische Schule* im Wallraf-Richartz-Museum fest. Um das Triptychon als sein Geschenk zu kennzeichnen und damit ein „Erinnerungszeichen“[428] zu kreieren, verpflichtete er das Museum, die Schenkung mit seinem Namen, Stand und Sterbejahr dauerhaft zu kennzeichnen. Deutlich tritt hier der seit der Antike tradierte Stiftergedanke von einer Vergegenwärtigung des toten Stifters durch das posthume Geschenk zu Tage, also eine Memoriastrategie.[429] Entsprechend heißt es in einem Nachruf: „Für die Vaterstadt [...] setzt Carl Stein die Traditionen jener erlauchten Patrizier-Geschlechter fort, die durch ihren Gemeinsinn und ihre Kunstbegeisterung Cöln groß gemacht haben.“[430]

Ein großformatiges Porträt von Marie Antoinette Stein, der Mutter Sophie Heyls, aus dem Jahr 1847 von Carl Ferdinand Sohn (1805–1867) ist im Bestand des Heylshofs in Worms enthalten (Abb. 16).[431] Es zeigt die Tochter des Rotterdamer Kaufmanns Georg Gottlob Jung (1765–1826) und Adriana Catharina van Dun (geb. um 1785), dreizehn Jahre nach ihrer Hochzeit mit Carl Stein. Der Künstler stellt sie nach links gewandt in Dreiviertelansicht dar. Marie Antoinette ist in ein elegantes Kleid mit Hermelinbesatz gekleidet. Diese Garderobe und ihre klassische Haltung – das nach links gewandte Dreiviertelporträt entspricht der höfischen Bildnistradition – geben Marie Antoinette ein fürstliches Erscheinungsbild.[432] Entsprechend beschrieb Adrienne Heyl ihre Großmutter Marie Antoinette Stein, die mit ihren Enkeln ausschließlich französisch sprach, „als führende Frau der Gesellschaft in der reichen Stadt Köln“.[433]

---

428 So nennt es Carl Stein selbst in seinem oben zitierten Vermächtnis.

429 Zum Motiv der Memoria und dem Vergegenwärtigungsgedanken des Stifters, vgl. Borgolte, Einleitung, in: Borgolte (Hrsg.), Stiftungen, 2005, S. 12.

430 StA Worms, Abt. 186, Nr. 1199, Anonym, Herr Carl Stein und sein Vermächtniß. Cöln, den 31. Juli 1868, handschriftliches Manuskript (wahrscheinlich ein Nachruf).

431 Carl Ferdinand Sohn: Bildnis Frau Marie Antoinette Stein, geb. Jung, 1847, Öl auf Leinwand, 82 x 65,5 cm, Worms, Stiftung Kunsthaus Heylshof, Inv. Nr. 83. Abbildung in: Schenkluhn, Kritischer Katalog, in: Schenkluhn (Hrsg.), Stiftung Kunsthaus Heylshof, 1992, S. 306.

432 Zur Bildgattung vgl. Boehm, Bildnis, 1985; Warnke, Hofkünstler, 1985; Wagner, Porträt, in: van Dülmen (Hrsg.), Entdeckung, 2001, S. 79–106.

433 StA Worms, Abt. 187, Nr. 112, Adrienne von Deichmann geb. Freiin von Heyl zu Herrnsheim, Kinder – und Jungmädchen-Erinnerungen bis zur Ehe, Aufzeichnung aus dem Jahr 1931, Transkript (Abschnitt 7.11.1931), o. S.

Abb. 16: Carl Ferdinand Sohn: Bildnis Frau Marie Antoinette Stein, geb. Jung, 1847, Öl auf Leinwand, 82 x 65,5 cm, Museum Kunsthaus Heylshof, Inv. Nr. 83.

Der Künstler Carl Ferdinand Sohn war ein Vertreter der Düsseldorfer Malerschule und gehörte ab den 1830er Jahren zu den gefragtesten Porträtisten des regionalen Großbürgertums und Adels, hatte aber auch internationale Auftraggeber. Beliebtheit erlangte er durch seinen ‚romantischen Renaissancismus', der insbesondere dem Frauenporträt eine sinnliche und dabei dennoch naturalistische Erscheinung verlieh und zugleich auf die Qualität der Stofflichkeit wertlegte.[434] Er porträtierte unter anderen die Düsseldorfer Großbürgerin Mathilde Wesendonck[435], die Kölner Bankierstochter Paula (von) Oppenheim[436], Elisabeth von Joukowsky[437] und Sophie Eugenie Mumm von Schwarzen-

434 Mai, Carl Ferdinand Sohn, in: Lexikon der Düsseldorfer Malerschule, Bd. 3, 1998, S. 292.

435 Carl Ferdinand Sohn: Porträt der Mathilde Wesendonck, 1850, Leihgabe des Bonner Stadtmuseums im Rheinischen Landesmuseum Bonn. Abb. in: Langer/Walton (Hrsg.), Minne, 2002, S. 70; auf S. 80 f. in diesem Band befindet sich auch ein Stammbaum der Familie Wesendonck-Luckemayer. Mathilde von Wesendonck (1828–1902) ist aufgrund ihrer Liebesbeziehung mit Richard Wagner während dessen Exil in Zürich zwischen 1857 und 1858 bekannt. Sie stammte aus der Familie Luckemeyer, wobei ihre Mutter eine geborene Stein war. Ihr Ehemann, der reiche Seidenindustrielle Otto Wesendonck, gehörte zu den großzügigsten Mäzenen Wagners. Vgl. Borchmeyer, Richard Wagner, 2013, S. 207–212.

436 Carl Ferdinand Sohn: Porträt der Paula (von) Oppenheim (1837–1919), undatiert, Gemälde. Sal. Oppenheim jr. & Cie. Köln. Abb. in: Effmert, Sal. Oppenheim, 2006, S. 184, Abb. Nr. 22. Paula (von) Oppenheim, geb. Engels, war mit Albert (von) Oppenheim (1834–1912), einem Miteigentümer des Bankhauses Sal. Oppenheim verheiratet.

437 Elisabeth von Joukowsky, die Ehefrau des Staatsrates Wassily Andrejewitsch von Joukowsky, lebte in den 1840er Jahren in Düsseldorf. Vgl. DuBois, Carl Ferdinand Sohn, in: Baumgärtel (Hrsg.), Malerschule, Bd. 2, Katalog, 2011, S. 122 f.

stein[438]. In den 1830er Jahren hatte sich die Düsseldorfer Malerschule als Institution und „Inbegriff für die Erneuerung der Kunst“ etabliert, ihre Hochphase hielt bis Ende der 1840er Jahre an.[439] Die Steins waren also auch in Fragen der zeitgenössischen Malerei vollkommen *au courant*. Was Viola Effmert für die Bankiers Oppenheim feststellte, trifft auch für die Steins zu: Sie bevorzugten „die gesellschaftlich anerkannten, für die kulturbeflissenen Kreise der elitären Hof- und Geschäftswelt tätigen Künstler“.[440]

Marie Antoinette Stein engagierte sich ebenfalls in der Kulturförderung. Sie stand in Kontakt mit Ferdinand (von) Hiller (1811–1885), dem ‚rheinischen Musikpapst‘ dieser Zeit, der sich per Brief mehrmals für ihre Unterstützung bedankte.[441] Auch nach dem Tod ihres Mannes beteiligte sie sich als Leihgeberin bei öffentlichen Kunstausstellungen, wie etwa an der Kunsthistorischen Ausstellung zu Köln im Juli 1876, wo sie u. a. Siegburger Krüge aus dem 16. Jahrhundert und emaillierte deutsche Gläser aus ihrer Sammlung zeigte.[442] Außerdem vergab sie in den 1880er Jahren Aufträge für Porträts ihrer Kinder an Friedrich August Kaulbach (1850–1920).[443] Sie koordinierte die Sitzungen, gab präzise Anweisungen zur Ausführung der Gemälde und verhandelte über die Kosten.[444] So erfahren wir, dass Kaulbach zu dieser Zeit 8.000 Mark für ein Kniestück, 6.000 Mark für ein Brustbild und 2.000 Mark für ein Pastell verlangte.[445] Der Künstler,

---

438 Carl Ferdinand Sohn: Sophie Eugenie Freifrau von Mumm, 1844, Öl auf Leinwand, 128 x 98,5 cm, Privatbesitz. Abb. in: Lexikon der Düsseldorfer Malerschule, Bd. 3, 1998, S. 293. Sophie Eugenie Mumm von Schwarzenberg, geb. Lutteroth, hatte 1841 in die Champagnerdynastie der Familie Mumm eingeheiratet. Zur Familie Mumm von Schwarzenberg: Lerner, Mumm, Alfons Freiherr Mumm von Schwarzenstein, in: Neue Deutsche Biographie 18 (1997), S. 581 f. [Onlinefassung], URL: http://www.deutsche-biographie.de/ppn117181331.html [08.02.2022].

439 Vgl. Baumgärtel, Malerschule, in: Baumgärtel (Hrsg.), Malerschule, Bd. 1, 2011, S. 24.

440 Effmert, Sal. Oppenheim, 2006, S. 184.

441 Sieben Briefe von Ferdinand Hiller an Marie Antoinette Stein aus den Jahren 1873 bis 1875 sind überliefert: StA Worms, Abt 186, Nr. 1202. Zu Ferdinand Hiller und seiner Rolle als Leiter des Kölner Konservatoriums, Dirigent und Pianist: Bockholdt, Hiller, Ferdinand von, in: Neue Deutsche Biographie 9 (1972), S. 152–153 [Onlinefassung], URL: http://www.deutsche-biographie.de/ppn118704931.html [08.02.2022].

442 StA Worms, Abt. 186, Nr. 1202, Anmeldung zur Betheiligung an der Kunsthistorischen Ausstellung zu Köln am 1. Juli 1876. Auf dem Leihgabeformular sind 37 Objekte aufgelistet.

443 Porträts Kaulbach: Bildnis Sophie Heyl 1885 (Kniestück), Heylshof, Inv. Nr. 103; Cornelius Wilhelm Heyl, nicht mehr im Heylshof (Zimmermanns 1980, S. 247, Nr. 318, Abb. S. 131); Doris und Maximilian Heyl besaßen sieben Gemälde von Kaulbach (Zimmermanns, Friedrich August von Kaulbach, 1980, Abb. S. 131 und S. 236, Nr. 188, 189 und 190); Porträt Doris Heyl 1878/79 (Zimmermanns, Friedrich August von Kaulbach, 1980, S. 247, Nr. 318, Abb. S. 131). Laut Adrienne Heyl wurden alle Heyls von Kaulbach porträtiert: „Fritz August von Kaulbach, der meine Eltern gemalt hat und alle meine Geschwister und mich selbst“ StA Worms, Abt. 187, Nr. 112, Adrienne von Deichmann geb. Freiin von Heyl zu Herrnsheim, Kinder- und Jungmädchen-Erinnerungen bis zur Ehe, Aufzeichnung aus dem Jahr 1931, Transkript, o. S., Eintrag vom 19.11.1931.

444 Dies belegen elf Briefe Kaulbachs an Marie Antoinette Stein aus den Jahren 1882 bis 1884. StA Worms, Abt. 186, Nr. 199.

445 StA Worms, Abt. 186, Nr. 199, Friedrich August Kaulbach an Marie Antoinette Stein, vom 15.08.1882.

der auch mit Cornelius Wilhelm und Maximilian Heyl persönlich bekannt war, gehörte wie auch Franz von Stuck und Franz von Lenbach zu den Münchner ‚Malerfürsten' und war während der Prinzregentenzeit Direktor der Münchner Akademie.[446]

Wie kam es zu der Verbindung zwischen dem jungen Unternehmer Cornelius Wilhelm Heyl und der aus einer traditionsreichen Bankiersfamilie stammenden Sophie Stein? Die beiden lernten sich in jungen Jahren durch die geschäftlichen Netzwerke Heyls kennen. Über eine gemeinsame Zukunft entschieden, neben der gegenseitigen Sympathie, Faktoren wie Herkunft, Stand, Konfession, Ruf, gesellschaftlicher und wirtschaftlicher Rang sowie das kulturelle Kapital. Aus der Perspektive Sophies kann man am ehesten von einer ‚gelenkten' Liebesheirat sprechen.[447] Offensichtlich fand sie Cornelius Wilhelm Heyl attraktiv, aber die Zustimmung zu einer Heirat erfolgte erst nach einer gründlichen Prüfung des Bewerbers durch ihren Vater Carl Stein. Auch hier galt der allgemeine Imperativ der ‚Zweckrationalität', das dominante Element im Habitus der meisten Großbankiers.[448]

Aus den Erinnerungen Cornelius Wilhelm Heyls geht hervor, dass er Sophie Stein zum ersten Mal während des Kölner Karnevals traf, als er gerade im Haus der Kaufmannsfamilie Bürgers zu Gast war: „Ich wußte mir bald Eingang in die Familie Stein zu verschaffen, deren liebliche Tochter einen so starken Eindruck auf mich gemacht hatte".[449] Zu einem näheren Kennenlernen kam es auf einem Fest bei dem Schriftsteller Wolfgang Müller von Königswinter, der über seine Frau Emilie Schnitzler mit der Familie Stein verwandt war.[450] Allerdings, so Cornelius Wilhelm Heyl, habe es noch einige Monate gedauert bis „die Eltern ihr Jawort gaben und nach Worms kamen."[451] Aus dem Tagebuch Sophie Steins, das für die Jahre 1864, 1865 und 1866 überliefert ist,

446 Möckl, Hof, in: Pariser Historische Studien 21 (1985), S. 221.

447 Sie schreibt dazu in ihrem Tagebuch: „dann hatte ich mir geschworen, nie ohne Liebe zu heiraten." Sophie Stein, Tagebuch 1864–1866, Transskript, 28. Februar 1866. StA Worms, Abt. 187, Nr. 56. Das Original-Tagebuch: StA Worms, Abt. 186, Nr. 115. Bei Ingo Köhler ist nachzulesen, dass es im ausgehenden 19. Jahrhundert zu familieninternen Individualisierungsprozessen kam, die zu „sanfteren Formen der arrangierten Eheanbahnung" führten. Vgl. Köhler, Wirtschaftsbürger, 2000, S. 135. Im Fall von Cornelius Wilhelm Heyl und Sophie Stein kann man jedoch auch nicht von einer „contrived coincidence" sprechen, die Köhler im Kontext der Bankiers dieser Zeit beobachtet, da zunächst einiges gegen eine Heirat der beiden sprach. Zum Phänomen der „contrived coincidence" im Zusammenhang mit der Eheanbahnung: Kaplan, Love, in: Leo Baeck Institute Yearbook 28 (1983), S. 269.

448 Reitmayer, Bürgerlichkeit, in: Geschichte und Gesellschaft 25 (1999), S. 45.

449 StA Worms, Abt. 170/26, Nr. 5, Cornelius Wilhelm von Heyl, Aus meinem Leben, Manuskript o. J., Transkript 1966, S. 8 f.

450 Wolfgang Müller von Königswinter (1816–1873) übernahm ab 1851 die Herausgeberschaft der Jahrbücher *Düsseldorfer Künstleralbum*, die sowohl Literaten als auch bildende Künstler gestalteten. Er war daher eine wesentliche Vermittlerfigur zwischen den Poeten und Malern in dem Düsseldorfer Kreis unter der Ägide von Wilhelm von Schadow. Vgl. Ewenz, Verhältnis, in: Baumgärtel (Hrsg.), Malerschule, Bd. 1, 2011, S. 269.

451 StA Worms, Abt. 170/26, Nr. 5, Cornelius Wilhelm von Heyl, Aus meinem Leben, Manuskript o. J., Transkript 1966, S. 9.

wissen wir, dass sie Cornelius Wilhelm Heyl über ihren Bruder Raoul kennenlernte, als Heyl sich bei der Familie Bürgers aufhielt. Sophie fand ihn direkt interessant und attraktiv und hob insbesondere seine zahlreichen Reisen hervor: „Er ist bis jetzt der Erste gewesen der einen gewissen Eindruck auf mich gemacht hat."[452] Am 20. Februar 1866 schrieb Sophie über die Tanzgesellschaft bei Müllers. An jenem Abend erhielt sie einen ersten informellen Antrag von Heyl, den sie zwar begeistert, aber auch voller Erstaunen kommentierte: „Mir schien es so ganz unmöglich, daß ein Mann, der so weitgereist, sich in allen Zirkeln bewegt hatte wie er, [...] eine wahre Neigung gerade für mich empfinden könne."[453]

In beiden Familien gab es allerdings Einwände gegen eine Verbindung. Sophie erwähnt, dass die Familie Heyl eigentlich plante, Cornelius Wilhelm Heyl mit einer Cousine zu verheiraten. Die Steins wiederum hatten Vorbehalte, da sie Cornelius Wilhelm mit seinen 23 Jahren als zu jung einschätzten und auch Sophie eigentlich noch nicht heiraten sollte.[454] Außerdem gab es noch andere Bewerber, die offensichtlich vielversprechender waren.[455] Die Mutter kritisierte zudem den Standort Worms. Sie wies Sophie auf die „Entbehrungen" hin, „die ich jedenfalls erdulden müsse, wenn ich ihm folgen würde, denn Worms sei ein kleines Nest, ich würde dort keine Bekannten haben, nicht das Leben einer großen Stadt finden, in einem Wort, ich würde allem entsagen müssen und er allein würde mir alles ersetzen müssen."[456] Während die Eltern vorgaben, Sophie das Recht einzuräumen, eine eigene Entscheidung zu treffen, zogen sie Erkundigungen über die Familie Heyl ein, wobei zwei Faktoren positiv zu Buche schlugen: Erstens wurde betont, dass Cornelius Wilhelm Heyl gläubiger Protestant sei und zweitens dass er den Betrieb seines Großvaters sehr jung übernommen hatte. Dabei war natürlich wesentlich, dass es sich um ein florierendes Unternehmen handelte.[457]

Schließlich machte Cornelius Wilhelm Heyl am 25. Dezember eine erste Aufwartung im Haus der Steins, als er Sophies Bruder Raoul besuchte. Bei dieser Gelegenheit unterzog Carl Stein den jungen Mann einer Prüfung, wie Sophie es nennt: „Papa hat mit ihm über alles gesprochen, Reisen, Kunst, Fabrik und er hat sein Examen, denn es

452 StA Worms, Abt. 187, Nr. 56, Sophie Stein, Tagebuch 1864–1866, Transkript, o. D. S. 35.

453 StA Worms, Abt. 187, Nr. 56, Sophie Stein, Tagebuch 1864–1866, Transkript, Eintrag vom 24.02.1866, S. 39.

454 Sophie schreibt dazu in ihr Tagebuch: „Ich wusste wohl, daß Papa nie, oder wenigstens mit großen Schmerzen in eine so frühe Heirat einwilligen würde." StA Worms, Abt. 187, Nr. 56, Sophie Stein, Tagebuch 1864–1866, Transkript, Eintrag vom 28.02.1866, S. 40

455 In Sophies Tagebuch befindet sich die Abschrift eines Heiratsantrags von Franz von Loebecke: „Loebecke solle sehr reich sein und sei er auch nicht so schrecklich jung wie Herr Heyl." StA Worms, Abt. 187, Nr. 56, Sophie Stein, Tagebuch 1864–1866, Transkript, Eintrag von März 1866, o. D., S. 31.

456 StA Worms, Abt. 187, Nr. 56, Sophie Stein, Tagebuch 1864–1866, Transkript, o. D., 1866, S. 69.

457 Sophie zitiert ihren Bruder Raoul, der zu Heyl gesagt habe, sie sei ganz frei erzogen und habe in allem freie Wahl. StA Worms, Abt. 187, Nr. 56, Sophie Stein, Tagebuch 1864–1866, Transkript, o. D., 1866, S. 43 u. 45 f.

war für den Ärmsten ein solches, zur größten Befriedigung bestanden."[458] Im Januar des folgenden Jahres fand daraufhin die Verlobung der beiden statt, die Hochzeit wurde am 25. Juni 1867 vollzogen.[459] In einem Festlied beschrieben die Gäste den Werbungsbesuch von Cornelius Wilhelm folgendermaßen: „Heyl als Kunstfreund führt sich ein / bei dem Kunstfreund Carlo Stein, / Doch war es nicht recht klar, / Wovon er Liebhaber war. / Von Antiquitäten, nein! / Wohl von Stein's Töchterlein."[460]

Der Umzug von Köln nach Worms bedeutete für Sophie tatsächlich eine Umstellung. Ihre Tochter Adrienne sollte später festhalten, dass ihre Mutter an „grosse Geselligkeit und geistige Anregung" gewöhnt gewesen sei und „in der kleinen Stadt Worms davon sehr wenig vorhanden war."[461] Sophie sorgte daher selbst für gesellschaftliche Anlässe im Haus Heyl, indem sie Bälle, Kinderfeste und musikalische Abende organisierte. Außerdem integrierte sie sich in die Wohltätigkeitsorganisationen von Worms und brachte sich in das kirchliche Leben der Stadt ein. Das kulturelle Engagement Sophie Heyls, das für uns besonders im Fokus steht, stand ganz in der Tradition ihrer Kölner Familie. Musik, Theater und bildende Kunst hatten ihre Jugendzeit bestimmt. Sie kannte nicht nur die Privatsammlung ihres Vaters und die Sammlungen seines Kölner Kreises, sondern hatte auch auf Reisen bedeutende Museen und Galerien unter der Anleitung Carl Steins kennengelernt.[462] Ihr dadurch gewonnenes inkorporiertes kulturelles Kapital kam in vielerlei Hinsicht Cornelius Wilhelm Heyl zugute, der sich auf dem kulturellen Feld auf die Bildung und den Geschmack seiner Frau verlassen konnte.

3.3.2 Politische Karriere und Lobbyarbeit auf Stadt-, Staats- und Reichsebene

Im Jahr der Hochzeit mit Sophie Stein trat Cornelius Wilhelm Heyl in den Nationalliberalen Verein in Worms ein. Die spätere gleichnamige Partei eröffnete ihm die Möglich-

458 StA Worms, Abt. 187, Nr. 56, Sophie Stein, Tagebuch 1864–1866, Transkript, Eintrag vom 25.12.1866, Abschrift eines Briefes an Doris Stein, S. 78.

459 StA Worms, Abt. 185, Nr. 2939, Texte anlässlich verschiedener Familienfeiern. Im Januar erhielt Sophie auch einen ersten Brief von Heyls Großmutter Wilhelmine Heyl, in dem sie sehr herzlich willkommen geheißen wurde: „Einstweilen sende ich Ihnen liebes Kind meinen großmütterlichen Segen und bitte Sie, mich Ihren verehrten Eltern zu empfehlen. Mit offenen Armen erwartet und küßt Sie in Gedanken Ihre Sie liebende Großmutter Wilhelmine Heyl.", 17. Januar 1867, StA Worms, Abt. 186, Nr. 1438.

460 StA Worms, Abt. 186, Nr. 1203, Lied. Cornelius Wilhelm Heyl und Sophie Stein gewidmet. Am 25. Juni 1867.

461 StA Worms, Abt. 187, Nr. 112, Adrienne von Deichmann geb. Freiin von Heyl zu Herrnsheim, Kinder- und Jungmädchen-Erinnerungen bis zur Ehe, Aufzeichnung aus dem Jahr 1931, Transkript, o. S.

462 StA Worms, Abt. 187, Nr. 56, Sophie Stein, Tagebuch 1864–1866, Transkript, o. D., S. 54 f.

keit, über Worms hinaus auf dem überregionalen politischen Feld zu agieren. Schrittweise gelang es Heyl, alle im Kaiserreich möglichen Varianten der politischen Partizipation wahrzunehmen und für sich zu nutzen. Cornelius Wilhelm Heyls politische Karriere war bereits Untersuchungsgegenstand einiger Studien. 1960 legte der Historiker Günther Kriegbaum eine Dissertationsschrift über dessen parlamentarische Arbeit vor. In einer umfangreichen Examensarbeit untersuchte Bianca Hoffmann 2001 das politische Wirken Heyls als Stadtverordneter, Mitglied der Ersten Hessischen Kammer, und als Reichstagsabgeordneter[463]

Das politische Engagement Heyls fand auf fünf Ebenen statt (vgl. Tab. 7): Im städtischen Rahmen spielte er erstens als höchstbesteuerter Grundbesitzer in der Stadtverordnetenversammlung eine Rolle, zweitens übte er im Kontext der Vereine und Lobbyverbände, wie etwa der Handelskammer, Einfluss aus. Auf der Ebene des Großherzogtums Hessen besaß er drittens einen Sitz in der Ersten Kammer. Diese einflussreiche Position auf Lebenszeit erhielt er aufgrund seiner Berufung durch den Großherzog. Viertens fungierte er als Abgeordneter der Nationalliberalen Partei im Reichstag und fünftens nahm er als Vorstandsmitglied Funktionen in der kirchlichen Selbstverwaltung und Synodale wahr.

Neben der Vielfalt der genannten Mitgliedschaften und Funktionsfelder der politischen Einflussnahme ist die unterschiedliche Art der Aneignung dieser Positionen zu betonen. Während der Reichstag eine parlamentarische Körperschaft war, die aus Wahlen hervorging, handelte es sich bei der Ersten Kammer um das hessische Herrenhaus, in das Heyl 1877 nur aufgrund der Gunst des Herzogs Einzug hielt:

> Besonders glückliche Erinnerungen knüpften sich an die Beziehungen zu dem meiner Firma und meiner Frau und mir gewogenen Ludwig IV. [die offizielle Ernennung vollzog Ludwig III., der im selben Jahr verstarb, Anm. I. H.], der mich auf Lebenszeit in die Erste Kammer berief, und an dessen häufigen Aufenthalt mit seiner hohen Gemahlin Prinzessin Alice von England.[464]

Auch der Sitz in der Stadtverordnetenversammlung fiel Heyl ohne Wahlen zu: Hier erhielt er das Stimmrecht aufgrund seines Rangs als höchstbesteuerter Grundbesitzer.[465]

---

463 Kriegbaum, Tätigkeit, 1962; Hoffmann, Untersuchungen, 2001.
464 StA Worms, Abt. 170/26, Nr. 5, Cornelius Wilhelm von Heyl, Aus meinem Leben, Manuskript o. J., Transkript 1966, S. 10.
465 Vgl. Kriegbaum, Tätigkeit, 1962, S. 19–21.

Tab. 7: Cornelius Wilhelm Heyls Ämter und Positionen in Worms, dem Großherzogtum Hessen und auf Reichsebene.

1. Stadtverordnetenversammlung	1878–1913	Als höchstbesteuerter Grundbesitzer (Gesetz von 1858, 1913 aufgehoben)
2. Vereine und Lobbyverbände (Auswahl)	1873–1880 u. 1893–1923	- Handelskammer Worms - Fischereiverein - Ernst-Ludwig-Verein zur Errichtung billiger Wohnungen
3. Erste Kammer der Landstände des Großherzogtums Hessen	1877–1918 1907	Ernennung auf Lebenszeit III. Präsident der Ersten Kammer
4. Mitglied des Reichstags	1874–1878 1879–1881 1893–1918[466]	Wahlkreis 345: Hessen, 7: Worms-Heppenheim-Wimpfen[467], nationalliberal, ab 1907 fraktionslos[468]
5. Kirchliche Selbstverwaltung (Auswahl)	Ab ca. 1900	Mitglied der Landessynode der hessischen Evangelischen Kirche

Die vielfältigen politischen Ämter erweiterten die Einflussmöglichkeiten und den Wirkungskreis Heyls. Die Themen, mit denen sich Cornelius Wilhelm Heyl auf dem politischen Feld vorwiegend befasste, lagen nicht in der Kultur-, sondern in der Sozial- und Handelspolitik. Sozialpolitisch setzte er sich für eine Sozial- und Arbeitslosenversicherung ein, forderte Maßnahmen für den Arbeiterschutz und plädierte für paritätisch besetzte Handwerks- und Arbeitskammern.

Die bereits erschienenen Studien zeichnen das Bild eines bismarcktreuen Politikers, der sich für die Belange der Arbeiter bei gleichzeitiger Bekämpfung der Sozialdemokratie einsetzte. Sein Interesse lag außerdem in der Förderung von Industrie und Landwirtschaft.[469] Heyl agierte dabei jeweils als Lobbyist in eigener Sache, der vorrangig eigene Ziele auf dem industriellen und agrarischen Sektor verfolgte. Sein ökonomisches und politisches Interesse an der Landwirtschaft stieg parallel zu seinem Grundbesitz. Dass er neben seiner Tätigkeit als Fabrikant auch ausgedehnte landwirtschaftlich genutzte Flächen besaß, wurde bei der Bewertung seiner politischen Tätigkeit bisher ausgeblendet. Es ist aber eine Tatsache, dass er sich dadurch den adligen Konservativen annäherte, die eine agrarprotektionalistische Politik vertraten. Die zunehmende Adelsnähe Heyls zeigte sich somit nicht zuletzt in seiner politischen Arbeit.

In der Stadtverordnetenversammlung zeichnete sich insbesondere sein Ehrgeiz ab, aus der ins Abseits geratenen Stadt Worms eine funktionierende Handelsstadt zu

466 Der Heraldiker Otto Hupp hob 1912 die Wiederwahl Heyls als ungebundenes Mitglied des Reichstags in einem Brief an denselben hervor: StA Worms, Abt. 186, Nr. 1174/092, Otto Hupp an Cornelius Wilhelm Heyl, 31.03.1912.

467 Vgl. Reibel, Handbuch, 2007, S. 1314–1317.

468 Reichstags-Handbuch. 13. Legislaturperiode. Bd. 1912, S. 273.

469 Vgl. Hoffmann, Untersuchungen, 2011, S. 178 u. 180.

machen und ihre Infrastruktur zu optimieren. Besonders hartnäckig kümmerte er sich seit 1876 um die Errichtung einer Straßen- und einer Eisenbahnbrücke über den Rhein. Der Hochwasserschutz und die damit verbundene Rheinregulierung waren seiner Meinung nach nur mit der Anlage eines Schutzdammes und gleichzeitigem Ersatz der 1855 erbauten Schiffbrücke zu gewährleisten.[470] Die mangelhafte Verkehrsinfrastruktur betraf insbesondere die Arbeiter seines Unternehmens, sodass er in diesem Fall die eigenen Interessen als Unternehmer auch zum Vorteil der städtischen Belange durchsetzen konnte. Heyls kontinuierliche Forderungen in Bezug auf die Rheinproblematik von Worms fruchteten schließlich 1900, als die beiden Brücken eingeweiht wurden.

In der Ersten Hessischen Kammer bemühte sich Heyl um eine Reform des hessischen Staats- und Steuerwesens, um eine Wahlrechtsreform, die Vereinheitlichung des hessischen Eisenbahnsystems (u. a. Verstaatlichung der Ludwigsbahn), um die Rheinregulierung auch auf Landesebene und um eine verbesserte Wohnungsfürsorge.[471] Das Herrenhaus versammelte die politische, wirtschaftliche und kulturelle Elite des Herzogtums. Die Zusammensetzung sah folgendermaßen aus: 1. die Prinzen des großherzoglichen Hauses, 2. die Häupter der standesherrlichen Familien des Großherzogtums im Alter von über 25 Jahren, 3. der Senior der Familie der Freiherren von Riedesel (Inhaber der Würde des Erbmarschalls von Hessen), 4. der katholische Landesbischof, 5. der zum Prälaten ernannte evangelische Geistliche, 6. der Kanzler der Universität Gießen, 7. bis zu zehn Staatsbürger, die vom Großherzog als Mitglieder berufen worden waren.[472] Als eines dieser zehn berufenen Mitglieder erarbeitete sich Heyl in der Kammer eine führende Position.[473] Er wurde aufgrund seines wirtschaftlichen Erfolgs und seiner unternehmerischen Kompetenz respektiert und angehört. Außerdem schätzte man seine politischen Netzwerke innerhalb der nationalliberalen Partei und seine guten Beziehungen zu den Großherzögen.[474] Noch vor seiner Nobilitierung baute Heyl eine enge Zusammenarbeit mit dem Grafen Friedrich Wilhelm August zu Solms-Laubach (Deutsche Reichspartei) auf.[475]

Die Sozial- und Handelspolitik gehörten auch zu Heyls Schwerpunkten in der Reichstagspolitik.[476] Hier folgte er den Direktiven Bismarcks. Heyls Politik auf Reichs-

---

470 Heyls Interventionen im Hinblick auf Hochwassergefährdung und Stromverhältnisse begannen 1876 mit seiner Mitarbeit an einer Interpellation an die Reichsregierung. Vgl. Hoffmann, Untersuchungen, 2011, S. 151.

471 Vgl. Kriegbaum, Tätigkeit, 1962, S. 59, 85 u. 157.

472 Vgl. Lengemann (Hrsg.), MdL Hessen, 1996, S. 23.

473 In den Jahren 1905–1918 fungierte er schließlich als Vizepräsident der Ersten Kammer. Vgl. Lengemann (Hrsg.), MdL Hessen, 1996, S. 185.

474 Vgl. Kriegbaum, Tätigkeit, 1962, S. 23.

475 Beispielsweise bei der Neugestaltung der Staats- und Gemeindebesteuerung 1884. Vgl. Kriegbaum, Tätigkeit, 1962, S. 63. S. auch Verzeichnis Nr. 1 im Anhang.

476 Hoffmann, Untersuchungen, 2001, S. 81. Genannt wird Heyl auch als Sozialpolitiker im Lexikon: Dirk Hainbuch, Biographisches Lexikon zur Geschichte der deutschen Sozialpolitik 1871 bis 1945. Band 1: Sozialpolitiker im Deutschen Kaiserreich 1871 bis 1918, Kassel 2010.

ebene stand im Kontext seiner Zugehörigkeit zur Reichsgründergeneration.[477] Sein zentrales Ziel war es entsprechend, das „noch junge und unfertige Reich" einheitlich auszubauen.[478] Daher überwog für Heyl das nationale Interesse vor liberalen Bestrebungen. Im Kulturkampf nahm er eine moderate Haltung ein, d. h. er „richtete sich nicht gegen den katholischen Glauben als solchen, sondern gegen die [Zentrums-]Partei, die die Ansprüche der römischen Kirche vertrete und damit die Staatsautorität untergrabe."[479] In jedem Fall ging es Heyl um den Ausbau der staatlichen Macht im Sinne der nationalen Einheit. So berief er sich in seinem Tagebucheintag am 27. November 1876 auf „den Ruf zur Pflichterfüllung, welchen Kaiser und Reich alltäglich in die Lande hinaus ertönen lassen."[480]

Sein Nationalismus manifestierte sich auch in der Kulturförderung, die er als eine nationale Kunstpflege verstand. In einem Brief an Wilhelm von Bode formulierte er diesen Anspruch folgendermaßen:

> So lange Sie aber der Kunst, dem ewig Schönen auf allen Gebieten, mit solcher Hingebung dienen wie seither tragen Sie zur Blüthe derselben in ganz Deutschland weit mehr bei als zur Steigerung Ihrer Gesundheit. Doch die heilige Arbeit für das Vaterland ist ja das höchste Glück, sollte es wenigstens sein.[481]

Seine politische Position und seine mäzenatischen Ambitionen verband er, wenn er sich für Denkmalschutzprojekte einsetzte, die ‚vaterländischen' Kunstdenkmälern galten. Als prominentes Beispiel ist die Renovierung der Katharinenkirche in Oppenheim zu nennen, die er als Politiker unterstützte und als privater Mäzen mitfinanzierte. Außerdem verwandte er seinen politischen Einfluss und sein durch die politische Arbeit erarbeitetes Netzwerk zur Förderung einzelner von ihm favorisierte Künstler, indem er ihnen öffentliche Aufträge verschaffte. So erhielt der Heraldiker und Künstler Otto Hupp durch Cornelius Heyl einen Freskenauftrag im Berliner Reichstag und auch andere Künstler, die bereits private Projekte für ihn realisiert hatten, profitierten – wie gezeigt wird – von seiner Fürsprache.[482]

Seine Arbeit im Reichstag stellte Heyl als patriotische Pflicht gegenüber dem Vaterland dar, die mit der Pflicht der Familie und dem Unternehmen gegenüber konkurrierte. In seinen Tagebüchern der Jahre 1875 bis 1878 schildert er seine politischen Anfangsjahre im Berliner Reichstag.[483] Es scheint, als habe Cornelius Wilhelm Heyl mit diesen Aufzeichnungen den Versuch unternommen, seine ‚politischen Memoiren' vor-

477 S. Kapitel 3.1.2

478 Vgl. Kriegbaum, Tätigkeit, 1962, S. 29.

479 Kriegbaum, Tätigkeit, 1962, S. 30.

480 StA Worms, Abt. 186, Nr. 1354, Cornelius Wilhelm Heyl, Tagebuch 1875–1878, Tagebuchaufzeichnung vom 27.11.1876, maschschr., S. 44.

481 SMB-ZA, NL Bode-2519-021, Cornelius Wilhelm Heyl, Brief an Wilhelm von Bode vom 20.12.1896.

482 BayHStA, NL Hupp, Nr. 1413, Ausmalung des Gewölbes im Erfrischungssaal des Berliner Reichstags. 6 kolorierte Tuschezeichnungen auf Papier, 1894.

483 StA Worms, Abt. 186, Nr. 1354, Cornelius Wilhelm Heyl, Tagebuch 1875–1878, maschschr., S. 44.

zubereiten. Dieser Eindruck wird dadurch verstärkt, dass sich die Einträge allein auf seine Aufenthalte in Berlin beziehen. Dem Charakter solcher politischen Memoiren entsprechen auch ein ausführliches Namedropping mit genauen Beschreibungen von Sitzordnungen, die Status und Rang demonstrieren, sowie die Wiedergabe zahlreicher Konversationen mit einflussreichen Persönlichkeiten aus dem politischen und kulturellen Leben. Detaillierte Schilderungen gesellschaftlicher Ereignisse am preußischen Hof oder des parlamentarischen Lebens dienten insbesondere der Darstellung seiner persönlichen Involviertheit und Wertschätzung.

3.3.3 Orden und Titel als Zeichen staatlicher Anerkennung

Cornelius Wilhelm Heyl erhielt zeit seines Lebens zahlreiche Orden, Titel und Auszeichnungen durch den monarchischen Staat. Auch Sophie Heyl wurde offizielle Anerkennung zuteil. Für die Unternehmerfamilie Heyl waren solche Ehrungen in vielerlei Hinsicht von Bedeutung: Sie symbolisierten Selbstbewusstsein und Zugehörigkeit, bestätigten den Führungsanspruch und markierten den gesellschaftlichen Aufstieg; schließlich waren sie auch Voraussetzung für die nächsten Karriereschritte.

Norbert Elias differenziert das Establishment des Kaiserreichs folgendermaßen: Er geht von einer „erweiterten guten Gesellschaft" aus, dabei hebt er den Adel als „Kerngruppe" heraus und ordnet die „bürgerlichen Spitzengruppen" diesem hierarchisch unter.[484] Als Bedingung der Zugehörigkeit bestimmte Elias die „Satisfaktionsfähigkeit".[485] Während Adlige, Offiziere und corpsstudentisch organisierte Akademiker diese Voraussetzung besaßen, konnten kapitalistisch-unternehmerische Bürgerliche wie die Heyls nur durch staatliche Ehrungen, das heißt durch Titelvergaben und Ordensverleihungen, ‚satisfaktionsfähig' und damit Mitglieder des Establishments werden. Dabei war es nicht notwendig, sich auch tatsächlich einem Duell zu stellen. Es reichte aus, theoretisch in der Lage zu sein, ‚Satisfaktion' zu leisten. Damit war dem Ehrenkanon der höfischen Gesellschaft als dem „am höchsten rangierende[n] Integrationszentrum dieser Gesellschaft der Satisfaktionsfähigen" Genüge getan.[486] Hoffähigkeit, Satisfaktionsfähigkeit und Zugehörigkeit zur ‚guten Gesellschaft' des Kaiserreichs gehörten also auf das Engste zusammen.

Daran schließt die pointierte Erkenntnis Morten Reitmayers an, der für die Bankiers im deutschen Kaiserreich feststellte, sie seien auf symbolischer Ebene vom Staat abhängig geblieben.[487] Staatliche Auszeichnungen durch Titel und Orden wiesen die Wirtschaftsbürger als Angehörige des Establishments aus. Dies nutzte ihnen nicht nur auf der gesellschaftlichen Ebene, sondern förderte aus der Unternehmerperspektive

484 Elias, Gesellschaft, in: Elias, Studien, 1992, S. 118.
485 Elias, Gesellschaft, in: Elias, Studien, 1992, S. 119.
486 Elias, Gesellschaft, in: Elias, Studien, 1992, S. 74.
487 Vgl. Reitmayer, Bürgerlichkeit, in: Geschichte und Gesellschaft 25 (1999), S. 85.

rein zweckrational auch das jeweilige Geschäft. Titel konnten eine „credit-fördernde Wirkung“[488] haben und somit direkt in ökonomisches Kapital umgewandelt werden. Der Unternehmer, der staatliche Auszeichnungen annahm, verwies damit auf seinen Aufstiegserfolg und zeigte, dass er die Symbole des Staates anerkannte.[489]

Bereits vor seiner Standeserhöhung zum Freiherren im Jahr 1886 erhielt Cornelius Wilhelm Heyl durch den Hochadel wesentliche Orden und Titel. Wie Wegmarken vergegenwärtigen sie die Etappen seiner Karriere: Am 2. Juli 1868 wurde der Unternehmer Heyl von Ludwig III. mit dem *Ritterkreuz I. Klasse des Verdienstordens Philipps des Großmütigen* geehrt.[490] Zehn Jahre zuvor hatten Heyls Großvater Heyl III. und der Cousin seines Vaters Leonhard Heyl II. bereits den Philippsorden erhalten. Der Verdienstorden, auch Großherzoglich Hessischer Philippsorden genannt, war für Zivil- und Militärpersonen gedacht und galt als Auszeichnung für besondere Leistungen. Zu diesem Zeitpunkt stand Heyl einem Unternehmen mit über 1.000 Arbeitern vor und hatte im Jahr zuvor die Goldene Medaille auf der Pariser Weltausstellung gewonnen.

Am 19. Juli 1872 folgte die Verleihung des *Olga-Ordens* durch König Karl von Württemberg (1823–1891).[491] Dieser hatte die Auszeichnung im Zuge des deutsch-französischen Krieges 1871 gestiftet und nach seiner Ehefrau Olga Nikolajewna Romanowa (1822–1892) benannt. Verliehen wurde der Orden „um die Handlungen freiwilliger und aufopfernder Nächstenliebe [...] während des Krieges von 1870/71 gegen Frankreich [...] öffentlich anzuerkennen und zu ehren.“[492] Die Ehrung für Cornelius Wilhelm Heyl bezog sich wohl auf das Barackenlazarett des *Alice-Frauen-Vereins für die Krankenpflege im Großherzogtum Hessen*, das er auf seinem Firmengelände hatte errichten lassen und in dem 307 verwundete Soldaten gepflegt worden waren.[493]

Am 19. Juni 1874 erhielt Cornelius Wilhelm Heyl den Titel Kommerzienrat.[494] Zu diesem Zeitpunkt war er bereits ein mehrfach dekorierter Unternehmer, unter anderem wurde ihm auf der Weltausstellung in Wien 1873 ein Ehrendiplom für Lederfabrikation verliehen. Der Kommerzienratstitel war als Auszeichnung für die Finanzelite am weitesten verbreitet und insbesondere für Unternehmerkreise attraktiv.[495] Ein Vorteil der Auszeichnung lag darin, als Namensbestandteil stets sichtbar zu sein. Generell

488 Handelsminister Hans Hermann von Berlepsch, zit. n. Reitmayer, Bürgerlichkeit, in: Geschichte und Gesellschaft 25 (1999), S. 86.

489 Vgl. Reitmayer, Bürgerlichkeit, in: Geschichte und Gesellschaft 25 (1999), S. 86.

490 StA Worms, Abt. 186, Nr. 1204.

491 StA Worms, Abt. 186, Nr. 1204, Einladungen, Ehrungen, Ordens-Verleihungen.

492 Hof- und Staatshandbuch des Königreichs Württemberg, hg. v. dem königl. Statisch-topographischen Bureau, 1877, S. 104 u. V. In Worms erhielten den Olga-Orden weiterhin der Großherzoglich Hessische Kommerzienrath Dörr (gemeint ist sicherlich der Lederfabrikant Johann Baptist Dörr (1811–1892); Frau Bogen, geborene Jungblut und Frau Bürgermeisterin Brück.

493 Kreyenberg, Mädchenerziehung, 1872, S. 326.

494 StA Worms, Abt. 186, Nr. 972, Originalurkunde zur Ernennung zum Kommerzienrat 1874. Zur Wirtschaftselite des Kommerzienrats vgl. Krauss, Kommerzienräte, 2017.

495 Reitmayer, Bürgerlichkeit, in: Geschichte und Gesellschaft 25 (1999), S. 86. Leonhard Heyl II., der Onkel zweiten Grades von Cornelius Wilhelm führte den Kommerzienratstitel seit 1861 (s. Kapitel 3.2.1).

erhielten Träger dieses Titels „eine von der Obrigkeit ausgesprochene und verbriefte Dignität, die sich im Geschäftsleben zudem als Ausweis von Seriosität und Kreditwürdigkeit überaus nutzbringend einsetzen ließ."[496] Die Vergabe des Kommerzienratstitels war ein besonders einflussreiches Instrument, um unternehmerische Leistungen anzuerkennen. Mit der Verleihung konnte der Staat gleichzeitig das Prestige der Wirtschaftseliten erhöhen und ihre Loyalität gewinnen.[497]

Allerdings spielten auch nichtwirtschaftliche Auswahlkriterien eine Rolle.[498] So ging die Verleihung des Titels Kommerzienrat mit einer moralischen Verpflichtung einher, der nicht jeder nachkommen wollte. Über die Titelvergabe und auch die Ablehnung von Anträgen wurde auf die Finanzeliten Druck ausgeübt.[499] Viola Effmert legt diese Mechanismen in ihrer Untersuchung zur Familie Oppenheim in Köln offen und betont die soziale Kontrolle, die bei der Einwerbung von freiwilligen Finanzmitteln oder Sachmitteln ausgeübt wurde. Eine wichtige Rolle spielte dabei die Titelvergabe.[500] Dies illustriert die Entscheidung Hermann Wallichs, Bankdirektor der Deutschen Bank AG in Berlin, der 1880 die Verleihung des Kommerzienratstitels ablehnte, um nicht „wiederholt für einen wohltätigen Zweck mißbraucht zu werden".[501]

3.3.4 Grundbesitz und Landbindung – Der Kauf von Schloss Dalberg und das Fideikommiss

„Burgen und Schlösser waren augenfälliges und sagenumwobenes Symbol der adligen Herrschaft", hielt Gabriele Clemens in ihrer vergleichenden Studie über deutsche und italienische Geschichtsvereine des 19. Jahrhunderts fest.[502] Diese Symbolkraft adliger Stammsitze resultierte aus dem Bestand, den Adelsfamilien über Jahrhunderte von Generation zu Generation weitergaben. Als auch das Bürgertum sich im 19. Jahrhundert zunehmend auf dem Feld des Großgrundbesitzes positionierte, entwickelte sich eine „adlig-bürgerliche Gutsbesitzerklasse", die „kapitalistisch betriebene Großlandwirtschaft mit ständischen Privilegien zu verbinden verstand."[503] Für das von Großgrundbesitz geprägte Ostelbien stellte die jüngere Forschung fest, dass nach 1885 die Zahl von Wirtschaftsbürgern, die größere Landgebiete erwarben, deutlich anstieg. René Schiller, der die ländlichen Eliten in Brandenburg des 19. Jahrhunderts untersuchte, nennt unterschiedliche Motivationen, die Kaufleute, Bankiers und Fabrikbesitzer ver-

496 Berghoff, Aristokratisierung, in: VSWG 81/2 (1994), S. 197.
497 Kaudelka-Hanisch, Kommerzienräte, 1993.
498 Kaelble, Unternehmer, in: Tilly (Hrsg.), Beiträge, 1985, S. 165.
499 Frey, Macht, 1999, S 64.
500 Effmert, Sal. Oppenheim, 2006, S. 73 u. 75.
501 Schreiben Hermann Wallich 1880, zit. n. Reitmayer, Bürgerlichkeit, in: Geschichte und Gesellschaft 25 (1999), S. 72.
502 Clemens, Sanctus, 2004, S. 288.
503 Rürup, Deutschland, 1992, S. 90.

anlassten, auf diesem Feld zu investieren: Nobilitierungswünsche und eine exklusive Freizeitgestaltung seien die Pole, auf denen die Interessen der „Spitzen des Wirtschaftsbürgertums“ anzusiedeln seien.[504] Eine wichtige Rolle spielte dabei die Institution des Fideikommisses, mit der Grundbesitztümer über Generationen an eine Familie gebunden werden konnten.[505]

Fideikommisse waren ursprünglich „Institutionen, die dem Adel [...] seinen Grundbesitz sicherten; [...] sie [banden] diesen Grundbesitz an Generationen der gleichen adligen Familie und spielten so eine entscheidende Rolle bei der Aufrechterhaltung adligen Familienbewusstseins.“[506] Als exklusive Erbregelung bildete das Fideikommiss eine besondere Besitzrechtsform, die sich von dem üblicherweise angewandten egalitären Erbrecht als „ein zu einer rechtlichen Einheit verbundenes Sondervermögen“ unterschied.[507] Fideikommissarisch gebundenes Vermögen, das meistens in Form von Grundbesitz vorlag, war unverkäuflich und nicht hypothekarisch belastbar. Außerdem sah das Fideikommiss eine ungeteilte Vererbung vor. Die Verwaltung der Fideikommissgüter wurde durch Erbfolge geregelt, wobei zumeist das Prinzip der Primogenitur maßgeblich war. Damit stand das Fideikommiss bürgerlichen Erbregelungen, die für die Nachkommenschaft eine gleiche Verteilung von Erbgütern anstrebten, diametral entgegen.[508] Es gehörte, so Eckart Conze, „zu denjenigen Vermögensformen, die mittels einer dauernden Bindung eines Vermögens die soziale und wirtschaftliche Machtstellung einer bestimmten Familie über Generationen sichern sollten.“[509]

Insbesondere zur Zeit des Kaiserreichs kam es in Deutschland zu einem regelrechten „Fideikommißboom“.[510] Auch nichtadlige Grundbesitzer wählten oft das Fideikommiss, um den Rang ihrer Familie nachhaltig zu sichern. Entscheidend waren aber nicht nur die Besitzerhaltung, sondern auch strategische Überlegungen im Hinblick auf den gesellschaftlichen Aufstieg der Familien. In Preußen standen Stiftungen von Fideikommissen durch Bürgerliche häufig in Zusammenhang mit deren Nobilitierungen. René Schiller stellt fest, dass die Nobilitierung teilweise ausdrücklich von der Gründung eines Fideikommisses abhängig gemacht worden sei.[511]

504 Schiller, Rittergut, 2003, S. 259.

505 Vgl. Conze, Familienbewußtsein, in: Geschichte und Gesellschaft 25 (1999), S. 456.

506 Conze, Familienbewußtsein, in: Geschichte und Gesellschaft 25 (1999), S. 456.

507 Conze, Familienbewußtsein, in: Geschichte und Gesellschaft 25 (1999), S. 456.

508 Vgl. Wienfort, Adel, 2006, S. 70.

509 Conze, Familienbewußtsein, in: Geschichte und Gesellschaft 25 (1999), S. 461.

510 Schiller, Rittergut, 2003, S. 303.

511 Schiller, Rittergut, 2003, S. 303. Schiller zitiert als Beleg eine Kabinettsordre von Kaiser Wilhelm II. über die Nobilitierung des Industriellen Georg Caros aus dem Jahr 1906: „Ich habe mich [...] bewogen gefunden, dem Oberleutnant der Landwehrcavallerie und Geheimen Kommerzienrat Dr. jur. Georg Caro hierselbst auf sein Ansuchen den erblichen Adel zu verleihen, nachdem derselbe sich bereit erklärt hat, die ihm zugehörigen Güter [...] zum Fideikommiß zu stiften.“ GStA PK, Rep. 176, VI. C, Nr. 188, zit. n. Schiller, Rittergut, 2003, S. 303, Anm. 224. Laut Schiller verliefen die Standeserhöhungen in Preußen jedoch nicht nach einem bestimmten Schema ab: Die „Titelkäuflichkeit“ war keine verläss-

Die Institution des Fideikommisses wurde im 19. Jahrhundert zunehmend kontrovers diskutiert. In konservativen Kreisen galt es als staatstragende und das Gemeinwohl fördernde Einrichtung. Die Befürworter argumentierten mit der wirtschaftlichen Effizienz von Großbetrieben und betonten die politische Stabilität, die diese Form des Großgrundbesitzes ihrer Meinung nach schuf. Die liberalen Gegner des Fideikommisses betrachteten es als ein anachronistisches Relikt des Feudalismus.[512] Unbestritten verhalf diese Rechtsform dem Adel dazu, ihren Grundbesitz langfristig zu sichern.[513] Trotz des bürgerlichen Vordringens in die Domäne der Gutsbesitzer ist auch für die zweite Hälfte des 19. Jahrhunderts zu konstatieren, dass vor allem die adligen Besitzkonzentrationen teilweise immense Größen aufwiesen. In Böhmen gab es beispielsweise adlige Latifundien von 150.000 Hektar, wobei durchschnittliche Besitzgrößen immerhin 12.000 Hektar aufwiesen.[514] In Preußen galt bereits als Großgrundbesitzer, wer über 100 Hektar Land besaß.[515] Die „Herrschaft über Land und Leute“ gehörte auch im 19. Jahrhundert zu den wesentlichen „adeligen Identitätskernen“ und diente der aristokratischen Distinktion und den damit verbundenen repräsentativen Zwecken.[516] Zurecht sieht Heinz Reif in der Bewahrung des Großgrundbesitzes eine grundlegende Voraussetzung für die Selbstbehauptung des Adels in der modernen Zeit.[517] Wenn nun eine geringe Zahl städtischer Industrieller durchaus konkurrenzfähigen Großgrundbesitz erwarb, stützte sie durch den Kapitaltransfer nicht nur die Sozialformation des Adels, sondern adaptierte oftmals das mit dem Landbesitz verbundene adlige Selbstverständnis. Tatjana Tönsmeyer, die den adligen Großgrundbesitz der zweiten Hälfte des 19. Jahrhunderts als Herrschaftsform in Böhmen und England untersuchte, erkennt in der feudalen Tradition des Landbesitzes „adelige Eigenlogiken“, die sich aus wirtschaftlichen, politischen, sozialen und kulturellen Faktoren zusammensetzten.[518] Diese Aspekte waren auch für die landerwerbenden Großbürger wie die Heyls von Belang.

Mit Schloss Dalberg und den dazugehörigen Ländereien in Herrnsheim, Abenheim und Neuhausen erwarben Cornelius Wilhelm und Sophie Heyl 1883 eine symbolträchtige Immobilie. Adlige Standestradition im Sinne der Landbindung stellten sie her, in dem sie ein Familienfideikommiss errichteten. Rückblickend äußerte sich Heyl folgendermaßen über seine Strategie:

---

liche Option, aber auch nicht unmöglich. So seien neben dem Vermögen oder dem Großgrundbesitz andere Faktoren, wie militärische Ränge, Beamtentitel und familiäre Beziehungen entscheidend gewesen. Schiller, Rittergut, 2003, S. 259.

512 Vgl. Heß, Junker, 1990, S. 20.

513 Vgl. Reif, Adel, 1999, S. 9.

514 Vgl. Tönsmeyer, Moderne, 2012, S. 22 f.

515 Vgl. Schiller, Rittergut, 2003, S. 23.

516 Tönsmeyer, Moderne, 2012, S. 14 u. 309.

517 Vgl. Reif, Adel, 1999, S. 9.

518 Tönsmeyer, Moderne, 2012, S. 14.

> Um das erworbene Vermögen tunlichst sicherzustellen, habe ich die Güter Herrnsheim, Guntershausen, Ibersheim, Seehof Gundernhausen und Monsheim erworben und später die Besitzungen in den Alpen Gerstruben und habe in entsprechender Weise Fideicomisse aus mehreren dieser Besitzungen gemacht. Die Fideicomisse in Hessen habe ich eingerichtet, um deren Inhaber zu veranlassen, dem schönen Lande und Provinzen, in denen sie liegen, stets dienstbar zu bleiben, sie mit anderen Worten mit ihrem Besitz an diese Heimatsgegend [sic] zu fesseln.[519]

Fürst Bernhard von Bülow, der spätere Reichskanzler, schrieb in seinen posthum veröffentlichten Memoiren über Cornelius Wilhelm Heyl, den er sicherlich im Reichstag kennengelernt hatte. Als Abkömmling eines mecklenburgischen Adelsgeschlechts fasste er die ‚Baronisierung' Heyls hochmütig, aber auch scharfzüngig zusammen:

> Herrnsheim wurde an den reichen Cornelius Heyl verkauft. Der ließ sich vom Großherzog von Hessen baronisieren und gleichzeitig ein prächtiges Buch schreiben, in dem Schloß Herrnsheim und die Familie Dalberg verherrlicht wurden. Seitdem hielt sich Cornelius Heyl durch eine Art Autosuggestion für einen Dalberg. In einer parlamentarischen Diskussion mit ihm ließ sich Eugen Richter[520] einmal zu der boshaften Äußerung hinreißen: Es gäbe Ritter vom Schwert, diesen könne er die Achtung nicht versagen. Es gäbe auch Ritter von der Feder, die er gleichfalls hochstelle. Aber für die Ritter vom Leder habe er nichts übrig.[521]

Ohne jeden Zweifel liegt im Fall von Cornelius Wilhelm Heyl V. eine Interdependenz zwischen Errichtung des Fideikommisses und Nobilitierung vor. Cornelius Wilhelm und Sophie erhielten Schloss Dalberg mit den dazu gehörigen Anwesen für insgesamt 900.000 Mark von Lord John Dalberg-Acton und dessen Ehefrau Maria geborene Gräfin Arco-Valley.[522] Im Februar 1885, ein Jahr vor der Nobilitierung erklärten beide die Absicht, „zur Erhaltung und Sicherung des Wohlstandes und des Ansehens unserer Fa-

---

519 StA Worms, Abt. 170/26, Nr. 5, Cornelius Wilhelm von Heyl, Aus meinem Leben, Manuskript o. J., Transkript 1966, S. 37.I

520 Eugen Richter (1838–1906) war ein prominenter Vertreter der Deutschen Fortschrittspartei und in Opposition zu Bismarck; 1871–1906 gehörte er dem Reichstag an.

521 Bülow, Denkwürdigkeiten, 1930, S. 91 f.

522 StA Worms, Abt. 170/26, Nr. 6, Stiftungs-Urkunde und landesherrliche Bestätigungs-Urkunde über das Familien-Fideicommiß des Herrn Cornelius W. Freiherrn Heyl zu Herrnsheim und der Freifrau Sophie Heyl zu Herrnsheim geborene Stein, Februar 1886, S. 13. Die Fideikommissurkunde liefert unterschiedliche Angaben zum Kaufpreis: Insgesamt sind als Betrag für die bezeichneten Objekte „sechs mal hundert fünfzig Tausend R.-Mark" angegeben. Als Quittungen sind aber nur die Zahlungen von „dreimal hundert zwei und vierzig Tausend Mark an die Verkäufer und zweimal hundert acht Tausend Mark an Hypothekargläubiger derselben", d. h. 642.000 Mark genannt. Eine Erklärung für die dadurch entstehende Differenz von 258.000 Mark geht aus der Urkunde nicht hervor. Eine spätere Quelle aus dem Adelsmatrikel von Heyl im Bayerischen Hauptstaatsarchiv nennt 650.000 Mark als Kaufsumme für das Schlossgut Herrnsheim. Bescheinigung über den Kauf des Schloßguts Herrnsheim durch Notar Gustav Wallenstein Worms, 20. Juli 1901, in: BayHStA, Adelsmatrikel, Fr H 58, Acta des Königl. Bayerischen Reichsheroldenamtes Freiherrn Heyl zu Herrnsheim, Wilhelm, Großherzoglich Hessischer Geheimer Commerzienrath und Guts- und Fabrikbesitzer in Worms. In erblicher Weise 1902.

milie“ diverse Liegenschaften in einem Familienfideikommiss zusammenzufassen.[523] Die zum Schloss gehörigen Güter umfassten rund 202 Hektar.[524] Der Großherzog Ludwig IV. bestätigte die Errichtung am 26. März 1886[525] und erhob nur fünf Tage später Cornelius Wilhelm Heyl in den Adelsstand.[526] Als nobilitierte Stifter des Fideikommisses von Schloss Dalberg waren Cornelius Wilhelm und Sophie nunmehr berechtigt, den Titel Freiherren von Heyl *zu Herrnsheim* zu tragen und waren damit auch namentlich mit dem Gut verbunden.

Aus der Nobilitierungsurkunde geht hervor, dass der Großherzog „den Geheimen Commerzienrath Wilhelm Cornelius Heyl zu Worms in Anerkennung der von ihm um seine Vaterstadt Worms bethätigten Verdienste für sich, als Stifter des aus dem Dalbergischen Gute Herrnsheim gebildeten Heylschen Familienfideicommisses [...] unter dem Namen ‚Freiherr Heyl zu Herrnsheim‘ in den Freiherrenstand“ erhob.[527] Der Grundbesitz war also ein zentrales Element in der Prestigepolitik der Familie und der Fideikommiss steht in direktem Zusammenhang mit der Standeserhebung Cornelius Wilhelms. Damit gehörten die Heyls zu den Trägern „des modernen Parvenü-Fideikommisses“, über die etwa Max Weber 1904 voller Spott und Zynismus schrieb, sie seien Vertreter einer „absolut charakter- und gesinnungslosen ‚Schneidigkeit‘.“[528]

Wie auch andere Maßnahmen der Prestigepolitik erzielte der Schlosskauf mediale Aufmerksamkeit. Die Publicity bestärkte Heyl wiederum in seiner Selbstinszenierung und Außenwirkung. Unmittelbar nach der Erwerbung von Schloss Dalberg erschienen die Heyls als neue Eigentümer in einer prominenten Publikation über die Kunstdenkmäler im Großherzogtum Hessen, die 1887 von Ernst Wörner herausgegeben wurde. Wörner informierte über die Geschichte und den aktuellen Zustand des Gebäudes: „Das Schloss gehört jetzt dem Freiherrn Heyl von Herrnsheim. Von der alten Burg ist nur noch der untere Teil des Mauerwerks des im Nordwesten stehenden Rundturms vorhanden; er bildet das nordwestliche Eck des heutigen Hauptbaues, der dem Anfang

---

523 StA Worms, Abt. 170/26, Nr. 6, Stiftungs-Urkunde und landesherrliche Bestätigungs-Urkunde über das Familien-Fideicommiß des Herrn Cornelius W. Freiherrn Heyl zu Herrnsheim und der Freifrau Sophie Heyl zu Herrnsheim geborene Stein, Februar 1886, S. 3.

524 Bescheinigung über den Kauf des Schloßguts Herrnsheim durch Notar Gustav Wallenstein Worms, 20. Juli 1901, in: BayHStA, Adelsmatrikel, Fr H 58, Acta des Königl. Bayerischen Reichsheroldenamtes Freiherrn Heyl zu Herrnsheim, Wilhelm, Großherzoglich Hessischer Geheimer Commerzienrath und Guts- und Fabrikbesitzer in Worms. In erblicher Weise 1902.

525 Großherzogliches Ministerium des Innern und der Justiz, Bekanntmachung. Die Errichtung eines Familienfideikommisses aus dem früher Dalberg'schen Gute bei Herrnsheim durch den Geheimen Kommerzienrath C. W. Heyl in Worms betreffend am 26. März 1886, in: Großherzoglich Hessisches Regierungsblatt, Beilage Nr. 7, Darmstadt, 10.04.1886, S. 49.

526 StA Worms, Abt. 170/26, Nr. 6, Beglaubigte Abschrift der Nobilitierungsurkunde von Ludwig IV., Großherzog von Hessen und bei Rhein für Wilhelm Cornelius Heyl am 31. März 1886.

527 StA Worms, Abt. 170/26, Nr. 6, Beglaubigte Abschrift der Nobilitierungsurkunde von Ludwig IV., Großherzog von Hessen und bei Rhein für Wilhelm Cornelius Heyl am 31. März 1886.

528 Weber, Betrachtungen, in: Weber, Aufsätze, 1988, S. 389 f., zit. n. Wienfort, Adel, 2006, S. 71.

des 19. Jahrhunderts angehört."[529] Erwähnt wurden auch die beiden Mauertürme, die mit gotischen Wappen geschmückt waren. Diese stammten ursprünglich aus dem abgerissenen Kreuzgang des Wormser Domes. Wörner betonte zudem, dass Heyl die Innenausstattung des Schlosses beibehielt. Sie bestand seit Beginn des 19. Jahrhunderts, als Emmerich Joseph Herzog von Dalberg auf den Ruinen des alten Herrenhauses einen Neubau errichtete.

Außerdem übernahm Heyl die Dalbergsche Kupferstichsammlung, eine Kollektion von Handzeichnungen italienischer und niederländischer Meister[530] sowie kunstgewerbliche Objekte. In der Halle des Schlosses verblieben darüber hinaus die repräsentativen Fürstenporträts.[531] Mit der Übernahme dieser Gemälde inszenierte Heyl für sich und seine Familie, wie Gabriele Clemens es für viele Neureiche und Nobilitierte feststellte, eine „fiktive Ahnengalerie“: Diese Inszenierung simulierte die Zugehörigkeit zu einer langen Reihe adliger Vorfahren, die historisch nicht vorhanden war.[532] Es handelte sich somit um die Aneignung eines wesentlichen Elements des adligen Habitus.

Stefan Malinowski, der in seiner grundlegenden Studie über den deutschen Adel des 20. Jahrhunderts die „Grundzüge der Adeligkeit“ zusammenfasste, hebt insbesondere das adlige Geschichtskonzept im Hinblick auf Familie, Raum und Zeit hervor:

> Die Besonderheit des adligen Familienbegriffs liegt erstens in seiner Weite, die bürgerliche Zeit- und Raumvorstellungen sprengt. Der Adel besitzt die einzigartige Fähigkeit, die eigenen Vorfahren nicht nur zwei bis drei Generationen, sondern fünf, zehn oder mehr Jahrhunderte zurückverfolgen zu können. [...] Familie wird im Adel stets als Gemeinschaft der vergangenen, lebenden und kommenden Generationen verstanden. [...] Eine zweite Besonderheit des adligen Familienbegriffs liegt in der außergewöhnlichen Größe des Kreises, der hier als Familie betrachtet wird.[533]

Um eine möglichst greifbare Nähe zu den Ahnen herzustellen, schufen adlige Familien symbolgeladene Erinnerungsorte und -objekte wie Stammbäume, Gemäldegalerien, Archive, Wappen, Grablegen, Chroniken und Gebrauchsgegenstände zu den jeweiligen Familiensitzen.[534] Cornelius Wilhelm Heyl versuchte, diese ursprünglich adelsspezifischen Objekte und Orte, teilweise bereits vor seiner Nobilitierung, für seine Familie käuflich zu erwerben. Indem er die notwendigen Attribute gestaltete und erkaufte, eig-

---

529 Wörner, Kunstdenkmäler, 1887, S. 72.

530 StA Worms, Abt. 212, Nr. 206, Richter, Beschreibung und Erklärung von 174 Zeichnungen Alter Meister in alphabetischer Anordnung in Schloss Herrnsheim, 10. Februar 1919.

531 Ölgemälde mit den Porträts folgender Fürsten: Prinz Christian von Zweibrücken; Kurfürstin Elisabeth, Prinzessin von Sulzbach, erste Gemahlin von Kurfürst Karl Theodor; Prinzessin von Sukzbach, Gattin des Prinzen von Zweibrücken; Prinz Friedrich von Zweibrücken, Vater des Königs Maximilian von Bayern.

532 Clemens, Händler, in: Themenportal Europäische Geschichte, 2014, URL: https://www.europa.clio-online.de/essay/id/fdae-1638 [08.02.2022]. Clemens bezieht sich u. a. auf: Prevost-Marcilhacy, James de Rothschild, in: Revue de l'Art 100 (1993), S. 58–73.

533 Malinowski, König, 2010, S. 49 u. 53.

534 Malinowski, König, 2010, S. 51.

nete er sich die sogenannten „Mentalitätskerne der Adligkeit“ an, auf die er eine neue adlige Dynastie der von Heyl zu Herrnsheim gründen konnte.[535]

In Jakob Novers Buch über *Das alte und neue Worms in Schrift und Bild* aus dem Jahr 1895 findet besonders die Gartenanlage von Schloss Dalberg, als „Fideikommißgut der Freiherrlich von Heylschen Familie, welche den Herbst dort ihren Wohnsitz nimmt“ Erwähnung:

> Das Dalberg'sche Stammschloß, jetzt Eigentum des Freiherrn Heyl zu Herrnsheim, gewährt in seiner weiten Ausdehnung mit seinen blumengeschmückten Terrassen besonders von der Tiefe des Parks aus in der Umrahmung herrlicher Baumgruppen einen anmutigen Anblick. [...] Es ist eine wahre Lust, sich in dem herrlichen und weitläufigen, nach englischem Geschmack angelegten Park zu bewegen, einer Schöpfung des berühmten Landschaftsgärtners Ludwig von Skell. Er zieht sich in einem großen halbmondförmigen, fast geschlossenen Kreise um das ganze Dorf herum, umfaßt 15 Hektare und wird z. T. durch die Reste der alten Dorfmauer begrenzt. [...] Einen ungemein malerischen Eindruck machen die [...] Baumgruppen, [...] die lauschigen Promenaden zu dem Amorbrunnen und an den geschmackvollen Rokkokofiguren vorbei zum Schwanenweiher.[536]

Laut Nover war die Gartenanlage nicht nur mit Statuen geschmückt, sie bot auch verschiedene Spielplätze, die zu bestimmten Zeiten für das Publikum offenstanden.[537] Durch solche Publikationen waren Sophie und Cornelius Wilhelm Heyl als Schlossherren medial präsent. Den prominenten und repräsentativen Ort nutzten sie, um sich gesellschaftlich mit der kaiserzeitlichen Elite zu vernetzen.

3.3.5 Lebensstil nach aristokratischem Vorbild

Bereits vor der Nobilitierung pflegten Cornelius Wilhelm und Sophie Heyl einen Lebensstil nach aristokratischem Vorbild. Sie habitualisierten Handlungsweisen, die aus adligen Traditionen stammten und in der kaiserzeitlichen Elite weiterhin sozial verankert waren. Dazu gehörten beispielsweise die Kindererziehung durch Personal, Privatunterricht und höhere Schulbildung in Internaten. Die Söhne und Töchter wuchsen mit den Sprachen Französisch und Englisch auf. Mit regelmäßigen Aufenthalten zur Sommerfrische in der Schweiz und an eleganten Kurorten führte die Familie einen saisonalen Wohnrhythmus. Auch dort verkehrten sie in exklusiven internationalen Kreisen. Dem Leitgedanken *noblesse oblige* folgend, engagierten sich die Heyls karitativ. Damit legitimierten und beförderten sie zugleich ihren gesellschaftlichen Aufstieg. Schließlich waren Einladungen und Besuche aus Adelskreisen entscheidende Indikatoren für die Adelswürdigkeit der Unternehmerfamilie.

---

535 Reif, Adeligkeit, 1997, zit. n. Matzerath, Adelsprobe, 2006, S. 31.
536 Nover, Worms, 1895, S. 130–132.
537 Nover, Worms, 1895, S. 132.

Über den adligen Habitus der Familie Heyl auch vor der Nobilitierung geben die Kindheits- und Jugenderinnerungen ihrer ältesten Tochter Adrienne Aufschluss.[538] Adrienne, die von Eltern und Geschwistern Ady genannt wurde, heiratete 1892 in die Familie von Deichmann. In ihren Aufzeichnungen aus dem Jahr 1931 schildert sie episodenhaft Szenen aus ihrer Kinderzeit.[539] Insgesamt erhält der Leser den Eindruck einer sehr noblen Umgebung, in der die Kinder Heyl hauptsächlich von Personal erzogen und behütet wurden. Die Mutter Sophie sollte mit den alltäglichen Sorgen der Kinder eher nicht behelligt werden. Lebensfragen, Heiratspläne etc. besprach Adrienne lieber mit dem Vater, mit dem sie offen reden konnte. „Dagegen bestand meiner Mutter gegenüber bei mir eine gewisse frauliche Scheu, über solche Dinge zu sprechen. Ich fand meine Mutter zu jung, zu sehr mit ihrem eignen Lebens- und Liebesglück beschäftigt und zu sehr schöne, bewunderte und begehrte Frau und habe nie ganz im Leben die Empfindung loswerden können der Inferiorität ihr gegenüber“, schrieb Adrienne.[540] Als Kind wurde sie in einer fahrenden Sänfte von einem Dienstboten zu ihrer Großmutter gebracht und bekam als größeres Mädchen einen eigenen Ponywagen, mit dem sie im Schlosspark von Herrnsheim umherfuhr. Sie berichtet von prominenten Adligen, die sie persönlich traf und beschreibt den saisonalen Wohnrhythmus der Familie: „Man kann sagen, dass (sic) wir alle Vierteljahre unseren Wohnsitz änderten, was immerhin für die Erziehung so lebhafter Kinder wie wir es waren eine Schwierigkeit bedeutete.“[541] Bereits zu Adriennes Grundschulzeit verbrachten Cornelius Wilhelm und Sophie Heyl den Winter in Berlin, wo sie im Tiergartenhotel wohnten: „Mein Vater war im Reichstag, in welchem er über 46 Jahre Mitglied blieb und ich entsinne mich nur aus diesen Wintermonaten in Berlin, dass mir der Fürst Bismarck und Moltke gezeigt wurde [sic!] und dass ich den alten Kaiser öfters an mir vorbeifahren sah unter den Linden.“[542]

Im Frühjahr zogen Cornelius Wilhelm und Sophie Heyl ins Schlösschen, die Kinder wurden mit ihren Kinderfrauen auf das alte Haus der Großmutter am Marktplatz und auf das Schlösschen verteilt: „der Heylshof [war] im Bau begriffen und meine Mutter in Erwartung meines Bruders Max. […] wir durften nur mittags zum Mittagessen her-

538 StA Worms, Abt. 187, Nr. 112, Adrienne von Deichmann geb. Freiin von Heyl zu Herrnsheim, Kinder – und Jungmädchen-Erinnerungen bis zu Ehe, Aufzeichnung aus dem Jahr 1931, Transkript, o. S.
539 Bezeichnenderweise entstand dieses autobiographische Zeugnis mit stark nostalgischer Färbung am Ende der Weimarer Republik. Wie Malinowski und Funck herausarbeiteten, erfüllten Memoiren für den Adel die Funktion der Selbstvergewisserung und Rückschau auf vergangene Glanzzeiten angesichts des Niedergangs. Vgl. Funck/Malinowski, Geschichte, in: Historische Anthropologie 7 (1999), S. 240 u. 261.
540 StA Worms, Abt. 187, Nr. 112, Adrienne von Deichmann geb. Freiin von Heyl zu Herrnsheim, Kinder – und Jungmädchen-Erinnerungen bis zu Ehe, Aufzeichnung aus dem Jahr 1931, Transkript, o. S.
541 StA Worms, Abt. 187, Nr. 112, Adrienne von Deichmann geb. Freiin von Heyl zu Herrnsheim, Kinder – und Jungmädchen-Erinnerungen bis zu Ehe, Aufzeichnung aus dem Jahr 1931, Transkript, o. S.
542 StA Worms, Abt. 187, Nr. 112, Adrienne von Deichmann geb. Freiin von Heyl zu Herrnsheim, Kinder – und Jungmädchen-Erinnerungen bis zu Ehe, Aufzeichnung aus dem Jahr 1931, Transkript, o. S.

auf ins Schlösschen gehen und bei der Gelegenheit unsere Eltern sehen."[543] Die Sommerfrische verbrachte die Familie auf dem Landgut im schweizerischen Pfauenmoos. Dort genossen die Heylschen Kinder ein freiheitliches Leben: Sie durften nackt baden und Luft- und Sonnenbäder nehmen. Mondän ging es dagegen in St. Moritz zu, wo Sophie Heyl von Pfauenmoos aus Kuraufenthalte einschob:

> St. Moritz war selbst ein ausserordentlich eleganter Badeort mit viel internationalem Publikum. [...] Da ich fliessend englisch und französisch auch schon als Kind sprach, wurde mir der Umgang in der internationalen Geselligkeit, auch mit Tennisspielen und Tanz, äusserst leicht [...] Mein Vater fand es sehr nützlich und eine recht gute Vorschule für meine spätere Entwicklung, schon in verhältnismässig zartem Alter einen gewissen gesellschaftlichen Schliff in dieser Form zu erhalten.[544]

Adrienne lernte früh Französisch, das sie zu schon als Grundschülerin „entsprechend der damaligen Mode, fliessend [...] sprach", ihr Deutsch war hingegen schlecht, „was mir lange Jahre bis in die höheren Schulklassen nachging. [...] Ich habe als junges Mädchen meine ersten Tagebücher fast alle französisch und englisch geschrieben, was bezeichnend ist für die damalige Erziehungs-Methode."[545] Im Alter von neun Jahren sollte Adrienne Englisch lernen. Durch seine Verbindungen in London engagierte Cornelius Wilhelm Heyl eine Miss Ida Fontblankue, „die aus ganz feinem Hause stammte. Ihr Vater war Mp. in London, ihre Mutter war eine Südfranzösin, und Miss Fontblankue war in einem gewissen eleganten Milieu aufgewachsen. Die Familie hatte [...] ihr Vermögen verloren."[546] Fontblankue hatte als Gesellschafterin bei Lady Dudley in England gearbeitet und „das ganze elegante Leben dieser englischen Aristokratin mitgelebt, hat also alle Jagden mitgeritten, alle Feste mitgefeiert, alle Bälle mitgemacht und die grossen Empfänge bei Hof in London bei der alten Königin Viktoria..."[547] Fontblankue nahm die Kinder in den Wiesbadener Tennisclub mit. Dort machten sie Bekanntschaft mit „den Gräfinnen Mehrenberg, Töchter des Prinzen Nicolaus von Hessen-Nassau, und seiner russischen Frau, die eine Tochter des berühmten Dichters Puschkin war, und anderen interessanten Engländern."[548]

---

543 StA Worms, Abt. 187, Nr. 112, Adrienne von Deichmann geb. Freiin von Heyl zu Herrnsheim, Kinder – und Jungmädchen-Erinnerungen bis zu Ehe, Aufzeichnung aus dem Jahr 1931, Transkript, o. S.
544 StA Worms, Abt. 187, Nr. 112, Adrienne von Deichmann geb. Freiin von Heyl zu Herrnsheim, Kinder – und Jungmädchen-Erinnerungen bis zu Ehe, Aufzeichnung aus dem Jahr 1931, Transkript, o. S.
545 StA Worms, Abt. 187, Nr. 112, Adrienne von Deichmann geb. Freiin von Heyl zu Herrnsheim, Kinder – und Jungmädchen-Erinnerungen bis zu Ehe, Aufzeichnung aus dem Jahr 1931, Transkript, o. S.
546 StA Worms, Abt. 187, Nr. 112, Adrienne von Deichmann geb. Freiin von Heyl zu Herrnsheim, Kinder – und Jungmädchen-Erinnerungen bis zu Ehe, Aufzeichnung aus dem Jahr 1931, Transkript, o. S.
547 StA Worms, Abt. 187, Nr. 112, Adrienne von Deichmann geb. Freiin von Heyl zu Herrnsheim, Kinder – und Jungmädchen-Erinnerungen bis zu Ehe, Aufzeichnung aus dem Jahr 1931, Transkript, o. S.
548 StA Worms, Abt. 187, Nr. 112, Adrienne von Deichmann geb. Freiin von Heyl zu Herrnsheim, Kinder – und Jungmädchen-Erinnerungen bis zu Ehe, Aufzeichnung aus dem Jahr 1931, Transkript, o. S.

Im Kontrast dazu verbrachten die Schwestern Adrienne und Martha zwei Jahre auf der wenig glamourösen Höheren Töchterschule in Worms, die Cornelius Wilhelm Heyl gemeinsam mit anderen Honoratioren der Stadt 1874 gegründet hatte. Seine Töchter sollten hier als gutes Beispiel voran gehen. Für Adrienne waren dies „eher mässige Schuljahre".[549] Später besuchte sie eine Privatschule in Darmstadt: „Es waren nur wenige junge Mädchen in dieser Schule und dieselben nur aus ganz feiner Familie."[550] Zusätzlich erhielten die Kinder Privatunterricht.

Eine wichtige Rolle im Leben der Heyls spielte die Kirche. In der evangelischen Dreifaltigkeitskirche in Worms besaß die Familie einen Familienkirchenstuhl und Sophie wirkte als Sängerin bei Konzerten mit. Die großherzogliche Familie hatte in der Kirche eine Loge. Adrienne berichtet, dass die Großherzoge in früheren Jahren des Öfteren nach Worms kamen, meist bei ihrer Familie abstiegen und auch sehr oft den Gottesdienst in der Dreifaltigkeitskirche besuchten.[551]

Für das gesellschaftliche Leben im Hause Heyl sorgte Sophie. Sie war „an grosse Geselligkeit und geistige Anregung gewöhnt, und da in der kleinen Stadt Worms davon sehr wenig vorhanden war, arrangierte sie dauernd musikalische Abende (sie sang selbst wunderbar), Bälle und Kinderfeste etc."[552] Auf den Kinderfesten im Schlösschen erschien ihr Vater Cornelius Wilhelm Heyl im Zaubererkostüm und führte Zaubertricks vor: „Es herrschte damals in unserem Elternhaus eine wirklich grosse Fröhlichkeit und Seligkeit..."[553] Sophie Heyl habe aber auch die Verpflichtung verpürt, sich sozial zu engagieren und so „betätigte [sie] sich sehr in den Vereinen der Stadt Worms und hat in ihrem Leben ungeheuer viele Vereine gegründet. In damaliger Zeit wurden sehr viele Wohltätigkeits-Aufführungen, lebende Bilder und Konzerte gegeben."[554] Mit der Erwerbung des Schlosses Dalberg in Herrnsheim und dem Bau des Heylshofs 1884 erweiterte sich nochmals das Potential für Repräsentation und gesellschaftliches Leben. Adrienne beschreibt den Heylshof als „prachtvolle[s] Haus voller Kunstsachen", darin ein „fürstliche[r] Saal, mit den schönsten Dingen angefüllt" und mit einer Terrasse, „die grade dem Dom gegenüberlag."[555]

---

549 StA Worms, Abt. 187, Nr. 112, Adrienne von Deichmann geb. Freiin von Heyl zu Herrnsheim, Kinder – und Jungmädchen-Erinnerungen bis zu Ehe, Aufzeichnung aus dem Jahr 1931, Transkript, o. S.
550 StA Worms, Abt. 187, Nr. 112, Adrienne von Deichmann geb. Freiin von Heyl zu Herrnsheim, Kinder – und Jungmädchen-Erinnerungen bis zu Ehe, Aufzeichnung aus dem Jahr 1931, Transkript, o. S.
551 StA Worms, Abt. 187, Nr. 112, Adrienne von Deichmann geb. Freiin von Heyl zu Herrnsheim, Kinder – und Jungmädchen-Erinnerungen bis zu Ehe, Aufzeichnung aus dem Jahr 1931, Transkript, o. S.
552 StA Worms, Abt. 187, Nr. 112, Adrienne von Deichmann geb. Freiin von Heyl zu Herrnsheim, Kinder – und Jungmädchen-Erinnerungen bis zu Ehe, Aufzeichnung aus dem Jahr 1931, Transkript, o. S.
553 StA Worms, Abt. 187, Nr. 112, Adrienne von Deichmann geb. Freiin von Heyl zu Herrnsheim, Kinder – und Jungmädchen-Erinnerungen bis zu Ehe, Aufzeichnung aus dem Jahr 1931, Transkript, o. S.
554 StA Worms, Abt. 187, Nr. 112, Adrienne von Deichmann geb. Freiin von Heyl zu Herrnsheim, Kinder – und Jungmädchen-Erinnerungen bis zu Ehe, Aufzeichnung aus dem Jahr 1931, Transkript, o. S.
555 StA Worms, Abt. 187, Nr. 112, Adrienne von Deichmann geb. Freiin von Heyl zu Herrnsheim, Kinder – und Jungmädchen-Erinnerungen bis zu Ehe, Aufzeichnung aus dem Jahr 1931, Transkript, o. S.

3.3.5.1 „Charité mondaine" – Soziales Engagement für die Armen

Philanthropie war ein wesentliches Merkmal von Adelsmentalität. Die adlige Tradition bewahrte im Europa des 19. Jahrhunderts Normen wie „kriegerischen Mut", aber auch Karitas, Religiosität und Mäzenatentum.[556] Die Bürgerlichen übernahmen diese Werte, erst recht wenn es sich – wie bei den Heyls – um Aufsteiger handelte. Soziale Projekte unternahm Cornelius Wilhelm Heyl in der betrieblichen Wohlfahrt seines Betriebs. Darüber hinaus spendete die Familie Geld, gründete Vereine und Institutionen, stiftete Stipendien und investierte in die städtische Infrastruktur.

Folgende soziale Projekte sind für den Zeitraum bis zur Nobilitierung überliefert: 1870 engagierte sich die Familie für die Einrichtung eines überkonfessionellen Mädchenheims und war 1872 an der Einrichtung des Diakonissenheims *Sophienhaus* beteiligt.[557] 1871 gründete Sophie Heyl gemeinsam mit anderen Frauen die Wormser Ortsgruppe des *Alice-Frauen-Vereins* und übernahm die Leitung.[558] In seiner Struktur und Inhalten wies dieser Verein Parallelen zum 1866 von der preußischen Königin Augusta ins Leben gerufenen Vaterländischen Frauenverein auf.[559] Die spätere Großherzogin Prinzessin Alice von Hessen hatte den Verein gegründet und führte den Vorsitz des Zentralkomitees in Darmstadt. Der Verein setzte sich zunächst für die Krankenpflege verletzter Soldaten ein. Im August 1871, dem Gründungsjahr des Alice-Vereins, rief Kaiserin Augusta vor dem Hintergrund des deutsch-französischen Krieges den *Verband der deutschen Frauenvereine* ins Leben, um patriotische Wohltätigkeitsvereinigungen zu vernetzen. Es handelte sich um Vereine, die unter dem Protektorat der jeweiligen Landesfürstin standen. Auch der hessische Alice-Verein trat dem Verband der Kaiserin bei.[560] In der Verbandsordnung wurden folgende Leitlinien festgelegt: „1. in Friedenszeiten innerhalb des Verbandes außerordentliche Notstände zu lindern, sowie für die Förderung und Hebung der Krankenpflege Sorge zu tragen, 2. in Kriegszeiten an der Fürsorge für die im Felde Verwundeten und Kranken teilzunehmen und hierzu dienende Einrichtungen zu unterstützen."[561] Um 1900 verzeichnete der Alice Verein 4.092 Mitglieder.[562] 1887 gründete Sophie den *Evangelischen Missions-Frauenverein*. Nach ih-

556 Clemens, Biegen, in: Informationen zur modernen Stadtgeschichte 2 (2008), S. 71–78.

557 StA Worms, Abt. 186, Nr. 826, Sophienstift, Notarielle Urkunden.

558 StA Worms, Abt. 186, Nr. 1311.

559 Zur Geschichte des Vaterländischen Frauenvereins vgl. Süchting-Hänger, Gegenwelt, in: Planert (Hrsg.), Nation, 2000, S. 131–146.

560 Weitere Mitglieder waren: Vaterländischer Frauenverein, Bayerischer Frauenverein vom Roten Kreuz, Sächsischer Albertverein, Württembergischer Wohltätigkeitsverein, Badischer Frauenverein und das Patriotische Institut der Frauenvereine für das Grossherzogtum Sachsen. Vgl. Süchting-Hänger, Gewissen, 2002, S. 30.

561 Verbandsordnung der Deutschen Frauenvereine vom 12.08.1871, zit. n. Süchting-Hänger, Gewissen, 2002, S. 30.

562 Süchting-Hänger, Gewissen, 2002, S. 35.

rem Tod rief Cornelius Wilhelm das Sophienstift zu ihrem Gedächtnis ins Leben, das mehrere Institutionen umfasste.[563]

Aus der heutigen Perspektive ist es notwendig, die Ziele der im *Verband der deutschen Frauenvereine* konstituierten Vereinigungen von den Bestrebungen der organisierten Frauenbewegung, die sich für Unabhängigkeit und Selbstbestimmung einsetzte, abzugrenzen. Die konservativen Vereine propagierten weiterhin das Frauenbild der dienenden und leidensfähigen Helferin, die sich im Stillen der Nächstenliebe hinzugeben hatte. Damit stellten sie sich kategorisch gegen die Idee der Frauenemanzipation.[564] Auch für den Alice-Verein stand die Krankenpflege im Mittelpunkt, sie wurde aber unter der Prämisse der Wohltätigkeit aus dem Kontext der Erwerbsarbeit und der Berufstätigkeit herausgelöst. Frauen, die sich um Pflegebedürftige kümmerten, sollten diese Tätigkeit als weiblichen Liebesdienst und Aufopferung für die Mitmenschen ausüben, es handelte sich damit lediglich um eine „Erweiterung der mütterlichen Aufgaben".[565] Mit ihrem Engagement in der Frauenvereinsarbeit sorgte Sophie Heyl gemeinsam mit ihren konservativen Mitstreiterinnen für die Beibehaltung der tradierten Geschlechterrollen. Die Zusammenarbeit mit Prinzessin Alice manifestierte ihre Zugehörigkeit zum bestehenden Herrschaftssystem und der gesellschaftlichen Elite. Der Alice-Verein unter dem Protektorat der Fürstin bediente das alte feudale Ideal der Wohlfahrt, nach dem sich höhergestellte adlige Damen um ihre Untergebenen kümmerten.

1877 riefen die Heyls das *Cornelius-Heyl-Stipendium* ins Leben.[566] Es sollte „zum Zweck der Heranbildung unbemittelter Kinder aus dem Arbeiterstande" eingesetzt werden.[567] Gefördert wurde zumeist der Besuch gewerblicher Fachschulen und des Lehrerseminars. Universitätsstudien wurden selten finanziert. Die Stipendiumsstiftung mit einem Kapitalstock von 100.000 Mark war ein gemeinsames Projekt der fünf Enkel von Johann Cornelius Heyl III., also der beiden Brüder Cornelius Wilhelm Heyl

563 BayHStA NL Hupp-2272-017, Cornelius Wilhelm Heyl an Otto Hupp, 16.01.1918: „Nach dem Tod meiner Frau habe ich zu ihrem Gedächtnis eine Stiftung gemacht für 1) ein Diakonissenhaus 14 Schwestern; 2) Missionshaus und 7 Schulen mit jeweils 12 Schwestern. An die Thüren der Gebäude neben die Eingangsthüren von Außen, möchte ich Eisentafeln mit dem Familienwappen gießen lassen, die den Zweck der Gebäude kenntlich machen. Einliegende Skizze ist in Originalgröße gedacht, so weit die Mappen in Betracht kommen. Man könnte die Tafel in der Größe lassen auch länger und breiter machen [...] Die Unterschrift ‚Sophienhaus' könnte man innerhalb des Kranzes weglassen und in den Rahmen einsetzen. ‚Sophienstift' wäre in derselben Weise für das Missionshaus und seine 8 Schulen zu wählen."

564 Süchting-Hänger, Gewissen, 2002, S. 38.

565 Süchting-Hänger, Gewissen, 2002, S. 43.

566 StA Worms, Abt. 170/26, Nr. 57, Statuten der Stipendienstiftung „Cornelius Heyl" zu Worms am Rhein, 1877.

567 StA Worms, Abt. 170/26, Nr. 57, Statuten der Stipendienstiftung „Cornelius Heyl" zu Worms am Rhein, 1877.

und Maximilian Heyl sowie der drei Brüder Julius Cornelius Schoen (1848–1894), Friedrich Wilhelm Schoen (1849–1941) und Wilhelm Eduard (von) Schoen (1851–1933).[568].

1882 ereignete sich in Worms und Umgebung eine Hochwasserkatastrophe mit vielen Geschädigten. Cornelius Wilhelm und Sophie Heyl ergriffen Rettungsmaßnahmen, indem sie Notunterkünfte bereitstellten und Benefizveranstaltungen zugunsten der Geschädigten organisierten. Die Hilfsmaßnahmen wurden entsprechend gewürdigt: Cornelius Wilhelm Heyl erhielt das *Ehrenzeichen für Verdienste während der Wassernoth 1882/83* und ein Dankschreiben des Präsidiums der königlich bayerischen Regierung der Pfalz.[569] Im Jahr ihrer Nobilitierung 1886 beteiligte sich die Familie an der Gründung der ersten evangelischen Kinderschule in Worms. Außerdem stiftete sie der Stadt Worms das Grundstück für eine öffentliche Platzanlage, den *Sophienplatz*, und organisierten die Gestaltung.[570]

3.3.5.2 Symbolisches Kapital – Einladungen und Besuche aus Adelskreisen

Zu den von Heinz Reif definierten spezifischen Indikatoren für gesellschaftlichen Aufstieg und die im Fall der Heyls erlangte Adelswürdigkeit gehören auch Einladungen in adlige Kreise und zu aristokratischen Ereignissen. Gesellschaftliche Erfolge in Form von Einladungen können als symbolisches Kapital gewertet werden, das nicht direkt gegen ökonomisches Kapital eingetauscht werden konnte. Die Eliten bemühten sich um einen engen Kontakt zum Herrscherhaus. Gewährte ihnen der Monarch die gewünschte Nähe, betrachteten sie dies als Auszeichnung und Reputationssteigerung.[571]

Bereits in Kindheit und Jugend von Cornelius Wilhelm Heyl hatten private Kontakte zur großherzoglichen Familie in Darmstadt bestanden. Für die Zeit vor der Nobilitierung gibt es einige Hinweise auf Begegnungen und gegenseitige Besuche: 1870 verweilte Kronprinz Ludwig IV. in Worms, bevor er als Feldkommandeur in den Kriegseinsatz ging. Der Historienmaler Johann Emil Hünten (1827–1902) hielt dieses *Letzte Friedensquartier des Großherzogs von Hessen in Worms 1870* auf einem Gemälde fest.[572] In sei-

568 Der Premierlieutnant der Reserve und Legationssekretär bei der Kaiserlich Deutschen Gesandtschaft zu Bern, Wilhelm Eduard Schön, wurde am 18. April 1885 in den Adelsstand des Großherzogtums Hessen erhoben. Vgl. Großherzoglich Hessisches Regierungsblatt, Beilage Nr. 24, Darmstadt 23. September 1885, S. 181.

569 Großherzoglich-Hessischen Regierungsblatt, Beilage Nr. 8, Darmstadt (1883), S. 62; Dankschreiben des Präsidiums der königlich bayerischen Regierung der Pfalz zur „Anerkennung verdienstlicher Handlungen aus Anlaß der letzten Hochwasserkatastrophe", Speyer, 21.12.1883, StA Worms, Abt. 186, Nr. 589.

570 StA Worms, Abt. 186, Nr. 1094, Allgemeine Stiftungen, hier: Sophienplatz für die Stadt Worms, 1. Januar 1886.

571 Clemens, Sanctus, 2004, S. 402.

572 Das Originalgemälde befand sich bis zum Tod von Barbro Solveigh Freifrau von Heyl geb. Nordholm (1919–2004) im Schlösschen und wurde dann von ihrer Tochter Beate Reynolds nach London verbracht. Im Stadtarchiv Worms befindet sich eine Fotografie des Gemäldes mit nachträglich aufgebrachter Personenkennzeichnung, StA Worms, Abt. 186, Nr. 1899. Cornelius Wilhelm Heyl schrieb in

nen Lebenserinnerungen gibt Cornelius Wilhelm Heyl an, Ludwig und Alice seien häufig seine Gäste in Worms gewesen und wohnten vor dem Kriegsausbruch 1870 acht Tage in seinem Schlösschen.[573] 1877 nahm Cornelius Wilhelm als Gast des Großherzogs an einer Jagd auf Schloss Kranichstein teil.[574] Diese Einladung nach Darmstadt ist im Zusammenhang mit Heyls Berufung in die Erste Kammer der Landstände zu sehen, die im selben Jahr stattfand.

In seiner Funktion als Reichstagsabgeordneter in Berlin (seit 1874), erhielt Cornelius Wilhelm Heyl ebenfalls Einladungen an den kaiserlichen Hof oder zum Reichskanzler. Diese Einladungen waren ihm so wichtig, dass er darüber Buch führte, die Einladungen und Speisekarten aufbewahrte und per Brief oder in Tagebuchaufzeichnungen darüber berichtete. In einem ausführlichen Brief an Sophie, den er mit dem Titel *Tischgespräch mit Bismarck* versah, ging Heyl auf die bei der Abendgesellschaft anwesenden Gäste, die Gesprächsthemen und insbesondere das Erscheinungsbild und Auftreten Bismarcks ein. Bezeichnend ist bereits der erste Satz:

> Gestern Abend war große Soirée bei Bismarck in welcher alle großen Männer Deutschlands erschienen waren [...]. Ich unterhielt mich mit vielen interessanten Leuten ganz vertraulich. [...] Bismarck kam auf Laporte Bieler und mich zu und drückte uns die Hand. Er ist sehr dick, sein Gesichtsausdruck aber gesund und normal obschon die Augen stark vorstehend sind und einen unfreundlichen Ausdruck haben, wenn auch die Gluth welche früher in denselben brannte gemildert scheint.[575]

Im Familienarchiv finden sich Einladungen ins Königliche Schloss zum Krönungs- und Ordensfest im Januar 1875 mit Ball und Souper und zu weiteren Bällen und Abendveranstaltungen im Frühjahr 1878.[576] In seinem Tagebuch der Jahre 1875 bis 1878 hielt Heyl die großen Ereignisse fest, zu denen er, teilweise gemeinsam mit Sophie, geladen war. Dabei betonte er stets die prominenten Persönlichkeiten, mit denen er bei diesen

---

seiner Erinnerungsschrift über den Aufenthalt des Kronprinzenpaares in Worms: „Beide Herrschaften kehrten häufiger bei meiner Frau ein, und vor Ausbruch des Krieges 1870 bewohnten beide Herrschaften mein Haus, das Schlösschen am Plätzchen, während 8 Tagen.“ StA Worms, Abt. 170/26, Nr. 5, Cornelius Wilhelm von Heyl, Aus meinem Leben, Manuskript o. J., Transkript 1966, S. 11. In einem Brief des Künstlers vom 27.05.1892 an Cornelius Wilhelm Heyl geht es um eine Überarbeitung des Gemäldes. Offensichtlich war Maximilian Heyl darauf nicht sichtbar genug. Hünten hatte den Auftrag erhalten, das Gesicht des Bruders anhand einer Fotografie deutlicher herauszuarbeiten und die ganze Figur prominenter zu platzieren: „Ich [...] habe ihn mehr links an die Spitze der heranreitenden Herrn versetzt.“ StA Worms, Abt. 186, Nr. 1165.

573 StA Worms, Abt. 170/26, Nr. 5, Cornelius Wilhelm von Heyl, Aus meinem Leben, Manuskript o. J., Transkript 1966, S. 11. Mit einem Vorwort von Leonhard C. Freiherr von Heyl.

574 StA Worms, Abt. 187, Nr. 112, Adrienne von Deichmann geb. Freiin von Heyl zu Herrnsheim Kinder – und Jungmädchen-Erinnerungen bis zu Ehe, Aufzeichnung aus dem Jahr 1931, Transkript, o. S.

575 StA Worms, Abt. 186, Nr. 551, Cornelius Wilhelm Heyl an Sophie Heyl, 31.03.1881.

576 StA Worms, Abt. 186, Nr. 1203, Briefe etc. aus dem Schreibtisch Seiner und Ihrer Excellenz. Einladungen ins Königliche Schloss zu Berlin: Krönungs- & Ordensfest, 17.01.1875; Ball & Souper, 28.01.1875, 22.02.1878; zum Soirée, 22.03.1878; Abendunterhaltung, 22.03.1878.

Anlässen in Kontakt trat und inszenierte sich selbst als Teil der kaiserzeitlichen Elite. Auch hier nehmen die parlamentarischen Soireen bei Bismarck großen Raum ein. Unter anderem erwähnenswert fand Cornelius Wilhelm dabei die Tischordnung. Für eine Abendgesellschaft im November 1875 notierte er Graf Bethusy-Huc als Tischbegleitung seiner Ehefrau Sophie, gegenüber saß Graf Frankenberg, beide Mitglieder des Reichstags.[577] Den Hofball bei Kronprinz Friedrich III. im Schloss zu Berlin im Januar 1876 beschrieb Cornelius Wilhelm Heyl in seinem Tagebuch folgendermaßen:

> Höchst interessant; ein grossartiger Anblick. Der Tanzsaal angefüllt mit Männern in eleganten Uniformen und feinen Manieren, weniger schönen Damen mit teilweise aber geschmackvollen Toiletten. Universität, Kunst, Politik vertreten. [...] Um 10 Uhr kamen die Herrschaften Kronprinz mit der Kaiserin voran, dann der Kaiser mit der Kronprinzessin usw., die Musik begann. Wir waren in den an den Ballsaal anstossenden Elisabethenkammern mit den Generalen, Gelehrten und Diplomaten zusammen. [...] Der Kronprinz sah herrlich aus, voller Kraft und Freudigkeit im Auge. Er sprach sich herum und verursachte bei den Damen Knickse bis auf den Boden. Ich stand lange Seite an Seite mit ihm. [...] Die Kaiserin kam auch zu uns herein und frug dieselben Fragen, welche sie schon vor fünf Jahren gefragt hatte. Ich traf noch die Ministerin Friedenthal, mit der ich mich lange unterhielt und promenierte mit Maler Knaus zu den schönen Watteaus, welche im vorderen Saale hingen.[578]

Im Februar 1878 fand die Doppelhochzeit zweier Prinzessinnen der Hohenzollerndynastie statt. Die Tochter des Kronprinzen Friedrich Prinzessin Charlotte von Preußen heiratete Bernhard Herzog von Sachsen-Meiningen. Prinzessin Elisabeth Anna, die Tochter von Prinz Friedrich Karl, ehelichte gleichzeitig den Erbgroßherzog Friedrich August von Oldenburg. Cornelius Wilhelm Heyl konnte sich über den Großherzog von Hessen zu den Festlichkeiten anmelden.[579] Außerdem nahm er an der Trauung in der Schlosskapelle teil:

> Wir standen mit den ersten des Reiches, Militär, Diplomatie, Geburt, Wissenschaft, Kunst usw. in der Mitte der riesigen Kapelle, etwa 1000 Personen. [...] Es begann die Defiliercour unter den Klängen der herrlichsten Musik. Es war eine Szene, welche an Pomp und Glanz alles überbot. Wenn man den Empfang in der Wartburg im Tannhäuser in der hiesigen Oper gesehen hat, kann man sich einen Begriff von der Pracht und Herrlichkeit machen, welche hier entfaltet wurde. Aus all der Pracht strahlten aber die schönen und majestätischen Hohenzollern, selbst vom rein menschlichen Standpunkt betrachtet, als ausserordentliche Erscheinungen hervor. Haltung, Würde und Ausdruck des alten Kaisers, verbunden mit eleganten, jugendlichen Bewegungen, gaben ein imponierendes Bild.[580]

---

577 StA Worms, Abt. 186, Nr. 1345, Cornelius Wilhelm Freiherr Heyl zu Herrnsheim, Tagebuch 1875–1878, S. 24.

578 StA Worms, Abt. 186, Nr. 1345, Cornelius Wilhelm Freiherr Heyl zu Herrnsheim, Tagebuch 1875–1878, S. 32–34.

579 StA Worms, Abt. 186, Nr. 1345, Cornelius Wilhelm Freiherr Heyl zu Herrnsheim, Tagebuch 1875–1878, S. 55.

580 StA Worms, Abt. 186, Nr. 1345, Cornelius Wilhelm Freiherr Heyl zu Herrnsheim, Tagebuch 1875–1878, S. 57 u. 58.

Cornelius Wilhelm Heyl zählte sich hiermit zu den ersten tausend Personen in Deutschen Reich. Mit den Einladungen in das königliche Schloss und durch die Teilnahme am höfischen Leben in Berlin erlangte die Unternehmerfamilie überregionale Reputation, die sie dann wieder in ihrer Heimat einsetzen konnte. Insgesamt ist aber festzuhalten, dass im Familienarchiv für den Zeitraum vor der Nobilitierung weniger bedeutende Einladungen überliefert sind, als nach der Standeserhöhung. Der Zuwachs war dem Statusgewinn der Familie zu verdanken.

3.3.6 Integration in die Adelsgeschichte – Denkmalschutz, Geschichtspflege, Heraldik

Cornelius Wilhelm Heyl arbeitete bereits in den 1870er Jahren ebenso an einer öffentlichkeitswirksamen Familienmemoria wie an städtischen und staatlichen Geschichtsprojekten. Sein historisches Interesse folgte dem Mainstream der kaiserzeitlichen Elite. Dabei wirkten zahlreiche Faktoren zusammen: Zunächst entwickelte sich die Geschichtsbegeisterung innerhalb des Bürgertums vor dem Hintergrund der Industrialisierung und der aufkommenden Moderne – der Adel hatte stets über ein ausgeprägtes Geschichtsbewusstsein im Sinne des Herrschaftsanspruchs verfügt. Das Interesse für die Vergangenheit war ein Kernelement der Industrialisierung.[581] Der industrielle Fortschritt weckte das Bedürfnis, die Vergangenheit aufzuarbeiten und zu konservieren. Die Geschichte sollte außerdem Erklärungsmodelle für die Gegenwart und Orientierung für die Zukunft liefern.[582] Hinzu kam eine Tendenz zur Mittelalterverklärung, die etwa in den eskapistischen Bauten König Ludwigs II. gipfelten. So erklärt auch Gabriele Clemens die europaweite Gründung von Altertums- und Geschichtsvereinen ab den 1820er Jahren mit einer zunächst emotional begründeten Affinität zur Historie: „Vielerorts führten ein romantisches Mittelalterverständnis und eine große schwärmerische Bewunderung für die Antike Männer von Bildung und Vermögen zusammen, die gemeinsam im Verein Geschichte erforschen wollten.“[583] Die Besinnung auf die Geschichte trägt eindeutige Züge von adlig besetzten Legitimationsmechanismen. Silke Marburg und Josef Matzerath stellen fest, dass sich der Adel im 19. Jahrhundert vom Stand zur Erinnerungsgruppe wandelte: Adlige nutzten ihre lange Zugehörigkeit zur herrschenden Schicht als Symbol, das die konkurrierenden Eliten nicht erkaufen konnten.[584] Die nobilitierte Familie Heyl fand sich mit dieser gesellschaftlichen Exklusion nicht ab und ergriff zahlreiche Maßnahmen um sich mithilfe von Aneignungspro-

581 Landwehr, Historismus, 2012, S. 9.

582 Landwehr, Historismus, 2012, S. 10.

583 Clemens, Sanctus, 2004, S. 2. Vgl. auch: Clemens, Historiographie, in: Clemens et al. (Hrsg.), Hochkultur, 2011, S. 189–209.

584 Marburg/Matzerath, Stand, in: Marburg/Matzerath (Hrsg.), Schritt, 2001, S. 13.

zessen und Narrativen in die adlige Gemeinschaft der Erinnerungsgruppe einzuschreiben.

In Worms führten Jubiläumsfeierlichkeiten zu einem neuen Geschichtsbewusstsein.[585] Für die evangelischen Einwohner (seit 1822 waren die evangelischen Konfessionen vereinigt) gab die Lutherrezeption Anlass, sich näher mit der Stadtgeschichte zu befassen. In den 1830er Jahren äußerten sich erste Ansätze einer städtischen Erinnerungspolitik in einer Annäherung an das großherzogliche Haus und der Integration in das Herzogtum: Die städtischen Vertreter huldigten dem Herrscherhaus durch die Benennung von Straßen und durch Jubiläumsfeiern. In einem Hymnus wurde Worms 1833 als Sagenstadt besungen und als Ort mittelalterlicher Geschichte zur Geltung gebracht.[586] Allerdings ging das aufkeimende Geschichtsbewusstsein nur allmählich in eine Wertschätzung für die alte Bausubstanz über. Es sollte bis in die 1850er Jahre dauern, bis der mittelalterliche Dom als erhaltenswertes Baudenkmal wahrgenommen wurde.

Eine ausgeprägte städtische Erinnerungskultur bildete sich trotz der genannten frühen Ansätze erst nach der Reichsgründung heraus.[587] Bis dahin hatte die Stabilität auf politischer, gesellschaftlicher und ökonomischer Ebene gefehlt. Der Unternehmer Cornelius Wilhelm Heyl und sein Bruder Maximilian waren an dieser Entwicklung maßgeblich beteiligt. Sie nutzten das aufkommende Interesse für historische Ereignisse, Kontinuitäten und Entwicklungen, um die Sichtbarkeit ihrer Familie zu erhöhen. Dies gelang einerseits durch medienwirksame Taten im Dienst der Geschichtsschreibung und -forschung, andererseits durch eine geschickte Lenkung von Bedeutungszuschreibungen der Familie Heyl für die Geschichte Worms' und des Großherzogtums Hessen. Einhergehend mit den Nobilitierungsbestrebungen gelang es Cornelius Wilhelm Heyl durch den Einsatz von Geschichtsschreibung und Heraldik, aus seiner Familie eine historisch anmutende Dynastie zu erschaffen, die mit allem aufwartete, was zum aristokratischen Modell gehörte.

Cornelius Wilhem Heyl engagierte sich auf dem Feld der Geschichte als individueller Förderer sowie gemeinsam mit seiner Frau und seinem Bruder als Initiator und Mitglied in Vereinen. Auch als Politiker nutzte er seinen Einfluss, um für historische Themen und den damit verbundenen Handlungsbedarf zu werben. Seine Interessen waren dabei vielseitig: Archäologische Ausgrabungen auf seinem großen Betriebsgelände gehörten ebenso dazu wie die Förderung von Archiv- und Publikationsprojekten, Sammlungen und Ausstellungen sowie Denkmalschutzvorhaben. Heyl agierte als Geldgeber, lieferte aber auch Ideen, stellte Kontakte zu Experten her, vernetzte die an den jeweiligen Projekten beteiligten Akteure miteinander und moderierte gegebenenfalls in Konfliktfällen. Räumlich bewegte sich Heyl hauptsächlich in seiner Heimatstadt

585 Dazu einschlägig sind die Aufsätze: Bönnen, Neuerfindung, in: Halbekann et al. (Hrsg.), Stadt, 2015, S. 261 und Bönnen, Vergangenheiten, in: Wittmann (Hrsg.), Tempi, 2014, S. 115–148.

586 Bönnen, Neuerfindung, in: Halbekann et al. (Hrsg.), Stadt, 2015, S. 267 u. 268.

587 Bönnen, Neuerfindung, in: Halbekann et al. (Hrsg.), Stadt, 2015, S. 299.

Worms und in der näheren Umgebung, wobei stets eine gewisse Ausrichtung auf das Großherzogtum Hessen und die großherzogliche Familie in Darmstadt zu bemerken ist.

3.3.6.1 Die Katharinenkirche in Oppenheim als Denkmalschutzprojekt 1873–1893

Auf dem Feld der Geschichtspflege engagierte sich Cornelius Wilhelm Heyl zunächst im Denkmalschutz. Die Idee eines umfassenden, auch staatlich geförderten Denkmalschutzes stieß erst nach der Reichsgründung 1871 auf breiteres Interesse und Zustimmung. Dies resultierte erstens aus dem erstarkenden Geschichtsbewusstsein und zweitens setzte sich der Denkmalschutzgedanke als Teil einer chauvinistischen ‚Heimatpflege'[588] durch. Drittens wurden dadurch ‚nationale' Gefühle bedient und die Bestrebung Qualitäten zu pflegen, die als spezifisch ‚deutsch' herausgestellt werden konnten. Denkmalschutzprojekte konnten nach dem Sieg über Frankreich und mit der Reichsgründung also „von der Welle patriotischer Begeisterung" getragen und zu „vaterländischen Anliegen des deutschen Volkes" stilisiert werden.[589] Dadurch hatten sie bessere Aussichten auf Umsetzung. Die 1897 im Auftrag von Cornelius Wilhelm Heyl herausgegebene Wormser Stadtgeschichte, die in diesem Kapitel noch eingehender besprochen wird, folgt dieser Haltung:

> Verschiedene Umstände trugen in Worms dazu bei, daß das historische Interesse sich aufs stärkste belebte. Nirgends sonst reden die Steine so eindringlich von ehemaliger Pracht und der Vergänglichkeit der Dinge, als gerade in Worms. Die herrlichen Denkmäler der mittelalterlichen Baukunst waren teils der barbarischen Zerstörung der Franzosen zum Opfer gefallen, teils gingen sie, weil die Mittel, sie zu erhalten, fehlten, sichtlich dem Verfall entgegen und glichen Ruinen. Sie in ihrer früheren Schönheit wiederherzustellen ist eine Hauptpflicht der maßgeblichen Kreise. [...] Das durch die sich überstürzenden Anforderungen der Neuzeit schwer belastete Gemeinwesen war jedoch nicht in der Lage, dem idealen Drange zu folgen, sondern was geschah, das wurde lediglich durch die Opferwilligkeit einer Anzahl wackerer Männer geleistet, die teils reichlich Mittel, teils ihr Wissen und ihr Können zur Verfügung stellten.[590]

Im Sinne des Auftraggebers betonte der Autor Heinrich Boos (1851–1917) insbesondere den Verdienst einzelner Protagonisten, wie Cornelius Wilhelm Heyl und dessen Bruder, um die Erhaltung des städtischen Kulturerbes.[591] Zur Akquise von Spenden und Unterstützern wurden denkmalpflegerische Initiativen von der Fachpresse und prominenten Kunstakteuren zu einer „nationalen Aufgabe" stilisiert[592]. Zugleich überhöhte man die Bestrebung der Heimatpflege „als Eigenschaft, die im Wesen der Deutschen wurzele, die sie gerade von ihren europäischen Nachbarn unterscheide."[593] Für den

588 Dazu s. Speitkamp, Verwaltung, 1996, S. 40.
589 Schütz, Katharinenkirche, 1982, S. 325.
590 Boos, Geschichte, Bd. 1, 1897, S. XVIII.
591 Zu Heinrich Boos und dem Stadtgeschichte-Projekt der Heyl s. Kapitel XX.
592 Speitkamp, Verwaltung, 1996, S. 40.
593 Speitkamp, Verwaltung, 1996, S. 40.

Architekten Gabriel (von) Seidl, der mehrere Bauprojekte für die Heyls ausgeführt hatte, lagen Heimatschutz und Heimatliebe „im deutschen Charakter“.[594] Entsprechend galt die Denkmalpflege „als besonders geeignet deutsche Tugenden wiederzubeleben“.[595]

Cornelius Wilhelm Heyl bediente sich dieses hier skizzierten Wertekanons, als er sich für den Erhalt der Katharinenkirche in Oppenheim einsetzte. Das Denkmalschutzprojekt wird in dieser Studie im Hinblick auf seine Bedeutung für Heyls Prestigepolitik betrachtet. Er förderte die Restaurierung über einen längeren Zeitraum kontinuierlich und konsequent auf politischer Ebene und als privater Mäzen. Wie im Folgenden gezeigt wird, setzte Cornelius Wilhelm Heyl die Denkmalpflege gezielt ein, um sich politisch als deutsch-national zu profilieren und um einen persönlichen Prestigegewinn zu erlangen. Er forcierte dadurch seine mediale Präsenz und gesellschaftliche Vernetzung, auch um seine neu zu gründende Dynastie in die Adelsgeschichte zu integrieren. Am geschichtsträchtigen Ort der Katharinenkirche vermochte er es, das Andenken an seine Familie als Mäzen zu verstetigen. Zudem trat bei dieser Kampagne Heyls Begeisterung für Heraldik deutlich zutage.

Die Kirche, im 13. Jahrhundert auf einer Rheinhöhe südlich von Mainz erbaut, befand sich seit 1689, als sie im pfälzischen Erbfolgekrieg stark beschädigt worden war, weiterhin in schlechtem baulichem Zustand. Im Zuge der Reichsgründung wurde ihr Renovierungsbedarf medial präsent. Als 1872 ein Fotoprojekt begann, das zum Ziel hatte, „kunsthistorisch hochinteressante Bau- und Bildwerke der mittelrheinischen Zone“ zu dokumentieren, gehörte die Katharinenkirche in Oppenheim „als das Kleinod gothischer Architektur am ganzen Mittelrhein“ zu den ausgewählten Objekten.[596] Allerdings war es für denkmalpflegerische Initiativen nicht einfach, staatliche Fördermittel zu erhalten. Aus dem Reichsetat wurden nur wenige ausgewählte Restaurierungsprojekte unterstützt. Zwei Bedingungen mussten bei der Antragstellung erfüllt sein: Erstens durfte die Reichsbeihilfe lediglich im Rahmen einer Mischfinanzierung fließen, d. h. die Landeskassen mussten ebenfalls einen Beitrag leisten, und zweitens musste für das zu restaurierende Bauwerk eine „überragende Bedeutung als Nationaldenkmal“ nachgewiesen werden.[597]

In einem Bericht im *Korrespondenzblatt des Gesamtvereins der Deutschen Geschichts-und Alterthumsvereine* aus dem Jahr 1873 wurde auf die Dringlichkeit der Restaurierung der Kirche hingewiesen: Wesentlich war zunächst die Überdachung von Haupt- und Seitenschiffen und die Renovierung des östlichen Chors und der Südseite; als „wünschenswert“ wurde zudem der Umbau der oktogonalen Kuppel über der Vie-

594 Gabriel von Seidl 1912, zit. n. Speitkamp, Verwaltung, 1996, S. 40. Gabriel (von) Seidl (1848–1913) war ein Münchner Architekt des historisierenden Stils. Er wurde 1900 in den Stand eines Ritters erhoben.

595 Speitkamp, Verwaltung, 1996, S. 40.

596 Anonym, Kunstgeschichtliches, in: Kunstchronik 5 (1872), S. 76.

597 Speitkamp, Verwaltung, 1996, S. 157.

rung betrachtet, um den gotischen Spitzbogenstil wieder zur Geltung zu bringen.[598] Weiterhin legte der anonyme Autor des Beitrags dar, dass die Kirche dem Kölner Dom in nichts nachstünde. Für die Bereitstellung von Reichsmitteln argumentierte das Korrespondenzblatt mit der Idee nationaler Solidarität: „Oppenheim hat auch insoweit Anspruch auf allgemeine Unterstützung, als die Zerstörung der Stadt und des Gotteshauses von unserm Reichsfeind geschah und also dem ganzen Reiche galt, denn Frankreich wollte die Kriegführung gegen seine despotische Vergrößerungspolitik am Rheine unmöglich machen, plünderte deshalb die dortigen Provinzen aus, beraubte sie durch endlose Contribution allen baaren Geldes und brannte Städte, Dörfer, Wälder und Fluren nieder."[599]

1873 fanden sich in Oppenheim Honoratioren aus Stadt und Region zusammen und gründeten einen Verein für die Wiederherstellung der Katharinenkirche in Oppenheim. Prominente Mitglieder waren der spätere Reichstagsarchitekt Paul Wallot und der Kunsthistoriker Wilhelm Lübke. Das Protektorat übernahm Großherzog Ludwig III. Das Komitee für Erbauung der Katharinenkirche zu Oppenheim warb um ideelle und finanzielle Unterstützung für die Restaurierung. Die Kosten der Wiederherstellung sollten aus Zuschüssen der großherzoglichen Staatskasse, aus französischen Kriegsentschädigungszahlungen und aus freiwilligen Beiträgen aus dem In- und Ausland zusammengetragen werden.[600]

In Worms formierte sich im selben Jahr ein Zweigkomitee, dessen Vorsitz Cornelius Wilhelm Heyl übernahm.[601] Die Komitees veröffentlichten Aufrufe in Fachzeitschriften, wie etwa in der Kunstzeitung *Die Dioskuren* von 1873, mit der Bitte, Geldsammlungen zu organisieren und selbst zu spenden.[602] Dort hieß es, der Bevölkerung und der großherzoglichen Regierung sei es noch nicht gelungen, das „religiös-nationale Baudenkmal deutschen Wissens, Wollens und Könnens" wiederherzustellen.[603] Bewusst setzte der Bauverein auf seine Legitimation durch den „landesherrlichen Schutz" seitens des Großherzogs: „Neben der Unterstützung vom Staate" wolle man den vollständigen Ausbau der Kirche durch die „Sammlung freier Gaben" finanzieren.[604]

---

598 Anonym, Notizen über altherthümliche Funde, Restaurationsarbeiten ec, in: Korrespondenzblatt des Gesamtvereins der Deutschen Geschichts- und Altherthumsvereine 7 (1873), S. 56.

599 Anonym, Notizen über altherthümliche Funde, Restaurationsarbeiten ec, in: Korrespondenzblatt des Gesamtvereins der Deutschen Geschichts- und Altherthumsvereine 7 (1873), S. 56.

600 Schütz, Katharinenkirche, 1982, S. 325 f.

601 Held, Wiederherstellung, 2009.

602 Anonym, Kunstchronik, in: Die Dioskuren. Deutsche Kunstzeitung. Hauptorgan der deutschen Kunstvereine 27 (1873), S. 216.

603 Anonym, Kunstchronik, in: Die Dioskuren. Deutsche Kunstzeitung. Hauptorgan der deutschen Kunstvereine 27 (1873), S. 216.

604 Anonym, Kunstchronik, in: Die Dioskuren. Deutsche Kunstzeitung. Hauptorgan der deutschen Kunstvereine 27 (1873), S. 216.

Als Politiker beschäftigte sich Cornelius Wilhelm Heyl zunächst in der Ersten Kammer des Großherzogtums Hessen mit der Katharinenkirche. In einem Leitartikel berichtete die Kunstchronik von einer Verhandlung der Ersten Kammer am 28. November 1876, in der „die Restaurationsfrage des Baues" diskutiert wurde: „Mit Recht wurde betont, daß es sich hier vorzugsweise um eine künstlerische Aufgabe ersten Ranges handle, der befriedigende Lösung ohne einen beträchtlichen Geldzuschuss von der Reichsregierung bei den beschränkten Mitteln nicht möglich sei."[605] Ein entscheidender Faktor, mit dem die Kammer für die Beantragung von Reichsmitteln argumentierte, war der hohe Anspruch an die ausführenden Architekten und Baufirmen.

Zwei Jahre später hielt Heyl als Reichstagsabgeordneter eine Rede in der Plenarversammlung des Reichstags, um Gelder für das Oppenheimer Restaurierungsprojekt einzuwerben. Die Bewilligung des Zuschusses war keineswegs selbstverständlich. Gegner argumentierten, das Geld für einen weiteren „monumentalen Luxusbau" fehle; zudem wollte man keinen Präzedenzfall schaffen.[606] Daher konzentrierte sich Heyl in seiner Rede auf zwei Punkte: die hohe kunsthistorische Bedeutung der Kirche und ihre Wichtigkeit für das kollektive Geschichtsbild der neu gebildeten Nation. Beide Aspekte verknüpfte er mit Patriotismus und leitete daraus eine nationale Pflicht ab, die Renovierung der Katharinenkirche auch mit Reichsmitteln zu unterstützen. Aus kunsthistorischer Perspektive bezog sich Heyl auf die baulich-stilistische Verortung der Kirche in der Region, verwendete Fachtermini und trat als Experte auf. Dabei hob er auf den Vorbildcharakter ab, den die Kirche für die aktuellen „kulturhistorischen Aufgaben der Nation" habe und meinte damit wohl die Ausbildung und Weiterbildung zeitgenössischer Architekten und Gestalter:

> Hat doch die Oppenheimer Kirche die besondere Bedeutung, daß sich die Einflüsse, welche von gothischen Bauschulen in Straßburg und Köln ausgegangen waren, gewissermaßen in ihr vereinigten, daß sie in belehrender und eigenartiger Weise die Uebergänge der frühgothischen Formen in die entwickelten Gliederungen des gothischen Styls zeigt, daß sie Maaßwerksfenster und Rosettenbildungen von seltenem Reichthum aufzuweisen hat. [...] Meine Herren, bei diesem Anlaß treten indessen auch die kulturhistorischen Aufgaben der Nation an uns heran.[607]

Im Hinblick auf den historischen Stellenwert der Kirche und ihre Bedeutung für die Identitätsbildung des neu gegründeten Nationalstaates verwies er auf ihre Zerstörung im Pfälzischen Erbfolgekrieg. Seine deutliche antifranzösische Haltung bezog Heyl aus der zeitgenössischen „national orientierten Geschichtsschreibung", die ihre Aufgabe darin sah, „die Erinnerung an die Zerstörung der Pfalz im Dienst einer nationalisti-

605 Anonym (U. O.), Die Katharinenkirche zu Oppenheim, in: Kunstchronik 40 (1877). Der Artikel bespricht eine neue Publikation: Hertel (Hrsg.), Katharinenkirche, 1877.

606 Schütz, Katharinenkirche, 1982, S. 329.

607 Rede von Heyl im Reichstag, 25. Sitzung am 29. März 1878. Verhandlungen des Reichstages, Bd. 47, 1878, S. 607.

schen, gegen Frankreich gerichteten Politik aufrecht zu erhalten."[608] Die antifranzösische Stimmung nutzte Heyl ebenso für seine Denkmalschutzkampagne in Oppenheim:

> Meiner Auffassung nach hat die deutsche Nation die Pflicht, diese Perle in dem Kranz der Baudenkmale [d. i. Katharinenkirche, Anm. I. H.], welche in den westlichen Provinzen Deutschlands errichtet sind, zu erhalten, Meine Herren, wie der deutsche Muth das Straßburger Münster wiedererobert hat, wie deutsche Kraft und Fleiß den Kölner Dom vollenden werden, so wird wie ich hoffe, der deutsche Patriotismus diese schöne Kirche nicht in Schutt und Staub versinken lassen. [...] Und knüpfen sich nicht Erinnerungen besonderer Art an diese Kirche, welche unsere Theilnahme in der heutigen Zeit in hervorragender Weise herausfordern? An ihr hat der Befehl Ludwig IV. [sic, gemeint ist Ludwig XIV., Anm. I. H.] ‚de bruler le Palatinat' die mächtigste Wirkung geäußert.[609]

Im letzten Teil seiner Rede ging Heyl auf die Frage der Reichsmittelvergabe ein. Seine Argumentation hob auf die beiden Voraussetzungen für die Reichsbeihilfe ab: Nachdem er zunächst die Katharinenkirche als Nationaldenkmal charakterisierte, verwies er nun auf die Finanzierungsleistung des Großherzogtums, sodass die Bedingung der Mischfinanzierung erfüllt war. Gleichzeitig ging er auf andere Kulturprojekte des Reiches ein: „Das deutsche Reich hat für eine Reihe von ähnlichen Dingen Geld aufgewendet. Ich muß sagen, ich freue mich darüber und bitte, daß der deutsche Reichstag, wie er seither für die Museen in Nürnberg und Mainz und für die Ausgrabungen in Olympia das Geld gegeben hat, auch für diese Zwecke Geld aufwenden möge."[610]

Heyls Rede stieß im Reichstag auf positive Resonanz. Der Unternehmer freute sich über diesen Erfolg und hielt in seinem Tagebuch fest:

> Vorher hielt ich in der Plenarversammlung eine Rede für die Katharinenkirche in Oppenheim. Vor Beginn der Sitzung, in welche ich nicht ganz leichten Herzen ging, hatte ich eine auf den Gegenstand bezügliche Unterhaltung mit Lasker, der in einer höchst unerquicklichen Weise absprechend und verneinend war. [...] Ich fühlte aber, als die Sitzung begonnen hatte, dass ich die Pflicht hatte und sagte mir: Die Sache hast du genau studiert, es ist eine heimische Angelegenheit, also los. [...] Nach dem ersten Satz war alle Befangenheit vorbei, und ich brachte meine Gedanken gerne zum Vortrag. Ich hatte einen kleinen Erfolg als Redner und einen grossen in der Sache. Letzteres war mir das Wesentliche.[611]

Das Komitee dankte Heyl in einem Brief am 31. März 1878 und formulierte den Wunsch, er möge „das warme Interesse für die Perle in dem Kreis deutscher Denkmale dauernd bewahren [...]; denn wir werden neben den bewilligten Unterstützungen aus

608 Meumann, Rezension, in: sehepunkte 4 (2004), Nr. 2 [15.02.2004], URL: http://www.sehepunkte.de/2004/02/2454.html [18.09.2018].

609 Rede von Heyl im Reichstag, 25. Sitzung am 29. März 1878. Verhandlungen des Reichstages, Bd. 47, 1878, S. 607.

610 Rede von Heyl im Reichstag, 25. Sitzung am 29. März 1878, Verhandlungen des Reichstages, Bd. 47, 1878, S. 607.

611 StA Worms, Abt. 186, Nr. 1345, Cornelius Wilhelm Freiherr Heyl zu Herrnsheim, Tagebuch 1875–1878, S. 68 f.

Landes- und Reichsmitteln fortdauernd an die Opferwilligkeit der deutschen Nation appelieren müssen.“[612] Heyl kam diesem Anliegen auch als Unterzeichner eines publizierten Spendenaufrufs nach, in dem in drastischer Sprache auf die französische Zerstörung der Katharinenkirche und ihre nationale Bedeutung verwiesen wurde.[613]

1879 wurde die Finanzierung des Oppenheimer Denkmalschutzprojektes bewilligt. Von den erwarteten Kosten, die 430.000 Mark betragen sollten, übernahmen das Land Hessen und das Deutsche Reich je 200.000 Mark; 30.000 steuerte der Oppenheimer Kirchenbauverein bei. Die Restaurierung der Katharinenkirche war damit eines von nur drei Projekten, die Reichsförderung erhielten. Lediglich die Fertigstellung des Kölner Domes und die Wiederherstellung der Hohkönigsburg im Elsass wurden ebenfalls reichsstaatlich gefördert. Dies verdeutlicht, dass es Heyl gelungen war, seinem regionalen Projekt einen nationalen Charakter zu verleihen.[614] Als Architekt konnte der Wiener Dombaumeister Friedrich von Schmidt gewonnen werden, der die Renovierung im neogotischen Stil ausführte.

Cornelius Wilhelm Heyl nutzte die Neugestaltung der zerstörten Kirchenfenster, um sich erstens als großzügiger Mäzen in eine Reihe mit dem gleichfalls beteiligten Hochadel zu stellen und zweitens, um seine Familie ikonographisch in die Adelsgeschichte zu integrieren, denn als Stifter engagierten sich insbesondere Mitglieder der großherzoglichen Familie.[615] Alle durch das Haus Hessen gestifteten Fenster präsentierten Bildmotive aus der traditionsreichen Familiengeschichte und waren mit den jeweiligen Wappen versehen. Am repräsentativsten war das von Großherzog Ludwig IV. finanzierte große Katharinenfenster. Cornelius Wilhelm Heyl bezeichnete es später in seiner Einweihungsrede als ein „erhebendes Gefühl [...] dem Beispiel der geliebten Landesfrau und anderen Mitgliedern des Großherzoglichen Hauses folgen zu dürfen.“[616]

Mit seiner Fensterstiftung gelang es Heyl sogar, seine großherzoglichen Vorbilder zu übertreffen, indem er originale gotische Fenster aus dem Rheinland ankaufte. Es handelte sich um 33 Glasscheiben aus der Kunstsammlung des Freiherren von Zwier-

612 StA Worms, Abt. 186, Nr. 589, Dankschreiben des Comités für Erbauung der Katharinenkirche zu Oppenheim an den Reichstagsabgeordneten Commerzienrath W. C. Heyl in Berlin, 31.03.1878.

613 „An alle Kreise unseres Volkes richten wir hiermit die herzliche Bitte, uns weiter mit Geld für die ganze Wiederherstellung der St. Katharinenkirche zu helfen [...]. Die Kirche hat im doppelten Sinne nationale Bedeutung. Sie ist ein deutschgothischer Prachtbau [...] So ist es hoffentlich [...] der ganzen Nation vergönnt, am [...] 200jährigen Jahrestage der Zerstörung durch Ludwig XIV. von Frankreich mordbrennerische Schaaren unter Gottes Schutz und der Deutschen machtvollen Einigkeit die herrliche St. Katharinenkirche zu Oppenheim an den rebenumkränzten Hügeln des Rheinstromes in dem alten Formenreichthum deutscher Gothik wieder zu schauen.“ Unterzeichner ist u. a. Heyl-Worms, Geh. Commerzienrat, Druckschrift, Oppenheim, 20. Oktober 1884, StA Worms, Abt. 186, Nr. 589.

614 Speitkamp, Verwaltung, 1996, S. 157.

615 Im Folgenden beziehe ich mich auf: Rauch, Farbverglasung, in: Brinkmann et al. (Hrsg.), Erfurt, 1997, S. 194–200.

616 StA Worms, Abt. 186, Nr. 589, Rede des Freiherrn Heyl beim Festmahl in Oppenheim.

lein in Geisenheim, die er für 13.100 Mark ersteigerte.[617] Ergänzt wurden diese durch neu gestaltete und mit dem Familienwappen der Heyls versehene Fensterfelder. Dieses Wappen hatte Heyl 1886 im Zusammenhang mit der Nobilitierung durch den Heraldiker Otto Hupp gestalten lassen, um damit die Sichtbarkeit seiner Familie als aristokratische Dynastie sicherzustellen. Das Kirchenfenster in Oppenheim bot dazu eine ideale Gelegenheit. Die Inschrift unterstrich den Charakter der mittelalterlichen Scheiben als Denkmal für Heyls Schlüsselposition im Restaurierungsprojekt: „In Erinnerung an die am 9. März 1878 beschlossene Betheiligung des Reiches am Wiederaufbau der Perle rheinischer Baudenkmale / gewidmet von Cornelius Freiherr Heyl zu Herrnsheim weiland Mitglied des Reichstags für Worms – Heppenheim – Wimpfen 1888."

Am 31. Mai 1889, dem 200. Jahrestag der Zerstörung Oppenheims fanden die patriotisch überhöhten Einweihungsfeierlichkeiten statt. Das dafür komponierte Lied unterstreicht den Symbolcharakter der Katharinenkirche für das gegen Frankreich gerichtete Nationalbewusstsein: „Heute steht sie neu vollendet, die der Franzmann einst geschändet. Darum ruft mit Lieb' und Lust Deutschland hoch aus voller Brust: Kaiser und Großherzog … sie leben hoch".[618]

Abb. 17: Urkunde anlässlich der Verleihung des Ehrenbürgerrechtes der Stadt Oppenheim an Cornelius Wilhelm Freiherr von Heyl, 31. Mai 1889, kolorierte Lithografie, 52 x 44 cm.

617 Gast/Rauch, Glasmalerein, 2011, S. 248.

618 Lied zit. n. Rauch, Farbverglasung, in: Brinkmann et al. (Hrsg.), Erfurt, 1997, S. 194–200, Anm. 157.

Noch im selben Jahr wurde Heyl für sein Engagement mit der Verleihung der Ehrenbürgerwürde der Stadt Oppenheim geehrt (Abb. 17). Neben dieser Auszeichnung profitierte Heyl von der medialen Präsenz des Denkmalschutzprojekts. Im Jahr der Fertigstellung erschienen eine Festschrift sowie Besprechungen des restaurierten Baus in der *Zeitschrift für christliche Kunst* und in der *Kunstchronik*.[619]

3.3.6.2 Altertumsverein und Paulusmuseum

Innerhalb des Jahres 1877 trat Cornelius Wilhelm Heyl, der inzwischen in die Erste Kammer der Landstände berufen und deshalb regelmäßig in Darmstadt war, in den *Historischen Verein für das Großherzogtum Hessen* ein.[620] In Worms gab es zu diesem Zeitpunkt noch keinen Verein, der sich mit Geschichtspflege befasste, der Darmstädter Verein existierte hingegen bereits seit 1833. Als ‚staatstragender' Verein mit Vertretern der Regierung im Vorstand sollte der Verband dem zwischen 1803 und 1813 zusammengefügten Großherzogtum Hessen zu einem geschlosseneren Charakter verhelfen. Der Verein gab eine Zeitschrift heraus, publizierte Monografien und Quellenbände, unterstützte archäologische Ausgrabungen und baute eine Bibliothek sowie eine museale Sammlung auf. Ab den 1860er Jahren gehörte es zunehmend auch zur Vereinsarbeit, Gründungen von Bezirks- und Ortsvereinen zu fördern. Ergebnis dieser Bestrebungen war schließlich der Wormser Altertumsverein, an dessen Gründung 1879 auch die beiden Brüder Cornelius Wilhelm und Maximilian Heyl maßgeblich beteiligt waren.[621]

Doch zunächst lernte Cornelius Wilhelm Heyl als Mitglied der Darmstädter Gesellschaft die Gepflogenheiten eines historischen Vereins kennen. Auf einer Exkursion des Vereins im Mai 1877 nach Worms lud er die Mitglieder auf sein Anwesen ein, um seine Sammlung von Altertümern zu präsentieren, die größtenteils aus Ausgrabungen auf dem Fabrikgelände stammten.[622] Ein Bericht der *Darmstädter Zeitung*, den Heyl auch im Familienarchiv aufbewahrte, gibt Auskunft über den Vereinsausflug und über seine herausgehobene Rolle:

---

619 Schmidt/Bonhard, Ausbau, 1889; Kunstchronik 39 (1888/89), S. 616; Zeitschrift für christliche Kunst 8 (1889), S. 269–271.

620 StA Worms, Abt. 186, Nr. 1777, Mitgliedsdiplom (mit Umschlag, Nov. 1877).

621 Bönnen, Neuerfindung, in: Halbekann et al. (Hrsg.), Stadt, 2015, S. 289.

622 Seine archäologischen Ambitionen hielt Cornelius Wilhelm Heyl im Rückblick folgendermaßen fest: „Römische Ausgrabungen auf eigenem Besitz wurden mit Interesse betrieben." StA Worms, Abt. 170/26, Nr. 5, Cornelius Wilhelm von Heyl, Aus meinem Leben, Manuskript o. J., Transkript 1966, S. 26. In den Fundberichten der Westdeutschen Zeitschrift für Geschichte und Kunst aus dem Jahr 1882 ist zu lesen: „Auf dem Gelände seiner Fabrik hat vor einigen Jahren Herr Geh. Commerzienrat Heyl zahlreiche römische Urnen und Gläser ausgegraben." Weckerling, Fundbericht, in: Westdeutschen Zeitschrift für Geschichte und Kunst 8 (1882), S. 51. 1882, 1885 und 1896 fanden jeweils bei Maria Münster, im Bereich der Heylschen Lederfabrik „mit großzügiger Unterstützung der Familie v. Heyl" Ausgrabungen eines römischen Gräberfeldes statt. Als besondere Glanzstücke kamen römische Gläser zum Vorschein, die den „Grundstock für die reiche Wormser Glassammlung" bildeten. Bernhard, Gläser, 1979, S. 6.

> Der Herr Commerzienrath Heyl hatte die Versammlung eingeladen, seine Altherthümersammlung zu besichtigen. Herr Heyl hat namentlich in der Gegend von Mariamünster bei Worms interessante Ausgrabungen gemacht, deren Ergebnisse einen264 Haupttheil der Sammlung geliefert haben. Besondere Aufmerksamkeit erregten eine große Collection römischer Gläser, merkwürdige, in menschliche Gesichter endigende Thongefäße seltener Art, Metallsachen, Schmuckketten von Thon etc. und andere Grabfunde.[623]

Neben Cornelius Wilhelm Heyl hatten sich auch andere Wormser dem Darmstädter Verein angeschlossen, wie etwa der Bürgermeister Friedrich Heimburg. Der Zeitungsbericht geht auch auf die abschließenden Reden Heimburgs und der Vereinsvorstände ein, die sich mit dem verspäteten Geschichtsbewusstsein in Worms befassten: „Ihre Toaste berührten das in diesen Tagen in Worms neu erwachte und durch den Anschluß zahlreicher Mitglieder an den Landesverein in Darmstadt dokumentirte [sic] Interesse an der großen und alten Geschichte von Worms und weiterhin die gemeinsame historische Arbeit, welche die Vereinsmitglieder in- und außerhalb von Worms in Zukunft verbinden würde."[624] Auch Heyl kam zu Wort und „betonte die Förderung, welche die kunstarchäologische Thätigkeit historischer Vereine auf die Kunst und das Gewerbe der Gegenwart ausübe."[625]

Dieses Statement entsprach den Ansichten der Elite in Heyls Generation, die sich, so Gaehtgens, „in den kulturellen Leistungen der eigenen Zeit nicht aufgehoben fühlte."[626] Sie erhob also die Kunst und „Kultur vergangener Epochen" zum Bildungsideal, ihrer eigenen Epoche attestierte sie hingegen kein vergleichbares Niveau. Die Gründergeneration, die sich durch ökonomischen Erfolg auszeichnete, versuchte ihre gesellschaftliche Stellung zu bestimmen, indem sie als Sammler und Mäzene die Altertumsforschung und Ausgrabungstätigkeiten förderten: „Ältere Kunst zu sammeln, ihre wissenschaftliche Bedeutung zu unterstützen und ihre öffentliche Zugänglichkeit durch Stiftungen zu fördern, war ein kulturpolitisch konservatives Phänomen."[627] Wilhelm von Bode schrieb dazu rückblickend: „Die Ziele bei der Gründung der Kunstgewerbemuseen waren fast ausschließlich didaktische, technologische: die Wiedererweckung und Hebung des Kunstgewerbes, in neuerer Zeit speciell die eines nationalen Kunstgewerbes, durch die Ansammlung mustergültiger Vorbilder [...]."[628]

Der Altertumsverein in Worms hatte guten Zuspruch.[629] Der Bürgermeister Friedrich Heimburg übernahm den ersten Vorsitz. Auf der Gründungsversammlung nannte Gymnasialdirektor Dr. Adalbert Becker den Zweck des Vereins in der „Erforschung der

623 Der Ausflug des historischen Vereins nach Worms. 2. Teil, Darmstädter Zeitung, 09.05.1877 (erster Teil am 08.05.1877 publiziert). Cornelius Wilhelm Heyl erhielt im Nov. 1877 das Mitgliedsdiplom.
624 Der Ausflug des historischen Vereins nach Worms. 2. Teil, Darmstädter Zeitung, 09.05.1877.
625 Der Ausflug des historischen Vereins nach Worms. 2. Teil, Darmstädter Zeitung, 09.05.1877.
626 Gaehtgens, Wilhelm von Bode, in: Mai/Paret (Hrsg.), Sammler, 1993, S. 169.
627 Gaehtgens, Wilhelm von Bode, in: Mai/Paret (Hrsg.), Sammler, 1993, S. 170.
628 Bode, Aufgaben, in: Pan 2 (1896/97), S. 122.
629 Der Verein verzeichnete bereits 1884 über 600 protestantische, katholische und jüdische Mitglieder. Vgl. Reuter, St. Paulus, in: Kleine Bornhorst/GMrhKg (Hrsg.), St. Paulus, 2002, S. 272.

Geschichte der Stadt Worms und ihrer Umgebung und Sammlung und Erhaltung der hierauf bezüglichen Schriften, Drucksachen und Alterthümer".[630] Auch die Idee der ästhetischen Erziehung und historischen Identitätsbildung durch die Präsentation alter Kunst wurde in der Arbeit des Wormser Altertumsvereins aufgegriffen: Im Oktober 1881 konnte der Verein die Eröffnung eines Museums in der eigens dafür restaurierten Pauluskirche feiern.[631]

Bei diesem Projekt war insbesondere Maximilian Heyl federführend. Offensichtlich hatte er die Initiative und die finanzielle Hauptlast übernommen: Er beauftragte den Münchner Künstler Lorenz Gedon (1844–1883) damit, die „Reste des Alterthums und der Kunst aus Stadt und Land an einer würdigen Stätte zu vereinigen und sie vor Entfremdung und Zerstörung zu bewahren."[632] Maximilian hatte den Dekorationskünstler Gedon als Gestalter des deutschen Pavillons auf der Pariser Weltausstellung 1878 kennengelernt. Neben dem Museumsbau beauftragten die Heyls Gedon für weitere Projekte, worauf später detailliert eingegangen wird.[633]

Maximilian Heyl bezog zudem den Mainzer Domkapitular Friedrich Schneider in die Museumsplanung ein. Der Geistliche zählte aufgrund seiner zahlreichen Kunstpublikationen zu den bekannten Kunsthistorikern seiner Zeit.[634] Beide blieben viele Jahre durch Besuche und brieflichen Austausch verbunden.[635] Offensichtlich stand auch Cornelius Wilhelm Heyl mit Friedrich Schneider in Kontakt. Der erste Beleg für eine persönliche Bekanntschaft ist eine Postkarte von Heyl an Schneider im November 1878, die heute im Nachlass Schneiders aufbewahrt wird.[636] Bemerkenswert ist die Zusammenarbeit mit Schneider nicht allein aufgrund seines zu dieser Zeit hohen Bekanntheitsgrades, sondern auch aufgrund der konfessionellen Kluft, die aber offensichtlich kein Problem darstellte. Grünewald, die die Korrespondenz zwischen Schneider und Heyl herausgab, spricht von einer ‚ökumenischen Freundschaft'.[637]

---

630 Adalbert Becker, zit. n. Reuter, St. Paulus, in: Kleine Bornhorst/GMrhKg (Hrsg.), St. Paulus, 2002, S. 272 f.

631 Schneider, Gedon, in: Zeitschrift des Kunstgewerbe-Vereins München 5/6 (1884), S. 42.

632 Schneider, Gedon, in: Zeitschrift des Kunstgewerbe-Vereins München 5/6 (1884), S. 41 f.

633 Überliefert sind drei Briefe Lorenz Gedons an Marie Antoinette Stein aus dem Jahr 1881. Gedon war beauftragt, die Ausstattung für das Brautpaar Richard Schnitzler und Melanie Stein, die Schwester von Sophie und Doris Stein, zusammenstellen. Er nennt Kaufoptionen für ein Büffet für 700 und einen Schrank für 2.000 Mark. Ein Brief endet mit den herzlichen Worten: „Grüßen Sie mir u. gratulieren Sie die neuen Glücklichen, gleichzeitig mit meinen geliebten Wormsern bitte ich Alles mögliche an Sie selbst auszurichten von ergebenen L. Gedon". StA Worms, Abt. 186, Nr. 1199.

634 Hinkel, Geleit, in: Grünewald (Hrsg.), Maximilian (von) Heyl, 2008, S. 9.

635 Mathilde Grünewald transkribierte den Briefwechsel zwischen Maximilian und Friedrich Schneider: Grünewald, Maximilian (von) Heyl, in: Hinkel (Hrsg.), Friedrich Schneider (2008), S. 151.

636 Postkarte vom 16.11.1878 von Cornelius Wilhelm Heyl an Friedrich Schneider im Nachlass Schneider im Dom- und Diözesanarchiv Mainz. Darauf verweist: Grünewald, Maximilian (von) Heyl, in: Hinkel (Hrsg.), Friedrich Schneider (2008), S. 151.

637 Grünewald, Maximilian (von) Heyl, in: Hinkel (Hrsg.), Friedrich Schneider Neues Jahrbuch für das Bistum Mainz (2008), S. 149–163.

Doch die Unterbringung des Museums in einer katholischen Kirche brachte es mit sich, dass der Kulturkampf aus dem Projekt nicht herauszuhalten war. Lorenz Gedon hatte die dem Verfall preisgegebene ehemalige Stiftskirche St. Paulus vorgeschlagen, deren Bausubstanz teilweise noch aus dem 13. Jahrhundert stammte. So wurde das Museumsprojekt gleichzeitig zu einer Denkmalschutzinitiative. Friedrich Schneider schilderte die Situation später in einem Nachruf auf Gedon folgendermaßen:

> Keine Stätte aber schien ihm [Lorenz Gedon, Anm. I. H.] mehr geeignet als die alte Stiftskirche St. Paul. Für die Zwecke des Gottesdienstes überflüssig, war das Gebäude längst als Niederlage vermiethet und ging bei ungenügender Unterhaltung stetig seinem Ruin entgegen. Und dennoch verdiente das altersgraue Heiligthum mit seinem romanischen Chorbau, den in der Silhouette der Stadt so charakteristischen Kuppelthürmen, seiner reichen Westfaçade mit ihrer Fensterrose ein besseres Schicksal. Hier mußte das Museum gegründet werden.[638]

Aber die katholische Kirche betrachtete Maximilian Heyls Initiative mit Misstrauen: Der Kirchenvorstand hegte den Verdacht, dass der „fragliche Verein [gemeint ist der Altertumsverein, Anm. I. H.] etwa der kath[olischen] Kirche feindliche Tendenzen verfolgen könne."[639] Offensichtlich bestand auch ein gewisses Misstrauen gegenüber der protestantischen und nationalliberalen Familie Heyl. Nicht nur die Planungsphase des Paulusmuseums, sondern auch die gesamte Laufzeit des Museumsbetriebs waren immer wieder von Spannungen zwischen den Ausstellungsbetreibern und der Martinspfarrei als Eigentümerin der Kirche überschattet. Mit viel Verhandlungsgeschick gelang es schließlich, einen Mietvertrag für jährlich 322 Mark mit einer Laufzeit von dreißig Jahren bei einer einjährigen Kündigungsfrist auszuhandeln. Dabei stellte die Kirche die Bedingung, dass der Kirchenraum nie zu religiösen und politischen Versammlungen genutzt werden durfte. Die Stadt wurde Mieter, der Altertumsverein übernahm die Betreuung der Sammlung. Für die Kosten der Renovierung mit der Gesamtsumme von 14.066,23 Mark kam Maximilian Heyl auf.[640] Er beauftragte Lorenz Gedon mit der Innenraum- und Ausstellungsgestaltung, die dieser als damals moderne Schausammlung konzipierte.[641] Gedon legte Wert darauf, eine optische Verbindung zwischen den Objekten der Stadtgeschichte und dem historischen Gebäude zu schaffen, sodass eine „Inszenierung im Sinne des Historismus" auf die Besucher und Besucherinnen wirken konnte.[642]

Das Museum sollte – so heißt es in der *Westdeutschen Zeitschrift für Geschichte und Kunst* – „alle für die Geschichte der Stadt Worms [und] ihrer Umgebung interessanten Altertümer, soweit dieselben jetzt noch erhalten und zu erlangen sind, vereinigen und so Interesse für die reiche Geschichte der engeren Heimat und die Liebe zu

638 Schneider, Gedon, in: Zeitschrift des Kunstgewerbe-Vereins München 5/6 (1884), S. 42.

639 Protokoll des Kirchenvorstands der Martinspfarrerei am 23. Juni 1879, zit. n. Reuter, St. Paulus, in: Kleine Bornhorst/GMrhKg (Hrsg.), St. Paulus, 2002, S. 276.

640 Reuter, St. Paulus, in: Kleine Bornhorst/GMrhKg (Hrsg.), St. Paulus, 2002, S. 276–280 u. S. 284.

641 Grünewald, Max von Heyl, in: Der Wormsgau 16 (1992–95), S. 14.

642 Reuter, St. Paulus, in: Kleine Bornhorst/GMrhKg (Hrsg.), St. Paulus, 2002, S. 253–290.

derselben bei den Bewohnern [der] Stadt und Umgebung erwecken und pflegen helfen."[643] Als „Stätte der Belehrung" richtete es sich insbesondere an Schüler, Handwerker und „die verschiedenen Kreise der Bürgerschaft".[644] In der Zeitschrift wurde hervorgehoben, dass „Seine Königliche Hoheit der Grossherzog von Hessen [...] das Protektorat übernommen [habe], ferner haben die um ihre Vaterstadt hochverdienten hiesigen Bürger Herr Rittmeister Heyl und Herr Geh. Kommerzienrat Heyl den Bestrebungen des Altertumsvereins die grossartigste Unterstützung zu teil werden lassen."[645]

Laut Soldans Worms-Stadtführer war die Ausstellung folgendermaßen bestückt: Es gab prähistorische Funde, Objekte aus der Latènezeit, griechische und etruskische Geräte und Gefäße, eine römische Abteilung, fränkische Grabfunde, Gegenstände aus dem Mittelalter und der Neuzeit, Zunftaltertümer; verschiedene Möbel, Porzellane, Gewänder und Kleingeräte, die teilweise aus neuerer Zeit stammten sowie eine Münzsammlung. Außerdem beherbergte das Museum die Bibliothek des Altertumsvereins.[646] Eine merowingische Goldfibel aus dem Besitz Maximilian Heyls war ein „besonderes Prachtstück" der Sammlung.[647] Cornelius Wilhelm Heyl, ließ „mit seltener Großherzigkeit seinen Garten plündern"[648]: Er überließ dem Museum unter anderem den Wormser Freistein mit dem Wappen der Stadt.

Das Museumsprojekt in Worms erhielt große Aufmerksamkeit. Zur Eröffnung 1882 organisierten die Beteiligten unter der Regie Lorenz Gedons einen Festzug durch die Stadt: „Standarten waren mit fliegenden rotweißen Bändern und Eichenlaubkränzen umwunden worden, der Festplatz vor [...] der Kirche war geschmückt. Musik erklang bei der feierlichen Schlüsselübergabe an die Stadt, mit Reden und langen Gedichten." Eines dieser Gedichte erschien in einer aufwendig gestalteten Festschrift, verfasst für die Eröffnung von Friedrich Schneider, finanziert von Maximilian Heyl.[649] Es knüpft unmittelbar an den inszenierten Festzug an und geht auf die Geschichte von Worms, die Verbundenheit der Stadt mit der Nibelungensage und die Stifter Maximilian und Doris Heyl ein; das Paulusmuseum selbst erscheint als mystischer „Nibelungenhort", an dem mancher der verlorenen geglaubten Schätze aus der Sage aufbewahrt wird:

> Wilkommen, werthe Gäste im / alten Worms am Rhein,
> Die ihr zum frohen Feste so / gern hier kehret ein,
> Ihr Alten und Ihr Jungen, ihr kommet / heut' zu Hauf;
> Die Stadt der Nibelungen macht weit das / Thor euch auf. //
> Ihr Freunde der Geschichte, der grauen Väterzeit,
> Euch grüßen im Gedichte die Wormser hoch erfreut;

643 Weckerling, Museum, in: Westdeutsche Zeitschrift für Geschichte und Kunst 2 (1882), S. 12.
644 Weckerling, Museum, in: Westdeutsche Zeitschrift für Geschichte und Kunst 2 (1882), S. 12.
645 Weckerling, Museum, in: Westdeutsche Zeitschrift für Geschichte und Kunst 2 (1882), S. 12.
646 Soldan, Worms, 1889, S. 60–61.
647 Weckerling, Museum, in: Westdeutsche Zeitschrift für Geschichte und Kunst 2 (1882), S. 13.
648 Anonymus (v. Sch.), Paulus-Museum, in: Zeitschrift des Kunstgewerbe-Vereins München 11/12 (1881), S. 75.
649 Schneider, St. Paulus-Kirche, 1881, o. S.

Die Helden selbst sich regen und steigen aus der Gruft,
Sie ziehen euch entgegen in frischer Morgenluft. //
Seht mit den Brüdern reitet der junge Giselher,
Gewappnet und gekleidet mit Helm und Schild und / Speer;
Dort naht von Tronje Hagen, der Recke stark und kühn,
Wie seine Schultern ragen, von Muth die Wangen / glüh'n. //
Dann Siegfried kommt, der schnelle, des schönsten Kriegers / Bild,
Und neben ihm strahlt helle die liebliche Krimhild.
Vergangen und vergessen ist längst der alte Streit,
Vorüber Noth und Bangen; denn Alles heilt die Zeit. //
Unter hinter ihnen schreitet, zu Fuß und hoch zu Roß
Gar ritterlich gekleidet, der treuen Mannen Troß;
Der erste in der Reihe marschiret stolz und leicht;
Herr Volker von Alzeie, der froh die Fidel streicht. //
Wie lieblich heut' sie klinget, wie fliegt der Bogen schnell;
Das Lied, das Volker singet, wie tönt es heut' so hell:
„Willkommen, traute Gäste im alten Worms am Rhein,
„Die ihr zum schönen Feste so zahlreich kehret ein. //
„Daß ihr zu uns geeilet, uns Wormsern wohl gefällt;
„Auch ist, daß gern ihr weilet, Liebfrauenmilch bestellt.
„Seht ihr im Becher blinken den edlen Wein so hold,
„So denket all': Wir trinken der Nibelungen Gold." //
Der Schatz war groß, den einst Krimhild / ließ bringen
Hinauf nach Worms in der Bur- / gunden Land.
Wie leuchten hell Rubin und Diamant;
Hört ihr das Gold und Erz und / Silber klingen? //
Doch es versenkte, wie die Lieder singen,
Der grimme Hagen in des Rheines Sand
Die Schätz alle. Was im Strom verschwand,
An's Licht zu fördern wollte nie gelingen. //
Doch seht! Was strahlet in der Kirche dort?
Manch altes Kleinod wir gefunden sehen
Und wohl geborgen an dem hehrem Ort. //
Wer hieß den Schatz so glanzvoll denn erstehen,
Wem danket Worms den Nibelungenhort?
Dir Maximilian, und Dorotheen![650]

Nicht nur inhaltlich rekurriert das Willkommensgedicht auf das Nibelungenlied, der Autor übernimmt auch die melodische Metrik der mittelhochdeutschen Strophen: Wie das Vorbild bestehen sie aus vier Zeilen, dem sogenannten Langvers, der aus zwei paarweise gereimten Versen besteht.[651] Im Text treten die Helden der Sage gemeinsam auf, um die Gäste bei der Museumseröffnung zu begrüßen. Mit der Namensnennung von Maximilian und Doris findet eine Verknüpfung der Familie Heyl mit den Sagengestalten statt. Diese persönliche Verbindung wurde später durch Cornelius Wilhelm

650 Schneider, St. Paulus-Kirche, 1881.
651 Vgl. Ehrismann, Nibelungenlied, 2002, S. 45 f.

Heyl und Sophie in zahlreichen Projekten zur Imagepflege und Profilierung der Familie und des Unternehmens verstärkt eingesetzt. Der Mythos bot mit seiner identitätsstiftenden Popularität, seiner einprägsamen Bildsprache und der aktionsgeladenen Dramatik seiner Erzählung attraktive Rollen und Settings, die die Familie Heyl für ihre Selbstprofilierung und -inszenierung nutzen konnte. So schufen die Heyls mit ihrer starken Bezugnahme auf die Nibelungensage eine fiktive Verbindung zu einem fiktiven Mittelalter. Das Illusionistische dieser Beziehung werteten sie aber mit konkreten Handlungen, Artefakten und Monumenten auf. Mit Fiktion und Kapital versuchten sie den Vorsprung an zeitlicher Präsenz und Anciennität des Adels zu kompensieren.

Ein ausdrucksstarkes Zeichen für ihren protestantisch-lutherischen Glauben setzte die Familie Heyl 1883 mit der Stiftung einer umfangreichen Lutherbibliothek, die als eigenständiges Ausstellungsensemble im Paulusmuseum präsentiert wurde. Maximilian Heyl hatte diese Sammlung lutherischer Schriften von Friedrich Schneider für 2.465 Mark angekauft.[652] Es handelte sich um eigenhändige Briefe Luthers, Erstausgaben und Schriften seiner Gegner. Die katholische Kirche reagierte auf dieses Vorhaben mit starker Ablehnung, doch der Geistliche Friedrich Schneider unterstrich die „Objective Seite" der Stiftung, indem er auf die historische Bedeutung der Objekte und die damit verbundenen Forschungsoptionen verwies.[653] So konnte die „Lutherstube" am 10. November 1883, dem 400. Geburtstag Martin Luthers, in Anwesenheit von Großherzog Ludwig IV. der Stadt übergeben werden. Als Prunkstück der Sammlung galt eine Schenkung des Kronprinzen Friedrich Wilhelm, dem späteren Kaiser Friedrich III.: Er überließ dem Paulusmuseum eine auf Pergament gedruckte Bibel mit einer Widmung von Luthers Hand.[654]

Die Raumgestaltung der Bibliothek gehörte zu den letzten Arbeiten Lorenz Gedons, der am 27. Dezember 1883 verstarb. Nach seiner Vorstellung bildete er ein Studierzimmer im gotischen Stil nach: Ein Chorgestühl funktionierte er zu Bücherschränken um und die Lutherbibel präsentierte er in einem mit versilberten Eisenbeschlägen verzierten Schrein.[655] Um das Ambiente zu vervollständigen fügte der Künstler weitere Gegenstände mit Lutherbezug hinzu.[656] Darunter befand sich eine Anzahl von Pokalen, die Cornelius Wilhelm Heyl gestiftet hatte.[657] Wie im gesamten Paulusmuseum setzte Gedon auch hier seine Auffassung zeitgemäßer Objektinszenierung im historistischen Sinne um. In München bemängelte er beständig die Ausstellungsweise des Bayerischen Nationalmuseums, die er als lieblos und ungeordnet empfand. Maximilian Heyl hatte

652 Grünewald, Maximilian (von) Heyl, in: Hinkel (Hrsg.), Friedrich Schneider (2008), S. 158.
653 Grünewald, Maximilian (von) Heyl, in: Hinkel (Hrsg.), Friedrich Schneider (2008), S. 159.
654 Soldan, Worms, 1889, S. 61.
655 Gedon, Lorenz Gedon, 1994, S. 204 f.
656 Soldan, Worms, 1889, S. 61.
657 Nover, Worms, 1895.

ihm durch den Auftrag in Worms die Gelegenheit gegeben, ein „Museumsmodell nach seinen Vorstellungen" zu erschaffen.[658]

Insgesamt erwies sich das Paulusmuseum als Erfolgsprojekt mit hoher Anziehungskraft: „Rasch hat sich das Paulusmuseum unter der eifrigen Pflege des Wormser Altertumsvereins und der regen Teilnahme der städtischen Verwaltung, sowie der ganzen Bürgerschaft entwickelt, sodass es jetzt eine der Hauptsehenswürdigkeiten von Worms ist."[659] Es bestand bis Ende der 1920er Jahre als Gesamtensemble. 1929 wurde die St. Pauluskirche wieder geweiht und wird seitdem von den Dominikanern genutzt, während die Sammlung in das ehemalige Andreasstift verlegt wurde. Auch diesmal kam die Hauptunterstützung von Maximilian Heyl, der zwar inzwischen in Darmstadt lebte, aber weiterhin am Fortbestand des Museums interessiert war. Er stiftete 200.000 Goldmark in Form eines Legats zur Renovierung und musealen Umnutzung des Andreasstifts.[660]

3.3.6.3 Die Neuordnung des Stadtarchivs in Worms und Publikationen zur Stadtgeschichte

Die Neuordnung des Stadtarchivs mit den dazugehörigen Publikationen zur Stadtgeschichte war das nachhaltigste und prestigeträchtigste Geschichtsprojekt von Cornelius Wilhelm Heyl, das er über 20 Jahre hinweg betrieb. In der Zeitschrift des Münchner Kunstgewerbevereins wurde das Vorhaben der wissenschaftlichen Bearbeitung des Stadtarchivs mithilfe der finanziellen Förderung durch die Heyls bereits 1881 in einem Artikel über das Paulusmuseum angekündigt.[661] Cornelius Wilhelm Heyl beschreibt in den Memoiren seine Motivation und die Durchführung folgendermaßen:

> Die grosse historische Vergangenheit der Stadt Worms gab mir Veranlassung, mich für das reiche, durch die Franzosenkriege vielfach hin und her geflüchtet gewesene, städtische Archiv zu interessieren, das in grosser Unordnung auf dem Speicher des Rathauses schlecht untergebracht war. Mit einer Autorität auf dem Gebiet archivischer Studien mit Professor Boos aus Basel traten wir in Verbindung, der während langer Zeit – ich glaube etwa für die Dauer von 20 Jahren – gemeinsam mit uns die historische Vergangenheit der Stadt bearbeitete. Zunächst ordnete Professor Boos das Städtische Archiv, für welches Professor Seidl aus München in meinem Auftragee [sic] die gotische Abteilung im Rathaus renovierte, in der das Archiv in früheren Jahrhunderten untergebracht war. Die der Architektur angepasste, von Professor Boos vorgeschriebene Inneneinrichtung wurde durch Professor Gabriel Seidl entworfen und in München auf meine Kosten angefertigt. Professor Otto Hupp, München, malte die Decke mit heraldischen Anklängen an die Vergangenheit aus, so dass meine liebe Frau und ich [...] der Stadt das Werk nach wenigen Jahren übergeben konnten. Für Professor Boos fing aber die Arbeit jetzt erst recht an, denn in meinem Auftrage veröffentlichte er die wichtigsten Urkunden, die [...] nach der vorzüglichen Drucklegung

658 Gedon, Lorenz Gedon, 1994, S. 158.

659 Soldan, Worms, 1889, S. 60.

660 Reuter, St. Paulus, in: Kleine Bornhorst/GMrhKg (Hrsg.), St. Paulus, 2002, S. 285.

661 Anonymus (v. Sch.), Paulus-Museum, in: Zeitschrift des Kunstgewerbe-Vereins München 11/12 (1881), S. 75.

allen Hauptarchiven Deutschlands dargeboten wurde. Auch von dem Auslande wurde dem Werke ein grosses Interesse entgegengebracht. Mit der Ordnung und Veröffentlichung des Archivs hatte ich mir von der Stadt vertragsmässig das Recht erworben, auf Grund der jetzt erst übersichtlich bekanntgegebenen Urkunden die Geschichte der Stadt Worms in Verbindung mit der Rheinischen Städtekultur zusammenfassen zu lassen.[662]

Gerold Bönnen wies bereits in mehreren Publikationen auf diese umfassenden Maßnahmen Cornelius Wilhelms Heyls hin und stellt fest, dass der Unternehmer sich durch sein Engagement „faktisch ein Monopol hinsichtlich der Verfügung über die Ordnung der Quellenzeugnisse, ihre Zugänglichkeit wie auch die Abfassung der Stadtgeschichte durch eine von ihm auszusuchende Persönlichkeit übertragen ließ."[663] Heyl habe faktisch eine Privatisierung des Archivs durchgeführt und „das identitätsstiftende Material im Dienst gerade der familiären Selbstdarstellung" genutzt. Ein wesentlicher Beweggrund für die Geschichtsförderung hätte also darin bestanden, „Deutungshoheit" über die Stadtgeschichte zu erlangen. Wie Bönnen konstatiert, war „eine solch gezielte Nutzung [...] in dieser Form nahezu beispiellos."[664]

In Absprache mit dem Bürgermeister und der Stadtverordnetenversammlung gab Heyl die Neuordnung des mangelhaft erschlossenen und schlecht gelagerten Archivbestandes in die Hände des Basler Privatdozenten für Geschichte Dr. Heinrich Boos (1851–1917). Der Unternehmer erklärte sich bereit jährlich 1.200 Mark an die Stadtkasse zu zahlen, bis die Summe von insgesamt 5.000 Mark erschöpft sei. Seine Bedingungen betrafen die Auswahl des Historikers, das Recht in den ersten zwei Jahren nach der Erschließung des Bestandes Quellenbände herauszugeben und schließlich die exklusive Zugänglichkeit des Archivs zur Erstellung einer Stadtgeschichte, die wiederum Boos verfassen sollte. Die Stadtverordneten stimmten dem mäzenatischen Vorschlag Heyls zu. Auf der Grundlage eines Vertrages arbeitete Boos daraufhin zwischen 1881 und 1884 am sogenannten Reichsstädtischen Archiv (Urkunden, Chroniken, Akten 1074 bis 1798), das anschließend in das eigens dafür umgebaute alte Archivgewölbe im Rathausbereich gebracht wurde. Der Umbau steht in Zusammenhang mit dem 1883 unter der Leitung des Münchner Architekten Gabriel (von) Seidl (1848–1913) begonnenen Rathausneubau.[665]

Wie aus den zitierten Ausführungen in den Lebenserinnerungen Heyls hervorgeht, veranlasste er auch die räumliche Ausgestaltung des Archivs.[666] Seidl wurde die Renovierung des Archivgewölbes übertragen, während Lorenz Gedon wieder für den Umbau engagiert wurde und die Archivschränke entwarf. Die Ausmalung des goti-

662 StA Worms, Abt. 170/26, Nr. 5, Cornelius Wilhelm von Heyl, Aus meinem Leben, Manuskript o. J., Transkript 1966, S. 26 u. 27.

663 Bönnen, Neuerfindung, in: Halbekann et al. (Hrsg.), Stadt, 2015, S. 290.

664 Bönnen, Neuerfindung, in: Halbekann et al. (Hrsg.), Stadt, 2015, S. 291.

665 Vgl. Bönnen, Neuerfindung, in: Halbekann et al. (Hrsg.), Stadt, 2015, S. 290 f.

666 StA Worms, Abt. 170/26, Nr. 5, Cornelius Wilhelm von Heyl, Aus meinem Leben, Manuskript o. J., Transkript 1966, S. 26 u. 27.

schen Gewölbes übernahm Otto Hupp. Der Heraldiker Hupp kam über Gabriel eidl (1848–1913) in das Archivteam und sollte bis zum Tod Cornelius Wilhelm Heyls noch zahlreiche Aufträge für die Familie ausführen.[667] Seine 1885 entstanden Archivfresken umfassen acht Jahrhunderte der Wormser Stadtgeschichte in Form der als wesentlich erachteten Wappen: darunter waren das Wappen von Worms selbst, die Herrschaftswappen (Hochstift Worms, Kurpfalz, Landgrafschaft und Großherzogtum Hessen), die Städtewappen der Partnerstädte von Worms im Rheinischen Bund des 13. Jahrhunderts, die Wappen der ritterschaftlichen Adelsfamilien der Region und der Familien des mittelalterlichen Patriziats. Die drei Konfessionen der Stadt wurden durch eine Lutherrose, eine Marienfigur und eine Synagoge repräsentiert.[668] Ein zentraler Wunsch Heyls als Stifter betraf sein eigenes Wappen, das aber erst nach seiner Nobilitierung und offiziellen Genehmigung des Wappens groß und prominent in die Wandbemalung integriert werden sollte. Ergänzend fügte Hupp außerdem die Wappen des Archivteams in kleinerem Format hinzu: einen Pelikan für Boos, Dreieck und Zirkel für Seidl, einen springenden Hirsch für den aktuellen Bürgermeister Wilhelm Küchler (1846–1900) und einen Wiedehopf für sich selbst.

Die Neuordnung des Archivs erhielt überregionale Anerkennung. So heißt es in Soldans Stadtbeschreibung von Worms für die Pariser Weltausstellung 1889: „Das Archiv mit seinen vielen wertvollen Urkunden und Acten hat in neuster Zeit dank der hochherzigen Opferwilligkeit des Freiherrn Heyl zu Herrnsheim eine vollständige Neuordnung erfahren, und der Archivraum hat auch äusserlich eine würdige Ausstattung erhalten."[669]

Auf die Eröffnung des neugeordneten Archivs im Oktober 1885 folgte zwischen 1886 und 1893 die Herausgabe von drei Quellenbänden, in denen der Historiker Boos Urkunden und Chroniken vom 7. bis zum 16. Jahrhundert zusammentrug.[670] Auch dieses Editionsprojekt ging auf Cornelius Wilhelm Heyl zurück. Die erste Ausgabe, die kurz vor Heyls Nobilitierung erschien, widmete der Unternehmer dem hessischen Großherzog und bekundete dadurch erneut seine Nähe und Loyalität zum Herrscherhaus. Wie geplant, verfasste Boos im Auftrag von Cornelius Wilhelm Heyl anschließend die Geschichte der Stadt Worms.[671] Sie erschien zwischen 1897 und 1901 in vier

667 Erste kleinere Buchbindearbeiten führte Hupp 1880 für die Heyls aus: BayHStA, NL Hupp, Nr. 159. 1881 bemalte er das Kinderzimmer von Heyls Cousin J. C. Schoen in Worms: BayHStA, NL Hupp, Nr. 1397. Darin wird ein Kurzbrief Hupps an den Architekten Gabriel von Seidl von 1881 aufbewahrt, der vier Tuschezeichnungen und einen Schwarzweißdruck enthält.

668 BayHStA, NL Hupp, Nr. 1408: Ausmalung eines Gewölbes im Wormser Stadtarchiv; enthält: Entwürfe mit zehn Adels- und Stadtwappen, Foto des fertig ausgemalten Gewölbes, vier kolorierte Bleistiftzeichnungen, zwei Schwarzweißfotos.

669 Soldan, Worms, 1889, S. 57.

670 Boos, Urkundenbuch, 1886; Boos, Urkundenbuch, 1890; Boos, Monumenta, 1893.

671 Boos, Geschichte, 1897–1901.

Bänden und galt schnell als eine Art Standardwerk zur rheinischen Städtekultur.[672] Der Erfolg der Bücher lag zum einen an der verständlichen Sprache von Boos, zum anderen an der aufwendigen Gestaltung und den eindrücklichen Illustrationen des bayerischen Künstlers Joseph Sattler (1867–1931). So hieß es im *Kunstgewerbeblatt*: „Wir sind dem Freiherrn von Heyl Dank schuldig, dass er gerade Joseph Sattler die künstlerische Ausstattung des von ihm veranlassten grossen Geschichtswerkes in die bewährte Hand legte."[673] Ein ähnliches Urteil findet sich auch in der *Zeitschrift Deutsche Kunst und Dekoration*: „Es war ein außerordentlich glücklicher Griff des Auftraggebers, gerade Sattler dieses große schwierige Werk anzuvertrauen."[674]

Heyl hatte keinen unbekannten Grafiker beauftragt. Der als Sohn eines Glas- und Dekorationsmalers in Schrobenhausen geborene Sattler hatte an der Münchner Akademie studiert. Mit seinen Darstellungen des Mittelalters und der Renaissance hatte er sich bereits in jungen Jahren einen Namen in der internationalen Kunstwelt gemacht. 1893, noch vor dem Wormser Auftrag, erhielt er eine *Mention honorable* im Pariser Salon auf den Champs Élysées.[675] In Frankreich wurde er gar als „Goya allemand" bezeichnet.[676] Die *Zeitschrift des Bayerischen Kunstgewerbevereins* konstatierte 1897: „Kaum 30 Jahre zählt der Künstler; dennoch steht sein Ruhm schon fest begründet."[677]

Sattler setzte jeweils zu Beginn und zum Abschluss eines Kapitels eine Zeichnung, die eine ganze Seite einnahm. Die Überschriften und Kapitelabschlüsse illustrierte er mit Vignetten. Besonderes Augenmerk legte Sattler auf eine ausdrucksstarke Gestaltung der Zierinitialen, die unmittelbar an den Reichtum mittelalterlicher Buchkunst mit ihren fein gestalteten Figureninitialen anknüpften. Wie der Buchkunstexperte Hans (Jean) Loubier (1863–1931) feststellte, zielte Sattler nicht darauf ab, „einzelne historische Ereignisse, von denen der Text berichtet, im Bilde festzuhalten", sondern regte

---

672 Aus einem Brief von Heinrich Boos an Cornelius Wilhelm Heyl geht hervor, dass man eigentlich einen Oktavband von ca. 400 Seiten plante. Das Honorar von 3.500 Mark war deshalb verhältnismäßig hoch. Dann gestaltete sich die Unternehmung aber anders. Aus einer einbändigen Geschichte der Stadt Worms wurde die vierbändige Geschichte der rheinischen Städtekultur. Boos arbeitet zwanzig Jahre daran. Nach Erscheinen des zweiten Bandes wurde das Honorar erhöht, aber v. a. der vierte Band brachte hohe Kosten für Boos mit sich. Nach Abschlag des ganzen Werkes, so heißt es im Brief, stehe Boos vor einem Defizit, das er selbst nicht decken könne. Boos habe zwar rechtlich keine Möglichkeit zu fordern, bittet aber Heyl um Hilfe. StA Worms, Abt. 186, Nr. 1202, Heinrich Boos an Cornelius Wilhelm Heyl, o. O., 25.01.1912. Der Historiker Lamprecht nennt die Stadtgeschichte ein „Standardwerk" zur Rheinischen Städtekultur. StA Worms, Abt. 186. Nr. 1174, Lamprecht an Cornelius Wilhelm Heyl, Leipzig, 09.03.1909.

673 Loubier, Zeichnungen, in: Kunstgewerbeblatt 10 (1902), S. 189 f.

674 Greiner, Joseph Sattler, in: Deutsche Kunst und Dekoration. Illustrierte Monatshefte für moderne Malerei, Plastik, Architektur, Wohnungskunst und künstlerische Frauenarbeiten 12 (1903), S. 440.

675 Graul, Josef Sattler, in: Die Graphischen Künste 16 (1893), S. 102.

676 Rebell, Joseph Sattler, in: La Plume 1 (1894), S. 297.

677 Halm, Joseph Sattler, in: Zeitschrift des Bayerischen Kunstgewerbe-Vereins zu München 5 (1897), S. 39.

die „Phantasie des Lesers an, bevor er in die Schilderung des Textes eintritt."[678] Dem Stil der Schwarzweißillustrationen liegt die Grafik der Alten Meister des 16. Jahrhunderts zugrunde: „Sattlers Stil [...] gleicht ihrem strengen Linienschnitt so vollkommen, dass seine Zeichnungen fast immer wie Zeichnungen aus jener Glanzepoche deutscher Illustrationskunst anmuten."[679] Sattler selbst bekannte sich als „Dürer's fleißigster Schüler".[680] Peter Jessen (1858–1926), der damalige Leiter der Bibliothek des Kunstgewerbemuseums Berlin, nannte außerdem Dürers Zeitgenossen Hans Baldung Grien als wesentliches Vorbild Sattlers.[681] In diesem Sinne war Sattlers Kunst ideal für Betrachter, „qui aiment à vivre dans le Passé!"[682]

Der Kunstpublizist Otto Grautoff (1876–1937) zählte Sattler zur künstlerischen Schule der „Archaisten", die Ende des 19. Jahrhunderts in München eine „grosse Renaissancebewegung" anstrebten.[683] Sie gruppierten sich um Professor Rudolf (von) Seitz (1842–1910, geadelt 1900), der auch zu Sattlers wichtigen Vorbildern gehörte.[684] Weitere Künstler aus diesem Kreis waren die bereits genannten Lorenz Gedon und Otto Hupp, sowie Hans Makart (1840–1884) und Rudolf Seitz (1842–1910), der Sohn von Franz Seitz (1817–1883). Mit ihrem Kunstschaffen bemühten sie sich um eine Wiederbelebung der „Deutschen Renaissance".[685] Sie rekurrierten damit auf die rückblickend ‚goldene' Epoche von der Spätgotik bis zum Dreißigjährigen Krieg. Diese Rückbesinnung ging mit dem im Zuge der Reichsgründung 1871 entstandenem Nationalstolz einher. Die Künstler huldigten damit einer Zeit, in der das deutsche Kunstgewerbe in ihrer Vorstellung florierte, die sie aber aufgrund der über 250jährigen Dauer und Verklärung nicht deutlich erfassen konnten. Letztendlich schuf diese Gruppierung einen eklektischen Stil, der in seiner unspezifischen Ausprägung mit dem Begriff ‚altdeutsch' synonym verwendet wurde, obwohl dieser ursprünglich für die deutsche Gotik stand.[686] In der zeitgenössischen Kunstkritik war die ‚Renaissancebewegung' des 19. Jahrhunderts nicht unumstritten. Grautoff beurteilte sie in seinem 1901 erschienenen Standardwerk zur modernen Buchkunst als „trockene und philiströse Zeit, da man Dürer kopierte und in der Nürnberger Schule die einzige und höchste Blüte der Renais-

---

678 Loubier, Zeichnungen, in: Kunstgewerbeblatt 10 (1902), S. 190 f.

679 Grautoff, Entwicklung, 1901, S. 98.

680 Jessen, Joseph Sattler, in: Kunstgewerbeblatt 2 (1895), S. 26.

681 Jessen, Joseph Sattler, in: Kunstgewerbeblatt 2 (1895), S. 26.

682 Rebell, Joseph Sattler, in: La Plume 1 (1894), S. 299.

683 Grautoff, Entwicklung, S. 97 und Schinnerer: Otto Hupp, in: Kunst und Handwerk. Zeitschrift für Kunstgewerbe und Kunsthandwerk seit 1851 59/8 (1908/1909), S. 223. Zu Otto Grautoff: Belitz, Befreundung, 1997, S. 16–24. Grautoffs Buch zur modernen Buchkunst brachte ihm den Durchbruch als Kunstkritiker.

684 Halm, Joseph Sattler, in: Zeitschrift des Bayerischen Kunstgewerbe-Vereins zu München 5 (1897), S. 38.

685 Muthesius, Zimmer, in: Journal of Design History 16/4 (2003), S. 273.

686 Vgl. Muthesius, Zimmer, in: Journal of Design History 16/4 (2003), S. 273.

sance sah“ und meint, die Künstler hätten die Formensprache der Renaissance in „kaltem, nichtssagenden Kopistenton“ zu einem „Scheinleben“ erweckt.[687]

Freilich strebten die Künstler der Renaissancebewegung nicht nach einer wissenschaftlich fundierten, reinen Renaissanceform. Sie suchten nach einer „nationalen und [...] bodenständigen Kunst“ und grenzten sich von Klassizismus und romantischer Gotik ab.[688] Nationalstolz spielte auch häufig in der Kunstkritik von Sattlers Illustrationen eine Rolle, der sich dafür anbot, als Idealtyp des ‚deutschen Künstlers‘ dargestellt zu werden. Daniel Greiner (1872–1943), Mitglied der Darmstädter Künstlerkolonie, hielt 1903 fest: „Er ist deutsch in seinem innersten Wesen.“[689] Hans Loubier schrieb zwar in einem Text über Sattlers Zeichnungen in Boos’ Worms-Bänden, dass Sattler habe nicht nur von den Alten Meistern gelernt, sondern auch von der modernen Kunst, die wiederum von der dekorativen Flächenwirkung der Japaner ihre Lehren gezogen habe. Er betonte aber auch explizit das Deutschtum des Künstlers: „besonders sympathisch muss uns berühren: sein sittlicher Ernst, seine männliche Kraft, sein tiefes Gemüt und sein froher Humor, Eigenschaften, die gerade den deutschen Künstler ausmachen.“[690]

Cornelius Wilhelm Heyl hatte mit Sattler einen Grafiker für das Buchprojekt gewonnen, der nicht nur sein auf Anciennität und Archaik ausgerichtetes Imageprogramm bediente sondern auch als Künstlerpersönlichkeit den Nationalgedanken vermittelte, der für Heyls Selbstbild als nationalliberaler Politiker zentral war. Sattlers hoher Bekanntheitsgrad steigerte die Attraktivität der Bände und sicherte ein erhöhtes Presseecho.[691] Auch Heyl zeigte sich mit Sattlers Beiträgen zufrieden. Er schrieb im Juli 1896 an Wilhelm von Bode: „Die Zeichnungen von J. Sattler für die Geschichte der Stadt Worms werden sehr gut.“[692] Es folgten weitere Aufträge. Sattlers Briefe an Heyl, die für den Zeitraum zwischen 1898 und 1903 überliefert sind, zeugen von einem guten Verhältnis zwischen Auftraggeber und Künstler: Sattler war als Gast in Schloss Herrnsheim und es gab einen Austausch von Geschenken und Neujahrsgrüßen.[693]

Zwei von Sattlers Darstellungen beziehen sich explizit auf Cornelius Wilhelm Heyl: Die Illustration zum Widmungstext des ersten Bandes und das Schlussbild des letzten. In der Widmung betonte Heyl seine patriotische Gesinnung, seine Verehrung

687 Grautoff, Entwicklung, 1901, S. 97.

688 Schinnerer: Otto Hupp, in: Kunst und Handwerk. Zeitschrift für Kunstgewerbe und Kunsthandwerk seit 1851 59/8 (1908/1909), S. 223.

689 Greiner, Joseph Sattler, in: Deutsche Kunst und Dekoration 12 (1903), S. 442.

690 Loubier, Zeichnungen, in: Kunstgewerbeblatt 10 (1902), S. 193. Auch in der französischen Kunstkritik betonte man die deutsche Nationalität Sattlers: „né en Allemagne, il a exprimé dans son art toute l’âme de sa race: sérieuse, forte et triste, partagée, divisée plutôt, dirais-je, entre le jouissance de la vie animale et les méditations intellectuelles.“ Zit. n. Rebell, Joseph Sattler, in: La Plume 1 (1894), S. 293.

691 Insbesondere die Fachpresse berichtete und warb ausführlich für die Worms-Bände mit den Illustrationen von Sattler. Stets wurde auch der Name Heyls als Auftraggeber genannt.

692 SMB-ZA, NL Bode-2519-Nr. 17, Cornelius Wilhelm Heyl an Wilhelm von Bode, 31.07.1896. Bode selbst äußerte sich positiv über Sattler in einem Beitrag „Zur Illustration moderner deutscher Kunstbücher“ 1899, abgedruckt in der Aufsatzsammlung: Bode, Kunst, 1901, S. 139.

693 StA Worms, Abt. 186, Nr. 1202.

für die Geschichte der Stadt und die Vorfahren sowie seine Rolle als Reichstagsabgeordneter im neu gegründeten Nationalstaat:

> Den Bürgern der Stadt Worms widmet der Unterzeichner dieses Geschichtswerk in welchem der mächtige Einfluss der geliebten Vaterstadt auf die Kulturentwicklung Deutschlands und die patriotischen Grossthaten der Altvorderen von berufener Hand geschildert sind. Mit Dank sieht er dabei auf die große Zeit der Neubegründung des Reichs zurück, in welcher es ihm zuerst vergönnt war, die Vaterstadt im Reichstag vertreten zu dürfen.[694]

Sattler gestaltete den Text als ganzseitiges Schriftblatt. Die Illustration zeigt das winterlich verschneite Worms mit mittelalterlicher Stadtmauer. Vor der Stadtansicht rankt ornamental eine alte knorrige Weinrebe, deren Wurzel- und Astwerk filigrane Arabesken bilden. Das Heylsche Wappen[695] ist an der Rebe befestigt und verweist so auf eine tiefe Verwurzelung der Familie in die Geschichte der Stadt und auf ihr Engagement für die Gestaltung ihrer Gegenwart und Zukunft. Weitere Wappenelemente sind in den Text integriert: Der Name Heyl wird von zwei Lilien flankiert und der Schlüssel ziert den Textanfang.

Für das repräsentative Schlussbild am Ende des vierten Bandes porträtierte Sattler die wesentlichen Akteure des Buchprojekts.[696] In drei kreisförmigen Medaillons sind in feinen Schwarzweißzeichnungen jeweils einzeln Heinrich Boos und Cornelius Wilhelm Heyl sowie gemeinsam der Verleger Wolfgang Mecklenburg (1861–1912)[697] und Joseph Sattler dargestellt. Heyls Profil befindet sich im Zentrum und ist größer als die beiden anderen Medaillons. Es ist mit den Buchstaben „HvH“ (Heyl von Herrnsheim) überschrieben. Die Jahreszahl 1901 verweist auf das Erscheinungsjahr des letzten Bandes. Als wiederkehrendes Motiv verwendete Sattler auch hier die Heylschen Wappenelemente, die den Auftraggeber direkt identifizieren. Schiff und Burg in einer weiteren Vignette am unteren Bildrand verweisen möglicherweise auf die Vergangenheit der Heyls als Schiffer und Kaufleute.

Heinrich Boos erwähnt Cornelius Wilhelm Heyl und seine Familie an mehreren Stellen seiner Stadtgeschichtsbände. Im ersten Band geht er ausführlich auf Heyl als Auftraggeber des Geschichtswerks ein, nennt seinen Initiativreichtum und seine Intentionen:

---

694 Heyl, Widmungstext, in: Boos (Hrsg.), Geschichte, 1897, o. S. Zur zweiten Auflage: Die erste Auflage war innerhalb von zwei Wochen vergriffen. Die Verlagsbuchhandlung brachte daraufhin eine billigere zweite Auflage heraus, die in Druck und Ausstattung nicht von der ersten Auflage abwich. Es wurde lediglich Maschinenpapier statt Handpapier verwendet. Kleinere Fehler wurden korrigiert, aber keine Änderungen am Text vorgenommen.

695 Zur Entstehung und Bedeutung des Heylschen Wappens, s. Kapitel 3.3.6.4 „Angewandte Heraldik als Corprate Design“.

696 Boos, Geschichte, Bd. 4, 1901, S. 686.

697 Wolfgang Mecklenburg war Mitbesitzer der Verlagshandlung J. A. Stargarder, Berlin.

> Cornelius W. Freiherr Heyl zu Herrnsheim, dessen Familie schon seit Generationen große Verdienste um das Gedeihen der Stadt Worms erworben hat, trug sich mit dem Wunsche, daß eine Geschichte der Stadt Worms geschrieben werden möchte, welche nicht, wie die bisherigen Arbeiten, fragmentarischer Art wäre, sondern die den Strom der städtischen Entwicklung durch alle Wechselfälle der Jahrhunderte hindurchführe. Er wollte dadurch seine Mitbürger mit der ruhmvollen Geschichte ihrer Stadt vertraut machen, damit die Gegenwart sich wieder um so enger mit der Vergangenheit verbinde und aus ihr neue Spannkraft gewinne.[698]

Im vierten Band kommt Boos mehrfach auf die Bedeutung der Familie Heyl zu sprechen, wenn er über das 19. Jahrhundert schreibt. Für die Zeit um 1820 sieht Boos im Vergleich zur vorrevolutionären Phase „eine fast vollständige Erneuerung der Bevölkerung“[699]. Durch Auswanderung und Seuchen sei die Bevölkerung stark gemindert worden und auch die Bevölkerungsstruktur hatte sich enorm verändert: „Verschwunden war der ganze Apparat des bischöflichen Hofes, […] verschwunden waren alle Mönche und Nonnen […]. Der in Worms ansässige Adel existierte ebenfalls nicht mehr […], andere wiederum waren in den Vordergrund getreten“. In diesem Vakuum behaupteten sich nun andere Protagonisten, wie etwa „die vor dem Stadtbrand 1688 eingewanderte Familie Heyl, die Renz, Valckenberg ec.“[700]

Später erwähnt Boos Johann Cornelius Heyl III. im Zusammenhang mit der 1848er Revolution. Er stellt die Situation für Hessen dramatisch dar: „Das Jahr 1848 sah Hessen […] im vollsten Aufruhr, und Worms war ein Hauptquartier der Aufständigen.“[701] Ein großer Teil der Wormser Bevölkerung habe sich, so Boos, von der demokratischen Bewegung mitreißen lassen. Die Position Heyls III. stellt der Autor hingegen als konstruktiv und vernünftig dar: „Vergebens suchten Cornelius Heyl und Johannes Andreas Kranzbühler [Wormser Zeitungsverleger, Anm. I. H.] sich dem Strome entgegenzuwerfen […] Sie kämpften für die wahre konstitutionelle Freiheit mit der Devise: ‚Gesetz, Recht und Wahrheit!‘ und erstrebten in Bezug auf die deutsche Frage die Bildung eines mächtigen deutschen Bundesstaates.“[702]

Dem Unternehmensgründer widmete Boos im Kapitel zum 19. Jahrhundert eine eigene Biographie und hob seine Leistungen für Worms nicht nur hervor, sondern

698 Boos, Geschichte, Bd. 1, 1897, S. XVIII u. XIV. Im vierten Band heißt es dann nochmals: „Wahrer Liebe zur Vaterstadt entsprang der Gedanke, die Bürgerschaft mit einem Werke zu beschenken, das die Geschichte der Stadt Worms auf Grund sorgfältiger Forschung in schlichter, allgemeinverständlicher Weise erzählt, da die vorhandenen Darstellungen dem Bedürfnis in keiner Weise genügten. Herr Cornelius W. Freiherr von Heyl und seine Gemahlin Sophie ruhten nicht, bis dieser Gedanke zur Ausführung gelangte.“ Und im Schlusswort dankt Boos abschließend Heyl als seinem Auftraggeber: „Zum Schlusse bleibt mir noch die angenehme Aufgabe der Danksagung übrig, in erster Linie meinem verehrten Freunde Herrn Cornelius Wilhelm Freiherrn zu Herrnsheim, auf dessen Initiative dieses Werk ins Leben getreten ist und an dem er einen solchen Anteil hat, daß es gleichsam unser gemeinsames Eigentum ist.“ Boos, Geschichte, Bd. 4, 1901, S. 664 u. S. 685.

699 Boos, Geschichte, Bd. 4, 1901, S. 658.

700 Boos, Geschichte, Bd. 4, 1901, S. 658.

701 Boos, Geschichte, Bd. 4, 1901, S. 661.

702 Boos, Geschichte, Bd. 4, 1901, S. 658.

führte den gesamten Aufschwung der Stadt auf den Unternehmungsgeist Heyls III. zurück. So liest sich der Text wie eine Propaganda- und Reklameschrift für die Familie und das Unternehmen: „Nur durch […] unermüdlich schöpferische Arbeit kann ein Land oder eine Stadt gedeihen, und ihr Aufschwung läßt sich fast immer auf die Initiative eines tüchtigen Mannes zurückführen. Ein solcher war Cornelius Heyl von Worms, der Großvater des Auftraggebers dieses Werkes.“[703] Dabei vergisst Boos nicht, auch auf dessen Vater, Heyl II., einzugehen, der in Worms ebenfalls einflussreich gewesen sei und in der Franzosenzeit den niedergebrannten Bischofshof erworben habe.[704] In diesem Zusammenhang wird auch erwähnt, dass das Geschlecht der Heyls auf der Ratsherrentafel der freien Stadt Worms verzeichnet sei.[705] Den Unternehmensgründer Heyl III. charakterisiert der Autor als flexiblen, innovativen Mann, dessen Erfolg insbesondere aus Auslandserfahrung und Risikobereitschaft resultierte. In den Großstädten Paris und London habe er die Eindrücke gewonnen, „welche ihn befähigten nach schwierigen Vorarbeiten ein Welthaus in Worms zu ungeahnt rascher Blüte zu entfalten.“[706]

Dem Heylschen Unternehmen wird höchste Bedeutung für die Stadtentwicklung beigemessen: Das Lederwerk habe die Stadt „in die kaufmännischen und technischen Beziehungen des Weltverkehrs“ hineingeführt und zu einem Anstieg des allgemeinen Wohlstands beigetragen.[707] Dabei honoriert Boos die frühe betriebliche Wohlfahrt des Firmengründers. Durch seinen humanen Sinn seien die Keime gelegt worden, „aus denen sich, […] das glückliche sozialpolitische Verhältnis in Worms entwickelte, welches die Stadt und deren Umgebung noch heute auszeichnet.“[708] Als Beglaubigung des Erfolges und der Wirkungsmacht Heyls III. führt der Autor den Großherzog an: „Seine vielfachen Verdienste um Stadt und Land wußte sein Landesherr, Ludwig III., wohl zu würdigen, indem er ihn zum lebenslänglichen Mitglied der ersten Kammer ernannte.“[709] Die einzige als ‚Makel‘ wahrnehmbare Eigenschaft der Familie, ihre Einwanderungsgeschichte, relativiert Boos durch die Nennung der Ehefrau von Johann Cornelius Heyls III., Wilhelmine Martenstein: „seine aus alter Wormser Familie stammende Gemahlin“, die ihn „als echte deutsche Hausfrau“ unterstützt habe.[710] Über die Großmutter Cornelius Wilhelm Heyls erscheint die Familie also in der Wormser Gesellschaft fest verwurzelt.

Auch Maximilian Heyl fand Eingang in das Auftragswerk. Boos erwähnt ihn als Gründer des oben beschriebenen Paulusmuseums und geht dabei auf das neue Geschichtsbewusstsein in Worms nach der Reichsgründung 1871 ein:

703 Boos, Geschichte, Bd. 4, 1901, S. 661.
704 Boos, Geschichte, Bd. 4, 1901, S. 662.
705 Boos, Geschichte, Bd. 4, 1901, S. 661.
706 Boos, Geschichte, Bd. 4, 1901, S. 662.
707 Boos, Geschichte, Bd. 4, 1901, S. 662.
708 Boos, Geschichte, Bd. 4, 1901, S. 662.
709 Boos, Geschichte, Bd. 4, 1901, S. 662.
710 Boos, Geschichte, Bd. 4, 1901, S. 662.

> Die Errichtung eines starken, mächtigen deutschen Reiches gab den Bewohnern des Rheinlandes erst wieder das volle Gefühl der Sicherheit [...]. Der Sinn und das Verständnis für die Vergangenheit erwachte auch in Worms wieder. [...] Es war daher von der größten Bedeutung, daß sich das kunstsinnige Ehepaar Herr Major Freiherr Max von Heyl und seine Gattin Doris entschloß die zur Ruine gewordene S. Pauluskirche [...] wiederherstellen zu lassen, damit sie als historisches Museum diene.[711]

Die nationalliberale Gesinnung des Auftraggebers wird an mehreren Stellen der Stadtgeschichtsbände deutlich. Boos betont insbesondere im Vorwort und schließlich im Schlusswort die Vaterlandsliebe, die gleichsam als ‚Motto' über seinen Ausführungen steht. So bezieht er sich gleich zu Beginn des ersten Bandes auf den nationalliberalen Historiker Hermann Baumgarten (1825–1893): Dieser habe sich für eine intensive Pflege der städtischen Geschichtsforschung „als dem besten Mittel zur Hebung der Vaterlandsliebe" eingesetzt.[712] Insgesamt stellt Boos sein Werk in den Kontext einer ‚nationalen' Geschichtsschreibung, die durch den „große[n] Krieg des Jahres 1870/71" die „mächtigsten Impulse" gegeben habe.[713] Selbst in „Zeiten nationaler Erniedrigung und der Fremdherrschaft" sei der historische Sinn in den Städten am Rhein nie ganz erloschen, so Boos, erst die Reichsgründung habe jedoch als Motor für ein erstarkendes Geschichtsbewusstsein gedient.[714] Indirekt geht er auf Heyls mäzenatisches Engagement ein, wenn er die neue Blütezeit und das aufstrebende Gemeinwesen in Worms rühmt: „[S]ofort kam man zur Erkenntnis, daß es eine heilige Pflicht sei, neben der Pflege der materiellen Wohlfahrt auch die geistigen und künstlerischen Interessen zu fördern."[715]

Am Schluss des vierten Bandes wird die Loyalität zum Großherzogtum Hessen-Darmstadt und darüber hinaus zum Kaiserreich grundlegend manifestiert. Boos stellt – ganz im Sinne Heyls – die Wormser Bevölkerung in den Treuedienst der Monarchen:

> Freudige Anerkennung soll aber hier Ludwig IV., weiland Großherzog von Hessen, und dem jetzt regierenden Großherzog Ernst Ludwig dafür ausgesprochen werden, daß diese Landesherren zu jeder Zeit der Stadt Worms warme Sympathien entgegengebracht und dieselbe nach allen Richtungen hin gefördert haben. Schon zwischen der Reichsstadt und den alten Landgrafen bestand von jeher das freundlichste, nie getrübte Verhältnis. [...] Diese Tugend der Treue haben die Wormser allzeit bewährt, Treue gegenüber Kaiser und Reich: selbst durch die größten Drohungen und Gefahren ließen sie sich nicht in ihrer Treue erschüttern.[716]

Cornelius Wilhelm Heyl sorgte für eine weite Verbreitung der Boos'schen Werke. Er versandte sie an Bibliotheken, Archive, Freunde, Bekannte und wichtige Netzwerk-

711 Boos, Geschichte, Bd. 4, 1901, S. 664.
712 Boos, Geschichte, Bd. 1, 1897, S. XVI.
713 Boos, Geschichte, Bd. 1, 1897, S. XV.
714 Boos, Geschichte, Bd. 1, 1897, S. XV.
715 Boos, Geschichte, Bd. 1, 1897, S. XV.
716 Boos, Geschichte, Bd. 4, 1901, S. 664.

partner, wie etwa an Wilhelm von Bode.[717] Außerdem stiftete er sie an Schulen, die die Bände als Buchprämien an ausgezeichnete Schüler vergaben. Die Fachpresse warb mit ausführlichen und durchweg positiven Besprechungen für das Geschichtswerk und verwies stets auf Heyl als Initiator und Geldgeber. Selbst Otto Grautoff, der die archaistische Richtung Joseph Sattlers ablehnte, lobte in seinem Standardwerk *Die Entwicklung der modernen Buchkunst in Deutschland* die Ausführung der Bände: „technisch betrachtet ist das Werk lobenswert."[718]

Heyl legte darauf Wert, die Bücher zu einem erschwinglichen Preis auf den Markt zu bringen.[719] So schreibt Grautoff: „Der fabelhafte Preis des Werkes, 10 Mk. pro Band, konnte nur durch die edle und anerkennenswerte Munifizenz des Auftraggebers Herrn Baron Heyl zu Worms erreicht werden."[720] In vielerlei Hinsicht ging die Strategie des mäzenatischen Prestigeprojekts auf. Nicht nur medial, sondern auch im persönlichen Umgang erhielt er die Anerkennung und Bestätigung, auf die er abgezielt hatte. Der Architekt Gabriel Seidl adressierte ihn entsprechend in einem Brief als „Förderer der Wormser Geschichte und Protektor aller schönen Bestrebungen Ihrer Stadt".[721] Für seine Verdienste um die Stadtgeschichtsschreibung erhielt Cornelius Wilhelm Heyl 1899 schließlich – mit einem einstimmigen Beschluss der Stadtverordnetenversammlung – die Ehrenbürgerschaft der Stadt Worms.[722] Den Ehrenbürgerbrief gestaltete wiederum der Heraldiker Otto Hupp.

Die Geschichtspflege war für Heyl ein Mittel, um den Aufstieg der Familie zu befördern. Er setzte auf Projekte, die eine bestmögliche Sichtbarkeit garantierten. Da in Worms ein historisches Bewusstsein bis dahin kaum ausgeprägt war, ergriff der Unternehmer mit seinen Fördermaßnahmen die Möglichkeit, eine dominante Position innerhalb der Geschichtsdeutung zu besetzen. Er füllte dadurch das bestehende geschichtspolitische Vakuum und erzielte eine hohe – auch überregionale – mediale Aufmerksamkeit. Für eine bestmögliche Sichtbarkeit griff die Familie auf ein populäres historistisches Bildprogramm zurück, das die Projekte wie ein roter Faden verband. Das Bildprogramm bezog sich auf eine regionale Sagentradition, die gleichzeitig mit nationalen Inhalten aufgewertet wurde und trug zu einem hohen Wiedererkennungseffekt bei. Die Kennzeichnung der geförderten Projekte mit dem neu konzipier-

---

717 StA Worms, Abt. 186, Nr. 1165, Wilhelm von Bode an Cornelius Wilhelm Heyl, 09.02.1898: „Die freundlichen Zeilen mit denen Sie mir die Fortsetzung des schönen Geschenkes, die Prachtpublikation über die Geschichte der Stadt Worms etc. mittheilten, für die ich Ihnen meinen herzlichsten Dank ausspreche, läßt mich Sie noch in Worms vermuthen." 1902 sendet Heyl den letzten Band des Geschichtswerkes an Bode, SMB-ZA, NL Bode, Abt. 2519, Nr. 23, Cornelius Wilhelm Heyl an Wilhelm vom Bode, Januar 1902.

718 Grautoff, Entwicklung, 1901, S. 101.

719 Greiner, Joseph Sattler, in: Deutsche Kunst und Dekoration 12 (1903), S. 441.

720 Grautoff, Entwicklung, 1901, S. 101.

721 StA Worms, Abt. 186, Nr. 1165, Gabriel Seidl an Cornelius Wilhelm Heyl, 05.07.1900.

722 StA Worms, Abt. 170/26, Ehrenbürgerbrief der Stadt Worms für C. W. v. Heyl, farbige Schmuckurkunde, 22. November 1899.

ten Familienwappen verhalf erstens zu einer visuellen Verankerung der Familie in der Wormser Stadtgeschichte und der städtischen Identität. Zweitens betrieben die Heyls durch dieses historistische Bildprogramm mit personalisiertem Zuschnitt ihre „Selbsterhöhung durch Geschichte“[723].

3.3.6.4 Angewandte Heraldik als Corporate Design

Bereits vor der Nobilitierung 1886 bereitete Cornelius Wilhelm Heyl die Gestaltung eines Wappens vor, das seine Familie würdevoll repräsentieren sollte. Seine starke Affinität zu Heraldik ist als Ausdruck des starken Integrationswillens in die aristokratische Gesellschaft zu verstehen. Wappen und Titel spielten eine wesentliche Rolle bei der Inszenierung und Behauptung der gesellschaftlichen Vorrangstellung des Adels. Gabriele Clemens betont, dass die an Portalen und Toren ostentativ angebrachten Wappen sinnbildlich für die Herrscherfamilien standen.[724] Wenn der Adelshistoriker Malinowski über die Grundzüge der Adligkeit im ausgehenden 19. und 20. Jahrhundert spricht und dabei Elemente des adligen Habitus untersucht, nennt er explizit die „symbolgeladene Nähe zu den Ahnen“.[725] Diese Nähe, so Malinowski, sei durch adelsspezifische Erinnerungsorte und -objekte dargestellt worden, etwa anhand von Stammbäumen, Gemäldegalerien, Familienarchiven, Familiengräbern und eben Wappen. Cornelius Wilhelm Heyl gründete eine adlige Dynastie. Dafür stattete er seine Familie mit allen Attributen aus, die notwendig waren, um sich in der aristokratischen Elite zu behaupten.

Die Heyls lebten einen vorindustriellen Habitus, den sie auf dem ökonomischen Feld mit einer modernen wirtschaftlichen Vorgehensweise vereinten. Diese Verbindung anachronistischer Sichtbarkeitsstrategien mit ökonomischem Leistungsstreben vergegenwärtigt die Nutzung von Heraldik in einer durchdachten ‚Corporate-Identity-Kampagne‘. So sollte das Wappen nicht nur die neue Familiendynastie Heyl repräsentieren, sondern auch als werbewirksames Signet das visuelle Erscheinungsbild des Unternehmens prägen. Mit der Gestaltung des Familienwappens beauftragte Cornelius Wilhelm Heyl den Heraldiker Otto Hupp, der zahlreiche Werke graphischer und bildnerischer Art für die Heyls schuf und zu den von der Familie am intensivsten protegierten Künstlern gehörte.[726]

---

723 Clemens, Sanctus, 2004, S. 389.

724 Clemens, Sanctus, 2004, S. 288. Die wichtige Rolle von Wappen und Titeln sieht Clemens außerdem in der Tatsache bestätigt, dass die französische Nationalversammlung 1790 alle Titel- und Wappenrechte aufheben ließ und den Gebrauch unter Strafe stellte.

725 Malinowski, König, 2010, S. 51.

726 Im Nachlass des Künstlers finden sich 40 Briefe von Cornelius Wilhelm Heyl, die sich zumeist mit der Ausgestaltung von Wappen beschäftigen, BayHStA, NL Hupp, Nr. 2272. Dazu existieren 56 Gegenbriefe von Hupp an Heyl. Diese liegen hauptsächlich unter der Rubrik „Private Briefe / Kunst betreffend“ im Nachlass der Familie im StA Worms, Abt. 186, Nr. 1165, 1202 u. 1174.

Mit Otto Hupp, einem Mitglied des Münchner Kunstgewerbevereins[727], hatte Cornelius Wilhelm Heyl einen Künstler gewonnen, der sich recht früh in seiner Karriere der Heraldik verschrieben hatte. Er begann seine Laufbahn 1878 im Atelier Rudolf Seitz' und stieg somit direkt in die Renaissancebewegung der 1870er und besonders der 1880er Jahre ein.[728] Zunächst setzte er die Heraldik als Maler, Graphiker und Ziseleur bildnerisch um, vertiefte sich aber im Verlauf seiner Karriere auch in die wissenschaftliche Erschließung und Aufarbeitung des Fachs. Bereits in jungen Jahren hatte sich Hupp als Maler und Handwerker in der Münchner Künstler- und vor allem der Kunstgewerbeszene etabliert. In den Bereichen Gebäudedekoration, Lederschnitt, Metallarbeit, Werbegraphik, Buchkunst, Typografie, Reklame, Dekor von Keramik und insbesondere Heraldik erlangte er in Fachkreisen einiges Ansehen.[729] Als Grafiker, Wappendesigner und Buchkünstler trug Hupp wesentlich zu einem optisch im Mittelalter verankerten Corporate Design der Familie Heyl bei.

Welchen enormen Stellenwert das eigene Wappen für Cornelius Wilhelm Heyl hatte, verdeutlicht der rege Briefwechsel mit Otto Hupp. Im Künstlernachlass sind diverse Wappenentwürfe erhalten, die teilweise in der Korrespondenz diskutiert wurden. Bei dem ersten Entwurf aus dem Jahr 1883 handelt sich um eine kolorierte Tuschezeichnung:[730] In einem verzierten Kranz ist neben dem Schriftzug „Adrienne Heyl Weihnachten 1883“ das Wappen von Worms dargestellt, ein weißer Schlüssel und ein sechszackiger Stern auf rotem Grund. Zu diesem Zeitpunkt verzierten die Heyls ihre Briefe bereits heraldisch, nutzten aber, weil sie noch kein eigenes Wappen besaßen, das Stadtwappen.

---

727 Vgl. Mitglieder-Verzeichniß des Bayerischen Kunstgewerbe-Vereins in München Jahrgang 1882, in: Zeitschrift des Bayerischen Kunstgewerbevereins 3/4 (1882), Beilage, S. 4. Auch Otto Hupps Vater wird als Mitglied genannt.

728 Vgl. Schinnerer, Otto Hupp, in: Kunst und Handwerk. Zeitschrift für Kunstgewerbe und Kunsthandwerk seit 1851 59/8 (1908/1909), S. 223.

729 Johannes Schinnerer würdigte in einem Aufsatz die Kunst Otto Hupps in ihrer Gesamtheit, vgl. Schinnerer, Otto Hupp, in: Kunst und Handwerk. Zeitschrift für Kunstgewerbe und Kunsthandwerk seit 1851 59/8 (1908/1909). Claudia Mannsbart, die den Nachlass Otto Hupps für das Bayerische Staatsarchiv erschlossen hat, fasst im Findbuch Otto Hupps Hauptbetätigungsfelder zusammen, vgl. Mannsbart, Einführung, in: Mannsbart (Hrsg.), Nachlass Otto Hupp, 2001, S. VI.

730 BayHStA, NL Hupp, Nr. 989.

Abb. 18: Otto Hupp, Wappen des Cornelius Wilhelm Heyl, 1885.

1885 folgten erste Entwürfe für ein eigenes bürgerliches Wappen. Überliefert ist eine kolorierte Tuschezeichnung mit einem Wappenschild, das auf goldenem Grund einen schwarzen Anker zeigt (Abb. 18).[731] Darüber befindet sich eine blaue Borte mit drei weißen Lilien, ein Verweis auf das neu erworbene Schloss Herrnsheim.[732] Auf das Wappenschild setzte Hupp einen Ritterhelm, aus dem ein schwarzer Drache aufsteigt. Die Initialen CWH definieren den Wappeninhaber Cornelius Wilhelm Heyl. Eine weitere Wappenzeichnung kommentierte Cornelius Wilhelm Heyl ebenfalls 1885, einige Monate vor der Nobilitierung, folgendermaßen:

> Meine Wappenfrage werde ich hoffentlich im Januar erledigen. Eine reizende mir wirklich höchst bedankenswerte Ueberraschung bereiteten Sie meiner Frau und mir durch die reizende und sinnige Wappenzeichnung u. Widmung welche uns sehr große Freude und wahrhaftes Entzücken bereiteten. Ich werde dasselbe (das Blatt) in meine Heylshof Chronik einkleben [...]. Durch die beiden Drachen als Wappenhalter wirkt das Wappen richtig decorativ.[733]

Letztendlich dauerte es noch über ein Jahr bis die großherzogliche Genehmigung des Wappens eintraf, wie aus einem weiteren Brief Heyls an Otto Hupp im Dezember 1886 hervorgeht:

> Der Großherzog hat dieser Tage das so lange bearbeitete Wappen genehmigt und freut es mich herzlich, daß Ihr kleiner Entwurf durchgedrungen ist, es freut mich für mich und meine Nachkommen. Das freiherrliche Wappen hat Schwierigkeiten gemacht wegen den neuen heraldischen Bestimmungen welche durch Berlin beeinflußt werden, in solcher Maßen halte ich die Mithilfe

---

731 BayHStA NL Hupp Nr. 988, Wappen des Cornelius Wilhelm Heyl, 3 kolorierte Tuschezeichnungen 1885–1886.

732 Das Wappen der Familie Dalberg, Kämmerer von Worms, enthielt sechs silberne Lilien.

733 BayHStA, NL Hupp, Nr. 2272/2, Cornelius Wilhelm Heyl an Otto Hupp, 21.11.1885.

> des Heroldsmeister des Kaiser von [Borwild?] und einen für Hessen tätigen in Wien lebenden Heraldiker's [sic!] nöthig![734]

Wie aus der Blasonierung im Adels- und Freiherrendiplom hervorgeht, sah das Wappen der Freiherren von Heyl nun folgendermaßen aus (s. a. Abb. 7):

> Im blauen Schilde, ein schräge rechts gelegter altertümlicher goldener Schlüssel mit aufwärts gekehrtem Barte, beiderseits von einer silbernen Lilie begleitet. Auf dem Schilde ruht ein rechts gekehrter offener adeliger Turnierhelm mit rechts blausilberner, links blaugoldener Decke, aus dessen Krone ein rechts gekehrter Feuer schnaubender rot gewehrter goldgrüner Drache mit hinter sich ausgebreiteten Flügeln und von sich gestreckten Klauen wächst, mit deren rechten er einen schräge links aufwärts gerichteten goldenen Schlüssel hält.[735]

Im freiherrlichen Wappen wird der Turnierhelm zusätzlich durch eine Krone ergänzt, aus der dann als Helmzier bzw. Kleinod der goldgrüne Drache aufsteigt. Schildhalter sind ebenfalls zwei feuerspeiende Drachen, die auf einer Arabeskenverzierung stehen, um die sich ein blaues Band mit der Devise *Laboremus* schlingt. Schlüssel und Lindwurm stammten aus dem Stadtwappen von Worms[736]; der im Stadtwappen enthaltene Stern wurde durch die Lilien aus dem Wappen des Geschlechts Dalberg ersetzt, in deren ehemaligem Schloss die Familie Heyl jetzt residierte. Die Ikonographie des Wappens zeigt mit der Verwendung des Drachens eine starke Bezugnahme auf die Nibelungensage, die eine große lokale Bedeutung besaß.

---

734 BayHStA, NL Hupp, Nr. 2272/3, Cornelius Wilhelm Heyl an Otto Hupp, 26.12.1886.

735 StA Worms Abt. 170/26 Nr. 6, Adels- und Freiherren-Diplom von Cornelius Wilhelm Heyl, ausgestellt durch Ludwig IV. am 31. März 1886, beglaubigte Abschrift durch Notar Richard Fuchs, Worms, 19. Juni 1926. Ebenso als beglaubigte Abschrift in: BayHStA, Adelsmatrikel, Fr H 58, Acta des Königl. Bayerischen Reichsheroldenamtes Freiherrn Heyl zu Herrnsheim, Wilhelm, Großherzoglich Hessischer Geheimer Commerzienrath und Guts- und Fabrikbesitzer in Worms. In erblicher Weise 1902. Ob die Blassonierung der Wappen erst später hinzugefügt wurde, was aus dem Schriftwechsel Heyls mit Otto Hupp hervorzugehen scheint, geht aus beiden Abschriften nicht hervor.

736 Worms, Stadtkreiswappen: Ein auf rotem Grund schräg liegender silberner Schlüssel mit dem Bart rechts oben, links oben ein fünfstrahliger goldener Stern. Das schon 1198 erwähnte erste Stadtsiegel und weitere Siegel bis 1498 zeigen den thronenden Patron St. Petrus unter einem auf Säulen ruhenden Kleeblattbogen inmitten der Domarchitektur. seit der städtischen Reformation 1598 erscheint das Schlüsselwappen, das ebenfalls auf den Apostelfürsten hinweist, mit zwei Drachen als Schildhaltern. Stern, Lindwurm und Schlüssel sind als Münzbilder der Wormser Prägestätte bereits in der zweiten Hälfte des 12. Jahrhunderts nachweisbar. Als Stadtzeichen tritt der Drache im 13. Jahrhundert auf, als Schildhalter gehört er noch heute zu dem obigen Wappen. Schlüssel und Stern kommen auch seit dem 13. Jahrhundert in Zunftsiegeln vor; letzterer ist in Gerichtssiegeln sechsstrahlig. Die Stadtfahne ist seit 1925 rot und weiß.

Abb. 19: Otto Hupp, Wappen für die Freiherren von Heyl zu Herrnsheim, ausgeführt von Carl Beyer.

Cornelius Wilhelm nutzte das Wappen nicht nur auf Briefpapier und als Petschaft, in Bronze und in Stein sowie integriert in Glasfenster und Deckenfresken setzte er es zur Kenntlichmachung seiner Besitztümer und Stiftungen ein, sodass es in Worms sehr präsent wurde (Abb. 19 u. 21). Außerdem fand die heraldische Motivik bis in die 1950er Jahre Eingang in das Firmenmarketing (Abb. 20).

Abb. 20: Reklame der Heylschen Lederwerke, um 1930.

Die intensive Verwendung des Wappens entsprach einer unter den Neunobilitierten gängigen Mode, wie aus den vollen Auftragsbüchern Otto Hupps hervorgeht. Auch in einem Roman von Dagobert von Gerhardt (1831–1910) aus dem Jahr 1882 ist zu lesen: „[...] ich hasse diese Sucht, auf Sophaecken und Stuhllehnen Familienwappen anzubringen, so daß jeder Gast, der sich in solchem Stuhle behaglich anlehnt, einen regelrechten Abdruck des Wappens seines Gastfreundes auf dem Rücken mit nach Hause trägt."[737] Die Rede ist von einem Bankier, für den wappengeschmückte Stühle angefertigt wurden: „Er soll irgendwo im Auslande geadelt geworden sein – ich weiß es nicht – vielleicht ist es auch nur ein Phantasiewappen, wie ein solches zu führen, jetzt mehr und mehr Mode wird."[738]

Aber allem Spott zum Trotz war die Tradition der Heraldik für Aufsteigerfamilien wie die Heyls entscheidend. Seit Mitte des 12. Jahrhunderts steckte der Adel durch heraldische Zeichensetzung seinen dynastischen Machtbereich ab, um symbolisch Besitz- und Herrschaftsrechte sowie die Zugehörigkeit zu dem bezeichneten Territorium zu demonstrieren. Dabei ging es um die Konstruktion von Kontinuität und hochrangiger Abstammung. 1924 definierte Huizinga die Bedeutung des Wappens folgendermaßen: „Die Wappenfigur bekommt [...] nahezu den Wert eines Totems. Löwen, Lilien und Kreuze werden zu Symbolen, in denen sich ein ganzer Komplex von Adelsstolz und Streben, Anhänglichkeit und Gemeinschaftsgefühl als ein selbständiges, unteilbares Ganzes ausdrückt."[739]

Auch in der Nibelungensage kommt dem Wappen eine zentrale Bedeutung zu.[740] Durch sein Wappen wird Siegfried direkt als Sohn eines mächtigen Königs erkannt. Das Wappenschild der Heyls zitiert die überlieferte Farbkombination Siegfrieds: blau und gold. Diese Zusammenstellung symbolisierte ursprünglich die Verbindung des Adels (goldfarben) mit dem blauen Lapislazuli-Himmel. Das Drachensymbol steht in der Heraldik für eine schwierige Aufgabe, die denjenigen der sie bewältigt, als geeignet für eine zentrale gesellschaftliche Funktion im Sinne einer Machtposition erscheinen lässt.[741] Cornelius Wilhelm Heyl äußerte mit seinem Wappen also nicht nur einen Machtanspruch, sondern rechtfertigte ihn gleichzeitig mit der verwendeten Symbolik.

In der mittelalterlichen Gesellschaft war die Verwendung von Zeichen elementar. Zeichen verwiesen auf unsichtbare, gleichzeitig aber grundlegende Sachen. Siegel, Wappen, Helmziere und Devisen dienten dazu, Individuen oder Gruppen zu identifizieren und deren gesellschaftlichen Status auszumachen und gewannen mit der Zeit an Bedeutung. Die „Macht des *signum*", so der Mediävist Jean-Claude Schmitt, war im

737 Dagobert von Gerhardt (Pseudonym: Gerhard von Amyntor), Das bist Du. Erstes Buch, Berlin 1882, S. 47.

738 Dagobert von Gerhardt (Pseudonym: Gerhard von Amyntor), Das bist Du. Erstes Buch, Berlin 1882, S. 8.

739 Huizinga, Herbst, 1924/1975, S. 335 f., zit. n. Mai, Siegfrieds Wappen, 2010, S. 11.

740 Vgl. dazu Mai, Siegfrieds Wappen, 2010, S. 12–14.

741 Zum Drachensymbol s. Mai, Siegfrieds Wappen, 2010, S. 84.

ideologischen Fundament der mittelalterlichen Gesellschaft tief verankert und äußerte sich nicht nur im religiösen, sondern auch im juristischen und weltlich-sozialen Leben.[742] Schmitt betont, dass die Verwendung von sogenannten Identitätszeichen im Mittelalter in einem spezifischen Verhältnis zum Raum, in dem sich ihre Träger bewegten, standen: Ritter trugen ihre Wappen auf dem Schild und kennzeichneten damit ihre Pferde und die Kleidung ihres Gefolges, um sicherzustellen, dass sie auf Reisen oder Turnieren erkannt wurden.[743] Übertragen wir diese Interpretation der mittelalterlichen Zeichenpraxis auf die Verwendung des Wappens durch die Heyls, wird der ständige Wettbewerb deutlich, in dem sich die Familie sah: In einer permanenten Turniersituation demonstrierte sie auf verschiedenen Bewährungsfeldern ihre Präsenz.

Am Beispiel der Heyls lassen sich eindrücklich die zunehmenden Historisierungstendenzen aufzeigen, die im Verlauf des 19. Jahrhunderts nicht nur politische Weltanschauungen und wissenschaftliche Diskurse, sondern auch Kunst, Architektur und Literatur einbezogen. Geschichte diente in diesen Kontexten als identitätsstiftendes Bezugssystem und wurde je nach politischem Interesse unterschiedlich ausgerichtet und ausgelegt.[744] In diesem Zusammenhang steht auch die europaweite Gründung von Altertums- und Geschichtsvereinen ab den 1820er Jahren.[745] Diese Assoziationen basierten zunächst auf einer emotional begründeten Affinität zur Historie im Sinne eines romantischen Mittelalterbildes und einer verklärenden Antikenverehrung. Hier traf sich die adlig-bürgerliche Elite, um gemeinsam Geschichtsforschung zu betreiben, wobei Aristokraten zumeist federführende Positionen einnahmen.[746]

Die Maßnahmen der Heyls auf dem Feld der Geschichtspflege, die sie in den Bereichen Denkmalschutz, Altertumsverein, Stadtgeschichte und Musealisierung verwirklichten, erinnern an adlig besetzte Legitimationsmechanismen. Die neuere Adelsforschung hat gezeigt, dass sich der Adel im 19. Jahrhundert nicht auf dem Weg von der geburtsständischen Elite zur nachständischen Leistungselite befand, sondern sich vom Stand zur Erinnerungsgruppe wandelte.[747] Entsprechend nutzten Adlige ihre lange Zugehörigkeit zur Herrschaftsschicht als Symbol, das die konkurrierenden bürgerlichen Eliten nicht erkaufen konnten.[748] Indem sich die Angehörigen des Adels der Historiographie zuwandten, rekurrierten sie auf ihre „eigene Geschichte, die glorreiche Vergangenheit“ und konnten dadurch ihre gegenwärtige Position in der Gesellschaft legiti-

742 Vgl. Schmitt, Mark, in: Kühne et al. (Hrsg.), Jungfrauen, 2012, S. 10 f. Schmitt verweist auf die grundlegende Theorie des Zeichens durch Augustinus im 4. Jahrhundert.

743 Schmitt, Mark, in: Kühne et al. (Hrsg.), Jungfrauen, 2012, S. 11.

744 Caruso, Nationalstaat, 2017, S. 14.

745 Vgl. dazu: Heisig, Nationalmuseum, in: Cavicchioli/Clemens, (Hrsg.), Luoghi, 2020, S. 41–76.

746 Clemens, Sanctus, 2004, S. 2. Vgl. auch: Clemens, Obenbleiben in: Clemens et al. (Hrsg.), Hochkultur, 2011, S. 200. s. dazu auch: Reif, Adel, 1979.

747 Marburg/Matzerath, Stand, in: Marburg/Matzerath (Hrsg.), Schritt, 2001, S. 14.

748 Marburg/Matzerath, Stand, in: Marburg/Matzerath (Hrsg.), Schritt, 2001, S. 13.

mieren und aufwerten.[749] Die Geschichtsvereine und historischen Gesellschaften, verfolgten eine indirekt propagandistische Funktion der Geschichtsschreibung im Sinne des Adels. Sie zielten mit ihren Publikationen darauf ab, die Errungenschaften der in der Umbruchszeit untergehenden regionalen Adelsdynastien im historischen Bewusstsein zu verankern. Die bürgerlichen Mitglieder genossen in diesen Kontexten die Auseinandersetzung „mit einer fast als ‚heilig' empfundenen vaterländischen Geschichte" und konnten sich dadurch selbst aufgewertet fühlen.[750] Durch ihr Engagement wirkten sie, wie Pierre Bourdieu formulierte, daran mit, „heilige Stätten der Kunst, an denen die bürgerliche Gesellschaft Reliquien einer Vergangenheit aufbewahrt, die nicht die ihre ist", aufzubauen.[751]

Abb. 21: Otto Hupp: Wappenfenster für die „Freifrau Sophie v. Heyl zu Herrnsheim Stiftung", um 1918, kolorierte Tuschezeichnung.

749 Clemens, Obenbleiben in: Clemens et al. (Hrsg.), Hochkultur, 2011, S. 190. Heinz Reif erläuterte dieses Phänomen in einer Studie über Adelsreformen in Deutschland in den Jahren 1815–1874: „Es galt, durch Beschäftigung mit der älteren Geschichte und Literatur, vor allem aber durch Wiederbelebung ritterlichen Brauchtums, den altertümlichen vaterländischen Rittersinn, die ritterliche Bildung zu erneuern." Dies sollte insbesondere durch eine intensive Auseinandersetzung mit der jeweiligen Landesgeschichte und der systematischen Sammlung von „Monumenten der Vorzeit" erfolgen. Vgl. Reif, Adelserneuerung, in: Fehrenbach (Hrsg.), Adel, 1994, S. 208 u. 212.

750 Clemens, Sanctus, 2004, S. 401–402.

751 Bourdieu/Darbel, Liebe, 2006, S. 165 (Originalausgabe: L'amour, 1966).

Die Heyls schlossen sich an die Vorgehensweise des Adels an, sich mittels der Historiografie als kulturelle Elite zu behaupten. Sie nutzten die Beschäftigung mit Geschichte und die adlige Erinnerungspraxis – auch mit fiktiven Mitteln, wie die Erfindung ihres Wappens zeigt – für einen aufwändigen Aneignungsprozess, um sich einen Platz in der Adelswelt zu sichern und sich in dieser Elite zu behaupten.

3.3.7 Nobilitierung durch Großherzog Ludwig IV. von Hessen 1886

1886 erreichten Cornelius Wilhelm und Sophie Heyl einen gesellschaftlichen Status, der sie für das aristokratische Establishment als ‚adelswürdig' erscheinen ließ. Im März des Jahres wurden die Brüder Cornelius Wilhelm und Maximilian Heyl durch Großherzog Ludwig IV. von Hessen und bei Rhein mit dem Freiherrentitel ‚von Heyl' in den erblichen Adelsstand erhoben und zählten damit zur ersten Klasse der Hofgesellschaft.[752] Doch obwohl das Nobilitierungsprozedere berechenbar erschien und es kalkulierbare Voraussetzungen gab, ist die Adelung Cornelius Wilhelm Heyls als Ausnahmeerscheinung zu bewerten.[753] Wie aus dem Text des Adels- und Freiherrendiploms hervorgeht, hatte sich die Errichtung des Fideikommiss als grundlegend erwiesen. Dazu kamen nicht näher spezifizierte „Verdienste um die Stadt Worms". In der aufwändig gestalteten Urkunde wurde außerdem das Heylsche Wappen festgehalten (s. Abb. 7).

> Ludwig IV / von Gottes Gnaden / Großherzog von Hessen / und bei Rhein pp./ Nachdem Wir Uns gnädigst bewogen gefunden haben /den Geheimen Commerzienrath / Wilhelm Cornelius Heyl / zu Worms
>
> in Anerkennung der von ihm um seine Vaterstadt Worms bethätigten Verdienste für sich als Stifter des aus dem ehemaligen Herzoglich von Dalbergischen Gute Herrnsheim gebildeten Heylschen Familienfideicommisses und seine rechtmäßigen auf Grund der von Uns bestätigten Successionsordnung in den Besitz dieses Fideicommisses eintretenden agnatischen Nachfolger unter dem Namen Freiherr Heyl zu Herrnsheim in den Freiherrnstand, sowie seine übrigen ehelichen Nachkommen beiderlei Geschlechts in den Adelsstand Unserers Großherzogthums zu erheben, als ertheilen Wir, kraft dieses, demselben sowie seiner ehelichen Nachkommenschaft zum steten Merkmal Unseres gnädigsten Wohlwollens die Würde, Rechte, Ehren und Vorzüge des Freiherrn beziehungsweise Adelsstandes Unseres Großherzogthums und erlauben ihm und seinen ehelichen Nachkommen das nachbeschriebene am Ende dieses Briefes mit Farben eigentlicher entworfene freiherrliche beziehungsweise adelige Wappen und Kleinod in allen und jeden ehrlichen und ritterlichen Sachen und Geschäften, sowie an allen Orten und Enden nach Willen und Wohlgefallen zu gebrauchen und zu führen.

752 Die Erhebung in den Adelsstand der Brüder Heyl wurde am 19.08.1887 im Großherzoglich Hessischen Regierungsblatt veröffentlicht, s. Großherzoglich Hessischen Regierungsblatt, Beilage Nr. 23. Darmstadt, 19.08.1887, S. 173.

753 Vgl. Reif, Adel, 1999, S. 38 und Wienfort, Adel, 2006, S. 139. Eine Ausnahme stellte Preußen zwischen 1871 und 1918 mit 1.129 Nobilitierungen dar.

> Wir befehlen hiernach allen und jeden Unserer Angehörigen und Unterthanen. weß Standes und Würde sie seien bei Vermeidung Unserer Ungnade gedachten / Geheimen Commerzienrath / Wilhelm Cornelius Freiherrn von Heyl / und seine ehelichen Nachkommen männlichen und weiblichen Geschlechts, für freiherrliche beziehungsweise adelige Personen zu erkennen und zu achten, sie im Gebrauche des ihnen von Uns verliehenen Wappens und Kleinods nicht zu hindern und dawider weder selbst zu handeln, noch von Anderen etwas vornehmen zu lassen. / Urkundlich Unserer eigenhändigen Unterschrift und anhängenden Großherzoglichen Siegels. / Gegeben in Unserer Haupt- und Residenzstadt Darmstadt, den 31ten März 1886. / Ludwig[754]

Die deutschen Fürsten setzten im 19. Jahrhundert Nobilitierungen nur selten ein und Unternehmer konnten noch weniger als Offiziere und Staatsbeamte diese Standeserhöhung erwarten. Insbesondere die hessischen Großherzöge gingen nicht gerade verschwenderisch mit Nobilitierungen um: Zwischen 1806 und 1818 fanden jährlich durchschnittlich eineinhalb Adels- und Standeserhebungen sowie Adelsanerkennungen statt, wobei der Großteil auf Offiziere und Beamte entfiel. Großherzog Ludwig IV. erhob während seiner Regierungszeit (1877–1892) neben Cornelius Wilhelm Heyl nur einen weiteren Unternehmer.[755] Heyl hatte sich einen herausgehobenen gesellschaftlichen Status erarbeitet und außerdem für eine gutes persönliches Verhältnis zum Haus Hessen hergestellt. Heyl schrieb rückblickend dazu: „S. K. H. Grossherzog Ludwig IV. interessierte sich in gnädigster Weise für meine Familie.“[756] Dies zeigte sich auch auf privater Ebene: Großherzog Ludwig IV. übernahm die Patenschaft für den jüngsten Sohn des Ehepaars.[757]

Der Chronist des großherzoglichen Hauses Hessen, Manfred Knodt (1920–1995) erwähnte in seiner Biographie Ernst Ludwigs die freundschaftliche Beziehung des Nachfolgers Ludwigs IV. zu den Brüdern Heyl, zu dem auch ihre kulturfördernden Maßnahmen und ihr Engagement in der Kunstpatronage beitrugen.[758] Ernst Ludwig schrieb in seinem Tagebuch: „Durch Maximilian von Heyl kam ich öfters zu Franz von Lenbach, dieser große, aber auch einfache selbstbewußte Künstler imponierte mir gewaltig. Der Heylshof war zu jener Zeit ein richtiges Zentrum für Kulturpflege.“[759]

---

754 StA Worms, Abt. 170/26, Nr. 145, Urkunde über die Erhebung der Familie Heyl in den Freiherrenstand („Adels- und Freiherrndiplom“) durch Großherzog Ludwig IV. von Hessen und bei Rhein in ledergeprägtem Rahmen, schmuckvolle Schrift; mit Abbildung und Beschreibung des verliehenen Familienwappens und Motto „Laboremus“, Eigentum Stiftung Kunsthaus Heylshof – depositarische Hinterlegung im Februar 2019.

755 Christoph Franke, der eine statistische Untersuchung der großherzoglich-hessischen Nobilitierungen vornahm, zählt zwei Unternehmer. Vermutlich handelt es sich bei dem zweiten Unternehmer um den Mainzer Weingroßhändler Willibald Brentano, dessen alter italienischer Adelstitel 1889 allerdings nur bestätigt wurde. Vgl. Franke, Adel, in: Conze (Hrsg.), Adel, 2010, S. 367 und Franz, von Brentano, in: Heidenreich (Hrsg.), Geist, 2000, S. 183 und 184, Anm. 4.

756 StA Worms, Abt. 170/26, Nr. 5, Cornelius Wilhelm von Heyl, Aus meinem Leben, Manuskript o. J., Transkript 1966, S. 10 f.

757 Vgl. Mensch, Erinnerungen, 1917, S. 17.

758 Vgl. Knodt, Großherzog, Darmstadt 1978, S. 262.

759 Ernst Ludwig, zit. n. Knodt, Großherzog, Darmstadt 1978, S. 336.

Die große Bedeutung, die Cornelius Wilhelm und Sophie Heyl der Erlangung des Adelstitels beimaßen, äußerte sich in zahlreichen Maßnahmen, wie etwa in ihren Bemühungen um die Weitergabe des Titels an die Nachkommen oder um die Anerkennung der Nobilitierung im Königreich Bayern. Dabei waren neben einem starken Bedürfnis nach Statuserhalt und -ausbau auch Distinktionsbestrebungen und Wettbewerb ausschlaggebend. So äußerte Sophie 1890 in einem Brief an Cornelius Wilhelm ihre Befürchtung, dass auch die Familie des in Worms konkurrierenden Lederfabrikanten Johann Baptist Dörr einen Adelstitel erhalten könnte: „Wenn nur nicht Doerr am Ende doch noch etwas Besonderes erhält z. B. den Adel! [...] es ist eine ekelhafte Concurrenz – der wir aber noch viel ekelhafter sind – das ist wenigstens famos."[760] Heyl selbst hielt die erfolgte Nobilitierung in seiner Erinnerungsschrift fest, wobei er betonte, die Standeserhebung nicht auf irgendeine Art aktiv betrieben zu haben: „S. K. H. Grossherzog Ludwig IV. hat meine Familie im Jahre 1886 wegen ihrer Verdienste um die Stadt Worms in gnädiger Weise geadelt, ohne dass von meiner Seite irgendein Ersuchen in dieser Richtung gestellt, weshalb dieser Gnadenakt umso höher als allerhöchste Anerkennung anzuerkennen ist."[761]

3.3.8 Exkurs: Die Heylsche Prestigepolitik im Kontext der Debatte um die Feudalisierungsthese

Die starke Adelsimitation der Heyls und ihre Verflechtungen mit der Aristokratie könnten als Bestätigung der bereits von Max Weber vertretenen Feudalisierungsthese interpretiert werden. Diese These gilt als längst revidiert und nicht mehr in ihrer ursprünglichen Form vertretbar. Sie gehört in den Kontext der These des deutschen Sonderwegs, wobei hier im weitesten Sinn die Variante Hans-Ulrich Wehlers gemeint ist, der damit seine kritische Sicht auf die deutsche Geschichte des 19. und 20. Jahrhunderts manifestierte.[762]

Ausgehend von der Frage, welche Verkettung von Umständen dazu führte, dass in Deutschland in der Zwischenkriegszeit – anders als in anderen westlichen Demokratien – die liberale Demokratie zugunsten des Nationalsozialismus scheiterte, beleuchtet die Sonderwegthese die Bedeutung der Zeit vor 1914 für diese Entwicklung. Neben anderen Faktoren geriet dabei insbesondere das kaiserzeitliche Großbürgertum in die Kritik, das wie Max Weber beobachtete, „auf das soziale Vorbild des Adels schielte

---

760 StA Worms, Abt. 186, Nr. 555, Sophie Heyl an Cornelius Wilhelm Heyl, 31.05.1890.

761 StA Worms, Abt. 170/26, Nr. 5, Cornelius Wilhelm von Heyl, Aus meinem Leben, Manuskript o. J., Transkript 1966, S. 34.

762 Hans-Ulrich Wehler ist nicht der Erfinder der Sonderwegthese. Bereits in Max Webers Soziologie findet sich die These eines deutschen Sonderwegs, die sich gegen Bismarck und das Kaiserreich richtete.

[…]“[763] und damit für einen Überhang an Feudalität sorgte, ohne den Liberalismus zu stärken. Dabei wurde die Schwäche des deutschen Bürgertums gegenüber der Stärke ‚feudaler‘ Eliten und Traditionen betont und diese Polarität als spezifisch deutsches Phänomen bewertet.[764] Folgt man der Feudalisierungsthese, ging der Wunsch des Bürgertums nach Feudalisierung mit der anachronistischen Machtstellung des Adels einher und resultierte darin, dass die Herrschaftsordnung des Kaiserreichs autoritär geformt blieb.[765] Vereinfacht gesagt, führten Modernitätsdefizite im Kaiserreich zum Durchbruch der Nationalsozialisten im Jahr 1933.[766]

Die Internationalisierung der historischen Forschung führte letztendlich von der Sonderwegthese weg. Obwohl die Sonderwegthese eigentlich einen Vergleich mit anderen westlichen Ländern impliziert, schrieb sie a priori eine Einzigartigkeit Deutschlands fest und förderte dadurch eine asymmetrische, einseitige Sicht. Inzwischen ist die Sonderwegthese durch vergleichende Studien in ihren Kernelementen widerlegt, da sich die idealisierte Liberalität in den anderen westlichen Staaten nicht aufrechterhalten ließ. Außerdem wurde bereits in den 1970er Jahren die Sicht auf das Kaiserreich unter der Perspektivverengung auf das Jahr 1933 zurecht abgelehnt (Thomas Nipperdey).[767] Was die „Feudalisierung des deutschen Bürgertums“ anging, fand man im Vergleich zu England und Frankreich sogar weniger Verknüpfungen mit dem Adel vor (Kocka auf dem Historikertag 2014). Allerdings spricht dieses Argument allein gegen die These eines deutschen Sonderwegs, nicht aber generell gegen die praktizierte Adelsimitation bestimmter Kreise.

Im vorliegenden Zusammenhang steht die Frage im Mittelpunkt, warum eine zunächst großbürgerliche und dann nobilitierte Familie wie die Heyls ein so breites kulturelles Engagement zeigte und wie dieses ausgeprägt war. Dabei ist sicherlich zu konstatieren, dass sie Anerkennung durch die ‚gute Gesellschaft‘ des Kaiserreichs wünschten und ihre Zugehörigkeit zu diesem Kreis anstrebten. Die Untersuchung der Heylschen Aufstiegsstrategie bestätigt Max Webers Beobachtung.[768]

Dennoch wäre es falsch, von einer ‚Feudalisierung‘ der Familie Heyl zu sprechen. Zunächst ist der Begriff „feudal“ für das Kaiserreich abzulehnen, da weder eine lehens-

763 Max Weber, zit n. Hertz-Eichenrode, Geschichte, 2002, S. 277.

764 Vgl. Kocka, Sonderweg, 2018, S. 138. Kocka macht deutlich, dass inzwischen erwiesen ist, dass der aristokratische Einfluss auf die Hochbourgeoisie nicht größer als in vielen anderen Teilen Europas gewesen sei und dass die soziale Distanz zwischen Adel und Bourgeoisie in Deutschland sogar deutlicher als in vielen anderen Ländern blieb. Er verweist auf: Kaelble, Unternehmer, in: Tilly (Hrsg.), Beiträge, 1985, S. 148–174 und Augustine, Patricians, 1994.

765 Vgl. Wehler, Gesellschaftsgeschichte, 1995, S. 772.

766 So formulierte dies Christina von Hodenberg auf dem Historikertag 2014.

767 Obwohl auch Nipperdey durchaus die „Schattenlinien“ anerkennt, die aus dem Kaiserreich in die nationalsozialistische Herrschaft von 1933 führten: „Hier [im Kaiserreich, I. H.] wuchs das Potential, das dem Sog totaler und antihumaner Politik nicht widerstehen konnte.“ Nipperdey, Geschichte, 1990, S. 834.

768 Max Weber zit. n. Hertz-Eichenrode, Feudalisierungsthese, 2002, S. 277.

rechtliche noch eine ständische Ordnung herrschte. Weiterhin ist die Feudalisierungsthese in ihrer Radikalität unhaltbar. Indem sie die „völlige Verschmelzung von Großbürgertum und Landaristokratie in eine ‚feudalkapitalistische' Oberschicht" meint, impliziert sie die vollständige Aufgabe bürgerlicher Werte durch die Protagonisten.[769] So umfassend ist aber die Aristokratie der Heyls nicht zu interpretieren. Nach Wehler ist unter dem Begriff „Feudalisierung" ein unterwürfiges Verhalten gemeint.[770] Wehler spricht von einer „monarchistisch-etatistische[n] Mentalität" der arrivierten Wirtschaftsbürger.[771] Dabei war für eine ehrgeizige Familie die „Orientierung am monarchischen Staat mit seinen Adelsbastionen" geradezu geboten, nicht aber – so Wehler nach einer Überarbeitung seiner These – „eine unterwürfige ‚Feudalisierung'".[772] Loyalität zum Staat zahlte sich schließlich in prestigeträchtigen Orden- und Titelverleihungen sowie anderen Formen gesellschaftlicher Anerkennung aus.[773]

Die kaiserzeitlichen Großbürger orientierten sich also am Adel, taten dies aber weniger aus einer devoten Haltung, sondern aus rationaler Berechnung heraus, sodass man zwar von starken Anteilen an Adelsimitation sprechen kann, nicht aber von Feudalisierung. Ein Beispiel, das die Kombination von Unternehmertum und die Aneignung adliger Ausdrucksformen vergegenwärtigt, ist das Wappen der nobilitierten Heyls. Hier wurde eine eindeutig mit Adelsinsignien besetzte Heraldik mit dem Leitspruch *Laboremus* verbunden.

Die ‚Prachtentfaltung' der reichen Bourgeoisie wird in der Forschung unterschiedlich interpretiert. Kaelble charakterisiert den großbürgerlichen Lebensstil als eklektizistisch und adelsorientiert, bewertet ihn aber dennoch als genuin bürgerliche Lebensart der neuen Oberschichten, die diese nutzen, um sich „vom übrigen Bürgertum ebenso zu distanzieren wie vom Adel."[774] Kaelble will darauf hinaus, dass die Großbürger mit diesem eklektizistischen Modell vor allem die Distinktion vom weniger privilegierten Bürgertum bezweckten: „ohne Imitation eines aristokratischen Modells".[775] Im Fall der Familie Heyl und anderer vergleichbarer Unternehmer- oder Bankiersfamilien ist die Imitation des Adels aber in so hohem Maß belegbar, dass die Idee, ihr eklektizistischer Oberschichtenstil habe einen eigenen Charakter ausgeformt, geradezu abwegig erscheint. Auch das Argument von Dolores Augustine, die reichen Bürger hätten sich nur oberflächlich einer aristokratischen Lebensweise bedient, relativiert die vorliegende Adelsimitation nicht.[776]

769 Kaelble, Unternehmer, 1985, S. 177.
770 Vgl. Wehler, Gesellschaftsgeschichte, 1995, S. 722.
771 Wehler, Gesellschaftsgeschichte, 1995, S. 725.
772 Wehler, Gesellschaftsgeschichte, 1995, S. 722.
773 Vgl. Wehler, Gesellschaftsgeschichte, 1995, S. 718.
774 Kaelble, Unternehmer, 1985, S. 126.
775 Kaelble, Unternehmer, 1985, S. 168.
776 Augustine, Patricians, S. 1994, S. 245: „Thus, what took place in Germany was the partial, superficial aristocratization of a small group of very wealthy businessmen who by a large remained an integral part of the bourgeoisie."

Hans-Ulrich Wehler hebt hervor, dass die wirtschaftsbürgerlichen Oberklassen mit ansteigendem Wohlstand immer prunkvollere Villen erbauten und sich mit weiteren Statussymbolen umgaben. In den Zusammenhang der Prachtentfaltung gehören auch die privaten Kunstsammlungen und die umfassenden Bemühungen um Kulturförderung. All dies ist auch bei der Familie Heyl zu beobachten. Wehler gesteht in seiner Umformulierung der Feudalisierungsthese im Hinblick auf diese Zurschaustellung des Reichtums zwar ein gewisses Maß an Adelsnachahmung zu, betont aber den Aspekt der großbürgerlichen Traditionen, denn „Prachtentfaltung hatte seit jeher zu den charakteristischen Kennzeichen bürgerlicher Oberschichten in ganz Europa gehört."[777] Häufig übertraf der großbürgerliche Glanz gar adlige Standards. Folgt man Wehler, bestand kein „akuter Feudalisierungsdruck", der etwa die Familie Heyl veranlasste, ein neobarockes Stadtpalais zu errichten.[778] Diese Interpretation bedeutet aber, die eindeutige Adelsimitation dieses Baustils zugunsten der Betonung großbürgerlicher Repräsentationstraditionen mehr oder weniger auszublenden. Die Heyls imitierten eindeutig aristokratische Muster. Dabei muss freilich berücksichtigt werden, dass sich das Heylsche Bild von Adel lediglich auf den reichen Hochadel bezog und die Vielfalt aristokratischer Lebensweisen nicht repräsentierte.[779]

Schlüssig erscheint eher die Interpretation Brinkmanns, der im Jahr 1926 schrieb, dass in der bürgerlich-kapitalistischen Gesellschaft eine „adelsgleiche Oberschicht" entstand, die er im gewissen Sinn als „Aristokratie" charakterisierte.[780] Aber den Heyls genügte es nicht, nur ein Teil des sogenannten Geldadels zu sein. Sie identifizierten sich mit der Aristokratie und wollten von den Angehörigen dieser Gruppe als ebenbürtig akzeptiert werden. Im Laufe der Zeit glichen sie ihren Lebensstil an den des Adels an. Dennoch pflegten sie weiterhin Kontakt zu bürgerlichen Honoratioren der Stadt, beispielsweise zu den jeweiligen Bürgermeistern. Umgekehrt schotteten sich die adligen Kreise, mit Ausnahmen, nicht von der Lederfabrikantenfamilie ab, sondern eröffneten ihr zahlreiche Perspektiven innerhalb ihrer Gemeinschaft.[781]

Die vorangegangenen Überlegungen haben gezeigt, dass das Verhältnis des reichen Großbürgertums zur traditionellen aristokratischen Elite einige Ambivalenzen aufweist und sich die These von der ‚Feudalisierung des Bürgertums' tatsächlich nicht aufrechterhalten lässt. Dies liegt an ihrer anachronistischen Begrifflichkeit und der Radikalität eines implizierten unterwürfigen Verhaltens, obwohl wir es mit einem rationalen und selbstbewussten Aufbau von Adelsnähe seitens der Großbürger zu tun haben. Daher liegt es nahe, die schroffe Trennung zwischen den beiden Welten Adel und Bürgertum im Fall der sehr reichen Bourgeoisie aufzugeben. Wir haben es hier offen-

777 Wehler, Gesellschaftsgeschichte, 1995, S. 721.

778 Wehler, Gesellschaftsgeschichte, 1995, S. 721.

779 Kaelble, Unternehmer, 1985, S. 150.

780 Hertz-Eichenrode, Feudalisierungsthese, 2002, S. 281.

781 StA Worms, Abt. 170/26, Nr. 5, Cornelius Wilhelm von Heyl, Aus meinem Leben, Manuskript o. J., Transkript 1966, S. 34.

bar mit Menschen zu tun, denen es gelang, beide Kulturen miteinander zu verbinden. Ihre Zugehörigkeit zu den Gruppen der Industriellen und der Aristokratie betrachteten sie nicht als Zwiespalt, sondern als notwendige und wahrscheinlich auch bereichernde Maßnahme, um ehrgeizige Ziele auf dem ökonomischen sowie gesellschaftlichen Feld zu erreichen. Demnach bewegten sie sich mit einer gewissen Selbstverständlichkeit in beiden Welten. Diese Entwicklung vollzog sich jedoch nicht innerhalb einer Generation, sondern bedurfte der Vorbereitung und Tradierung mehrerer Vorfahren.

3.4 Im „Reiche des Wormser Lederkönigs" – Sicherung des aristokratischen Status 1886–1918

Nach der Nobilitierung arbeitete Cornelius Wilhelm Heyl weiter an einer aristokratischen Identität und Ausstrahlung der ganzen Familie und führte gleichzeitig das Lederwerk mit wirtschaftlichem Erfolg, wobei es ihm gelang eine loyale Arbeiterschaft an das Unternehmen zu binden. Beide Aspekte provozierten seine politischen Gegner in der SPD sowie in der Gewerkschafts- und Genossenschaftsbewegung und forderten zu Spott und Hohn in der gesellschaftskritischen Satire heraus. Zu einer sehr prägnanten Formulierung brachte es das Organ der Sozialdemokraten *Vorwärts* in einer Ausgabe von 1905 mit einer Beschreibung der Wormser Zustände, die der Autor mit „im Reiche des Wormser Lederkönigs" betitelte.[782] Der Begriff ‚Lederkönig' verwob das adlige Prinzip mit dem Unternehmertum und deutete auf den herrschaftlichen Habitus des Firmenchefs sowie Familienoberhaupts hin. Zudem ironisierte *Vorwärts* so den Aufstieg in den Adelsstand, den Heyl mit der Ausbildung einer aristokratischen Persönlichkeit, vielseitigen Netzwerk- und Handlungsstrategien und einem patriarchalischen Führungsstil in Fabrik und Familie forciert hatte. So hatte der Publizist Kurt Pritzkoleit nur teilweise recht, als er in den 1950er Jahren feststellte:

> Besitz und Ruhm, Geld und vielerlei Ehrungen fanden sich zusammen, den Sproß aus altem Bürgerblut der Sphäre des Bürgerlichen zu entheben. Wilhelm Heyl wurde ein Mann von Stand, Freiherr von Großherzoglichen Gnaden, den nichts mehr mit den Sorgen und Nöten, Hoffnungen, Idealen und Bestrebungen des Bürgertums verband, dem er entstammte. Er hatte seine Klasse verloren, indem er sich der in Wahrheit herrschenden Schicht des Adels eingliederte.[783]

Für Cornelius Wilhelm Heyl handelte es sich jedoch nicht um den Verlust seiner Klasse, sondern um eine gewinnbringende Verbindung der großbürgerlichen Sphäre mit adligen Standesvorteilen. Dabei konnte er auf die Unterstützung seiner Ehefrau Sophie zählen, die ihm als Beraterin und verantwortungsvolle Mutter der Söhne und Töchter beistand, ihn teilweise sogar in der Firma vertrat. Ihr familiärer Hintergrund aus der Kölner Bankiersfamilie Stein war zudem eine grundlegende Voraussetzung für das

782 Anonym, Sozialpolitische Drahtzieherei, in: Vorwärts 27 (1905), S. 6.
783 Pritzkoleit, Wunder, 1959, S. 193.

kulturelle Kapital der Familie. In Fragen der Bildung, des Habitus und des kulturellen Engagements hatte sie im Vergleich zu ihrem Ehemann die größere Kompetenz, somit gestaltete sie das Familienleben sowie die gesellschaftliche Repräsentation. Es handelte sich also nicht ausschließlich um einen Wormser Lederkönig – auch die Lederkönigin kümmerte sich um die Konsolidierungs- und Expansionspolitik des Heylschen Reiches.

Nach der Nobilitierung ging es nun darum, den gesellschaftlichen Aufstieg, den die Familie im Lauf der Generationen vollbracht hatte, zu manifestieren, das ‚Obenbleiben' der Familie zu garantieren und für die Nachkommenschaft zu sichern. Dazu gehörte die weitere Anhäufung von Titeln und Ehrenzeichen, wobei es für Heyl erstens wesentlich war, den Adelstitel auch an seine Kinder übertragen zu können und zweitens, das bayerische Adelsprädikat zu erhalten, da er über weitläufigen Besitz in Bayern verfügte. Weiterhin gehörten der Ausbau von prestigereichen Netzwerkbeziehungen und ausstrahlungsstarken Projekten der Familienmemoria, wie die Errichtung einer Grabkapelle, zu den Maßnahmen, die die Heyls zur Verfestigung ihres Reiches einsetzten. Außerdem sollte eine strategische Heiratspolitik der Sicherung des aristokratischen Status dienen – eine Aufgabe, die bei sieben Kindern aufwändig und teilweise schwierig war. All dies hing zu einem großen Teil mit Selbstinszenierungspraktiken zusammen, die eine entsprechende Außenwirkung erzielen sollten. Dass diese Maßnahmen auch auf Grenzen stießen, zeigt die Darstellung des Freiherrn Cornelius Wilhelm Heyls in der zeitgenössischen Satire, die nicht nur von der parteipolitischen Gegenseite kam, sondern auch in der bürgerlichen Presse zum Zuge kam.

3.4.1 Titelakkumulation und soziale Netzwerke

Im Anschluss an die Nobilitierung 1886 ließen Cornelius Wilhelm und Sophie in ihren Anstrengungen nicht nach, sich weiterhin in den Adel zu integrieren. Dabei kam ihnen das aristokratische Establishment entgegen. Aber die Familie musste auch mit Einschränkungen leben, gegen die sie schwerlich etwas ausrichten konnte. Ihre Auseinandersetzung mit Exklusion gibt wertvolle Hinweise auf die große Bedeutung, die die Familie über mehrere Generationen hinweg, der Statussicherung und Etablierung in Adelskreisen beimaßen. Als Neunobilitierte erlebte die Familie ihre mangelnde Anciennität als einen ständig erneut zu kompensierenden Makel.

Als erhebliche Belastung empfand Cornelius Wilhelm die Abstufung des Adelsranges für seine Nachkommen. Dieses Problem geht aus den Anträgen hervor, die er im August 1901 mithilfe von Anwälten an das Königliche Staatsministerium Bayerns und an Prinz Luitpold sandte, um in die Adelsmatrikel des Königreichs Bayern eingetragen zu werden.[784] Dabei war nicht nur die einfache Aufnahme von Belang – die Heyls strebten auch für Bayern unbedingt ein höheres Adelsprädikat an.

784 BayHStA, Adelsmatrikel, Fr H 58, Beglaubigte Abschrift Ernst Ludwig-Urkunde 31.03.1897.

Der Besitz des bayerischen Adelstitels war, neben einem Indigenat, das Cornelius Wilhelm bereits im März 1901 erhalten hatte, grundlegend für ein Fideikommiss, das er für seinen weitläufigen Besitz im Allgäu errichten wollte. Es handelte sich um 2.100 Hektar in Oberstdorf im Wert von 500.000 Mark. Heyls Anwälte befürchteten jedoch – wie aus ihren Schriftsätzen zu entnehmen ist –, dass Bayern die hessische Nobilitierung nicht anerkennen würde, da es im bayerischen Adelsrecht für die Abstufung des Adelsprädikats in der Deszendenz kein Äquivalent gab.

Eine die Rangfrage klärende Urkunde, die der Großherzog Ernst Ludwig im März 1897 für Cornelius Wilhelm ausgestellt hatte, wurde dem Gesuch beigelegt. Darin bestätigte der Großherzog zunächst die 1886 erfolgte Nobilitierung Heyls durch seinen Vater Großherzog Ludwig IV.: Dieser hatte „den Geheimen Commerzienrath Wilhelm Cornelius Heyl zu Worms [...] als Stifter des [...] Heylschen Familienfideikommisses“ in den „Freiherrenstand“ erhoben.[785] Diesem Fideikommiss lag eine Sukzessionsordnung zugrunde, in der die Erbfolge bestimmt wurde. Ludwig IV. hatte verfügt, dass nur die daraus hervorgehenden „agnatischen Nachfolger unter dem Namen ‚Freiherr Heyl zu Herrnsheim‘ in den Freiherrenstand“ gesetzt würden, „seine übrigen ehelichen Nachkommen beiderlei Geschlechts“ erhielten lediglich „den Adelsstand Unseres Großherzogthums“.[786] Großherzog Ernst Ludwig ließ nun in seiner Urkunde festhalten, dass er die Unklarheiten im Diplom seines Vaters beseitigen wolle: Er legte erstens fest, dass alle ehelichen Nachkommen Heyls beiderlei Geschlechts berechtigt seien, den Familiennamen von Heyl zu Herrnsheim zu führen, „einerlei ob sie dem freiherrlichen oder nur dem einfachen Adelsstande angehören“.[787] Zweitens verlieh er allen ehelichen Nachkommen ersten Grades, also den vier Söhnen und drei Töchtern Cornelius Wilhelms und Sophies das Recht, den Freiherrentitel zu tragen. Für die Enkel und folgende Generationen galt dieses Recht nur für die agnatischen Nachfolger des Fideikommisserben auf dem ehemaligen Herzoglich von Dalberg'schen Gut Herrnsheim.

Der Geheime Hofrat Dr. Pemsel, der 1901 im Namen Heyls das Gesuch um die Eintragung in die Adelsmatrikel an das bayerische Staatsministerium verfasste, wies auf diese spezielle Sachlage hin:

> Aus diesen Diplomen erhellt, daß zwar die gesammte Deszendenz des Gesuchsstellers in den Adelsstand erhoben, daß indessen der Freiherrenstand nur dem Gesuchsteller und seinen Kindern beiderlei Geschlechts, sowie dem jeweiligen Besitzer des dem Gesuchsteller aus der ehemals Dalberg'schen Herrschaft Herrnsheim errichteten Familienfideikommißes und deren Kindern beiderlei Geschlechts verliehen ist. Diese Abstufung des Adelsranges der Deszendenz ist allerdings als Regel dem bayerischen Adelsrechte fremd.[788]

785 BayHStA, Adelsmatrikel, Fr H 58, Beglaubigte Abschrift Ernst Ludwig-Urkunde 31.03.1897.
786 BayHStA, Adelsmatrikel, Fr H 58, Beglaubigte Abschrift Ernst Ludwig-Urkunde 31.03.1897.
787 BayHStA, Adelsmatrikel, Fr H 58, Acta des Königl. Bayerischen Reichsheroldenamtes, Freiherrn Heyl zu Herrnsheim, Wilhelm, GroßherzoglichHessischer Geheimer Commerzienrath und Guts- und Fabrikbesitzer in Worms. In erblicher Weise 1902.
788 BayHStA, Adelsmatrikel, Fr H 58, Gesuch an das Königliche Staatsministerium des Königl. Hauses und des Äußern, Betreff: Ehrerbietliches Gesuch des Geheimen Hofrats Dr. Pemsel namens des Frei-

Er gab jedoch zu bedenken, dass es sich lediglich um die formelle Anerkennung der adligen Eigenschaft einer außerhalb Bayerns nobilitierten Familie handelte. Es ginge also nur darum, die Heyls „in dem Umfange und in der Einschränkung, wie die hessische Verleihung vorgibt", also entsprechend des hessischen Adelsdiploms, in die Matrikel einzutragen.[789] Cornelius Wilhelm befürchtete allerdings, dass seine Familie aufgrund der Herabsetzung des Adelsprädikats in der folgenden Generation, lediglich in die fünfte statt der angestrebten dritten Freiherrnklasse der bayerischen Matrikel eingetragen würde und suchte nach einem Weg, diese niedrige Stufe zu umgehen. Im Antrag formulierte Pemsel daher zwei Vorschläge: Entweder sollte man die Familie unter Nennung der Beschränkung direkt in die dritte Klasse aufnehmen oder jeweils differenziert in der dritten und fünften Klasse aufführen.

Im Februar 1902 wandte sich schließlich der bayerische Reichsherold von Böhm als Befürworter des Heylschen Antrags an den Prinzregenten Luitpold. Offensichtlich hatte Heyls Rechtsanwalt Pemsel diesen Kontakt hergestellt. Auch Böhm räumte die Rangabstufung als ungewöhnliche Bestimmung ein, fügte aber hinzu: „Es dürfte in dieser Besonderheit kein Grund zu erblicken sein, das nebst Beilagen und Nachtrag erfurchtsvollst angefügte Immatrikulations-Gesuch des Freiherrn von Heyl zu Herrnsheim abgelehnt zu behandeln, der sich notorischermaßen in glänzenden Vermögensverhältnissen befindet und allgemeinen Ansehens erfreut."[790]

Letztlich konnte dieser Wunsch durchgesetzt werden, nachdem eine Immatrikulationsgebühr von 100 Mark und alle notwendigen Dokumente eingereicht waren. Am 13. März 1902 wurde Cornelius Wilhelm Heyl, gemeinsam mit seinen volljährigen Kindern, in das Adelsmatrikel mit dem angestrebten freiherrlichen Prädikat aufgenommen.[791] Eingetragen und bestätigt wurde zudem das freiherrliche Wappen der Familie.

---

herrn Cornelius Heyl zu Herrnsheim um Eintragung in die Adelsmatrikel des Königreichs betreffend mit 13 Beilagen, 1901.

789 BayHStA, Adelsmatrikel, Fr H 58, Gesuch an das Königliche Staatsministerium des Königl. Hauses und des Äußern, Betreff: Ehrerbietliches Gesuch des Geheimen Hofrats Dr. Pemsel namens des Freiherrn Cornelius Heyl zu Herrnsheim um Eintragung in die Adelsmatrikel des Königreichs betreffend mit 13 Beilagen, 1901.

790 BayHStA, Adelsmatrikel, Fr H 58, Ministerialrat Ritter von Böhm an Seine Königliche Hoheit den Prinzen Luitpold, des Königreichs Bayern Verweser Allerunterthänigster Antrag des Staatsministeriums des Königlichen Hauses und des Aeussern, München 23. Februar 1902.

791 Böhm schrieb am 15. März 1902 folgende Anweisung an die Redaktion des Gesetz- und Verwaltungsblattes: „Der Adelsmatrikel wurde einverleibt am 13ten März 1902 der großherzogl. Hessische Geheime Commerzienrath und Guts- und Fabrikbesitzer Wilhelm Freiherr von Heyl zu Herrnsheim und seine Söhne Dr. Cornelius Freiherr von Heyl zu Herrnsheim, großh. Hess. Hofjunker, Dr. Erwin Freiherr von Heyl zu Herrnsheim, Referendar, Max und Ludwig Freiherrn von Heyl zu Herrnsheim, sowie seine Tochter Alice Freiin von Heyl zu Herrnsheim in Worms in der Weise erblich bei der Freiherrn-Klasse, Lit. H. Fol. 58 Acte N° 4323 I, daß des freiherrlichen Prädikats- und freiherrlichen Wappens die jeweiligen agnatischen Nachfolger in das und dem Gute Herrnsheim gebildete von Heylsche Familienfideikommiß und darin jeweilige eheliche Nachkommen ersten Grades beiderlei Geschlechtes, alle anderen etwaigen künftigen ehelichen Nachkommen des Freiherrn Wilhelm von Heyl zu Herrns-

Der Bayerische Reichsherold von Böhm fügte dem Matrikel eine Blasonierung und zwei kolorierte Zeichnungen bei.

In einem Schreiben vom 14. April 1902 bedankte sich Cornelius Wilhelm Heyl bei von Böhm: Er teilte ihm mit, „hocherfreut und dankbar“ zu sein, dass jener es ermöglicht hatte, „die Bedenken zu überwinden, welche ursprünglich meiner Aufnahme in die Freiherrnklasse entgegengestanden haben.“[792] Gleichzeitig verlieh Heyl in diesem Brief seiner Unzufriedenheit über die Abstufung des Adelsranges Ausdruck, die sein Großherzog in die Nobilitierung der Familie eingeflochten hatte. Er teilte dem Reichsherold mit, dass er einige Anstrengungen unternommen habe, um diese, in seinen Worten, „eigenartige Bestimmung“ verschwinden zu lassen.[793] So habe er etwa ein zweites Fideikommiß für die nachgeborenen Söhne errichtet, die nicht die Nachfolge in Herrnsheim antreten werden. Dennoch gab Heyl zu, „daß es für die finanziellen Verhältnisse einer Familie nützlich sein kann, wenn die Entfaltung einer gewissen Representation [sic] nur in einem Haus liegt.“[794]

Im Rückblick war von dieser Abstufungsklausel lediglich der jüngste der vier Brüder Heyl betroffen. Cornelius Wilhelm (1874–1954) erbte als Erstgeborener das Fideikommiss Schloss Herrnsheim und damit waren seine fünf Kinder ohnehin mit dem Freiherrentitel ausgestattet. Die Brüder Erwin (1877–1940) und Max Otto (1884–1952) blieben kinderlos. Für die fünf Kinder Ludwig Cornelius’ (1886–1862) sollte die Sukzessionsordnung des Großherzogs jedoch bis in die 1970er hinein zu Auseinandersetzungen über den Freiherrentitel führen, obwohl ihr Großvater Cornelius Wilhelm bereits zur Jahrhundertwende versucht hatte, auch ihnen dieses Recht auf lange Zeit zu sichern.[795]

Neben dem Königreich Bayern, das die Familie Heyl schließlich als Nobilitierte des Großherzogtums Hessen in die eigenen Adelsmatrikel eintragen ließ, wurde Cornelius Wilhelm Heyl außerdem von den Landesfürsten Württembergs, Badens und Preußens anerkannt, die ihn mit ihren jeweiligen monarchischen Hausorden auszeichneten. 1902 wurde er mit dem Komturkreuz erster Klasse des Friedrichsordens aus dem Hau-

heim aber unter der Benennung von Heyl zu Herrnsheim des einfachen Adels und adeligen Wappens theilhaftig sein sollen. Böhm“ BayHStA, Adelsmatrikel, Fr H 58, Ministerialrat Ritter von Böhm an die Redaktion des Gesetz- und Verwaltungsblattes, 15. März 1902.

792 BayHStA, Adelsmatrikel, Fr H 58, Cornelius Wilhelm Heyl an den königlich bayerischen Reichsherold Herrn Ministerialrath von Böhm, 14. April 1902.

793 BayHStA, Adelsmatrikel, Fr H 58, Cornelius Wilhelm Heyl an den königlich bayerischen Reichsherold Herrn Ministerialrath von Böhm, 14. April 1902.

794 BayHStA, Adelsmatrikel, Fr H 58, Cornelius Wilhelm Heyl an den königlich bayerischen Reichsherold Herrn Ministerialrath von Böhm, 14. April 1902.

795 Ludwig verhandelte darüber mit dem Ausschuss für adelsrechtliche Fragen der Deutschen Adelsverbände. StA Worms, Abt. 185, Nr. 1608, Ludwig von Heyl jr., Namensführung und Adelsfragen 1957–1959. Der Freiherrentitel war auch Gegenstand von Geschwisterrundbriefen 1962–1972, StA Worms, Abt. 189 Nr. 130.

se Württemberg geehrt.[796] In der Ordenshierarchie handelte es sich um den zweithöchsten Grad dieser Ehrung, mit dem auch der Adelstitel verbunden war. Im selben Jahr verlieh ihm Großherzog Friedrich I. den badischen Orden vom Zähringer Löwen, ebenfalls im Komturrang erster Klasse.[797] Von Wilhelm II. erhielt Heyl 1907 den Preußischen Königsorden zweiter Klasse mit Stern, einen Verdienstorden, den König Wilhelm I. 1860 gestiftete hatte.[798] Eine Ehrung ließ ihm darüber hinaus der russische Zar zukommen, als er ihm 1903 die Erlaubnis gab, das Großkreuz des Stanislausorden erster Klasse und damit den höchsten Rang innerhalb der Ordenshierarchie, zu tragen.[799]

Die größte Anzahl an Ehrungen wurde der Familie Heyl seitens des großherzoglich-hessischen Herrscherhauses zuteil, die auch nach der Nobilitierung in schöner Regelmäßigkeit Orden, Medaillen und Titel an Cornelius Wilhelm, Sophie und die Söhne verteilten. Nachdem Cornelius Wilhelm bereits vor der Erlangung des Adelstitels von Großherzog Ludwig IV. mit dem Ritterkreuz erster Klasse des Verdienstordens Philipps des Großmütigen geehrt worden war, verlieh im dessen Sohn und Nachfolger Ernst Ludwig am 28. Dezember 1889 das Komturkreuz zweiter Klasse zu diesem Orden.[800] Anlässlich des Geburtstags des Großherzogs erfolgte am 25. November 1899 die Verleihung der Krone zum Komturkreuz zweiter Klasse dieses Ordens.[801] Einige Monate später erhöhte Ernst Ludwig diese Auszeichnung: Am 26. März 1900 überreichte er Cornelius Wilhelm das Komturkreuz erster Klasse mit Stern des Philippsordens während der Feierlichkeiten zur Einweihung der Ernst-Ludwig-Brücke in Worms.[802]

Obwohl Frauen selten mit Orden oder anderen Auszeichnungen geehrt wurden, erhielt Sophie 1902 im Rahmen der Enthüllung des Alice-Denkmals die Erinnerungsmedaille an Großherzogin Alice mit dem Band des Ludwigsordens zweiter Klasse. Großherzog Ernst Ludwig ehrte sie als Vorsitzende des Denkmalkomitees. 1912 kündigte das Regierungsblatt die Ernennung Cornelius Wilhelm Heyls zum „Wirklichen Geheimrat mit dem Prädikat Exzellenz“ durch den Großherzog für den 23. Dezember an. Den höchsten Rang des großhessischen Verdienstordens Philipps des Großmütigen, das Großkreuz konnte Heyl schließlich am 3. März 1917 feiern.[803] Auch die Söhne Heyls kamen in den Genuss großherzoglich-hessischer Ehren: Der erstgeborene Sohn Cornelius

796 GH RegBl. 1902, Beil. 17, S. 161; StA Worms, Abt. 186, Nr. 492, Tagebuchnotizen, angefangen November 1899 bis 1906, April 1902, S. 44.

797 GH RegBl. 1902, Beil. 19, S. 177; StA Worms, Abt. 186, Nr. 492, Tagebuchnotizen, angefangen November 1899 bis 1906, 17. Mai 1902, S. 44.

798 GH RegBl. 1907, Beilage 8, S. 76.

799 GH RegBl. 1903, Beilage 28, S. 249; StA Worms, Abt. 186, Nr. 492, Tagebuchnotizen, angefangen November 1899 bis 1906, 2. November 1903, S. 76.

800 GH RegBl. 1890, Beilage 2, S. 11.

801 GH RegBl. 1890, Beilage 2, S. 11; StA Worms, Abt. 186, Nr. 492, Tagebuchnotizen, angefangen November 1899 bis 1906, S. 2.

802 GH RegBl. 1900, Beilage 16, S. 137.

803 GH RegBl. 1917, Beilage 7, S. 93.

bekam 1898 zunächst den Titel Hofjunker und 1909 wurde ihm mit der Ernennung zum Kammerherrn eine Sonderstellung durch den Großherzog zugesprochen.[804]

Für Cornelius Wilhelm Heyl waren die Auszeichnungen durch die beiden Großherzöge Ludwig IV. und Ernst Ludwig von zentraler Bedeutung. Wie er in seiner Erinnerungsschrift festhielt, legte er aber auch großen Wert auf die Ehrenbürgerbriefe, die ihm die Städte Worms und Oppenheim verliehen sowie auf den Ehrendoktortitel Dr. jur. h. c., den er 1913 von der Universität Gießen zugesprochen bekam.[805]

Das Auszeichnungswesen insgesamt erlebte im Verlauf des 19. Jahrhunderts einen Aufschwung. Die Monarchen nutzten die höchsten Landesorden als staatliche Symbole, sie sollten in Bezug auf die Vaterlandszugehörigkeit identitätsstiftend wirken. Durch diese Zuschreibung wurden Ordensverleihungen zu medial überhöhten Gesellschaftsereignissen, die häufig an Jubiläumstagen der Dynastien stattfanden.[806] Mit der öffentlichen Ehrung einer Person, so die Definition von Geeb und Kirchner, wurde gleichzeitig der Staat in der Funktion dargestellt, in der Verdienste um ihn selbst und um die staatlich geförderte Wohltätigkeit ausgezeichnet wurden. So gehörten Ordensverleihungen zu den Elementen der staatlichen Selbstdarstellung.[807] Die Anerkennungsbekundung durch den Monarchen hob den Ordensträger aus der Gesellschaft heraus und erzielte einen doppelten Werbeeffekt: Erstens übte die Ehrung eine „werbende Wirkung für den Geehrten“ aus.[808] Zweitens handelte es sich um eine Inszenierung des Staates, „als Hüter des allgemeinen Wohls“.[809] Zur Publicitywirkung des Ordens gehörten für die Beliehenen meist, neben dem sichtbar an der Kleidung zu tragenden Ehrenzeichen, weitere Ehrenrechte bei Hofe. Sie erhielten einen höheren Hofrang, was sich etwa bei Hoffestlichkeiten, Empfängen und Bällen bemerkbar machte.[810] Voraussetzung für besonders exklusive Ordensklassen war der Adelstitel und für manche Orden mussten die Geehrten eine bestimmte Geldsumme an die Ordenskasse entrichten, doch „auch wenn die Sache den Ernannten Geld kostete, der Titel ver-

804 GH RegBl. 1909, Beilage 29, S. 255. Zur Geschichte des Kämmererwesens s. Duwe, Erzkämmerer, 1990. Der Kämmerer war das älteste Hofamt und brachte als Ehrendienst hohe Reputation. Unter Ludwig IV. von Hessen-Darmstadt gab es 56 Kammerherren, die als Voraussetzung den Adelstitel führen und einen Bürgen beibringen mussten. Außerdem wurden für die Ernennung Gebühren erhoben. Auch für die Garderobe und den Kammerherrenschlüssel mussten die Ernannten selbst aufkommen. Vgl. Duwe, Erzkämmerer, 1990, S. 21 u. S. 285, 290, 292.

805 StA Worms, Abt. 170/26, Nr. 5, Cornelius Wilhelm von Heyl, Aus meinem Leben, Manuskript o. J., Transkript 1966, S. 34; StA Worms, Abt. 186, Nr. 492, Tagebuchnotizen, angefangen November 1899 bis 1906, S. 3: Ausschnitt eines Zeitungsartikels vom 23. Dezember 1899 mit dem Titel Verleihung des Ehrenbürgerrechts des Stadt Worms an Freiherrn zu Heyl.

806 Herfurth, Geschichte, in: Herfurth/Henning (Hrsg.), Orden, 2010, S. 111 u. 112.

807 Geeb/Kirchner, Orden, 1977, S. 29.

808 Geeb/Kirchner, Orden, 1977, S. 30.

809 Geeb/Kirchner, Orden, 1977, S. 29.

810 Geeb/Kirchner, Orden, 1977, S. 33.

schaffte großes gesellschaftliches Ansehen, mit den damit verbundenen Möglichkeiten wirtschaftlichen und beruflichen Aufstiegs."[811]

Die Ordensverleihungen an Cornelius Wilhelm Heyl sind manifestes Sinnbild für seine gute Vernetzung mit den höfischen Kreisen, insbesondere mit dem großherzoglich hessischen Fürstenhaus, die er gemeinsam mit seiner Frau Sophie und später mit seinen Söhnen aufbaute und pflegte. Die dargestellte Titelakkumulation nahm nach der Nobilitierung richtig an Fahrt auf, weil erst der Adelstitel gesellschaftliche Türen öffnete, die Menschen ohne dieses Attribut verschlossen blieben. Cornelius Wilhelm und Sophie Heyl richteten repräsentative Ereignisse aus, bei denen sie mit dem Hochadel interagieren und Repräsentanten von Fürstenhäusern standesgemäß empfangen konnten. Dabei setzten sie auf formelle, aber auch informelle Formen der Begegnung: Als wesentlich erwiesen sich erstens die großen Jagdveranstaltungen, die Cornelius Wilhelm Heyl auf seinen ausgedehnten Landgütern ausrichtete. Zweitens bot das soziale und kulturelle Engagement der Familie immer wieder Anlässe zu gesellschaftlichen Begegnungen, wie etwa bei Eröffnungen und Jubiläumsfeiern, wie auch drittens die Bemühungen Heyls für die städtebauliche Infrastruktur von Worms, die ebenfalls mit medial inszenierten Großereignissen gefeiert wurden. Und schließlich viertens der exklusive und repräsentative Lebensstil der Familie. Sie konnten ihren Besuchern nicht nur eine prächtigen Stadtvilla samt Kunstsammlung, das Schloss Dalberg und diverse Land- und Jagdgüter bieten, sondern luden auch zu ausgedehnten Ausflugsfahrten auf ihrem eigenen Dampfschiff mit dem Namen „Heyl zu Herrnsheim" ein.[812]

Ihre Kontakte zum Hof und zu anderen wichtigen Repräsentanten des Adels archivierten Sophie und Cornelius Wilhelm Heyl sehr sorgfältig. Briefe, Telegramme und Zeitungsausschnitte wurden in Mappen gesammelt und teilweise als Alben gebunden. Allerdings fand eine systematischere Überlieferung erst nach der Nobilitierung statt. Als sehr aufschlussreich erwies sich auch eine Hausdokumentation mit dem Titel „Tagebuchnotizen II 1899–1906".[813] In einer ledergebundenen Kladde trugen die Mitarbeiter Heyls von November 1899 bis Juni 1906 Abreisen und Ankünfte einzelner Familienmitglieder ein, sie notierten Geburten und Todesfälle im Familien- und Bekanntenkreis, berichteten aber auch über das politische Wirken des Hausherrn, über durchgeführte Jagden, Gesellschaften und Kongresse sowie Feierlichkeiten, wie Eröffnungen, Einweihungen und Empfänge, die entweder von den Heyls ausgerichtet wurden oder zu denen diese geladen waren. Auch die oben aufgezählten Ordens- und Titelverleihungen hielten die Angestellten fest und ergänzten ihre handschriftlichen Eintragungen mit eingehefteten Zeitungsausschnitten.[814]

811 Duwe, Erzkämmerer, 1990, S. 3.

812 StA Worms, Abt. 186, Nr. 492, Tagebuchnotizen, angefangen November 1899 bis 1906, S. 15.

813 StA Worms, Abt. 186, Nr. 492, Tagebuchnotizen, angefangen November 1899 bis 1906.

814 StA Worms, Abt. 186, Nr. 492, Tagebuchnotizen, angefangen November 1899 bis 1906, S. 23. Von diesen Tagebuchnotizen findet sich bisher nur ein Buch im Archiv. Laut Eintragung in der Hausdokumentation wurden außerdem Gesellschaftsbücher geführt, in denen etwa die genauen Arrangements

Es lohnt sich, die Netzwerkpflege der Heyls im Kontext der Ordens- und Titelverleihungen näher anzusehen. Die Art der Beziehungen, die sie mit den Fürstenhäusern pflegten, bietet eine Erklärung für ihren gesellschaftlichen Erfolg. In der genannten Hausdokumentation „Tagebuchnotizen II 1899–1906“ berichten allein 32 Eintragungen von verschiedenen Begegnungen und Interaktionen mit dem Großherzog Ernst Ludwig von Hessen-Darmstadt. Dabei handelt es sich um Besuche des Fürsten bei der Familie Heyl zu unterschiedlichen Anlässen in Worms, Herrnsheim und Guntershausen[815] sowie um Treffen mit dem Großherzog zu Audienzen oder anderen Gelegenheiten in Darmstadt.

Eine detaillierte Beschreibung ist über die Umstände der Verleihung des Komturkreuzes erster Klasse des Philippsordens mit Stern am 26. März 1900 überliefert.[816] Im Tagebuch ist notiert, dass Cornelius Wilhelm Heyl diese Auszeichnung in Anerkennung seiner Verdienste um das Zustandekommen der neuen Straßenbrücke erhielt, die an diesem Tag eingeweiht wurde. Aus der Eintragung geht außerdem hervor, dass diese auf Heyls Anregung „Ernst-Ludwig-Brücke“ benannt wurde. Für die Einweihungsfeierlichkeiten scheute er weder Kosten noch Mühen, um das Ereignis für den Großherzog, die Wormser Bevölkerung und seine Arbeiterschaft zu einem unvergesslichen Erlebnis zu machen. Dabei gelang ihm zudem eine eindrückliche Demonstration seiner Macht über die Gestaltung der Stadt und über ihre Einwohner:

> Der Großherzog kam nach der Einweihung zu einstündigem Besuch in den Heylshof. Unmittelbar vor dem Heylshof bis zum Marktplatz bildete die Arbeiterschaft des Hauses C. Heyl Spalier, im Ganzen 3600 Arbeiter und Arbeiterinnen festlich geschmückt. Mit dem Großherzog kam sein Onkel Prinz Wilhelm [Prinz Wilhelm von Hessen und bei Rhein, Anm. I. H.] sowie das Gefolge. [...] In Anerkennung der Verdienste des Freiherrn von Heyl für das Zustandekommen der Brücke verlieh S. M. H. der Großherzog demselben das Comturkreuz I. Cl. Des Philippsordens mit Stern. [...] Der Dampfer Heyl zu Herrnsheim nahm an der Festfahrt der Schiffe bei Eröffnung der Straßenbrücke theil, die kaufmännischen Beamten und Direktoren hatten Einladung erhalten an der Fahrt theilzunehmen.[817]

Um die Abreise Ernst Ludwigs aus Worms feierlich zu begleiten, wurde die Stadt illuminiert. Heyl ließ zu diesem Zweck den Heylshof mit 1.000 Lämpchen ausstatten. Zusätzlich ließ er das Anwesen mit siebzehn bengalischen Zylinderflammen beleuchten und auf dem Turm der Stadtvilla während der Vorbeifahrt des Großherzogs Magnesi-

---

zu Festen und Bällen festgehalten wurden. Überliefert sind zwei: Gesellschafts- und Besuchs-Buch, angefangen 1894 bis 1899 (StA Worms, Abt. 186, Nr. 1806) und Gesellschaftsbuch Nummer IV. 1909 bis 1914 (Heylshof und Herrnsheim) (StA Worms, Abt. 186, Nr. 1807). Die Zählung in Gesellschaftsbuches IV. lässt darauf schließen, dass seit dem ersten Gesellschaftsbuch ab 1894 noch zwei weitere geführt wurden, die jedoch (bisher) nicht aufgefunden werden konnten.

815 Der Name Guntershausen wurde von Cornelius Wilhelm mit Bezug auf die Nibelungensage selbst vergeben.

816 StA Worms, Abt. 186, Nr. 492, Tagebuchnotizen, angefangen November 1899 bis 1906, S. 9–15.

817 StA Worms, Abt. 186, Nr. 492, Tagebuchnotizen, angefangen November 1899 bis 1906, S. 9 u. 15.

umfackeln in den vier Himmelsrichtungen anzünden. Um die Lichtinszenierung zu unterstreichen, stimmte Heyls Fabrikkapelle „Heil auf unseren Fürsten Heil" auf der Terrasse des Heylshofs an.

Während dieses Lichterspektakel lediglich performativer, flüchtiger Natur war, stiftete Heyl zudem ein Objekt, das der Erinnerung an den Festtag und die zentrale Bedeutung seiner Familie für die Infrastruktur der Stadt in Worms dienen sollte. „Zur Verherrlichung des Tages" schenkte Heyl der Stadt Worms ein Trinkhorn, dessen Deckel eine verkleinerte Nachbildung der Brücke trägt.[818] Um den Kelch hängen zwölf Silber- und Goldmünzen der Stadt Worms sowie verschiedener Bischöfe der Stadt. Zur Dokumentation ist der Eintragung in den Tagebuchnotizen ein Zeitungsartikel über die Brückeneinweihung mit einer ganzseitigen Abbildung des Trinkhorns beigefügt.[819] Heyl nutzte die feierliche Gelegenheit, um ein sinnliches Erlebnis für die Beteiligten zu schaffen, sorgte für ein bleibendes Andenken und konnte auf ein positives mediales Echo zählen. Der Besuch des Großherzogs in seinem Privathaus und die Würdigung durch den verliehenen Orden halfen ihm, seine Autorität und Reputation innerhalb der Familie, der Firma, der Stadt und des Landes zu konsolidieren und weiter auszubauen.

Die Familie Heyl hatte sich zu diesem Zeitpunkt bereits mehrmals mit der großherzoglichen Familie getroffen. Dabei boten sich drei Aktivitätenfelder an: Karitas, Jagd und Kunstförderung. So traf Cornelius Wilhelm etwa die Großherzogin von Hessen Victoria Melita 1900 in Darmstadt, als sie einen *Hessischen Centralverein für den Bau von Wohnungen für die weniger bemittelten Volksklassen* gründete und exponierte sich, indem er „namens der Geladenen" das Wort ergriff, um der Großherzogin für ihre Initiative zu danken.[820] Am 19. März 1902 besuchte sie gemeinsam mit Ernst Ludwig Worms, um das neue Stadtviertel im Liebenauerfeld zu besichtigen, das der *Zentralverein für die Errichtung billiger Wohnungen*, auch *Ernst-Ludwig-Verein* genannt, errichtet hatte. Cornelius Wilhelm stand diesem Verein seit seiner Gründung vor.[821] Bei dieser Gelegenheit suchte der Großherzog auch den Heylshof auf.[822] 1903 besichtigte er das im selben Jahr eröffnete Diakonissenheim Sophienhaus, das von den Heyls intensiv gefördert wurde, und wurde dort von Sophie von Heyl empfangen.[823]

818 StA Worms, Abt. 186, Nr. 492, Tagebuchnotizen, angefangen November 1899 bis 1906, S. 12.

819 StA Worms, Abt. 186, Nr. 492, Tagebuchnotizen, angefangen November 1899 bis 1906, S. 12.

820 StA Worms, Abt. 186, Nr. 492, Tagebuchnotizen, angefangen November 1899 bis 1906, 09.02.1900, S. 8.

821 Praktische Wohnungsfürsorge in Hessen. Ernst-Ludwig-Verein Darmstadt – Hessischer Zentralverein für Errichtung billiger Wohnungen. Protektor Seine Königliche Hoheit der Grossherzog, Darmstadt 1908.

822 StA Worms, Abt. 186, Nr. 492, Tagebuchnotizen, angefangen November 1899 bis 1906, S. 41, mit Zeitungsausschnitt, 19.03.1902.

823 StA Worms, Abt. 186, Nr. 492, Tagebuchnotizen, angefangen November 1899 bis 1906, S. 68, mit Zeitungsausschnitt, 19.03.1902, 11.08.1903.

Für den Großherzog waren jedoch insbesondere die von Heyl ausgerichteten Jagdveranstaltungen attraktiv. Allein in den Jahren 1900 bis 1916 sind in der Hausdokumentation vierzehn Gelegenheiten verzeichnet, bei denen Ernst Ludwig entweder bei Heyl zu Gast war oder selbst zur Hofjagd geladen hatte. Aber bereits in früheren Jahren nahm der Fürst an Jagden in Herrnsheim teil.[824] Jährlich reiste er mit einem Extrazug zur Osthofer-Herrnsheimer Treibjagd oder zur Fasanenjagd nach Guntershausen. Auch an Jagdveranstaltungen von Maximilian von Heyl auf dem Nonnenhof beteiligte er sich. Meistens begleitete ihn sein Schwager Prinz Heinrich von Preußen, der jüngere Bruder Kaiser Wilhelms II., und Gefolge. Die Zeitungen berichteten stets über den hohen Jagdbesuch und gaben auch die Strecke der erlegten Tiere bekannt. Die Berichte folgten immer einem ähnlichen Muster:

> Worms, 19. November. Se. Königl. Hoheit der Großherzog traf heute früh neun Uhr mittelst Extrazug von Darmstadt hier ein, um auf Einladung des Frhrn. Heyl zu Herrnsheim an den Treibjagden Herrnsheim-Osthofen theilzunehmen. Der Großherzog fuhr in offenem Jagdwagen nach dem Rendezvous-Platze und kehrt heute Abend wieder nach Darmstadt zurück.[825]

Zu den Jagdbegleitern Ernst Ludwigs gehörten in jeweils unterschiedlicher Zusammensetzung: „[...] die HH. Obersthofmarschall Westerweller von Anthoni Exc., der Kaiserl. Russische Ministerresident Durchlaucht Fürst Koudacheff, Hofjägermeister Freiherr van der Hoop, die Flügeladjudanten Major Freiherr Röder von Diersburg und Rittmeister Kraemer."[826] Insgesamt nahmen an Heyls großen Jagdveranstaltungen zwischen 30 und 40 Personen teil, die anschließend bei festlichen Abendeinladungen bewirtet wurden. Wenn der Großherzog zusagte, was häufig sehr kurzfristig geschah – Heyl nutze auch Audienzen, um ihn einzuladen –, musste das Reglement ganz spontan auf seine Anwesenheit zugeschnitten werden, was mit dem größten Aufwand stets bewerkstelligt wurde. Für Prinz Heinrich von Preußen war es ein besonderes Vergnügen, an den Jagden Heyls teilzunehmen. Er kam auch, wenn sein Schwager selbst verhindert war. Im Familiennachlass befindet sich gar ein Telegramm Heinrichs aus Kiautschou in China, in dem er auf ein Huldigungsschreiben reagierte, das Cornelius Wilhelm ihm nach der Osthofer Jagd 1898 hatte zustellen lassen.[827]

Bei Sophie stießen die aufwändigen Jagdveranstaltungen des Hauses Heyl und die damit verbundenen Herrenabende auf wenig Gegenliebe, auch wenn es sich bei den Gästen um Vertreter des Hochadels handelte. In mehreren Briefen nahm sie an Cornelius Wilhelms ständiger Abwesenheit während der Jagdsaison Anstoß. Sie kritisierte

---

824 StA Worms Abt. 186 Nr. 546, Zusage des Großherzogs zur Herrnsheimer Jagd, am 11.01.1892.

825 StA Worms, Abt. 186, Nr. 492, Tagebuchnotizen, angefangen November 1899 bis 1906, S. 36, mit Zeitungsausschnitt, 18. u. 19.11.1901.

826 StA Worms, Abt. 186, Nr. 492, Tagebuchnotizen, angefangen November 1899 bis 1906, S. 36, mit Zeitungsausschnitt, 18. u. 19.11.1901.

827 StA Worms Abt.186 Nr. 546/16, Telegramm von Prinz Heinrich von Preußen an Cornelius Wilhem Heyl aus China, Kiautschou, 2.12.1898. Durch Kaiserliche Ordre vom 27. April 1898 wurde Kiautschou zu einer Hafenkolonie des Deutschen Reiches.

auch die hohen Kosten: „Wie ich [...] hörte werden deine Jagdverhältnisse mehr besprochen als wir wissen und da du doch die meisten Jagden wegen der Repräsentation u. viel weniger wegen dir besitzt, so würde ich mit einem Strich die Jagden ablösen, die dir nichts nützen u. nur Last machen.“[828]

Der Kontakt zum Großherzog intensivierte sich jedoch eindeutig durch die Jagdeinladungen und führte zu einer zunehmenden Vertrautheit zwischen Ernst Ludwig und Cornelius Wilhelm. Dokumentiert ist dies in den Protokollen des überlieferten Haustagebuchs im Kontext der Ehescheidung des Großherzogs, die am 21. Dezember 1901 vollzogen wurde. Als Heyl im November 1901 zu einer Audienz bei Ernst Ludwig erschien, um ihn und Prinz Heinrich von Preußen zur Fasanenjagd nach Guntershausen einzuladen, teilte ihm der Großherzog mit, dass er beabsichtige sich scheiden zu lassen. Zu diesem Zeitpunkt handelte es sich noch um eine vertrauliche Mitteilung.[829] Unter dem Eintrag des 12. Novembers 1901, der das Jagdgeschehen schildert, ist dann schließlich zu lesen: „Während der Jagd wurde die Bekanntgabe, daß der Großherzog sich scheiden lassen werde, beschlossen.“[830] Cornelius Wilhelm erhielt direkt im Anschluss auch eine Gegeneinladung zum Geburtstagsessen beim Großherzog, das am 25. November 1901 stattfand.

Die Heyls bemühten sich, ihre Verbundenheit mit der großherzoglichen Familie kontinuierlich aufrechtzuerhalten. Dazu gehörten – neben Einladungen und Geschenken – auch öffentlichkeitswirksame Sympathiebekundungen. So regte etwa Sophie bereits 1897 die Stiftung eines Denkmals für die Großherzogin Alice, die Mutter Ernst Ludwigs, an, das allein aus Spenden von Frauen und Jungfrauen finanziert werden sollte.[831] Für die Ausführung konnte sie den Darmstädter Bildhauer Ludwig Habich (1872–1949) gewinnen. Als das Denkmal am 12. September 1902 enthüllt wurde, erhielt Sophie in ihrer Funktion als Vorsitzende des Denkmalkomitees von Ernst Ludwig die Erinnerungsmedaille an die Großherzogin Alice mit dem Bande des Ludwigsordens zweiter Klasse.[832]

Anlässlich des Todes der Prinzessin Elisabeth von Hessen-Darmstadt im Jahr 1903, der kleinen Tochter des Großherzogs, drückten die Heyls ihre Anteilnahme am Schicksal des Fürsten aus, indem sie ein Initiative zu einer landesweiten Sympathiebekundung starteten. Als Mitstreiter gewannen sie den Wormser Oberbürgermeister Heinrich Köhler, Kreisrath Karl Kayser und Staatsminister Karl Rothe. Gemeinsam gelang es ihnen, 84.000 Unterschriften und eine Summe von 64.000 Mark zu sammeln, die sie

828 StA Worms, Abt. 186, Nr. 0549, Briefe von Sophie an Cornelius Wilhelm Heyl.

829 StA Worms, Abt. 186, Nr. 492, Tagebuchnotizen, angefangen November 1899 bis 1906, S. 34, mit Zeitungsausschnitt, 9.11.1901.

830 StA Worms, Abt. 186, Nr. 492, Tagebuchnotizen, angefangen November 1899 bis 1906, S. 34, mit Zeitungsausschnitt, 9.11.1901.

831 Zum Alice-Denkmal in Darmstadt, s. Kapitel 4.1.3.2 „Denkmäler zur Verherrlichung des Großherzogtums Hessen und seiner Fürsten“.

832 StA Worms, Abt. 186, Nr. 492, Tagebuch Notizen II, angefangen November 1899 bis 1906 (mit unbeschrifteten Zeitungsausschnitten), S. 47 f.

Ernst Ludwig für die Umsetzung von Kunstbestrebungen überreichten. Auch zur zweiten Heirat Ernst Ludwigs mit Prinzessin Eleonore von Solms-Hohensolms-Lich am 2. Februar 1905 wurden die Heyls aktiv: Maximilian von Heyl schenkte dem Großherzog eine Bronzeplastik in Gestalt des jungen Siegfrieds.[833]

Weitere Möglichkeiten der Begegnung mit dem Großherzog boten kulturelle Veranstaltungen, die Ernst Ludwig gerne aufsuchte, da er als Förderer der Künste gesehen werden wollte. An dieser Stelle soll nur ein Einblick in dieses Feld gegeben werden, da die Kunstpflege der Familie Heyl im vierten Hauptkapitel der vorliegenden Studie behandelt wird. 1901 besuchte der Großherzog etwa das Hessisch-Pfälzische Musikfest, das unter dem Ehrenvorsitz Cornelius Wilhelm Heyls in Worms ausgerichtet wurde.[834] Für den hohen Gast, der gemeinsam mit Prinz und Prinzessin Franz Joseph von Battenberg, und dessen Schwägerin Prinzessin Xenia von Montenegro anreiste, ließ Heyl spezielle Logen aufstellen.[835] Prominent war auch Ernst Ludwigs Besuch der Wormser Gemäldeausstellung 1902, bei der Cornelius Wilhelm und Sophie wiederum den Ehrenvorsitz übernommen und das Vorhaben mit zahlreichen Leihgaben aus ihrer Sammlung erst möglich gemacht hatten. Der in der Hausdokumentation überlieferte Zeitungsartikel gibt darüber Auskunft:

> Se. Königl. Hoheit der Großherzog und Ihre Großherzogliche Hoheit Prinzessin Ludwig von Battenberg nebst Prinzessin-Tochter Alice trafen gestern Nachmittag um 3.30 Uhr zum Besuche der Gemälde-Ausstellung hier ein. [...] Die Allerhöchsten Herrschaften wurden am Bahnhofe von Frhrn. Heyl zu Herrnsheim begrüßt. [...] Se. Königl. Hoheit der Großherzog war sehr überrascht über die große Anzahl der ausgestellten Gemälde und äußerte sich sehr anerkennend über das Arrangement der Ausstellung.[836]

1905 schenkte Cornelius Wilhelm Heyl dem Rosengarten in Worms das Hagendenkmal, das inzwischen an den Rhein verlegt wurde. Außerdem nahm er an der Jury in einem Wettbewerb zur Rosengartengestaltung teil, dessen Ergebnisse im Majorshof von Maximilian von Heyl ausgestellt wurden. Die Schirmherrschaft über den Wettbewerb hatte wiederum Ernst Ludwig. Mit dem Rosengarten verbunden waren die sogenannten Rosenfeste, die auf die Sagentradition der Stadt zurückbesinnen sollten. Auch hier fungierte der Großherzog als Patron.[837] Zu verschiedenen Anlässen nutzte Cornelius Wil-

833 Weyrauch, Bildhauer, 1990, S. 71; Diekamp, Nibelungen, 2004, S. 170.

834 Das erste Hessisch-Pfälzische Musikfest fand am 2. und 3. Juli 1893 statt. An der Organisation hatte Heyl von Beginn an großen Anteil.

835 StA Worms, Abt. 186, Nr. 492, Tagebuchnotizen, angefangen November 1899 bis 1906, S. 29, Pfingsten, 26. / 27. 05. 1901.

836 StA Worms, Abt. 186, Nr. 492, Tagebuchnotizen, angefangen November 1899 bis 1906, S. 47, mit Zeitungsausschnitt, 10.09.1902.

837 Vgl. Reuter, Rosenfest, in: Dipper (Hrsg.), Hessen, 1996, S. 333 f.

helm die Gelegenheit, den Großherzog in das Paulusmuseum in Worms zu führen oder ihm die Grabkapelle der Familie, die 1890 in Herrnsheim geweiht wurde, zu zeigen.[838]

Für Ordensauszeichnungen sollte die Tagung der 34ten Jahresversammlung der Deutschen Anthropologischen Gesellschaft eine wichtige Rolle spielen, die vom 10. bis 13. August 1903 in Worms stattfand und an der Ernst Ludwig ebenfalls teilnahm.[839] Auch hier trat Cornelius Wilhelm Heyl als Gastgeber auf und versäumte es nicht, repräsentative Aufgaben zu übernehmen. Im Heylshof empfing er die Ehrengäste der Konferenz und veranstaltete als Rahmenprogramm für ein ausgewähltes Publikum eine Ausgrabung auf dem Tafelackergelände, das zu seiner Fabrik gehörte.[840]

Laut Aufzeichnungen war der Großherzog von dieser Aktion derart begeistert, dass er einen Besuch der Ausgrabungsstätte in Worms als touristische Attraktion in das Programm des russischen Kaiserpaares aufnehmen ließ, die zur Hochzeit des Prinzen Andreas von Griechenland (1882–1944) mit Alice von Battenberg (1885–1869) nach Darmstadt gereist waren.[841] Zar Nikolaus II. war der Schwager Ernst Ludwigs: Im Familiennachlass der Heyls befindet sich noch ein Telegramm von dessen Schwester Alix von Hessen und bei Rhein aus dem Jahr 1894, das sie anlässlich ihrer Verlobung mit „Nicky" in Coburg an Cornelius Wilhelm und Sophie nach Worms geschickt hatte.[842]

Am 29. Oktober 1903 fuhren also Ernst Ludwig, Zar Nikolaus II. mit seiner Ehefrau, Prinz und Prinzessin Heinrich von Preußen, Prinzessin Victoria von Battenberg, Hofdame Prinzessin Maria Obolensky, Fräulein von Schwichow, Graf von Heyden-Cartlow und Oberstleutnant Freiherr von Riedesel in drei Automobilen zum Heylschen Tafelacker. Im Anschluss fand ein Frühstücksbüffet im Heylshof statt. Der überlieferten Tischordnung zufolge, die in einem Dossier zur „Jagd in Guntershausen" archiviert wurde, platzierte sich Cornelius Wilhelm selbst an der Mitte der Tafel.[843] Ihm gegenüber nahm Zar Nikolaus II. Platz, zu seiner Rechten saß Großherzog Ernst Ludwig, zu seiner Linken Prinz Heinrich von Preußen. Neben dem Hausherren speisten General von Mosolov und Baron Freedericksz aus der Entourage des Zaren.

Als Gegeneinladung folgte am 31. Oktober 1903 eine Jagd in der Dornberger Fasanerie des Großherzogs, an der Cornelius Wilhelm gemeinsam mit Zar Nikolaus II. teilnehmen durfte.[844] Nur zwei Tage später traf in Worms die telegrafische Mitteilung ein, die über die Verleihung des Stanislausordens an Cornelius Wilhelm Heyl durch den

---

838 StA Worms, Abt. 186, Nr. 492, Tagebuchnotizen, angefangen November 1899 bis 1906, S. 41, mit Zeitungsausschnitt, 19.03.1902.

839 Zum Anthropolgenkongress 1903 s. Kapitel 4.1.5 „Förderung von Bildung und Wissenschaft".

840 StA Worms, Abt. 186, Nr. 492, Tagebuchnotizen, angefangen November 1899 bis 1906, S. 67, 10. – 13.08.1903.

841 Alice von Battenberg war die Tochter von Prinz Ludwig Alexander von Battenberg (1854–1921) und Victoria von Hessen-Darmstadt (1863–1950).

842 StA Worms, Abt. 186, Nr. 546/8, Telegramm von Alix von Hessen und bei Rhein, 22.04.1894.

843 StA Worms, Abt. 186, Nr. 949, Jagd in Guntershausen, 03.11.1903.

844 StA Worms, Abt. 186, Nr. 492, Tagebuchnotizen, angefangen November 1899 bis 1906, S. 74–76, 29.10.1903 u. 31.10.1903.

Kaiser von Russland informierte. Gleichzeitig wurde Heyls ältester Sohn Cornelius Wilhelm Karl von König Georg I. von Griechenland mit dem Offizierskreuz des Erlöser-Ordens geehrt, da er bei der Hochzeit des Prinzen Andreas als Hofjunker gedient hatte.[845] Daraufhin lud Cornelius Wilhelm den Zaren Nikolaus II. gemeinsam mit Großherzog Ernst Ludwig und Prinz Heinrich von Preußen direkt am 3. November 1903 zur Jagd nach Gunterhausen ein – ein Ereignis, das auch in der Presse großen Nachhall fand. Das Heylsche Jagdschloss auf der Rheininsel Kühkopf war ein besonders malerischer Ort. Darüber hinaus konnte Heyl die Bühnenbildentwürfe des ersten Bayreuther Rings aus dem Jahr 1876 zeigen, die sich in seinem Besitz befanden.[846] Die Heyls versuchten ihre Loyalität zur russischen Zarenfamilie auch später zu beweisen: 1904 spendeten sie zugunsten verwundeter Krieger im japanisch-russischen Krieg.[847]

Weitere Ordensauszeichnungen belegen außerdem Kontakte zu anderen Landesfürsten. Für Cornelius Wilhelm Heyl war etwa seine gute Bekanntschaft mit König Wilhelm II. von Württemberg von großer Bedeutung. Von ihm erhielt er 1902 den Friedrichsorden mit Stern. Aus Heyls Memoiren geht hervor, dass auch hier die Jagd und sein „bescheidenes“ Gut für die positive Entwicklung entscheidend waren:

> Durch unseren Aufenthalt am Bodensee kamen wir nach Aufforderung der Prinzessin Mutter des Königs, die in Rorschach residierte, in Berührung mit den Majestäten von Württemberg, die uns auf unserem einfachen Besitz beehrten und später regelmäßig nach Friedrichshafen zur Tafel befohlen haben. Hieraus ergaben sich Jagdbesuche seiner Majestät des Königs Wilhelm auf mein Gut Guntershausen, wo S. M. mit Vorliebe die Rehjagd ausübte. Seine Majestät der König hatte die Gnade mich mehrfach auf diese Weise auszuzeichnen, und die Unterhaltung mit diesem edlen feingeistigen Herrscher zählen zu meinen wertvollsten Erinnerungen.[848]

Die Besuche Cornelius Wilhelms und Sophies in Friedrichshafen sind zahlreich belegt, für die Einladungen des Königs zur Jagd in Bebenhausen wurde sogar ein eigenes Konvolut im Familienarchiv angelegt.[849]

---

845 StA Worms, Abt. 186, Nr. 492, Tagebuchnotizen, angefangen November 1899 bis 1906, S. 76, 02.11.1903; GH RegBl. 1903, Beilage Nr. 28, S. 248.

846 StA Worms, Abt. 186, Nr. 492, Tagebuchnotizen, angefangen November 1899 bis 1906, S. 76, 03.11.1903, mit Zeitungsausschnitten; s. dazu auch: Hartung/Kraus, Zarenbesuch, 2004; Bauer, Josef Hoffmann, 2008 und Bauer, „Habent sua fata et imagines“, in: Wagner (Hrsg.), Bayreuther Festspiele, 2006.

847 StA Worms Abt. 186 Nr. 546, Dankschreiben an Cornelius Wilhelm und Sophie Heyl im Auftrag der Kaiserin Feodorowna für die Spende zugunsten verwundeter Krieger am 11./24.06.1904.

848 StA Worms, Abt. 170/26, Nr. 5, Cornelius Wilhelm von Heyl, Aus meinem Leben, Manuskript o. J., Transkript 1966, S. 33.

849 StA Worms, Abt. 186, Nr. 492, Tagebuchnotizen, angefangen November 1899 bis 1906, mit Zeitungsausschnitten, S. 46, 87 u. 95: 14. August 1902, Hoftafel, König und Königin von Württemberg, Friedrichshafen; 2. August 1904, Einladung bei württembergischen Majestäten, Friedrichhafen; 12. August 1905, Hoftafel, König und Königin von Württemberg, Friedrichshafen. StA Worms, Abt. 186, Nr. 556/28, Cornelius Wilhelm an Sophie Heyl über seinen Besuch in Schloss Bebenhausen, dem Jagdschloss von

Auch von Friedrich I, dem Großherzog von Baden wurde Cornelius Wilhelm 1902 ausgezeichnet. Aus der Hausdokumentation geht hervor, dass diese Anerkennung wohl im Kontext der Ausstellung der deutschen Landwirtschaftsgesellschaft in Mannheim zu sehen ist, zu der Cornelius Wilhelm als Ehrengast der Stadt geladen war. Allerdings fand das Galadiner, bei dem Heyl an der großherzoglichen Tafel Platz nehmen durfte, erst am 7. Juni 1902 statt, während die Ordensverleihung bereits im Mai eingetragen wurde. Jedenfalls beteiligte sich die Familie Heyl anlässlich der Landwirtschaftsausstellung mit ihrem eigenen Dampfschiff an der Dampferparade des Großherzogs von Baden und Cornelius Wilhelm fuhr zehn Tage später nach Karlsruhe, um sich für den Orden zu bedanken.[850]

Das Netzwerk der Heyls schloss darüber hinaus das preußische Königshaus und damit den deutschen Kaiser und dessen Familie ein. Nicht nur verkehrte Prinz Heinrich, der jüngere Bruder Kaiser Wilhelms II. regelmäßig im Hause Heyl und nahm an den großen Jagdveranstaltungen teil. Auch Begegnungen mit Kaiser Wilhelm I. und Auszeichnungen seinerseits hatte es bereits vor der Nobilitierung der Heyls gegeben.[851] Jedenfalls behauptet Cornelius Wilhelm, dass Sophie „dem alten Kaiser Wilhelm auf der Durchfahrt in Worms auf die Schlachfelder von Frankreich 1870 durch meine älteste Tochter Adrienne ein Blumenbouquet und einen Pokal mit Liebfrauenmilch“ überreichen lassen habe.[852] Das Eiserne Kreuz, das Sophie Heyl für ihre Leistungen als Leiterin eines Lazaretts für Verwundete des deutsch-französischen Krieges von Kaiser Wilhelm I. bekam, wurde bereits erwähnt. 1907 schließlich zeichnete sein Nachfolger Wilhelm II. Cornelius Wilhelm Heyl mit dem Königlich-Preußischen Kronen-Orden aus.

Obwohl Cornelius Wilhelm ein Anhänger Bismarcks war, schwärmte er für den jungen Kaiser Wilhelm II. Begegnungen ergaben sich im Rahmen seiner politischen Arbeit im Berliner Reichstag, aber auch zu Kultur- und Hofereignissen. Für ihre Hofbesuche in Berlin im Winter 1893/94 legte die Familie Heyl eine eigene Mappe an. Überliefert ist auch eine Einladung ins Königliche Schloss zu Berlin zu einer Galatafel im Januar und zu einem Ball im Februar 1896. Als Cornelius Wilhelm 1890 eine Einladung zum Tee bei der Kaiserin Friedrich wahrnahm, ergab sich auch eine Einladung zu einem Herrenabend beim Kaiser. An Sophie schrieb er, der Kaiser habe ihm die Hand gedrückt: „Er sah frisch und gut aus. Es war der Tag an dem Fürst Bismarck von Berlin geschieden war. [...] Unglaublich muskulös ist der Kaiser [...], ganz Muskelkraft.“[853] Ebenso, wenn auch noch banaler, fand Cornelius Wilhelm lobende Worte für die Kaiserin, die er 1894 bei der Einweihung des Reichstages traf: „Die Kaiserin war entzü-

Königs Wilhelm II. von Württemberg, 29.11.1910. StA Worms, Abt. 186, Nr. 1150, Einladungen des Königs von Württemberg zur Jagd in Bebenhausen 1906–1909.

850 StA Worms, Abt. 186, Nr. 492, Tagebuchnotizen, angefangen November 1899 bis 1906, S. 44, 17.05.1902, 07.06.1902, 17.06.1902.

851 StA Worms, Abt. 186, Nr. 555, Cornelius Wilhelm Heyl an Sophie Heyl, Berlin, 30.03.1890.

852 StA Worms, Abt. 170/26, Nr. 5, Cornelius Wilhelm von Heyl, Aus meinem Leben, Manuskript o. J., Transkript 1966, S. 32 f. Sophie erhielt 1871 das Eiserne Kreuz.

853 StA Worms, Abt. 186, Nr. 555, Cornelius Wilhelm Heyl an Sophie Heyl, Berlin, 30.03.1890.

ckend. Straßentoilette mit dem Band des schwarzen Adlers darüber.“[854] Für die Beziehungspflege mit dem Kaiserpaar waren – wie im Fall des hessischen Großherzogs – nicht allein politisches und soziales Engagement, sondern wiederum die Kulturförderung von Nutzen. Dabei erwies sich der von Wilhelm von Bode ins Leben gerufene Kaiser-Friedrich-Museums-Verein als hilfreich, in dem Heyl 1896 Gründungsmitglied wurde, wie im vierten Kapitel ausgeführt wird.[855]

Neben den hier aufgeschlüsselten Anerkennungsbekundungen seitens der Großherzogtümer Hessen-Darmstadt und Baden, der Königreiche Bayern, Württemberg und Preußen sowie des Zaren von Russland und des Königs von Griechenland, gab es auch Kontakte zu Fürsten anderer Herzogtümer und Grafschaften, die jedoch weniger gut dokumentiert sind. Die Hausdokumentation verzeichnet beispielsweise Besuche des Großherzogs Wilhelm Ernst von Sachsen-Weimar Eisenach, der 1900 gemeinsam mit seiner Ehefrau und dem Grafen Seckendorff an der jährlich in Herrnsheim stattfindenden Pfingstfahrt des Dampfers Heyl teilnahm und außerdem 1901 den großen Hausball im Heylshof besuchte, zu dem insgesamt 143 Gäste geladen waren.[856]

Notiert sind zudem Einladungen beim Fürsten zu Erbach-Schönberg, der auch Gast bei Heyls Jagdveranstaltungen war.[857] Neben den bereits genannten Fürsten, zählten unter anderen zu den Jagdgästen: Fürst Lich, Prinz Hohenlohe-Oehringen, Erbgraf zu Ysenburg-Erbach, Graf Dönhoff, Graf Oriola, Graf Grätz, Leutnant Graf von Brühl, Oberst Freiherr von Senarclens-Grancy, Baron Holzhausen, Leutnant von Plötz, Graf von Bismarck-Osten, Generalleutnant von Witzendorff, General von Becker, General von Lindequist, Hofjägermeister Freiherr van der Hoop, Freiherr von Riedesel und Freiherr von Riedesel Stockhausen, Freiherr von Stumm, der englische Gesandte Buchanan sowie Honoratioren, wie etwa die Bürgermeister von Herrnsheim und Osthofen. Auch Stadt- und Schulräte sowie Künstler, wie etwa der Münchner Malerfürst Friedrich August von Kaulbach, gehörten zu den geladenen Jagdgästen.[858]

Der Adel und insbesondere der Hochadel übten eine enorme Anziehungskraft auf die Heyls aus. Um Interaktionen mit diesen Kreisen herbeizuführen, waren sie bereit, große Summen große Summen einerseits in die Jagdvergnügen und andererseits in karitative und kulturfördernde Projekte zu investieren sowie andere repräsentative Maßnahmen zu ergreifen. Die Aufzeichnungen in der Hausdokumentation, die überlieferten Zeitungsartikel und Briefe vermitteln ein umfassendes Bild von der Meisterschaft, die die Familie in ihrer Netzwerkpflege und in der Werbung um die Gunst der adligen Eliten entfaltete.

---

854 StA Worms, Abt. 186, Nr. 557, Cornelius Wilhelm Heyl an Sophie Heyl, 06.12.1894.

855 Vgl. Kuhrau, Kunstsammler, 2005, S. 131.

856 StA Worms, Abt. 186, Nr. 492, Tagebuchnotizen, angefangen November 1899 bis 1906.

857 StA Worms, Abt. 186, Nr. 492, Tagebuchnotizen, angefangen November 1899 bis 1906, S. 16, 03.06.1900; S. 23, 10.01.1901; S. 84, 31.05.1904.

858 StA Worms, Abt. 186, Nr. 1165/3, Friedrich August von Kaulbach an Cornelius Wilhelm Heyl, 03.07.1886.

3.4.2 Familienmemoria – Die Familienruhestätte Gottliebenkapelle 1890/92

Sophie und Cornelius Wilhelm Heyl legten höchsten Wert auf eine wirkmächtige Familienmemoria, wie im Hinblick auf Denkmalschutzprojekte, Geschichtspflege und Heraldik gezeigt wurde.[859] Stets wollte das Ehepaar bleibende, über Generationen bestehende Zeichen setzen, die ihre Familie in die kulturelle Topografie und Erinnerungskultur des Kaiserreichs einschreiben sollten. Ein weiteres und besonders eindrückliches Beispiel für diese Strategie war die Errichtung der Gottliebenkapelle als Grablege für die Familie in den Jahren 1890 bis 1892 (Abb. 22a-b). Die neoromanische Anlage des Architekten Gabriel Seidl wurde am Ortseingang zu Herrnsheim auf familieneigenem Grund erbaut und war damit an das Schloss angebunden. Mit einer repräsentativen Familiengrablege schufen die Heyls einen als adelsspezifisch wahrgenommenen Erinnerungsort und griffen den dynastischen Familienbegriff auf, der eine „symbolgeladene Nähe zu den Ahnen“ beinhaltete.[860] Familiengräber gehörten, wie die über Generationen weitergegebenen Schlösser, Burgen, Familienarchive, Stammbäume und Wappen, zu den wesentlichen Attributen des adligen Habitus. Ihr neues Prestigeobjekt machten die nobilitierten Unternehmer mit einer professionell angelegten Werbekampagne für die neu gegründete Dynastie der Freiherren von Heyl zu Herrnsheim publik.

Abb. 22a-b: Gottliebenkapelle in Herrnsheim, 2017.

859 Auf den Zusammenhang zwischen Mäzenatentum und Memoria verweist Borgolte, Einleitung, in: Borgolte (Hrsg.): Stiftungen, 2005, S. 12.
860 Malinowski, König, 2010, S. 51.

Mit der Grabkapelle knüpften die Heyls an christliche Traditionen des Mittelalters an, als große Adels- und Fürstenhäuser ihren üblichen Bestattungsort im Kirchenraum in Altarnähe aufgaben und stattdessen eigene Seitenkapellen zur Grablege bevorzugten.[861] Im 16. Jahrhundert begann der Hochadel, diese Kapellen von der Kirche zu lösen und damit eine Privatisierung der Familiengrablegen vorzunehmen, was auch die Errichtung von Schlosskapellen forcierte. Dies entsprach dem Bedürfnis, die Toten einer Familie an einem gemeinsamen Ort zu vereinen. Die Grabkapelle wurde zu einem Raum, der den Toten als immerwährende Ruhestätte diente und machte die Praxis der Umbettungen in Beinhäuser obsolet. Der unterirdische Bereich der Kapellen fungierte als Grablege für die Toten, während sich im darüber liegenden Kapellenraum die lebenden Familienmitglieder versammeln konnten. Neben katholischen Bauten ließen auch protestantische Familien Gruftkapellen errichten. Der exklusive Charakter der Kapellen brachte den Grabstätten und der damit verbundenen Memoria öffentliches Ansehen und erhöhte die Reputation der Familien. So geht die Forschung zur Sepulkralarchitektur davon aus, dass die Errichtung von Grabkapellen der standesgemäßen Repräsentation diente und darüber hinaus häufig den gesellschaftlichen Aufstieg der Bauherren zum Ausdruck brachte.[862]

Nachdem im 18. Jahrhundert insbesondere Mausoleen im Stil antiker Tempel entstanden, wurde Anfang des 19. Jahrhunderts die mittelalterliche Bauform der Grabkapelle wieder modern, wobei sich diese gut in die Parkanlagen der Familienanwesen einfügen ließ.[863] So bauten die Grafen Reden 1818 eine neogotische Kapellenruine über ihrer Familiengruft auf ihrem Schlossanwesen in Buchwald. Einen romanisierenden Gruftbau errichteten die Freiherren von Bethmann-Hollweck 1849 auf dem Burghügel von Schloss Rheineck.[864] Hervorzuheben ist außerdem die um 1860 erbaute neogotische Grabkapelle der Familie von Laffert auf einem Turmhügel in Lehsen, Kreis Ludwigslust.[865]

Auch die Familie Heyl griff im Fall ihrer Grabkapelle eine zeitgenössische Mode auf und passte sie an die eigenen Bedürfnisse an. Im Kaiserreich erlebte der Mausoleumsbau insgesamt eine Konjunktur, wobei bei Adel und Großbürgertum seit den 1880er Jahren ein Trend zu Grabkapellen im neoromanischen Stil nach Vorbild der mittelalterlichen Kaiserdome von Worms und Speyer festzustellen ist.[866] 1888 stellte Cornelius Wilhelm von Heyl den Bauantrag für die Gottliebenkapelle in Herrnsheim, die als Familiengrabstätte dienen sollte.[867] Als Architekten beauftragte er Gabriel Seidl aus München, der bereits erfolgreich für die Familie Heyl und deren Umkreis tätig ge-

861 Vgl. hier und im Folgenden: Ariès, Geschichte, 1980, S. 369, 373 u. 375.
862 Pinnau, Gruft, 1992, S. 9, 14 u. 15.
863 Kretschmer, Häuser, 2012, S. 36.
864 Pinnau, Gruft, 1992, S. 45 u. 47.
865 Kretschmer, Häuser der Ewigkeit, 2012, S. 41 f.
866 Pinnau, Gruft, 1992, S. 54.
867 StA Worms, Abt. 40, Gemeindearchiv Herrnsheim, Privatbauwesen, Nr. 390, Bauantrag Frhr. v. Heyl, Familiengrabstätte Gottliebenkapelle 1888.

wesen war. 1883 hatte er im Auftrag des Lederfabrikanten den Umbau des Archivgewölbes in Worms vorgenommen (s. Kapitel 3.3.6) und zum Zeitpunkt des Mausoleumsauftrags arbeitete er an einer Stadtvilla für Maximilian Heyl in Darmstadt.[868] Gleichzeitig verwirklichte er in den Jahren 1887 bis 1891 die Stadtvilla des Künstlers Franz von Lenbach[869] in München, mit dem Cornelius Wilhelm nach eigener Angabe „ständige Beziehungen" pflegte, sowie einen Hausbau für Otto Hupp in Schleißheim.[870]

Die Planungen für die Heylsche Anlage sahen vor, dass die Familiengrablege mit einem Kirchenbau für die Herrnsheimer evangelische Gemeinde verbunden werden sollte. Seidl fasste die Kapelle und die in einen vierflügeligen Kreuzgang integrierte Grabanlage zu einer asymmetrischen Baugruppe zusammen,[871] die den Anschein eines kleinen mittelalterlichen Klosters erweckte. Cornelius Wilhelm Heyl erläuterte das Vorhaben in seinen Erinnerungen folgendermaßen:

> Gabriel Seidl errichtete die Gottliebenkapelle mit angrenzendem Kreuzgang in [...] romanischem Styl, und Otto Hupp malte die Kapelle und die Decken des Kreuzganges aus. Der Kreuzgang, d. h. die Gewölbe sollten für die Beisetzungen dienen und die Kapelle der kleinen Gemeinde Herrnsheim dienen. Dadurch wurde erreicht, dass ein versöhnendes Element in die Trauer der Heimgegangenen durch die dauernde Benutzung für die Gemeinde herbeigeführt wurde. Meine liebe Frau war das erste Mitglied der Familie, das die letzte Ruhestätte dort fand.[872]

Für Cornelius Wilhelm Heyl brachte der Bau einer Grabkapelle auf seinem privaten Grund mehrere Vorteile. Erstens war die Friedhofssituation in Worms wenig attraktiv und bot keinen repräsentativen Platz für eine Familiengrabanlage.[873] Zweitens konnte der Bauherr sein Mausoleum auf Privatgrund individuell gestalten lassen und musste sich nicht an vereinheitlichende Standards und Reglements des öffentlichen Friedhofs halten.[874] Das seit Anfang des 19. Jahrhunderts geltende Verbot von Kirchenbestattungen löste Seidl, indem er die Gruft in den angeschlossenen Kreuzgang integrierte.[875]

868 Grünewald, Maximilian (von) Heyl, Hinkel (Hrsg.), Friedrich Schneider 2008, S. 150. Zu Gabriel (von) Seidl s. Muthesius, Zimmer, in: Journal of Design History. 16 (2003), S. 276–278.

869 Der in Oberbayern geborene Franz (von) Lenbach (1836–1904) war vor allem als Porträtist tätig und wurde 1882 geadelt. Vgl. Jooss, Bauernsohn, in: Plurale. Zeitschrift für Denkversionen 5 (2005), S. 204.

870 StA Worms, Abt. 170/26, Nr. 5, Cornelius Wilhelm von Heyl, Aus meinem Leben, Manuskript o. J., Transkript 1966, S. 32.

871 Pinnau, Gruft, 1992, S. 55. Laut Pinnau können folgende Vergleiche herangezogen werden: die ebenfalls in den 1890er Jahren entstandene Grablege des Fürsten Guido von Henckel-Donnersmarck mit evangelischer Kirche und Familienmausoleum bei seinem Schloss Neudeck/Tarnowitz und das Fürstlich Bismarcksche Familienmausoleen (1896–1901) in Schönhausen und Friedrichsruh. Vgl. Pinnau, Gruft, 1992, S. 56 u. 57.

872 StA Worms, Abt. 170/26, Nr. 5, Cornelius Wilhelm von Heyl, Aus meinem Leben, Manuskript o. J., Transkript 1966, S. 29.

873 Werner/Bönnen, Gabriel Seidl, in: Werner/Bönnen (Hrsg.), Industriellenfamilie, 2010, S. 404.

874 Kretschmer, Häuser, 2012, S. 49.

875 Zum Verbot der Kirchenbestattung vgl. Kretschmer, Häuser, 2012, S. 36.

Drittens konnte die Unternehmerfamilie Heyl als nobilitierte Freiherren von Heyl zu Herrnsheim die Grabkapelle als ein wirkmächtiges Symbol nutzen, um sich als Nachfolger des Adelsgeschlechts der Kämmerer von Worms, genannt von Dalberg, zu inszenieren.[876] Mit der Memorialstiftung für die gesamte Familie manifestierten sie ihren anachronistischen Herrschaftsanspruch über den Ort, der auch Bestandteil ihres Namens geworden war. Neben ihrem Schloss- und Grundbesitz gründete dieser Anspruch nun auch auf einer übergenerational angelegten Familiengrablege, was die Langfristigkeit ihrer Bestrebungen unterstrich. Darüber hinaus sicherten sie im Sinne ihres Herrschaftsverständnisses durch den Bau einer Kapelle die seelsorgerische Betreuung der evangelischen Gemeinde in Herrnsheim, die ihre Gottesdienste bisher in der ursprünglich katholischen Herrnsheimer Schlosskapelle gehalten hatte. Viertens war die Grabkapelle mit Innenhof und Kreuzgang auf freiem Feld ein weiteres ungewöhnliches Bauprojekt und einzigartig in der Region. Der Familie bot sie ein zusätzliches Mittel zur Distinktion vom Bürgertum bei gleichzeitiger Adelsrepräsentation. Im Gegensatz dazu verfügte die konkurrierende Lederfabrikantenfamilie Doerr-Reinhart lediglich über eine Gruft auf dem 1840 eingerichteten Friedhof außerhalb der Wormser Innenstadt.[877]

Mit der Wahl Gabriel Seidls als ausführenden Architekten gewannen Cornelius Wilhelm und Sophie einen angesehenen Künstler, der in entsprechenden Fachorganen für seine „Geschichtlichkeit" gelobt wurde.[878] Die Tatsache, dass Seidl dem katholischen Glauben angehörte, spielte für die evangelischen Auftraggeber offensichtlich keine Rolle. Damit steht ihr Bauprojekt beispielhaft für die zunehmende Professionalisierung im evangelischen Kirchenbau um die Jahrhundertwende. Dazu gehörte auch, die Entscheidung für die Architekten nicht von ihrer Konfession abhängig zu machen, sondern von ihren Konzepten und der Qualität ihrer Entwürfe.[879] Für die Heyls ging Seidl nicht von bayerischen Vorbildern aus, sondern lehnte seinen Entwurf an den spätromanischen Stil des Rheinlandes an. Man erkennt es an der Wahl der Kleeblattform für die Ostseitenfenster oder an den Kelchknospenkapitellen, die er wohl direkt von Wormser Kirchen übernahm. Recht eindeutig kopierte er den Kirchturm der romanischen St. Clemenskapelle in Trechtingshausen am Rhein. Dieser Ort lag unweit von Bacharach, dem Herkunftsort von Cornelius Wilhelm Heyls Vorfahren. Ob die Idee, diesen Kirchturm zu adaptieren, von Seidl stammte oder es sich um einen ausgesprochenen Wunsch der Familie handelte, ist nicht zu rekonstruieren.[880]

---

876 Ferdinand Werner und Gerold Bönnen, die die Grabkapelle erstmals umfangreicher untersuchten, heben diesen Effekt besonders hervor. Sie sehen in der Heylschen Kapelle eine „neuromanische Antwort" auf die Gruft der Dalbergs in der spätgotischen katholischen Pfarrkirche Herrnsheims. Vgl. Werner/Bönnen, Gabriel Seidl, in: Werner/Bönnen (Hrsg.), Industriellenfamilie, 2010, S. 403.

877 Werner/Bönnen, Gabriel Seidl, in: Werner/Bönnen (Hrsg.), Industriellenfamilie, 2010, S. 411.

878 Muthesius, Zimmer, 2003, S. 276.

879 Zur Auflösung der konfessionellen Identität von Auftraggeber und Auftragnehmer im evangelischen Kirchenbau vgl. Franzen, Gottesdienststätten, 2004, S. 127.

880 Werner/Bönnen, Gabriel Seidl, in: Werner/Bönnen (Hrsg.), Industriellenfamilie, 2010, S. 405.

Das Kapelleninnere gestaltete Seidl als einschiffige, tonnengewölbte Halle mit Altarraum, Herrschaftsloge und Sakristei. Die Orgel erhielt eine von außen zugängliche Empore. Für die Ausmalung der Kapelle und des Kreuzgangs beauftragten die Heyls Otto Hupp, der bereits ihr Familienwappen gestaltet hatte. Die beiden Künstler arbeiteten gern zusammen.[881] Anders als Seidl wählte Hupp für seine Fresken nicht die romanische Formensprache als Vorbild, sondern griff auf die Grafik und Ornamentik der Übergangszeit von der Spätgotik zur deutschen Renaissance zurück.[882] Er überzog die durchgängig Wände mit Rankenmalereien, in die er christliche Symbole integrierte. Ein Leitbild hierfür könnte das 1488 entstandene Wurzel-Jesse-Relief aus dem Wormser Dom gewesen sein.[883] Den Kreuzgang malte Hupp mit Feld- und Gartenblumen (Abb. 23) aus und schuf damit einen „Gegensatz zu der akademisch-historischen Kühle des neuromanischen Bauwerks."[884] Ein ähnliches Bildprogramm setzte er später auch in der 1910 für Hugo Rudolf von Stumm in Ramholz entstandenen Gruftkapelle um, die ebenfalls von Gabriel Seidl – diesmal im Jugendstil – erbaut wurde.

Abb. 23: Gottliebenkapelle Herrnsheim, Kreuzgang mit Bemalung von Otto Hupp, 2017.

881 Mannsbart, Einführung, in: Mannsbart (Hrsg.), Nachlass Otto Hupp, 2001, S. VI.
882 Böcher, Heraldiker, in: Wormsgau 16 (1992/1995), S. 157.
883 Werner/Bönnen, Gabriel Seidl, in: Werner/Bönnen (Hrsg.), Industriellenfamilie, 2010, S. 409.
884 Böcher, Heraldiker, in: Der Wormsgau 16 (1992), S. 131.

Für die Gestaltung der bemalten Kapellenfenster wählten die Bauherren eine Kombination aus historischen Scheiben aus dem 14. Jahrhundert und speziell für den Neubau angefertigten Arbeiten. Bei den mittelalterlichen Glasmalereien handelte es sich um zwei Fragmente aus der Verglasung der Zisterzienserklosterkirche Hauterive im Kanton Fribourg und eine Rundscheibe unbekannten Ursprungs, die ebenfalls aus einer gotischen Maßwerkverglasung stammte.[885]

Otto Hupp lieferte den Entwurf für die Glasmalerei des ersten Fensters neben dem Eingangsportal der Kapelle. Es handelte sich um die Darstellung des Heiligen Michael als Drachentöter, flankiert von den Wappen der beiden Familien Heyl zu Herrnsheim und Stein. Die Inschrift ‚Juni 1867 / Juni 1892‘ erinnerte an die Silberne Hochzeit des Stifterpaares. Seit den 1890er Jahren bis zum Ende des Ersten Weltkriegs war das Motiv des Erzengels Michael überkonfessionell populär und avancierte zum Symbol des Deutschen Reiches, das sich gegenüber jeglichen Feinden wehrhaft bewähren sollte.[886] In Hupps Version erscheint der Patron, wie bei den meisten zeitgenössischen Darstellungen, kriegerisch in voller Rüstung. 1895 versah Otto Hupp den Umschlag eines Münchner Kalenders mit einer ähnlichen Michaelsfigur, die er mit den Worten: „Du deutscher Geist, St. Michael, hilf Du den Wurm zertreten“ umrahmte und damit die nationale Bedeutung des Heiligen unterstrich.[887] In beiden Versionen versah Hupp die Drachengestalt mit einem Hahnenkamm und verwies damit auf den ‚Erzfeind‘ Frankreich.[888] Die Verknüpfung der Heyl- und Stein-Wappen mit der Nationalfigur des Erzengels Michael demonstrierte die Loyalität der Familie mit dem Deutschen Reich. Attraktiv war das gewählte Motiv auch aufgrund der Parallelen zwischen dem Hl. Michael und dem Helden Siegfried aus der Nibelungensage, den die Heyls mehr und mehr für sich vereinnahmten. Das Drachenmotiv, das auch für die Wappendarstellung der Heyls von zentraler Bedeutung war, verwandte Seidl außerdem bei der Gestaltung

---

885 Gast, Glasmalereien, 2011, S. 169. Bevor die Fensterfragmente in den Besitz der Familie Heyl kamen, gehörten sie zu der bedeutenden Privatsammlung von Nicolas Vincent in Konstanz, die der Kaufmann zu Beginn des 19. Jahrhunderts angelegt hatte. 1891 wurde der gesamte Bestand Vincent im Auktionshaus J. M. Heberle (H. Lempertz' Söhne) versteigert. Es handelte sich um eine Sammlung von 531 Glasgemälden, von denen 438 schweizerischen Ursprungs waren. Vgl. Schnütgen, Glasgemälde, in: Zeitschrift für christliche Kunst 6 (1891), Sp. 169. Cornelius Wilhelm Heyl erwarb die Scheiben letztlich bei den Kölner Kunsthändlern Frères Bourgeois. StA Worms, Abt. 186, Nr. 117–160, Dr. H. Angst an Cornelius Wilhelm von Heyl, Zürich, 04.05.1904: Heinrich Angst, Direktor des schweizerischen Landesmuseums, verweist in einem Brief auf die Erwerbung. Das Ehepaar Heyl hatte bei Frères Bourgeois bereits zahlreiche Käufe für ihre Kunstsammlung getätigt, die sie seit Ende der 1860er Jahre anlegten und auf deren Genese und Zusammensetzung in Kapitel 4 ausführlich eingegangen wird. Im Familienarchiv sind 23 Briefe und Telegramme der Bourgeois im Zeitraum von 1886 bis 1903 überliefert, StA Worms, Abt. 186, Nr. 937, 1165, 1174, 1202, 1416, Korrespondenz betr. Kunst

886 Galle, Erzengel, 2016, S. 129 u. 168 f.

887 Münchener Kalender für 1895, München und Regensburg (Nationale Verlagsanstalt) 1895, in: Galle, Erzengel, 2016., S 227, Abb. 39.

888 Galle, Erzengel, 2016, S. 146.

der Sakristei, die er mit einem drachenförmigen Türgriff versah.[889] Für den Chor der Kapelle wählten die Bauherren ein Fenster mit einer Kreuzigungsszene aus der Münchner Werkstatt des historistischen Künstlers Karl de Bouché (1845–1920).[890]

Festzuhalten ist, dass der Architekt sein historistisches Ensemble als einen authentisch-historischen Ort zu inszenieren versuchte. Dazu gehörten neben einem Ziehbrunnen im Innenhof (Abb. 22b) auch Elemente der Volksfrömmigkeit, wie etwa ein auf freiem Feld aufgestelltes eisernes Wegekreuz und ein Heiligenstock neben dem Eingangsportal.[891] Mit diesem Arrangement schuf Seidl eine pittoreske Vergangenheitskonstruktion, die der heutige Betrachter kaum mit einem protestantischen Bauherrn vereinbaren kann. Mit der evangelischen, pietistischen Sozialisation Cornelius Wilhelm Heyls in der Herrnhuter Brüderunität hatten diese ursprünglich katholischen Kleindenkmale im Umkreis der Grabkapelle nichts gemein.[892] Immerhin bezog sich Heyl mit der Namensgebung der Gottliebenkapelle auf die evangelische Konfession seiner Familie.[893] In Anlehnung an den Römerbrief 8, 28 – „Wir wissen aber, dass denen die Gott lieben, alle Dinge zum besten dienen" – verwies er auf die Reformation, da insbesondere Martin Luther seine Lehre und Bibelinterpretation auf Paulus' Schrift an die Römer stützte.[894]

Mit dem gewählten Baustil der Neoromanik, der sich stark an die spätromanische Stauferzeit anlehnte, griffen die Heyls gemeinsam mit ihrem Architekten unterschiedliche kulturhistorisch relevante Aspekte – im Sinne ihrer Familienmemoria und Prestigepolitik – auf, bedienten aber auch zeitgenössische Muster und Richtlinien. Relevant waren beispielsweise die Empfehlungen der Eisenacher Kirchenkonferenz, die als das sogenannte *Regulativ für den evangelischen Kirchenbau* ab 1861 im Deutschen Bund Anwendung fanden und neben dem „germanischen (gothischen) Styl" auch die Imitation der „altchristlichen Basilika und der sogenannten romanischen (vorgothischen) Bauart" nahelegten.[895] Erwiesenermaßen war die Neoromanik die beliebteste Alternative zu neogotischen Entwürfen und verbreitete sich, obwohl sie eher im katholischen Kirchenbau zur Anwendung kam, auch unter Protestanten.[896] Erscheint die Wahl des neoromanischen Stils für die Grabkapelle einer protestantischen Unternehmerfamilie also zunächst abwegig, lag dies zumindest nicht außerhalb des kirchenbaulichen Rahmens der evangelischen Kirche.

889 Reuter, Gottlieben-Kapelle, in: Wormser Monatsspiegel 12 (1973), S. 7.

890 Gast, Glasmalereien, 2011, S. 169.

891 Werner/Bönnen, Gabriel Seidl, in: Werner/Bönnen (Hrsg.), Industriellenfamilie, 2010, S. 407.

892 Der Herrnhuter Gottesacker, zwischen 1730 und 1731 angelegt, war vollkommen schlicht und von einheitlich gestalteten Grabplatten geprägt. Auf dem reformierten Friedhof sollten keinerlei Standesunterschiede zum Ausdruck gebracht werden. Kretschmer, Häuser, 2012, S. 28 f.

893 Reuter, Gottlieben-Kapelle, in: Wormser Monatsspiegel 12 (1973), S. 7.

894 Schreiber, Römerbrief, in: Schreiber/Ebner (Hrsg.), Einleitung, 2008, S. 277–302.

895 Franzen, Gottesdienststätten, 2004, S. 62.

896 Franzen, Gottesdienststätten, 2004, S. 157.

In Worms selbst erfuhr die Spätromanik der Staufer in der historistischen Architektur der Zeit zwischen 1885 und 1897, als Karl Hofmann die Position des Stadtbaumeisters innehatte, einen Höhepunkt. Er rekurrierte mit seinen neoromanischen Bauten, etwa dem 1889 erbauten Festspielhaus, auf die mittelalterliche Hochphase der Stadt und erinnerte an Worms als Schauplatz des Nibelungenliedes, das um 1200 entstanden war. Bei der Einweihung des Festspielhauses hatte Kaiser Wilhelm II. ebenfalls die Bedeutung der Stadt Worms im Nibelungenlied ins Gedächtnis gerufen.[897] Cornelius Wilhelm und Sophie Heyl hatten sich bereits mit dem Epos als Teil der Stadtgeschichte auseinandergesetzt und sich die Heldensage durch die Gestaltung ihres Familienwappens im Jahr der Nobilitierung 1886 zu eigen gemacht. Dazu gehörte auch die Inszenierung des Paulusmuseums als Nibelungenhort im Jahr 1882. Eine andere Methode der Aneignung hatten sie im selben Jahr für sich entdeckt, als sie eine Szene des Nibelungenepos im Rahmen einer Benefizveranstaltung auf ihrem Anwesen als Tableau Vivant inszenierten. Ab 1891 folgten ausführliche Planungen zur Stiftung eines Siegfriedbrunnens an die Stadt Worms, der schließlich 1913 durch Adolf Hildebrand (1847–1921) ausgeführt, aber erst 1921 aufgestellt wurde.[898] Großen Anteil hatte die Familie Heyl auch an einem Buchprojekt der deutschen Reichsdruckerei für die Pariser Weltausstellung 1900. Sie unterstützte die Produktion einer sehr kleinen Auflage durch die Abnahme zweier Exemplare einer Monumentalausgabe des Nibelungenliedes durch den Jugendstilillustrator Joseph Sattler (1867–1931). Ein Exemplar stiftete Cornelius Wilhelm Heyl an die Stadt Worms und unterstrich mit dem Widmungstext seine Profilierungsabsicht: „Der Nibelungen Stadt – Das Nibelungenbuch“.[899]

Die Grabkapelle der Heyls war ein zentraler Bestandteil der Heylschen Prestigepolitik. Ihr Bau diente in besonderer Weise dazu, die Zugehörigkeit zum deutschen Adel zu demonstrieren und langfristig auszubauen. Dies belegt ein aufwändig gestaltetes Fotoalbum, das Cornelius Wilhelm und Sophie Heyl 1893 an einen ausgewählten Personenkreis aus ihrem engeren und weiteren Umfeld versandten.[900] Es enthielt vierzehn Bildtafeln mit Ansichten sowie Detailaufnahmen der Kapelle. Der Versand des Albums ist im Familienarchiv durch eine eigene Rubrik mit dem Titel „Dankschreiben für Übersendung des Gottlieben-Kapelle-Albums“ dokumentiert.[901] Franz von Lenbach dankte in seinem Antwortschreiben in seiner enthusiastischen Art: „Das herrliche Album habe ich soeben erhalten u. macht mir die größte Freude. [...] Hoch lebe das ganze Haus Heyl!“[902] Doch besonders kostbar erschien den Heyls der Brief des Grafen Seckendorff, Oberhofmeister der Kaiserin Friedrich, in dem er im Auftrag der Kaiserin

897 Bender, Rezeption, in: Hörner/Wisniewski (Hrsg.), Begegnung, 2008, S. 276.

898 Bauer, Worms, in: Bönnen/Werner (Hrsg.), Industriellenfamilie, 2010, S. 371–396.

899 Diekamp, Familie, in: Bönnen/Werner (Hrsg.), Industriellenfamilie, 2010, S. 458f; von See, Nibelungenlied, in: Heinzle et al. (Hrsg.), Nibelungen, 2003, S. 330.

900 StA Worms, Abt. 202, Kleine Nachlässe / Einzelstücke, Fotoalbum der Gottlieben-Kapelle 1893.

901 StA Worms, Abt. 186, Nr. 1165.

902 StA Worms, Abt. 186, Nr. 1165, Franz von Lenbach an Cornelius Wilhelm Heyl, 23.10.1893.

ihren Dank an Cornelius Wilhelm von Heyl übermittelte: „Ihre Majestät haben dieselben huldvoll in Augenschein zu nehmen und mich zu beauftragen geruht, Euer Hochwohlgeboren für deren freundlichen Einsendung in Allerhöchst Ihrem Namen vielmals zu danken."[903]

Nachdem Sophie Heyl am 23. Oktober 1915 in Bad-Ems verstorben war, fand mit ihrem Begräbnis drei Tage später die erste Beisetzung in der Gottliebenkapelle statt. Cornelius Wilhelm beauftragte Otto Hupp mit der Gestaltung des Grabsteins für seine Ehefrau.[904] In der Wormser Zeitung erschien dazu ein ausführlicher Bericht, der nicht nur die Verstorbene würdigte, sondern auch auf das gesamte Ereignis, das Schloss und die Gottliebenkapelle einging. Dabei spielte auch der gesellschaftliche Status der Familie und ihre Zugehörigkeit zum Adel eine wesentliche Rolle:

> Tausende von Wormser Bürgern zogen hinaus nach Herrnsheim, um der verewigten Schloßherrin das letzte Geleit zu geben. [...] Ihre Exz. Freifrau Heyl zu Herrnsheim ward hinausgetragen aus ihrem Heim, das sie so sehr liebte – vorbei an dem Bilde, das sie in strahlender Jugendschöne zeigt und dessen gütig strahlende Augen noch den fernsten Urenkel an die adlige Ritterlichkeit ihres Hauses [...] gemahnen werden – [...] nach dem Mausoleum in der anmutigen Gottlieben-Kapelle auf der Höhe. Wo die liebliche Bergkirche steht, die Meister Gabriel von Seidl mit tiefem Blick für die Reize der Landschaft geschaffen hat. Weit überblickt man hier den Wonnegau. Ein gesegnetes Stück Erde [...] hier befindet sich das Mausoleum der Freiherrlichen Familie Heyl zu Herrnsheim.[905]

3.4.3 Heiratspolitik – Beste Partien für die Kinder

Sophie und Cornelius Wilhelm Heyl legten die Verheiratung ihrer Kinder strategisch an. Das Ziel ihrer über mehrere Jahre verfolgten Heiratspolitik war die Verfestigung ihrer Stellung im Adel des Kaiserreichs. Eine bewusste Verheiratung der Kinder war zwar auch für das Verhalten des Großbürgertums typisch,[906] für nobilitierte Familien wie die Heyls ging es bei einer Eheschließung indes darum, eine unauflösliche Verbindung mit anderen adligen Familien einzugehen.[907] Besonders attraktiv erschienen den Heyls dabei Hochzeiten in altadlige Geschlechter, die als die höchste Adelskategorie galten. Insofern handelte es sich aus der Perspektive des alten Adels um nichtrangglei-

903 StA Worms, Abt. 186, Nr. 1165, Graf Seckendorff an Cornelius Wilhelm Heyl, 04.11.1893.

904 BayHStA, NL Hupp, Nr. 1297, Grabplatten für die Familie Heyl zu Herrnsheim: Grabsteine für Sophie von Heyl 1915, Cornelius Wilhelm von Heyl 1923, Karl Maximilian von Heyl 1925, zwei schwarzweiße Tuschezeichnungen, fünf kolorierte Tuschezeichnungen; BayHStA, NL Hupp, Nr. 1299, Grabmal für die Familie Heyl, eine farbige Tuschzeichnung, o. J.

905 Anonym, Beisetzung Ihrer Exzellenz Freifrau Heyl zu Herrnsheim, in: Wormser Zeitung, 27.10.1915, o. S.

906 Schon im Ancien Régime etablierte sich die Praxis wohlhabender und politisch bedeutender bürgerlicher Familien, ihren Reichtum und Einfluss durch Einheiraten in Adelsfamilien zu mehren. Vgl. Reif, Adel, 1999, S. 37.

907 Die Familie Oppenheim verfolgte eine identische Heiratspolitik.

che Verbindungen, für die Unternehmerfamilie boten sie dagegen die Möglichkeit eines weiteren Aufstiegs in der Aristokratie und gleichzeitig eine zusätzliche Abgrenzung zum Bürgertum.

Grundlegend für die Heiratspolitik der Heyls war der adlige Familienbegriff, den sie sich seit ihrer Nobilitierung zu eigen machten (Tab. 8).[908] Familie verstanden sie als eine übergenerationale Gemeinschaft, in der sich die Bedeutung des Einzelnen nur aus seiner Position innerhalb der Ahnenreihe ableitet. Die Kinder der Heyls hatten daher nur wenig Einfluss auf die Wahl ihrer Ehepartner. Es waren vielmehr die Eltern, die durch ihre Netzwerke nach einem geeigneten Partner suchten.

Tab. 8: Übersicht über die Eheschließungen der Kinder von Sophie und Cornelius Wilhelm von Heyl.

Wilhelmine Adrienne [Ady] (1868–1949)	∞1892	**Wilhelm Theodor (von) Deichmann** (1864–1929), Bankier, Köln, Besitzer v. Mehlemer Aue bei Bonn	2 Töchter, 2 Söhne
Martha Cornelia [Märzchen] (1870–1954)	∞ 1891	**Hugo Rudolf Frhr. v. Leonhardi**, (1864–1922), Fideikommissherr, Dr. jur., Ghz. hess. Oberhofmeister, Heldenbergen	1 Tochter, 1 Sohn
Cornelius Wilhelm Karl [Cornel] (1874–1954) Fabrikherr, Grundbesitzer, D. Dr. jur, Major d. Res.	∞ 1907	**Mathilde Prinzessin v. Ysenburg u. Büdingen** (1880–1947)	3 Söhne, 2 Töchter
Erwin Max Cornelius [Bino] (1877–1940) Kaiserlicher Legationsrat, Dr. jur.	∞ 1917	**Anna Klara Seibt** (1877–1934)	kinderlos
Alice Sophie [Sela] (1881–1969)	∞ 1902 ∞1919 ∞1932	**Max Edler von der Planitz** (1872–1915), Major **Otto Graf von Königsmarck**, Major a. D. u. Landwirt, gesch. 1920 **Karl Ippach** (1888–1958), Stadtmissionspfarrer	kinderlos
Maximilian Otto Rudolf Cornelius [Max] (1884–1952) Rittmeister a. D., Gutsbesitzer Schloss Rennhof	∞ 1917	**Anna Riedesel Freiin zu Eisenbach** (1885–1970)	kinderlos
Ludwig Cornelius [Ludy] (1886–1962) Lederfabrikant (Lederwerke Heyl-Liebenau)	∞ 1917	**Eva-Marie von der Marwitz-Stein** (1889–1959)	2 Töchter, 4 Söhne

908 Zum adligen Familienbegriff vgl. Funck, Höfling, in: Conze/Wienfort (Hrsg.), Adel, 2004, S. 207–210; Kubrova, Leben, 2011, S. 9; Menning, Ordnung, 2014, S. 115; Heinickel, Adelsreformideen, 2014, S. 324–327.

Von den sieben Kindern der Heyls heirateten schließlich fünf in altadlige Familien ein. Ausnahmen bildeten Wilhelmine Adrienne und Erwin Maximilian Cornelius.[909] Über Erwins Frau Klara Seibt, die er während des Ersten Weltkriegs 1917 ehelichte, ist nichts bekannt. Die älteste Tochter Wilhelmine Adrienne (1868–1949) – innerhalb der Familie Ady genannt – heiratete 1892 Wilhelm Theodor (von) Deichmann, den Haupterben einer bürgerlichen Kölner Bankiersfamilie, der zum Zeitpunkt der Hochzeit noch nicht in den Adelsstand erhoben worden war. Aus den Briefen von Sophie an Cornelius Heyl geht jedoch hervor, dass die Familie dies als Makel empfand und auf eine Nobilitierung hinwirken wollte.[910] Zugleich hielt Sophie ihre Tochter für verwöhnt und konstatierte 1893: „Adel ohne Geld wäre garnicht ihre Sache gewesen."[911] Als Ady ein Jahr später das erste Kind bekam, ließ der Großherzog ein Glückwunschtelegramm senden.[912] Die Erhebung Deichmanns in den preußischen Adelsstand erfolgte 1908.[913] Für diese wirtschaftlich und schließlich auch gesellschaftlich sehr erfolgreiche Verbindung konnten die Heyls auf alte Kölner Seilschaften der Familie Stein zurückgreifen.

Für das Ziel, die Nachkommen möglichst mit altadligen Familien zu verbinden, erwies sich Cornelius Wilhelms Position in der Ersten Kammer der Stände des Großherzogtums Hessens als entscheidend. So ehelichte die zweitälteste Tochter Martha Cornelia (1870–1954) 1891 Hugo von Leonhardi, dessen Familie ebenfalls im Herrenhaus vertreten war.[914] Eine ebenfalls diskutierte Heiratsoption mit Alexander von Frankenberg und Ludwigsdorff, einem Angehörigen des schlesischen Uradels, war dagegen ge-

909 Erwin schlug eine diplomatische Laufbahn ein. In den Tagebuchnotizen 1899–1906 ist am 6. Juni 1906 verzeichnet, dass Erwin im Auswärtigen Amt arbeitete und einen Posten als Attachee in Rio de Janeiro erhielt. (StA Worms Abt. 186 Nr. 492: Tagebuch Notizen II 1899–1906, S. 93.) Dies war bei den Nachkommen des Geldadels eine beliebte Karriere. Vgl. Stein, Geldadel, 1982. Laut Friedrich Thimme trat Erwin jedoch als Legationsrat nicht weiter hervor. Nowak/Thimme, Erinnerungen, 1932. Anton Graf Monts (1852–1930) schrieb die Memoiren in einzelnen Abschnitten zwischen 1912 und ca. 1928 nieder.

910 StA Worms, Abt. 186, Nr. 555, Sophie Heyl an Cornelius Wilhelm Heyl, 12.08.1893: Sophie schreibt über Wilhelm Deichmann, dass es gut wäre, wenn er den preußischen Adel bekommen würde, da dies einen besseren Eindruck mache.

911 StA Worms, Abt. 186, Nr. 555, Sophie Heyl an Cornelius Wilhelm Heyl, 03.09.1893.

912 StA Worms, Abt. 186, Nr. 557, Sophie Heyl an Cornelius Wilhelm Heyl, 03.10.1894.

913 Im Jahr der Hochzeit wurde Wilhelm Theodor Deichmann zum Teilhaber des Bankhauses Deichmann & Co und gehörte zu den reichsten Personen der Rheinprovinz. Der Rittmeister der Reserve ließ sich mit Adrienne auf dem Familienanwesen Deichmannsaue in Mehlem nieder und baute dieses zu einem Schlösschen aus. Vgl. Wiesemann, Deichmannsaue, 2006, S. 15.

914 StA Worms, Abt. 170, Nr. 26-007, Einladungskarte mit Speisen und Programmfolge in den Heylshof, 04.04.1891.

scheitert.[915] Doch das evangelische Adelsgeschlecht Leonhardi entsprach ebenfalls den Ansprüchen der Eltern. Die Dynastie reichte ins 17. Jahrhundert zurück und gehörte zur althessischen Ritterschaft. Hugo war Fideikommissherr auf Burghof Groß-Karben, Petershof in Okarben, Selzerbrunnenhof bei Okarben und auf Hofgut Heldenbergen. Zudem war er großherzoglich-hessischer Oberhofmeister und Kammerherr. Maximilian Otto Rudolf Cornelius' (1884–1952) 1917 geschlossene Ehe mit Anna Riedesel Freiin zu Eisenbach, ist ebenfalls auf die Verbindungen im Herrenhaus zurückzuführen. Annas Vater Moritz saß für den grundherrlichen Adel in der Ersten Kammer des Großherzogtums. Zudem war er großherzoglicher Oberstallmeister und gut mit Maximilian von Heyl, dem Onkel des Bräutigams, befreundet.[916] Die Riedesels gehörten dem hessischen Uradel an, sie stellten seit 1432 den Erbmarschall zu Hessen.

Ein weiteres Netzwerk, das für die Heiratspolitik eine wichtige Rolle spielte, war das studentische Corps Saxo-Borussia, dem die Söhne Cornelius Wilhelm Karl, genannt Cornel (1874–1954), Max Otto Rudolf (1884–1952) sowie Ludwig Cornelius (1886–1962) angehörten.[917] Die pflichtschlagende und farbentragende Studentenverbindung galt im Kaiserreich und noch in der Weimarer Republik als besonders vornehm, da sie einen hohen Anteil an Mitgliedern aus Adelsfamilien aufwies. Der jüngste Sohn Ludwig Cornelius, in den Briefen von seinen Eltern Ludy, von den Geschwistern Knirpsy genannt, hatte im Corps eine hervorgehobene Position: Als Student der Chemie an der Universität Heidelberg war er zunächst erster und zweiter Chargierter, ab 1920 Mitglied des Vorstands. Dort lernte er die aus einem neumärkischen Adelsgeschlecht stammenden Zwillingsbrüder Bernhard und Gebhard von der Marwitz kennen, die beide im Ersten Weltkrieg (Gebhard 1914 und Bernhard 1918) fielen.[918] Im Verlauf der Trauerkorrespondenz über Gebhard lernte Ludy die Schwester seiner Corpsbrüder, Eva-Marie von

915 Alexander von Frankenberg und Ludwigsdorff (1861–1911) heiratete 1890 Viktoria Ernestine Luise Leonie von Oppenheim (1871–1938). Sophie berichtete Cornelius Wilhelm in einem Brief über Marthas Nachricht, als sie von der Verlobung der beiden erfuhr: „Martha gab deutlich zu erkennen, daß sie sich etwas für ihn interessiert hatte und war ganz aufgebracht und außer sich über das Judenvolk." StA Worms, Abt. 186, Nr. 555, Sophie Heyl an Cornelius Wilhelm Heyl, 20.05.1890.

916 Engels, Familie, in: Bönnen/Werner (Hrsg.), Industriellenfamilie, 2010, S. 502.

917 StA Worms, Abt. 185, Nr. 2923, Rittmeister Max Otto Rudolf, verschiedene Korrespondenzen, darunter Schriftverkehr mit dem Corps Saxo-Borussia; StA Worms, Abt. 185, Nr. 2695, Ludy Heyl an seinen Vater Cornelius Wilhelm Heyl, 09.01.1905, in dem er für die Erlaubnis dankt, in das Corps einzutreten; StA Worms, Abt. 186, Nr. 555, Cornelius Wilhelm Heyl an Sophie Heyl, 09.08.1893, Cornelius berichtet seiner Frau von der ersten Mensur Cornels.

918 Zum Geschlecht der von der Marwitz, s. Frie, von der Marwitz, 2001.

der Marwitz (1889–1959)[919], kennen. Sie heirateten 1917, wofür ihnen Bernhard 1915 seinen Segen gab.[920]

Aus den Briefen, die Eva-Marie von der Marwitz an ihren ältesten Sohn schrieb, geht hervor, dass sie durchaus einen gesellschaftlichen Unterschied zwischen ihrer altadligen Familie und den Heyls empfand. Ihrem Sohn soll sie „gestanden [haben], daß sie sich in Worms oft ‚wie verbannt' vorgekommen sei."[921] Sie förderte den Kontakt ihres Sohnes zu ihrer Familienlinie und wünschte, „daß Du in unseren Kreisen u. in den Anschauungen unserer alteingesessenen Land-Edelleuten heimisch wirst, was Dir Worms nicht geben kann."[922] Sie äußerte sich kritisch gegen die Position der Heyls in Worms, die ihrer Meinung nach „in puncto Reichtum" überschätzt seien und denen „teils eklig geschmeichelt" werde, um einen Arbeitsplatz oder Karrierevorteile zu bekommen.[923] Eva-Marie propagierte dagegen den für den alten Adel typischen „Kult der Kargheit"[924].

Auch bei den beiden ersten Ehemännern von Alice Sophie, genannt Sela (1881–1969) lassen sich Beziehungen zum Corps Saxo-Borussia herstellen.[925] 1902 heiratete sie Max Edler von der Planitz (1872–1915), der einem vogtländischen Adelsgeschlecht entstammte.[926] Er fiel im Ersten Weltkrieg als preußischer Major und Adjutant des deut-

919 Eva Maria von der Marwitz hatte ein evangelisches Mädcheninternat besucht, das an das Kloster Stift zum Heiligengrabe angeschlossen war und unter kirchlicher Verwaltung stand. In diese Schule wurden ausschließlich Kinder aus adligen Familienaufgenommen, anfangs kamen sie zudem aus mittellosen Waisen- oder Halbwaisenverhältnissen. Später besuchten wohlhabende adlige und bürgerliche Töchter auch als Externe die Stiftsschule, wobei stets auf eine adelsspezifische Erziehung wertgelegt wurde. Es handelte sich um eine exklusive Ausbildung, die von dem hohen Renommee des Damenstifts in Preußen profitierte. Zur Erziehungsanstalt im Kloster Stift zum Heiligengrabe: Singer, Frauen, 2016, S. 292–302. Die Zeugnisse von Eva Maria von der Marwitz aus den Jahren 1904 und 1905 aus Heiligengrabe sind überliefert: StA Worms, Abt. 189, Nr. 45/1, Unterlagen aus dem Nachlass von Eva-Marie von Heyl. Außerdem sind Feldpostbriefe von Eva-Marie von der Marwitz / von Heyl an Ludwig von Heyl erhalten: StA Worms, Abt. 185, Nr. 2694, Feldpostbriefe an Leutnant der Reserve Ludwig von Heyl.

920 Freiherr (Hrsg.), Briefe, 1987, S. 2 u. 39; StA Worms, Abt. 187, Nr. 76, Hochzeitsfotos von Ludwig Cornelius von Heyl mit Eva-Marie von der Marwitz; StA Worms, Abt. 185 Nr. 2723, Briefe von Ludwig von Heyl an Bernhard von der Marwitz: Ludwigs Bitte um Zustimmung zu einer Ehe mit Eva-Marie am 6.11.1915; Dank von Ludwig für die Erteilung des Segens zur Verlobung im Dezember 1915.

921 Freiherr (Hrsg.), Briefe, 1987, S. 132.

922 Eva Marie Freifrau von Heyl zu Herrnsheim, geb. von der Marwitz an Ludwig Cornelius Freiherr von Heyl zu Herrnsheim, 24. Januar 1936, in: Freiherr (Hrsg.), Briefe, 1987, S. 52.

923 Eva Marie Freifrau von Heyl zu Herrnsheim, geb. von der Marwitz an Ludwig Cornelius Freiherr von Heyl zu Herrnsheim, 8. Mai 1936, in: Freiherr (Hrsg.), Briefe, 1987, S. 68.

924 Malinowski, König, 2010, S. 90.

925 StA Worms, Abt. 185, Nr. 159, Schriftwechsel Baron Ludwig von Heyl mit Corpsbrüdern.

926 StA Worms, Abt. 186, Nr. 1261, Abschrift des Erb- und Ehevertrags Max Edler v. d. Planitz und Alice von Heyl, 1902; StA Worms, Abt. 186, Nr. 492, Tagebuchnotizen, angefangen November 1899 bis 1906, S. 50, 25. Oktober 1902: Hochzeitsfest von Alice von Heyl mit Oberstleutnant Max Edler von der Planitz, Gesellschaft von 90 Personen.

schen Kronprinzen an der Westfront.[927] In zweiter Ehe war Alice seit 1919 mit Otto Graf von Königsmarck (1872–1934) aus altmärkischem Adel verheiratet. Seine Familie war, wie die Brüder Alices, im Corps Saxo-Borussia vertreten. Nachdem diese Ehe 1921 geschieden wurde, heiratete Sela 1932 Karl Ippach (1888–1958), der als Stadtmissionspfarrer in Baden-Baden tätig war.

Die Verheiratung der Söhne wurde in der Heiratspolitik des Adels als wichtiger eingeschätzt als die der Töchter. Darüber hinaus wurden die Erstgeborenen bevorzugt. Die Hochzeit des Stammhalters und Haupterben war entscheidend für den Grad der Privilegierung innerhalb der Gesellschaft des Kaiserreichs.[928] In der Familie von Heyl lag dementsprechend ein besonderes Augenmerk auf dem 1874 geborenen, ältesten Sohn Cornel. Im Briefwechsel seiner Eltern nahm seine Entwicklung einen weitaus größeren Raum ein als die seiner Geschwister. Dieses Prinzip der zweifachen Ungleichheit bei der Erziehung adliger Kinder in der Geschwisterkonstellation lässt sich anhand der Jugendbiografie Cornels nachzeichnen. Als ältestem Sohn wurde ihm eine höhere Verantwortung zugesprochen, die mit einer konsequenten Verzichtsforderung an die Geschwister verbunden war. Dies entsprach auch der Logik des Fideikommisses, das dem Prinzip der Primogenitur folgte. Sowohl die Verteilung des Grundbesitzes als auch die Verheiratung der Kinder hatten langfristigen familienpolitischen Interessen zu folgen, wie der Sicherung männlicher Nachkommenschaft, Wahrung des Besitzes und der Herrschaft.[929]

Die Entwicklung von Cornel, der in Heidelberg Jura studierte und die Lederfabrik sowie den Grundbesitz übernehmen sollte, wurde von den Eltern stets mit großer Sorge und Engagement verfolgt. Wenn möglich, griffen sie aktiv in Cornels Lebensentscheidungen ein.[930] Die Eheanbahnung für den ältesten Sohn zog sich über mehrere Jahre hin. Schon seit 1892, also seit Cornels achtzehntem Lebensjahr, tauschten sich Cornelius Wilhelm und Sophie regelmäßig über unterschiedliche Heiratskandidatinnen aus. Insbesondere Sophie beschäftigte sich intensiv mit den Versuchungen und Irrwegen ihres Sohnes im studentischen Leben Heidelbergs. Dazu gehörten das Fechten im Corps, Alkoholexzesse, Kontakte zu „gemeinen Frauenzimmern“ und die Gefahr von Krankheiten.[931] 1898 wurde ihr ein Brief an Cornel zugespielt, dem sie Details über sein Liebesleben entnahm. Aufgebracht schrieb sie an ihren Mann, der auf Kur in Karlsbad weilte:

927 StA Worms, Abt. 186, Nr. 1207, Unterlagen zur Verlobung (August 1902) und zu den Hochzeitsfeierlichkeiten (25.10.1902) von Alice von Heyl mit Max Edler von der Planitz; auch Ableben von Major von der Planitz (gest. 16.10.1915).

928 Funck, Höfling, 2004, S. 208.

929 Funck, Höfling, 2004, S. 208.

930 Sophie verhinderte beispielsweise einen Studienwechsel nach Bonn, s. StA Worms, Abt. 186, Nr. 555, Sophie Heyl an Cornelius Wilhelm Heyl, 03.12.1893.

931 StA Worms, Abt. 186, Nr. 557, Sophie Heyl an Cornelius Wilhelm Heyl, 16.04.1898.

> Cornel hat also ein Verhältniß mit einer ordinären Person die, wie sie selbst sagt zu den täglichen Abendbesucherinnen eines Caffe's gehört! Die Ausdrücke in dem Brief ‚Schnuckchen' Hans etc, zeigen welche Sorte von demi-monde es ist–. – die furchtbare Gefahr, daß Cornel krank wird liegt also sehr nahe denn daß d. Person auch mit Anderen lebt ist klar. [...] Wenn man den Brief mehrmals liest, sieht man daß es eine ganz ordinäre Sorte von Person ist und die hält das Beste was wir haben in ihren Armen![932]

Zur gleichen Zeit diskutierten die Eltern in ihren Briefen über ambitionierte Heiratsoptionen für ihren Sohn, die den erworbenen gesellschaftlichen Status der Familie sichern und ausbauen sollten. 1898 kamen zwei Kandidatinnen in Frage: eine Tochter aus der in den 1870er Jahren nobilitierten Familie Mumm von Schwarzenstein und eine Comtesse von Schwerin. Cornel erwog eine Verlobung mit Fräulein von Mumm, Sophie hielt sie jedoch für hochmütig und ungezogen.[933] Cornelius meldete aus Karlsbad, er habe mit C. v. Rath über das Heiraten gesprochen, der ihm geraten habe, dass es in der Hauptsache auf „die Race in dem Sinn blaues Blut" ankomme.[934] Rath habe die Wahl von Ehepartnern mit der Zucht edler Pferde verglichen und sich im Fall von Cornel gegen eine Verbindung mit den Mumms und für die Grafen von Schwerin ausgesprochen. Fräulein von Mumm würde sich als „mondaine femmepourlui" nur schwer in Worms einleben, während dies der gebildeten und auf dem Land erzogenen Gräfin von Schwerin leichter fallen würde.[935]

Mumm und Schwerin blieben noch lange als mögliche Schwiegertöchter im Gespräch. 1899 regte Sophie eine „unbefangene Zusammenkunft" mit der Gräfin von Schwerin an, Cornel lehnte ein solches Arrangement jedoch ab.[936] 1904 hatte er eine Affäre mit einer Florentinerin, die von seinen Eltern wiederum als „große Gefahr" angesehen wurde, sodass sogar eine Verbindung mit den Familien Deichmann oder Mumm als erstrebenswerter erschien.[937] In dieser Zeit wurde Doris von Heyl aktiv in die Heiratspolitik einbezogen und um Unterstützung gebeten, Vorschläge des Schwiegersohns Wilhelm Theodor Deichmanns, der Kontakte zu den Industriellenfamilien Krupp oder Stumm anregte, stießen dagegen auf Ablehnung.[938]

Erst im Jahr 1907 war die Heiratsanbahnung erfolgreich. Cornel heiratete Mathilde Prinzessin von Ysenburg und Büdingen, die Tochter von Bruno Casimir Albert Emil Ferdinand Fürst zu Ysenburg und Büdingen, der zwischen 1862 und 1906 als Standes-

932 StA Worms, Abt. 186, Nr. 557, Sophie Heyl an Cornelius Wilhelm Heyl, 16.04.1898.
933 StA Worms, Abt. 186, Nr. 557, Sophie Heyl an Cornelius Wilhelm Heyl, 11.02.1898.
934 StA Worms, Abt. 186, Nr. 557, Cornelius Wilhelm Heyl an Sophie Heyl, aus Karlsbad, 29.04.1898.
935 StA Worms, Abt. 186, Nr. 557, Cornelius Wilhelm Heyl an Sophie Heyl, aus Karlsbad, 29.04.1898.
936 StA Worms, Abt. 186, Nr. 557, Sophie Heyl an Cornelius Wilhelm Heyl, 26.11.1899: „Mit der Schwerin sollte man jetzt eine unbefangene Zusammenkunft arrangieren. Einstweilen muß man vorsichtig sein haben sich die Beiden einmal länger gesehen, kann man kühner werden."
937 StA Worms, Abt. 186, Nr. 556, Cornelius Wilhelm Heyl an Sophie Heyl, 31.03.1904.
938 StA Worms, Abt. 186, Nr. 557, Sophie Heyl an Cornelius Wilhelm Heyl, 11.02.1898; 25.04.1900.

herr Mitglied der Ersten Kammer der Landstände des Großherzogtums Hessen war.[939] Auch hier hatte sich für Cornelius Wilhelm Heyl das Herrenhaus offenbar als Netzwerk bewährt. Er berichtete in seinen Erinnerungen von Jagdaufenthalten bei den Ysenburgs und Sophie hatte eine nähere Bekanntschaft mit der Familie bereits während einer Italienreise 1899 forciert.[940] Mit dieser Verbindung erfüllten sich die Idealvorstellungen einer erfolgreichen Heiratspolitik: Das Geschlecht der von Ysenburgs war evangelisch und hochadlig. Zur Hochzeit entwarf der Heraldiker Otto Hupp ein Allianzwappen für die durch die Eheschließung neu geschaffene Dynastie, das die Verbindung der Heyls mit der alten hessischen Aristokratie visuell inszenierte.[941] Die aristokratische Identität hatte sich in der Familie Heyl durchgesetzt, denn auch die folgende Generation schloss überwiegend Ehen mit adligen Partnern und etablierte sich weiterhin in Adelskreisen.[942]

3.4.4 Die Grenzen der Selbstinszenierung – Cornelius Wilhelm Heyl in der Satire

Sowohl Cornelius Wilhelm als auch Sophie Heyl lag viel an einer positiven Medienpräsenz. Dies gelang ihnen einerseits mit prominenten philanthropischen und kulturfördernden Projekten, der Teilnahme an medienwirksamen Veranstaltungen und elitärer Vernetzung. Andererseits versuchten sie die Presse auf die Presse Einfluss zu nehmen, was zumindest in Worms zeitweise gelang.[943] Doch mit der zunehmenden Prominenz Cornelius Wilhelm Heyls als nobilitierter Großunternehmer und Politiker wuchs die Kritik in der überregionalen Presse. In den zeitgenössischen Satirezeitschriften wurde

---

939 StA Worms, Abt. 186, Nr. 1261, Ehe- und Erbvertrag Cornelius Carl von Heyl und Prinzessin Mathilde zu Ysenburg und Büdingen, 1907.

940 Cornelius Wilhelm Heyl schrieb folgendes über die Verbindung seines Sohnes Cornel mit Prinzessin von Ysenburg: „Die Hochzeit meines ältesten Sohnes fand in Schloss Büdingen statt, wo die Fürstin Mutter als Witwe das schöne Fest gab. In früheren Jahren war ich häufiger zu Jagden bei dem Fürsten und habe mit jeder Begegnung eine steigende Verehrung für die hochedle Fürstin Mutter gewonnen, deren Tochter mein ältester Sohn heimführen sollte.“ StA Worms, Abt. 170/26, Nr. 5, Cornelius Wilhelm von Heyl, Aus meinem Leben, Manuskript o. J., Transkript 1966, S. 34. Sophie schrieb ihrem Ehemann von einer Italienreise über ihre Kontakte mit Familie von Ysenburg: StA Worms, Abt. 186, Nr. 557, Sophie Heyl an Cornelius Wilhelm Heyl, 14.04.1899; 01.05.1899.

941 BayHStA, NL Hupp, Nr. 992/993, Allianzwappen von Heyl / von Isenburg, schwarzweiße Bleistift-Tuschezeichnung; schwarzweiße Bleistiftzeichnung, 1907.

942 Cornelius Wilhelm Bruno von Heyl (1908–1983), der älteste Sohn Cornels, heiratete in erster Ehe 1930 Hilda-Marie von Bismarck-Osten (1911–1995) und in zweiter Ehe 1941 Dorette von Krosigk (1921–1976). Auch seine beiden Schwestern heirateten adelige Rittergutsbesitzer.

943 StA Worms, Abt. 186, Nr. 471, Vertrag vom 22.02.1886, Ausfertigung mit begl. Korrekturen, [von Hand C. W. Heyls] zwischen Fabrikbesitzer Cornelius Wilhelm Heyl und Buchdruckereibesitzer Helmuth Kunicke [Verleger der Neuen Wormser Zeitung], üb. Darlehen von 6000 Mark [Verleger verpflichtet sich u. a. „die von ihm redigierte Neue Wormser Zeitung von jetzt ab als ein zwar liberales aber fractionsloses Blatt weiter zu führen“ und sich „in dem Blatt mehr als bisher mit Arbeiterfragen zu beschäftigen [...] frei von jeder Anlehnung an gewerkvereinliche Tendenzen“.

Heyl mit Schmähversen, Witzen und scherzhaft-ironischen Kurztexten aufs Korn genommen. Der Spott bezog sich auf seine nationalliberale parlamentarische Politik und seine Tätigkeit als Unternehmer. Aber auch seine Selbststilisierung als Mitglied der adligen Elite machte Heyl zu einer attraktiven Zielscheibe für zeitgenössische Satiriker verschiedener Couleur.

Die systematische Auswertung aller einschlägigen Satireblätter im Untersuchungszeitraum erbrachte folgendes Ergebnis: Cornelius Wilhelm Heyl wurde zwischen 1896 und 1910 in den populären Zeitschriften *Der wahre Jakob*, *Kladderadatsch*, *Jugend* und *Lustige Blätter* insgesamt neunzehnmal thematisiert. Das Spektrum der satirischen Motive umfasste die Figur des heuchlerischen Wohltäters der Arbeiterschaft, des ausbeuterischen Kapitalisten, des skrupellosen Politikers, des feudalen Jägersmanns und des geldadligen Lokalmatadors von Worms.

Witz- und Satireblätter gehörten zur großen Gruppe der Unterhaltungszeitschriften, die in der zweiten Hälfte des 19. Jahrhunderts zunehmend an Bedeutung gewannen. Im Sinne der neuen Massenkommunikation boten sie Unterhaltung für eine breite Leserschaft: Wie die Illustrierten wandten sich auch die Witzblätter an ein sozial heterogenes, überregionales Großstadtpublikum.[944] Von Zeitgenossen wurden sie als „eine Abart der Tagespresse“ angesehen, weil sie durch den Einzelvertrieb am Bahnhof und Kiosken, die Auslage in Cafés und Gastwirtschaften eine Breitenwirkung im öffentlichen Raum erzielten und durch den Straßenverkauf bald auch das Stadtbild bestimmten.[945] Es ist davon auszugehen, dass die Zeitschriften von mehr Lesern und Leserinnen rezipiert wurden, als ihre Auflagenzahl vermuten lässt.

Am häufigsten fiel Heyls Name in der sozialdemokratischen Satirezeitschrift *Der wahre Jakob*.[946] Als illustrierte ‚Arbeiterpresse‘ verband sie politische Aufgaben mit Unterhaltung und war damit die meistgelesene Zeitschrift in sozialdemokratischen Kreisen.[947] Um 1890 hatte sie eine Auflage von 100.000 Exemplaren, die sie bis 1905 auf 193.000 und bis 1912 auf 380.500 steigern konnte. Damit kam das Blatt auf höhere Auflagen als andere sozialdemokratische Zeitungen. Zwischen 1879 und 1917 kostete das Heft jeweils 10 Pfennige. Es erschien vierzehntägig und brachte neben satirischen Texten auch Bildformate wie etwa Karikaturen und Agitationsbilder. Ab 1891 erschien es mit einer mehrfarbigen Karikatur auf der Titelseite. Die Beiträge zielten auf die „bürgerlichen Stützen der Gesellschaft“, den Militarismus des Kaiserreichs, die Reichspolitik und die Lebensbedingungen der Arbeiterschaft, aber auch auf die aktuelle Tagespolitik.[948]

---

944 Graf, Familien- und Unterhaltungszeitschriften, in: Jäger (Hrsg.), Geschichte, 2003, S. 409 u. 422.

945 Graf, Familien- und Unterhaltungszeitschriften, in: Jäger (Hrsg.), Geschichte, 2003, S. 494.

946 Die Zeitschrift ist digitalisiert unter der URL: http://wahre-jacob.uni-hd.de [08.02.2022] abrufbar und kommentiert.

947 Zimmermann, Zeitschrift, in: Zimmermann/Schmeling (Hrsg.), Zeitschrift, 2006, S. 23.

948 Prass, Agitation, in: Zimmermann/ Schmeling (Hrsg.), Zeitschrift, 2006, S. 126. Zur Auflage vgl. auch Ege, Karikatur, 1992, S. 8.

Abb. 24: Titelseite von *Der Wahre Jakob* (21. Februar 1905), unter dem Bild folgender Text: „Ans Vaterland, ans teure schließ' dich an! (Ein guter Rat, gegeben von Herrn v. Heyl)".

In der Zeitschrift *Kladderadatsch* erschien Cornelius Wilhelm Heyls Name in zwei Ausgaben. *Kladderadatsch* war ein 1848 gegründetes Berliner Witzblatt und gehörte dem bürgerlich-liberalen Lager an. Insbesondere in der Hauptstadt war die Zeitschrift sehr beliebt, ihre Auflage blieb aber deutlich hinter *Dem wahren Jakob* zurück. Zwischen 1886 bis 1914 lag sie bei durchschnittlich 38.000 Exemplaren.[949] Ein Heft kostete 25 Pfennig. Ihre Herausgeber vertraten den Anspruch, überparteilich Missstände anzuprangern. In den 1890er Jahren kritisierten sie in ihrem Blatt insbesondere gesellschaftliche und politische Fehlentwicklungen: Sie wandten sich gegen Militarismus, feudalen Standesdünkel und die Untertänigkeit im wilhelminischen Staat.[950] 1909 definierten die Herausgeber ihre Zielgruppe der Anzeigenkunden als Angehörige der „bestsituierten" gesellschaftlichen Kreise: die „Vornehmen und Gebildeten".[951]

Ebenfalls erwähnt wurde Cornelius Wilhelm Heyl in der Zeitschrift *Jugend*, die seit 1896 in München erschien und von Georg Hirth herausgegeben wurde. Die *Jugend* setzte sich schnell als wichtiges deutsches Medium für zeitgenössische Strömungen in Kunst und Literatur durch. Hirth und seine Redaktion gaben der Zeitschrift mit modernen Illustrationen und aufwendig gestalteten Ornamenten eine unverwechselbare

949 Koch, Teufel, 1991, S. 338.

950 Haarmann, Satire, 1999, S. 134. Nach der Jahrhundertwende schlug die Zeitschrift einen eher völkisch-nationalen Weg ein.

951 Koch, Teufel, 1991, S. 338.

Aufmachung. Schließlich setzte sich der Titel *Jugend* als Name für eine ganze Stilrichtung in Kunstgewerbe und Literatur durch, den sogenannten Jugendstil.[952] Der hohe Bekanntheitsgrad der Zeitschrift zeigte sich auch in der Auflagenhöhe: Zu Beginn kam sie mit 30.000 Exemplaren auf den Markt, deren Zahl sich bis 1904 verdoppelte. Als Kultur- und Unterhaltungszeitschrift galt die *Jugend* als eher bürgerlich-konservative Alternative zum populären *Simplicissimus*. Ihre Leserschaft fand sich im liberalen Bürgertum des Deutschen Kaiserreichs. Das einzelne Heft kostete 30, später 40 Pfennig und war damit teurer als vergleichbare Zeitschriften.[953] Zu den Inhalten der Zeitschrift gehörten u. a. Satire und Karikatur, wenn diese auch „niemals [...] die Schärfe und Konfrontation, wie sie im ‚Simplicissimus' zum selbstverständlichen Habitus gehörten", vermittelten.[954] Die Karikaturen und satirischen Text sollten in erster Linie der Unterhaltung dienten. Sie boten eine besondere Form der Kunstkritik oder kommentierten das politische Tagesgeschehen.[955]

Die Zeitschrift *Lustige Blätter* geht in einer Ausgabe des Jahre 1902 ebenfalls auf Cornelius Wilhelm von Heyl ein. Die Satirezeitschrift, 1886 gegründet, kam in den Jahren zwischen 1887 und 1891 auf eine Auflage von 20.000 Exemplaren, die sie bis 1912 auf 100.000 steigerte. 1900 kostete das einzelne Heft 20 Pfennig. Die Herausgeber warben damit, „ein getreues Spiegelbild des gesamten gesellschaftlichen und politischen Lebens" darzustellen.[956]

Als lautstarker Gegner der Sozialdemokratie war Cornelius Wilhelm eine Person des Anstoßes für die Redaktion und die anvisierte Leserschaft von *Der wahre Jakob*. Im Zeitraum zwischen 1896 und 1905 wurde er insgesamt elfmal in der Zeitschrift erwähnt, in drei Ausgaben direkt auf der Titelseite. Die Autoren und Zeichner zielten in ihren Texten und Karikaturen auf seine Person als Vertreter der nationalliberalen Partei im Reichstag sowie als Repräsentant des Kapitalismus in seiner Funktion als Politiker und Unternehmer. Dabei erhöhten sie die Schlagkraft ihrer Kritik, wenn sie Heyls Selbstdarstellung als Wohltäter der Arbeiterschaft mit seinem zelebrierten Reichtum und paternalistischem Habitus konfrontierten. In der Zeitschrift *Kladderadatsch* erschien Cornelius Wilhelms Name in zwei Ausgaben, einmal im Jahr 1900 und einmal im Jahr 1910. Hier wurde er insbesondere als Reichstagsabgeordneter und Repräsentant der nationalliberalen Fraktion angegriffen. Die Autoren nutzten seine Person dafür, sich über die Konflikte innerhalb der Nationalliberalen Partei lustig zu machen. Die *Jugend* führte Heyls Person insgesamt fünfmal auf: einmal im Jahr 1902 und jeweils zweimal in den Jahren 1905 und 1906. Im Vergleich zu den anderen Satireblättern ge-

952 Effinger, Jugend, 2019, URL: http://jugend-muenchen.uni-hd.de/ [08.02.2022].

953 Graf, Familien- und Unterhaltungszeitschriften, in: Jäger (Hrsg.), Geschichte, 2003, S. 493.

954 Zimmermann, Zeitschrift Jugend, 2014, URL: http://www.jugend-wochenschrift.de/index.php?id=21 [08.02.2022].

955 Segieth, Zeichen, 1994, S. 122.

956 Koch, Teufel, 1991, S. 339 u. 340. Zunächst liberal eingestellt, entwickelte sich die Ausrichtung der Zeitschrift zunehmend nationalliberal.

stalteten die Autoren der *Jugend* die Verspottung Heyls besonders individuell und originell. Mit Humor und Ironie gingen sie auf seine Rolle als Politiker und Funktionär ein, bewerteten aber auch seine Position und seinen Lebensstil in Worms. Sein aristokratischer Habitus wurde neben seiner Abgeordnetenfunktion auch im Beitrag der Zeitschrift *Lustige Blätter* thematisiert.

Für die Fragestellung dieser Untersuchung sind insbesondere die Karikaturen und satirischen Texte relevant, die Heyls gesellschaftliche Stellung und sein öffentliches Auftreten thematisierten. Insbesondere die Autoren der Zeitschrift *Der wahre Jakob* unterstellten ihm, seine Menschlichkeit und Wohltätigkeit seien nur vorgetäuscht. Sie zeichneten das Bild eines heuchlerischen Kapitalisten. Im Sinne der sozialdemokratischen Politik ging es ihnen stets darum, die Arbeiter und Arbeiterinnen zu mobilisieren: Sie sollten sich nicht auf paternalistische Wohlfahrtsleistungen der Unternehmer und Gesetzgeber verlassen, sondern sich solidarisieren, um eine faire Gesellschaftsordnung zu erstreiten. In einem Agitationstext von 1896 über das Elend der in Heimarbeit beschäftigten Näherinnen wird kritisiert, dass Heyl im Reichstag die Lage zwar bedauerte, aber letztendlich keine Verbesserung ihrer Lebenssituation herbeiführte.

> Und siehe ein Mann erhub sich allda, / Der elegante Heyl,
> Der in Reichthum schwimmt und in Hochmuth,
> Und bittere Thränen des Mitleids / Vergoß er ob dem schreienden Elend
> der Näherinnen. / Und die Beratung ging weiter, / Die Anderen weinten ihm nach. […] Und sie riefen vor allem Volk: / „Es muß etwas geschehen!“ / […]
> In armseliger Dachkammer / Sitzt abgehärmt und müd / Die arme Näherin. […]
> „Was wird geschehen?“ / Armes Kind, / O harre nicht thatlos, /
> Bis die Güte von Oben
> Wendet dein traurig Schicksal; / Sie wendet es nicht.
> Vereint mit denen, die leiden wie du, / Rege kräftig die Hände
> Und du ertrotzt dir / Ein besseres Dasein![957]

Tatsächlich hatte Heyl gemeinsam mit anderen nationalliberalen Politikern eine Interpellation gegen das sogenannte Sweaterthum (z. Dt. ‚Leuteschinderei‘), in der Textilbranche im Reichstag eingebracht, gleichzeitig aber die Sozialdemokraten angegriffen, die eine weitergehende Reform anmahnten.[958] Wie im Agitationsgedicht bereits vor-

957 Anonym, Es muß etwas geschehen, in: Der wahre Jakob 251 (1896), S. 2132.

958 Verhandlungen des Reichstages, Bd. 144. 1895/97, Reichstag 38. Sitzung, 12. Februar 1896, S. 899 u. S. 901, URL: http://daten.digitale-sammlungen.de/bsb00002757/image_131 [08.02.2022]: „Interpellation der Abgeordneten Freiherr Cornelius Wilhelm Heyl zu Herrnsheim, Prinz zu Schönaich-Carolath, Bassermann, Dr. Hasse, Dr. Osann, Graf von Oriola, betreffend die Verhältnisse der Arbeiterinnen der Wäschefabrikation und der Konfektionsbranche.“ Heyl prangert das Sweaterthum in der Wäschebranche in der Heimindustrie an: „Die Näherin und das Mädchen in der Wäschebranche haben dagegen [im Gegensatz zum Mädchen in der Fabrik, Anm. I. H.] gar keinen gesetzlichen Schutz, müssen aber außerdem die Produktionsunkosten selbst bezahlen […] und sind dann dem Ausbeuterthum, wie es in dem Sweaterthum vorhanden ist, unterworfen in der Weise, daß der Sweater noch einen gewissen Antheil des Lohns, den der Konfektionär bezahlt, von diesem Mädchen thatsächlich nimmt.“ Die Be-

ausgesehen, versandete Heyls Bestrebung, die Heimarbeit dem Arbeiterschutzgesetz zu unterstellen, in einer Bundesratsverordnung vom 1. Juli 1897, die den Arbeiterinnen im Vergleich zur sozialdemokratischen Initiative nur wenig Sicherheit bot.[959] Im Text werden Heyls Erscheinungsbild und Wohlstand hervorgehoben und der prekären Situation der Heimarbeiterin gegenübergestellt. Der Unternehmer und Politiker wirkt durch diesen Kontrast abgehoben und von der Lebenswirklichkeit der arbeitenden Bevölkerung losgelöst, sodass seine Anteilnahme an deren Schicksal als unglaubwürdig oder zumindest sehr schwach erscheint.

Dieses Urteil kolportierten die Autoren *Des Wahren Jakobs* auch in anderen Beiträgen, in denen Heyl gemeinsam mit seinen „Erwerbsgenossen" Krupp und Stumm auftritt.[960] Unter dem Titel *Neue Poesie* veröffentlichten sie 1897 Gedichte, die so wirken sollten, als stammten sie aus der Feder der drei Unternehmer.[961] Im fiktiven Gedicht von Stumm werden Messer gewetzt, um Sozialisten abzuschlachten, Krupp tritt als Kanonenkönig auf und die Verse des ‚Autors' Freiherr Heyl von Herrnsheim, greifen das Motiv des Kapitalisten auf, der von den Zugeständnissen an seine Arbeiterschaft geplagt wird:

> Der Märtyrer unsrer Zeiten, das ist
> Der vielgeplagte Kapitalist,
> Denn mit der Sozialgesetzgebung, o Graus,
> Da beuten ihn seine Arbeiter aus![962]

Der Beitrag endet mit dem Resümee: „Wir könnten noch eine Menge solcher Proben zitiren. Doch lassen wir es mit den vorstehenden genug sein. Sie beweisen aufs Neue, daß Besitz, Geist und Bildung ein unzertrennbares Ganzes bilden."[963] Auch hier wird auf Heyls Reichtum und seinen Habitus eines Angehörigen der kulturellen Elite abgehoben. Die sozialdemokratische Presse konterkarierte das nach außen getragene Bild der ‚guten Gesellschaft', indem sie die zu verspottenden Kapitalisten als brutale und unzivilisierte Barbaren darstellte. So beschreibt der Text *Ein Blick in Stumm Zukunftsstaat* ein Heringsessen am Aschermittwoch im Hause Stumm, bei dem Heyl, der Bergwerkdirektor Hilbek und der Unternehmer und Handelsminister Möller darüber beratschlagen, „wie man die Massen den sozialistischen Führern abspenstig" machen

hauptung der Sozialdemokraten, für eine Beseitigung der Missstände sei eine weitergehende Reform nötig oder die Umwälzung der Gesellschaftsordnung, weist Cornelius Wilhelm Heyl hingegen vehement zurück.

959 Kriegbaum, Tätigkeit, 1962, S. 139.

960 Der wahre Jakob 16 (1899), S. 2938.

961 Der wahre Jakob 14 (1897), S. 2410.

962 Der wahre Jakob 14 (1897), S. 2410. Der Text könnte sich auf den 1897 von den Sozialdemokraten gestellten Antrag beziehen, einen achtstündigen Normalarbeitstag für Arbeiter über 18 Jahren einzuführen. Heyl stellte sich gegen diesen Vorschlag. Vgl. Kriegbaum, Tätigkeit, 1962, S. 130.

963 Der wahre Jakob 14 (1897), S. 2410.

könne: „Schmatzend und rülpsend kam es nur so heraus von Wahlreform, Zuchthausgesetz, Einsperren der Sozialistenführer etc."[964]

Immerhin berichtete *Der wahre Jakob* 1901 davon, dass Heyls Engagement für die Bismarck'sche Sozialgesetzgebung den Industriellen und Freikonservativen Stumm dazu verleitete, ihn als ‚Sozialisten' zu kritisieren: Zwar hätten „andre Leute [...] von Sozialismus bei den Freiherren von Heyl noch nich det Jeringste jemorken, höchstens det er mal 'n paar vernünftige Anwandlungen in Bezug uff unsre sozialpolit'sche Jesetzjebung von sich jejeben hat, wat aber schon jenügt, um ihn in Stumm seine Oogen als Sozialisten erscheinen zu lassen."[965] Im Gegensatz zu diesem ironischen Sozialismusverdacht brachte die Zeitschrift zwei Jahre später ein Spottgedicht mit dem Titel *Die neue Heyls-Armee*, in dem der Unternehmer im Zusammenhang mit der Nibelungensage karikiert wird. Zu diesem Zeitpunkt hatte sich Heyl bereits medienwirksam mit der Stadtgeschichte und ihrem Sagen- und Heldenschatz verbunden. Thematisiert wird seine Strategie, die Arbeiter seines Unternehmens in einem eigenen Verein auf die nationalliberale Parteilinie zu bringen. Der Autor wendet sich auch mit einer Anklage an die loyalen Lederarbeiter in Worms:

> Zu Worms, wo der Rhein vorüberbraust, / Da hat einst der starke Siegfried gehaust,
> Der siegreich stets seine Waffen trug / Und der den Drachen im Wald erschlug. //
> Doch jetzt haust dorten ein anderer Held, / Der reitet auf großen Säcken voll Geld,
> Der schlägt keine Drachen im Wald – o nein! / Doch will er die Arbeiter fangen ein.//
> Er denkt: „Ich mach mit dem Kapital / Die Arbeiter nationalliberal!"
> Und wie er so denkt, hat er geschickt / Auch gleich ein Vereinchen zusammengeflickt.
> Und ist die Sach' noch so sonderbar, / Sie findet ihr Publikum doch fürwahr;
> Drum fand für des großen Heyls Idee / Zusammen sich auch eine Heyls-Armee. //
> Die Braven, die dienen in ihren Reihn, / Die bilden den neuen Arbeiterverein;
> Mit vielem Eifer wird dorten versucht / Des Musterarbeiters Waffenzucht. //
> Der fühlt in sich nichts von Klassentrotz, / Er spricht wie ein liberaler Protz,
> Er fühlt sich vom Arbeitgeber ernährt, / Der gnädigst ihm seinen Lohn beschert.
> Er spricht von seiner Zufriedenheit, / Den großen Heyl lobt er lang und breit,
> Der für das bedrohte Vaterland / Nationalliberale Arbeiter erfand. //
> O Freunde, schimpft nicht auf diesen Verein, / Es will die Welt auch erheitert sein
> Bei so viel Elend und so viel Weh – Es lebe die neue Heyls-Armee.[966]

In einem besonders drastisch dargestellten Kontext erscheint der Name Heyls auf der Titelseite *Des Wahren Jakobs* im Februar 1905 (Abb. 24). Unter einem ganzseitigen, farbigen Agitationsbild ist ein als Zitat gekennzeichneter Appell abgedruckt: „‚Ans Vaterland, ans teure schließ' dich an!' (Ein guter Rat, gegeben von Herrn v. Heyl)".[967] Auf dem Bild sind zwei als reich charakterisierte Männer mit Zylinder und Anzug dargestellt, ihre Namen sind auf den Hemden zu lesen: Es handelt sich um die prominenten

964 Der wahre Jakob 329 (1899), S. 2938.
965 Der wahre Jakob 381 (1901), S. 3443.
966 Der wahre Jakob 449 (1903), S. 4159.
967 Der wahre Jakob 485 (1905), Titelseite.

Industriellen August Thyssen und Hugo Stinnes. Sie sitzen inmitten von Geldsäcken in einem goldenen Wagen, der von alten und jungen Männern in Arbeitskleidung gezogen wird. Über der Szenerie reitet der Tod auf einem Pferd und treibt die Arbeiter mit seiner Peitsche an. Im Hintergrund ist ein Fabrikgelände mit rauchenden Schloten zu sehen.

Konrad Ege, der die Bildsatire der Zeitschrift *Der Wahre Jakob* untersuchte, bezeichnet die Grafik als „Opferbild“ und fasst sie als Kommentar zum großen Bergarbeiterstreik im Januar 1905 auf.[968] Für diesen Streik hatten sich 200.000 Ausständige mobilisiert. Am 20. Januar 1905 brachten die Sozialdemokraten im Reichstag eine Interpellation über die Maßnahmen ein, die die Regierung zum Schutz der Bergleute ergreifen werde. Heyl schaltete sich am 23. Januar 1905 in die Debatte ein und plädierte für einen Ausbau des Bergarbeiterschutzes. Allerdings kritisierte er auch die organisierte Arbeiterschaft: Seiner Meinung nach hätte der Streik durch eine Aussprache zwischen den Arbeitgebern und den Arbeitnehmern verhindert werden können.[969] Außerdem betonte Heyl die Bedeutung des Kohleabbaus für die gesamte Wirtschaft des Reiches und erhob den Streik zu einer „nationalen Angelegenheit“.[970]

Das fiktive Heyl-Zitat unter der dem Agitationsbild „Ans Vaterland, ans teure schließ’ dich an!“ bezieht sich auch auf die Diskussion um einen gesetzlichen Maximalarbeitstag, auf die Heyl in seinem Redebeitrag während derselben Sitzung einging. Heyl lehnte eine Begrenzung der Arbeitszeit ab und begründete seine Haltung mit dem Wunsch der Fabrikarbeiter. Dabei berief er sich auf den bereits oben im Spottgedicht als ‚Heyls-Armee‘ bezeichneten nationalliberalen Arbeiterverein in Worms, der in einer Resolution die Bestrebungen zur Einführung eines Maximalarbeitstages abgelehnt hatte. Die sozialdemokratische Zeitung *Vorwärts* hatte sich dieser Resolution am 1. Februar 1905 angenommen und zweifelte den darin postulierten „Arbeiterwunsch“ an, den der Autor auf das „patriarchalische System“ im „Reiche des Wormser Lederkönigs“ zurückführte.[971] Denn entgegen der üblichen Praxis habe in diesem Fall keine allgemeine Mitgliederversammlung, sondern eine kleine Bezirksversammlung stattgefunden, deren Mitglieder sich „fast ausschließlich aus Werkführern und Meistern der v. Heylschen Fabrik“ zusammensetzten: „Männer, dem Arbeiterstande nach Entlohnung und Lebensführung […] entwachsen, […] die Leiden verachtend, denen sie ent-

---

968 Ege, Karikatur, 1992, S. 192–193.

969 Reichstagsprotokoll, 125. Sitzung, 23. Januar 1905, Besprechung der Interpellation der Abgeordneten Auer und Genossen, betreffend den Bergarbeiterstreik im Ruhrgebiet, S. 3974 B, URL: http://www.reichstagsprotokolle.de/Blatt_k11_bsb00002811_00741.html [08.02.2022], Cornelius Wilhelm von Heyl: „Es wäre wünschenswert gewesen, wenn die Bergarbeiter sich an die Behörde gewendet hätten, welche anzurufen war: das ist das Schiedsgericht der Gewerbegerichte; […] wenn also die Arbeiter ihrerseits sich nicht geweigert hätten […] diesem Schiedsgerichte sich zu unterwerfen, so wäre die kontradiktorische Verhandlung […] vorgenommen worden.“

970 Reichstagsprotokoll, 125. Sitzung, 23. Januar 1905.

971 Anonym, Sozialpolitische Drahtzieherei, in: Vorwärts 27 (1905), S. 6.

ronnen sind“.[972] Laut *Vorwärts* wurde die Resolution im Nachhinein auf Grundlage von Unterschriftenlisten manifestiert, die die Arbeiter der Heylschen Lederfabrik während der Arbeitszeit und aus „Gefälligkeit gegenüber dem Arbeitergeber“ unterschrieben hätten.[973] Vor diesem Hintergrund erklärt sich der Zynismus, der durch die Kombination des Bildes mit dem fiktiven Ausspruch Heyls entsteht. Der Wormser Lederfabrikant wird zum Komplizen von Thyssen und Stinnes, die als „übergewichtige Lebemänner“ dem Klischee des Kapitalisten in der zeitgenössischen Bildsprache entsprachen.[974]

Ein weiteres Motiv, das den Spott der satirischen Presse provozierte, war Heyls Jagdleidenschaft, die offensichtlich nicht unbeobachtet blieb. Wie in den Kapiteln über den Grundbesitz des Unternehmers und seine sozialen Netzwerke dargestellt,[975] verfügte er über große Ländereien und entsprechende Domizile, die er für repräsentative Jagdveranstaltungen nutzte und sich dadurch in dieser „Domäne des Adels“ etablierte.[976] 1902 verwiesen zwei Beiträge, einmal in der Zeitschrift *Lustige Blätter* und einmal in der *Jugend* auf diese Passion. Die *Lustigen Blätter* griffen das Thema in einem satirischen Text über die Abgeordnetenarbeit im Reichstag auf. Unter der Überschrift *Der wahnsinnig gewordene Stenograph* erfand der Autor Wortspiele, indem er Namen von Abgeordneten doppeldeutig verpackte. Den Abgeordneten Heyl von Herrnsheim ließ er Folgendes erklären: „Es geht niemand was an, ob ich auf Haase-Jagd gehe! Den Abg. Gothein soll der Abg. Manteuffel holen!“[977] und bezog sich dabei auf einen Streit um die zunehmenden Absenzen im Reichstag während der Jagdsaison.[978] Denn auch Heyl musste sich den Vorwurf gefallen lassen, seine Verpflichtungen zugunsten der Jagd zu vernachlässigen. Beschwerden über diesen Missstand hatten die freisinnigen Abgeord-

972 Anonym, Sozialpolitische Drahtzieherei, in: Vorwärts 27 (1905), S. 6.

973 Anonym, Sozialpolitische Drahtzieherei, in: Vorwärts 27 (1905), S. 6.

974 Prass, Agitation, in: Zimmermann/Schmeling, 2006, S. 129.

975 Kapitel 3.3.4 „Grundbesitz und Landbindung – Der Kauf von Schloss Dalberg und Fideikommiss“ und Kapitel 3.4.1 „Titelakkumulation und soziale Netzwerke“

976 Malinowski, König, 2010, S. 66. Auch nach der Jahrhundertwende war die Jagd ein bedeutendes Feld im Leben des europäischen Adels. Es ist zwar festzuhalten, dass das Jägertum inzwischen nicht mehr ausschließlich an den aristokratischen Stand gebunden war, jedoch bot es weiterhin ein dermaßen tradiertes Terrain mit eigenen Regeln, Symbolen und Begriffen, dass es für Aufsteiger äußerst schwierig war, sich zu bewähren. Dazu nennt Malinowski eindrückliche Beispiele: Malinowski, König, (2010), S. 65–67.

977 Anonym, Der wahnsinnig gewordene Stenograph, in: Lustige Blätter 51 (1902), S. 3. Der Abgeordnete Georg Gothein gehörte der Freisinnigen Vereinigung an, Heinrich von Manteuffel war Abgeordneter der Deutschkonservativen Partei.

978 Im Dezember 1902 merkte der Abgeordnete Richard Roesicke (Dessau, Freisinnige Vereinigung) während der Verhandlungen um ein neues Zolltarifgesetz an, dass die Abgeordneten nur schwer von der Fasanen- und Hasenjagd abzuhalten waren: Reichstagsprotokoll, 231. Sitzung, 5.12.1902, URL: http://www.reichstagsprotokolle.de/Blatt_k10_bsb00003567_00414.html [08.02.2022].

neten Georg Gothein, auf den das Zitat anspielt, und Richard Roesicke vorgebracht.[979] Der Sozialdemokrat August Bebel kritisierte Heyl persönlich und warf ihm vor, sich krankgemeldet und währenddessen seiner „Jagdpassion" nachgegangen zu sein.[980] Die ständigen Auseinandersetzungen, die Heyl mit den Sozialdemokraten führte, griff der Satirebeitrag mit der Verballhornung „Haase-Jagd" auf – eine Anspielung auf den sozialdemokratischen Abgeordneten Hugo Haase.

Die Zeitschrift *Jugend* widmete Heyls Jagdeskapaden sogar eine gezeichnete Karikatur (Abb. 10).[981] Statt „Haase-Jagd" empfahl der Autor hier unter der Rubrik *Der neue Plutarch* die Jagd auf „Böck'" im Reichstag, wobei es sich wohl um eine Anspielung auf den sozialdemokratische Abgeordneten Friedrich Louis Wilhelm Bock handelte:

> Der nationalliberale Abgeordnete Freiherr von Heyl zu Herrnsheim schwänzte den Reichstag und ging statt auf die Fasanen- und Hasen-, auf die Rehjagd.
> ‚Geh'n S' nur wieder in den Reichstag!' rief ein gefehlter Rehbock höhnisch.
> ‚Dort thun Sie sich leichter mit dem – Böck' schießen!'

Auf Heyls Reichtum ging ein weiterer Artikel in der *Jugend* ein. Der sozialdemokratisch engagierte Autor Edgar Steiger (1858–1919) schrieb 1905 in einem Beitrag über die Einführung einer progressiven Einkommenssteuer, dass „die Mehrheit der hessischen Bevölkerung, soweit sie mehr als 5000 Mark Einkommen hat, ganz auf der Seite des Freiherrn von Heyl" stehe.[982]

Im Jahr darauf folgte, ebenfalls in der *Jugend*, ein Kommentar, der das Motiv des nobilitierten Lokalmatadors umsetzte.[983] Der Beitrag handelte von Heyls herausgehobener sozialer Position und Machtstellung in Worms und illustrierte auf satirische Weise, welche Bedeutung ihm auch seitens der Kommune beigemessen wurde. Dafür ging der Autor auf das Rosengartenfest ein, das die Familie Heyl in ihrer Heimatstadt

---

979 Reichstagsprotokoll, 230. Sitzung, 4.12.1902, URL: http://www.reichstagsprotokolle.de/Blatt_k10_bsb00003567_00366.html [08.02.2022].

980 Reichstagsprotokoll, 230. Sitzung, 4.12.1902, URLs: http://www.reichstagsprotokolle.de/Blatt_k10_bsb00003567_00366.html Und http://www.reichstagsprotokolle.de/Blatt_k10_bsb00003567_00370.html [08.02.2022]. Heyl verteidigte sich entsprechend: „Wenn von dem Abgeordneten Bebel in einer durchaus verletzenden Weise darauf hingewiesen ist, daß ich, während ich krank gemeldet war, auf der Jagd gewesen bin, so muß ich mir verbitten, daß über mein Privatleben in diesem Hause gesprochen wird. Was ich in meiner Rekonvaleszenz zu thun habe, ist nicht Sache des Arztes. Wenn mir der Arzt Bewegung in meiner Rekonvaleszenz vorschreibt, so werde ich mich daran nicht kehren, ob ich Ihre Zustimmung finde oder nicht." Heyl gegen Bebel: S. 6939 (D), URL: http://www.reichstagsprotokolle.de/Blatt_k10_bsb00003567_00368.html [08.02.2022]. In einem Telegramm vom 4. Dezember 1902 versicherte die „Arbeiterschaft" der Heylschen Lederwerke „trotz aller hetzereien unentwegt, treu und fest zu ihrem chef freiherrn heyl zu herrnsheim zu halten." StA Worms, Abt. 186, Nr. 547.

981 Anonym, Der neue Plutarch, Jugend 51 (1902), 10.12.1902, S. 874.

982 Tarub (Edgar Steiger), Der sozialdemokratische Großherzog, in: Jugend 20 (1905), S. 376.

983 Anonym, Sub rosa, in: Jugend 26 (1906), S. 575.

förderte.[984] 1906, im Jahr des Artikels in der *Jugend*, fand anlässlich des Rosenfestes ein Nibelungenfestspiel statt, das unter der Schirmherrschaft des Großherzogs stand. Die Stadt bereitete sich also darauf vor, den Großherzog zu empfangen. Der satirische Text in der *Jugend* trug den Titel *Sub rosa*, also ‚Unter dem Siegel der Verschwiegenheit‘, und widmete sich diesen Anstrengungen. Der Autor erhob Heyl zu einem „ungekrönten König von Worms“[985], wobei er nicht darauf verzichtete, auf seine bürgerliche Herkunft und die Quelle seines Reichtums – die unsaubere Lederfabrikation – hinzuweisen:

> In Worms fand neulich eine Generalprobe zum Rosenfest statt; die Schulen hatten Probeaufstellung in der Kaiser-Wilhelmstraße genommen und ein Polizeiinspektor, der den Großherzog markierte, durchfuhr mit leutseligem Gruße das Spalier der Kinder. Die Sache ist so gut gegangen, daß man für das nächste Rosenfest eine Erweiterung des Programms plant, man will sich jetzt an größere Aufgaben wagen: Im nächsten Jahr soll der ungekrönte König von Worms, Lederfabrikant Freiherr von Heyl, die Reihen der Schulkinder durchfahren. Da diese Aufgabe eine viel größere und schwierigere ist, so werden mehrere Proben nötig sein, bei denen irgend ein regierender europäischer Monarch den Herrn von Heyl markieren soll. Um die Ovation für den letzteren vollständig zu machen, soll den spalierbildenden Schulkindern vorher von den ihren Lehrern das Fell gründlich gegerbt werden.[986]

Die Untersuchung der Darstellungen Cornelius Wilhelm Heyls in Satirezeitschriften führt zu vier Ergebnissen, die eine Bewertung der gesellschaftlichen Stellung des Unternehmers vertiefen. Erstens verdeutlicht die Rezeption Heyls in der satirischen Presse seine Prominenz unter Zeitgenossen. Um ‚satirewürdig‘ zu sein, musste eine Person über einen gewissen Bekanntheitsgrad und eine daraus resultierende Medienpräsenz verfügen. Die humorvolle Auseinandersetzung mit Heyl setzte voraus, dass die Leserschaft mit den aufgegriffenen Kontexten gut vertraut war. Zweitens ist davon auszugehen, dass Heyls Haltung und Handlungen polarisierend wirkten und so einen satirischen Umgang mit seiner Person provozierten. Insbesondere in der sozialdemokratischen Presse wurde der nobilitierte Unternehmer als politischer Gegner mit Mitteln der Satire angegriffen, da er zahlreiche Feindbilder bediente. Ein dritter Faktor für Heyls Präsenz in der Spottpresse war sein Aufsteigertum, wobei sich die Autoren insbesondere über seine Selbstinszenierung als Aristokrat lustig machten. Dies zeigt auch, dass es sich bei der gesellschaftlichen Stellung der Heyls um eine mit viel Kapital errungene Position handelte, die aber schnell Risse bekam und daher stets von der Familie verteidigt und ausgebaut werden musste. Der vierte Befund, der aus der Satireuntersuchung hervorgeht, betrifft weniger den Akteur Heyl, sondern vielmehr die Menschen, die ihn in seinem Status unterstützten. Mit der Darstellung des „ungekrönten Königs von Worms“[987] gingen die Satiriker auf Heyls Rolle als autokratischen Lo-

984 Vgl. Reuter, Rosenfest, in: Dipper (Hrsg.), Hessen, 1996, S. 333 f.
985 Anonym, Sub rosa, in: Jugend 26 (1906), S. 575.
986 Anonym, Sub rosa, in: Jugend 26 (1906), S. 575.
987 Anonym, Sub rosa, in: Jugend 26 (1906), S. 575.

kalmatador ein. Sie verspotteten die kommunalen Honoratioren, die ihm eine Vormachtstellung einräumten und mit ehrerbietiger Haltung begegneten.

4 Die „modernen Medici von Worms“ – Die Praxis der Heylschen Kulturförderung

Auf dem sagenheiligen Boden der alten Burgundenhalle, die einst den Helden Siegfried aufnahm, aber auch sein kindliches Menschenvertrauen zu seinem Todesleid mißbrauchte, auf dem mauerfesten Grunde, auf dem der geschichtlich hehre Bischofspalast sich erhob, in dessen Reichstagssaal Luther sein erlösendes Heldenwort sprach, auf demselben Fundament steht ein stattlicher Palast in graciösem Roccoco, das Herrenhaus der modernen Medici von Worms.[1]

Mit diesen Worten beschrieb der Pädagoge und Publizist Hugo Göring 1899 in einem Leitartikel für die Zeitung *Die Post* die Situierung der Familie Heyl in Worms. Für eine möglichst glamouröse Verortung der Heylschen Stadtvilla nutzte der nationalpatriotische Schulreformer prominente Assoziationsfiguren und Narrative mit historischer und kultureller Dimension. Göring gelang es, den Besitz der Heyls mit einer Kontinuitätslinie zu versehen, die von der Sagengestalt Siegfrieds über Martin Luther zu den Lederfabrikanten führte, die er als „die modernen Medici von Worms“ bezeichnete. Siegfried gehörte bereits zum Ausstattungsprogramm und der Familienikonographie der Heyls. Mit der Erwähnung Martin Luthers ging Göring auf die besondere Geschichte des Anwesens ein, auf dem die Familie ihr Palais errichtet hatte. Auf diesem Grundstück hatte sich 1521 der Bischofshof befunden, in dem der deutsche Reichstag getagt und Kaiser Karl V. die Reichsacht über Luther verhängt hatte. Eine Gedenkplatte in der Gartenanlage des Heylshofs erinnert weiterhin an dieses Ereignis.

Mit den Medici brachte Göring einen Namen ins Spiel, der geradezu als „Synonym für gönnerhaftes Mäzenatentum“ in die Geschichte eingegangen ist.[2] Die Florentiner Bankiers- und Kaufmannsfamilie Medici gehörte im 15. und 16. Jahrhundert zu den reichsten Familien Italiens. Aus ihr ist eine Reihe bedeutender politischer Führungspersönlichkeiten im Stadtstaat Florenz hervorgegangen, die Medici prägten in dieser Epoche das soziale und kulturelle Leben in der Stadt.[3] Ihr philanthropisches und kunstförderndes Engagement setzten sie im Sinne einer ausgeklügelten Imagekampagne ein. Sie inspirierten Generationen von Mäzenen, bis hin zu den Kunstsammlern der Gründerzeit, die in den Medici ein Modell für ihre Patronage und Kulturförderung fanden. Dies spiegelte sich nicht zuletzt in den Renaissancebeständen der Privatsammlungen des 19. Jahrhunderts wider.

Der Vergleich der Wormser Lederfabrikanten mit den legendären Medici erscheint aus heutiger Sicht wie eine unverhältnismäßige Apotheose, war aber ganz im Sinne der Heylschen Prestigepolitik. Die mäzenatische Praxis der Familie legte den Vergleich durchaus nahe: Wie die Medici nutzten die Heyls ihre vielgestaltigen Projekte in Wirtschaft, Politik, Städtebau, Wohlfahrt und Kultur zur Erweiterung und Imple-

1 StAWorms, Abt. 186, Nr. 547, Hugo Göring, Todfeinde der Socialdemagogie, Manuskript.

2 Effmert, Sal. Oppenheim, 2006, S. 5.

3 zu Fürstenberg, Wechselwirkung, 2012, S. 107.

https://doi.org/10.1515/9783110683431-004

mentierung ihres Herrschaftsanspruchs. Macht und Einfluss demonstrierten sie mit visueller Präsenz, etwa wenn sie ihre städtebaulichen Aktivitäten oder Druckerzeugnisse mit dem Familienwappen versahen. Explizite Bezüge zur Familie Medici finden sich zudem in der Kunstsammlung und in der Korrespondenz der Heyls. Wilhelm von Bode vermittelte ihnen 1896 einige Objekte mit Bezug zu den Medici, darunter das Wappen Medici-Riccardi. Außerdem besaß die Familie eine 1622 entstandene Ölskizze von Peter Paul Rubens mit dem Titel *Maria von Medici als Bellona*, die aus der Londoner Sammlung von Lady Sophia Cust stammte.[4] Während eines Florenzaufenthalts im Jahr 1900 ist zudem ein Besuch Cornelius Wilhelm Heyls in der Villa Medici überliefert – offensichtlich hatte Görings Artikel sein Interesse an dieser Familie bestärkt.[5]

Die Familie Heyl nutzte die Kulturförderung als Distinktionsmittel und Bestandteil einer vielseitigen Integrations- und Etablierungsstrategie in die kaiserzeitliche ‚gute Gesellschaft‘. Durch ihr Engagement erweiterte sie kontinuierlich ihren Einfluss auf die Gestaltung des kulturellen und sozialen Sektors auf lokaler, regionaler und nationaler Ebene. Cornelius Wilhelm Heyl verschaffte sich als Mäzen und Förderer gegenwärtigen Ruhm und sorgte zugleich für die Unsterblichkeit seiner Familie im Sinne einer nachhaltigen Familienmemoriapolitik. Die Auswertung des Familienarchivs brachte über hundert karitative und kulturfördernde Projekte von Cornelius Wilhelm und Sophie Heyl zu Tage. Diese Anzahl schließt neben Patronage, Stiftungswesen und Kulturförderung auch soziale und betriebliche Wohlfahrt ein. In zahlreichen Fällen sind die Grenzen fließend, beispielsweise, wenn soziale Baumaßnahmen künstlerisch aufgewertet wurden.

Wie Philanthropie und Kulturförderung im Heylschen Förderungssystem symbiotisch ineinandergriffen, lässt sich am Beispiel der Ereignisse um das Rheinhochwasser 1882/83 prägnant nachvollziehen. Die Aktivitäten der Unternehmerfamilie im Verlauf der Flutkatastrophe verdeutlichen Praktiken und Techniken, die für die Kulturförderung der Familie typisch sind. Auch die Botschaften, die die Heyls mittels Wohltätigkeit und Kulturförderung transportierten, werden anhand des Ereignisses sichtbar. Während des Hochwassers, das Worms und die umliegenden Gemeinden im Gebiet Bergstraße betraf, mussten über tausend Menschen gerettet werden. Viele verloren ihre aus Lehmsteinen gebauten Häuser, die gesamte Habe und das Vieh.[6] Bei den Hilfsmaßnahmen spielte Cornelius Wilhelm Heyl eine zentrale Rolle:

4 Swarzenski, Kunstsammlung, 1921, Inv. Nr. 18, *Maria von Medici als Bellona*, Holz. 41 x 28,5 cm.

5 StA Worms, Abt. 186, Nr. 556, Cornelius Wilhelm Heyl aus Florenz an Sophie Heyl, 22.04.1900.

6 In einem Gedenkblatt beschrieb der damalige Pfarrer von Worms die Flutkatastrophe: „Lag doch Worms recht im Centrum der Wogen, welche wie in der vorgeschichtlichen Zeit, da der Rhein noch keinen passenden Durchgang bei Bingen gewonnen hatte, von den Vorhöhen des Odenwaldes bis zu denen der Hardt reichten, und an Umfang die Fläche des Bodensees hinter sich ließen. Wohl hatten die Menschen den Stromlauf geradgelegt und zu beiden Seiten die Dämme erhöht, aber eine stärkere Hand brach die Wehr und zeigte den Leuten, wie wir mit allen Mitteln, die wir zur Beherrschung der ‚Natur‘ gewonnen haben, in einer fortschrittsstolzen Zeit mit dem persönlichen Gott zu rechnen haben. [...] Auf dem Dach der versunkenen Hütte saß der Hahn oder die Katze, und im Stall schwamm

> Die hiesigen Fabrikherren öffneten weite Räume für die Geretteten. So ließ der Geheime Kommerzienrath Heyl ihrer 200 in seinem Reitsaal pflegen. Der Länge nach waren mittendurch zwei Leinwandwände gezogen. Rechts vom Eingang schliefen die Männer, welche am Tage ihr Brod wie sonst verdienten, links die Frauen und Kinder; in der Mitte aber war Platz zum Aufenthalt am Tage und zum Essen. Damit niemand erkrankte, wurde ordentlich gesäubert und gelüftet. Am Sonntag brachte man warmes Wasser und Seife mit Schwämmen zum Baden der Kinder, und auf daß alles ordentlich zuginge, wurde dreimal am Tage gebetet.[7]

Cornelius Wilhelm Heyl berichtete in einem überlieferten Brief an den Künstler Wilhelm Beckmann (1852–1942) über die Geschehnisse. Offensichtlich legte er Wert auf die Darstellung der vielfältigen Rollen, die er im Rettungsverlauf übernommen hatte:

> Das Wasserunglück nahm mich nach vielfachen Richtungen hin in Anspruch. Worms war, wie Sie wissen, im Mittelpunkt der Not. Als die Dämme gebrochen waren, galt es erst, die Menschen zu retten, die in ihren Häusern Gebliebenen zu ernähren, die Flüchtlinge zu betten. Und hiernach stand die ganze Angelegenheit bei uns parlamentarisch zur Verhandlung, wobei ich in der ersten Kammer (in Darmstadt) die Berichte zu erstatten, Nachweise zu führen, und Beschwerde zu erheben hatt–. – In den ersten Tagen war mein ganzes Etablissement an der Rettung und Ernährung beteiligt, und mir fiel die Rolle des Führers einer kleinen Flottille zu, welche mancherlei schreckliche und traurige Erlebnisse zu verzeichnen hatte. Eine hereinbrechende Nacht im Dorfe Hotheim [sic, gemeint ist Hofheim, Anm. I. H.], das Umherfahren auf weiter sturmgepeitschter Wasserflut, auf welcher wir des Nebels wegen den Weg verloren, dabei die Gefahr durch Weidenstämme, welche allerwärts verborgen standen, umgekentert zu werden, wird mir stets eine unheimliche und doch befriedigende Erinnerung bleiben.[8]

Neben der Unterbringung von Hochwasseropfern organisierte Cornelius Wilhelm Heyl eine Benefizveranstaltung zu ihren Gunsten.[9] Dafür wählte er die Aufführung eines ‚Tableau Vivant‘, einer im 19. Jahrhundert beliebten Repräsentationsform. Für ein Tableau Vivant, auch „Lebendes Bild“ genannt, bilden Personen kanonisch bekannte Gemälde oder Statuen nach.[10] Für das Spektakel in Worms wurde das Bild *Siegfrieds Abschied von Kriemhilde beim Aufbruch zur Jagd* aus dem Nibelungenzyklus des Historienmalers Peter von Cornelius (1783–1867) ausgewählt. Das Motiv passte besonders gut, weil die Sage im historischen Worms verortet ist, war aber ohnehin ein beliebtes Sujet, wenn es um die Inszenierung Lebender Bilder ging. In einem 1870 erschienenen Verzeichnis, das vierhundert Lebende Bilder umfasste, war auch die Nibelungensage angeführt, wobei sich der Autor Edmund Wallner auf Friedrich Heb-

---

die ertrunkene Kuh oben an der Decke. […] Es war eine dunkle und stürmische Nacht.“ Vgl. Wiener, Gedenkblatt, in: Germania Kalender 1884, S. 140 f.

7 Wiener, Gedenkblatt, in: Germania Kalender 1884, S. 145.

8 Cornelius Wilhelm Heyl an Wilhelm Beckmann am 28. Januar 1883, zit. n. Beckmann, Wandel, 1930, S. 69.

9 Beschreibung der Benefizveranstaltung vgl. Diekamp, Rezeption, in: Hinkel (Hrsg.), Nibelungen, 2004, S. 164.

10 Reissberger, Sprache, in: Folie/Glasmeier (Hrsg), Tableaux vivants, 2002, S. 189.

bels (1813–1863) Schauspiel bezog.[11] Wallners zahlreiche Publikationen zu diesem Thema verdeutlichen die Beliebtheit dieses „theatralen Formats“[12], das auch als gängige Salonunterhaltung betrieben wurde.[13] Eine neue und erweiterte Auflage wurde 1877 folgendermaßen angepriesen: „Edmund Wallner [...] kam auf den glücklichen Gedanken, für die Unterhaltung in den Winterabenden durch die Zusammenstellung von ‚Sujets zu lebenden Bildern‘ zu sorgen und diese in einem [...] Buche zu veröffentlichen. Der Herausgeber basirt seine Sujetauswahl auf die bekannten illustrirten Zeitschriften, Kunstwerke und Albums und giebt die nöthigen Winke in Beziehung auf Arrangement, Costüme und Musik.“[14]

Auf der Wormser Benefizveranstaltung stellte Sophie Heyl die burgundische Königstochter Kriemhild dar, die Heldenfigur Siegfried wurde von Maximilian von Gagern (1844–1911) verkörpert.[15] Nach der Vorstellung fand ein Empfang im Garten des Heylschen Schlösschens statt. Arrangeur des Tableau Vivant war Wilhelm Beckmann, ein Historienmaler aus Düsseldorf, der im selben Jahr auch den Lutherfestzug in Eisleben gestaltete und zudem prestigeträchtige Aufträge für die Berliner Nationalgalerie und den Gürzenichsaal in Köln ausführte.[16] Größere Aufmerksamkeit hatte dieser Künstler vor allem als Mitgestalter des Historischen Festzugs zur Vollendung des Kölner Doms am 16. Oktober 1880 erlangt. In seinen Memoiren schildert er die Wormser Benefizveranstaltung mit zeittypischem Pathos:

> Das Paar [Sophie Heyl und Maximilian von Gagern, Anm. I. H.] ging voraus. Silbern schien das Mondlicht in das wallende Goldhaar der Kriemhilde. Es war mit dem Hintergrund des Domes ein zauberhaftes Bild, hier auf dem historischen Boden der Gunthersburg die hehren Nibelungengestalten leibhaftig in königlicher Pracht wandeln zu sehen.[17]

Für einen Augenblick hatten Sophie Heyl und Maximilian von Gagern den Sagengestalten ihren Körper geliehen und dadurch den Schein der sagenhaften Vergangenheit verbreitet. Dieser Schein warf auch ein positives Licht auf die Gegenwart und die ge-

11 Wallner, Sujets, 1870, S. 31.

12 Leonhardt, Pictoral-Dramaturgie, 2007, S. 153.

13 Vgl. Siebel, Salon, 1999, S. 209.

14 Allgemeine musikalische Zeitung 9 (1877), S. 144, Anzeige zu: Eduard Wallner, Eintausend Sujets zu lebenden Bildern. Ein Verzeichnis von mehr als 1000 kleineren wie größeren Genrebildern, historischen Gruppen und biblischen Tableaux, welche sich zur Darstellung im Familienkreis wie für größere Gesellschaften besonders eignen, Erfurt 1876.

15 Maximilian von Gagern war zu diesem Zeitpunkt Kreisrat in Worms. Er war der zweitälteste Sohn des Präsidenten des Frankfurter Parlaments. Vgl. Möller, Adelstradition, in: Reif, Adel und Bürgertum, 2000, S. 103–121.

16 Der Maler und Kunstprofessor Wilhelm Beckmann steht als Zeuge der Begegnungen zwischen Emil Hartwich und Else Freifrau von Ardenne, geb. von Plotho, die als Inspiration für Theodor Fontanes Roman *Effi Briest* dienten, an prominenter Stelle in der deutschen Literaturgeschichte. Vgl. Franke, Leben, 1994, S. 104 f.

17 Beckmann, Wandel, 1930, S. 67 f.

genwärtigen Personen.[18] Für die zu diesem Zeitpunkt noch nichtadlige Industriellengattin und ihren Ehemann, der die Veranstaltung ausrichtete, bot das Spektakel die Möglichkeit, mehrere Botschaften auf elegante Weise zu vermitteln: Erstens verwies die Benefizveranstaltung auf die Wohltätigkeit der reichen Familie. Zweitens diente die Aufführung eines Lebenden Bildes nach einem bekannten Kunstwerk der Zurschaustellung eines bereits verinnerlichten Kunst- und Kulturgüterbesitzes und verwies zweifellos auf die eigene Kunstsammlung. Drittens kaschierte die Präsentation des Tableau Vivant die Geschichtslosigkeit der Unternehmerfamilie, die diese Tatsache als defizitär empfand. Viertens präsentierte sich Sophie Heyl im Verein mit einem Adelsvertreter und demonstrierte dadurch die gewünschte Integration der Familie in aristokratische Kreise.

Die ‚Momentaufnahme' der Aktivitäten der Familie im Zusammenhang mit dem Rheinhochwasser 1882 verbildlicht wesentliche Aspekte, die im Mittelpunkt der folgenden Ausführungen stehen. Er zeigt exemplarisch das soziale und kulturelle Engagement der Heyls und verdeutlicht ihre Praktiken und Techniken im Kontext des Mäzenatentums, zu denen Elitenkooperation und die Nutzung von Netzwerken, Inszenierung und Kulturtransferprozesse gehörten. Weiterhin lässt sich eine Vorstellung vom Wertehorizont und von den Geschmacksvorstellungen der Familie geben, die sich in ihrer Kunstsammlung und ihren mäzenatischen Projekten in Worms auf lokaler, aber auch auf regionaler und auf nationaler Ebene wiederfinden.

4.1 Die Felder der Heylschen Kulturförderung im Überblick

Das Engagement Cornelius Wilhelm und Sophie Heyls in der regionalen und überregionalen Kulturförderung war äußerst vielseitig. Sie bedienten das gesamte Spektrum kultureller Aktivitäten. Da die Übergänge zwischen einzelnen Maßnahmen der Prestigepolitik fließend sind, wurden Aspekte der Kulturförderung wie die betriebliche Kulturarbeit, die aufwändige und kostspielige Förderung der städtischen und regionalen Geschichtspflege sowie der Denkmalschutz hier bereits im Kontext des gesellschaftlichen Aufstiegs der Familie untersucht.[19]

Darüber hinaus brachte sich die Familie in fünf weiteren kulturrelevanten Feldern ein, die – basierend auf Quellen aus dem Familiennachlass und Auszügen aus der zeitgenössischen Presseberichterstattung – in den folgenden Kapiteln untersucht werden: Erstens spielten kirchliche Projekte und Stiftungen eine wichtige Rolle. Zweitens förderten die Heyls im Sinne ihrer Spitzenposition innerhalb der Stadt intensiv den Ausbau der städtischen Infrastruktur auf baulicher und institutioneller Ebene. Dazu gehörte drittens auch der Einsatz für Denkmalinitiativen. Darüber hinaus initiierten und organisierten die Heyls punktuelle kulturelle Veranstaltungen, die wissenschaftli-

18 Reissberger, Sprache, in: Folie/Glasmeier (Hrsg), Tableaux vivants, 2002, S. 205.

19 S. Kapitel 3.3.6 „Integration in die Adelsgeschichte – Denkmalschutz, Geschichtspflege, Heraldik"

che Versammlungen ebenso einschlossen wie Kunstausstellungen und Musikfeste oder – wie bereits gezeigt – die Inszenierung Lebender Bilder. Die Förderung von Musik und Theater gehörte viertens ohnehin zum kulturellen Betätigungsfeld der Familie, wobei die Mitgliedschaft in kulturfördernden Vereinen eine zentrale Rolle spielte.[20] Weiterhin setzten sie sich fünftens, analog zum Mäzenatentum anderer Unternehmer, Bankiers und Vertreter des Hochadels für Bildung, Wissenschaft und Forschung ein.[21]

Grundlegend für ihr Selbstverständnis als Mäzene war die private Kunstsammlung, die das Ehepaar in ihrem Stadtpalais inszenierte und schließlich 1926 als kostbare Stiftung der Stadt Worms schenkte. Von dieser Sammlung ging weiteres mäzenatisches Handeln aus: Die Familie konnte aus ihrem Bestand Leihgaben für Sonderausstellungen zur Verfügung stellen, Schenkungen tätigen und zeitgenössische Künstler mit Auftragsarbeiten betrauen. Aufgrund ihrer zentralen Funktion und komplexen Entstehungs- und Nutzungsgeschichte ist der Sammlung ein eigenes Unterkapitel (Kapitel 4.2.) gewidmet.

4.1.1 Kirchliche Projekte und Stiftungen

Stiftungen von sakralen Gegenständen und Kirchenausstattung gehörten bereits im Mittelalter zur kulturellen Praxis der Eliten, sie galten als frommes Werk und sicherten die Familienmemoria. Zur Zeit des Kaiserreichs blieb dieses Feld der Kulturförderung weiterhin bestehen. Allein der Unternehmer Karl Ferdinand von Stumm-Halberg war zwischen 1867 und 1890 maßgeblich am Bau von insgesamt fünf Kirchen in Neunkirchen und Brebach beteiligt.[22] Reiche Bankiersfamilien, wie etwa die Rothschilds oder Oppenheims, förderten intensiv das prominenteste Kirchenbauprojekt des 19. Jahrhunderts, die Fertigstellung und Restaurierung des Kölner Doms, gleichwohl sie nicht der katholischen Kirche angehörten.[23]

Neben dem bereits ausführlich dargestellten Denkmalschutzprojekt mit der Katharinenkirche in Oppenheim (Kap. 3.3.6) sowie den Bemühungen um die Erhaltung des Wormser Doms, engagierten sich die Heyls im kirchlichen Bereich insbesondere mit Objektstiftungen. Obwohl sie entsprechend ihrer Konfession vorwiegend evangelische Kirchen bedachten, schlossen sie katholische Gemeinden nicht aus. Im Zuge des

20 Für Sophie Heyl gingen das umfassende Vereinsengagement und die unübersichtlich große Anzahl an Mitgliedschaften ihres Mannes zu weit. In einem undatierten Brief aus den 1880er/1890er Jahren schrieb sie an Cornelius Wilhelm Heyl: „Aus verschiedenen Vereinen könnten wir einmal für einige Jahre austreten." StA Worms, Abt. 186, Nr. 549.

21 Vergleichbar: Familie Oppenheim, James Simon, Carl Röchling, Karl Ferdinand Stumm.

22 Bauer, Röchling, 2017, S. 51–56.

23 Effmert, Sal. Oppenheim, S. 213–224. Dabei ist berücksichtigen, dass eine Beteiligung am Kölner Dombauprojekt zuvorderst als Beitrag zur nationalen Einheit und Identität betrachtet wurde und der konfessionelle, kirchliche Aspekt dahinter zurücktrat. Vgl. Nipperdey, Kölner Dom, in: Historische Zeitschrift 233 (1981).

Schlosskaufes in Herrnsheim 1884 bedachten sie die örtliche katholische Kirche mit einer Schenkung von 32 sakralen Gerätschaften und Reliquien aus der Dalberg'schen Schlosskapelle.[24] Für die Dreifaltigkeitskirche in Worms ließ Cornelius Wilhelm Heyl 1890 gemalte Glasfenster anfertigen.[25] Jeweils einen Kronleuchter stiftete die Familie an die Kirchen in Pfeddersheim und Leiselheim.[26] 1910 schenkten sie der Wormser Lutherkirche eine Orgel, die mit einer Widmungstafel ausgestattet wurde,[27] und zwei Jahre später außerdem eine Altarbibel.[28] Für die evangelische Kirche in Worms-Hochheim stiftete Heyl 1920 neue Glocken.[29]

4.1.2 Ausbau der städtischen Infrastruktur in Worms

Mäzenatisches Engagement konzentrierte sich meist auf die Heimatstädte der Förderer. Sie investierten einen Großteil ihrer Kulturausgaben in die Infrastruktur ihrer Stadt. Auch die Heyls konzentrierten ihre Fördermaßnahmen auf Worms, das Zentrum ihres Wirkungskreises. Worms war kulturell bisher wenig erschlossen, sodass es möglich war, auf diesem Feld eine dominante Position zu besetzen. Durch das bisher bestehende kulturelle Vakuum in Worms erzielten die Heyls mit ihren Kulturprojekten eine hohe, auch überregionale Aufmerksamkeit und Sichtbarkeit. Ihre Kulturförderung diente zudem der Demonstration eines Machtanspruchs: Sie zeigten, dass sie als Angehörige des Adels einen kulturellen Führungsanspruch innehatten.

Die Heyls förderten die Infrastruktur der Stadt sowohl auf baulicher als auch auf institutioneller Ebene. Mit ihren Maßnahmen nahmen sie einerseits Einfluss auf eine bessere Verkehrsführung, die auch ihrem Unternehmen und den Beschäftigten der Lederwerke zugutekam, und andererseits auf ein attraktiveres Erscheinungsbild von Worms als Nibelungenstadt und auf einen verstärkten Ausbau des Fremdenverkehrs. Darüber hinaus schufen sie Bildungsinstitutionen, die für eine breite Öffentlichkeit zugänglich waren. Damit wird deutlich, dass die Kulturförderung der Heyls stets auch einen erzieherischen Anspruch verfolgte, der sich zunächst auf die Arbeiterschaft des

24 Rechnung nach einer Einzelaufstellung in: Bönnen, Familie, in: Bönnen/Werner (Hrsg.): Industriellenfamilie, 2010, S. 103–108.

25 StA Worms, Abt. 186, Nr. 1089, Skizze.

26 StA Worms, Abt. 186, Nr. 1246, Wormser Zeitung vom 24.11.1896. Zur Gesamtstiftung: StA Worms, Abt. 186, Nr. 1112.

27 BayHStA, NL Hupp, Nr. 1281, kolorierte Tuschezeichnung um 1912: Widmungstafel von Cornelius Wilhelm und Sophie von Heyl mit dem Wappen; vermutlich handelt es sich um einen nicht verwirklichten Alternativentwurf für die Inschrifttafel am Orgelprospekt der Wormser Lutherkirche.

28 BayHStA, NL Hupp, Nr. 182, kolorierte Tuschezeichnung, Einbandentwurf zu einer Bibel für Cornelius Wilhelm und Sophie von Heyl; Böcher, Heraldiker, in: Der Wormsgau 16 (1992), S. 146.

29 StA Worms, Abt. 186, Nr. 1105, Zwei Briefe des Kirchenvorstandes der evangelischen Kirche zu Worms-Hochheim an Cornelius Wilhelm Heyl, 1920.

eigenen Unternehmens richtete, aber im Lauf der Zeit auf die Einwohner von Worms und schließlich auf die gesamte Gesellschaft des Deutschen Kaiserreichs ausweitete.

4.1.2.1 Städtische Infrastruktur

Mit Geländeschenkungen nahm die Familie Heyl unmittelbar Einfluss auf das Wormser Stadtbild. Im Jahr seiner Nobilitierung 1886 stiftete Cornelius Wilhelm Heyl der Stadt einen öffentlichen Platz und finanzierte dessen Gestaltung als „Schmuckplatz“. Mit der Benennung als Sophienplatz wurde die Grundstücksspende als Familiengabe der Heyls gekennzeichnet.[30] Zwischen 1895 und 1904 verwirklichte die Familie ein Brunnenprojekt für den städtischen Schlossplatz. Sie stiftete eine Kopie des Nürnberger Rathausbrunnens aus dem 16. Jahrhundert von Pankraz Labenwolf (1492–1563).[31] Das Projekt wertete nicht zuletzt den Vorplatz des alten Heylsschlößchens und die Eingangssituation des Parks auf, den die Familie im Zuge der Errichtung ihres Stadtpalais', des Heylshofs, 1884 anlegen ließ. Damit verschränkte sich die private Prestigepflege mit dem öffentlichen Raum. Der Renaissancebrunnen wurde mit Bedacht als Modell ausgewählt: Das Bildprogramm mit wasserspeienden Drachen verweist auf das Nibelungensujet, das die Heyls für ihre Familienikonographie in Anspruch nahmen. Zur Verbesserung der Infrastruktur gehörte auch die Teilhabe am Bau der Ernst-Ludwig-Brücke über den Rhein im Jahr 1900. Die Stadt profitierte von der Schenkung von 10.000 Mark und der Stiftung eines Prunkpokals anlässlich der Brückenweihe.[32]

Mit der Gründung des von ihm initiierten Verkehrsvereins im Jahr 1904 verfolgte Cornelius Wilhelm Heyl das Ziel, Worms durch ein organisiertes Stadtmarketing für den Tourismus attraktiv zu machen.[33] Der Verein gestaltete die Fremdenverkehrswerbung, unterstützte die Stadt bei der Umsetzung von touristisch relevanten Aktivitäten, wie etwa dem ab 1904 regelmäßig veranstalteten Rosenfest, und richtete in den 1920er Jahren eine Auskunftsstelle mit Reisebüro am Lutherplatz ein.[34]

Auf institutioneller Ebene bildete die Gründung der Wormser Töchterschule (spätere Eleonorenschule) den Auftakt zur Heylschen Kulturpolitik im Wormser Stadtraum. Als federführender Initiator gehörte Cornelius Wilhelm dem nationalliberal-evangelisch dominierten Kuratorium an und stiftete für die Schule ein Haus am

30 StA Worms, Abt. 186, Nr. 1094, Lageplan; StA Worms, Abt. 186, Abt. 5/1, Nr. 2275, Übereignung des Sophienplatzes an die Stadt; StA Worms, Abt. 186, Abt. 5/1, Nr. 5246, Schmuckplätze (öffentliche Anlagen). 1892 wurde ein weiteres Gelände vor dem Judenfriedhof an die Stadt geschenkt. StA Worms, Abt. 186, Nr. 1108, Notarielle Urkunde über die Liegenschaftsschenkung.

31 StA Worms, Abt. 186, Nr. 1114.

32 StA Worms, Abt. 186, Nr. 1116. Zu den Einweihungsfeierlichkeiten vgl. Kapitel 3.4.1 „Titelakkumulation und soziale Netzwerke“.

33 Zur Gründung s. Verwaltungsrechenschaftsbericht des Oberbürgermeisters, Worms 1904, S. 22, Gründungsversammlung 05.01.1905.

34 StA Worms, Abt. 170/26, Schmuckurkunde des Wormser Verkehrsvereins mit Ernennung von Cornelius Wilhelm von Heyl zum Ehrenmitglied 1913. Die Vereinsunterlagen im StA Worms, Abt. 73 setzen erst in den 1920er Jahren ein.

Fruchtmarkt.[35] Auch die Alice-Industrieschule, eine Ausbildungseinrichtung für junge Mädchen war eine Stiftung der Heyls. Das Haus in der Renzstraße 26, in der die Schule bis 1922 untergebracht war, gehörte der *Stipendienstiftung Cornelius Heyl*.[36] Als prominentestes soziales Infrastrukturprojekt verkörpert der Bau eines Volkshauses, das nach dem Familiennamen der Heyls Cornelianum genannt wurde, den erzieherischen Anspruch ihrer Kulturförderung in besonderer Weise.

4.1.2.2 Der Bau des Cornelianums als Beispiel für eine erfolgreiche Kunst- und Kulturnetzwerkpolitik 1895–1910/15

Abb. 25: Cornelianum mit Dreifaltigkeitskirche, vorne: Siegfriedbrunnen, Mai 1934.

Anlässlich der Hochzeit seines Sohnes Cornel mit Prinzessin Mathilde von Ysenburg-Büdingen im Jahr 1907 stellte Cornelius Wilhelm Heyl der Stadt Worms einen Stiftungsbrief für ein neues Bürgerhaus aus. 1910 wurde das Cornelianum (Abb. 25) eröffnet, die Ausgestaltung eines Nibelungensaals und ein Siegfriedbrunnen kamen später hin-

35 StA Worms, Abt. 204, Nr. 24-01/06, Festschrift Eleonorenschule 1874–1924 (2 Ex.).

36 Bönnen, Familie Heyl, in: Bönnen/Werner (Hrsg.), Industriellenfamilie, 2010, S. 174

zu. Am Beispiel dieses Bauprojekts lässt sich zeigen, wie Cornelius Wilhelm und Sophie Heyl ihre herausgehobene Position in der kaiserzeitlichen Elite mit der Realisierung einer Stiftung festigten, an der hochrangige und etablierte Künstler und Architekten beteiligt waren. Das Cornelianum eröffnet den Blick auf das fein gewebte Kunst- und Kulturnetzwerk, in das sich die Heyls hineingeknüpft hatten, das sie nutzten und für ihre Zwecke ausbauten. Neben den eigentlichen Akteuren des Projekts agierte eine ganze Reihe von Ratgebern, Experten, Vermittlern und Publizisten direkt und indirekt für den Erfolg des Bauwerks im Sinne der Auftraggeber. Darüber hinaus ergibt die Auswertung der Quellen, insbesondere der Planungskorrespondenz, einen Überblick über die gegenseitigen Beziehungen der Akteure dieses Netzwerks und über die Schlüsselpersonen, die sie miteinander in Verbindung brachten.

Mit der Stiftung eines öffentlichen Bauwerks zur Hochzeit seines Sohnes griff Heyl eine Idee aus der Residenzstadt Darmstadt auf. Dort hatte die Stadt anlässlich der Vermählung des Großherzogs Ernst Ludwig mit Prinzessin Eleonore von Solms-Hohensolms-Lich Gelder für den Bau eines Aussichtsturms zur Verfügung gestellt. Daraufhin gab Ernst Ludwig bei Josef Olbrich (1867–1908) den sogenannten Hochzeitsturm in Auftrag, den er in den Jahren 1905 bis 1908 auf der Mathildenhöhe errichten ließ.[37]

Das Wormser Cornelianum sollte – laut Schenkungsbrief – als Erweiterungsbau des Rathauses der Vermittlung von Kunst und Wissen gewidmet sein: „Es ist unser Wunsch, mit dieser Stiftung auch der minderbemittelten Bevölkerung von Worms dadurch zu dienen, daß in den zu schaffenden Räumen volkstümliche Vorträge und Konzerte zur Veranstaltung kommen.“[38] Cornelius Wilhelm und Sophie Heyl bekräftigten gemäß zeitgenössischer paternalistischer Ideale, mit ihrer Stiftung „die sozialen Bande befestigen [zu wollen], welche die verschiedenen Berufsstände zum Segen der Stadt in der Pflege vaterstädtischer Interessen stets vereint haben.“[39] Dafür stellten sie einen Betrag von 300.000 Mark zur Verfügung. Über die Verwendung des Gebäudes verfügten die Stifter, es solle der Pflege künstlerischer und wissenschaftlicher Interessen und der Volksbildung dienen; agitatorisch-politische Zwecke wurden ausgeschlossen. Im Sinne der allgemeinen Hygienebestrebungen verfügte das Ehepaar Heyl, dass für die männlichen und weiblichen Arbeiter und Angestellten Bäder zu errichten seien, die gegen einen geringen Unkostenbeitrag zur Verfügung gestellt werden sollten. Eine weitere Bedingung für die Schenkung war es, „mindestens drei volksbildende Vorlesungen seitens der Stadt unentgeltlich für die Einwohner von Worms und die in Worms beschäftigten Arbeiter“ anzubieten.[40]

---

37 Laut Zeitschrift *Deutsche Kunst und Dekoration* war ursprünglich beabsichtigt gewesen, dem Großherzog anlässlich seiner Hochzeit einen zu errichtenden Aussichtsturm für die Summe von M 70.000 zu schenken. Letztendlich setzte der Großherzog gemeinsam mit Olbrich seinen eigenen Vorschlag durch. Vgl. Anonym, Ein Ausstellungsgebäude für Darmstadt, in: Deutsche Kunst und Dekoration 18 (1906), S. 462.

38 StA Worms, Abt. 170/26, Nr. 11, Schenkungsbrief vom 10. April 1907.

39 StA Worms, Abt. 170/26, Nr. 11, Schenkungsbrief vom 10. April 1907.

40 StA Worms, Abt. 170/26, Nr. 11, Schenkungsbrief vom 10. April 1907.

Offensichtlich bestand in Worms Bedarf an einem Mehrzweckgebäude im Stadtzentrum, das zudem mit einem Trauungszimmer und einem repräsentativen Veranstaltungssaal ausgestattet war. Damit griff Heyl den Volkshausgedanken auf, der sich ab den 1890er Jahren verbreitet hatte und Anhänger in allen politischen Lagern fand.[41] Ab etwa 1900 kam die Mode auf, dass wohlhabende Persönlichkeiten mit philanthropischem Gestus Volkshäuser stifteten. Bei der Gestaltung dieser Bauaufgabe tat sich der Architekturprofessor Theodor Fischer (1862–1938) aus Stuttgart besonders hervor.[42] Eine besonders weite Ausstrahlungskraft ging von Fischers Volkshaus mit Festsaal und Bühne im schwäbischen Pfullingen aus, das 1907 entstanden war. Die Heyls kannten Fischer über Gabriel von Seidl, der für sie seit Beginn der 1880er Jahre mehrere Projekte verwirklicht hatte, und in dessen Münchner Büro Fischer 1892 gearbeitet hatte. Als Lehrer der TH München und Professor für Entwerfen in Stuttgart war Fischer für seinen „souveränen Umgang mit den konventionellen Formensprachen“ bekannt und dafür, dass er der „malerisch-romantischen Richtung einer mittelalterlichen Vorbildern verpflichteten Stadtbaukunst verhaftet“ blieb.[43] Mit diesem Profil entsprach er genau den Vorstellungen und dem Geschmack der Heyls, welche die Schenkung an die Bedingung knüpften, dass die oberste Bauleitung Fischer zu übertragen sei. Bezeichnend ist, dass ein erster Entwurf Fischers für das Cornelianum bereits im Juli 1904 vorlag – drei Jahre vor der Hochzeit.[44]

Der Bau zeichnete sich durch eine lebhafte Gliederung und eine reiche ornamentale Gestaltung aus.[45] Mit der Aufschrift Cornelianum und der Anbringung des Familienwappens am Balkon war der Volkshausbau auf den ersten Blick als Stiftung der Familie Heyl erkennbar. Herausragendes Element der Innenarchitektur war der große Veranstaltungssaal, dessen Ausmalung mit Nibelungensujets der Stuttgarter Maler Karl Schmoll von Eisenwerth (1879–1948) in den Jahren 1913 bis 1915 ausführte.

Mit der neoromanischen Architektur und einem an Nibelungenmotiven inspiriertem Dekor knüpften die Stifter an die Geschichte an und zielten darauf ab, das Image von Worms als Nibelungenstadt und aufstrebendes Kulturzentrum nach innen und außen zu fördern, wie aus dem Schenkungsbrief hervorgeht:

> Es soll dieser Bau ein Symbol der von den Altvordern übernommenen und in einer stolzen Geschichte sich offenbarenden Kraft des Wormser Bürgertums darstellen. Mit dem ununterbrochenen Aufschwung der historisch altberühmten Stadt, die sich durch ihren reichen Sagenkreis und

---

41 Vgl. Schneider, Volkshausgedanke, in: Lampugnani/Schneider (Hrsg.), Architektur, 1992, S. 185 u. 190.

42 Der Kunsthistoriker Uwe Hinkfort geht in seiner Untersuchung der Architektur des Cornelianums davon aus, dass man Theodor Fischer auswählte, da sich seine Bauten stets gut in die bestehenden Altstädte eingliederten und dennoch „zeitgenössische Architektur[en]“ verkörperten. Vgl. Hinkfort, Theodor Fischer, in: Bönnen / Werner (Hrsg.): Industriellenfamilie, 2010, S. 361.

43 Durth, Architekten, 2001, S. 43 f.

44 StA Worms, Abt. 186, Nr. 1174, Theodor Fischer an Cornelius Wilhelm Heyl, 15.07.1904.

45 Zur Architekturgeschichte vgl. Hinkfoth, Theodor Fischer, in: Bönnen/Werner (Hrsg.), Industriellenfamilie, S. 361–370.

> ihre vielen Sehenswürdigkeiten, sowie durch ihre oft bewiesene Gastfreundschaft den ersten rheinischen Städten würdig anreiht, nimmt naturgemäß auch die Zahl der Versammlungen und Kongresse beständig zu, wenn wir daher die hierzu übereigneten Fest- und Nutzräume an historischer Stätte wieder wollen schaffen helfen, so hoffen wir damit einem allgemein empfundenen Bedürfnis und der Förderung wichtiger kultureller Bestrebungen zu dienen.[46]

Eine direkte Beziehung zwischen der Stadtgeschichte und der Familienmemoria stellten die Stifter mit Hilfe der schmiedeeisernen Wappen her, die eine Verschränkung des Heylschen Familienwappens mit dem Stadtwappen darstellten und die enge Verbundenheit der Stifterdynastie mit ihrer Heimatstadt visualisierten. Damit imitierten die Heyls ein Verhaltensmuster des Hochadels, demonstrierten ihren Machtanspruch und ihr Selbstbewusstsein. Versehen mit dem Wappen, das in das plastische Nibelungenprogramm integriert war, verhalf das Gebäude den Heyls zu einer monumentalen Verschmelzung mit dem Mythos. Gleichzeitig sollte es die Verdienste der Familie um die positive Stadtentwicklung zum Ausdruck bringen, oder, wie Heyl im Schenkungsbrief explizit formulierte, die Schenkung erfolge „zum sichtbaren Zeichen des Aufschwungs der Stadt Worms und der Teilhabe der Familie Cornelius Heyl an demselben“.[47] Das Cornelianum, dessen Einweihung am 15. Dezember 1910 in Anwesenheit des großherzoglichen Paares stattfand, bildete einen Höhepunkt der Kulturtopographie der Stadt.

Drei Jahre später, anlässlich seines 70. Geburtstags 1913, stiftete Cornelius Wilhelm einen ornamentalen Brunnen, der das Volkshaus architektonisch ergänzen, den Vorplatz künstlerisch ausgestalten und gleichzeitig ein „bedeutsames Merkzeichen“ schaffen sollte.[48] Geplant war ein Brunnen mit der Figur des jungen Siegfrieds als Drachentöter nach einem Entwurf des Münchner Künstlers Adolf Hildebrand. Obwohl der aus Muschelkalk gefertigte Brunnen bereits 1914 vollendet war, gelang die Aufstellung erst im September 1921; während des Krieges war der Brunnen eingelagert.[49]

Die Baugeschichte des Cornelianums mit Nibelungensaal und Siegfriedbrunnen ist im Familiennachlass der Heyls durch unterschiedliche Quellen, darunter Korrespondenz, Druckschriften und Presseberichterstattung gut dokumentiert. Vermittelt wird der Eindruck eines facettenreichen Projekts, das von den ersten Planungen im Jahr 1895 bis zur Vollendung mit der Aufstellung des Brunnens in den 1920er Jahren viele Jahre andauerte und an dem zahlreiche Personen involviert waren. Auf diese Weise verdeutlicht der Bauauftrag grundlegende Prinzipien, die für die Kulturförderung der Heyls charakteristisch waren. Zu diesem Zeitpunkt genoss die Familie bereits den Status von Freiherren, sodass der Bau des Volkshauses als Maßnahme zur Etablierung im Adel und der aristokratischen Kultur zu verstehen ist. Analog zu fürstlichen Baustif-

46 StA Worms, Abt. 170/26, Nr. 11, Schenkungsbrief vom 10. April 1907.
47 StA Worms, Abt. 170/26, Nr. 11, Schenkungsbrief vom 10. April 1907.
48 Swarzenski, Siegfriedbrunnen, 1921. StA Worms, Abt. 204, Nr. 53/1.
49 Swarzenski, Siegfriedbrunnen, 1921. StA Worms, Abt. 204, Nr. 53/1.

tungen trug das Cornelianum den Familienvornamen der Heyls, der bereits auf den Großvater Cornelius Wilhelms zurückverweist.

Im Fall des Cornelianums wird besonders deutlich, dass die Familie auf Projekte setzte, die eine bestmögliche Sichtbarkeit garantierten. Dabei bot ihre dominante Position in der übersichtlichen Stadtlandschaft von Worms optimale Möglichkeiten der Profilierung. Die Einschreibung des Familienwappens in die Architektur führte zu einer Personalisierung der Kulturförderun und verhalf zur Selbsterhöhung durch Geschichte. Dabei kam es nicht nur darauf an, in der städtischen Kulturtopographie einen symbolträchtigen Ort wie das Volkshaus zu schaffen – das Cornelianum sollte vielmehr als Leuchtturm für das Heylsche Mäzenatentum stehen und über die Region hinaus für Aufmerksamkeit und Bekanntheit der Familie sorgen. Darum bemühte sich insbesondere Cornelius Wilhelm Heyl: Er griff auf ein exzellentes Künstler- und Expertennetzwerk zurück, steuerte aktiv die Präsentation des Bauwerks in der Presse und integrierte sogar das großherzogliche Paar in Darmstadt. In der überlieferten Korrespondenz bezüglich des Cornelianums und der damit verbundenen Aufgaben spiegelt sich das persönliche Engagement des Mäzens wider, der seine finanzielle Macht und seine guten Beziehungen dafür einsetzte, das Vorhaben so weit wie möglich in seinem Sinne zu lenken.

Die Vorbereitungen für das Cornelianum begannen Mitte der 1890er Jahre. Bereits diese erste Phase bringt das überregionale Netzwerken der Heyls zur Anschauung. Mit ihren Kontakten traten sie mit renommierten Experten in Austausch, die selbst wiederum mit hochrangigen Persönlichkeiten interagierten. Lokale Akteure wurden im Laufe der Zeit ausgegrenzt, sodass nur noch Künstler, die auf nationaler und internationaler Ebene angesehen waren, für die Verwirklichung des Bauprojekts tätig waren. Dabei war außerdem von Bedeutung, dass sich die Beteiligten zumindest über Dritte innerhalb des Netzwerks persönlich kannten.

Der erste überlieferte Brief im Heylschen Nachlass, der auf Planungen zu einem Festsaalbau in Worms hinweist, stammt von dem Münchner Maler Friedrich August Kaulbach. Dieser hatte in den 1880er Jahren für die Familie Stein in Köln Auftragsarbeiten ausgeführt und 1885/86 aufgrund dieser familiären Beziehung ein monumentales Porträt Sophie Heyls angefertigt.[50] 1896 malte Kaulbach auch Adrienne Deichmann geb. Heyl, die älteste Tochter von Sophie und Cornelius Wilhelm. Im Zuge dieses Auftrags wurde er wohl in die laufenden Diskussionen über den Festsaalbau samt Brunnen eingebunden. So griff Kaulbach in einem Brief an Cornelius Wilhelm Heyl vom 27. September 1896 in einen Streit ein, der die erste Planungsphase von Cornelianum und Brunnen überschattete.[51] Offensichtlich ging es Cornelius Wilhelm ursprünglich lediglich um die Idee, für die Stadt einen Schmuckbrunnen zu stiften, der den Platz am Rat-

50 StA Worms, Abt. 186, Nr. 1165/4, Friedrich August von Kaulbach an Cornelius Wilhelm Heyl, 15.08.1886, Bericht über die Fertigstellung des Porträts.

51 StA Worms, Abt. 186, Nr. 1165/48, Friedrich August Kaulbach an Cornelius Wilhelm Heyl, 27.09.1896.

hausanbau zieren sollte.[52] Als ausführenden Künstler setzte er, auf Empfehlung Cosima Wagners (1837–1930), die er später auch als „Patin des Brunnens"[53] bezeichnete, den Bildhauer Adolf Hildebrand ein.[54] Dieser hatte 1891 mit dem Wittelsbacherbrunnen in München seinen künstlerischen Durchbruch erreicht und realisierte in 1890er Jahren zahlreiche Brunnenprojekte. Die Auftraggeber schätzten insbesondere seinen Anspruch, mit den Brunnen Gesamtkunstwerke zu schaffen, die sich harmonisch in die sie umgebende Architektur und urbane Situation einfügten.[55] Cosima Wagner hatte bereits im Dezember 1895 damit begonnen, einen Auftraggeber und Financier für einen Nibelungenbrunnen, den Adolf Hildebrand verwirklichen sollte, zu suchen und dabei an Cornelius Wilhelm Heyl gedacht. Sie informierte Hildebrand: „Ich habe nun mein Glück mit Heyl in Worms versucht, und ihn mit einigen Zeilen die Photographie des schönen Brunnens [gemeint ist wohl ein Brunnenmodell, Anm. I. H.] geschickt. Die zweite sende ich an [Wilhelm von] Bode, weil ich glaube, daß er mit Heyl bekannt ist und weil er einflußreich und hoch gesinnt ist."[56] Daraufhin meldete sich Hildebrand mit einem Brief zurück, dem zu entnehmen war, „daß der Brunnen von der Stadtgemeinde [...] in Aussicht genommen ist, natürlich angeregt durch Heyl, der jedenfalls das meiste Geld dazu giebt."[57]

Zu diesem Zeitpunkt bestand zwischen dem Rathausneubau von 1883 und der Dreifaltigkeitskirche eine Baulücke, eine architektonische Situation, die für Hildebrand mit der Platzgestaltung und dem Brunnen unvereinbar war. Er entwarf also eine Baugruppe, um die Lücke zu schließen und um einen ruhigen Hintergrund für den Brunnen zu schaffen.[58] Das stand jedoch im Widerspruch zu den Plänen der Stadt, die an dieser Stelle eine Bibliothek nach den Entwürfen ihres Stadtbaumeisters Karl Hofmann errichten wollte. Es kam zu einem Konflikt zwischen den Interessen des po-

---

52 Am Anfang der Planung 1890/91 wurde der Stadtbaumeister Hofmann mit der Herstellung eines Monumentalbrunnens mit Nibelungenbezug auf dem Platz Hagenstraße / Marktplatz betraut. Vgl. Bönnen, Familie Heyl, in: Bönnen/Werner (Hrsg.), Industriellenfamilie, 2010, S. 117. Adolf Hildebrand erwähnte die Planung eines Nibelungenbrunnens in einem Brief an Cosima Wagner im Dezember 1895, in: Sattler, Adolf von Hildebrand, 1962, S. 442.

53 StA Worms, Abt. 186, Nr. 556/4, Cornelius Wilhelm Heyl an Sophie Heyl, Florenz, 17.04.1900.

54 In seiner Erinnerungsschrift hielt Cornelius Wilhelm Heyl im Rückblick folgendes fest: „Frau Cosima Wagner schickte mir später [...] eine Skizze von Professor A. Hildebrand für die Errichtung eines romanischen Brunnens, die ich der Stadt stiften wollte." StA Worms, Abt. 170/26, Nr. 5, Cornelius Wilhelm von Heyl, Aus meinem Leben, Manuskript o. J., Transkript 1966, S. 29.

55 In München war Hildebrand schon in den ausgehenden 1880er Jahren so hoch angesehen, dass er 1887 den von König Maximilian II. gestifteten Maximiliansorden empfing. In den 1890er Jahren erhielt er Aufträge für den Straßburger Reinhardbrunnen, den Hubertusbrunnen in München, den Marktbrunnen für Bergisch Gladbach, den Herzog-Georg-Brunnen in Hildburghausen. Vgl. dazu Hufschmidt, Adolf Hildebrand, 1995, S. 9, 13 u. 51. 1903 wurde Hildebrand mit dem bayerischen Personaladel geehrt, 1913 folgte seine Erhebung in den erblichen Adel.

56 Cosima Wagner an Adolf Hildebrand, 15.12.1895, in: Sattler, Adolf von Hildebrand, 1962, S. 444.

57 Adolf Hildebrand an Cosima Wagner, 07.01.1896, in: Sattler, Adolf von Hildebrand, 1962, S. 446.

58 Schmoll, Nibelungen-Wandzyklus, in: Heinzle et al. (Hrsg.), Nibelungen, 2003, S. 623.

tentiellen Brunnenstifters Heyl, der Stadt und des Bildhauers. Dabei wurde auch erwogen, die Bauaufgabe von Hofmann und Hildebrand gemeinsam ausführen zu lassen.[59] Zwischenzeitlich erhob Hildebrand sogar den Verdacht, dass sein 1895 eingereichter Vorschlag sogar von Hofmann als Vorlage benutzt worden sei.[60] Er zog sich daraufhin zunächst von einer Mitarbeit zurück, und es wurde weiter diskutiert, welcher Meister mit dem Brunnen betraut werden sollte.

In diesem Zusammenhang stand das vermittelnde Schreiben von Kaulbach aus dem September 1896, indem dieser erklärte: „Ich sprach gestern mit Hildebrand [...] über die Brunnenfrage und erfuhr zu meinem Erstaunen daß er nur darum abgelehnt hätte weil man ihm das Ansinnen gestellt hatte den architektonischen Theil des Brunnens mit Baurath Hofmann zusammen zu machen."[61] Kaulbach erläuterte, dass es unmöglich sei, den Brunnen von zwei Künstlern ausführen zu lassen und zitierte Hildebrand, „das [sic] er nicht im Geringsten die Absicht gehabt habe sich um den Platz oder das dahinter liegende Gebäude zu kümmern."[62] Aus diesem Grund habe er, Kaulbach, beschlossen, sich an Heyl zu wenden, „denn was Sie nun auch beschliessen werden, ob Hildebrand oder Hofmann den Brunnen macht, [...] möchte ich nur nochmals wiederholen was ich früher bereits ausgesprochen, daß ich weder in Deutschland noch im Auslande einen Künstler kenne der eine solche Aufgabe wie Ihren Brunnen schöner großartiger zu lösen verstände als Hildebrand, denn auch Hofmann ist gegen ihn nur eine untergeordnete Kraft während Hildebrand einer der wenigen wirklich großen Männer in der Kunst ist, die aus dem Jahrhundert herausragen werden."[63] Zudem betonte Kaulbach, wie erfolgreich Hildebrand über München hinaus sei und dass sich auch der Kaiser sehr für ihn interessiere: „Er ist eine jener seltenen Erscheinungen der die Form auf allen Gebieten beherrscht, für Raumtheilung ein so feines sicheres Empfinden hat wie keiner unserer Architekten! Auch der Entwurf zu Ihrem Brunnen giebt davon wieder Zeugnis."[64]

Diese erste überlieferte Episode aus der Baugeschichte des Cornelianums gibt einen profunden Einblick in das Netzwerk, das zu diesem Zeitpunkt Akteure in Worms, München und Berlin im Zusammenhang der Heylschen Kulturförderung direkt und in-

59 Diese Idee lehnte Hildebrand bereits im Januar 1896 in einem Schreiben an Cosima Wagner ab: „Von einem Zusammenausarbeiten kann nicht die Rede sein und wenn ich nun dem Architecten Hofmann das klar mache, so habe ich ihn zum Feind." Adolf Hildebrand an Cosima Wagner, 07.01.1896, in: Sattler, Adolf von Hildebrand, 1962, S. 446.

60 Hufschmidt, Adolf von Hidelbrand, 1995, S. 84. Hufschmidts Untersuchung basiert auf dem Hildebrand-Archiv in München, in dem Briefe von Cornelius Wilhelm Heyl aus den Jahren 1897–1904 überliefert sind.

61 StA Worms, Abt. 186, Nr. 1165/48, Friedrich August Kaulbach an Cornelius Wilhelm Heyl, 27.09.1896.

62 StA Worms, Abt. 186, Nr. 1165/48, Friedrich August Kaulbach an Cornelius Wilhelm Heyl, 27.09.1896. In einem Brief an Cosima Wagner bezeichnete Hildebrand diesen Vorschlag als „zweiköpfige Hydra und [...] ein künstlerisches Ungeheuer". Adolf Hildebrand an Cosima Wagner, 07.01.1896, in: Sattler, Adolf von Hildebrand, 1962, S. 446.

63 Adolf Hildebrand an Cosima Wagner, 7.01.1896, in: Sattler, Adolf von Hildebrand, 1962, S. 446.

64 Adolf Hildebrand an Cosima Wagner, 7.01.1896, in: Sattler, Adolf von Hildebrand, 1962, S. 446.

direkt miteinander verband. Auf der Handlungsebene kooperierten Männer ungefähr gleichen Alters, die über ein hohes Kapital verfügten – im Falle des Stifters auf der ökonomischen und im Falle der Künstler auf der kulturellen Ebene. Friedrich August Kaulbach (geboren 1850) und Adolf Hildebrand (geboren 1847) hatten beide ein Studium an der königlichen Kunstgewerbeschule in Nürnberg absolviert. Sie hatten sich in München niedergelassen und verkehrten in einflussreichen Künstlerkreisen, etwa in der Künstlervereinigung Allotria, die von Franz von Lenbach gegründet wurde; ein ebenfalls für die Heyls tätiger Künstler.[65] Zu diesem Künstlernetzwerk gehörten auch die Architekten Gabriel Seidl und Lorenz Gedon.[66] Die Heyls kannten diesen Künstlerzirkel über die Familie Stein, die Friedrich August Kaulbach bereits 1882 als Porträtisten beauftragt hatten, und über Maximilian Heyl, der Lorenz Gedon und Franz von Lenbach in der deutschen Kunstabteilung der Pariser Weltausstellung 1878 kennengelernt hatte. Auch Adolf Hildebrand hatte dort zwei Bildwerke ausgestellt: *Adam* und *Schlafender Hirtenknabe*.[67]

Wie aus dem Brief Kaulbachs hervorgeht, gab es Begegnungen und persönliche Gespräche, in denen er sich mit Hildebrand über aktuelle Projekte austauschte. Sowohl Kaulbach als auch Hildebrand trugen den Professorentitel, ein akademischer Grad, der ein hohes kulturelles Kapital repräsentierte. Beide waren erfolgreich in ihrem Beruf und gehörten zu den bekanntesten Künstlern Münchens. Hildebrand hielt sich zu diesem Zeitpunkt noch häufig in seinem Florentiner Atelier auf, während Kaulbach sich bereits an der Spitze der kulturellen Elite Münchens etabliert hatte. Seit 1886 leitete er als Direktor die dortige Akademie, außerdem war er Mitglied der Akademie der Künste Berlin. Mit diesem Hintergrund, zu dem auch seine Herkunft aus einer berühmten Künstlerdynastie gehörte, besaß er die notwendige Autorität, bei Cornelius Wilhelm Heyl den Bildhauer Hildebrand für den Brunnenbau zu empfehlen. Er stellte die Qualität Hildebrands deutlich heraus und versuchte, die Konkurrenzsituation zwischen dem Stadtbaumeister Hofmann und seinem Münchner Kollegen aufzulösen. Hofmann musste in diesem Vergleich eindeutig verlieren. Klug brachte Kaulbach die Anerkennung, die Hildebrand in der Kulturmetropole Berlin genoss, gegen die Provinzialität der Wormser Stadtväter ins Spiel. Darüber hinaus führte er Kaiser Wilhelm II. als Erfolgsgaranten ein, der damit als indirekter Akteur in diesem Netzwerk erscheint. Die Beachtung, die Hildebrand durch den Kaiser erfuhr, nobilitierte sein Werk. Daraufhin schrieb Heyl dem Künstler 1897, dass es ihm darum ginge, „ein künstlerisches Meisterwerk in meiner Stadt zu erwerben und ich glaube, daß sowohl ihre ersten Skizzen, als auch andere Brunnenwerke von Ihnen die Gewißheit geben, daß Sie der größte, bis jetzt lebende Meister auf diesem Gebiet [...] sind. [...] Den architektonischen Teil

65 Sattler, Nachwort, in: Sattler (Hrsg.), Adolf Hildebrand, 2008, S. 174.

66 Seidl baute sowohl für Franz von Lenbach, als auch für Friedrich August Kaulbach und Adolf Hildebrand Künstlervillen in München.

67 Vosskamp, Präsentation, in: Zeitschrift für Kunstgeschichte 77 (2014), S. 243 u. 249.

denke ich mir von Kehlheimer Muschelkalk oder aus oberhessischer Lava dargestellt und die Figur des Siegfrieds in Bronze.“[68]

Im Folgenden erhielt Hildebrand den Brunnenauftrag.[69] Bei den Überlegungen spielte natürlich auch der finanzielle Rahmen eine Rolle. So geht aus einem Brief der städtischen Verwaltung an Heyl vom 30. Mai 1904 hervor, dass ein vergleichbarer Brunnen Hildebrands für die Stadt Straßburg 150.000 Mark gekostet habe.[70] Ein Kostenvoranschlag Hildebrands aus dem Jahr 1898 ging von 80.000 Mark aus, einer Summe, die dem Umfang entsprach, den Heyl sich vorgestellt hatte.[71]

Von Adolf Hildebrand selbst sind lediglich vier Briefe an Cornelius Wilhelm aus den Jahren 1899 und 1901 überliefert. In diesem Zeitraum schien immer noch nicht klar zu sein, ob Hildebrand einen Entwurf allein für den Brunnen oder darüber hinaus auch für das Festgebäude liefern sollte. Im ersten Schreiben vom Januar 1899 antwortete Hildebrand auf eine Anfrage Heyls, der einen Bildhauer für ein Standbild der Großherzogin Alice, das seine Frau Sophie im Verein mit anderen weiblichen Honoratioren der Stadt Worms stiften wollte. Hildebrand brachte die Sprache auf Theodor Fischer: „Bezüglich des Alice Denkmals glaube ich den hiesigen Architekten Theod. Fischer am Stadtbauamt in erster Linie empfehlen zu dürfen.“[72] Letztlich bekam jedoch der Bildhauer Ludwig Habich diesen Auftrag.[73]

Am gleichen Tag sandte Hildebrand ein weiteres Schreiben an Heyl, das sich inhaltlich mit dem Wormser Brunnen befasste. In diesem Brief kommunizierte er seine Begeisterung für den Auftrag und ging auf Cornelius Wilhelm ein, dem er die Rolle des selbstlosen Förderers beimaß, die dieser gerne verkörpern wollte:

> Einmal sehe ich eine Aufgabe vor mir, die ich mir schon lange ersehnt habe [...], andererseits hat mich das gütige Schicksal unter den tausenden von dahinkümmernden Menschen in Ihnen Jemand finden lassen, der künstlerischen Anspruch und Wärme mit einem unternehmenden, thatkräftigen Geiste verbindet.[74]

Offensichtlich waren zu diesem Zeitpunkt weder die Auftragssituation noch die personellen Fragen geklärt, da Hildebrand auf eine kommende Unterredung Heyls mit dem Bürgermeister eingeht, in der die „Idee des großen Saals“ diskutiert und entschieden werden sollte.[75] Allerdings sah der Bildhauer auch schon einer „gemeinschaftlichen

68 Cornelius Wilhelm Heyl an Adolf von Hildebrand, 21.09.1897 (Hildebrand-Archiv München), zit. n. Hufschmidt, Adolf von Hildebrand, 1995, S. 85 f.

69 Die Ausführung des von ihm angedachten Gebäudeteils wurde jedoch letztlich weder ihm noch dem Stadtbaumeister Hofmann, sondern dem angesehenen Architekten Theodor Fischer anvertraut.

70 StA Worms, Abt. 186, Nr. 1174-128, Seyler (Stadtbauamt Worms) an Cornelius Wilhelm Heyl, 30.05.1904.

71 Hufschmidt, Adolf von Hildebrand, 1995, S. 86.

72 StA Worms, Abt. 186, Nr. 1165-67, Adolf von Hildebrand an Cornelius Wilhelm Heyl, 06.01.1899.

73 Mensch, Erinnerungen, 1917, S. 7 f.

74 StA Worms, Abt. 186, Nr. 1165-64, Adolf von Hildebrand an Cornelius Wilhelm Heyl, 06.01.1899.

75 StA Worms, Abt. 186, Nr. 1165-64, Adolf von Hildebrand an Cornelius Wilhelm Heyl, 06.01.1899.

Thätigkeit“, wie er formulierte, mit „freudigster Spannung“ entgegen.[76] Schon im Mai 1899 verkündete er aus seinem Atelier in Florenz die Fertigstellung eines Tonmodells, das Cornelius Wilhelm während eines Italienaufenthaltes im Frühjahr 1900 in Augenschein nahm.[77] 1901, so geht aus dem letzten überlieferten Brief Hildebrands hervor, liefen die Verhandlungen um den Festsaalbau weiter, der Bildhauer arbeitete an einem Entwurf und an Werkplänen für das Gebäude, wartete aber auf weitere Anweisungen.[78]

Cosima Wagner, von der die Idee, Hildebrand mit dem Wormser Brunnen zu beauftragen, ursprünglich ausgegangen war, bestärkte Heyl in seiner Entscheidung, den Bildhauer im Gesamtprojekt zu halten.[79] Das Ehepaar Heyl gehörte zum Bekanntenkreis von Richard und Cosima Wagner und hatte von Beginn an Wagners Bayreuther Festspiele unterstützt.[80] Die Frau des Komponisten war über die Unstimmigkeiten im Bauprojekt unterrichtet, auch weil Hildebrand sie mehrmals bat, sich für ihn einzusetzen, etwa mit den Worten: „Es würde sich also wahrscheinlich darum handeln, Baron Heyl einen Liebestrank zu geben, der ihm die nöthigen Flügel wieder wachsen läßt.“[81] Nach einem Besuch in Hildebrands Atelier im März 1899 schrieb sie Folgendes an Cornelius Wilhelm:

> Es ist schön von Ihnen daß Sie sich der Kunst u. des verdienten Künstlers angenommen haben, Sie hatten einen schweren Stand denn unsere Zeit ist unkünstlerisch, zumal der Bildnerei gegenüber [...] das populäre unfehlbar einschlagende Moment der Geldausgabe haben freies Spiel. Um so schöner ist es, daß Sie hochgeehrter Freiherr sich der bedachten Sache angenommen haben. Das Schönste aber ist, Ihr Entschluß den Brunnen der Stadt Worms zu stiften u. wie ich auf dem

---

76 StA Worms, Abt. 186, Nr. 1165-64, Adolf von Hildebrand an Cornelius Wilhelm Heyl, 06.01.1899.

77 StA Worms, Abt. 186, Nr. 1202-41, Adolf von Hildebrand an Cornelius Wilhelm Heyl, 10.05.1899.

78 StA Worms, Abt. 186, Nr. 1174-186, Adolf von Hildebrand an Cornelius Wilhelm Heyl, o. D. 1901. Eine Skizze Hildebrands für einen neuromanischen Bau mit vorgelagertem Brunnen ist im Architekturmuseum der TU München erhalten, Nr. Hild-243-15, s. Bönnen, Familie Heyl, in: Bönnen/Werner (Hrsg.), Industriellenfamilie, 2010, S. 117, Abb. 119.

79 Dazu schrieb Cornelius Wilhelm Heyl in seinen Erinnerungen: „Frau Cosima Wagner schickte mir später [...] eine Skizze von Professor A- Hildebrand für die Errichtung eines romanischen Brunnens, den ich der Stadt stiften wollte.“ StA Worms, Abt. 170/26, Nr. 5, Cornelius Wilhelm von Heyl, Aus meinem Leben, Manuskript o. J., Transkript 1966, S. 29.

80 Bereits 1877 erwarben die Brüder Cornelius Wilhelm und Maximilian Heyl Patronatsscheine im Wert von jeweils 300 Talern für die Bayreuther Festspiele. Gründer des Bayreuther Patronatsvereins war ihr 1909 geadelter Cousin Friedrich Wilhelm Schoen, der auch Teilhaber der Heylschen Lederwerke war. Ab diesem Zeitpunkt war die Familie regelmäßig im Publikum des Rings. Vgl. Bauer, Worms, in: Bönnen/Werner (Hrsg.), Industriellenfamilie, 2010, S. 371 f. Dazu schrieb Cornelius Wilhelm in seinen Erinnerungen: „In Bayreuth, wo wir den ersten Nibelungen-Aufführungen beiwohnten, und später der ersten Parsival-Aufführungen, hatte ich die Gelegenheit im Hause Wahnfried mit Frau Wagner zusammenzutreffen. Auch trafen wir dort die feingeistige Mathilde Wesendonk, die eine Cousine meiner Frau war.“ StA Worms, Abt. 170/26, Nr. 5, Cornelius Wilhelm von Heyl, Aus meinem Leben, Manuskript o. J., Transkript 1966, S. 32.

81 Briefe von Adolf Hildebrand an Cosima Wagner, 7.01.1896, 1.02.1896, 12.02.1896 in: Sattler, Adolf von Hildebrand, 1962, S. 449.

> Plan gesehen habe, noch dazu mit einem Hause, das so ausgezeichnet architektonisch erdacht ist, daß es die Wirkung des Brunnens sehr erhöhen wird.[82]

Weiterhin bediente Cosima Wagner in diesem Schreiben, das den Wormser Freiherrn offensichtlich in seinem kulturfördernden Engagement bestärken sollte, das Narrativ des kunstsinnigen Mäzens, mit dem sich Cornelius Wilhelm nur zu gerne identifizierte. Sie berief sich dabei auf Hugo von Tschudi (1851–1911), der ebenfalls zum Publikum der Bayreuther Festspiele gehörte und gerade zum Direktor der Nationalgalerie Berlin aufgestiegen war:

> In seiner Rede über Publikum u. bildende Kunst hat Prof. v. Tschudi scharfsinnig aufgestellt, daß die bildende Kunst auf die Unterstützung der Massen nicht rechnen kann u. daß sie auf vornehm gesinnte, fein geisitig angelegte u. ihrem Geschmack durch gebildete Mäcene angewiesen ist. Ich freue mich, Sie als solchen, durch diese Stiftung des Hildebrandt'schen Brunnens zu begrüßen […] u. so danke ich Ihnen, hoch geehrter Freiherr u. wünsche daß es mir möglich werde, es in diesem Jahre bei unseren Festspielen mündlich zu thun.[83]

Damit wird deutlich, dass es Cornelius Wilhelm gelungen war, seine Position innerhalb der kaiserzeitlichen Elite zu festigen und auszubauen, in diesem Fall mit dem Auftrag eines Stiftungsprojekts an einen anerkannten Künstler. Er sicherte sich die Aufmerksamkeit entscheidender Persönlichkeiten, wie etwa Cosima Wagner, die an den Schnittstellen des aktuellen Kulturnetzwerks agierten, vermittelten und kommunizierten. Dieses Netzwerk blieb nicht auf die Grenzen des Deutschen Reiches beschränkt, auch in Florenz, Hildebrands zweitem Wohn- und Ateliersitz, spielten sich exklusive Zusammentreffen ab.[84] Heyl besuchte den deutschen Bildhauer, der ein malerisches, altes Klostergebäude bewohnte.[85] Er empfing den Mäzen in der ehemaligen Sakristei, die er zum Atelier umfunktioniert hatte. In einem Brief an seine Frau Sophie berichtete Cornelius Wilhelm von diesem Besuch im April 1900, bei dem auch Cosima Wagner anwesend war: „Frau Cosima war natürlich hinreißend liebenswürdig als Patin des Brunnens und als Freundin des Meisters."[86] Aus dieser Zusammenkunft ergaben sich weitere gemeinsame Treffen, etwa ein Abendessen mit dem Künstlerehepaar Hildebrand und der Familie Wagner bei den Freiherren von Stumm, die sich zu diesem Zeitpunkt ebenfalls in Florenz aufhielten. Außerdem wurde Heyl in das Haus von Gräfin Blandine Gravina, Cosima Wagners Tochter geladen, wo sie ein – wie er an Sophie schrieb – „frisch anregendes Gespräch" geführt hätten: „Cosima ist sehr kirchlich evan-

---

82 StA Worms, Abt. 186, Nr. 1165-065, Cosima Wagner an Cornelius Wilhelm Heyl, 27.03.1899.
83 StA Worms, Abt. 186, Nr. 1165-065, Cosima Wagner an Cornelius Wilhelm Heyl, 27.03.1899.
84 Vgl. hierzu auch Clemens, Art Market, in: Heyrman et al. (Hrsg.), Leisure 2020, S. 99–118.
85 Sattler, Adolf von Hildebrand, 1962, S. 474 f., Adolf Hildebrand an seine Frau, Florenz, April 1900: „Ich war heute mit Frau Wagner oben in der Villa Mercede, […]. Dann kam Heyl aus Worms mit Tochter und Sohn und wir haben alle im campo auf der banca verde Thee getrunken, es war sehr nett. […] Dienstag Abend bei Stumm. Morgen Mittag bei Marquart immer mit Frau Wagner zusammen."
86 StA Worms, Abt. 186, Nr. 556-4, Cornelius Wilhelm Heyl an Sophie Heyl, 17.04.1900.

gelisch und gläubig. […] Sie läßt sich dir vielmals empfehlen. Profil Äußeres und Sprache dieser merkwürdigen Frau hoch interessant.“[87]

Aus dem überlieferten Archivmaterial geht nicht hervor, wann genau der Entschluss fiel, Hildebrand aus den Planungen des Festsaalbaus auszuschließen, doch aus einem Brief des Bildhauers an Cosima Wagner vom Januar 1904 spricht die Enttäuschung über den Wormser Stifter: „Mittlerweile habe ich endlich von Heyl Bescheid bekommen. Der Bau ist also ins Wasser gefallen, die Stadt wird statt seiner bauen und einen anderen Architekten nehmen. Dabei hofft er aber den Brunnen in 8 Monaten zu bekommen. Er benimmt sich dabei wie ein schäbiger Filou.“[88] Ein Bibliotheksgebäude mit dem Stadtbaumeister Hofmann als Architekten konnten die Stadtverordneten jedoch ebenfalls nicht realisieren, da die Dringlichkeit für ein städtisches Kongress- und Festgebäude überwog, nachdem die Wormser Casinogesellschaft ihr für solche Zwecke genutztes Gebäude an die Garnison abgegeben hatte.[89] Daraufhin übernahm Cornelius Wilhelm endgültig die Initiative und finanzierte den Bau des Cornelianums mit dem Architekten Theodor Fischer. Hildebrand gegenüber schrieb er: „Die Stadt […] hat Herrn Professor Fischer in Stuttgart beauftragt den Plan zu erstellen. Er wurde hauptsächlich auch deshalb gewählt, weil er den deutschen romanischen Stil beherrscht und in der Lage sein wird Ihrem Brunnen in vollem Maße gerecht zu werden.“[90] Der Kunsthistoriker Josef Adolf Schmoll gen. Eisenwerth (1915–2010) geht von einem Wettbewerb für einen Entwurf des Festsaalbaus aus, den Fischer 1905 gewann.[91] Dazu ist jedoch keine Quelle überliefert.

Nachdem für Hildebrand gescheiterten Saalbauprojekt griff Heyl erst wieder um 1912 dessen Brunnenentwurf auf. Er nahm seinen 70. Geburtstag 1913 zum Anlass, die veranschlagten 80.000 Mark für den Brunnen zu stiften. Dieser vergleichsweise niedrige Betrag – für den Kölner Otto-Andreae-Brunnen stellte der Auftraggeber Kommerzienrat Otto Andreae (1833–1910) 200.000 Mark für Hildebrand zur Verfügung – setzte dem Bildhauer relativ enge Grenzen für die Ausführung des Siegfriedbrunnens.[92] Er verwirklichte ein Modell, bei dem romanisierende Architekturelemente im Verhältnis zur unterlebensgroßen Einzelfigur des Siegfried eindeutig dominierten. Als Material

87 StA Worms, Abt. 186, Nr. 556-5, Cornelius Wilhelm Heyl an Sophie Heyl, 22.04.1900.

88 Adolf Hildebrand an Cosima Wagner, 16.01.1904, in: Sattler, Adolf von Hildebrand, 1962, S. 493–494, Zitat: S. 494. Fritz Reuter sieht ein „Bündel von bürgerlich-bildungstheoretischen, politischen, persönlichen und ‚späthistorischen‘ Gründen“ für den Architektenwechsel. Offensichtlich erschien der Architekt Theodor Fischer eher geeignet, „den Bau im lokal erwünschten ‚deutsch-romanischen Stil‘ zu gestalten“. Vgl. Reuter, Karl Hofmann, 1993, S. 332.

89 Schmoll gen. Eisenwerth, Nibelungen-Wandbildzyklus, in: Heinzle et al. (Hrsg.), Nibelungen, 2003, S. 623. Der Kunsthistoriker Josef Adolf Schmoll gen. Eisenwerth war der Neffe von Karl Schmoll von Eisenwerth, der den Nibelungenzyklus im Cornelianum schuf.

90 Cornelius Wilhelm Heyl an Adolf von Hildebrand, 02.01.1904 (Hildebrand-Archiv, München), zit. n. Hufschmidt, Adolf von Hildebrand, 1995, S. 87.

91 Schmoll gen. Eisenwerth, Nibelungen-Wandbildzyklus, in: Heinzle et al. (Hrsg.), Nibelungen, 2003, S. 623.

92 Zum Otto-Andreae-Brunnen in Köln s. Hufschmidt, Adolf von Hildebrand, 1995, S. 156.

verwendete er fränkischen Muschelkalk, nachdem er Heyl aus technischen, aber auch stilistischen Gründen von der Bronzefigur abgeraten hatte.[93] Aus der Korrespondenz geht hervor, dass Hildebrand am liebsten ganz auf die Skulptur verzichtet hätte, aber Heyl legte offenbar großen Wert auf die Darstellung der Sagengestalt aus dem Nibelungenlied. Im Dezember 1912 konnte Theodor Fischer, der Architekt des Cornelianums, Hildebrand schließlich von der Figur überzeugen.[94] Heyl beeinflusste den Entwurf in jeder Hinsicht. Bereits in den Vertragsstatuten legte er im Sinne eines personalisierten Mäzenatentums fest, dass der Brunnen mit einer Inschrift und Wappenbildern seiner Familie ausgestattet werden sollte.[95] Hildebrand integrierte also eine Inschrift in gotisierenden Majuskeln in seine Ausführung, die von Heylschen Familienwappen unterbrochen wurde und über die Wandungsflächen der oberen Wasserrinne verlief: „Der Vaterstadt gewidmet / Freiherrn von Heyl zu Herrnsheim / Freifrau Sophie von Heyl zu Herrnsheim / 12. Februar 1913 / Geschaffen von Adolf von Hildebrand“.

Der im Januar 1921 verstorbene Bildhauer erlebte die Enthüllung seines Monumentalbrunnens im September desselben Jahres nicht mehr, den Prozess der Aufstellung begleitete sein Schwiegersohn Carl Sattler (1877–1966). Zur Einweihung gab Cornelius Wilhelm Heyl eine Festschrift heraus, die von Georg Swarzenski verfasst wurde. Swarzenski leitete seit 1906 das Städelsche Kunstinstitut in Frankfurt und gehörte zu den führenden Experten für mittelalterliche Kunst und italienische Renaissanceplastik.[96] Er hob insbesondere hervor, dass Hildebrand den Brunnen dem mittelalterlichen Charakter der Stadt entsprechend entworfen und damit eine „Erinnerung an ihre größte Zeit“ erschaffen habe: „Hier in Worms, gleichsam zu Füßen des Domes, bot ein Anlehnen an die Formenwelt des romanischen Stils die natürlichste Lösung. Der Brunnen ist mit dem Geiste der romanischen Monumentalkunst geschaffen.“[97] Obwohl die Platzgestaltung um den Rathausanbau ursprünglich von der Idee eines Nibelungenbrunnens ausgegangen war, hatte das Brunnenprojekt hinter dem Festsaalbau an Bedeutung verloren. Da der Brunnen zeitlich verschoben erst nach dem Krieg errichtet werden konnte, genoss das Werk letztlich eine nur geringe Aufmerksamkeit, während das Cornelianum des Architekten Theodor Fischer mit großem Beifall aufgenommen worden war und daher als erfolgreiches Prestigeobjekt für die Familie Heyl gewertet werden kann.

Von Theodor Fischer liegen ab 1903 Briefe an Cornelius Wilhelm Heyl vor, die belegen, dass er sich regelmäßig mit dem Auftraggeber traf und schon 1904 einen Entwurf

---

93 Eine Besprechung der Entwurfs- und Ausführungsgeschichte des Siegfriedbrunnens findet sich bei Hufschmidt, Adolf von Hildebrand, 1995, S. 88–100; Zwei Gipsmodelle befinden sich in der Neuen Pinakothek in München, vgl. Hufschmidt, Adolf von Hildebrand, 1995, S. 83 und Abb. 64.

94 StA Worms, Abt. 186, Nr. 1174-172, Theodor Fischer an Cornelius Wilhelm Heyl, 01.12.1912.

95 Vertragsvorschlag von 1913, zit. n. Hufschmidt, Adolf von Hildebrand, 1995, S. 87 f.

96 Zu Swarzenski s. Wendland, Handbuch, 1999, S. 677–683.

97 StA Worms, Abt. 204, Nr. 53/01, Swarzenski, Der Siegfried-Brunnen in Worms, 1921.

für den Festsaalbau fertig gestellt hatte.[98] Heyl hatte es offensichtlich versäumt, Hildebrand darüber zu informieren. Ob dies mit Absicht geschah, ist nicht nachzuvollziehen. Bereits im Juli 1903 schrieb Fischer von einem Aufenthalt im Schloss Friedrichshafen bei Wilhelm II. von Württemberg, dass er aufgrund seiner aktuellen Tätigkeiten für den König nicht im vorgesehenen Zeitraum mit dem Entwurf für Worms fertig geworden sei.[99] Es folgten Gespräche in Worms und in Pfauenmoos. Obwohl aus der Stiftungsurkunde hervorgeht, dass die Benennung des Gebäudes als Cornelianum 1907 durch den Stadtrat erfolgte, findet sich diese Bezeichnung bereits in den ersten Entwurfsankündigungen Theodor Fischers von 1904. Aus der Korrespondenz geht hervor, dass Heyl großen Wert darauf legte, von Fischer in die Planungen einbezogen zu werden. Außerdem koordinierte und moderierte der Stifter die Absprachen zwischen dem Bürgermeister und dem Architekten. In die Planungsphase brachte sich wohl auch Sophie Heyl ein, jedenfalls betonte Cornelius Wilhelm ihr Engagement in seiner Erinnerungsschrift.[100]

Die Architekturplastik sollte die Nibelungentradition der Stadt wiederbeleben, was sowohl dem Interesse der Stadtoberhäupter als auch der Heyls entsprach, dem Architekten allerdings weniger gefiel. Neben Reliefs aus dem Büro Theodor Fischers bestimmten insbesondere Bildwerke des Münchner Bildhauers Georg Wrba (1872–1924), der seit 1907 als Professor an der Akademie in Dresden lehrte, Fassade und Halle des Bauwerks.[101] In der zeitgenössischen Fachpresse wurde Wrba mit dem Etikett „Hildebrand-Schule" versehen, zugleich schuf er 1905 ein Reiterdenkmal von Otto I. von Wittelsbach in Zusammenarbeit mit Theodor Fischer.[102] Bereits 1899 hatte er Fischer bei der Ausführung der ornamentalen Teile des Bismarckturms am Starnberger See unterstützt.[103] So kann Wrba im Gesamtprojekt auch eine verbindende Rolle zwischen Hildebrand und Fischer zugeschrieben werden. Als Bildhauer gestaltete er die Figur König Gunthers für den Giebel am Eckteil des Gebäudes sowie eine Statue des musizierenden Volker von Alzey. Für das Hauptportal schuf er ein großes Relief mit dem Einzug Siegfrieds in Worms und für die große Halle steinerne Büsten von Brunhild und Krimhild.

---

98 StA Worms, Abt. 186, Nr. 1202 und 1174, Fünf Briefe Theodor Fischers aus den Jahren 1903–1905 sowie 1912.

99 StA Worms, Abt. 186, Nr. 1202-39, Theodor Fischer an Cornelius Wilhelm Heyl, 29.07.1903.

100 „Einen großen Anteil an der Erbauung des Cornelianums […] hatte auch meine liebe Frau genommen, die den Professor Theodor Fischer bei seinen Entwürfen in sachverständigster Weise beeinflusste.", StA Worms, Abt. 170/26, Nr. 5, Cornelius Wilhelm von Heyl, Aus meinem Leben, Manuskript o. J., Transkript 1966, S. 31.

101 Georg Wrba studierte 1891–1896 an der Akademie der Bildenden Künste in München, die seit 1886 von Friedrich August von Kaulbach geleitet wurde.

102 Habich, Wrba, in: Deutsche Kunst und Dekoration 17 (1905/1906), S. 354.

103 Habich, Wrba, in: Deutsche Kunst und Dekoration 17 (1905/1906), S. 354 u. 362. Laut Habich beruhte Fischers Sockellösung auf einem Aushandlungsprozess, da die beiden Künstler es gewohnt waren, miteinander Kompromisse zu finden. Habich, Bismarckdenkmal, in: Kunst und Handwerk 50 (1899/1900), S. 103–122.

Im Nachhinein äußerte sich Fischer in einem Brief an Swarzenski positiv über Wrbas Arbeit, allerdings hinterfragte er das bildnerische Konzept der Auftraggeber. Insbesondere die „zu derb[e]“ Volkerfigur fand das Missfallen des Architekten. Insgesamt kritisierte er die „mit den Mitteln illustrativer Plastik“ erzielte „Nibelungenstimmung“. Die „Wagnerei“ sei ihm ein Graus, schreibt er, obwohl davon auszugehen ist, dass er das Figurenarrangement mit Wrba abgestimmt hatte.[104] Cornelius Wilhelm Heyl hatte sich über die Skulpturen Wrbas zufrieden gezeigt, jedenfalls bedankte sich der Bildhauer 1909 beim Auftraggeber für ein Anerkennungsschreiben.[105]

Weitere bildhauerische Elemente bezogen sich auf den Stifter und die Stadt. In gewohnt selbstbewusster Weise schrieb sich Heyl in das Bildprogramm ein: Zuvorderst durch die plastische Aufschrift Cornelianum am Balkon, etwas subtiler, aber umso bedeutsamer durch die visualisierte Verschmelzung seines Familienwappens mit Lilie und Schlüssel mit den Elementen des Stadtwappens Schlüssel und Stern.[106] Seinen Heraldiker Otto Hupp beauftragte Heyl noch 1913, eine Ehrentafel für sich und seine Familie anzufertigen, die nachträglich im Foyer des Cornelianums angebracht werden sollte.[107]

Zur Einweihung des Cornelianums ließ Cornelius Wilhelm Heyl, wie später zur Enthüllung des Brunnens, eine Denkschrift herausgeben, die ebenfalls von Georg Swarzenski verfasst wurde. Für die Illustrationen und die Typographie beauftragte Heyl den Künstler Joseph Sattler, der ihn bereits im großen Projekt der mehrbändigen Stadtgeschichte überzeugt hatte.[108] Der ebenfalls in München ansässige Grafiker Attilio Sacchetto (1876–1945) trug Kohlezeichnungen bei.[109] Swarzenski lobte im Sinne des Auftraggebers die Architektur und bezeichnete das Cornelianum als „stolzes Denkmal für die Familie des Stifters, die zu den wenigen Patriziergeschlechtern gehört, die bereits vor dem Stadtbrande im Jahre 1689 in Worms ansässig waren und nunmehr seit über 200 Jahren Freud und Leid mit der Stadt teilen.“[110] Obwohl die Familie Heyl erst im 18. Jahrhundert aus Bacharach nach Worms übergesiedelt war, verlegte Cornelius Wilhelm Heyl über Auftragsautoren seine Familiengeschichte in eine fernere Vergan-

104 Theodor Fischer an Georg Swarzenski, 17.11.1910, zit. n. Schmoll gen. Eisenwerth, Nibelungen-Wandbildzyklus, in: Heinzle et al. (Hrsg.), Nibelungen, 2003, S. 624.

105 StA Worms, Abt. 186, Nr. 1174-104, Georg Wrba an Cornelius Wilhelm Heyl, 09.08.1909: „Auf einer kl. Studienreise trifft mich hier Ihr so überaus liebenswürdiges Anerkennungsschreiben, über die Cornelianeumsbildwerke. Es ist mir eine Genugtuung Ihnen, verehrter Herr, eine Freude bereitet zu haben umso mehr als ich dadurch hoffen darf für die Zukunft Ihr Vertrauen erworben zu haben.“

106 Reuter, Karl Hofmann, 1993, S. 335.

107 StA Worms, Abt. 186, Nr. 1174-16, Otto Hupp an Cornelius Wilhelm Heyl, 31.08.1913.

108 S. Kapitel 3.3.6 „Integration in die Adelsgeschichte – Denkmalschutz, Geschichtspflege, Heraldik“

109 Werke von Sacchetto wurden auch in der Münchner Zeitschrift *Jugend* gedruckt, für die Joseph Sattler regelmäßig als Grafiker arbeitete: Jugend. Münchner illustrierte Wochenschrift für Kunst und Leben 48 (1905) u. 33 (1907).

110 Swarzenski, Denkschrift, 1910, S. 12.

genheit von Worms.[111] Die Presse griff wiederum auf diese Informationen zurück und verbreitete die Geschichte des altehrwürdigen Patriziergeschlechts Heyl in weitere Kreise.

Insgesamt war die Einweihung des Cornelianums ein Medienerfolg, den die Heyls auch in ihrem Familienarchiv mit einer Sammlung von Zeitungsartikeln dokumentierten.[112] Um über die Berichterstattung auf dem Laufenden zu sein, nahmen sie den Dienst eines Berliner Zeitungsnachrichtenbüros in Anspruch, das ihnen die entsprechenden Ausschnitte per Post zuschickte.[113] Die überlieferten Beiträge spiegeln eine gelungene Pressepolitik wider: Die Heyls erschienen als Schlüsselpersonen in der aktuellen, aber auch in der historischen Gemeinschaft ‚ihrer' Stadt Worms und nutzten die Stiftung dazu, die regionale und nationale Öffentlichkeit über die neue Verbindung mit dem alt- und hochadligen Geschlecht der von Isenburg-Büdingen zu informieren. Die Anwesenheit des Großherzogspaares während der Eröffnungsfeierlichkeiten steigerte zusätzlich das mediale Interesse. Bereits im April 1910 berichtete die *Frankfurter Zeitung* über das Vorhaben, in Worms einen Festsaalbau mit der Bezeichnung Cornelianum zu bauen.[114] Im Artikel wurde Cornelius Wilhelm Heyl als Stifter von 300.000 Mark genannt, der diese Schenkung anlässlich der Hochzeit seines Sohnes mit Prinzessin Mathilde zu Ysenburg-Büdingen an „seine Vaterstadt“ veranlasst habe.[115] Zu diesem Zeitpunkt lagen die Baupläne Theodor Fischers im Stadthaus zur Ansicht aus, die (Stadt-)Öffentlichkeit wurde also über das Projekt schon vor der Bauphase informiert:

> Das Gebäude macht einen vornehmen, künstlerischen Eindruck und wird eine Zierde der Stadt bilden. Der Haupteingang befindet sich in der Hagenstraße. Das Hauptportal wird von einem mächtigen Giebel überragt, neben dem in der äußeren Ecke des Hauses ein schwacher Turm aufsteigt. Zu beiden Seiten des Hauptportals werden Mosaikbilder aus der Nibelungensage und an der äußeren Ecke des Hauses eine Darstellung des Volker von Alzey mit der Fidel angebracht. Der erste Stock tritt in der Marktfront etwas zurück und läßt Platz für eine Gallerie frei. Hier befinden sich die Konzert- und Versammlungssäle: ein großer, der für etwa 1000 Personen, und ein kleiner, der für etwa 150 Personen Platz bieten soll. Bühnen und alle erforderlichen Nebenräume sind ebenfalls vorgesehen.[116]

Die *Wormser Zeitung* widmete dem Bau am Tag der Einweihung, dem 15. Dezember 1910, die gesamte Titelseite. In dem Artikel wurde zuvorderst das Gebäude in die Kulturtopographie der Stadt eingeordnet und die Stifterintention vermittelt: „In dem Cornelianum war ein Bau zu schaffen, der unabhängig von alltäglichen Zwecken und Be-

---

111 Bönnen legte dar, wie die Familie durch den Verweis auf die Verwandtschaft mit dem Adelsgeschlecht der Widt die „Konstruktion einer quasi stadtadligen Identität und Legitimation der Familie“ herstellte. s. Bönnen, Familie Heyl, in: Bönnen/Werner (Hrsg.), Industriellenfamilie, 2010, S. 141.

112 StA Worms, Abt. 170/26, Nr. 11.

113 StA Worms, Abt. 186, Nr. 1174-10, Schustermann an Cornelius Wilhelm Heyl, 12.04.1910.

114 StA Worms, Abt. 186, Nr. 1174-10, Zeitungsausschnitt aus der Frankfurter Zeitung, 12.04.1910.

115 StA Worms, Abt. 186, Nr. 1174-10, Zeitungsausschnitt aus der Frankfurter Zeitung, 12.04.1910.

116 StA Worms, Abt. 186, Nr. 1174-10, Zeitungsausschnitt aus der Frankfurter Zeitung, 12.04.1910.

dürfnissen, in seinem Inneren nichts anderes als würdige Räume für große Menschenmengen bieten soll und dessen Aeußeres vor allem die von Geschichte und Sage umwobene Stimmung des Ortes, auf dem er steht, verkörpern soll.“[117] Der Beitrag ging auch auf die historische Bedeutung des Ortes ein, an dem das Cornelianum erbaut worden war. Es handelte sich um den ehemaligen Standort der 1493 errichteten spätgotischen Münze. Schon an diesem Bauwerk hatten sich Darstellungen aus dem Sagenkosmos des Nibelungenliedes befunden, sodass das Cornelianum mit seinem Bildschmuck als würdiger Nachfolgebau betrachtet wurde.[118] Bei der Schilderung dieser Geschichte sparte der Autor nicht mit antifranzösischer Polemik: „Im Jahre 1689 wurde die Stadt ein Raub der Flammen, ein Opfer bestialischer französischer Kriegführung, und der Brand vernichtete auch die Münze.“[119]

Ein ausführlicher Beitrag, in dem als Baukosten eine halbe Million Mark angegeben wurden, erschien in der *Wormser Woche – Illustriertes Sonntagsblatt.* Mit einer großen Abbildung des Cornelianums versehen, ging dieser Artikel insbesondere auf die inzentive und führende Rolle der Familie Heyl für die Industrialisierung und Modernisierung der Stadt ein: „Die Familie Heyl hat mitgearbeitet am Wiederaufbau der Vaterstadt, hat mit ihr Freud und Leid geteilt, hat teilgenommen an ihrer wunderbaren Entwicklung, hat ihr die finanzielle Grundlage geschaffen, die solche Entwickelung ermöglichte.“[120] Der Stuttgarter Kunsthistoriker Julius Baum (1882–1959) ordnete den Bau in den größeren regionalen Kontext ein und stellte emphatisch fest, das Rheinland sei mit dem Cornelianum um ein Kunstwerk bereichert worden, das den Vergleich mit den großen Schöpfungen der Vergangenheit nicht zu scheuen brauche.[121] Drei Jahre später veröffentlichte Baum in der Zeitschrift *Die Kunstwelt* einen Artikel über Karl Schmoll von Eisenwerth, in dem er bereits dessen Arbeit an den Fresken für das Cornelianum erwähnte, die zu diesem Zeitpunkt aber noch nicht fertig gestellt waren.[122]

Nachdem der Bau des Cornelianums abgeschlossen war, folgte zwischen 1913 und 1915 die Ausmalung des Festsaals durch den Jugendstilkünstler Karl Schmoll von Eisenwerth. Der Entstehungsgeschichte des Wandbildzyklus und ihrer kunsthistorischen Bedeutung widmete sich Josef Adolf Schmoll gen. Eisenwerth, der Neffe des Künstlers, in mehreren Publikationen, dabei nahm er allerdings fälschlicherweise an, die Familie

117 Wormser Zeitung, 15.12.1910, Titelseite: Die Einweihung des neuen Wormser Bürgerhofes.
118 Schmoll gen. Eisenwerth, Nibelungen-Wandbildzyklus, in: Heinzle et al. (Hrsg.), Nibelungen, 2003, S. 621.
119 Wormser Zeitung, 15.12.1910, Titelseite: Die Einweihung des neuen Wormser Bürgerhofes.
120 StA Worms, Abt. 170/26, Nr. 11, Wormser Woche. Illustriertes Sonntagsblatt, 17.12.1910.
121 StA Worms, Abt. 170/26, Nr. 11, Julius Baum (Stuttgart), Das Cornelianum in Worms. Zum Verständnis der Kunst Theodor Fischers, Zeitungsausschnitt ohne weitere Angaben. Baum arbeitete zu diesem Zeitpunkt als Konservator im Württembergischen Landesmuseum Stuttgart. Er habilitierte sich bei Professor Heinrich Weizsäcker, der 1915 über die Fresken Schmoll von Eisenwerths im Cornelianum publizierte.
122 Baum, Karl Schmoll von Eisenwerth, in: Die Kunstwelt 6 (1913).

Heyl seien jüdische Unternehmer.[123] Im Familienarchiv der Heyls befinden sich Briefe, die sich mit den Bildern befassen, darunter Mitteilungen des Künstlers sowie Wilhelm von Bodes.[124] Die Gegenüberlieferung der Korrespondenz zwischen Heyl und Bode konnte im Zentralarchiv der Staatlichen Museen zu Berlin im Nachlass Bodes untersucht werden.[125]

Zuerst setzte sich der Architekt Theodor Fischer für eine aufwendige Wandbemalung im Festsaal des Cornelianums ein. 1910 äußerte er Swarzenski gegenüber, dass er dringend Wandbilder vermisse: „Ich gebe mir seit langer Zeit Mühe, die Herrschaften davon zu überzeugen, daß die Bilder an den oberen Wänden, auf die die ganze Komposition zugeschnitten ist, so, wie ich es vorschlug und nicht anders ausgeführt werden müßten."[126] Offensichtlich musste Fischer sich gegen den Widerstand der Stadt und des Auftraggebers durchsetzen, die lediglich einen dekorativen Fries verwirklichen wollten. Letztlich konnte er den Mäzen aber überzeugen, die Kosten der Malerei zu übernehmen. Bereits vor dem positiven Ausgang dieser Verhandlungen hatte Fischer sich an den Jugendstilkünstlers Karl Schmoll von Eisenwerth gewandt und ihn um erste Skizzen gebeten. Die beiden waren Kollegen an der Technischen Hochschule Stuttgart, an der Schmoll von Eisenwerth seit 1907 als Professor Ornamenten- und Figurenzeichnen, Aquarellieren und dekoratives Entwerfen unterrichtete.[127] Schmoll von Eisenwerth hatte die Professur bereits im Alter von 28 nach seinem Kunststudium in München erhalten. Er arbeitete mit Jugendstilelementen im Sinne der neu aufgekommenen „Flächenkunst".[128] Obwohl er für Antinaturalismus stand, schätzte man gleichzeitig an ihm, dass er sich „vor zu weit gehender Abstraktion stets gehütet" habe.[129]

In einem 1903 erschienen Artikel in der Fachzeitschrift *Deutsche Kunst und Dekoration* feierte der Autor den „Zauber der Werke Schmoll's", den er „in seinem tiefen deutschen Gefühl und in seiner feinen Schätzung des Maßes, in welchem es dem echten Deutschen geziemt, die fremden Einflüsse auf sich wirken zu lassen" begründet sah.[130] Gelobt wurde auch seine „so aristokratische Natur"[131], wobei der Künstler über keinen adligen Familienhintergrund verfügte – den Titel ‚von' hatte er sich ohne Adels-

---

123 Der aktuellste Aufsatz mit weiterer Literatur: Schmoll gen. Eisenwerth, Nibelungen-Wandbildzyklus, in: Heinzle et al. (Hrsg.), Nibelungen, 2003.

124 StA Worms, Abt. 186, Nr. 1174, Nr. 1202, Nr. 1217, Nr. 556.

125 SMB-ZA, NL Bode 2519.

126 Theodor Fischer an Georg Swarzenski, 17.11.1910, zit. n. Schmoll gen. Eisenwerth, Nibelungen-Wandbildzyklus, in: Heinzle et al. (Hrsg.), Nibelungen, 2003, S. 625.

127 Laut Schmoll gen. Eisenwerth hatte Fischer bereits früher Aufträge an Schmoll von Eisenwerth vermittelt: 1911 dekorative Theaterszenen für das Stuttgarter Hoftheater und 1912 ein Wandbild für das Stuttgarter Kunstgebäude. Schmoll gen. Eisenwerth, Nibelungen-Wandbildzyklus, in: Heinzle et al. (Hrsg.), Nibelungen, 2003, S. 626.

128 Schmoll gen. Eisenwerth, Nibelungen-Wandbildzyklus, in: Heinzle et al. (Hrsg.), Nibelungen, 2003, S. 632.

129 Baum, Karl Schmoll von Eisenwerth, in: Die Kunstwelt 6 (1913), S. 181.

130 Ritter, Karl Schmoll von Eisenwerth – Paris, in: Deutsche Kunst und Dekoration 12 (1903), S. 377.

131 Ritter, Karl Schmoll von Eisenwerth – Paris, in: Deutsche Kunst und Dekoration 12 (1903), S. 378.

brief angeeignet und profitierte offensichtlich von dieser Prestigemaßnahme der falschen Namensaufwertung.[132] Ursprünglich aus Wien stammend, war er in Darmstadt aufgewachsen, wo er 1901 ein Wandbild in der Villa Ludwig Habichs in der Darmstädter Künstlerkolonie geschaffen hatte. Cornelius Wilhelm Heyl kannte die Künstlerkolonie gut, war sie doch ein Projekt seines Landesherrn, des Großherzogs Ernst Ludwig von Hessen.[133] Habich war der Bildhauer des Alice-Denkmals in Darmstadt, für das sich Sophie Heyl federführend eingesetzt hatte.[134] Es handelte sich also auch hier um funktionierende Netzwerke, die sowohl im Sinne der beteiligten Künstler als auch Auftraggeber wirkten, die sich dadurch nicht auf unbekanntes Terrain einlassen mussten. Heyl erklärte die Wahl des Künstlers folgendermaßen:

> Schmoll ist Professor an der technischen Hochschule Stuttgart. Er hat in dem Stuttgarter Künstlerhaus + in dem Universitätsgebäude Tübingen große Wandgemälde ausgeführt, die uns dazu veranlaßt haben ihm den Wormser Auftrag zu geben. Schmoll ist keiner von den ganz Modernen. Ein ernster gewissenhafter Künstler, der vorzüglich zeichnet und mit fein durchdachtem Colorit arbeitet.[135]

1912 erhielt Karl Schmoll von Eisenwerth den offiziellen Auftrag für die Wandgemälde des Cornelianums, die er schließlich 1915 vollendete. Während dieser Zeit sorgten Cornelius Wilhelm und Sophie Heyl für ein persönliches Verhältnis zum Künstler. Sie luden ihn gemeinsam mit seiner Ehefrau auf Schloss Herrnsheim ein und teilten auch familiäre Sorgen, insbesondere während des Krieges.[136]

Die ersten Bilder führte er 1913 in seinem Atelier in Stuttgart auf Leinwand aus, sie wurden auf Platten gezogen und in die entsprechenden Wandstücke eingefügt. Im folgenden Jahr begann der Künstler ein monumentales Fresko von fünf mal sechs Metern Größe an der Stirnseite des Saales, das er 1915 beendete.[137] Es handelte sich zunächst um sechs Einzelszenen aus dem Nibelungenlied für die rechteckigen und querformatigen Dekorflächen, die Fischer für die Seitenwände vorgesehen hatte. Das

132 1910 stellte Karl Schmoll von Eisenwerth das Gesuch um die Weiterführung des Namens. Schmoll von Eisenwerth. Gesuch des Karl Schmoll um Weiterführung des Namens Schmoll von Eisenwerth: Landesarchiv Baden-Württemberg, Abt. Hauptstaatsarchiv Stuttgart, E 156 Bü 414, URL: www.landesarchiv-bw.de/plink/?f=1-74350 [23.02.2021].

133 Mit weiterer Literatur zur Künstlerkolonie s. Ulmer, Hessenland, in: Heidenreich/Eckhart (Hrsg.), Kronen, Kriege, Künste, S. 164–189.

134 Mensch, Erinnerungen, 1917, S. 7 f.

135 SMB-ZA, NL Bode 2519-39, Cornelius Wilhelm Heyl an Wilhelm von Bode, 24.09.1915.

136 StA Worms, Abt. 186, Nr. 1174-39, Karl Schmoll von Eisenwerth an Cornelius Wilhelm Heyl, 05.09.1914, in dem er vom Tod seines älteren Bruders bei den Kämpfen am Donon berichtet. StA Worms, Abt. 186, Nr. 1202-85, Karl Schmoll von Eisenwerth an Cornelius Wilhelm Heyl, 13.10.1915, in dem er Heyl zum Tod seines Schwiegersohnes Max von der Planitz kondoliert und von seiner persönlichen Bekanntschaft mit ihm schreibt, außerdem geht er auf den schlechten Gesundheitszustand von Sophie Heyl ein.

137 Schmoll gen. Eisenwerth, Nibelungen-Wandbildzyklus, in: Heinzle et al. (Hrsg.), Nibelungen, 2003, S. 627.

niedrige Querformat dieses Bildfrieses schränkte die Gestaltungsmöglichkeiten enorm ein. Da Schmoll von Eisenwerth überlebensgroße Figuren darstellen wollte, griff er auf ein bereits von Ferdinand Hodler (1853–1918) angewandtes Prinzip zurück, die agierenden Personen in geduckter, hockender Pose zu arrangieren.[138] Im Sinne Fischers, der alles Wagnerianische ablehnte, folgte der Maler der mittelalterlichen Überlieferung des Liedes und nicht der Erzählung von Wagners Ring. Aufgrund der Formateinschränkung wählte er zudem eine Kombination aus, im Vergleich zu bisher gestalteten Nibelungenzyklen, eher ungewöhnlichen Szenen aus.[139]

Die sechs Seitengemälde zeigten *Die Rache Brünhilds, Nächtliche Schildwache von Hagen und Volker in Etzels Lager, Die Bärenjagd Siegfrieds im Wasgenwalde, Hagen unterliegt Dietrich, Klage um Siegfrieds Tod* und *Kriemhilds Tod.* Statt des letztgenannten Motivs schwebte Schmoll von Eisenwerth eigentlich die Szene *Der Nibelungen Tod* vor, eine Darstellung der übereinander gelagerten Leichen der Krieger „mit verkrampften Armen, erstarrten Körpern, mit ins Leere greifenden Krallenhänden, denen die Waffen entfallen sind.“[140] Gegen diesen Entwurf erhob Heyl jedoch Einspruch, war dieses Inferno doch wenig geeignet, die Wehrpolitik des Kaiserreichs um 1913 zu unterstützen.[141] Das großformatige Fresko, das als siebtes Bild in den Zyklus integriert wurde, bildete letztlich das Eingangsbild für die Erzählung: Es zeigt *Wie Brunhild empfangen ward* mit aufrecht stehenden Figuren in einer Rheinuferszenerie. In der Farbgebung orientierte sich der Maler an Fischers Konzept, die Innenräume stets relativ einheitlich zu halten. Maßgeblich war dabei der gelbliche Holzton der Wandverkleidung, den Schmoll von Eisenwerth in seinen Bildern mit den Farben Blaugrün und Purpurviolett ergänzte, ein beliebter „Jugendstil-Zweiklang“, den der Künstler gerne einsetze.[142] Heyl äußerte sich begeistert über den Bildzyklus des Künstlers: „Er hat das Nibelungenlied für Worms nach dem Urtext weit ab von R. Wagner noch einmal gesungen in sieben großen Wandgemälden.“[143] Seiner Frau Sophie schrieb er, sie solle die Gesichter nicht kritisieren, „das Ganze ist vortrefflich [...]. Der Saal ist durch das Bild jetzt eine Einheit geworden.“[144] Der Kunsthistoriker Julius Baum hatte sich bereits 1913 enthusiastisch über Schmoll von Eisenwerths Gemälde in Worms geäußert, indem er sie als „gewal-

138 Schmoll gen. Eisenwerth, Nibelungen-Wandbildzyklus, in: Heinzle et al. (Hrsg.), Nibelungen, 2003, S. 627 f.

139 Schmoll gen. Eisenwerth, Nibelungen-Wandbildzyklus, in: Heinzle et al. (Hrsg.), Nibelungen, 2003, S. 628. Zur Geschichte des Nibelungenliedes in der Historienmalerei des 19. Jahrhunderts s. Wappenschmidt, Nibelungenlied, in: Heinzle et al. (Hrsg.), Nibelungen, 2003, S. 583–602.

140 Schmoll gen. Eisenwerth, Nibelungen-Wandbildzyklus, in: Heinzle et al. (Hrsg.), Nibelungen, 2003, S. 630.

141 Schmoll gen. Eisenwerth, Nibelungen-Wandbildzyklus, in: Heinzle et al. (Hrsg.), Nibelungen, 2003, S. 630.

142 StA Worms, Abt. 170/26, Nr. 57, Weizsäcker, Nibelungen-Wandgemälde, 1915, o. S. Schmoll gen. Eisenwerth, Nibelungen-Wandbildzyklus, in: Heinzle et al. (Hrsg.), Nibelungen, 2003, S. 629.

143 SMB-ZA, NL Bode 2519-040, Cornelius Wilhelm Heyl an Wilhelm von Bode, 03.10.1915.

144 StA Worms, Abt. 556-32a, Cornelius Wilhelm Heyl an Sophie Heyl, 30.09.1915.

tige rhythmische Wogen" und die Gestalten, die den Betrachter ergriffen, als stark und trotz äußerlicher Gelassenheit voller Leben beschrieb.[145]

Thomas Nipperdey schrieb 1968 über das Leipziger Völkerschlachtdenkmal von 1913, es trage „einen deutlich tragischen Einschlag, eine Art Götterdämmerungsstimmung". So ist auch die vom Nibelungenzyklus im *Cornelianeum* ausgehende düstere Stimmung mit dem sich in den Jahren vor dem Ersten Weltkrieg in Deutschland verbreiteten Gefühl, aufgrund der zunehmenden außenpolitischen Isolierung von den umgebenden Staaten bedroht zu sein, in Verbindung bringen.[146] Gerade diese unbestimmte, beklemmende Idee des ‚Eingekreistseins' führte dazu, dass die Nibelungensage in dieser Phase zum Nationalmythos aufstieg.[147]

Heyl gehörte mit seinen Stiftungen zur Elite des Deutschen Kaiserreichs, die das Nibelungenlied als identitätsstiftenden Nationalmythos verbreitete und der Sage zu einer großen Popularität verhalf.[148] Mit der Dichtung wollte man die deutsche Bevölkerung auf eine gemeinsame Herkunft einschwören und ihr eine glänzende und ruhmreiche Zukunft vor Augen führen. Dabei spielte es keine Rolle, dass die Sage eigentlich keine Erfolgsgeschichte vermittelte – das vergangene Unglück sollte umso mehr Größe und Stärke in kommenden Zeiten herbeiführen. Mit der Befolgung der Tugenden „unbändige Stärke, heroische Entschlossenheit, bedingungslose Treue", die von den Helden des Nibelungenliedes verkörpert wurden, konnten die Deutschen alles erreichen, was sie sich wünschten – so versprachen es die Verbreiter des Nationalmythos.[149] In einer Rede des Strafrechtslehrers Franz von Liszt (1851–1919) an der Berliner Universität am 18. November 1914 kommt diese Idee und Beschwörung der nibelungischen Tugendlehre deutlich zu Ausdruck:

> Heldenmut und Heldentreue, das ist, wie die Ereignisse uns zeigen, das innerste Wesen unseres deutschen Volkes, und niemals meine ich, ist das Nibelungenlied, das Hohelied von Heldenmut und Heldentreue, unserem Herzen so nahe gewesen wie in diesen Tagen. Diese Treue zu halten, dem Freunde Freund zu sein bis zum äußersten, dem Feinde Feind zu sein bis zum äußersten: das ist deutsche Art, das ist Nibelungentreue. Und so soll unsere Losung auch fernerhin sein: Durch Treue zum Sieg.[150]

Der Wormser Bürgermeister Köhler trug die Wahl von Karl Schmoll von Eisenwerth als ausführenden Künstler mit. Aus der Korrespondenz geht hervor, dass es mehrere Treffen zwischen ihm und seiner Ehefrau Jenny sowie Schmoll von Eisenwerth und

145 Baum, Karl Schmoll von Eisenwerth, in: Die Kunstwelt 6 (1913), S. 186.
146 Nipperdey, Nationalidee, Historische Zeitschrift 206 (1968), S. 529–585.
147 Schmoll gen. Eisenwerth, Nibelungen-Wandzyklus, in: Heinzle et al. (Hrsg.), Nibelungen, S. 632.
148 Zum Nibelungenlied als Nationalmythos vgl. Münkler: Die Deutschen, 2009, S. 32–34 u. S. 76–84.
149 Münkler, Die Deutschen, 2009, S. 76.
150 Franz von Liszt, zit. n. Münkler, Die Deutschen, 2009, S. 84.

dessen Frau Sophie bei dem Ehepaar Heyl auf Schloß Herrnsheim gab.[151] Cornelius Wilhelm Heyl legte Wert darauf, Köhler in die Entscheidungen einzubeziehen und holte stets dessen Meinung ein, wie aus einem Brief des Bürgermeisters aus dem Jahr 1913 hervorgeht:

> Ew. Exzellenz, beehre ich mich, bezüglich der Schmoll'schen Bilder zu sagen, daß ich das eine Bild […] sehr schön gefunden habe, und dass ich darum die Überzeugung gewonnen habe, dass Schmoll der richtige Mann und im Stande ist uns etwas richtig Wertvolles zu liefern. […] Bei Dietrich von Bern hat der Künstler die physische Kraft zu sehr betont, während die Übermacht, die Hagen bändigt, eher auf Geistigem Gebiet liegen sollte. […] Ich würde raten, das Bild in seiner vorliegenden Gestalt abzulehnen. Es ist ein Teil der ersten Entwürfe, später ist der Künstler immer mehr in die Sache eingedrungen und größer geworden, es wird ihm also gelingen, an Stelle des jetzigen Bildes einen Ersatz zu schaffen, der den letzten Bildern gleichwertig ist.- Ich hoffe, Ew. Exzellenz, mit diesen Bewertungen […], die aber nicht maßgebend sein wollen, nützlich gewesen zu sein.[152]

Der renommierteste Berater der Familie in allen Kunstfragen war zweifelsohne der Generalverwalter der königlichen Museen Wilhelm von Bode. 1912 schrieb ihm Heyl in einem Brief:

> Wer der hohen Kunst wirklich nahe getreten ist + ein Verständnis für sie zu finden sucht muß sich Ihrer geistigen Führung unterstellen. Nur diese Führung wird noch in wirksamer Weise vorhanden sein, wenn unsere Generation die Wanderung ins Jenseits angetreten haben wird.[153]

Bode war „der Museumsmann des Kaiserreichs.“[154] Mit höchster wissenschaftlicher Reputation und größtem Erwerbsgeschick gründete er neue Museen und entwickelte das individuelle und organisierte Mäzenatentum. Bode war der Initiator und Planer der großen Museumsbauten, welche die Berliner Museumstopographie bis heute prägen.[155] Die nötigen Erwerbsmittel akquirierte er einerseits aus öffentlichen Mitteln, andererseits durch Spenden, die er für seine angestrebten Projekte von privaten Förderern erhielt. Im Jahr 1872 begann seine Tätigkeit an den Königlichen Museen zu Berlin. 1914 wurde er aufgrund seiner Verdienste in den Adelsstand erhoben. Bodes Erfolge sind nicht zuletzt als Folge eines geschickt aufgebauten Netzwerkes zu sehen, das er mittels

---

151 Daran erinnerte Jenny Köhler in einem Brief an Cornelius Wilhelm Heyl, StA Worms, Abt. 186, Nr. 1217-8, 21.09.1916. Auch Schmoll von Eisenwerth berichtet von gemeinsamen Treffen: StA Worms, Abt. 186, Nr. 1202-85, Karl Schmoll von Eisenwerth an Cornelius Wilhelm Heyl, 13.10.1915.

152 StA Worms, Abt. 186, Nr. 1217-005, Bürgermeister Köhler an Cornelius Wilhelm Heyl. 16.08.1913.

153 SMB-ZA, NL Bode-2519-036, Cornelius Wilhelm Heyl an Wilhelm von Bode, 11.09.1912.

154 Knopp, Blick, in: Der Kaiser-Friedrich-Museums-Verein (Hrsg.), Wilhelm von Bode, 1995, S. 7. Im Kapitel über die Kunstsammlung wird Bodes Bedeutung innerhalb des Kunstnetzwerks der Heyls an weiteren Beispielen verdeutlicht, da Heyl insbesondere beim Aufbau seiner Privatsammlung seine Hilfe in Anspruch nahm.

155 Dazu u. a. Stockhausen, Gemäldegalerie Berlin, 2000; Joachimides et al., Museumsinszenierungen, 1995; Ohlsen, Wilhelm von Bode, 1995; Schoenebeck/Bloch (Hrsg.), 90 Jahre Kaiser-Friedrich-Museums-Verein-Berlin, 1987.

einer umfassenden Korrespondenz stets erweiterte und pflegte.[156] Zwischen Cornelius Wilhelm Heyl und Wilhelm von Bode fand ein ausführlicher Briefwechsel statt, zudem trafen sich die beiden im Reichstag.[157]

1913 wandte sich Heyl zunächst an Bode, um sich über die Richtigkeit von Schmoll von Eisenwerths Vorgehensweise zu informieren.[158] Nach der Fertigstellung des Bilderzyklus 1915 trat er an den Museumsdirektor heran, um für eine möglichst gute Presse zu sorgen, womit erneut die strategische Medienpolitik des Kulturförderers zum Ausdruck kommt. Heyl befürchtete, dass die *Frankfurter Zeitung*, die wie er schrieb, in der „hiesigen Gegend" vorherrschend war und für die er als „politischer Gegner" galt, die Arbeit Schmolls im Cornelianum diskreditieren könnte.[159] Er ersuchte Bode, einen Berliner Kunsthistoriker für „die Besprechung der Schmoll'schen Wandgemälde" zu empfehlen, um sicherzugehen, dass die Bilder auch eine positive Kritik erhielten: „Reisekosten und Honorar würde die Stadtverwaltung Worms in deren Besitz sich das Cornelianum befindet gerne tragen. [...] Wer hätte in Kunstfragen an Ihre Güte bisher erfolglos appeliert [sic]."[160] Bode antwortete drei Tage später, in einem als streng vertraulich gekennzeichneten Brief, der neben einer Empfehlung Professor Heinrich Weizsäckers (1862–1945) als möglichen Autor einer Schmoll-Kritik auch antisemitische Passagen enthielt, die sich gegen Swarzenski richteten, der bereits die Denkschrift über das Cornelianum verfasst hatte:

> Nach einem tüchtigen, gewandt schreibenden jüngeren Kunsthistoriker, der Ihnen über die Farben von Pf. Schmoll einen guten Bericht schreiben könnte, habe ich mich schon umgetan. Bisher heißt es immer ‚an der Front' oder ‚soeben unter den ‚dauernd unbrauchbaren' als brauchbar ausgemustert'! Ein sehr tüchtiger Mann ist mir eingefallen, der zwar auch z. Z. feldgrau ist, aber jetzt nur leichten Dienst zu Hause tut, Prof. Heinrich Weizsäcker in Stuttgart[161], der Vetter vom Staatsminister, vor Jahren mein Assistent und dann Direktor des Staedel'schen Instituts, an dem er in einem kleinen golem'schen Juden einen unwürdigen [...] Nachf. gefunden hat [gemeint ist

156 Vgl. Knopp, Blick, in: Der Kaiser-Friedrich-Museums-Verein (Hrsg.), Wilhelm von Bode, 1995, S. 10.
157 StA Worms, Abt. 186, Nr. 1165, Wilhelm von Bode an Cornelius Wilhelm Heyl, 31.05.1896. Im Heylschen Nachlass sind 58 Briefe und Telegramme Bodes überliefert, wobei der Großteil an Cornelius Wilhelm und fünf Briefe an Maximilian Heyl adressiert sind. Die Korrespondenz wird in Kapitel 4.2.2 „Das Heylsche Kunst- und Kulturnetzwerk als europäischer Kommunikations- und Informatiosnraum" ausführlich ausgewertet.
158 Heyl schrieb Bode über die Fresken, die er im Cornelianum ausführen lassen wollte und hatte offensichtlich Zweifel an der vom Künstler vorgeschlagenen Maltechnik: „Wie Sie [...] aus der rot unterstrichenen Stelle III zu ersehen belieben schlägt der Maler vor eine Kombination von Oel u. Wachsfarbe anzuwenden. Halten Sie das für empfehlenswert?" SMB-ZA, NL Bode-2519-03, Cornelius Wilhelm Heyl an Wilhelm von Bode, 03.06.1913.
159 SMB-ZA, NL Bode-2519-039, Cornelius Wilhelm Heyl an Wilhelm von Bode, 24.09.1915.
160 SMB-ZA, NL Bode-2519-039, Cornelius Wilhelm Heyl an Wilhelm von Bode, 24.09.1915.
161 Heinrich Weizsäcker war ein deutscher Kunsthistoriker und von 1891 bis 1904 Direktor des Städelschen Kunstinstituts. Danach bis zur Pensionierung war er Professor für Kunstgeschichte an der Universität Stuttgart, 1923/24 war er dort Rektor. Vgl. Ring, Gustav Pauli, in: AKMB-news. Informationen zu Kunst, Museum und Bibliothek 2 (2008), S. 38.

> Georg Swarzenski, Anm. I. H.], der das Geld mit Fäusten fortzuwerfen versteht – für ...! Weizsäcker ist freilich recht weitläufig und ängstlich, es ist daher fraglich, ob er die Arbeit übernimmt. Täte er es, so würde er sie gut machen, umso mehr als er den Vorzug hat in Stuttgart mit Schmoll [pers.?] zu leben und sich über dessen Intentionen jederzeit informieren zu können. Wenn Sie einverstanden sind, will ich mich bei ihm einmal erkundigen. Ich sprach ihn gerade kürzlich in Stuttgart, wo ich zu thun hatte. Ich werde mich inzwischen weiter besinnen, ob ich einen passenden Mann für Ihren Zweck finde.[162]

Heyl begrüßte diesen Vorschlag, auch weil Schmoll und Weizsäcker Kollegen waren. Bode sollte den Kunsthistoriker mit dem Wunsch Heyls bekannt machen, ihn mit einem Bericht für die Darmstädter Zeitung zu beauftragen, dabei aber betonen, dass nicht der Unternehmer, sondern die Stadt Worms als Besitzerin der Bilder, sich aus Dankbarkeit gegen Schmoll um eine würdige Kritik bemühte. Er selbst wollte dabei ganz in den Hintergrund treten: „Es handelt sich in erster Linie um den Künstler, der unter dem Einfluß der Frankfurter Zeitung + Genossen + der officiellen Darmstädter Schule noth leiden würde wenn ich Ihre gütige + maßgebende Unterstützung nicht gefunden haben würde.“[163] Allerdings war jede Leistung, die man von Bode bekam, mit der Erwartung einer Gegenleistung nach dem Prinzip *do ut des* verbunden, was der Direktor auch kaum verschleierte. Er organisierte die Mitarbeit Weizsäckers, verlangte aber von Heyl, nun auch ihm bei dem Vorhaben, einen deutschen Verein für Kunstwissenschaft zu gründen, behilflich zu sein, auch hier schien er nicht ohne antisemitische Ressentiments auszukommen:

> Nun müssen aber auch Eure Exzellenz mir einen Gefallen tun. Als mein letztes größtes und sicher wichtigstes Lebenswerk darf ich die Begründung des deutschen Vereins für Kunstwissenschaft behufs monumentaler Publikation aller Kunstdenkmäler Deutschlands betrachten [Deutscher Verein für Kunstwissenschaft, Gründung im Jahr 1908, von Wilhelm von Bode angeregt, Anm. I. H.]. Es gibt eine Aufgabe für mehrere Generationen, ähnlich der Monumenta historia Germaniae [Monumenta Germaniae Historica; gegründet 1819 von Reichsfreiherr Karl vom Stein, Anm. I. H.]. Für den Ausschuß hatte ich so ja – vor ca. 7 Jahren – auch S. Exz. Freiherrn v. Heyl zu Herrnsheim vorgeschlagen. Aber der sonst für Kunst und Deutschtum so begeistert und opferfreudige Baron von Heyl zu Herrnsheim hat unsere verschiedenen Anfragen überhaupt nicht beantwortet und will es Berliner Juden überlassen durch ihren Beitrag diese wichtigste deutsche Kunstpflicht zu erfüllen! Ich gebe Ihnen gerne zu, daß diese zahllosen Vereine mit ihren ewigen Mahnungen zur Zahlung sehr lästig sind, aber dem läßt sich doch durch eine einmalige Zahlung von 500 oder 1000 M. (dauernde Mitgliedschaft) abhelfen! Ich habe noch immer die Zuversicht, daß der D. V. f. K. in Eurer Exzellenz eines seiner eifrigsten Mitglieder gewinnen wird.[164]

Ein Antwortschreiben oder Hinweise zu einer Mitgliedschaft Heyls im D. V. f. K. sind nicht überliefert, das Anschreiben demonstriert aber sehr gut die Mechanismen der

162 StA Worms, Abt. 186-1174/008, Wilhelm von Bode an Cornelius Wilhlem Heyl, 27.09.1915.
163 SMB-ZA, NL Bode-2519-040, Cornelius Wilhlem Heyl an Wilhelm von Bode, 03.10.1915.
164 StA Worms, Abt. 186, Nr. 1174/045, Wilhlem von Bode an Cornelius Wilhlem Heyl, 05.10.1915.

Netzwerke, auf die sowohl Heyl als auch Bode zurückgriffen.[165] Die Zusammenarbeit mit Weizsäcker leitete der Museumsdirektor jedenfalls erfolgreich in die Wege, worüber sich auch Schmoll von Eisenwerth freute. Der Künstler übernahm nur neun Tage nach Bodes Schreiben die Betreuung des Kunsthistorikers, während Heyl von der Beerdigung seines Schwiegersohnes Max von der Planitz beansprucht wurde:

> Herr Prof. Weizsäcker war heute hier, besichtigte [...] die Bilder und sprach sich positiv darüber aus. Er wird seine Besprechung nach Fertigstellung dem Herrn Oberbürgermeister zusenden. [...] Weizsäcker wird Ihnen noch persönlich schreiben, um sich für die Aufnahme zu bedanken, zu der Sie mich zu bevollmächtigen die Güte hatten. Auch meine Frau hat heute früh das schöne und gastliche Herrnsheim verlassen.[166]

Heinrich Weizsäcker beglückwünschte Heyl zur gelungenen Vollendung des Cornelianums und ging dabei auch auf dessen Rolle als Mäzen des ganzen Unternehmens ein:

> Eine Schöpfung solcher Art ist ja doch immer bis zu einem gewißen Grade auch das geistige Eigentum des Stifters, es ist nicht nur die Gebefreudigkeit, sondern noch sehr vieles mehr an persönlicher Initiative, Urteil und Einsicht, was als gestaltendes Element sich von dessen Seite mit der künstlerischen Kraft verbinden muß, um ein so erfreuliches Ergebnis, wie es hier erreicht ist, zur Tat werden zu lassen.[167]

Er verfasste eine ausführliche Besprechung, die in einem kleinen Band als Denkschrift veröffentlicht wurde.[168] Der Text, der die klare Formensprache Schmoll von Eisenwerths und die monumentale Wirkung der Gemälde hervorhob, blieb im Angesicht des ersten Kriegsjahres nicht frei von einer kämpferischen Polemik im Sinne des Kaiserreichs:

> Geplant in einer Periode friedlichen Vorwärtsdringens auf allen Gebieten der kulturellen Arbeit, war es ihr [Schmoll von Eisenwerths Schöpfung in Worms, Anm. I. H.] beschieden, in einer Zeit zum Abschluß zu gelangen, in der sich unter Kämpfen eine neue Epoche in der Geschichte unseres Volkes anbahnt. Den kommenden Tagen, die sich verheißungsvoll vor unseren Blicken öffnen, stellt sie gegenüber, was Kraft und Tiefsinn deutscher Poesie von deutschem Heldentum aus ältester Vorzeit überliefert haben. Dem Künstler ist es gelungen, dafür den malerischen Stil zu finden.[169]

---

165 Angeregt von Wilhelm von Bode, wurde Heyl 1896 Gründungsmitglied des von Bode ins Leben gerufenen Kaiser-Friedrich-Museums-Vereins. S. dazu Kapitel 4.2.2 „Das Heylsche Kunst- und Kulturnetzwerk als europäischer Kommunikations- und Informatiosnraum“.

166 StA Worms, Abt. 186, Nr. 1202-71, Karl Schmoll von Eisenwerth an Cornelius Wilhelm Heyl, 14.10.1915. Sophie Schmoll von Eisenwerth hielt den Kontakt zu Heyl aufrecht. In einem Brief von 1920 aus Stuttgart regt sie ein Wiedersehen an. StA Worms Abt. 186 Nr. 1217/003, Sophie Schmoll von Eisenwerth an Cornelius Wilhelm Heyl, 08.02.1920.

167 StA Worms, Abt. 186, Nr. 1202/079, Prof. Dr. Heinrich Weizsäcker an Cornelius Wilhelm Heyl, 15.10.1915.

168 StA Worms, Abt. 170/26, Nr. 57, Weizsäcker, Nibelungen-Wandgemälde, 1915.

169 StA Worms, Abt. 170/26, Nr. 57, Weizsäcker, Nibelungen-Wandgemälde, 1915.

Als die Denkschrift Weizsäckers 1915 erschien, eröffnete der Krieg für den Unternehmer Heyl tatsächlich eine in wirtschaftlicher Hinsicht verheißungsvolle Perspektive. Mit der Produktion für die Armee verzeichneten die Heylschen Lederwerke hohe Gewinne. So schrieb Cornelius Wilhelm 1915 an Sophie: „Es wird viel verdient und man ist sehr beweglich. Reitsachen, Tornister und jetzt Helme. [...] Technisch haben wir in der Kriegszeit große + erfolgreiche Fortschritte gemacht.“[170] 1917 rüstete der Betrieb auf die Produktion von Granaten um. Während des Krieges lobten die städtischen Honoratioren das Heldentum der jungen Soldaten, wenn der Sedantag mit pathetischen Reden im Festsaal des Cornelianums begangen wurde.[171] Gleichzeitig beklagte Schmoll von Eisenwerth jedoch bereits den Tod von zwei Brüdern und auch Heyl hatte soeben seinen Schwiegersohn beerdigt. 1918 hatte das in Worms beheimatete Infanterieregiment den Tod von 2.965 Soldaten zu betrauern.[172]

Im Zweiten Weltkrieg wurde der gesamte Rathauskomplex bei Bombenangriffen zerstört, die Ruine des Cornelianums wurde schließlich in den 1960er Jahren vollständig abgetragen.[173] Ohne diesen Zusammenhang wäre die Geschichte des Cornelianums als Nibelungenweihestätte nicht vollständig erzählt. Das Gebäude mit seinem Bildprogramm ist nicht nur als Ausdruck patriotischer Geschichtsbegeisterung im Sinne der Pflege Wormser Traditionen und zur Steigerung der städtischen Attraktivität zu bewerten, sondern steht für ein nationales Gesellschaftsmodell der Abschottung und Kriegsromantik im wilhelminischen Kaiserreich. Die Propagierung und Verbreitung des Nibelungenliedes als deutschen Nationalmythos hatte ein brandgefährliches Potential mit sich gebracht: Indem die Opferbereitschaft in der Bevölkerung befeuert, das Motiv der Umzingelung veranschaulicht und immer wieder mit Siegfrieds starkem Schwert das Schicksalhafte eines Kampfes beschworen wurde, waren friedliche Wege der Konfliktlösung aus dem Blickfeld gerückt.[174] Als Mitglied des rechtsnationalen Alldeutschen Verbandes gehörte Heyl zur Trägerschicht nationalistischer Ideologien und verschrieb sich einem zunehmend aggressiven Deutschtumsgedanken, was unter anderem in seinen kulturfördernden Projekten sichtbar wurde.[175]

Cornelius Wilhelm und Sophie Heyl stachen als Initiatoren, Geldgeber, Stifter und Gestalter der hier vorgestellten Projekte zum Ausbau der städtischen Infrastruktur in Worms aus der Gruppe der städtischen Honoratioren heraus, weil sie eine bestmögliche und weitreichende Sichtbarkeit, Popularität sowie eine historische Festschreibung ihres Engagements herbeiführten. Damit schufen sie Alleinstellungsmerkmale für ihre Familie, die sie mit der Ikonographie des Nibelungenliedes auf eine nationalstaatliche

170 StA Worms, Abt. 186, Nr. 556-32a, Cornelius Wilhelm Heyl an Sophie Heyl, 30.09.1915.

171 Bönnen (Hrsg.), Zeit, in: Der Wormsgau, Beiheft 41 (2014), S. 106.

172 Bönnen (Hrsg.), Zeit, in: Der Wormsgau, Beiheft 41 (2014), S. 106.

173 Zu den Kriegsschäden des Cornelianums und den weiteren Umgang mit der Bauruine und dem Skulpturenschmuck nach 1945 s. Hinkfoth, Theodor Fischer, in: Bönnen/Werner (Hrsg.), Industriellenfamilie, 2010, S. 368–370.

174 Vgl. Münkler, Die Deutschen, 2009, S. 77.

175 Zum Begriff „Trägerschicht nationalistischer Ideologien“ vgl. Kunze, Nation, 2005, S. 3.

Ebene brachten. Dabei genügte es ihnen nicht, sich selbst eine unverwechselbare Reputation anzueignen, sie arbeiteten auch daran, Worms zu einer Stadt auf der Höhe der Zeit zu machen. In ihren Augen hatte ihre Heimatstadt eine außergewöhnlich ‚stolze' Geschichte vorzuweisen und mit ihrer Nibelungenhistorie sogar ein einendes Identifikationsangebot für die junge Nation des Deutschen Kaiserreiches anzubieten. Besonders plakativ schlug sich diese Intention in der heraldischen Verknüpfung von Stadt- und Familienwappen der Heyls im plastischen Bildprogramm des Cornelianums nieder. Um ihre Projekte mit den bestmöglichen Ergebnissen abzuschließen und zu verbreiten, nutzten sie Netzwerke, die immer wieder erweitert wurden und die teilweise projektspezifisch, aber auch -übergreifend funktionierten. Dabei griffen sie auf angesehene Künstler und Experten zurück, die zwar zeitgemäß, aber nicht zu modern sein durften und bereits für andere ‚wichtige' Menschen, zumeist aus dem Hochadel, gearbeitet haben müssen. Die Heyls blieben stets auf der sicheren Seite. Die Wahl der Projekte selbst orientierte sich an Vorbildern, auch hier insbesondere aus dem aristokratischen Mäzenatentum. Im Vergleich zu den Möglichkeiten anderer bedeutender Mäzene, die in Kulturmetropolen und Großstädten aktiv waren, bot ihnen die Mittelstadt Worms viel größere Gestaltungsmöglichkeiten, um Stadt und Familie miteinander zu verknüpfen und eine auf diese Weise beide zu profilieren.

4.1.3 Denkmalinitiativen

> Unter Plastik denkt sich der moderne Mensch nur noch runde Figuren, die in der Mitte eines Platzes stehen. Diese unglücklichen Monumente sind fast die einzige Bühne, auf der der Bildhauer seine Phantasie ausleben darf.[176]

So charakterisierte der Bildhauer Adolf Hildebrand 1893 die ‚Denkmalwut' seiner Zeit, über die in der Zeitschrift des Bayerischen Kunstgewerbevereins 1905 zu lesen war, sie habe „recht viel Unheil und Verwirrung auf dem Gebiet der Bildhauerkunst" angerichtet.[177] Der Kunsthistoriker Ernst Mittig definiert das Denkmal als „ein in der Öffentlichkeit errichtetes und für die Dauer bestimmtes selbständiges Kunstwerk, das an Personen oder Ereignisse erinnern soll und aus dieser Erinnerung einen Anspruch seiner Urheber, eine Lehre oder einen Appell an die Gesellschaft ableiten und historisch begründen soll."[178]

Der Denkmalboom war ein europäisches Phänomen. In Deutschland hatte die Errichtung verschiedenster Denkmäler nach der Reichsgründung einen enormen Aufschwung erlebt – der monarchische Staat verlangte nach Repräsentationsformen und einer reichsnationalen Erinnerungskultur, die dazu beitragen sollten, die Einheit von

176 Hildebrand, Das Problem der Form, 1893, S. 99.
177 Hofmann, Anton Pruska, in: Kunst und Handwerk 1 (1904), S. 15.
178 Mittig/Plagemann, Denkmäler, 1972, S. 48.

Kaiser, Fürsten und Volk heraufzubeschwören und zu manifestieren.[179] Einzelpersonen, gemeinschaftliche Initiativen und Institutionen sowie Kommunen setzten sich für die Verwirklichung von Denkmälern ein. Dabei handelte es sich um eine tradierte Präsentationsform des Adels, die nun von einer adlig-bürgerlichen Elite gemeinsam genutzt wurde.[180] Für die Zeit des Deutschen Kaiserreichs können zwei große Hauptgruppen von Monumenten unterschieden werden: Erstens lokalgeschichtliche Denkmäler, die regionale Persönlichkeiten ehrten oder sich Figuren aus der mittelalterlichen Sagenwelt widmeten.[181] Diesen Standbildern lag das erzieherische Ziel der Heimatverbundenheit zugrunde, sie sollten der lokalen Traditions- und Identitätsbildung dienen. Zweitens politisch-historische Denkmäler wie Krieger-, National- oder Fürstenmonumente. Hochkonjunktur hatten in dieser Epoche insbesondere Kaiser- und Bismarckdenkmäler.

Das Feld der Denkmalinitiativen wurde von Cornelius Wilhelm und Sophie Heyl auf vielfältige Weise bedient. Sie engagierten sich als Ideengeber und Financiers im Rahmen von Komitees und Gremien sowie als individuelle Förderer sowohl für lokalgeschichtliche als auch politisch-historische Denkmäler. Ihre Denkmalprojekte richteten sich je nach inhaltlicher Ausrichtung an unterschiedliche Zielgruppen, indem sie Identifikationsobjekte im öffentlichen Raum anboten. Angesprochen wurden dabei der Hochadel, die politische bürgerlich-adlige Elite und die allgemeine Stadtbevölkerung. Zur Letzteren gehörten auch die Arbeiter und Arbeiterinnen sowie die Angestellten in der Heylschen Lederfabrik.

Für sich selbst nutzte das Unternehmerpaar die Initiativen, um sich als Repräsentanten der bürgerlich-adligen Elite des wilhelminischen Kaiserreichs zu zeigen, sich mit anderen Persönlichkeiten dieser Gruppe zu vernetzen und nicht zuletzt, um ihren historischen Deutungsanspruch in der städtischen Topographie von Worms und darüber hinaus in Stein und Bronze zu manifestieren. Dabei bewegten sie sich vorwiegend, wie bei allen Projekten, in den festen Bahnen der Konvention und hielten sich an den Kanon von Denkmalprogrammen, die zu dieser Zeit in ganz Europa verwirklicht wurden.[182]

---

179 Althammer, Bismarckreich, 2017, S. 78.

180 Thomas Nipperdey stellte fest, dass politische Denkmäler und Symbole „im wesentlichen von etablierten Kräften, vom Staat oder von ‚staatstragenden‘ Gruppen gebaut wurden“. Nipperdey, Nationalidee, in: Historische Zeitschrift 206 (1968), S. 532. Entgegen der These Charlotte Tackes konstatierte Gabriele Clemens, dass sich die bürgerliche Gesellschaft anhand der Denkmäler nicht selbst darstellte. Die ‚bürgerliche Gesellschaft‘ kann nicht anhand von Denkmalinitiativen untersucht wurden, da es sich bei den Denkmalinitiativen des 19. Jahrhunderten um Projekte handelte, die von bürgerlichen und adligen Eliten in Zusammenarbeit realisiert wurden. Vgl. Clemens, Sammler, 2010, S. 12; Tacke/Wolf, Denkmal, 1995.

181 Die Definition erfolgt nach Philipps, Gedächtnisorte, 2002, S. 100.

182 Ein vergleichbares Denkmalprogramm hat Viola Effmert für die Bankiersfamilie Oppenheim in Köln nachgewiesen. Sie beteiligte sich an Denkmälern für Kaiser Wilhelm I. (1888), Kaiser Friedrich III. (1903), Kaiserin Augusta (1903), Bismarck (1879), Moltke (1881) und den Oberbürgermeister Hermann Becker (1885). Effmert, Sal. Oppenheim, 2006, S. 237–239.

Ausgehend von den Hauptgruppen wilhelminischer Denkmäler, lassen sich die Projekte der Heyls in drei Gruppen einteilen: erstens Nationaldenkmäler, zweitens Denkmäler für das Großherzogtum Hessen und seine Landesfürsten sowie drittens Denkmäler zur Lokalgeschichte von Worms. Zu den Nationaldenkmälern, an denen sich die Heyls beteiligten, gehörten das 1890 errichtete Bismarckdenkmal und 1906 die Büste des ‚Turnvaters' Friedrich Ludwig Jahn (1778–1852) in Worms. Außerdem beteiligten sie sich an einer Denkmalinitiative für den ‚literarischen Nationalhelden' Wilhelm Busch (1832–1908), die 1913 in dessen Geburtsort Wiedensahl realisiert wurde. 1895 initiierten sie ein Denkmalprojekt für den Großherzog Ludwig IV. von Hessen. In Darmstadt sorgte insbesondere Sophie Heyl 1902 für die Errichtung eines Obelisken zum Andenken an die Großherzogin Alice. Zu den lokalhistorischen Denkmälern von Worms, die die Heyls in ihrer Heimatstadt förderten, gehörte das 1904 eingeweihte Denkmal für Wilhelm Küchler, der von 1882 bis 1900 als Bürgermeister von Worms und eng mit der Familie Heyl verbunden war. 1906 stifteten Sophie und Cornelius Wilhelm, passend zu ihrem übrigen Nibelungenprogramm, ein Hagendenkmal. Außerdem engagierte sich Heyl für die Errichtung eines Denkmals für Burchard von Worms, der im Jahr 1000 als Bischof in Worms eingesetzt worden war und den Bau der Pauluskirche und des Kaiserdoms initiiert hatte.[183] Dieses Projekt wurde jedoch nicht realisiert.

4.1.3.1 Nationaldenkmäler

Das Bismarck-Denkmal für Worms 1890

Im Zeitraum zwischen 1877 und 1915 entstanden im Deutschen Kaiserreich knapp 400 Türme, Statuen und Büsten, zudem 270 Gedenksteine zu Ehren Bismarcks, wobei die meisten von ihnen um die Jahrhundertwende errichtet wurden. Die staatstragenden Eliten erhoben die Figur Bismarcks zu einem „verallgemeinerten national-integrativen Staatssymbol" und zu einem „Hoheits- und Herrschaftszeichen".[184] Als „Hüter des Reichs" konnte der Reichskanzler als „national-integrative Gestalt" gedeutet und gefeiert werden.[185]

Mit den Entstehungsjahren 1890/91 gehörte die Wormser Bismarckbüste zu den vergleichsweise frühen Denkmalinitiativen für den Reichskanzler.[186] Insgesamt gab es im Deutschen Reich ihm zu Ehren mehr als 50 Büsten, die meisten entstanden aber erst nach 1895, ab seinem 80. Geburtstag sowie nach seinem Tod 1898. Aus den Quellen geht hervor, dass Cornelius Wilhelm Heyl die Bronzebüste in Auftrag gab, finanzierte

183 StA Worms, Abt. 186, Nr. 492, Tagebuchnotizen, angefangen November 1899 bis 1906, S. 102, 26.11.1905.

184 Scharf, Kunstgeschichte, 1984, S. 237.

185 Scharf, Kunstgeschichte, 1984, S. 238.

186 Plagemann, Bismarck-Denkmäler, in: Mittig/Plagemann (Hrsg.), Denkmäler, 1972, S. 228.

und schließlich der Stadt Worms als Geschenk überließ.[187] Sie wurde am 1. September 1890, dem Vorabend des Sedantags, auf dem Rheintorplatz feierlich enthüllt. Ein Jahr später wurde am Geburtstag des Alt-Reichskanzlers eine neue Version des Denkmals an zentralerer Stelle des Platzes eingeweiht.[188] Heyl informierte Bismarck über das Kunstwerk und schickte ihm Fotografien.[189] Die Faszination und Bewunderung, die Cornelius Wilhelm und Sophie Heyl ihrem Reichskanzler Bismarck entgegenbrachten, wurde bereits erläutert (s. Kap. 3.3.2). 1886 hatten sie für ihre Kunstsammlung ein Bismarckporträt von Franz von Lenbach für 5.000 Mark erworben. Auch nach Bismarcks Entlassung 1890 bestand die Verehrung fort. Mit großem Interesse nahmen sie Anteil an seinem Leben.[190]

Die erste Bronzebüste für den Wormser Rheintorplatz wurde von Reinhold Begas (1831–1911) ausgeführt, einem Hauptrepräsentanten des Berliner Neubarock.[191] In Italien hatte sich Begas mit Franz von Lenbach angefreundet, der wiederum in engem Austausch mit Cornelius Wilhelm Heyl stand. Als Professor der Berliner Akademie hatte sich Begas, neben monumentalen Werken, mit Büsten des Kaisers Wilhelm I. hervorgetan. Ab 1885 schuf er mehrere Bildnisse des Reichskanzlers Bismarck, die in den 1890er Jahren von vielen zeitgenössischen Bildhauern als Modelle für eigene Schöpfungen aufgegriffen wurden.[192] 1886 wurde die zugrundeliegende Gipsfigur in der Berliner Jubiläumsausstellung der Königlichen Akademie der Künste gezeigt. Im Künstlerlexikon Thieme-Becker hieß es 1909: „Zu seinen [Begas'] besten Leistungen gehören seine Büsten. Hier ist die Charakteristik frei und sicher, die Behandlung ausdrucksvoll und malerisch in der Wirkung, die Schlagfertigkeit des Moments überraschend.“[193]

---

187 StA Worms, Abt. 005/1, Nr. 178, Korrespondenz von Cornelius Wilhelm Heyl betr. Geschenk einer Bismarck-Büste an die Stadt, 1890. In der Zeitschrift Kunstchronik wurde am 9. April 1891 folgende Presseerklärung gedruckt: „Worms. Die durch Baron Heyl von Hernsheim [sic] unserer Stadt zum Geschenke gemachte Büste des Fürsten Bismarck ist von Johann Hirt in Berlin moellirt [sic] und ausgeführt worden und am 1. April unter entsprechender Feierlichkeit zur Aufstellung gebracht.“ Anonymus, Denkmäler, in: Kunstchronik 22 (1890/91), S. 382.

188 Die komplizierte Entstehungsgeschichte des Denkmals, seine Versionen und Standortveränderungen legt Jörg Koch ausführlich dar. Vgl. Koch, Bismarckdenkmäler, 2015, S. 105–120.

189 StA Worms, Abt. 186, Nr. 592, Abschrift eines Briefes Cornelius Wilhelm Heyls an Otto von Bismarck vom 16.04.1891; Übersendung von zwei Fotografien der Büste Bismarcks.

190 StA Worms, Abt. 186, Nr. 1202/034, Alexander Günther an Cornelius Wilhelm Heyl, Quittung Lenbachs über 5000 Mark für ein Bismarckporträt. Bericht von Lenbachs Aufenthalt im Bismarck'schen Haus, 24.03.1886.

191 Mit weiteren Quellenangaben und Abbildungen vgl. Koch, Bismarckdenkmäler, 2015, S. 105–120; Seele, Lexikon, 2005, S. 413; StA Worms, Abt. 204, Nr. 53/01-008, Zeitungsfoto des Bismarckdenkmals, Fotograf: Hanselmann, o. D., ohne nähere Angaben. Zu Begas vgl. Einholz, Reinhold, in: Sündenhauf (Hrsg.), Begas, S. 169.

192 Kühn, Reinhold Begas, in: Thieme/Becker (Hrsg.), Künstlerlexikon, Bd. 3, 1909, S. 185; Berger, Begas' Porträtplastiken, in: Sündenhauf (Hrsg.), Begas, S. 136.

193 Kühn, Reinhold Begas, in: Thieme/Becker (Hrsg.), Künstlerlexikon, Bd. 3, 1909, S. 185.

Als 1891 der Standort der Büste verlegt wurde, schuf Johannes Hirt (1859–1917) eine neue.[194] Hirt, der einige Jahre in Worms lebte, hatte in Berlin studiert und wurde im Anschluss an das Bismarckdenkmal für weitere Werke in Worms herangezogen, so stammte etwa das 1904 fertiggestellte Standbild Küchlers ebenso aus seiner Werkstatt, wie der 1905 von den Heyls in Auftrag gegebene Hagen. Auch die bildnerische Ausstattung des Wormser Festspielhauses gehörte zu seinen Werken.[195] Für Bismarck hielt er sich an die Vorlage von Reinhold Begas: Sie zeigte den Reichskanzler überlebensgroß, mit Uniformjacke und geöffnetem Mantel, sodass der um den Hals getragene Orden *pour le mérite* sehr gut zu sehen war.

Die erste Enthüllungsfeier im September 1890 wurde festlich begangen. Heyl setzte seine werkseigene Kapelle zur musikalischen Untermalung ein. Ein Redner, dessen Ansprache in der *Wormser Zeitung* veröffentlicht wurde, ging insbesondere auf Heyl als Stifter des Denkmals ein:

> Ein hochherziger Geber und eine hochgestellte Persönlichkeit unserer Stadt [Cornelius Wilhelm Heyl, Anm. I. H.], hat es sich nicht nehmen lassen, am heutigen Tage der Bürgerschaft von Worms als ein Zeichen der Zeit ein Denkmal errichten zu lassen, welches die Dankbarkeit der Bürger dem Kanzler bezeugen soll für seine Leistungen als Staatslenker. Derselbe hochherzige Geber hatte Gelegenheit als Reichstagsabgeordneter mit dem Fürsten Bismarck persönlich zu konferieren. [...] Für die großen Verdienste um unsere Vaterstadt sowie für die Ehre, welche uns heute durch unseren Festgeber Herrn Freiherr von Heyl zu Herrnsheim zu Theil wurde, wollen wir unseren Gefühlen des Dankes dadurch Ausdruck geben, daß wir [...] seiner ganzen Familie ein dreifaches Hoch ausbringen.[196]

Um seine Initiative und Finanzierungsleistung für das Denkmal deutlich und langfristig sichtbar zu machen, ließ Heyl eine Widmungsinschrift am Sockel der Bismarckbüste anbringen: „Der Vaterstadt Worms gewidmet 2. September 1890 von CW. Freiherr Heyl zu Herrnsheim".[197]

Sophie Heyl äußerte sich rückblickend über die Planungsphase des Bismarckdenkmals in einem Brief an ihren Ehemann, aus dem hervorgeht, dass Cornelius Wilhelm viel Zeit und Energie in dieses Unternehmen investiert und sich auch mit dem Künstler auseinandergesetzt hatte. Dieser Brief ist auch deshalb aufschlussreich, weil Sophie darin preisgibt, wie sich ihre Rolle als Kunstberaterin während ihrer Ehe veränderte und Cornelius Wilhelm offensichtlich in den 1890er Jahren begann, zunehmend eigene Wege nicht nur auf dem Feld der Kulturförderung zu gehen:

> Vor einigen Jahren anfangend (es war in d. Zeit als d. Bismarckdenkmal entstand) und von da an leider immer mehr zunehmend, bildete sich bei dir die Gewohnheit heraus nichts mehr von

194 Über den weiteren Umgang mit der Begas-Büste geben weder die Forschungsliteratur noch das Quellenmaterial Auskunft.

195 Anonymus, Johannes Hirt, in: Thieme/Becker (Hrsg.), Künstlerlexikon, Bd. 17, 1924, S. 144.

196 Wormser Zeitung, 03.09.1890, zit. n. Koch, Bismarckdenkmäler, 2015, S. 110 f.

197 Koch, Bismarckdenkmäler, 2015, S. 113.

> Wichtigkeit mit mir zu besprechen. Heimlich schufst du das Denkmal, ich durfte nicht einmal d. Skizze sehn. Du conferiertest mit d. Künstler, deine Gedanken waren lange mit d. Sache beschäftigt – ich erfuhr nichts. Vielleicht hätte ich sogar einiges an d. Model corrigiren können, ich war damals immer in deiner Nähe, auch war ich durchaus nicht principiel gegen diese schöne Idee – ich bin nur ängstlich [...] in solchen [...] Dingen womit man in d. Öffentlichkeit tritt. Die Geschichte ist alt und längst verwunden aber was mich grämt u. oft heimlich tief traurig macht das ist, daß ich fühle wie du mich immer mehr distanzirst du verschließt seit Jahren ängstlich vor mir was dich innerlich auf Lebhafteste beschäftigt.[198]

Als das Denkmal aufgrund einer Platzumgestaltung einen neuen Standort bekam, versuchte Sophie dennoch in die Planungen einzugreifen und schlug vor, den Architekten Alfred Friedrich Bluntschli (1842–1930), der für das Paar die 1884 fertiggestellte Stadtvilla Heylshof entworfen hatte, nach Worms einzuladen, um für die Büste eine harmo nische Sockellösung zu finden. Sie schrieb im August 1893 an ihren Mann:

> Er [Bluntschli] ist nach meiner Ansicht der Mann, der mit Leichtigkeit dem Sockel das richtige Verhältniß geben kann. Ich kann das Denkmal so nicht mehr sehen, es ist zu schrecklich und durch eine Kleinigkeit zu bessern. [...] Bluntschli macht auch gerne deswegen eine Reise nach Worms und sieht den Heylshof wieder. [...] Er kann auch für d. Großherzogsdenkmal rathen und den Plan Hofmanns corrigiren.[199]

1894 erhielt die Büste auf Kosten Cornelius Wilhelm Heyls einen breiteren Säulenschaft, sodass sich seine Ehefrau offensichtlich durchgesetzt hatte.[200]

Das Jahndenkmal in Worms 1906

Ein populäres Nationaldenkmalprojekt unterstützten Cornelius Wilhelm und Sophie Heyl, indem sie 1.000 Mark für ein Denkmal des Turnvaters Friedrich Ludwig Jahn auf dem Jahnplatz in Worms stifteten.[201] Es handelte sich um eine steinerne Büste auf einem Obelisken des Charlottenburger Bildhauers Ernst Müller-Braunschweig (1860–1928), für das die Turngemeinde Worms, gemeinschaftlich 500 Mark gespendet und weitere Bürger Beiträge geleistet hatten. In der Denkmallandschaft des Kaiserreichs rangierten Jahndenkmäler auf der Beliebtheitsskala weit oben und standen nicht weit hinter dem ‚Spitzenreiter' Bismarck. Bisher konnten für den Zeitraum zwischen 1859 und 1990 ganze 329 Jahndenkmäler ermittelt werden.[202] Der Turnvater wurde als bürgerlicher Nationalheld, als „Urbild des borussischen Teutomanen" und „Herold des deutschen Volkstums, der Volkseinheit" verehrt.[203] Die Nationalismusforschung charakterisiert die Jahndenkmäler als Erinnerungsobjekte für eine breite Bevölkerungs-

---

198 StA Worms, Abt. 186, Nr. 557-33, Sophie Heyl an Cornelius Wilhelm Heyl, 26.04.1899.
199 StA Worms, Abt. 186, Nr. 555-039, Sophie Heyl an Cornelius Wilhelm Heyl, 01.09.1893
200 Seele, Lexikon, 2005, S. 413.
201 StA Worms, Abt. 186, Nr. 492, Tagebuchnotizen, angefangen November 1899 bis 1906, S. 104.
202 Schnitzler, Denkmäler, 2002, S. 2, 4 u. 83.
203 Langewiesche, Reich, Nation, Föderation, 2008, S. 129 u. 138.

gruppe, die mit der Memoria vermeintlich nationale Traditionen vermittelten, eine Praxis, die Hobsbawm unter den Terminus „Invention of Tradition“ fasste.[204] Auch die Errichtung des Jahndenkmals in Worms stand im Zeichen des Nationalismus. Das *Wormser Tageblatt*, das über das Projekt berichtete, stellte Jahn als „leuchtendes Vorbild deutscher Männertugend“ insbesondere für die jungen Menschen dar.[205] Die Deutsche Turnerschaft „mit ihren vielen Tausend Vereinen“ wurde als die Speerspitze eines reinen und echten deutschen Volkstums charakterisiert. Als Ziel der Turner, im Sinne Jahns, nannte die Zeitung eine „wehrhafte, nationalgesinnte männliche Jugend, und ein gesundes, widerstandsfähiges Geschlecht dem deutschen Vaterlande heranzuziehen.“[206]

Für Cornelius Wilhelm Heyl lag es nahe, sich für die populäre Verehrung Jahns zu engagieren. Er unterstützte die Ideale der Deutschen Turnerschaft. Nachdem sich die Arbeiterturner in der zweiten Hälfte des 19. Jahrhunderts von der Deutschen Turnerschaft mit der Gründung des Arbeiter-Turnerbundes abgespalten hatten, rückte die Deutsche Turnerschaft noch weiter von ursprünglich liberalen und demokratischen Ideen ab und setzte zunehmend auf eine stark nationalvölkische Ausrichtung.[207] Als der Verband 1907 seinen XIV. Deutschen Turntag unter der Devise „Einigkeit macht stark!“ in Worms ausrichtete, konnten Stadt und Turngemeinde das Jahndenkmal einer breiten Turnergemeinschaft präsentieren.[208]

Das Wilhelm-Busch-Denkmal in Wiedensahl 1909–1913

1909 beteiligte sich Heyl erneut an einem Denkmal für eine um 1900 zum Nationalhelden stilisierte Persönlichkeit. Diesmal engagierte sich der Unternehmer prominent im Komitee für ein Wilhelm-Busch-Denkmal im niedersächsischen Wiedensahl, dem Geburtsort des 1908 verstorbenen Künstlers.[209] Der Architekt Otto Lüer (1865–1947) und der Bildhauer Karl Gundelach (1856–1920), beide aus Hannover, realisierten das Denkmal, das mit Spenden finanziert wurde, sodass es am 14. September 1913 als Stiftung von „zahllosen Freunden und Verehrern“ der Öffentlichkeit präsentiert wurde.[210]

Buschs Publikationen waren im späten 19. und 20. Jahrhundert äußerst populär, seine Person bekam aber erst anlässlich seines 70. Geburtstags eine erste große Auf-

---

204 Hobsbawm/Ranger (Hrsg.), Invention, 1983; Schnitzler, Denkmäler, 2002, S. 4.

205 Anonymus, Jahndenkmal, in: Wormser Tageblatt (28.10.1906), S. 1 (mit Abbildung des Denkmals).

206 Anonymus, Jahndenkmal, in: Wormser Tageblatt (28.10.1906), S. 1.

207 Knaus, Rezeption, in: Freytag/Petzold (Hrsg.), Das lange 19. Jahrhundert, 2007, S. 262 f.

208 StA Worms, Abt. 005/1, Nr. 354, Deutscher Turntag zu Worms am 28. und 29. Juli 1907.

209 Spendenaufruf für ein Wilhelm-Busch-Denkmal in Wiedensahl, in: Jugend 3 (1909), S. 63. Für den Bau waren ca. 10.000 Mark nötig.

210 Kunstnachrichten 3 (1913/14), S. 7. Eine Abbildung des Denkmals ist abgedruckt in: Deutsche Bauzeitung 83 (1913), o. S. (Bildbeilage).

merksamkeit. Ihn erreichte geradezu eine „Woge des Busch-Enthusiasmus“; sogar der Kaiser und der Großherzog von Baden ließen ihm ihre Glückwünsche zukommen.[211] Nach seinem Tod wurde er als „Held, ein allverehrtes Nationalbesitztum“ gefeiert und in der Presse wurde gefordert, ihm „einen Ehrenplatz im Wallhall unserer führenden Geister“ einzuräumen.[212] Der Historiker Thomas Kohut, der das Phänomen der Busch-Begeisterung untersuchte, geht davon aus, dass Busch als „Verkörperung nostalgischer Behaglichkeit“ gefeiert worden sei.[213] Mit der Verehrung seiner Person und Kunst zelebrierten insbesondere die kulturellen Eliten vergangene, aus ihrer Sicht bessere Zeiten, wobei die eigentlich pessimistisch-schopenhauersche Weltsicht der Dichtung Buschs ausgeblendet wurde. Teilweise war die Erinnerung an die Künstlerpersönlichkeit mit dem Personenkult um Bismarck, der kurz vorher gestorben war, verknüpft.

Für Cornelius Wilhelm bot die Beteiligung am Denkmalkomitee die Gelegenheit, sich erneut als Protagonist der kulturellen Elite des Kaiserreichs zu inszenieren. Auch in seiner überlieferten Korrespondenz finden sich Hinweise auf Busch, die zeigen, dass dieser Name auch im Kunstnetzwerk des Unternehmers eine Bedeutung hatte.[214] Durch die reichsweite Verbreitung des Spendenaufrufs, in dem Heyl namentlich genannt wurde, erreichte er eine Medienpräsenz, die mit dem literarischen Nationalhelden assoziiert war und ihm somit eine besondere Sichtbarkeit verlieh.

4.1.3.2 Denkmäler zur Verherrlichung des Großherzogtums Hessen und seiner Fürsten

Das Denkmal für Großherzog Ludwig IV. für Worms 1892–1895

Für Großherzog Ludwig IV. wurde 1895 neben der Martinskirche in Worms ein Obelisk nach einem Entwurf des Stadtbaumeisters Karl Hofmann aufgestellt. Auch diese Initiative kam aus dem Hause Heyl. Die Unternehmerfamilie verdankte dem Verstorbenen den Freiherrentitel und konnte mit ihrer Unterstützung für das Denkmal ein sichtbares und nachhaltiges Zeichen ihrer Verbundenheit mit der großherzoglichen Familie setzen. Sie stellte also finanzielle Mittel zur Verfügung und traf Entscheidungen über gestalterische Fragen. Die Planungen setzten nach dem Ableben des Landesfürsten 1892 ein und es gelang Worms, noch vor der Residenzstadt Darmstadt ein Denkmal für den Großherzog vorzuweisen.[215] Sophie Heyl hatte auf eine Fertigstellung gedrängt und 1894 Cornelius Wilhelm geschrieben: „Mit dem Großherzogsdenkmal würde ich

211 Kohut, Wilhelm Busch, in: Zeitschrift für Literaturwissenschaft und Linguistik 134 (2004), S. 147.
212 Kohut, Wilhelm Busch, in: Zeitschrift für Literaturwissenschaft und Linguistik 134 (2004), S. 149.
213 Kohut, Wilhelm Busch, in: Zeitschrift für Literaturwissenschaft und Linguistik 134 (2004), S. 150 u. 157.
214 StA Worms, Abt. 186, Nr. 1202-29, Franz von Lenbach an Cornelius Wilhelm Heyl, 11.04.1886; StA Worms, Abt. 186, Nr. 1165-12, Otto Hupp an Cornelius Wilhelm Heyl, 30.12.1891. Wie andere Münchner Künstler, mit denen Heyl in Kontakt stand, war auch Busch ein Mitglied der Allotria.
215 Die Enthüllung des Obelisken fand am 15.07.1895 statt. StA Worms, Abt. 186, Nr. 1254.

voran machen."[216] Für die Finanzierung konnten sowohl private Stifter als auch Vereine, Firmen, Behörden, Schulen und andere Institutionen gewonnen werden.[217]

In Worms wurde das Modell eines architektonischen Denkmals in Form eines Obelisken verwirklicht, im Gegensatz zu dem späteren, viel kostspieligeren Reiterstandbild in Darmstadt. In der antiken ägyptischen Kultur wurden solche monolithischen Spitzsäulen zu Ehren der Sonne als „Kultzeichen des Lichts" aus Granit errichtet und gelangten als Siegestrophäen der römischen Kaiser nach Europa.[218] Dieser monumentale Herrschaftsgestus erlebte im 19. Jahrhundert vor dem Hintergrund politischer Rivalität ein Revival, als Obelisken aus Alexandria nach Paris, London und New York transportiert wurden. In Deutschland waren das 1791 erbaute Monument für Prinz August Wilhelm von Preußen im Park von Rheinsberg und das 1796 entworfene Nationaldenkmal Friedrichs des Großen von Friedrich Gilly bekannte Beispiele für Denkmäler dieser Form. Wie Wilhelm Weber treffend feststellte, konnte die zu ehrende Person, auf die sich ein Denkmal in Obeliskform bezog, beliebig ausgetauscht werden.[219]

Es handelte sich um ein auf dem Platz aufragendes architektonische Zeichen, dass das Gedenken an eine Person – im Wormser Fall an den Großherzog – zu ihrer Apotheose steigerte. Das Andenken an Ludwig IV. sollte „bis an die Sterne" reichen.[220] Die phallushafte Gestalt des Obelisken vermittelte eine archaische Idee von männlicher Potenz und Macht. Ein positiver Nebeneffekt des architektonischen Denkmals war zudem, im Vergleich zum figürlichen Standbild, seine zügige Realisierbarkeit. Der 24,30 Meter hohe Obelisk aus Muschelkalk konnte leicht verwirklicht werden.[221] Als schmückendes Beiwerk entwarf Johann Hirt flankierende Löwenskulpturen und einen ornamentalen Fries.[222] An den Pfeiler wurde abgesehen von einem Bronzerelief mit dem Porträt des Großherzogs sowie folgender Widmungstext montiert: „Ludwig IV. / dem siegreichen Führer / im Kriege 1870/71 / die dankbare Stadt Worms". Zusätzlich brachte

---

216 StA Worms, Abt. 186, Nr. 549-11, Sophie Heyl an Cornelius Wilhelm Heyl, o. D. 1894.

217 StA Worms, Abt. 005/1, Nr. 246. Die Akte enthält den gedruckten Spendenaufruf des Ausschusses zur Errichtung eines Denkmals für Seine Königliche Hoheit weiland Großherzog Ludwig IV. von Hessen vom 21.03.1892 und Einzeichnungslisten aus dem Jahr 1892 für Beiträge zur Errichtung des Ludwigsdenkmals. StA Worms, Abt. 00571, Nr. 247 enthält weitere Spendenlisten, u. a. auch von Privatpersonen.

218 Vogt, Denkmal, in: Mittig/Plagemann (Hrsg.), Denkmäler, S. 39. „Kultzeichen des Lichts" Zitat von Weber, Luther-Denkmäler, in: Mittig/Plagemann (Hrsg.), Denkmäler, S. 186.

219 Weber, Luther-Denkmäler, in: Mittig/Plagemann (Hrsg.), Denkmäler, 1972, S. 187.

220 Weber, Luther-Denkmäler, in: Mittig/Plagemann (Hrsg.), Denkmäler, 1972, S. 187. Weber bezieht sich hier auf einen Entwurf von Heinrich Gentz von 1804 zu einem Lutherdenkmal in Form eines Obelisken.

221 Eine ausführliche Beschreibung des Denkmals wurde im Wormser Tageblatt abgedruckt: Anonymus, Ludwigs-Denkmal, in: Wormser Tageblatt (Neue Wormser Zeitung) 165 (16. Juli 1895), S. 1. Die Ausführung der Entwürfe übernahm der Bildhauer Josef Jürgens aus Mannheim.

222 StA Worms, Abt. 005/1, Nr. 254, Vergabe der Arbeiten an Johann Hirt.

man die Namen der 33 Schlachten an, an denen hessische Truppen beteiligt waren.[223] Indem diese antifranzösische Zuschreibung den Verdienst des Großherzogs um die Einigung des Reiches hervorhob, gelang eine Erhöhung des landesherrlichen Denkmals auf die nationalpolitische Ebene.

Das Denkmal wurde am 14. Juli 1895 erstmals der Öffentlichkeit präsentiert.[224] Anlässlich der Enthüllung fand wie üblich ein großes Fest mit Umzug in geschmückten Straßen, Glockengeläut und dem Auftritt eines Massenchores von 940 Sängern statt.[225] Großherzog Ernst Ludwig nahm während des Festakts neben weiteren geladenen Gästen auf einer Ehrentribüne Platz. Wie bei seinen Jagdbesuchen war auch dieser Aufenthalt in Worms bis ins kleinste Detail geplant.[226] Oberbürgermeister Küchler hob in seiner Ansprache das Engagement Cornelius Wilhelm Heyls für das Denkmalprojekt besonders hervor, indem er ihn als Initiator namentlich nannte: „[A]ls nach 15jähriger reich gesegneter Regierung, am 13. März 1892 die Trauerkunde von dem plötzlichen Hinscheiden des geliebten Fürsten das Land durchlief und Freiherr Heyl in dem Stadtvorstand die Errichtung dieses Denkmals anregte, da sprach er aus dem Herzen Aller und mit Einstimmigkeit entsprach die Stadtverordnetenversammlung freudig dem gestellten Antrag.“[227] Nach dem Festakt, so berichtete das *Wormser Tageblatt*, „begaben sich die hohen Herrschaften […] zum Heyl's Hof, wo das Diner um 1 Uhr eingenommen ward.“[228] Cornelius Wilhelm Heyl war es also auch in diesem Fall gelungen, sich selbst und seine Familie nachdrücklich hervorzuheben und ihre Bedeutung für die Stadt und das Land zu bekräftigen.

Das Alice-Denkmal in Darmstadt 1897–1902

Zwei Jahre nach der Enthüllung des Ludwigsdenkmals in Worms initiierte Sophie Heyl ein eigenes Denkmalprojekt für die 1878 verstorbene Großherzogin Alice von Hessen und bei Rhein, die Ehefrau Ludwigs IV. Zur Herzogin hatte die Unternehmergattin eine besondere Beziehung; sie verband persönliche Begegnungen mit der Fürstin und

---

223 Anonymus, Ludwigs-Denkmal, in: Wormser Tageblatt (Neue Wormser Zeitung) 165 (16. Juli 1895), S. 1.

224 Ein detailreicher Bericht über die Feierlichkeiten zur Enthüllung wurde im Wormser Tageblatt veröffentlicht. Anonymus, Enthüllung, in: Wormser Tageblatt (Neue Wormser Zeitung) 164 (15. Juli 1895), S. 2 u. 3.

225 StA Worms, Abt. 005/1. Ute Schneider charakterisierte einen geradezu standardisierten Ablauf für derartige Veranstaltungen. Vgl. Schneider, Politische Festkultur, 1995.

226 Wie Ferdinand Werner festhielt, gab es für den Besuch des Großherzogs und seiner Entourage, der auch einen Aufenthalt im Heylshof beinhaltete, ein minutiöses Drehbuch. Es enthielt neben der Blumendekoration und den Livrées für die Dienerschaft auch Anweisungen für die Ausstattung der Gästezimmer. Die Speisen wurden aus Frankfurt vom Restaurant Buerose geliefert. Vgl. Werner, Von Wohnhäusern, in: Bönnen/Werner (Hrsg.), Industriellenfamilie, 2010, S. 236.

227 Rede Küchlers während des Festakts, zit. n. Anonymus, Enthüllung, in: Wormser Tageblatt (Neue Wormser Zeitung) 164 (15. Juli 1895), S. 3.

228 Anonymus, Enthüllung, in: Wormser Tageblatt (Neue Wormser Zeitung) 164 (15. Juli 1895), S. 3.

hatte sich in ihrem Alice-Verein besonders engagiert. Drei Jahre nach dem Tod der Landesfürstin hatten Sophie und Cornelius Wilhelm ihre dritte Tochter auf den Namen Alice Sophie getauft und auch damit ihre starke Bindung an die großherzogliche Familie demonstriert.

Ein Denkmal für eine Frau zu errichten, auch wenn es sich um eine Fürstin handelte, war zur Zeit des Kaiserreichs eine außergewöhnliche Geste.[229] Denkmäler sollten überwiegend männliche Macht und Tugenden demonstrieren, sowohl auf Seiten der Stifter als auch bei der Motivwahl. Dargestellt oder monumental verehrt wurden Fürsten, Politiker, Militärs und Künstler. Weibliche Figuren kamen nur vereinzelt vor, zumeist in Form von Allegorien beispielsweise als Germania oder Bavaria. Unter den Monarchinnen waren in kleinerem Umfang die preußische Königin Luise, die Kaiserinnen Augusta und Victoria sowie die badische Großherzogin Luise denkmalwürdig.[230]

Im Fall des Alice-Denkmals handelte es sich nicht nur um die Umsetzung eines weiblichen Memorials, auch die Initiative und Finanzierung lag in Frauenhänden. Vielleicht ließ sich Sophie Heyl von den Aktivitäten für die Augusta-Denkmäler anregen, als sie 1897 damit begann, Spenden von Frauen und Mädchen zu sammeln, um die Finanzierung des Denkmals gemeinschaftlich zu organisieren. Es kamen 33.000 Mark zusammen, die Gesamtkosten beliefen sich schließlich auf 52.000 Mark, wobei die Differenz aus den Restmitteln des Ludwigdenkmalfonds bestritten werden konnte. Am 12. September 1902 fand auf dem Wilhelminenplatz in Darmstadt die Enthüllung des Alice-Denkmals statt.[231] Die Journalistin und Schriftstellerin Ella Mensch, die bei diesem Anlass selbst eine Festrede gehalten hatte, stellte das Projekt in ihrer Erinnerungsschrift an Sophie Heyl folgendermaßen dar:

> Freifrau von Heyl empfand es als Herzensbedürfnis, ihrer verewigten Gönnerin ein sichtbares Denkmal zu setzen, und so ruhte sie nicht, bis sich ein Komitee zusammenfand, das an die Gründung eines Großherzogin-Alice-Denkmal in der hessischen Residenz herantrat. Aber es sollten nur Frauen und Mädchen ihr Scherflein geben, sie, denen der Fürstin besondere Fürsorge gegolten. Mit vielen tausend kleinen Beträgen kam es zustande, und nach einer Reihe von Jahren war der nötige Fonds aufgebracht.[232]

Das Denkmal war nicht nur aufgrund der Zuschreibung an eine weibliche Persönlichkeit ungewöhnlich, auch der Entwurf hob sich von der üblichen Denkmallandschaft ab. Im Wettbewerb hatte sich 1900 der Bildhauer Ludwig Habich durchgesetzt. Er hatte bereits im Vorfeld für die großherzogliche Familie gearbeitet und war 1899 von Groß-

229 Vgl. Scherb, Sockel, in: Regnath et al. (Hrsg.), Eroberung, 2007, S. 143–184.

230 Für Kaiserin Augusta wurden vier Denkmäler errichtet: 1892 eine Büste in Baden-Baden von Joseph Kopf, 1895 eine sitzende Figur auf dem Opernplatz in Berlin von Fritz Schaper, 1896 ebenfalls eine Sitzskulptur in Koblenz von Karl Friedrich Moest und 1903 ein Denkmal nach dem gleichen Schema in Köln-Neustadt Nord von Franz Dorrenbach, das im Zweiten Weltkrieg zerstört wurde.

231 StA Worms, Abt. 186, Nr. 492, Tagebuchnotizen, angefangen November 1899 bis 1906, S. 47 f. (mit unbeschrifteten Zeitungsausschnitten).

232 Mensch, Erinnerungen, 1917, S. 7 f.

herzog Ernst Ludwig als Mitglied in die Künstlerkolonie Darmstadt berufen worden. Unter seinen Vorschlägen gab es eine sitzende Skulptur Alices, die – ähnlich wie das Denkmal der Kaiserin Augusta in Koblenz – in einen kapellenartigen Rundbau integriert war.[233] Doch man entschied sich, analog zum Großherzog Ludwig IV. Denkmal in Worms, für die Umsetzung eines Obelisken, dessen architektonische Form keineswegs traditionell weibliche Attribute verbildlichte, sondern symbolhaft männliche Vitalität demonstrierte. Allerdings war der Obelisk des Großherzogs mit 24, 5 Metern um einiges höher als das 19 Meter hohe Monument für Alice – ein Unterschied, der ironischerweise in etwa dem heutigen Gender Pay Gap entspricht.[234]

Alices Obelisk wurde aus weißem lothringischem Sandstein hergestellt. Der hohe Basisbereich der Säule auf einem geschwungenen massiven Postament, das auch als Brunnen diente, war reich verziert und mit einem Medaillonbildnis der Fürstin aus Goldbronze versehen, während der Obelisk ganz ohne Schmuck mit glatter Fläche pure Materialästhetik zeigte. Für die vier Kanten des Sockels fertigte Habich reliefartige, stilisierte Frauenfiguren als Sinnbilder für die Stifterinnen des Denkmals. Die Figuren wie auch das Dekor gestaltete er mit den formalen Mitteln des Jugendstils, einer Kunstströmung, die der Großherzog Ernst Ludwig in der Darmstädter Künstlerkolonie auf der Mathildenhöhe besonders förderte. Zwischen die Figuren fügte Habich Baumreliefs mit ornamentalen, verschlungenen Astformationen ein, die mit einem Blätterfries den Sockelbereich zum schlichten Schaft hin abschlossen. Habich legte das Medaillon der Herzogin als Bestandteil einer solchen Lebensbaumkrone an und stellte sie damit als archaisch lebensspendende und weitere Generationen hervorbringende Landesmutter dar.

Die fließenden Gewänder der schlanken Frauengestalten erinnern an die neuen Reformkleider der Jahrhundertwende, die wiederum antike Gewänder imitierten. Damit fügten sich Habichs Figuren harmonisch in die überzeitliche Grundkonzeption des Denkmals ein. Während zwei der Frauen mit den Händen das großherzogliche Wappen halten, flankieren die anderen beiden das Porträtmedaillon. Dabei erweckt eine der jungen Frauengestalten den Eindruck, als befinde sie sich in direkter Zwiesprache mit der Fürstin, die ihr – zwar im Medaillon stilistisch entrückt – auf Augenhöhe begegnet. Dieses Detail gibt einen Hinweis auf die oben dargestellte Vereinsarbeit der Fürstin: Eine Beteiligung an den Aktivitäten des Alice-Frauenvereins hatte manche Gelegenheit geboten, der Großherzogin persönlich zu begegnen, was sonst weit weniger möglich gewesen wäre. Die Inschrift und Widmung, die in das Postament eingraviert wurde, verweist auf das Engagement der Stifterinnen: „In Verehrung Liebe und Dankbarkeit – Alice – Der unvergesslichen Großherzogin von Hessen und bei Rhein gewid-

233 s. Abbildung, in: Anonymus, Ludwig Habich's Denkmal, in: Deutsche Kunst und Dekoration (Sonderheft der Künstler-Kolonie Darmstadt), (Mai 1900), S. 399.

234 Das statistische Bundesamt hat für Deutschland einen Gender-Pay-Gap von 20 Prozent errechnet, vgl. Pressemitteilung 097 (16. März 2020), URL: www.destatis.de/DE/Presse/Pressemitteilungen/2020/03/PD20_097_621.html [23.02.2021].

met von den Frauen und Jungfrauen Hessens im Jahre 1902." Die zeitgenössische Kunstpresse nahm Habichs Denkmal positiv auf. In der Zeitschrift *Die Kunst für alle* hieß es, der Künstler habe sich von der „üblichen Schablone für Fürstinnen-Denkmäler erfreulich freigehalten" und eine „eigenartige Verschmelzung antik-klassischer Linien mit dem herben Geiste der italienischen Frührenaissance" geschaffen.[235] Die Zeitschrift *Deutsche Kunst und Dekoration* lobte das Monument als Beitrag zur Verschönerung der Stadt.[236]

Die Enthüllungsfestlichkeiten fanden in Anwesenheit der großherzoglichen Familie statt und wurden vorwiegend von Frauen und Mädchen gestaltet, die als Stifterinnen des Denkmals, aber auch als Wegbegleiterinnen oder Schutzbefohlene der Großherzogin auftraten. Für den musikalischen Rahmen sorgten ein Damen- und ein Schülerinnenchor, der obligatorische Festumzug wurde von hunderten Schülerinnen gestaltet. Ella Mensch und Sophie Heyl traten als Rednerinnen auf. In der Hauptrede würdigte Ella Mensch die Großherzogin als Hausfrau und Landesmutter sowie ihr Engagement für die Wohlfahrt und Krankenpflege. Dabei betonte sie das deutsche Nationalbewusstsein des Großherzogpaares und die Vorbildfunktion Alices als „deutsche Frau", ungeachtet dessen, dass es sich um die zweite Tochter Queen Victorias handelte. Sophie Heyl hielt als Vorsitzende des Denkmalkomitees eine Ansprache, in der sie sich für das gemeinschaftliche Engagement vieler tausend hessischer Frauen bedankte.[237] Für die eigentliche Enthüllung erteilte schließlich Großherzog Ernst Ludwig den Befehl. Im Anschluss verteilte er verschiedene Würdigungen: Sophie Heyl verlieh er die Erinnerungsmedaille an Großherzogin Alice mit dem Band des Ludwigsordens. Einen Ludwigsorden II. Klasse erhielt der Verwaltungsdirektor der Heylschen Lederwerke Julius Menges, weil er das Damenkomitee unermüdlich unterstützt habe.[238] Der Künstler Ludwig Habich wurde mit der Übertragung des Professorentitels durch Ernst Ludwig geehrt.[239]

---

235 Anonym, Denkmäler, in: Die Kunst für alle (16. Oktober 1902), S. 79. Habichs Stilanleihen bei der Antike wurden auch in der New Yorker Zeitschrift *The International Studio. An Illustrated Magazine of Fine an Applied Art* gesehen: „I should say his sculptures have a leaning towards the antique. His method of treating outlines of bodies and surfaces, as well as the selection of his subjects and models, point that way." Fred, Darmstadt, in: The International Studio. An Illustrated Magazine of Fine an Applied Art 15/60 (1902), S. 276.

236 Anonym, Ludwig Habich's Denkmal, in: Deutsche Kunst und Dekoration (Sonderheft der Künstler-Kolonie Darmstadt), (Mai 1900), S. 400.

237 StA Worms, Abt. 186, Nr. 492, Tagebuchnotizen, angefangen November 1899 bis 1906.

238 Üblicherweise übernahm ein mit Männern besetztes Gremium Verwaltungsaufgaben in Frauenvereinen oder anderen von Frauen getragenen Unternehmungen, da es den weiblichen Mitgliedern oft gar nicht möglich war, die volle Verantwortung zu übernehmen, waren sie doch von zahlreichen Amtshandlungen ausgeschlossen.

239 Ludwig Habich arbeitete 1920 erneut für die Familie Heyl. Für Heyls Schwiegersohn Max Edler von der Planitz, der im Krieg gefallen war, stellte er ein Grabmal für den Waldfriedhof in Darmstadt her.

Aus den Briefen Sophies an Cornelius Wilhelm wurde deutlich, dass sie sich bei dessen Planungen des Bismarckdenkmals aus seinen Projekten ausgeschlossen gefühlt und den Eindruck hatte, als Partnerin und Beraterin ihres Ehemann nicht ausreichend respektiert zu werden.[240] Mit dem Alice-Denkmal hatte sie ein eigenes Vorhaben umgesetzt, ohne den Rahmen der traditionellen Geschlechterzuschreibungen der kaiserzeitlichen Elite verlassen zu müssen. Ihr Engagement für die Ehrung der Großherzogin ist demnach auch als ein ganz privater Appell zu verstehen, die Verdienste der Frauen im Sinne ihres christlich geprägten Rollenverständnisses zu würdigen. Für dieses Ansinnen erhielt sie schließlich Bestätigung in Form eines Ordens aus dem großherzoglichen Haus und steigerte damit nicht nur die Reputation ihrer Familie in Darmstadt, sondern auch ihre persönliche gesellschaftliche Position.

4.1.3.3 Lokalgeschichtliche Denkmäler für Worms

Das Küchler-Denkmal in Worms

Als der langjährige Oberbürgermeister von Worms Wilhelm Küchler im Oktober 1900 starb, setzte sich Cornelius Wilhelm Heyl bereits im Dezember für ein repräsentatives Denkmal ein und gründete ein entsprechendes Komitee.[241] In der Amtszeit von Küchler, der 1882 zum Bürgermeister gewählt wurde und von 1888 bis 1898 als Oberbürgermeister von Worms tätig war, konnte Heyl zahlreiche Projekte in Zusammenarbeit mit der Stadt realisieren, was ihm durch eine enge Kooperation mit Küchler gelang. Obwohl dieser 1894 das Oberbürgermeisteramt auf Lebenszeit erhalten hatte, war er 1898 der Berufung als Präsident in das großherzoglich-hessische Finanzministerium gefolgt.

Das *Wormser Tageblatt* berichtete, dass Heyl zunächst einen Beitrag von 10.000 Mark gestiftet hatte und andere Bürger seinem Beispiel folgten, um mit weiteren Spenden das Vorhaben zu realisieren.[242] Die künstlerische Ausführung übertrug die Stadt dem Bildhauer Johannes Hirt, der sich bereits mit der Bismarckbüste und dem skulpturalen Schmuck des Ludwigdenkmals bewährt hatte. Er schuf eine überlebensgroße Statue Küchlers in Bronze, die auf einem Granitsockel stand. Indem Hirt den Dargestellten mit einer aufrechten, geradezu säulenhaften Haltung versah, verlieh er ihm einen staatsmännischen und würdevollen Ausdruck. Die Gesamtwirkung – auch durch die Wahl der Kleidung mit langem Mantel und dynamisch aufgeworfenem Umhang –, erinnert an die zeitgenössischen Bismarckstatuen. Heyl begleitete die Arbeiten und

240 StA Worms, Abt. 186, Nr. 557, Sophie Heyl an Cornelius Wilhelm Heyl, 26.04.1899.

241 StA Worms, Abt. 186, Nr. 492, Tagebuchnotizen, angefangen November 1899 bis 1906, S. 21, 22.12.1900, Beratungen zum Küchler-Denkmal.

242 Anonym, Enthüllung, in: Wormser Tageblatt (28.11.1904), S. 1.

stand mit Hirt in Korrespondenz.[243] Die zeitgenössische Kritik lobte die lebensgetreue Umsetzung.[244]

Am 28. November 1904 feierte die Stadt die Enthüllung des Küchler-Denkmals auf dem Lindenplatz vor dem Rathaus. Cornelius Wilhelm Heyl hatte als Vorsitzender des Denkmalausschusses das Privileg, das Kunstwerk an die Stadt zu übergeben. Mit patriarchalischem Impetus wandte er sich appellativ an das Publikum, wobei er nicht den Eindruck eines gleichberechtigten Bürgers, sondern den einer übergeordneten Instanz erweckte: „Bürgerschaft der Stadt Worms, nimm das in Erz gegossene Denkmal Deines hochverehrten Ehrenbürgers dankbar und voll Freude auf und ehre es durch stetes Aufrechterhalten der hohen in Küchler verkörperten Güter – der fortschrittlichen Entwicklung, der Geistesfreiheit, des Mannesmutes und der warmen und opferwilligen Liebe zur Heimat!“[245]

Das Hagen-Denkmal in Worms 1905–1906

Die Entstehung des Hagen-Denkmals, das Cornelius Wilhelm und Sophie Heyl 1906 für die Stadt stifteten, steht im Zusammenhang mit der Nibelungenkampagne, die die Unternehmer für ihre eigene Familienikonographie, für die Identitätsstiftung und das Stadtmarketing von Worms sowie die nationale Einheitsidee verfolgten. Johannes Hirt realisierte die Bronzestatue zugleich mit den Planungen für den Siegfriedbrunnen und das Cornelianum. Mit Hagen betrat nun auch der Rivale Siegfrieds, der negative Held der Sage, die Bühne des städtischen Raums. Diese Motivwahl entspricht den Rezeptionsphasen des Nibelungenliedes, die Klaus von See herausarbeitete: Für die Zeit vor 1871 sieht er eine „liebliche Kriemhild“-Phase, gefolgt von einer Siegfried-Phase, die das „Heroisch-Selbstgewisse“ zum Ausdruck brachte.[246] Nach 1900 setzte eine Hagen-Phase ein: Die düstere Gestalt des Anti-Helden Hagen repräsentierte die Pflicht des Schicksalsvollzugs im Gegensatz zu moralischen Erwägungen.[247]

Als Standort war der geplante Rosengarten angedacht, eine Idee die 1903 aufkam, um die Sage mit der Stadtgeschichte zu verbinden. Inspiriert vom Rosengartenlied aus dem 13. Jahrhundert, das im Zusammenhang mit dem Nibelungensagenkreis steht, sollte ein Landschaftsstreifen, das sogenannte Wäldchen, an der linksrheinischen Rheinaue zu einem Themenpark gestaltet werden. Sophie Heyl stiftete 1903 eine Kopie der Venus von Capua für diesen Park.[248] Im Oktober 1905 rief der Rosengartenausschuss der Stadt Worms einen Wettbewerb für das Projekt aus. Gefordert wurden Ideen für

243 StA Worms, Abt. 186, Nr. 1202-73, Johannes Hirt an Cornelius Wilhelm Heyl, 27.05.1902. Offensichtlich bereitete die Statue dem Künstler einige Schwierigkeiten, denn er schrieb: „Der Küchler hat mir schon mehr Schwierigkeiten gemacht, wie meine Rathausfiguren [in Karlsruhe, Anm. I. H.].“

244 Anonym, Enthüllung, in: Wormser Tageblatt (28.11.1904), S. 1.

245 Anonym, Enthüllung, in: Wormser Tageblatt (29.11.1904), S. 1.

246 See, Nibelungenlied, in: Heinzle et al. (Hrsg.), Nibelungen, 2003, S. 318.

247 See, Nibelungenlied, in: Heinzle et al. (Hrsg.), Nibelungen, 2003, S. 318.

248 StA Worms, Abt. 005/1, VIII.02.c, Nr. 583, Wormser Zeitung, Abendblatt Nr. 209, 08.09.1903.

einen möglichst farbenprächtigen, romantisch-wildwachsenden Sagenpark.[249] Die Zeitschrift *Die Werkstatt für Kunst* erläuterte den Wettbewerb folgendermaßen:

> Die Bürgerschaft der alten Königsstadt Worms, der Heimat Hagens von Tronje, will ein Nibelungen-Denkmal schaffen, und zwar in Gestalt eines großen Parkes, in dem zahlreiche Brunnen und Statuen aus Stein und Erz Kunde geben sollen von den alten Sagen und Mären. Das Projekt ist jetzt seiner Verwirklichung nahe, denn schon jetzt ist das erste Kunstwerk, ein ‚Hagen-Brunnen', der dem Karlsruher Bildhauer Johannes Hirt in Auftrag gegeben wurde, vollendet und zur Aufstellung fertig.[250]

Hirt hatte die Hagenfigur im März 1906 fertiggestellt und Cornelius Wilhelm Heyl ließ sie zum Rosenfest im Mai provisorisch im Wäldchen aufstellen, wo sie erstmals öffentlich besichtigt werden konnte.[251] Dargestellt ist ein aufrecht stehender überlebensgroßer Krieger. Er steht in einem flachen Boot und stemmt den Nibelungenschatz über seinen Kopf, um ihn mit großer Kraftanstrengung in den Fluss zu schleudern. Die dynamische Auffassung der Figur, Rüstung und Helm sowie die zitierte Szenerie, rekurrieren auf die Darstellung der gleichen Szene im Nibelungenzyklus der Münchner Residenz von Julius Schnorr von Carolsfeld (1794–1872), die um 1845 entstanden war.[252]

Mit dem Hagenstandbild schließt sich der Kreis zum Bismarckdenkmal, das 1890 als erstes durch die Heyls gestiftete Nationaldenkmal aufgestellt wurde. Gerade die Bismarckverehrung der Zeit griff auf bewährte Bilder aus dem Nibelungenmythos zurück. Die Figur des Reichskanzlers wurde häufig mit Siegfried in Verbindung gebracht, respektive der Sagenheld als Allegorie angeführt, um Bismarck als Schmied des Reiches zu zeigen. Bismarck konnte aber auch als Hagen dargestellt werden, um seine Rolle als treuen Ratgeber und tapferen Vasallen seines Kaisers zu visualisieren.[253]

Die Denkmalprojekte der Heyls zeigen das Engagement der Familie für die nationale und lokale Identitätsbildung, aber auch ihren Repräsentationsdrang und ihren erzieherischen Anspruch, der aus einer patriarchalen, auch aristokratisch-autoritären Haltung heraus entstand. Sie unterstützten und initiierten die Errichtung von Denkmälern für Persönlichkeiten aus der Sphäre von verherrlichten deutschen Männern. Mit der Hagenfigur und dem Rosengartenparkprojekt bedienten sie erneut das Nibelungenbildprogramm der Familie. Als sich wiederholende Muster, die sich aus allen kulturfördernden Projekten der Heyls ableiten lassen, zeichnen sich zum einen der Einsatz von Netzwerken und die Zusammenarbeit mit bewährten Künstlern ab, zum anderen die Anschlussfähigkeit an zeitgenössische Trends und die dadurch gewährleistete Medienpräsenz der Familie mittels der realisierten Denkmäler. Von den sieben Monumenten wurden vier von Johannes Hirt in Worms ausgeführt. Die regionalen

249 Roeß, Rosengarten, in: Die Gartenkunst, 7/4 (1906), S. 56.
250 Anonymus, Worms, in: Die Werkstatt der Kunst 5/1 (1.10.1905), S. 8.
251 StA Worms, Abt. 186, Nr. 492, Tagebuchnotizen, angefangen November 1899 bis 1906, S. 104.
252 Schmoll gen. Eisenwerth, Nibelungen-Wandbildzyklus, in: Heinzle et al. (Hrsg.), Nibelungen, 2003, S. 621–635.
253 Münkler, Die Deutschen, 2009, S. 85 f.

und überregionalen Zeitungen sowie die Fachpresse berichteten ausführlich über die ausgeschriebenen Wettbewerbe, die geplanten und die ausgeführten Werke sowie die damit verbundenen Feierlichkeiten. Dabei wurden die Heyls jeweils als Jury- und Ausschussmitglieder, Initiatoren und Geldgeber namentlich genannt und gewürdigt.

Sophie Heyl grenzte sich mit zwei Stiftungen von der dominanten männlichen Perspektive ab, als sie sich 1897 für ein Denkmal für die Großherzogin Alice einsetzte und 1903 eine Venusstatue für den Rosengarten stiftete. Mit der Motivwahl wurde sie zwar der Trennung zwischen den weiblichen und männlichen Lebenswelten in der kaiserzeitlichen Gesellschaft gerecht, fand aber im engen Rahmen der Konvention als Stifterin und Initiatorin in der männlichen Domäne des öffentlichen Raums eigene Gestaltungs- und Repräsentationsmöglichkeiten. Ihr Engagement als Stifterin war in der Denkmallandschaft des Kaiserreichs äußerst ungewöhnlich. In der Forschung finden sich kaum Beispiele weiblicher Denkmalstifterinnen, und auch die wenigen Standbilder, die berühmten Frauen gewidmet waren, gingen überwiegend von männlichen Mäzenen aus.

4.1.4 Förderung von Musik und Theater

Das Interesse und die Freude an Musik und Theater brachte insbesondere Sophie in die Familie Heyl ein. Sie hatte selbst als Kind und Jugendliche eine musikalische Grundausbildung genossen und war eine geschulte Sopranistin. Ihre Mutter Marie Antoinette Stein pflegte Kontakte mit zahlreichen prominenten Virtuosen und Dirigenten aus Köln, unter anderem mit Ferdinand Hiller, dem Kapellmeister der Stadt.[254] In Worms fand die Bankierstochter keine vergleichbar anregende Situation vor. Auf Reisen besuchte sie gemeinsam mit Cornelius Wilhelm Theater, Konzerte und Opern in den Metropolen, wovon beide in ihrer Korrespondenz und in ihren Erinnerungsschriften ausführlich berichteten. Später wurden auch die Kinder in diesen Kanon kultureller Praxis eingeführt. Die Teilhabe an den exklusiven Veranstaltungen, die einen elitären Habitus voraussetzte, und die schriftliche Reflexion oder Kommunikation darüber, waren Kernelemente der gesellschaftlichen Konvention.[255] Insofern gehörte auch das

254 Sieben Briefe von Ferdinand Hiller (1811–1855) an Marie Antoinette Stein aus den Jahren 1873 bis 1875 sind überliefert: StA Worms, Abt 186, Nr. 1202. Der Komponist, Dirigent und Pianist Hiller wurde erheblich von den Kölner Bankiers von Oppenheim gefördert, die sich insgesamt sehr intensiv für die Musik und das Theater in Köln engagierten. Vgl. Effmert, Sal. Oppenheim, 2006, S. 224–232.

255 StA Worms, Abt. 186, Nr. 1345, Cornelius Wilhelm Heyl hielt beispielsweise einige Berliner Konzert- und Theaterbesuche in seinem Berliner Tagebuch der Jahre 1875–1878 fest. In seinen Beschreibungen hatte diese Freizeitbeschäftigung eine Ausgleichsfunktion zu seiner Arbeit im Reichstag. Am 10. Februar 1876 hielt er fest: „Gestern hörte ich die Armide von Gluck, am Montag Tell. Die reizende Musik und eleganten Ballets erfrischten nach langen Sitzungen ganz wunderbar.“ (S. 38). Manchmal begleitete ihn Sophie und sie tauschten sich über ihre Eindrücke aus: „Am Dienstag hörten wir Tristan und Isolde. Niemann spielte herrlich. [...] Das Orchester muss in der Wagnerianischen Oper vertieft

Musikmäzenatentum zu den tradierten Feldern der adligen und bürgerlichen Kulturförderung.[256]

Die Förderung von Musik und Theater nahm innerhalb der mäzenatischen Praxis der Heyls eine, im Vergleich zur Bildenden Kunst, untergeordnete Stellung ein.[257] Dennoch unternahm das Unternehmerpaar für das Wormser Musikleben einige Anstrengungen. Darüber hinaus engagierten sie sich im Bayreuther Patronatsverein für die Festspiele Richard Wagners. Gemeinsam mit Sophie, seinem Bruder Maximilian, dessen Ehefrau Doris und seinem Cousin Friedrich Schoen trat Cornelius Wilhelm bereits 1876 als Patron der ersten Bayreuther Festspiele auf. Dafür hatten sie Patronatsscheine über 900 Mark erworben. Die Schirmherrschaft über die Festspiele hatte König Ludwig II. übernommen.[258] In seinen Memoiren notierte Heyl über die Festspiele: „In Bayreuth, wo wir den ersten Nibelungen-Aufführungen beiwohnten, und später der ersten Parsival-Aufführung, hatte ich Gelegenheit im Hause Wahnfried mit Frau Wagner zusammenzutreffen. Auch trafen wir dort die feingeistige Mathilde Wesendonck, die eine Cousine meiner Frau war.“[259]

Die Unterstützung von Wagners Festspielbewegung passte in das nationalpatriotische Setting der Heylschen Kulturförderung. Wagner war es gelungen, seine Opern als Kompensation für die mangelnde Nationalsymbolik des Deutschen Reiches anzubieten. Insbesondere die Anhänger der nationalliberalen Partei begingen die Bayreuther Festspiele als Nationalfest und griffen Wagners Mythen- und Sagendarbietungen als Bereicherung ihres Nationalismus auf: „Das gemeinsame Band, welches die Bewegung Wagners zusammenhielt, […] war eben dieses Interesse am nationalen Mythos, der nun in musikdramatischer Verkleidung viel stärker zum unmittelbaren, spontanen Genuß einlud und gerade dadurch dem selbstzufriedenen, unreflektierten Nationalismus entgegenkam.“[260] Neben der nationalliberalen Anhängerschaft integrierte Wagner auch ein aristokratisches Publikum. Das *Adelsblatt* feierte Wagners Schrift *Religion und Kunst* 1888 als „Hohelied sozialen Königtums“ und stellte die Gralsritterschaft als Vorbild für den christlichen Adel dar.[261] Außerdem beteiligte sich eine Reihe deutscher

sitzen; das empfanden wir deutlich. Die Wirkung desselben ist sonst zu mächtig und übertönt zu sehr die Stimmen. Die Komposition für das Orchester ist in dieser Oper ganz wunderbar schön und ergreifend.“

256 Zu Musikmäzenatentum vgl. Pielhoff, Mäzenatentum, in: Adam et al. (Hrsg.), Stifter, 2009, S. 219–250; Reif (Hrsg.), Adel, Aristokratie, Elite, 2016.

257 In Worms war dieses Feld zuvorderst von Cornelius Wilhelm Heyls Cousin Friedrich von Schoen besetzt. Schoens Initiative verdankte die Stadt das 1889 eröffnete Spiel- und Festhaus. Für sein Engagement um die Musikförderung erhielt der in Berchtesgaden lebende Rentier 1909 den bayerischen Adelstitel. Zu Friedrich (von) Schoen vgl. Reuter, Friedrich Wilhelm von Schön, in: Stadtverwaltung Worms (Hrsg.), Spiel- und Festhaus, 1966, S. 31–43.

258 Bauer, Worms, in: Bönnen/Werner (Hrsg.), Industriellenfamilie, 2010, S. 371–396.

259 StA Worms, Abt. 170/26, Nr. 5, Cornelius Wilhelm von Heyl, Aus meinem Leben, Manuskript o. J., Transkript 1966, S. 32.

260 Veltzke, Patron, 1987, S. 373.

261 Veltzke, Patron, 1987, S. 373.

Fürsten mit Patronatsscheinen, sodass sich Heyl mit seiner Familie in bester Gesellschaft befand.[262]

Heyls Wagnerbegeisterung schlug sich nicht nur in seinem Engagement in Bayreuth nieder, auch andernorts besuchte er seine Opern und in Worms förderte er die Aufführung von Wagners Kompositionen. Seine Zugehörigkeit zur Gruppe der ‚Wagnerianer' wurde auf diese Weise in Musikkreisen bekannt, sodass sich 1913 der Direktor des Mainzer Stadttheaters Max Behrend (1862–1927) an den Unternehmer wandte und ihn um finanzielle Unterstützung für eine Aufführung des Parsifal ersuchte.[263] Die Komposition sollte ab dem 1. Januar 1914 für alle deutschen Bühnen freigegeben werden und der Mainzer Intendant verfolgte das Ziel, sie auch an seinem Haus zu inszenieren – neben den großen Opernhäusern des Kaiserreichs. Behrend ging jedoch von einem Kostenvolumen über 25.000 Mark aus, was die Leistungsfähigkeit der Stadt weit überstieg, weshalb er auf private Spenden angewiesen war: „Deshalb wende ich mich nun an den ersten Mann im Hessenlande, der in sozialer Beziehung so viel getan hat, dass ich hoffe, auch bei Ew. Exzellenz für die Kunst ein Blättchen vom Kranze Ihrer Unsterblichkeit zu erhaschen."[264]

Um Heyl zu überzeugen, bot er ihm eine Kooperation mit Worms an, wo er seine Inszenierung mit der gleichen Ausstattung im Festspielhaus aufführen würde. Behrend betonte die Qualität der Oper, die er wie kaum ein Werk Wagners für geeignet hielt, „erhebend auf das Volk zu wirken".[265] Außerdem unterstrich er die Reputation, die Heyl mit einer Unterstützung seines Vorhabens gewinnen würde: „Ew. Exzellenz würden nicht nur im ganzen Hessenlande, und sicherlich auch von unserem Grossherzog, der sich sehr für das Werk interessiert, allergrössten Dank ernten, auch die gesamte Kunstwelt würde sich freuen, wenn Ew. Exzellenz eine so künstlerische Tat vollbringen möchte."[266] Heyl unterstützte schließlich Behrens Vorschlag, sodass der Intendant am 2. Januar 1914 die Premiere des Parsifal an seinem Haus feiern konnte.[267] In Worms wurde die Oper an Karfreitag, dem 10. April 1914 aufgeführt. Die Stadt hatte das Spiel- und Festhaus zu diesem Zweck an Cornelius Wilhelm Heyl vermietet.[268]

Kontinuierlich förderten die Heyls das Wormser Musik- und Theaterleben mit Benefizveranstaltungen und Musikfesten. In der Korrespondenz ist unter anderem für die Jahre 1892 bis 1901 die Zusammenarbeit mit dem Komponisten und Dirigenten

262 Patronatsscheine erwarben: Vier der Großherzog von Sachsen-Weimar Eisenach, sechs der Großherzog von Mecklenburg, 25 Kaiser Wilhelm I. und elf der Vizekönig von Ägypten. Auch Prinz Wilhelm von Hessen beteiligte sich. Vgl. Veltzke, Patron, 1987, S. 200.

263 StA Worms, Abt.186, Nr. 90/1–3, Max Behrend an Cornelius Wilhelm Heyl, 30.04.1913.

264 StA Worms, Abt.186, Nr. 90/1–3, Max Behrend an Cornelius Wilhelm Heyl, 30.04.1913.

265 StA Worms, Abt.186, Nr. 90/1–3, Max Behrend an Cornelius Wilhelm Heyl, 30.04.1913.

266 StA Worms, Abt.186, Nr. 90/1–3, Max Behrend an Cornelius Wilhelm Heyl, 30.04.1913.

267 Walz, Geschichte, 2004, S. 143.

268 StA Worms, Abt. 005/1, Stadtverwaltung Worms (1815–1945), XV. 05. I. Spiel- und Festhaus: Vermietung von Bühne und Theaterräumen Frhr. Heyl zu Herrnsheim, Parsifal-Konzert.

Friedrich Gernsheim (1839–1916) überliefert.[269] Dieser stammte aus einer jüdischen Wormser Arztfamilie und lehrte zunächst am Kölner und schließlich am Stern'schen Konservatorium in Berlin. Mit Heyl traf sich der international auftretende Musiker nicht nur in seiner Heimatstadt, sondern auch in Venedig und St. Moritz.[270] Im Herbst 1892 regte Gernsheim erstmals die Veranstaltung eines zweitägigen Musikfestes in Worms an, das zu einem wohltätigen Zweck „vaterländisch, lokalpatriotisch oder städtisch" veranstaltet werden sollte.[271] Für den Vorsitz eines Komitees, das dieses Vorhabens umsetzen sollte, wollte er den Unternehmer gewinnen. Heyl gehöre an die Spitze des Komitees für ein solches künstlerisches Unterfangen, so Gernsheim.[272]

Nach einer intensiven Planungsphase, in die Heyl als Komiteevorsitzender eingebunden war, fand das „I. Hessisch-Pfälzische Musik-Fest zu Worms" am 2. und 3. Juli 1893 im städtischen Spiel- und Festhaus statt.[273] Gernsheim führte ein neues Chorwerk auf, außerdem wurden Werke von Weber, Händel und Beethoven sowie ein Opernfragment von Wagner gespielt. Für die musikalische Umsetzung band Gernsheim lokale Musiker und Musikvereine ein, hatte aber in Absprache mit Heyl zusätzlich Solisten und Musiker aus Darmstadt, Mannheim, Düsseldorf, Frankfurt am Main und Berlin eingeladen, um das Niveau zu steigern und ein überregionales Publikum anzusprechen. Inwiefern Heyl die hochrangigen Engagements auch finanziell förderte, lässt sich aus den Quellen nicht nachvollziehen.

Das kulturelle Ereignis wurde durch die Teilnahme des jungen Großherzogs Ernst Ludwig gekrönt, der im März 1892 die Nachfolge seines Vaters Ludwig IV. angetreten hatte. Das Musikfest bot ihm einen Anlass, die Stadt Worms gemeinsam mit seiner Schwester Alix erstmals in der Funktion als Großherzog zu besuchen. Aus dem Bericht des *Wormser Tageblatts* vom 4. Juli 1893 geht hervor, dass Heyl seine herausgehobene Position als Mitinitiator der Veranstaltung nutzte, um den Fürsten persönlich zu begrüßen:

> Worms, 3. Juli. So wären wir denn mitten im Festjubel des [...] ersten Hessisch-Pfälzischen Musikfestes. [...] Ihren Höhepunkt erreichte dieselbe jedoch gestern Nachmittag mit dem Eintreffen Sr. Kgl. Hoheit des Großherzogs Ernst Ludwig, dessen Anwesenheit dem Feste erst die rechte Weihe und strahlenden Glanz verlieh. Allerhöchstderselbe langte mit ihrer Großh. Hoheit Prinzessin Alix und kleinem Gefolge punkt 4 Uhr im städtischen Spiel- und Festhaus an, wo ein von Herrn Freiherrn Heyl ausgebrachtes, von der großen das Haus bis auf den letzten Platz füllenden freudig erregten Festversammlung jubelnd aufgenommenes und von Orchester und Tusch begleitetes Hoch den höchsten Landesherrn empfing, worauf die Nationalhymne angestimmt wurde.[274]

269 StA Worms, Abt. 186, Nr. 1165.
270 StA Worms, Abt. 186, Nr. 1165/75, Friedrich Gernsheim an Cornelius Wilhelm Heyl, 28.05.1901.
271 StA Worms, Abt. 186, Nr. 1165/20, Friedrich Gernsheim an Cornelius Wilhelm Heyl, 21.09.1892.
272 StA Worms, Abt. 186, Nr. 1165/20, Friedrich Gernsheim an Cornelius Wilhelm Heyl, 21.09.1892.
273 Zu diesem Anlass erschien ein Festbuch: I. Hessisch-Pfälzisches Musik-Fest zu Worms. Sonntag den 2. und Montag den 3. Juli 1893. Festbuch, Programm, Text der Gesänge und Namensverzeichnis der Mitwirkenden, Worms 1893.
274 Anonymus, Musikfest, in: Wormser Tageblatt (4. Juli 1893), S. 3.

Nach dem Erfolg des ersten Fests 1893 gelang es, 1901 ein zweites Hessisch-Pfälzisches Musikfest in Kooperation mit Friedrich Gernsheim zu veranstalten. Cornelius Wilhelm Heyl förderte diesmal vermehrt die überregionalen Musikvereine und ermöglichte ihre Mitwirkung, indem er beispielsweise Hotelkosten übernahm.[275]

Die örtlichen Musikvereine unterstützte Heyl nicht nur durch die Einbeziehung in seine Projekte, sondern auch durch Mitgliedsbeiträge, für die er jeweils Ehrenmitgliedschaften erhielt. 1901 wurde er Ehrenmitglied der Musikgesellschaft und Liedertafel, 1913 des Männergesangvereins Concordia in Mayen.[276] Das goldene Jubiläum des Gesangvereins Eintracht in Worms fand 1913 unter seinem Protektorat statt.[277] Die Kasino- und Musikgesellschaft Worms unterstützte er in den Jahren 1885 bis 1908 regelmäßig mit Darlehen und Pfandverschreibungen.

Eine wichtige Maßnahme, die die Familie Heyl zur Aufwertung des kulturellen Lebens in Worms und ihrer gesellschaftlichen Profilierung durchführte, waren private Musikveranstaltungen in ihrem Stadtpalais Heylshof oder in Schloss Herrnsheim. Bei Kammer- und Hausmusikabenden und musikalischen Abendgesellschaften konnten Cornelius Wilhelm und Sophie Heyl ihre Zugehörigkeit zur kulturellen Elite zelebrieren und wichtige Persönlichkeiten ihres Netzwerkes zu mehr oder weniger informellen Zusammenkünften um sich versammeln. Zu diesen Konzerten, die unter anderem von einem Frankfurter Quartett gespielt wurden, luden die Heyls zumeist mindestens 50, teilweise auch über 100 Gäste ein.[278] Daraus resultierten wiederum Gegeneinladungen, etwa in das Haus der Gräfin zu Erbach Fürstenau, mit der die Heyls auch Empfehlungen für Musiker austauschten.[279]

Auch auf dem musikalischen Feld zeichnet sich das Muster der Heylschen Kulturförderung ab. Ihr Engagement fokussierte sich zwar auf Worms, schloss aber auch prestigeträchtige Projekte mit großer nationaler Ausstrahlungskraft ein. In Worms legte die Familie Wert auf die Einbeziehung lokaler Honoratioren und Musikvereine zur Durchführung der musikalischen Veranstaltungen, wodurch sie sich in einem gewissen Rahmen als volksnah inszenieren konnten. Ausschlaggebend für Kooperationen mit Künstlern war ein etabliertes Renommee, das Qualität und Medienerfolg garantieren sollte. Eine große Bedeutung spielten die Anerkennung durch den Hochadel und mögliche Interaktionen mit Vertretern dieser Gesellschaftsschicht bei den musikalischen Veranstaltungen. Konzerte im halbprivaten Rahmen nutzte die Familie, um sich in ihren repräsentativen Anwesen als Angehörige der Kulturelite zu inszenieren. Als roter Faden, der viele Projekte ihrer mäzenatischen Praxis verband, diente auch im

275 StA Worms, Abt. 186, Nr. 492, Tagebuchnotizen, angefangen November 1899 bis 1906, S. 23.

276 StA Worms, Abt. 186, Nr. 492, Tagebuchnotizen, angefangen November 1899 bis 1906, S. 31; StA Worms, Abt. 186, Nr. 789/2, Ehrenmitglied, Erinnerungsblatt.

277 StA Worms, Abt. 186, Nr. 492, Tagebuchnotizen, angefangen November 1899 bis 1906, S. 34, 55, 83 u. 92.

278 StA Worms, Abt. 186, Nr. 492, Tagebuchnotizen, angefangen November 1899 bis 1906.

279 StA Worms, Abt. 86, Nr. 1416/005, Gräfin zu Erbach Fürstenau an Cornelius Wilhelm Heyl, 30.10.1916.

Fall der Musikförderung das Motiv der Nibelungensage, das die Familie für ihre persönliche Ikonographie und zur Profilierung der Stadt Worms nach innen und außen nutzte.

4.1.5 Förderung von Bildung und Wissenschaft

Sophie und Cornelius Wilhelm Heyl förderten auch Bildung und Wissenschaft, indem sie Institutionen und Vereine finanziell, mit Sachmitteln oder bei der Veranstaltungsorganisation unterstützten. Analog zu ihren Hausmusikabenden pflegten sie ein privates Vortragsprogramm, zu dem sie in ihr Stadtpalais Heylshof einluden. Es gab beispielsweise Vorträge zu archäologischen Ausgrabungen, die Heyls Engagement im historischen Verein widerspiegelten.[280] Sophie Heyl veranstaltete 1905 einen Vortragsabend über die Großherzogin von Baden Stéphanie und Kaspar Hauser. Damit bediente sie ein Thema, das von der Geschichte einer Fürstin ausging und ein vorwiegend weibliches Publikum ansprach. Auf diese Weise konnte Sophie als Veranstalterin auftreten und gleichzeitig innerhalb der gesellschaftlichen Konvention verbleiben.[281]

Mit spezifischen Programmen förderten die Heyls auch Wormser Schüler und Schülerinnen. 1877 riefen sie das *Cornelius-Heyl-Stipendium* für Kinder „aus dem Arbeiterstande“ ins Leben.[282] Ein *Heylspreis*, den die Familie 1902 auslobte, wurde bis 1972 jährlich an den besten Wormser Abiturienten vergeben. Der Preis bestand aus den vier Bänden der Rheinischen Städtekultur – die Buchreihe, die zu den aufwendigsten Kulturprojekten der Heyls gehörte und mit der die Familie sich in das Gedächtnis der Stadt einschreiben wollte. Die Vergabe des Heylspreises in Form der Geschichtsbände diente der Verbreitung ihrer historisch gerahmten Prestigepolitik über Generationen hinweg.[283]

Anlässlich der Schillerfeier am 10. Mai 1905 ließ Cornelius Wilhelm Heyl der Wormser Volksschule mit 600 Schillerwerken eine große Bücherspende zukommen.[284] Reichsweit verteilten die städtischen Behörden zu Friedrich Schillers 100. Todestag

280 StA Worms, Abt. 186, Nr. 492, Tagebuchnotizen, angefangen November 1899 bis 1906, 15.04.1901: Vortragabend im Heylshof zu archäologischen Ausgrabungen, geladen 81 Personen, es kamen 52; Speisezimmer 3 Tische, Rother Saal 2 Tische.

281 StA Worms, Abt. 186, Nr. 492, Tagebuchnotizen, angefangen November 1899 bis 1906, 30. 11. 1905, S. 102; Stéphanie de Beauharnais (1789–1860), Ehefrau von Karl von Baden, war ab 1811 Großherzogin von Baden. Lange Zeit hielt sich das Gerücht, ihr als Säugling verstorbener Sohn sei nach der Geburt vertauscht worden und 1828 als Kaspar Hauser wieder aufgetaucht.

282 StA Worms, Abt. 170/26, Nr. 57, Statuten der Stipendienstiftung „Cornelius Heyl“ zu Worms am Rhein, 1877. Vgl. Kapitel 3.3.5.1 „Charité mondaine“ – Soziales Engagement für die Armen

283 StA Worms, Abt. 185, Nr. 88, Ludwig C. Freiherr von Heyl: Schriftwechsel mit dem Gymnasium 1951–1962.

284 StA Worms, Abt. 186, Nr. 492, Tagebuchnotizen, angefangen November 1899 bis 1906, S. 93.

Biographien oder Gedichtsammlungen des Dichters an die Schulen.[285] Heyl unterstützte diese Aktion und agierte damit im Sinne der nationalen Schillerverehrung, die im ausgehenden 19. Jahrhundert dazu führte, dass dieser als „unantastbarer Klassiker" gewürdigt wurde und entsprechend stark im Schulunterricht vermittelt werden sollte.[286] Ähnlich zu Heyls Denkmalinitiativen für Turnvater Jahn und Wilhelm Busch ging es auch hier um die Tradierung einer nationalen Identitätsfigur, die der Unternehmer in paternalistischer Manier und vor dem Hintergrund eines elitären Erziehungsauftrags vermitteln wollte. Dabei griff er auf den Bildungskanon des Kaiserreichs zurück und sicherte sich so die eigene Zugehörigkeit zur tonangebenden Oberschicht. In diesem Zusammenhang durfte es auch nicht ausbleiben, die Wormser Öffentlichkeit auf den Schillerturm aufmerksam zu machen, der sich auf dem Grundstück der Heyls um das Schloss Dalberg in Herrnsheim befand. Heyls zweitgeborener Sohn Erwin veröffentlichte zur Schillerfeier einen Artikel im *Wormser Tageblatt*, in dem er auf die Geschichte von Heribert von Dalberg (1750–1806) als Intendant des Hof- und Nationaltheaters in Mannheim hinwies. Dieser hatte die ersten Dramen Schillers uraufgeführt und erzählt, dass der Schriftsteller im Turmzimmer von Schloss Dalberg logiert habe – eine Geschichte, die von der Familie Heyl gerne weiterverbreitet wurde.[287]

Im Hochschulbereich unterstützte Cornelius Wilhelm Heyl die Technische Hochschule in Darmstadt und die Großherzoglich Hessische Ludwigsuniversität Gießen. Beide Institutionen wurden auch von Großherzog Ernst Ludwig gefördert. 1895 lobte Heyl zu Ehren des Großherzogs ein Stipendium für die Technische Hochschule Darmstadt aus.[288] Dem kunstwissenschaftlichen Institut der Universität Gießen ließ er 1907 eine Spende über 3.000 Mark zukommen. Mit diesem Geld konnte unter anderem den Maler und Grafiker Otto Ubbelohde (1867–1922) beauftragt werden, ein Exlibris für die Bibliothek zu entwerfen.[289]

Außergewöhnlich hoch fiel Heyls Schenkung von 40.000 Mark an die Universität Gießen für die Beschaffung von rechts- und wirtschaftswissenschaftlicher Fachliteratur im Jahr 1914 aus. Damit ermöglichte er den Ankauf der Bibliothek Karl Magnus Biermers (1861–1913), der in Gießen als Professor Nationalökonomie gelehrt hatte.[290] Mit einem jährlichen Etat von 28.000 Mark hätte die Universitätsbibliothek diese Aufwendung nicht selbst aufbringen können. Heyls Stiftung stand in Zusammenhang mit der ihm 1913 von der Universität Gießen verliehenen Ehrendoktorwürde Dr. jur. h. c., für sein wohltätiges Wirken „um die Wohnverhältnisse der Minderbemittelten, indem er in rühmenswerter Weise zeigte, auf welche Weise mitmenschliche Fürsorglichkeit

285 Lemberg, Schillerfeiern, in: Mitteilungen des Oberhessischen Geschichtsvereins Gießen 91 (2006), S. 95.

286 Grawe, Beispiel Schiller, in: Fohrmann/Voßkamp (Hrsg.), Wissenschaftsgeschichte, 1994, S. 638–668.

287 Heyl, Schiller, in: Wormser Tageblatt (10. Mai 1905), S. 1–2; Weckerling, Worms, 1906, S. 95.

288 StA Worms, Abt. 186, Nr. 1096.

289 Bader, Mäzene, Künstler, Büchersammler, 2007.

290 Bader, Mäzene, Künstler, Büchersammler, 2007.

ihnen helfen kann.“[291] Die Bücherspende nutzte Heyl für eine Sichtbarkeitskampagne auf dem akademisch-universitären Feld: Die von seinem Geld erworbenen Bücher sollten mit einem Stifterexlibris gekennzeichnet werden. Mit der Gestaltung beauftragte er seinen Heraldiker Otto Hupp, der für das Exlibris das Heylsche Familienwappen mit einem schlichten grafischen Rahmen versah. Darunter setzte er ein Textfeld, das implizit auf Heyls 70. Geburtstag Bezug nimmt und auf das Jahr der Ehrendoktorwürde datiert ist: „Der Bibliothek der Universität Gießen gestiftet von Dr. jur. Cornelius Wilh. Freiherr Heyl zu Herrnsheim M. d. R. / 10. Feb. 1913“.[292] Hupp riet seinem Auftraggeber unbedingt die Mitgliedschaft im Reichstag zu erwähnen, nicht aber den Geburtstag: „Da Sie mich fragen, glaube ich sagen zu dürfen, dass die Buchstaben: M. D. R. nicht nur sehr am Platze wären, sondern auch recht gut aussähen; besonders wenn sie allein in lateinischer, alles andere aber in deutscher Schrift gesetzt würden. Den Beisatz: gestiftet zu seinem 70. Geburtstag, würde ich weglassen; er kommt mir für eine wissenschaftliche Sache zu familiär vor.“[293]

In den Jahren 1903 und 1907 fanden in Worms Kongresse statt, an denen sich Cornelius Wilhelm Heyl beteiligte. Vom 10. bis 13 August 1903 tagte die Deutsche Anthropologische Gesellschaft in Worms und am 22. und 23. Mai 1907 kam die Deutsche Kolonialgesellschaft zu ihrer Hauptversammlung zusammen. Heyl übernahm bei beiden Veranstaltungen repräsentative Funktionen, stellte in seiner Firma Räumlichkeiten für wissenschaftliche Zusammenkünfte zur Verfügung und fungierte als Gastgeber für die Ehrengäste: Während des Anthropologenkongresses logierte der Großherzog Ernst Ludwig in Schloss Herrnsheim,[294] 1907 war der Präsident der Deutschen Kolonialgesellschaft im Heylshof untergebracht.[295]

Heyls Beteiligung an beiden Kongressen steht in Zusammenhang mit seiner Hinwendung zur ‚Neuen Rechten‘ im Kaiserreich.[296] Seit Ende der 1890er war er Mitglied im Alldeutschen Verband und folgte damit einem Trend innerhalb der nationalliberalen Partei.[297] Insbesondere die Deutsche Kolonialgesellschaft war mit dem Alldeutschen Verband sowohl inhaltlich als auch personell eng verbunden.[298] Bei seiner Gründung als Dachverband der kolonialen Bewegung 1891 definierte sich der Alldeutsche

---

291 Universitätsarchiv Gießen, PrA 2463, Jur M 1, Ehrenpromotionsakte Heyl. Bader, Mäzene, Künstler, Büchersammler, 2007.

292 StA Worms, Abt. 186, Nr. 1174/016, Otto Hupp, Exlibri; StA Worms, Abt. 186, Nr. 1097.

293 StA Worms, Abt. 186, Nr. 1174/016, Otto Hupp an Cornelius Wilhelm Heyl, 31.08.1913.

294 StA Worms, Abt. 186, Nr. 492, Tagebuchnotizen, angefangen November 1899 bis 1906, S. 67.

295 Anonymus, Stadt und Land, in: Wormser Tageblatt (21. Mai 1907), S. 2.

296 Zu den Verbänden der Neuen Rechten im Kaiserreich vgl. Malinowski, König, 2010, S. 175–189.

297 Nach Ragnhild Fiebig von Hase gehörten in der Legislaturperiode 1898/1903 26 von 46 Abgeordneten der Nationalliberalen dem Alldeutschen Verband an. Sie nennt Cornelius Wilhelm Heyl neben Andreas Deinhard, Wilhelm Beumer, Walter Münch-Ferber, Georg Placke, Ernst Bassermann. Vgl. Hase, Lateinamerika, 1986, S. 213. Im Heylschen Nachlass sind folgende Nachweise zu Heyls Verbindung mit dem Alldeutschen Verband überliefert: StA Worms, Abt. 185, Nr. 431 u. Nr. 660 und StA Worms, Abt. 186, Nr. 789/1 u. Nr. 1006.

298 Dieter Gosewinkel, Nationalisierung, 2001, S. 248.

Verband als „außerparlamentarisch tätige Agitations- und Interessenvertretung" zur Förderung einer „aggressiven Welt- und Kolonialpolitik zur Sicherung des deutschen Volkes und seiner Stellung in der Welt sowie eine[r] besondere[n] zivilisatorisch-imperialistische[n] Berufung Deutschlands für die kulturelle und sittliche Weiterentwicklung der Welt."[299] Die Mitglieder verfolgten die rassistische Idee einer ethnisch und kulturell homogenen ‚Volksgemeinschaft'.[300] Ihr Gedankengut schöpfte die Vereinigung aus der nationalistischen Kolonialbewegung der 1880er Jahre, die von einer kulturellen Überlegenheit der Europäer ausging – einer Vorstellung, für die die zeitgenössische Anthropologie biologisch-rassistische Begründungen lieferte.[301]

Sowohl der Alldeutsche Verband als auch die Deutsche Kolonialgesellschaft wurden hauptsächlich von einer bildungs- und wirtschaftsbürgerlichen Anhängerschaft getragen. Unter den Adligen war der Anteil an Neunobilitierten, das heißt der ‚Aufsteigergruppen' des Kaiserreichs, besonders hoch.[302] Abkömmlinge aus dem Hochadel nahmen häufig repräsentative Positionen ein, wobei davon auszugehen ist, dass diese adlige Präsenz zur Salonfähigkeit dieser Agitationsverbände beitrug.[303] 1887 hatte die Kolonialgesellschaft 14.838 Mitglieder, eine Zahl, die sie bis zum Ausbruch des Ersten Weltkriegs auf 42.000 fast verdreifachen konnte.[304] Die Wormser Abteilung hatte 225 Mitglieder, an der Versammlung in Worms 1907 nahmen 600 Personen teil, darunter etwa 350 Vertreter auswärtiger Abteilungen und weitere Gäste.[305] Im *Wormser Tageblatt* stellte die Deutsche Kolonialgesellschaft als ihre Aufgaben „die koloniale Erziehung des deutschen Volkes" und die „Pflege deutschen Nationalbewusstseins" in den Vordergrund, wobei es darum ginge, das „nationale Gewissen in Kolonialfragen" zu schärfen.[306] Zur Eröffnung sprach Cornelius Wilhelm Heyl in seiner Funktion als Abgeordneter des Wahlkreises und betonte seine eigene Position zur deutschen Rolle als Kolonialmacht im Hinblick auf die Bedeutung des überseeischen Marktes: „die Waren, die hier [in Worms, Anm. I. H.] fabriziert werden, gehen direkt in alle Teile der Welt."[307]

Während die Hauptversammlung der Deutschen Kolonialgesellschaft 1907 als ein Forum für Austausch, Profilierung und Propagandatätigkeit des Verbandes zu werten

299 Leicht, Heinrich Claß, 2012, S. 79 f.
300 Leicht, Heinrich Claß, 2012, S. 81.
301 Laukötter, Kultur, 2007, S. 45 u. 86.
302 Malinowski, König, 2010, S. 183.
303 Malinowski, König, 2010, S. 183.
304 Gründer/Hiery, Einführung, in: Gründer/Hiery (Hrsg.), Die Deutschen, 2017, S. 21. Im Vergleich zum Flottenverein mit seinen zwei Millionen Mitgliedern war die Bedeutung der Kolonialgesellschaft dennoch begrenzt oder zumindest exklusiv, worauf der relativ hohe Mitgliedsbeitrag hinweist: Die erste Beitrittszahlung lag bei 300 Mark.
305 Anonymus, Hauptversammlung, in: Wormser Tageblatt (22. Mai 1907), S. 2.
306 Anonymus, Hauptversammlung, in: Wormser Tageblatt (22. Mai 1907), S. 1.
307 Heyl, Begrüßungsansprache, zit. n. Anonymus, Hauptversammlung, in: Wormser Tageblatt (22. Mai 1907), S. 2.

ist, stellte sich der Anthropologenkongress 1903 als wissenschaftliche Tagung auf. Ende des 19. Jahrhunderts hatte sich die Anthropologie unter der Federführung Rudolf Virchows (1821–1902) als selbständige Disziplin im medizinisch-naturwissenschaftlichen Bereich etabliert. In Verbindung mit völkerkundlichen Fragestellungen erforschten die Anthropologen körperliche Entitäten vorgeschichtlicher Völker ebenso wie zeitgenössischer europäischer und außereuropäischer Gruppen.[308] Das Fach wurde unter anderem durch den Kolonialismus im Allgemeinen und die koloniale Bewegung des Deutschen Kaiserreichs befördert. Eine wesentliche Rolle spielte dabei die anthropologische Begründung für die kulturelle Überlegenheit europäischer Völker und der rassistische Begriff von Nation, der aus anthropologischen Studien abgeleitet wurde.[309]

Die interdisziplinäre Arbeitsweise und die Verflechtung der Anthropologen mit der kolonialen Bewegung spiegelten sich auch im Programm der Wormser Tagung wider. Es gab Vorträge über die „Rassenanatonomie der Gesichtsweichteile", „Die Rassen der Steinzeit" und die elsässische Steinzeitbevölkerung.[310] Wilhelm von Waldeyer-Hartz, der Vorsitzende der Deutschen Anthropologischen Gesellschaft, sprach über „Merkwürdige Bildungen an dem Hirnschädel von Papuanegern".[311] Am letzten Tag unterstützte die Versammlung einen Antrag an die Reichsregierung, „bei der wissenschaftlichen Untersuchung der Kolonien ein besonderes Augenmerk auf die Zwergrassen zu richten."[312]

Cornelius Wilhelm Heyl beteiligte sich gemeinsam mit seinem Bruder Maximilian an dem Kongress. Sie organisierten Führungen im Paulusmuseum, wo sich Maximilian als Museumsinitiator und Vorsitzender des Wormser Altertumsvereins profilieren konnte. Außerdem ermöglichte Cornelius Wilhelm die Ausgrabung römischer und fränkischer Gräber auf seinem Firmengelände, an der auch der Großherzog Ernst Ludwig teilnahm. Der Vorsitzende der Berliner Gesellschaft für Anthropologie Wilhelm von Waldeyer-Hartz (1836–1921) hielt diese Unternehmungen in seinen Memoiren fest und betonte, dass der Großherzog insbesondere den Ausgrabungen „mit großem Interesse beiwohnte."[313] Aus Waldeyers Memoiren geht zudem Heyls Gastgeberfunktion während der Tagung hervor:

> An einem der Abende hatte uns der Fürst [Großherzog Ernst Ludwig, Anm. I. H.] in das jetzt dem Freiherrn Heyl zu Herrnsheim gehörige Dalbergsche Schloß, wo er Wohnung genommen hatte, geladen. Ein zweites Mal traf ich mit ihm dort bei einem vom Freiherrn gegebenen Frühstück zusammen. Der junge Fürst zeigte sich als ein in vielen wissenschaftlichen und Tagesfragen gut unterrichteter Mann, mit dem wir in anregender Unterhaltung mehrere Stunden verkehrten.[314]

---

308 Laukötter, Kultur, 2007, S. 38 f.
309 Zimmerman, Ethnologie, in: Conrad/Osterhammel (Hrsg.), Kaiserreich, 2006, S. 192.
310 Anonymus, 34. Anthropologen-Kongress, in: Wormser Tageblatt (13. August 1903), S. 1.
311 Anonymus, 34. Anthropologen-Kongress, in: Wormser Tageblatt (13. August 1903), S. 1.
312 Anonymus, 34. Anthropologen-Kongress, in: Wormser Tageblatt (13. August 1903), S. 1.
313 Waldeyer-Hartz, Lebenserinnerungen, 1921, S. 253.
314 Waldeyer-Hartz, Lebenserinnerungen, 1921, S. 253.

Auf dem Feld Bildung und Wissenschaft präsentierten sich die Heyls mit Projekten, die ihren elitären Erziehungsauftrag im Sinne des etablierten Bildungskanons im Deutschen Kaiserreich zum Ausdruck brachten. Sie erlangten damit Sichtbarkeit und Interaktion in den Kreisen der bildungsbürgerlichen und akademischen Eliten sowie des Hochadels. Auf diese Weise diente die Kulturförderung in diesem Bereich der Versicherung und Festigung ihrer Zugehörigkeit zur Führungselite. Inhaltlich spiegelten die Maßnahmen und Aktivitäten die zunehmend rechtsnationale Haltung des Unternehmers im Sinne der alldeutschen, nationalistischen Ideologie wider. Weiterhin ist davon auszugehen, dass die finanzielle Unterstützung der Universität Gießen Cornelius Wilhelm Heyl kulturelles Kapital in Form des Doktortitels einbrachte. Nach Pierre Bourdieu handelt es sich bei akademischen Titeln um kulturelles Kapital „in institutionalisiertem Zustand“, das eine Art „Garantieschein“ für die anderen, auch ideellen, Kulturgüter des Trägers liefert.[315] Auf das neu erworbene Kapital verwies auch das mit dem Familienwappen versehene Exlibris in den an die Universitätsbibliothek durch den frisch promovierten „Dr. jur. Cornelius Wilh. Freiherr Heyl zu Herrnsheim M. d. R.“ gespendeten Büchern.[316] Mit der Kennzeichnung sorgte er für ein dauerhaftes Andenken an das Mäzenatentum seiner neu gegründeten Adelsdynastie.

4.1.6 Die Felder der Heylschen Kulturförderung – Zusammenfassung

Aus der Untersuchung der hier im Überblick dargestellten fünf Felder der Heylschen Kulturförderung – Kirche, städtebauliche Infrastruktur, Denkmäler, Musik und Theater sowie Bildung und Wissenschaft – lässt sich ein Muster der mäzenatischen Praxis der Familie ableiten. Sie erwiesen sich sprichwörtlich als ‚Musterschüler‘ im gesellschaftlichen Wettbewerb um Anerkennung, sozialen Aufstieg und Ausbau der elitären Position. Cornelius Wilhelm und Sophie Heyl bedienten mit ihren Projekten alle Felder, die auch der amerikanische Unternehmer Andrew Carnegie 1889 in seiner zeitgenössischen Schrift *The Best Fields for Philantropy* aufgezählt hatte.[317] Für ihn war Reichtum mit der Pflicht verbunden, Ausbildungsstätten, Kultureinrichtungen und öffentliche Kunstsammlungen, Parkanlagen, Krankenhäuser, wissenschaftliche Forschungseinrichtungen zu gründen oder zu fördern sowie Kirchenbauten und -einrichtungen zu unterstützen.[318] Diese Forderung richtete sich zugleich gegen die sozialdemokratische Idee der Umverteilung: Carnegie zufolge sollte die „Anhäufung von Reichtum in den Händen weniger der Gesellschaft Segen bringe[n].“[319] Dieser

315 Bourdieu, Kapital, in: Kreckel (Hrsg.), Soziale Ungleichheiten, 1983, S. 185.

316 StA Worms, Abt. 186, Nr. 1174/016, Otto Hupp, Exlibri; StA Worms, Abt. 186, Nr. 1097.

317 Carnegie, Fields, in: The North American Review 149/397 (1889), S. 682–698.

318 Carnegie, Fields, in: The North American Review 149/397 (1889), S. 682–698.

319 Darauf verweist Dorrmann, Eduard Arnhold, 2000, S. 95 f. Auch der Unternehmer Arnhold war auf den von Carnegie genannten Feldern als Förderer aktiv.

Standpunkt entsprach Heyls Ablehnung sozialdemokratischer Bestrebungen und legitimierte den Reichtum und Machtanspruch der Unternehmerfamilie.

Mit ihrer Kulturförderung verfolgten die Heyls drei maßgebliche Ziele: Sie diente erstens als Mittel für ihren gesellschaftlichen Aufstieg, zweitens der Anerkennung als Angehörige der Aristokratie und drittens der Durchsetzung einer nachhaltigen Familienmemoria. Dabei setzten sie auf Projekte, die eine bestmögliche Sichtbarkeit garantierten. Ihre Kulturförderung konzentrierte sich – ebenso wie bei anderen Mäzenen der Zeit – auf ihre Heimatstadt, wobei sich die Kulturförderung zur Zeit des Kaiserreichs eigentlich vorwiegend in den Großstädten abspielte. Indessen bot die Mittelstadt Worms durch ihre überschaubare Größe den Heyls ein unvergleichbar hohes Maß an Gestaltungs- und Profilierungsmöglichkeiten. Ein weiterer Schwerpunkt ihres Engagements lag in anderen Städten des Großherzogtums Hessen wie Darmstadt, Gießen und Mainz. Wenn die Familie außerhalb der Region mäzenatisch tätig war, etwa in Bayreuth, dann nur mit außerordentlichen prestigeträchtigen Projekten und auch in diesen Fällen lediglich dann, wenn bereits persönliche Beziehungen zu den Akteuren bestanden.

Gezeigt hat sich außerdem die konservative Ausrichtung der Heylschen Kulturförderung, die auf die Glorifizierung des Großherzogtums Hessen und seiner Fürsten sowie die Verherrlichung der nationalen Einigung des Deutschen Kaiserreiches ausgerichtet war. Die Heyls investierten nicht in avantgardistische Vorhaben, sondern orientierten sich an Vorbildern, die sie insbesondere im aristokratischen Mäzenatentum, aber auch in Kulturmetropolen vorfanden. Ihre Stiftungen kreisten um wiederkehrende, zumeist populäre Motive aus der Sphäre nationaler Helden und Persönlichkeiten, der Monarchie und nicht zuletzt aus dem historistischen Sagen- und Bildprogramm des Nibelungenmythos. Die Heyls schufen damit leicht zugängliche Identitätsangebote und blieben stets dem Bildungskanon der Zeit treu. Auf diese Weise konnte die Familie einerseits Volksnähe inszenieren und andererseits die Selbstinszenierung ihres aristokratischen Habitus fortschreiben.

Die meisten Anstrengungen, die die Heyls auf dem Feld der Kulturförderung unternahmen, unternahmen sie nicht allein zur Gewinnung gegenwärtiger Anerkennung, sondern auch im Sinne einer die Zeit überdauernden Familienmemoria. Sie kennzeichneten ihre Stiftungen mit ihrem fiktiv- mittelalterlichen Familienwappen ebenso wie mit ihrem Familiennamen und schrieben damit die neu gegründete Adels- und Stifterdynastie der Freiherren Heyl zu Herrnsheim in die städtische Kulturtopographie von Worms ein. Die Nibelungensage verleibten sie sich so intensiv als Bestandteil ihrer Familienikonographie an, dass sie schließlich auf einen Wiedererkennungseffekt zählen konnten. Weiterhin verknüpfte die Familie zahlreiche mäzenatische Unternehmungen mit der Feier von Familienereignissen wie Hochzeiten und Jubiläen, womit sie wiederum aristokratischen Traditionen folgten.

Neben ihrer eigenen Inszenierung strebten die Heyls auch stets die Profilierung ihrer Heimatstadt Worms nach innen und außen an. Sie exponierten sich durch eine hervorgehobene Präsenz und Selbstdarstellung auf den Festlichkeiten, die im Zusammenhang mit ihren jeweiligen Stiftungen stattfanden. Dafür kooperierten sie eng mit dem Bürgermeister sowie mit städtischen Honoratioren, Vereinen und Verbänden. Eine reichsweite Bekanntmachung ihrer Tätigkeit wurde durch die Berichterstattung in der Tages- und jeweiligen Fachpresse sichergestellt. Medienerfolge stellten sich insbesondere dann ein, wenn hochrangige und etablierte Künstler oder Architekten involviert waren. Auch die Anwesenheit und Beteiligung der großherzoglichen Familie oder anderer Mitglieder des Hochadels steigerte die öffentliche Aufmerksamkeit. Auf diese Weise ermöglichte das mäzenatische Handeln zudem Kontaktzonen mit dem Adel. Um ihre ehrgeizigen Bestrebungen zu realisieren und umgesetzt zu sehen, nutzten die Heyls exklusive Netzwerke sowohl aus dem Kunst- und Kulturbetrieb als auch der Politik und Monarchie. Insbesondere die feierlichen Rahmenveranstaltungen hatten den Charakter von Aufführungen, bei denen sie ihre kulturelle Praxis und Zugehörigkeit zur Elite inszenierten. Dem Theatralitätsmodell entsprechend stellten sich diese Aufführungen als soziale Prozesse dar, während derer unterschiedliche Gruppen als Akteure und Zuschauer zusammenkamen und miteinander in Beziehung standen.[320] Zentral ist dabei die Beobachtung, dass alle Beteiligten, das heißt sowohl die Heyls als auch ihre Mitakteure und die Zuschauer, die sich aus verschiedensten gesellschaftlichen Gruppen zusammensetzten, die Aufführung in einem Wechselwirkungsprozess gemeinsam erzeugten.

Die Projekte der Heyls waren so angelegt, dass sie der Unternehmerfamilie nicht nur Anerkennung ‚von oben' einbrachten – also aus Kreisen des Adels und Hochadels, der Oberschicht und der akademischen Elite –, sondern auch aus ihrer eigenen Sphäre der Unternehmer, Geschäftspartner und der neunobilitierten Bourgeoisie. Mit ihrem Mäzenatentum, das die Heyls häufig mit einem philanthropischen Impetus aufluden, erreichten sie zudem Legitimation und Akzeptanz für ihre Machtposition ‚von unten' – von der Wormser Bevölkerung, ihren Arbeitern und Arbeiterinnen, den Angestellten ihrer Lederwerke und nicht zuletzt der Wählerschaft, die Cornelius Wilhelm Heyl als Abgeordneten der nationalliberalen Partei in den Reichstag brachte.

Der Adel definierte sich im ausgehenden 19. und beginnenden 20. Jahrhundert noch über einen kulturellen Führungsanspruch, der auch von den Heyls eingefordert und nach der Nobilitierung zur Statussicherung als neu gegründete Dynastie verteidigt wurde. Da das Mäzenatentum für das kulturelle Konzept von Adligkeit, das die Unternehmerfamilie verfolgte, maßgeblich war, nahm es in der Aufstiegs- und Etablierungsstrategie der Heyls eine Schlüsselposition ein. Das lässt sich durch die Dokumentation ihrer Projekte eindrücklich belegen. Beginnend in den 1870er Jahren mit kulturfördernden Maßnahmen im Sinne einer paternalistischen Unternehmensführung im familieneigenen Betrieb, weiteten Cornelius Wilhelm und Sophie Heyl ihr mäzenatisches Engagement immer weiter aus. Vor ihrer Nobilitierung konzentrierten sie sich insbesondere auf Projekte der Geschichts- und Denkmalpflege, wofür das Denkmalschutz-

320 Zum Theatralitätsmodell vgl. Fischer-Lichte, Einleitung, in: Fischer-Lichte et al. (Hrsg.), Theatralität, 2004, S. 11 f.

projekt in Oppenheim 1873 bis 1893 und die Neuordnung des Wormser Stadtarchivs 1881 exemplarisch anzuführen sind.[321] Danach fand, wie die vorliegende Untersuchung zeigt, insbesondere in den 1890er Jahren eine Intensivierung und Ausweitung der mäzenatischen Anstrengungen statt. Nachdem sie mit der Nobilitierung 1886 ihre Adelswürdigkeit manifestiert hatten, etablierten Sophie und Cornelius Wilhelm von Heyl zu Herrnsheim ihre neu gegründete Dynastie entsprechend adliger Repräsentationsmuster und sicherten den Status ihrer Familie für zukünftige Generationen, neben der Erweiterung ihres Grundbesitzes, insbesondere mit kulturförderndem Engagement. Mit der Konsolidierung ihrer ökonomischen Situation, dem Ausbau ihrer Netzwerke und ihrer prominenten gesellschaftlichen Position, ergaben sich für die Familie außerdem zunehmend Möglichkeiten, kulturfördernde Projekte zu initiieren oder zu unterstützen. Gleichzeitig stieg für Sophie und Cornelius Wilhelm Heyl im Laufe der Zeit der soziale Druck, sich innerhalb ihrer elitären Kreise zu engagieren, ihre Netzwerke zu pflegen und auszubauen. Die weitläufigen Kontakte, die bereits angestoßenen Fördermaßnahmen und der sich steigernde Gestaltungswille brachten neue Initiativen hervor und führten zu einem Anstieg der Anfragen auf dem kulturellen Feld. Nicht zuletzt ermöglichte die Kulturförderung, die Machtposition, die sich die Familie Heyl in der Stadt Worms geschaffen hatte, zu legitimieren und zu stabilisieren.

4.2 Die Praxis der Kulturförderung am Beispiel der Kunstsammlung im Heylshof nach großstädtischem Vorbild und auf der Basis von Netzwerken

Ein entscheidender Bestandteil der Heylschen Kulturförderung und Kunstkonsums war die Kunstsammlung, die das Ehepaar Sophie und Cornelius Wilhelm Heyl ab den 1860er Jahren aufbaute und bis in die ersten Jahre des Ersten Weltkriegs hinein erweiterte. Präsentiert wurde die Sammlung in ihrem Stadtpalais Heylshof, das 1884 erbaut und eigens als Privatmuseum und Wohnhaus konzipiert wurde. Zur Zeit der Weimarer Republik überführte Cornelius Wilhelm Heyl die Kunstsammlung im Heylshof in eine Stiftung und übergab sie der Öffentlichkeit.[322] Das *Museum Kunsthaus Heylshof* ist die größte noch in ihrem Gesamtbestand erhaltene Privatsammlung des 19. Jahrhunderts in Deutschland. Durch die Stiftung hatte Cornelius Wilhelm Heyl sein Wohn- und Repräsentationshaus vor Veränderungen geschützt und auf diese Weise sich selbst und seiner Familie ein Denkmal gesetzt.[323] Am 21. Februar 1945 wurde der Heylshof zerstört und nach dem Krieg in bescheidenerer Form wiederaufgebaut.

---

321 Vgl. Kapitel 3.3.6 „Integration in die Adelsgeschichte – Denkmalschutz, geschichtspflege, Heraldik“
322 Zur gesamten Kunstsammlung entstand in den 1920er Jahren ein beschreibender Katalog, der allerdings nicht publiziert wurde: StA Worms, Abt. 202, Nr. 288a, Swarzenski, Kunstsammlung, 1921. Georg Swarzenski war zwischen 1906 und 1937 Direktor des Städels in Frankfurt.
323 Bürgel, Gemäldesammlung, in: Schenkluhn (Hrsg.), Stiftung Kunsthaus Heylshof, 1992, S. 70.

Das Ensemble aus Bauwerk und Kunstsammlung entfaltete die Wirkung eines Gesamtkunstwerks, das in besonderer Weise die Funktion der Heylschen Kulturförderung und ihr Streben nach öffentlicher Sichtbarkeit zeigte. Mit dem Heylshof schuf sich das Sammlerehepaar eine Bühne, auf der es die kulturelle Elitenpraxis ihrer Zeit inszenieren konnte. So wurde der Heylshof zu einem Ort der Zur-Schau-Stellung der Kunstsammlung und damit des adligen Habitus der Familie sowie ihres ökonomischen und kulturellen Kapitals.

Wie die Beispiele aus der europäischen Szene der Mäzene und Privatsammler in Frankreich, England, Italien und Deutschland zeigen, handelte es sich um eine elitäre Kulturpraxis, die auf Kulturtransferprozesse und adlige Leitbilder zurückzuführen ist. Vor diesem Hintergrund sind die Genese der Heylschen Kunstsammlung und ihre Präsentation in der historistischen Rahmenarchitektur als Aneignungsleistung zu verstehen. Die Heyls adaptierten erfolgreich ein tradiertes ästhetisches Programm, um sich Zugang in die adlig-bürgerliche Elite zu verschaffen und sich darüber hinaus dort zu etablieren.

Im Folgenden wird herausgearbeitet, inwiefern der Heylshof als Bühne zur Aufführung der kulturellen Praxis der Familie diente. Anschließend werden die Genese der Heylschen Kunstsammlung, ihre Zusammensetzung, die Provenienz der Objekte und die Anschaffungspolitik sowie die Analyse des spezifischen Kunstmarktnetzes dargelegt und untersucht.

4.2.1 Der Heylshof als Bühne für die Inszenierung kultureller Elitenpraxis

Fasst man das Wort Theater in seiner ursprünglichen Bedeutung als Schauplatz auf, als „Ort, an dem sich etwas des Zeigens Würdiges ereignet“, erfährt der Bühnen- und Inszenierungsbegriff eine Öffnung in alltägliche Lebensbereiche.[324] Mit diesem erweiterten Theaterbegriff erschließen sich neue Perspektiven auf kulturelle Phänomene und ihre theatralen Ausdrucksformen.[325] Ein Blick auf die Wohnkultur im Kaiserreich zeigt, dass die herrschenden Eliten repräsentative Wohnräume als Bühnen gestalteten, um ihre kulturelle Praxis zu inszenieren. Der in den 1880er Jahren erbaute Heylshof in Worms, das Stadtpalais der Familie Heyl (Abb. 26), führt die Verschmelzung von Leben und Inszenierung in den oberen Sphären der kaiserzeitlichen Elite eindrücklich vor Augen.[326]

Wenn man untersuchen möchte, wie die kaiserzeitliche Elite ihre Lebenswelt wirkungsvoll in Szene setzte, bietet es sich an, das kulturwissenschaftliche Theatralitätsmodell einzubeziehen. Es schärft den Blick für den spezifischen Aufführungscharakter

324 Rusterholz, Theatrum, 1970, S. 15.

325 Fischer-Lichte, Einleitung, in: Fischer-Lichte et al. (Hrsg.), Theatralität, 2004, S. 15.

326 Vgl. dazu: Heisig, Repräsentatives Wohnen, in: Winzen (Hrsg.), Sein oder Schein, 2019.

von Kultur[327] Der Aufführungsbegriff setzt sich aus den Elementen Inszenierung, Körperlichkeit und Wahrnehmung zusammen, die anhand des Theatralitätsmodells untersucht werden. Auch hier liegt der Fokus auf den sozialen Prozessen, da eine Aufführung als „Zusammentreffen unterschiedlicher Gruppen, die unterschiedliche Beziehungen zueinander eingehen" definiert wird.[328] Fruchtbar ist dieses Modell für die Untersuchung der Wohnkultur der Familie Heyl, da es Prozesse der (Selbst-)Inszenierung greifbar macht. Die Theaterwissenschaftlerin Erika Fischer-Lichte definiert mehrere Teile der Inszenierung: Erstens das, was in/mit ihr zur Erscheinung gebracht wird und was von anderen wahrgenommen wird. Zweitens das Ensemble von Techniken und Praktiken, das für die Inszenierung eingesetzt wird.[329] Mit ihrem Stadtpalais schufen die Heyls ein *house-museum* nach internationalem Vorbild, das explizit als Bühne zur Selbstdarstellung inmitten ihrer privaten Kunstsammlung entworfen wurde.

Nach ihrer Heirat bewohnten Cornelius Wilhelm und Sophie zunächst eine Stadtvilla, das sogenannte Schlösschen am Schlossplatz nördlich des Domes.[330] Im Zuge ihres sozialen Aufstiegs ließen sie sich ein repräsentativeres Domizil auf dem im Familienbesitz befindlichen fürstbischöflichen Areal (Domareal und fürstbischöflicher Garten) erbauen. Dieser äußerst exponierte, geschichtsträchtige Bauplatz stellte hohe Anforderungen an den Architekten. Cornelius Wilhelm Heyl entschied sich für den anerkannten Semper-Schüler Alfred Friedrich Bluntschli.[331] Dieser hatte sich bereits mit zahlreichen Erst- und Zweitplatzierungen in Wettbewerben für öffentliche Monumentalbauten profiliert.[332] Die Planungen für den Heylshof fielen in die Zeit von Bluntschlis Wechsel von Frankfurt nach Zürich, wo er eine Professur angenommen hatte.[333]

Nachdem Cornelius Wilhelm mehrere Änderungen veranlasst hatte, wich Bluntschli von seiner ursprünglichen Planung ab, sodass es zu einer Barockisierung des ursprünglichen Entwurfs kam und schließlich ein neubarockes Schlösschen mit Rokoko-

---

327 Vgl. Fischer-Lichte, Einleitung, in: Fischer-Lichte et al. (Hrsg.), Theatralität, 2004, S. 7 u. 10.

328 Fischer-Lichte, Einleitung, in: Fischer-Lichte et al. (Hrsg.), Theatralität, 2004, S. 10 u. 12.

329 Fischer-Lichte, Einleitung, in: Fischer-Lichte et al. (Hrsg.), Theatralität, 2004, S. 8.

330 Der Großvater Johann Cornelius Heyl hatte die Stadtvilla mit der Adresse Schlossplatz 1 in direkter Domnähe im Jahr 1851 erworben. Dessen Vater, der Kaufmann Johann Cornelius Heyl II. hatte bereits 1805 die Ruinen des fürstbischöflichen Schlosses neben dem Dom ersteigert. Vgl. zum Kanton Worms: Schieder (Hrsg.), Säkularisation, 1991, S. 414–436.

331 Vgl. Hansemann, Heylshof, in: Schenkluhn (Hrsg.), Stiftung Kunsthaus Heylshof, 1992, S. 19 f.

332 Bluntschli errang erste Preise in folgenden Wettbewerben: Wiener Zentralfriedhof (1871), Hamburger Rathaus (1876, beide mit dem Büro *Mylius & Bluntschli*), Eidgenössische Parlaments- und Verwaltungsgebäude (1885). Zweite Preise bei Wettbewerben: Akademisches Krankenhaus Heidelberg (1866/67, erster Preis nicht vergeben), Wiener Rathaus (1868/69); Deutscher Reichstag (1871/72), Museums- und Schulgebäude des Städelschen Instituts in Frankfurt (1873), Kollegiengebäude der Universität Straßburg (1878), Zentralbahnhof in Frankfurt (1880). Die letzten vier genannten Entwürfe wurden vom Büro *Mylius & Bluntschli* vorgelegt. Vgl. Altmann, Bluntschli (1842–1939), 2004, S. 12. Online Ressource, https://doi.org/10.25353/ubtr-xxxx-5591-8e92 [12.06.2022].

333 Vgl. Werner, Von Wohnhäusern, in: Bönnen/Werner (Hrsg.), Industriellenfamilie, 2010, S. 204.

elementen entstand.[334] Dies korrespondierte mit der Innenausstattung, die der Münchner Künstler Lorenz Gedon ausführte.[335] Wesentlich für das Raumkonzept war, dass neben einer repräsentativen Wohnarchitektur auch Ausstellungsflächen für die Kunstsammlung, im Sinne der in Frankreich, England und Italien entwickelten *house-museum* respektive *casa museo* entstehen sollte.[336] Als Wohnhaus wurde die Villa nur zeitweise genutzt; sie diente eher als Gästehaus für die zahlreichen Künstler und Persönlichkeiten, mit denen die Familie in Verbindung stand.[337]

Abb. 26: Der Heylshof in Worms, Gartenseite, Aufnahme von Christian Herbst, 1905.

Der Heylshof hob sich von den Stadtvillen des Großbürgertums ab und zeigte deutliche Anleihen aus der barocken Schlossarchitektur. So richtete Bluntschli etwa die Repräsentationsräume zur Gartenseite und nicht zur Straßenseite aus.[338] Auch die Etagenfolge mit Sockelgeschoss, Beletage und Mezzanin orientierte sich am Schlossbau. Insgesamt inszenierte Bluntschli den Heylshof als Solitär in einer Parkumgebung (Abb. 8 und 26). Ausgehend von einem quadratischen Mitteltrakt entwickelte er den Grundriss symmetrisch und richtete den Baukörper diagonal zur Straße aus, so dass ein dreiecki-

334 Werner, Von Wohnhäusern, in: Bönnen/Werner (Hrsg.), Industriellenfamilie, 2010, S, 301.
335 Werner, Von Wohnhäusern, in: Bönnen/Werner (Hrsg.), Industriellenfamilie, 2010, S. 211.
336 Wie in Kapitel 2 erläutert.
337 Vgl. Hansemann, Heylshof, in: Schenkluhn (Hrsg.), Stiftung Kunsthaus Heylshof, 1992, S. 19 f.
338 Vgl. Werner, Von Wohnhäusern, in: Bönnen/Werner (Hrsg.), Industriellenfamilie, 2010, S. 209.

ger Vorplatz entstand, der an den Ehrenhof eines Schlosses erinnerte. Dieser Eindruck wurde zudem von zwei Freitreppen verstärkt, die den Eingangsbereich flankierten.[339] Der Heylshof wies eine Gesamthöhe von 34 Metern auf. Entsprechend monumental waren auch die Ausmaße der Repräsentationsräume: Der Salon maß 60 Quadratmeter bei einer Höhe von fünf Metern, während der Speisesaal 55 Quadratmeter umfasste (Abb. 27).[340] Die herausgehobene Position im Stadtraum und die seine Umgebung dominierende Architektur des Palais erinnern an den Geltungsanspruch, den beispielsweise auch Edouard André mit seinem Stadtschloss in Paris verfolgte.[341]

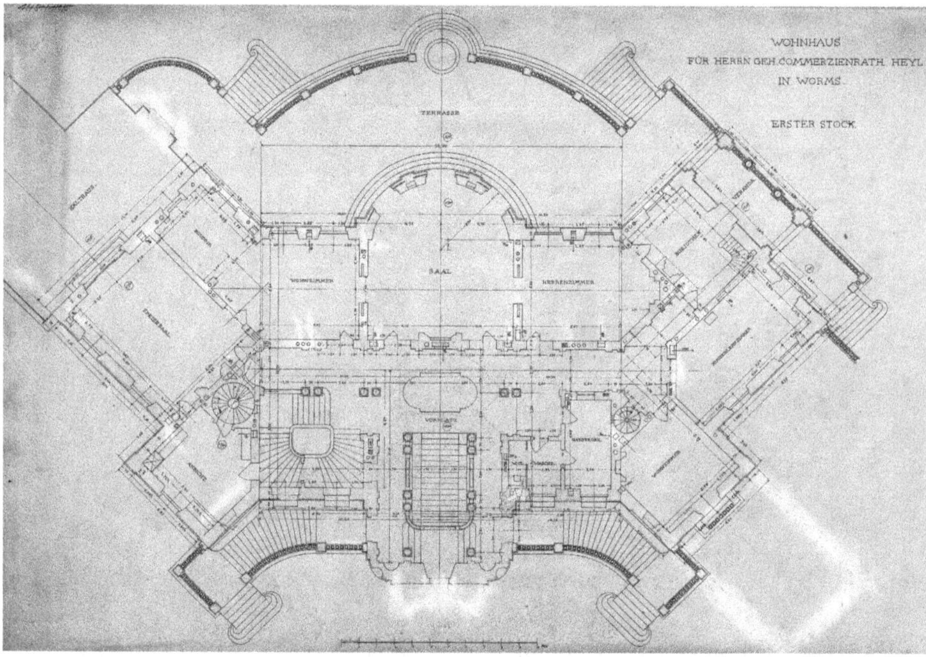

Abb. 27: Grundriss der Beletage im Heylshof Worms, Werkzeichnung des Architekturbüros Bluntschli, 1881.

339 Vgl. Hansemann, Heylshof, in: Schenkluhn (Hrsg.), Stiftung Kunsthaus Heylshof, 1992, S. 24 u. 26 f.
340 Zum Vergleich: Cornelius Wilhelm Heyl ließ von Arthur Wienkoop Arbeiterhäuser für seine Fabrikangehörigen bauen, die einen hohen Standard aufwiesen und eine äußerst positive Presseresonanz erzielten. Die Häuser bestanden aus einer Wohnküche – mit 17 m^2 größter Raum des Hauses –, einer Stube von 14 m^2 und einer Schlafkammer von 10 m^2. Mit einer Gesamtwohnfläche von ca. 40 m^2 waren die Häuser im Vergleich zu anderen Arbeiterwohnungen sehr geräumig. Durchschnittlich umfassten Werkswohnungen nur 30 m^2 und Arbeiterwohnungen in Großstädten, in den sogenannten Mietskasernen, bestanden in der Regel nur aus einer Wohnküche von 20 m^2. Zu den Arbeiterhäusern von Wienkoop vgl. Högg, Landesausstellung, in: Architektonische Zeitschrift 11 (1908), S. 87. Zum Arbeiterwohnen allgemein vgl. Zimmermann, Wohnen, in: Reulecke (Hrsg.), Geschichte des Wohnens, 1997, S. 503–636.
341 Wie in Kapitel 2 erläutert.

Für den bildnerischen Schmuck und die Innenausstattung beauftragte Cornelius Wilhelm Heyl den Architekten, Bildhauer, Kunstgewerbler und Kunstsammler Lorenz Gedon, der das Heylsche Anwesen mit inszenatorischem Geschick gestaltete. Zum Zeitpunkt des Auftrags war Gedon bereits bekannt und wurde von prominenten Auftraggebern beschäftigt. Nachdem er 1867 den ersten von König Ludwig II. gestifteten Preis der Münchner Akademie, erhalten hatte, bekam er Aufträge für Arbeiten in der königlichen Residenz. Hier kam Heyls Verbindung zu Münchner Künstlerkreisen zum Tragen, die auch bei anderen kulturellen und baulichen Vorhaben der Familie von Bedeutung war.[342] Bereits 1882 hatte Gedon das Museumsprojekt in der Wormser Pauluskirche verwirklicht und genoss das Vertrauen der Familie. In der Erinnerungsschrift an Sophie Heyl fasste Ella Mensch die Beziehung Sophies zum Münchner Künstlerzirkel folgendermaßen zusammen:

> Bei der Errichtung des Heylshofes, [...] war sie den Münchner Künstlern näher getreten. Gedon entwarf den bildnerischen Schmuck am Portal, Fritz von Kaulbach und Lenbach hatten sie bei früheren Aufenthalten in der Blüte ihrer Schönheit gemalt. Gabriel von Seidl errichtete in Herrnsheim die Gottliebenkapelle, [...]. Viel künstlerische Arbeiten entstanden auch in Worms, bei denen sie mit ihrem feinen Geschmack und Takt hervorragend beteiligt war. [...] In feinsinnigster Weise verstand es stets Frau von Heyl, geistig mitzuarbeiten. In steter Aussprache mit den Künstlern wuchs sie förmlich mit in die Arbeit hinein, ihr Frauenurteil war oft von großem Wert, und die Künstler begrüßten es mit Freude. Meist wohnten dieselben im Hause Herrnsheim oder Heylshof.[343]

Bei der Fassadengestaltung des Heylshofs legte Gedon den Schwerpunkt auf einen wirkungs- und eindrucksvollen Eingangsbereich. Er schuf fünfzehn figürliche Schlusssteine über den Fenstern, den Giebelschmuck, zwei Vasen am Portalvorbau sowie Skulpturen, die auf den Voluten des Portaldachs platziert wurden. Zur Eingangsgestaltung gehörte zudem der darüber in den Stein gemeißelte Titel: Heyl's Hof. Mit dieser Namensgebung grenzten sich die Heyls bewusst von den bürgerlichen Wohnhäusern der Stadt ab, für die der Begriff Hof keineswegs geläufig war. Die Bezeichnung Hof war traditionell kirchlichen Niederlassungen oder adligen Domizilen vorbehalten und verschaffte dem Heylschen Besitz eine fiktive Anciennität, die die Familie mit dem historischen Baugrund des Anwesens geschickt zu verbinden verstand.[344]

342 Vgl. Gedon, Lorenz Gedon, 1994, S. 238–240; Hansemann, Heylshof, in: Schenkluhn (Hrsg.), Stiftung Kunsthaus Heylshof, 1992, S. 21.

343 Mensch, Erinnerungen, 1917, S. 14 f.

344 Vgl. Werner, Von Wohnhäusern, in: Bönnen/Werner (Hrsg.), Industriellenfamilie, 2010, S. 211 u. 215.

Besonders imposant war das zweiflüglige hölzerne Portal, für deren Türen Gedon Reliefs entwarf, die auf die Heyls, auf ihr Anwesen und auf Worms Bezug nahmen.[345] Es ist noch heute erhalten und zeigt zwei Genreszenen (Abb. 28): eine Ankunft und einen Abschied. Auf der einen Seite ist die Hausherrin dargestellt, die aus einer Kutsche steigt und vom Personal des Hauses begrüßt wird, im Hintergrund ist die Wormser Dreifaltigkeitskirche zu sehen. Das Schnitzbild auf dem zweiten Torflügel zeigt den Hausherrn, wie er sich in soldatischer Tracht von seiner Gemahlin verabschiedet. Diese Szene verortete der Künstler vor dem Hotel Zum Alten Kaiser, das sich in der Andreasstraße in Worms befand. Auffällig ist die altertümliche Kleidung der dargestellten Personen, sodass beide Szenen im 18. Jahrhundert zu spielen scheinen. Offensichtlich rekurrierte der Künstler mit dieser historisierenden Verklärung auf die Familiengeschichte der Heyls, die stets Wert darauf legten, eine weit zurückreichende Verbindung mit der Stadt Worms zu haben. Familienmemoria und fiktive Anciennität waren ein immanenter Bestandteil im Bildprogramm des Heylshofs.

Abb. 28: Lorenz Gedon, Portal des Heylshofs in Worms, 2019.

345 Zur Gestaltung des Portals s. Werner, Von Wohnhäusern, in: Bönnen/Werner (Hrsg.), Industriellenfamilie, 2010, S. 211.

Abb. 29: Vestibül des Heylshofs, Worms, Fotografie von 1905.

Die Eingangssituation im Palais orientierte sich ebenfalls am höfischen Zeremoniell. Nach dem Durchschreiten des Portals im Sockelgeschoss befanden sich die Besucher vor einem großzügig angelegten Treppenaufgang: Während sie zum Vestibül hinaufgingen, das zum Salon überleitete (Abb. 29), stieg der Gastgeber wie ein barocker Fürst zu ihnen hinab.[346] Das Motiv des barocken Treppenhauses war sehr beliebt. Ein besonders prunkvolles Beispiel findet sich beispielsweise im Pariser Palais der Jacquemart-Andrés aus den 1870er Jahren.[347] Die Treppe des Heylshofs schmückte Lorenz Gedon mit einem aufwändig gestalteten Geländer mit vergoldeten Rokokofiguren. An den flankierenden Wänden hatte der Künstler zwei Putten platziert, die eine Stuckdraperie wie einen Theatervorhang vor den Besuchern öffneten. Dieses direkte Zitat aus der Welt der Theaterinszenierung fand seine Fortsetzung in der Gestaltung der Gesellschaftsräume.

Für die Inszenierung der Kunstwerke schuf Gedon historisierende Rahmenarchitekturen, in denen die Grenzen zwischen neu geschaffenen Einrichtungsgegenständen und Originalen kaum wahrzunehmen waren – Kunstwerke, Kopien und Möbliar gingen eine szenografische Verbindung ein, die das Kunsterlebnis steigern sollte. Diese Art der in den Wohnraum integrierten Kunstsammlung gehörte zum exklusiven Le-

346 Zur Anlehnung an das barocke höfische Zeremoniell in der Repräsentationsarchitektur im Kaiserreich vgl. Kuhrau, Kunstsammler, 2005, S. 14.
347 Wie in Kapitel 2 erläutert.

bensstil der europäischen Eliten und hatte ihren Ursprung in Paris und London.[348] Die damalige Mode ging sogar so weit, dass Vertäfelungen und Plafonds aus historischen Interieurs abgebaut und in den neuen historistischen Bauten wieder angebracht wurden. Für Poldi Pezzoli in Mailand hatte der Künstler Giuseppe Bertini in den 1850er Jahren jeden Raum in einem bestimmten historischen Stil eingerichtet. In Rom hatte die Sammlerfamilie Torlonia ihren Palast bereits in den ersten Jahren des 19. Jahrhunderts mit sogenannten *pastiche-interieurs* ausstatten lassen – eine Form der Innenarchitektur, die den in den 1830er Jahren entstandenen *period rooms* vorausging und in Großbritannien von zahlreichen Kunstsammlern, wie etwa Richard Wallace aufgegriffen wurde.[349] In Deutschland galt Lorenz Gedon als unangefochtener Meister solcher Repräsentationsarchitekturen. In der Zeitschrift des Bayerischen Kunstgewerbevereins hieß es über ihn und seinen Künstlerkollegen Franz von Seitz: Sie „wollten in die Hallen [...] der Vorfahren wieder einziehen und sich mit gleich kunstvollem Geräth umgeben, [...] sie wollten die alte Herrlichkeit ganz direkt in die Gegenwart verpflanzen.“[350]

Die besondere Raffinesse dieses Wohn- und Sammlungstypus, bestand darin, die einzelnen Räume je nach Funktion einem spezifischen historischen Stil zuzuordnen. Der Kunsthistoriker Sven Kuhrau, der die Berliner Kunstsammlerszene zur Zeit des Kaiserreichs untersuchte, bezeichnet diesen Wohnstil der *period rooms* oder *pastiche-interieurs* als „funktionalen Eklektizismus“.[351] Wilhelm von Bode beschrieb die Praxis, verschiedene Einrichtungsstile in den einzelnen Räumen anzuwenden, noch 1909 folgendermaßen:

> Der moderne Geschmack verlangt die Aufstellung der Kunstwerke als Schmuck der Wohnräume. Diese werden, bei Sammlern älterer Kunst, regelmäßig dem Charakter ihrer Benutzung entsprechend dekoriert: Die Damenzimmer und Gesellschaftsräume im Stile des 18. Jahrhunderts, das der Ausstattung einen so festlichen und heiteren Charakter zu geben, seine Möbel so bequem und geschmackvoll zu gestalten wusste, wie keine andere Zeit; das Arbeitszimmer des Herrn und die Bibliothek werden im Stile der Renaissance eingerichtet, die im Zeichen des Humanismus auf die Ausstattung des ‚studio‘ den größten Wert legte, der Esssaal im prunkvollen Stil des Barock oder im ernsten Zopfstil. Innerhalb der so ausgestatteten Zimmer findet die Kunst aller Zeiten den geeigneten Platz.[352]

348 Zur Praxis des Kunstsammelns in der europäischen Elite vgl. Clemens, Sammler, in: Bönnen/Werner, Industriellenfamilie, 2010, S. 11–20. Zum Typus der repräsentativen Sammlung und der Doppelfunktion von repräsentativem Wohnraum und Sammlung vgl. Kuhrau, Kunstsammler, 2005, S. 9.

349 Wie in Kapitel 2 erläutert. Zur nobilitierten Bankiersdynastie Torlonia vgl. Clemens, Kunstverkäufe, in: Putz/Fronhöfer (Hrsg.), Kunstmarkt, 2019, S. 49–69.

350 Hirth, Franz von Seitz, in: Zeitschrift des Bayerischen Kunst-Gewerbe-Vereins 1/2 (1884), S. 3. Franz von Seitz (1817–1883) war Kostüm- und Bühnenbildner an der Münchner Hofbühne. Gemeinsam mit Lorenz Gedon war er außerdem für König Ludwig II. tätig.

351 Kuhrau, Kunstsammler, 2005, S. 18.

352 Wilhelm Bode, Vorwort, in: Auktionskat. Huldschinsky 1909, S. 4, zit. n. Kuhrau, Kunstsammler, 2005, S. 18 f.

Abb. 30: Salon des Heylshofs, Fotografie von 1905.

Abb. 31: Herrenzimmer des Heylshofs, Fotografie von 1905.

Lorenz Gedon setzte den funktionalen Eklektizismus im Heylshof nach den von Bode beschriebenen Gepflogenheiten um.[353] Für die Ausstattung des Salons, des festlichsten und größten Raums des Hauses, wählte er den Stil des Rokoko (Abb. 30). Dafür ließ er Holzschnitzereien und Stuckaturen herstellen, die an süddeutsche Rokokoräume erinnerten. Auch das Mobiliar wurde nach Gedons Entwürfen angefertigt. Die Supraporten wurden mit Malereien des 18. Jahrhunderts bestückt, die Wände mit französischen Gemälden der gleichen Epoche aus dem Heylschen Sammlungsbestand. In eigens angefertigten Vitrinen wurde der umfangreiche Bestand an Porzellanfiguren ausgestellt.

Für das Herrenzimmer, das Ernsthaftigkeit und Autorität vermitteln sollte, setzte Gedon Objekte und Einrichtungselemente aus der deutschen Renaissance und dem süddeutschen Barock ein (Abb. 31). Er verwandte dafür Holzvertäfelungen und Mobiliar, die um 1700 entstanden waren und ursprünglich aus der Bibliothek des Klosters Buxheim stammten.[354] Für das deutsche Steinzeug ließ Gedon Fächer einbauen. Als besonderes Highlight hatte er für diesen Raum ein Lüsterweibchen, eine um 1600 entstandene schwäbische Holzplastik mit Elchgeweih in Meersburg am Bodensee ersteigert.[355] Atmosphärisch gewann der Raum zudem durch die in die Fensterverglasung eingefügten Wappenscheiben aus dem 16. und 17. Jahrhundert. Das Raumprogramm des Speisesaals war ähnlich ‚altdeutsch‘ angelegt. Auch hier schmückten Glasgemälde des 16. Jahrhunderts die Fensterscheiben. Das Hauptaugenmerk bei der Raumgestaltung lag auf der Präsentation der Gemälde, die ebenso wie in Wohnzimmer und Boudoir dicht und in mehreren Reihen angeordnet waren. Die Integration der Kunstsammlung in die Innenarchitektur der Räume sollte „malerische Behaglichkeit und Stileinheit“ vermitteln.[356] Haus und Sammlung sollten einander entsprechen „wie Bild und Rahmen“.[357] Gedon konnte für seine historistische Inszenierung aus dem umfangreichen Sammlungsbestand schöpfen, den Cornelius Wilhelm und Sophie Heyl zusammengetragen hatten.

Der Heylshof und die Kunstsammlung boten einen standesgemäßen Rahmen für die festlichen Anlässe, die von Sophie Heyl organisiert wurden. In der Presse wurde

353 Aufschlussreich für die Rekonstruktion der einzelnen Räume ist – neben dem Fotomaterial – der 1925 erschienene Führer durch die Kunstsammlungen des Heylshofs, StA Worms, Abt. 185, Nr. 2550. Beschreibungen der Raumausstattungen finden sich außerdem bei Hansemann, Heylshof, in: Schenkluhn (Hrsg.), Stiftung Kunsthaus Heylshof, 1992, S. 19–50 und Werner, Von Wohnhäusern, in: Bönnen/Werner (Hrsg.), Industriellenfamilie, 2010, S. 187–312.

354 Cornelius Wilhelm Heyl erwarb für sein Studio und Bibliothekszimmer Holzarbeiten aus der Bibliothek des Grafen Bassenheim. Die gräfliche Familie Waldbott-Bassenheim mit Sitz auf Schloss Buxheim besaß die Bibliothek des ehemaligen Karthäuserklosters. Graf Hugo Philipp von Waldbott-Bassenheim (1820–1895) ließ die Bibliothek 1883 durch den Münchner Kunsthändler Carl Förster auf einer Auktion versteigern. Vgl. Carl Förster'sche Kunstauction, Catalog der Bibliothek, 1883.

355 Vgl. Gedon, Lorenz Gedon, 1994, S. 161.

356 StA Worms, Abt. 202, Nr. 288a, Swarzenski, Kunstsammlung, 1921, S. 6.

357 StA Worms, Abt. 202, Nr. 288a, Swarzenski, Kunstsammlung, 1921, S. 6.

das Palais als „stattlicher Palast in graciösem Roccoco" gefeiert.[358] Hier konnte sich das nobilitierte Unternehmerpaar als die „modernen Medici von Worms"[359] feiern lassen und ihre der kulturellen, politischen und hochadligen Elite angehörenden Gäste empfangen. Im Rückblick schilderte Cornelius Wilhelm die Gesellschaften folgendermaßen:

> An die schönen Feste, die meine liebe Frau in ihren Häusern und im Sommer im Heylschen Garten gab, denke ich mit Wehmut zurück. Da sie sehr musikalisch und [...] gesanglich trefflich ausgebildet war, spielte bei allen ihren Festen die Musik eine Hauptrolle. Sie berief häufig auswärtige Künstler und Künstlerinnen. [...] Viel [sic] interessante Gäste verkehrten gerne unter dem Dach meines Hauses, in dem die gefeierte Frau waltete.[360]

Der Heylshof steht modellhaft für den repräsentativen Wohnstil der kaiserzeitlichen Eliten. Er verkörpert das Prinzip der Inszenierung und war mit der Absicht des sozialen Aufstiegs auf Rezeption ausgelegt. Was wurde hier zur Erscheinung gebracht und von den Adressaten wahrgenommen? Innerhalb eines eigens geschaffenen Rahmens evozierten die Heyls das Bild eines alten Adelsgeschlechts. Obwohl Cornelius Wilhelm Heyl aus einer Fischer- und Kaufmannsfamilie entstammte, erschuf er die Wohnumgebung eines barocken Fürsten, der seine Besucher auf einem hohen Treppenaufgang empfängt, sich als Kunstmäzen mit seiner Privatsammlung umgibt und einen hohen Personalaufwand betreibt. Das Gebäude vermittelte Anciennität und atmete den Geist eines weit zurückliegenden Stammbaums. Es handelte sich um eine eindrucksvolle Inszenierung der neuen Dynastie als eine alte Dynastie. Wer dennoch die eigentliche Herkunft der Familie nicht vergaß, musste anerkennen, dass die Familie die Klaviatur des elitären Geschmackskanons souverän beherrschte. Haus und Interieur strahlten Reichtum, Macht und Bildung aus und verbanden geschickt ökonomisches und kulturelles Kapital. Es ist deshalb kaum verwunderlich, dass der zur Schau gestellte Prunk und das demonstrativ aristokratische Auftreten der Hausherren, wie bereits gezeigt, auch zu Spott anregten und den Titel „ungekrönter König von Worms" nahelegten.[361]

358 So der Pädagoge und Publizist Hugo Göring in seinem Leitartikel mit dem Titel Todfeinde der Socialdemagogie für die Berliner Tageszeitung Die Post, 1899. Manuskript im StA Worms, Abt. 186, Nr. 547.

359 StA Worms, Abt. 186, Nr. 547, Göring, Todfeinde der Socialdemagogie, Die Post, 1899.

360 StA Worms, Abt. 170/26, Nr. 5, Cornelius Wilhelm von Heyl, Aus meinem Leben, Manuskript o. J., Transkript 1966, S. 32 f.

361 Anonym, Sub rosa, in: Jugend, 26 (1906), S. 575.

4.2.2 Die private Kunstsammlung im Heylshof als Quelle für Leitmotive und eine Ikonografie der Heylschen Prestigepolitik

„Kunstsammeln gehört zum guten Ton.“[362] Als Julius Lessing (1843–1908), der Direktor des Berliner Kunstgewerbemuseums im Jahr 1885 diese Feststellung machte, hatten Cornelius Wilhelm und Sophie Heyl bereits einen beträchtlichen Teil ihrer Kunstsammlung zusammengetragen. Rund 1.060 Objekte katalogisierte Sophie Heyl in einem handschriftlichen Inventar der „Kunstsachen“, die sich 1886 im 1884 fertiggestellten Stadtpalais der Familie befanden.[363] Ein Inventar aus dem Jahr 1925 gibt rund 1.700 Kunstgegenstände wieder.[364] Den ersten überlieferten Ankauf tätigte Cornelius Wilhelm auf einer Wormser Auktion des Jahres 1862[365], die letzte nachweislich von ihm durchgeführte Anschaffung fand 1917 in der Kunsthandlung Julius Böhler in München statt.[366] Das Sammlerehepaar trug Gemälde, Skulpturen, Scheiben, Miniaturen, Porzellane, Steinzeug, Fayencen, Glaser und weiteres Kunstgewerbe wie Möbel und Tapisserien zusammen. Ein Hauptaugenmerk lag jedoch auf ihrer Sammlung holländischer Malerei des 17. Jahrhunderts, die sie am systematischsten anlegten und in die sie besonders investierten. Während der Weimarer Republik wandelte Cornelius Wilhelm Heyl die Kunstsammlung im Heylshof in eine Stiftung um.[367]

Die Kunstsammlung der Heyls soll hier nicht allein als kunsthistorisch wertvolles kulturelles Erbe gewürdigt werden – vielmehr dient sie als aussagekräftige gegenständliche Quelle, die es ermöglicht, eine Ikonografie der Heylschen Prestigepolitik zu erschließen. Ihre Untersuchung vermittelt einen weiteren Einblick in den Wertehorizont der Familie und zeigt, welchen Lebensstil die Unternehmer kommunizieren wollten. Alle Leitmotive, die sich für die Prestigepolitik der Heyls als konstitutiv erwiesen, wirkten grundlegend auf den Sammlungsaufbau ein und sind teilweise auch in der Ikonografie der Artefakte wiederzufinden. In diesem Sinne ist die Kunstsammlung als Visualisierung und ikonografische Repräsentation der Heylschen Prestigepolitik zu werten. Außerdem eröffnet die Kunstsammlung und das mit ihr in Verbindung stehende Konvolut an Korrespondenz den weitläufigen Kommunikations- und Informations-

---

362 Lessing, Was ist ein altes Kunstwerk werth? Vortrag in der volkswirthschaftlichen Gesellschaft zu Berlin am 14. März 1885, gedruckt in erweiterter Form, Berlin 1885, zit. n. Siebel, Salon, 1999, S. 233.

363 StA Worms, Abt. 186, Nr. 1174, Cataloge der Kunstsachen welche sich befinden im: Heylshof in Worms. Angefertigt von Frau Sophie für Herrn Cornelius Heyl, den 10. Febr. 1886. Die Zählung ist nicht exakt, da unter einzelnen Nummern auch Objektgruppen aufgeführt sind. Außerdem wurden die einzelnen Porzellanserviceteile nicht mitgezählt. Den größten Teil des Katalogs fertigte Sophie dem Schriftbild und der Nummerierung zufolge en bloc an, wodurch der Ist-Zustand im Februar 1886 abgebildet ist. Einzelne spätere Eintragungen betreffen nur den Zeitraum bis 1888, obwohl das Inventar eigentlich für eine fortlaufende Eintragung neuer Objekte vorgesehen war.

364 StA Worms, Abt. 185, Nr. 2554, Heylshof. Inventar September und Oktober 1925, erstellt von Kriegbaum.

365 Auktion Kunstsammlung Johann Philipp Bandel, Worms, 1862.

366 StA Worms, Abt. 186, Nr. 937, Julius Böhler an Cornelius Wilhelm Heyl, 21.08.1917.

367 Vgl. Bürgel, Gemäldesammlung, in: Schenkluhn (Hrsg.), Stiftung Kunsthaus Heylshof, 1992, S. 70.

raum des Kunstmarktnetzwerks, den sich die Heyls im Zuge der Sammlungsgenese aufbauten.

Die Analyse der Kunstsammlung bewegt sich auf drei Ebenen: Zunächst wird der Gesamtbestand als Ensemble im Kontext der zeitgenössischen Privatsammlerkultur charakterisiert und seine Abteilungen aufgeschlüsselt. Dazu gehören Fragen nach dem Typus der Sammlung, möglichen Vorbildern und Kulturtransferprozessen. Auf der Ebene der einzelnen Objekte werden Provenienz und Ikonografie untersucht. Welche Aussagen über den Wertehorizont der Heyls lassen sich aus Auswahl, Herkunft und Bildsprache ableiten? Die dritte Ebene umfasst die Sammlungspraxis des Ehepaares. Zu fragen ist nach bestimmten Sammlungsphasen, nach Kaufpraxis und Netzwerken sowie gendertypischem Kauf- und Sammlungsverhalten. Auch Moden und zeittypische Sammlungsgepflogenheiten spielten dabei eine Rolle. Die Heyls erwarben Kunst auf Auktionen, bei Kunst- und Antiquitätenhändlern sowie bei Privatsammlern, direkt aus Künstlerateliers oder als Auftragsarbeiten. Sie kauften insbesondere in Köln, München und Frankfurt, aber auch auf Reisen. Im Verlauf ihrer Sammeltätigkeit ließen sie sich zunehmend beraten und setzten professionelle Agenten für Auktionen und Ankäufe, unter anderem in Paris und London, ein.

Zur Untersuchung des Sammlungsbestands können verschiedene Kataloge und Inventare herangezogen werden. Der Gemäldebestand des Kunsthauses Heylshof wurde zuletzt 1992 in einem kommentierten Katalog aufgearbeitet, während eine neuere Untersuchung der weiteren Kunstgegenstände und damit der gesamten Kunstsammlung noch aussteht (s. vergleichendes Verzeichnis der Gemäldesammlung im Anhang).[368] Aufschlussreich ist für diesen Zusammenhang der handschriftliche Katalog, den Sophie Heyl 1886. Das Verzeichnis widmete sie ihrem Ehemann.[369] Eine tabellarische Transkription dieses handgeschriebenen Katalogs befindet sich im Anhang dieser Arbeit (Verzeichnis Nr. 2). Er gibt Aufschluss über die Zuschreibung ‚Kunstsache' der Sammlerin, über ihre Qualitätseinschätzung, manchmal über den Aufstellungsort der Objekte und ihre Verwendung. Teilweise verzeichnete Sophie die Provenienz oder den Ankaufsort bzw. die Bezugsquelle der Gegenstände. Sie dokumentierte Geschenke und Erbstücke und verwies auf den Erhaltungszustand der Objekte. Für zahlreiche Gegenstände sind außerdem die Kaufpreise in Gulden, Mark und Francs, vereinzelt auch der im Jahr 1886 aktuelle Wert, überliefert. Als ‚Kunstsachen' erfasste Sophie in achtzehn Kategorien Artefakte aus Porzellan, Glas, Elfenbein und Metall. Sie katalogisierte auch Holzschnitzereien, Bronzen, Waffen und Möbel sowie Gemälde und Gobelins.[370] Freie

368 Schenkluhn (Hrsg.), Stiftung Kunsthaus Heylshof, 1992. Zur Provenienzforschung nutzte Schenkluhn den Katalog Swarzenskis, Sophies Katalog lag ihm jedoch nicht vor.

369 StA Worms, Abt.186, Nr. 1174, Cataloge der Kunstsachen welche sich befinden im: Heylshof Worms. Angefertigt von Frau Sophie für Herrn Cornelius Heyl, 10.02.1886.

370 StA Worms, Abt.186, Nr. 1174, Gliederung des Inventars: 1. Porzellanfiguren Frankenthal, Meißen, etc.; 2. Vasen, Körbchen etc.; Miniaturen Holzschnitzereien Kästchen; 3. Gläser; 4. Gruppen in Porcellan; 5. Krüge Kannen u. Vasen; 6. Pokale u. feine Gefäße in Gold u. Silber; 7. Broncen; 8. Alte Waffen, Spiegelchen, Pfeifen, Leuchter etc.; 9. Alte Möbel, Kasten etc.; 10. Alte Bilder; 11. Alte Uhren; 12. Alte

Katalogseiten und spätere Hinzufügungen zeigen das Ziel des Ehepaares, ihre Sammlung zu erweitern. In Anbetracht des privaten und nichtprofessionellen Charakters des handschriftlichen Katalogs wurden die einzelnen Bestände teilweise unpräzise erfasst. Oft fehlen Bezeichnungen, Titel oder weitere Angaben. Dennoch gibt Sophie Heyls Inventar einen guten Überblick über die Sammlung in den 1880er Jahren und lässt Rückschlüsse auf Erwerbsorte, Händler und Auktionen zu, die aus anderen Quellen nicht hervorgehen. Die Anfangsjahre des Sammelns sind aus der überlieferten Händler- und Künstlerkorrespondenz nicht zu ermitteln.

Neben Sophies erstem handschriftlichem Katalog und verschiedenen Inventaren[371], entstand zwischen 1916 und 1921 ein beschreibender Katalog über die Kunstsammlung im Heylshof. Dieser wurde von Georg Swarzenski verfasst und zur Publikation vorbereitet, ging jedoch nur für den internen Gebrauch mit sehr wenigen Exemplaren in den Druck.[372] Er beinhaltet auch mehrere Abbildungstafeln mit Fotografien der Objekte.[373] Während Swarzenski häufig Provenienzen für die verzeichneten Gemälde angibt, fehlen vielfach Angaben zur Herkunft der kunstgewerblichen Objekte, sodass die Angaben aus Sophies Katalog nicht abgeglichen werden können.

Orientierung über die Sammlung, wie sie schließlich nach der Stiftung des Privatmuseums präsentiert wurde, bietet ein ebenfalls von Swarzenski verfasster Museumsführer aus dem Jahr 1925, als die Eröffnung des Kunsthauses kurz bevorstand.[374] Zur umfangreichen Kunstsammlung im Heylshof gehört außerdem ein Bestand von 174 Zeichnungen Alter Meister, der in Schloss Herrnsheim aufbewahrt wurde. Der Kunsthistoriker Jean Paul Richter legte zu dieser Sammlung 1919 handschriftlich einen beschreibenden Katalog an, der ebenfalls als wertvolle Quelle zur Verfügung steht.[375] Ein

---

roemische u. deutsche Gläser Kannen etc.; 13. Alte Oefen und Winterthurer Teller; 14. Frankentahler Service; 15. Moderne Bilder; 16. Alte Glasmalereien Fenster etc.; 17. Lüster; 18. Stiche; Gobelins, Stoffe etc. Teppiche.

371 StA Worms, Abt. 186, Nr. 1036, Aufnahme von Kunstgegenständen im Heylshof durch Herrn Böhler aus München, 06.01.1917. Dieses Inventar enthält auch eine Taxation der Objekte. StA Worms, Abt. 185, Nr. 2555, Inventarien etc. Heylshof. Stiftungs-Errichtung. Unterlagen für Inventar, Juni/Juli 1925. Darin befindet sich auch eine schwer entzifferbare Liste von Juni/Juli und Oktober 1945.

372 Aus der überlieferten Korrespondenz geht hervor, dass Swarzenski die Katalogisierungsarbeit im Mai begann und zum größten Teil 1920 abschloss. Ende 1921 erhielt er das Honorar. Daraus leitet sich das nicht abgedruckte Erscheinungsjahr 1921 ab. StA Worms, Abt. 186, Nr. 1174, Georg Swarzenski an Cornelius Wilhelm Heyl, 13.09.1916, 17.06.1917, 14.09.1917, 11.04.1918, 01.01.1920 u. 30.12.1921.

373 StA Worms, Abt. 202, Nr. 288a, Swarzenski, Kunstsammlung, 1921. Der Katalog enthalt auch Fotografien der Objekte.

374 StA Worms, Abt. 185, Nr. 2550, Swarzenski, Führer durch die Kunstsammlungen des Heylshofs, Worms 1925.

375 StA Worms, Abt. 212, Richter, Beschreibung und Erklärung von 174 Zeichnungen alter Meister in alphabetischer Anordnung in Schloss Herrnsheim im Besitz seiner Exzellenz des Freiherren Dr. C. W. von Heyl zu Herrnsheim, 10.02.1919, Handschrift. Die Zeichnungen gehören heute zum Bestand des Museums Heylshof: URL: www.heylshof.de/verzeichnis-zeichnungen [23.02.2021].

aktuelles Gesamtinventar des Heylshofs über die Kunstsammlung lag während der Erstellung der vorliegenden Untersuchung nicht vor.

Über die Ankaufspolitik der Heyls geben die genannten Kataloge und die überlieferte Korrespondenz Auskunft. Cornelius Wilhelm legte ein umfangreiches Konvolut mit der Bezeichnung „Besondere Briefe – Kunst betreffend“ von über 500 Briefen, Telegrammen, Auktionsberichten, Angebotsschreiben, Rechnungen, Quittungen, Empfehlungsschreiben, Inventarlisten, Provenienzschreiben und Briefen privaten und halbprivaten Charakters an.[376] Damit dokumentierte er die intensiven Kontakte der Familie mit den prägenden Akteuren auf dem Kunstmarkt des Kaiserreichs.

4.2.2.1 Die Heylsche Sammlung als repräsentative Universalsammlung

Der Kunstschriftsteller Adolph Donath, der 1911 eine *Psychologie des Kunstsammelns* verfasste, in der er die Entwicklung ausgehend vom Altertum bis zum zeitgenössischen großstädtischen Kunstsammeln in Berlin untersuchte, unterscheidet zwei Typen von Kunstsammlern: den Spezialsammler und den Universalsammler.[377]

Letztere Gruppe, so Donath, interessiere sich für Bilder alter und moderner Meister, für Graphik und Plastik, für Kunstgewerbe und Kuriositäten, Medaillen und Münzen, Autografen und Bücher. Aber unter den Universalsammlern gebe es weiterhin eine Kategorie, „die trotz ihrem universellen Sammeleifer doch oft ihr Hauptaugenmerk auf eine bestimmte Kunstgattung richtet, die [...] durcheinander kauft [...], die aber, ihrem Verständnis und Wissen entsprechend, die Malerei dem Kunstgewerbe (in weitestem Umfang) vorzieh[t] und umgekehrt.“[378] Folgt man Donaths Einschätzung, erfüllte das Sammlerehepaar Heyl eindeutig das Bild der Universalsammler, die der Malerei eine Vorrangstellung einräumten. Gemeinsam mit der Ausgestaltung des Wohnraums, in dem sie präsentiert wurde, entsprach die Heylsche Sammlung dem Typus der integrierten ‚repräsentativen Sammlung‘ des Kaiserreichs nach dem Vorbild der französischen Privatsammlung des Second Empire.[379]

Die repräsentative Sammlung zeichnete sich durch eine gewisse Breite des Sammlungsspektrums – Gemälde, Skulpturen, kunstgewerbliche Gegenstände, alte Möbel – und einen hohen architektonischen Aufwand aus. Modellhaft steht dafür das *Musée Jacquemart-André* in Paris, aber auch die Londoner Sammlung von Richard Wallace verkörpert als *house-museum* mit großer Ausstrahlungskraft dieses Prinzip. Gleiches gilt für Poldi Pezzolis Universalsammlung in Mailand, der neben einer bedeutenden Gemäldesammlung einen umfassenden Bestand historischer Waffen zusammengetragen hatte. Auch in Berlin hatte sich dieser Typus etabliert, wie etwa die Sammlung Os-

---

376 StA Worms, Abt. 186, Nr. 1217, 1174, 1202, 1165, 1266, 1416, 937, 1761, 1502 u. 1492.

377 Donath, Psychologie, 1911, S. 14. Auch Sven Kuhrau verweist auf die Schriften des Kunstschriftstellers Adolph Donaths, Kuhrau, Kunstsammler, 2005, S. 118.

378 Donath, Psychologie, 1911, S. 14.

379 Vgl. Kuhrau, Kunstsammler, 2005, S. 19. Zur ‚repräsentativen Kunstsammlung‘ vgl. außerdem Gaehtgens, Wilhelm von Bode, in: Mai/Paret (Hrsg.), Sammler, 1993; Siebel, Salon, 1999.

kar Hainauers zeigt, der sich am französischen Modell orientierte und sich von den Sammlungsgepflogenheiten der Kronprinzessin Victoria inspirieren ließ.[380] Die Heyls reihten sich also mit ihrer Universalsammlung repräsentativen Stils in die hohe Privatsammlerkultur ihrer Zeit ein. Insbesondere ihr Bestand an holländischen Meistern des 17. Jahrhunderts wies eine museale Struktur auf und rekurrierte auf zeitgenössische Privatsammlungen in Berlin, beispielsweise die des jüdischen Kaufmanns Karl Hollitscher.[381]

Es ist davon auszugehen, dass Sophie Heyl den Aufbau und die Ausrichtung der Kunstsammlung wesentlich beeinflusste und Cornelius Wilhelm bei vielen Ankäufen beriet. Auch stammte ein nicht unbeträchtlicher Teil der Heylschen Sammlung aus dem Erbe ihrer Familie. Marie Antoinette und Carl Martin Stein weckten Sophies Interesse für Kunst und eröffneten ihr nicht nur mit der eigenen Privatsammlung, sondern auch mit Museumsbesuchen einen direkten Kontakt, was dem elitären Bildungskanon entsprach. Im zweiten Kapitel der vorliegenden Untersuchung wurde bereits auf Sophies Parisreise mit dem Besuch des *Musée Cluny* hingewiesen, die sie 1866 mit ihrem Vater unternommen hatte.[382]

Mit Sophies Erbe gingen wertvolle Exponate aus dem Stein’schen Kunstbesitz in die Heylsche Sammlung über. Carl Martin Stein hatte sich bereits als Kunstsammler einen Namen gemacht und war Ausschussmitglied des Kölner Kunstvereins. Das Stein’sche Haus in Köln bot sich daher als Vorbild für den Aufbau der Kunstsammlung an. Leider ist über diesen Bestand nicht viel bekannt, da er nach dem Tod Marie Antoinette Steins 1890 auf die Geschwister verteilt wurde. Zu dieser Zerstreuung im Erbverfahren kamen außerdem Kriegsverluste.[383]

Auch Sophies Schwester Doris, die mit Maximilian Heyl, dem jüngeren Bruder von Cornelius Wilhelm verheiratet war, baute gemeinsam mit ihrem Mann eine Kunstsammlung auf. Es handelte sich ebenfalls um eine repräsentative Sammlung bestehend aus Antiquitäten, Kunsthandwerk, Gemälden, Skulpturen und Tapisserien sowie orientalischen Teppichen. Zunächst versammelte das Ehepaar ihre Kunstwerke in ihrer Stadtvilla in Worms, bis es 1890 in ein von Gabriel Seidl entworfenes Palais in

380 Wie in Kapitel 2 erläutert.

381 Vgl. Bürgel, Gemäldesammlung, in: Schenkluhn (Hrsg.), Stiftung Kunsthaus Heylshof, 1992, S. 52: „Da wir beide Liebhaberei an Antiquitäten besaßen.“ Der aus Wien stammende Kaufmann Carl Hollitscher war ab 1875 Teilhaber der Firma Heckscher & Gottlieb, Rückversicherungsbüro. 1900 wurde er geadelt. Seine Kunstsammlung begann er in den 1880er Jahren, teilweise unter der Beratung Wilhelm Bodes. Vgl. Kuhrau, Kunstsammler, 2005, S. 276 f. Im Kunsthandbuch für Deutschland, das erstmals 1897 auf Veranlassung des Königlichen Ministeriums der geistlichen, Unterrichts- und Medizinal-Angelegenheiten von der Generalverwaltung der Königlichen Museen herausgegeben wurde, heißt es zu Hollitschers Sammlung: „Gemälde alter Meister des XVI. und XVII. Jahrh. Vorwiegend niederländische Meister; Gläser, Krüge, Bronzen, Silber etc.“ Vgl. Königliche Museen zu Berlin (Hrsg.), Kunsthandbuch, 1904, S. 79.

382 StA Worms, Abt. 187, Nr. 56, Sophie Stein, Tagebuch 1864–1866, Transkript, o. D., S. 54 f.

383 Vgl. Schäfke (Hrsg.), Bildersaal, 2006, S. 14, 151 f. u. 276.

Darmstadt umzog und dort eine Art „privaten Musenhof", den „neuen Heylshof", in Szene setzte.[384] Im Gegensatz zur Kollektion ihrer jeweiligen Geschwister, blieb die Kunstsammlung von Maximilian und Doris Heyl nicht als Gesamtensemble erhalten, sondern wurde im Oktober 1930 durch die Kunsthandlung Hugo Helbing in München versteigert und dadurch verstreut.[385] Die beiden Sammlungen Heyl unterschieden sich nicht nur in den Schwerpunkten – Maximilian und Doris hatten eine Vorliebe für die italienische Renaissance und den Gegenwartskünstler Arnold Böcklin –, sondern auch im Zuschnitt. Cornelius Wilhelm und Sophie verfolgten mit ihren Kunstankäufen museale Strukturen, bewahrten ihren Bestand und erweiterten die Abteilungen systematisch. Offensichtlich verfolgten sie bereits beim Einzug in den Heylshof die Vision einer Museumsstiftung. Doris und Maximilian gaben hingegen regelmäßig Werke wieder an den Markt zurück. Es scheint, als seien sie zudem weniger planvoll vorgegangen als ihre jeweiligen Geschwister in Worms. Allerding ist einzuwenden, dass die deutlich schlechtere Quellenlage zu Maximilian und Doris Heyl eine systematische Auswertung der Kunstsammlung erschwert und als gesondertes Forschungsprojekt noch aussteht.[386]

Neben der Stein'schen Privatsammlung, mit der Sophie aufgewachsen war, und den prominenten Pariser Beispielen, die sie aus direkter Anschauung kannte, fand das Sammlerehepaar auch Vorbilder am hessischen Hof in Darmstadt sowie in anderen kulturellen Zentren Europas. Auch Cornelius Wilhelm war bereits in jungen Jahren gereist und hatte auf einer sogenannten Grand Tour insbesondere Italien mit kunstgeschichtlichem Anspruch bereist. Längere Aufenthalte verbrachte er außerdem in England und Frankreich.

Das *Kunsthandbuch* für Deutschland verweist auf die Heylsche Sammlung als einzige vermerkte Privatsammlung in Worms und hebt die herausragende holländische Sektion hervor: „Worms. Privatsammlung. Freiherr Heyl von Herrnsheim, Mitglied des Reichstags. Hauptsächlich holländische Bilder des 17. Jahrhunderts. Und Skulpturen."[387] Womit sich das Handbuch auf prominente Gemälde von Frans Hals, Ter Borc

384 Vgl. mit weiterer Literatur Gerold Bönnen, Mainzer Goldschmuck, S. 67.

385 Die Versteigerung fand am 30.10.1930 statt. Der zweibändige Auktionskatalog: Helbing, Kunstsammlungen Baron Heyl, 1930 mit einer Einleitung von August L. Mayer ist im Heylschen Nachlass erhalten. StA Worms, Abt. 170/26, Nr. 58a–b, Bd. 1 (Nr. 58a): Antiquitäten, Gemälde Alter und Neuerer Meister, Skulpturen, Textilien, Wandteppiche, Orientteppiche, Alte Möbel und Einrichtungsgegenstände, Bd. 2 (Nr. 58b): Slg. Antiker Kunst (Marmorskulpturen, Broncen, Terrakotten, Vasen, Gläser): Beschreibungen mit Bildtafeln.

386 Belegen lassen sich Maximilian Heyls Kontakte zu Dr. Henry Thode (1857–1920), Kunsthistoriker in Heidelberg, zu Dr. Friedrich Schneider, dem Mainzer Kulturprälaten und zu Wilhelm von Bode. Vgl. Grünewald, Maximilian (von) Heyl, in: Hinkel (Hrsg.), Friedrich Schneider (2008). Im Nachlass von Cornelius Wilhelm Heyl sind neben den Briefen von Bode an ihn selbst auch vier Briefe an Maximilian Heyl überliefert. StA Worms, Abt. 186, Nr. 1492. Im Nachlass von Wilhelm von Bode im Zentralarchiv der Staatlichen Museen zu Berlin sind 10 Briefe von Maximilian Heyl an Bode erhalten. SMB-ZA, NL Bode, Nr. 2520.

387 Königliche Museen zu Berlin (Hrsg.), Kunsthandbuch, 1904, S. 330.

und Pieter van Slingeland bezieht und sicherlich auch auf die Bilder der flämischen Künstler Peter Paul Rubens und Anthonis van Dyck.

Innerhalb der Heylschen Sammlungspraxis lassen sich zwei Phasen unterscheiden. Während vor der Nobilitierung ein relativ unsystematischer Ankauf von Kunstgewerbe und Gemälden auf Auktionen – auch zur Ausgestaltung des Stadtpalais – im Vordergrund stand, ergänzten die in den Adelsstand erhobenen Heyls ab 1886 ihre Kunstsammlung gezielter durch den Erwerb besonders exklusiver Werke. Die Analyse der Sammlung Heyl ergibt, dass sich Sophie und Cornelius Wilhelm Heyl an einer aristokratischen Sammlungspraxis orientierten. Auch legten sie Wert auf eine adlige Provenienz ihrer Erwerbungen. Bereits in den 1870er Jahren hielt Heyl in seinem Berliner Tagebuch fest: „Aus der Sammlung der Baronin Gröditzberg habe ich einen kleinen Watteau erstanden, welcher schon 70 Jahre in der Familie war und hier als kleines, feines Bild geschätzt ist."[388]

Die Sammlung spiegelte in ihrer Internationalität zum einen den exklusiven Lebensstil der Familie wider, zu dem Reisen und weltweite Kontakte gehörten. Zum anderen materialisierte sie den Heylschen Wertehorizont mit seiner Fokussierung auf nationale Symbole, Mythen und Helden.

Georg Swarzenski, der bereits 1910 die Denkschrift des Cornelianums für die Heyls verfasst hatte, arbeitete zwischen 1916 und 1920 den Bestand ihrer Privatsammlung auf. Sein beschreibender Katalog von 1921 gab einen umfassenden Überblick und eine zeitgenössische Bewertung. Im Vorwort charakterisierte er die Heylsche Sammlung – im Sinne seines Auftraggebers – als ein außergewöhnliches Ensemble, wobei er auch auf das Arrangement im Stadtpalais einging:

> Sieht man von einigen Sammlungen in Berlin und Frankfurt ab, so dürfte sie die vielseitigste und gehaltvollste Privatsammlung Deutschlands sein. [...] Was die Wormser Sammlung von den meisten Sammlungen, die um jene Zeit [die letzten Jahrzehnte des 19. Jahrhunderts, Anm. I. H.] entstanden, unterscheidet, ist nicht nur [...] die Qualität des einzelnen Stücks, die Harmonie und Großzügigkeit des Ganzen, sondern die fühlbare Wirkung einer alten reichsstädtischen Tradition mit ihrem Glanz, ihrer gepflegten Bildung und ihrem wohligen Behagen. [...][389]

Weiter führte Swarzenski das „kosmopolitische" Profil der Sammlung an, die jedoch gleichzeitig als „bodenständig" wahrgenommen werden könne, da – so der Direktor des Frankfurter Städels – im Heylshof „weltbürgerliche Gesinnung, Heimatliebe und Familiensinn" vereint zum Ausdruck kamen.[390] In der Tat war die Sammlung insofern international aufgestellt, als sich die Heyls die vornehmsten großstädtischen Sammlungen Europas zum Vorbild nahmen und die Objekte über ein Netzwerk international agierender Sammler, Sammlerinnen, Experten und Händler zusammengetragen wur-

388 StA Worms, Abt. 186, Nr. 1345, Cornelius Wilhelm Freiherr Heyl zu Herrnsheim, Tagebuch 1875–1878, S. 38.

389 StA Worms, Abt. 202, Nr. 288a, Swarzenski, Kunstsammlung, 1921, S. V.

390 StA Worms, Abt. 202, Nr. 288a, Swarzenski, Kunstsammlung, 1921, S. V.

den. Auch die Entstehungsorte deckten einen großen geographischen Raum ab. Das Attribut der ‚Weltläufigkeit' trifft jedoch auf den Lebensstil der Familie zu, nicht aber auf ihre nationalliberale und später sogar rechtskonservative Gesinnung.

Die von Swarzenski genannten Faktoren ‚Heimatliebe' und ‚Familiensinn' zeigten sich darin, dass die Heyls Familienerbstücke und -porträts in die Sammlung integrierten. Sie setzten eigene Vorlieben und Bedürfnisse an Wohnraum und Ambiente um und orientierten sich an regionalen Sammlungstraditionen, indem sie hochwertiges regionales Kunstgewerbe zusammentrugen. Dieser Aspekt folgte dem Muster der frühen Kölner Sammlerkultur, in der das Sammeln rheinischer Kunst den Wirtschaftsaufsteigern zu einer regionalen Identität verhalf und sie befähigte, mit dem alteingesessenen Patriziat zu konkurrieren.[391] Swarzenski ging neben der Gemäldesammlung insbesondere auf die Porzellansammlung ein, weil dieser Bestand erstens sehr umfangreich war und zweitens nahezu alle Meister der benachbarten Frankenthaler Manufaktur mit charakteristischen Figuren repräsentierte.[392] Auch die Sammlung deutschen Steinzeugs, die zu einem großen Teil aus dem Nachlass Carl Martin Steins stammte, hob Swarzenski hervor sowie die Scheiben aus der Schweiz, in der sich die Heyls aufgrund ihres Besitzes Pfauenmoss häufig aufhielten. Dort erwarben sie zudem Fayencen und eine Reihe von Kunstöfen, die ebenfalls Eingang in die Sammlung fanden.

In seiner Beschreibung der Gemäldesammlung widmet Swarzenski den niederländischen Meistern des 17. Jahrhunderts besondere Aufmerksamkeit, wobei er als Hauptstücke ein Madonnengemälde von Peter Paul Rubens sowie ein Herren- und ein Damenbildnis von Franz Hals ausmachte.[393] Insgesamt waren – so der Frankfurter Museumsdirektor – „die besten Meister der Landschaft, des Interieurs, des Genres und des Stillebens" mit den „gewähltesten Beispielen" im Heylschen Kunstschatz vertreten.[394] Daneben überwogen Gemälde aus deutschen Werkstätten und Ateliers mit einzelnen Ausnahmen. So fand sich lediglich ein florentinisches Bild von Lorenzo di Credi in der Sammlung des 15. und 16. Jahrhunderts, die von altdeutschen, vorwiegend Kölner Meistern beherrscht war. Auch im Gemäldebestand des 19. Jahrhunderts befanden sich überwiegend Werke deutscher Künstler, wobei Swarzenski insbesondere Leopold Rottmann, Johann Wilhelm Schirmer, Moritz von Schwind und Jakob Eduard von Steinle als „Klassiker" hervorhob, während er die *Venus Anadyome* von Arnold Böcklin als Einzelwerk speziell erwähnte.[395] In Swarzenskis Augen dominierten die Düsseldorfer und Münchner Schule die zeitgenössische Sektion, was er zutreffend auf die per-

---

391 Vgl. Kuhrau, Kunstsammler, 2005, S. 28.

392 StA Worms, Abt. 202, Nr. 288a, Swarzenski, Kunstsammlung, 1921, S. VII.

393 Die Gemälde von Frans Hals wurden nach dem Zweiten Weltkrieg verkauft, um mit ihrem Erlös den zerstörten Heylshof renovieren zu können. Heute befinden sich die Werke in der Staatsgalerie Stuttgart. Abbildungen in: StA Worms, Fotoabt. Nr. KH 452 / 453.

394 Hier und folgend im Absatz: StA Worms, Abt. 202, Nr. 288a, Swarzenski, Kunstsammlung, 1921, S. VII.

395 StA Worms, Abt. 202, Nr. 288a, Swarzenski, Kunstsammlung, 1921, S. VII.

sönlichen Kontakte der Heyls zu diesen Künstlerkreisen zurückführte.[396]. Abschließend vermerkte Swarzenski, der selbst ein leidenschaftlicher Förderer der Avantgarde war, dass das Ehepaar auf Werke der Moderne in ihrer Sammlung verzichtet hatte: „Die Pflege neuerer Kunst, zur Gegenwart hin, hat in dem gefügten Rahmen der Sammlung keinen Raum gefunden."[397] Tatsächlich hegte Cornelius Wilhelm eine Abneigung gegen die Moderne. 1917 hatte er in einem Brief an den Heraldiker Otto Hupp seine Haltung folgendermaßen formuliert: „Die Politik war so schlecht wie die moderne Kunst."[398]

Einen Schwerpunkt des Gemäldebestands bildete also die deutsche Malerei des 15. bis 19. Jahrhunderts, gefolgt von der holländischen und der flämischen. Nur vereinzelt finden sich französische und italienische Werke. Insgesamt wird die Vorliebe für das 17. Jahrhundert deutlich, da von 103 verzeichneten Gemälden 54 aus dieser Epoche stammten.[399] 28 Bilder waren zeitgenössisch. Als Gattungen waren darunter insbesondere Stillleben sowie Landschafts- und Genredarstellungen vertreten. Bei den Alten Meistern überwogen religiöse Themen, während mythologische, historische oder allegorische Sujets kaum repräsentiert sind. Das Genre der Porträtmalerei bildete einen weiteren motivischen Schwerpunkt. Dazu zählten auch zahlreiche Bilder von Familienmitgliedern. Durch die Kombination mit älteren Portraits, die im Grunde nichts mit der eigenen Familiengeschichte zu tun hatten, schufen sich die Heyls eine fiktive Ahnengalerie, die ihrer neu gegründeten Dynastie Geschichtlichkeit verlieh. Auch hier folgten sie einem Trend, der sich im Milieu der reichen Bourgeoisie und Neunobilitierten herausgebildet hatte.[400]

Für die erste Sammlungs- und Ankaufsphase in den 1870er Jahren bis zum Einzug in den Heylshof und bis zur Verleihung des Adelstitels 1886 lassen sich zwei Praktiken als besonders charakteristisch identifizieren: erstens die Erwerbung von mehreren Objekten en bloc, um die Bestände möglichst schnell aufzufüllen und zweitens die Nachahmung adliger Sammlungsgepflogenheiten. Nach dem ersten belegten Ankauf eines Bildes durch Cornelius Wilhelm Heyl aus der Sammlung des Wormser Weinhändlers und Unternehmers Johann Philipp Bandel 1862,[401] intensivierte das Sammler-

396 Dieser Zusammenhang zeigte sich bei zahlreichen Projekten der Familie, etwa beim Bau des Cornelianums sowie den damit verbundenen künstlerischen Aufgaben.

397 StA Worms, Abt. 202, Nr. 288a, Swarzenski, Kunstsammlung, 1921, S. VII.

398 BayHStA, NL Hupp, Nr. 2272-016, Cornelius Wilhelm Heyl an Otto Hupp, 01.03.1917.

399 Von den 103 von Swarzenski verzeichneten Gemälden befinden sich neun heute nicht mehr im Heylshof. Sie sind entweder verschollen, wurden ausgetauscht oder verkauft. Vgl. dazu: Schenkluhn, Einführung, in: Schenkluhn (Hrsg.), Stiftung, 1992, S. 12 f. Das nach dem Krieg als verschollen geglaubte Herrenporträt von Anton van Dyck aus dem Jahr 1628 (Swarzenski, Kat. Nr. 20) kam 2009 nach einem Rechtsstreit wieder in die Sammlung des Museums Heylshof zurück.

400 Clemens, Händler, in: Themenportal Europäische Geschichte, 2014, URL: https://www.europa.clio-online.de/essay/id/fdae-1638 [23.02.2021]; Prevost-Marcilhacy, Rothschild, 1995.

401 Der Wormser Weinhändler und Unternehmer Johann Philipp Bandel (1785–1866) begann in den 1820er Jahren „alles und jedes Merkwürdige, was ihm als alterthümlich in die Hände gekommen" zu sammeln. (Pauli, Alterthümer, 1820, S. 106, zit. n. Mahlerwein, Johann Philipp Bandel, 2011, S. 29.) Ein

ehepaar Ende der 1870er Jahre ihr Engagement auf dem Kunstmarkt. Das erhöhte Interesse der Heyls am Aufbau einer privaten Kunstsammlung, ging mit einem gleichzeitig steigenden Repräsentationswillen und einer aufstrebenden Prestigepolitik einher. Der forcierte gesellschaftliche Aufstieg generierte eine Dynamik, in der ein aufwendiger Lebensstil immer notwendiger wurde. In Form von Kunstbesitz erstrahlte das ökonomische Kapital aus der Lederfabrikation im Glanz von Kulturbeflissenheit und umgab die bürgerliche Familie mit aristokratisch scheinender Würde und Anciennität. In nur wenigen Jahren gelang ihnen die Zusammenstellung verschiedener Sammlungssektionen und sie demonstrierten so die Fähigkeit, sich adlige Traditionen binnen kurzer Zeit anzueignen. Aus Sophies Katalog geht hervor, dass der Grundstock des Sammlungsbestands bereits 1886 abgeschlossen war.

Sophies Katalog gibt Aufschluss über die Erwerbungen der Heyls auf Auktionen berühmter adliger und großbürgerlicher Privatsammlungen von 1862 bis 1888.[402] Sie kauften insbesondere auf Versteigerungen des Kölner Kunsthauses Lempertz, das sich unter dem Namen J. M. Heberle (Lempertz' Söhne) seit der zweiten Hälfte des 19. Jahrhunderts zunehmend auf Gemälde Alter Meister und auf Kunstgewerbe spezialisiert

---

Reiseführer des Jahres 1856 bezeichnet die Bandel'sche Sammlung als ‚Museum', wobei in der Beschreibung betont wird, dass es kein vergleichbares Privatmuseum in der Region gebe. Bandel plante, seine Sammlung von ungefähr 200 Gemälden, Waffen, Möbeln und römischen wie germanischen Funden für einen geringen Preis an die Stadt Worms abzugeben, um ein neues Museum zu initiieren, doch sein Angebot wurde abgelehnt. Nach Ankäufen durch verschiedene Museen wurde der übrige Sammlungsbestand am 21. Oktober 1862 versteigert. Zu den 161 Gemälden gehörten laut Auktionsverzeichnis auch bemerkenswerte Werke von Guido Reni, Peter Rubens, Paolo Veronese und Anthonis van Dyck. Cornelius Wilhelm Heyl kaufte laut Protokoll ein Gemälde. (Nr. 28 im Verzeichnis der Mobiliarversteigerung, 21. Oktober 1882, Landesarchiv Speyer, Notariatsakten, K65/81; StA Worms, Abt. 202, Nr. 99, gedrucktes Verzeichnis.) Vielen Dank an Gunter Mahlerwein für die Bereitstellung des digitalisierten Dokuments.

402 Sophie Heyl verzeichnet in ihrem Katalog Auktionen folgender Kunstsammlungen: Johann Philipp Bandel, Worms, 1862; Eugene Kraetzer, Mainz, durch Philippe Lechat und Georg Ludwig Kohlbacher (Direktor des Kunstvereins Frankfurt am Main), im Hôtel Drouot, Paris, 31. März 1869; Alexander von Minutoli, Liegnitz, durch J. M. Heberle (H. Lempertz' Söhne) in Köln, 25. Oktober 1875; Christoph Rhaban Ruhl, Köln, durch J. M. Heberle (H. Lempertz' Söhne) und van Pappelendam & Schouten, Köln, 15. Mai 1876; Bo Hermann, Mainz 1877; Edmund Hardy, durch Rudolf Bangel im Kunstverein Frankfurt am Main, 15. Oktober 1878; Matthias Neven, Köln, durch Notar Claisen und Jules de Brauwere, im Maison Mortuaire, Köln 17. März 1878; Georg Stange, Lübeck, durch J. M. Heberle (H. Lempertz' Söhne) in Köln, 1879; Carl Damian Disch, Köln, durch J. M. Heberle (H. Lempertz' Söhne) in Köln im Hôtel Disch, 12. Mai 1881; Carl Anton Milani, Frankfurt am Main, durch F. A. C. Prestel, Kunsthandlung, Frankfurt am Main 1883; Albert von Parpart, Schloß Hünegg am Thuner See, durch J. M. Heberle (H. Lempertz' Söhne), Köln, in Köln 20. October 1884; Eugen Felix, Leipzig, durch J. M. Heberle (H. Lempertz' Söhne) in Köln am 25. October 1886; Porzellansammlung Wilhelm Murschel, Stuttgart, 1886; Hans von Zwierlein, Geisenheim, durch J. M. Heberle (H. Lempertz' Söhne), Köln im freiherrlich von Zwierleinschen Hofe zu Geisenheim im Rheingau 1887; Freiherr von Münchhausen zu Hannover, durch J. M. Heberle (H. Lempertz' Söhne), im Casino Köln, 28. Oktober 1887; Leofried Adelmann, Würzburg, durch J. M. Heberle (H. Lempertz' Söhne), Köln, im Schrannen-Saale Würzburg, den 9. Juli 1888; König Ludwig II. von Bayern, durch Albert Duss in der Gewerbehalle Stuttgart, 1888.

hatte.[403] Sophie Heyl folgte dabei ihrem Vater Carl Martin Stein, der ebenfalls bei Lempertz ersteigerte.[404] In dieser ersten Phase fand beispielsweise die Auktion der prominenten Kunstsammlung Alexander von Minutolis 1875 bei Lempertz statt.[405] Dort gaben die Heyls 1.884 Mark für einen „sehr feinen Lederkasten mit Goldbeschlägen und Gold u. Silberarbeiten Köpfen, Figürchen etc." (Nr. 12) aus.[406] Alexander von Minutoli (1806–1886) stammte aus einer Sammlerfamilie.[407] Er hatte die bedeutende Antiquitätensammlung seines Vaters geerbt, die dieser auch mit Objekten von Ägyptenexpeditionen bestückt hatte.[408] Auch die Sammlung seines älteren Bruders Julius, die vor allem orientalische Kunst aus Persien enthielt, ging 1860 in Alexanders Sammlung auf.[409] Er selbst baute ab 1839 auf zahlreichen Reisen durch Europa eine Sammlung kunsthandwerklicher Exponate auf, die als Vorbilder das zeitgenössische Handwerk inspirieren sollten.[410] Seit 1847 stand diese Kollektion einem breiteren Publikum im Liegnitzer Schloss offen, in dem König Friedrich Wilhelm IV. von Preußen Räumlichkeiten zur Verfügung gestellt hatte.[411] Schätzungen gingen 1860 von insgesamt 28.000 Artefakten aus. 7.200 Objekte der Sammlung Minutoli bildeten später den Grundstock des Berliner Kunstgewerbemuseums. Zwischen 1859 und 1899 fanden zahlreiche Versteigerungen der Sammlung statt.[412] Laut Palica zeugten die zahlreichen Präsentationen der Sammlung zu Lebzeiten Alexander von Minutolis dessen Bestreben, seine Privatsammlung für ein breites Publikum zu öffnen. Damit habe er die Idee eines Museums als „Geschmacksschule für die gesamte Nation" umzusetzen versucht.[413] Dieser Anspruch wurde auch von Wilhelm von Bode vertreten und von den Brüdern Heyl bei der Umsetzung des Paulusmuseums berücksichtigt.[414] Minutolis Beispiel folgten die Heyls

---

403 Zur Geschichte des Auktionshauses s. Schäfke, Kunsthaus, 2015.

404 Beispielsweise steigerte Carl Martin Stein auf einer Auktion der Gemäldesammlung von Mathieu Neven in Köln mit. Vgl. Anonym, Gemäldesammlung, in: Zeitschrift für Bildende Kunst 14 (1879), S. 250.

405 Zur Sammlung Minutoli s. Keller, Alexander von Minutoli, in: Julius-Lessing-Gesellschaft, Kunstgewerbemuseum Berlin (Hrsg.), Glück, 1996; Vogelsang, Beamteneinkauf, 1986.

406 StA Worms, Abt.186, Nr. 1174, Cataloge der Kunstsachen welche sich befinden im: Heylshof Worms. Angefertigt von Frau Sophie für Herrn Cornelius Heyl, 10.02.1886

407 Zur Sammlung Minutoli mit umfangreichen Literaturangaben s. Palica, Kunstsammlungen, in: Harasimowicz/Weber (Hrsg.), Adel, 2010.

408 Palica verweist auf den Katalog der Auktion, die am 25. Oktober 1875 bei J. M. Heberle stattfand: Heberle (Hrsg.), Catalogue der Sammlungen, 1875. Laut Palica wurden auf dieser Auktion 6.598 Objekte angeboten. Vgl. Palica, Kunstsammlungen, in: Harasimowicz/Weber (Hrsg.), Adel, 2010, S. 527, Anm. 32.

409 Netzer, Wiederbelebung, in: Kunst- und Ausstellungshalle der Bundesrepublik Deutschland (Hrsg.), Art and Design, 2012, S. 47, Anm. 11.

410 Palica, Kunstsammlungen, in: Harasimowicz/Weber (Hrsg.), Adel, 2010, S. 525.

411 Netzer, Wiederbelebung, in: Kunst- und Ausstellungshalle der Bundesrepublik Deutschland (Hrsg.), Art and Design, 2012, S. 49.

412 Palica, Kunstsammlungen, in: Harasimowicz/Weber (Hrsg.), Adel, 2010, S. 527 f.

413 Palica, Kunstsammlungen, in: Harasimowicz/Weber (Hrsg.), Adel, 2010, S. 529.

414 Bode, Aufgaben, in: Pan 2 (1896/97), S. 122.

auch bei der Planung des Heylshofs, bei der die museale Präsentation und Inszenierung ihrer Privatsammlung eine große Rolle spielte.

Die Praxis, auf einer Auktion gleichzeitig mehrere Objekte zu erwerben, um eine eigene umfangreiche Sammlung in möglichst kurzer Zeit aufzubauen, zeigt sich beispielhaft bei der Versteigerung der Kunstsammlungen des Kölner Hoteliers Carl Damian Disch (1821–1880), die nach dem Tod des Sammlers 1881 durch das Auktionshaus J. M. Heberle (H. Lempertz' Söhne) veräußert wurden.[415] Hier kauften die Heyls en bloc mindestens 45 kunstgewerbliche Objekte. Disch hatte die Kollektion in sein international besuchtes „First-Class-Hotel" integriert und damit ein einzigartiges ‚Spezialmuseum' geschaffen.[416] Die Sammlung Disch genoss ein hohes Ansehen und war auch durch Ausstellungsbeteiligungen überregional bekannt. Eine Rechnung über 2.807 Mark im Nachlass der Heyls belegt, dass Fayencen, orientalisches Porzellan, geschliffene Gläser des 17. und 18. Jahrhunderts, darunter Deckelpokale, Trinkgläser, venezianische Gefäße, Hohlgläser und Flügelgläser auf der Auktion Disch erworben wurden.[417] Dazu kamen „zwei prachtvolle große Barockspiegel".[418]

Auch aus den Kunstsammlungen der Familie von Parpart mit Sitz auf Schloss Hünegg am Thuner See kauften die Heyls 1884 gleich mehrere Objekte. Es handelte sich um eine typische repräsentative Sammlung mit großer Bandbreite, aus der sie eine bunte Mischung an hochpreisigen Artefakten auswählten: Im Bestandsverzeichnis „Miniaturen, Holzschnitzereien, Kästchen" notierte Sophie zwei „ganz feine Limogesalzfässer [sic]" zum Preis von 3.000 Mark.[419] Außerdem hatten sie zwei große Zinnvasen, eine „große schöne Majolicavase", vier Teller und zwei Tassen im Gesamtwert von 3.550 Mark, und einen Gobelin mit zopfartigem Blumenrand zu 2.500 Mark gekauft.[420] Die Provenienzangabe *Hünegg* galt als ‚Qualitätsmarke' und bürgte für die Echtheit der

415 Der Hotelbesitzer besaß laut Auktionskatalog eine 1842 begonnene Kunstsammlung, die „Kunstwerke des Mittelalters und der Neuzeit" sowie „Römische und gallische Funde des Mittel- und Niederrheins" enthielt. Ein Sammlungsschwerpunkt bestand in Römergläsern, im Katalog werden aber auch Krüge, Majoliken, emaillierte und „Venetianer" Gläser, Metallarbeiten, Waffen, Textilarbeiten und Möbel hervorgehoben. Vgl. Einleitung des Auktionskatalogs: Heberle (Hrsg.), Catalog Carl Damian Disch, 1881, o. S. Zu Carl Damian Disch s. Eyll, Hotel, in: Deres et al. (Hrsg.), Köln, 2010, S. 117.

416 Eyll, Hotel, in: Deres et al. (Hrsg.), Köln, 2010, S. 120.

417 StA Worms, Abt. 186, Nr. 1202/043, Rechnung Heberle, J. M. (H. Lempertz' Söhne) an Cornelius Wilhelm Heyl, o. D. 1881.

418 StA Worms, Abt. 186, Nr. 1174, Cataloge der Kunstsachen welche sich befinden im: Heylshof in Worms. Angefertigt von Frau Sophie für Herrn Cornelius Heyl, den 10. Febr. 1886. Eine Rechnung über die Spiegel ist zwar nicht vorhanden, aber im Abgleich mit dem Auktionskatalog handelte es sich um zwei der Spiegel unter den Nummern 1209–1213 (Heberle (Hrsg.), Catalog Carl Damian Disch, 1881).

419 StA Worms, Abt. 186, Nr. 1174, Cataloge der Kunstsachen welche sich befinden im: Heylshof in Worms. Angefertigt von Frau Sophie für Herrn Cornelius Heyl, den 10. Febr. 1886.

420 StA Worms, Abt. 186, Nr. 1174, Cataloge der Kunstsachen welche sich befinden im: Heylshof in Worms. Angefertigt von Frau Sophie für Herrn Cornelius Heyl, den 10. Febr. 1886.

Kunstgegenstände.[421] Mehrere Objekte zugleich erwarben die Heyls außerdem auf den Auktionen der Kunst- und Antiquitätensammlungen von Carl Anton Milani (1820–1882) 1883[422] und Eugen Felix (1837–1906) im Jahr 1886[423].

Einer dezidiert adligen Tradition folgte das Sammlerehepaar Heyl mit der Zusammenstellung und Präsentation ihrer umfangreichen Porzellansammlung. Sophie verzeichnete insgesamt 270 Objekte, wobei innerhalb einer Nummer auch mehrere Figuren oder Gefäße enthalten sein können. Porzellanplastik war eine Kunstgewerbegattung des höfischen Lebens des 17. und 18. Jahrhunderts, die bis ins 19. Jahrhundert mit weiblichem aristokratischem Geschmack verbunden blieb.[424] Im 18. Jahrhundert gehörten Porzellanfiguren auf die höfische Tafel und dienten als beständiger Ersatz oder Ergänzung für die ursprünglichen Marzipan- oder Zuckerdekorationen. Deshalb wurden sie zunächst von Hofkonditoreien gelagert und eingesetzt. In den 1730er Jahren

---

421 Kruger, Einleitung, in: Rudolph Lepke's Kunst- Auctions-Haus (Hrsg.), Kunstsammlungen, 1912, o. S.

422 Aus der Kunst- und Antiquitätensammlung Carl Anton Milanis ersteigerte das Sammlerehepaar 1883 „zehn kleine Bildchen“, laut Sophie eines von Elsheimer – vielleicht die Kopie nach Adam Elsheimer *Landschaft mit Tobias und einem Engel*, Inv. Nr. 14 – und eines von Tenier (die Herkunft der Bilder David Teniers d. J. ist bisher unbekannt, Inv. Nr. 27–30). Preisangaben liegen für die Bilder nicht vor. Carl Anton Milani (1820–1882), ein Frankfurter Kaufmann, sammelte Statuetten aus verschiedenen Materialien und aus unterschiedlichen Kulturkreisen von der Antike bis zur Neuzeit sowie sakrale Gerätschaften, Waffen, Keramik, Glasobjekte, Möbel, Gemälde und Fossilien. Seine Sammlung, die auf 100.000 Mark geschätzt wurde, ähnelte durch diese Zusammensetzung den Kunst- und Wunderkabinetten des 15. Jahrhunderts. Vor allem zeichnete sie sich durch antike Objekte aus. Milani unterstützte den 1856 gegründeten Frankfurter Verein für Geschichte und Altertumskunde mit Schenkungen aus seiner Sammlung. Eine erste Versteigerung seiner Sammlung fand 1877 statt. Dabei ging ein großer Teil an den Leipziger Kunstsammler Eugen Felix. Auktionskatalog: Prestel (Hrsg.), Catalog Milani, 1883. Zur Sammlung Milani s. Hadijkakou, Privatsammlung, in: Herfort-Koch et al. (Hrsg.), Begegnungen, 2010, S. 307f; Stutzinger, Griechen, 2012, S. 17.

423 Der Leipziger Kaufmann Eugen Felix sammelte hochwertige deutsche und niederländische Malerei sowie vor allem renaissancezeitliche Gegenstände des Kunstgewerbes. Der Auktionskatalog dieser „reichhaltigen Sammlung“ veranschaulicht die große Bandbreite der zeitgenössischen Sammlerkultur. Das Angebot umfasste „Kunsttöpferei, Krüge, Majoliken, Glas, Arbeiten in Elfenbein und Emaille, Arbeiten in edlem Metall, Arbeiten in Bronce, Messing, Eisen und Zinn, Geräthe, Uhren, Arbeiten in Stein, Arbeiten in Holz, Leder, Wachs etc., Möbel, Pergament-Manuscripte, Miniaturen, Gemälde“, wobei Medaillen und Gemälde zunächst nicht verkauft wurden. Auf dieser Auktion erwarb das Ehepaar Heyl Holz- und Elfenbeinschnitzereien sowie eine Limoges-Dose für 4.970 Mark. Auktionskatalog: Heberle (Hrsg.), Catalog Felix, 1886. Zur Sammlung s. Gaehtgens/Paul (Hrsg.), Wilhelm von Bode, 1997, S. 88.

424 Sloboda, Porcelain, in: Myzelev/Potvin (Hrsg.), Cultures, 2009, S. 22. Laut Sloboda wurden die ersten bekannten Porzellansammlungen in Europa im 17. Jahrhundert angelegt und zwar von König Philipp II. und Königin Isabella von Kastilien, von König Friedrich I. von Preußen, von August dem Starken von Sachsen sowie in Großbritannien von Königin Mary II., der Herzogin von Portugal und Königin Charlotte. Für Sammler geringeren gesellschaftlichen Rangs bildeten diese Sammlungen den aristokratischen Kontext für das Interesse an Porzellan und dessen Präsentation. Vgl. Sloboda, Porcelain, in: Myzelev/Potvin (Hrsg.), Cultures, 2009, S. 24.

kamen diese Porzellanfiguren in die bereits bestehenden Porzellankabinette, in denen ursprünglich vor allem asiatische Porzellane ausgestellt waren. Die Porzellansammlung der sächsischen Kurfürstin Maria Antonia (1724–1780) wurde für derartige Kollektionen als besonders typisch charakterisiert.[425] Sie umfasste unterschiedliche Arten von Figuren sowie Leuchter, Vasen und Potpourris.

Als direktes Vorbild und Inspirationsquelle für die eigene Porzellansammlung lag im Fall der Heyls die umfangreiche Sammlung Frankenthaler Porzellans am Großherzoglich-Hessischen Hof in Darmstadt nahe, die über 100 Objekte umfasste. Es handelte sich dabei um eine über Generationen gewachsene Sammlung, die zwischen den 1760er Jahren bis 1894 entstand, und vor allem auf verwandtschaftlichen Verbindungen zwischen den Darmstädter Regenten und dem Haus Wittelsbach basierte.[426] Während sich die Porzellansammlung des hessischen Hofes über zwei Jahrhunderte entwickelte, kauften sich die Heyls einen vergleichbaren Bestand innerhalb von zwei Jahrzehnten zusammen.

Porzellansammlungen hatten zwar eine anerkannte Stellung in der aristokratischen Sammler- und Kennerpraxis und es gab durchaus Männer, die Porzellan sammelten, aber in Großbritannien ging die Sammelleidenschaft adliger und landadliger Damen teilweise so weit, dass sie in der zeitgenössischen Satire als „feminine aristocratic practice of hoarding porcelain" im Sinne eines sinnenentleerten Konsumverhaltens vorgeführt wurde.[427] Sophies Inventarisierung der Heylschen Kunstsammlung legt den Genderaspekt der „feminine partiality"[428] für Porzellan auch für das Sammlerehepaar Heyl nahe, da Sophie die Aufzeichnung des Porzellanbestands an den Beginn der Inventarisierung setzte und sie vergleichsweise sorgfältig ausführte. Die anderen kunstgewerblichen Gattungen und insbesondere die Gemäldesektion katalogisierte sie weniger sorgfältig. Für die Münzsammlung ihres Mannes konnte sie sich gar nicht begeistern. Jedenfalls schrieb sie ihm in den 1890er Jahren empört:

---

425 Zur Geschichte der Porzellanfigurensammlung s. Herzog, Kleinplastik, 2012, URL: urn:nbn:de:bvb:739-opus-26793 [12.06.2022].

426 John-Willeke, Porzellan, in: Christ, Porzellan, 2006, S. 7–11. 1907 ließ Großherzog Ernst Ludwig Porzellanfiguren und Service aller Fabrikate aus allen hessischen Schlössern zusammentragen und gründete die Großherzogliche Porzellansammlung im Prinz-Georg-Palais an der Nordseite des Darmstädter Herrengartens. Vgl. Illgen, Porzellansammlung, in: Keramos 4 (1959), S. 34.

427 Frauen wurde die Fähigkeit systematisch Kunst zu sammeln generell abgesprochen. Die männlichen Autoren und Diskursteilnehmer gingen davon aus, dass Frauen nicht in der Lage waren, die konzeptuelle und visuelle Vielfalt unter Gruppen von Objekten zu erkennen und zu differenzieren, weshalb sie aus dem Kreis der Kenner und Sammler ausgeschlossen waren. Frauen seien allenfalls fähig, „objects of fashion" zu beurteilen. Daher klassifizierte man die Sammeltätigkeit von Frauen eher unter dem Begriff „Konsum" und bezeichnete die Sammlerinnen als „Konsumentinnen". Vgl. Sloboda, Porcelain, in: Myzelev/Potvin (Hrsg.), Cultures, 2009, S. 20 u. 23.

428 Sloboda, Porcelain, in: Myzelev/Potvin (Hrsg.), Cultures, 2009, S. 22.

> Heute kam ein Paquet Münzen im Werth 6000 Mk an, hoffentlich nicht gekauft! Denn das wäre bei unseren Riesenausgaben wirklich nicht zu verantworten. Ich bin vollständig überzeugt nachdem ich unsere Ausgaben gesehen daß du jetzt doch anfangen mußt zuweilen zu verzichten.[429]

Sophie Heyl bevorzugte Porzellanfiguren aus den Manufakturen Meißen, Ludwigsburg, Nymphenburg, Höchst und Frankenthal sowie aus der Manufacture royale de porcelaine de Sevres. Zur Kennzeichnung skizzierte sie im Katalog die unterschiedlichen Fabrikmarken und fügte außerdem die gezahlten Preise für einen Großteil der Objekte an, die zwischen sieben und 350 Gulden sowie achtzehn und 350 Mark betrugen. In der Mehrzahl lagen die angegebenen Preise um 30 Mark.[430] Alle üblichen Porzellanmotive wurden angekauft: Chinoiserien, Turquerien und andere exotische Figuren, pastorale und galante Szenen, allegorische und mythologische Darstellungen, Putti und Kinderfiguren, Genre- und Berufsdarstellungen, Tierfiguren sowie Jagdszenen. Außerdem finden sich Bonbonnieren und Dosen. Gesondert von den einzelnen Porzellanfiguren katalogisierte Sophie 51 „Gruppen in Porcellan“.[431] Diese Ensembles vereinigten zwei bis acht einzelne Figuren, zumeist waren es Liebes- oder Brautpaare, aber auch pastorale und mythologische Sujets sowie Szenen aus dem höfischen Leben, darunter komplette Jagdgesellschaften. Die Gruppen erwarben die Heyls für Preise zwischen 25 und 220 Gulden und ließen sie in Vitrinen arrangieren.

Angaben über die Herkunft der Porzellanfiguren machte Sophie nur punktuell. Neben Erwähnungen von Mannheim und Wien als Erwerbungsorte nannte sie ein Geschenk von ihrer Schwester Doris, Käufe bei den Kunsthändlern Frères Bourgeois in Köln und mehrere Objekte aus der Sammlung Murschel. Der Konditormeister Wilhelm Murschel (1822–1885) in Stuttgart besaß aufgrund der oben beschriebenen Tradition der Hofkonditoreien eine bedeutende Porzellansammlung. Zwischen 1879 und 1883 schenkte er dem württembergischen König jährlich ein Objekt zum Geburtstag.[432] 1875 erwarb der Staat Württemberg einen Teil der Murschel-Sammlung für 78.600 Mark. Die Heyls konnten 1886 aus dem übrigen Sammlungsbestand Objekte für 896 Mark er-

429 StA Worms, Abt. 186, Nr. 555, Sophie Heyl an Cornelius Wilhelm Heyl, Mai 1893.

430 Nach Angaben der Handelskammer verdiente ein Arbeiter in einer Wormser Lederfabrik um 1870 einen Wochenlohn von 8–19 Gulden. Vgl. Rommel, Die Wormser, 1996, S. 129. Um 1900 betrugen die Durchschnittswochenlöhne von Arbeitern in Worms zwischen 15 und 25 Mark. Vgl. Brüchert, Verhältnisse, in: Bönnen (Hrsg.), Geschichte, 2005.

431 StA Worms, Abt. 186, Nr. 1174, Cataloge der Kunstsachen welche sich befinden im: Heylshof in Worms. Angefertigt von Frau Sophie für Herrn Cornelius Heyl, den 10. Febr. 1886.

432 Die Geschenke wurden in die Staatssammlung vaterländischer Kunst- und Altertumsdenkmale von Württemberg integriert.

steigern. Damit werteten sie ihre Porzellansammlung qualitativ auf.[433] Dem Preis entsprechend beschrieb Sophie diese Figuren als „sehr fein".[434]

1886 – zum Zeitpunkt der Nobilitierung – war die neu gegründete Dynastie der Freiherren von Heyl zu Herrnsheim bereits von Kunstschätzen umgeben. Dies war ihnen durch das Kopieren aristokratischer Sammlungspraktiken, durch Ankäufe mit hochwertiger Provenienz und durch größere Ankaufsvolumina in einem relativ kurzen Zeitraum gelungen. Nach 1886 folgte die zweite Phase ihrer Sammlungstätigkeit, die sich durch systematische Ergänzungsankäufe, die zur Qualitätssteigerung der Sammlung beitrugen, auszeichnete.

In einigen Fällen gelangen dem Wormser Ehepaar Ankäufe aus besonders prominenter, hochadliger respektive fürstlicher Provenienz. In Sophies Inventar sind ihre Erwerbungen aus dem Nachlass König Ludwigs II. von Bayern[435] verzeichnet, in den späteren Verzeichnissen findet sich diese Information nicht mehr. Die Sammlung des Königs wurde 1888 in Stuttgart versteigert, nachdem sie erst von Georg Ehni (1828–1904), einem bekannten Kunstsammler und Experten für Kunsthandwerk, aufgekauft worden war. 2.000 Mark verausgabten die Heyls für zwei Alabastervasen „mit prachtvoller Bronceverziehrung" (Nr. 193).[436] Außerdem kauften sie zwei Elfenbeinschnitzereien – „Jäger mit Horn" und „Elepfant darauf ein Inder reitend" (ohne Nummern); für die letztere gab Sophie den Preis von 500 Mark an. Das indische Motiv entsprach der zeitgenössischen Orientbegeisterung. König Ludwig II. schwärmte für eine indische Märchenwelt: „Indien und der Buddhismus haben etwas für mich unaussprechlich anziehendes, Sehnsucht und selige Wonnen erweckendes."[437] Diese Faszination äußerte sich nicht nur in der Sammlung exotischer Artefakte, sondern auch in diversen Bauprojekten mit schablonenhaft orientalischem Anstrich.[438]

---

433 Flach, Porzellan, 1997, S. 59; Hauptstaatsarchiv Stuttgart, E 14 BO. 1575-91-100 (Münz- und Medaillenkabinett, Kunst- und Altertümersammlung). Das Verzeichnis der Porzellansammlung Murschel liegt im Stadtarchiv Stuttgart: StA Stuttgart, Abt. 2726, Nachlass Wilhelm Murschel (Porzellansammlung).

434 StA Worms, Abt. 186, Nr. 1174, Cataloge der Kunstsachen welche sich befinden im: Heylshof in Worms. Angefertigt von Frau Sophie für Herrn Cornelius Heyl, den 10. Febr. 1886.

435 Zur Versteigerung der Kunstsammlung von König Ludwig II.: „Am Montag den 1. Oktober und folgende Tage versteigert Albert Duß in Stuttgart denjenigen Teil vom Nachlaß König Ludwigs II. von Bayern, welcher durch Kauf in Besitz des Herrn G. Ebeni [gemeint ist Georg Ehni, Anm. I. H.] gelangt war. Neben den durchweg vortrefflich gearbeiteten, für den König eigens hergestellten modernen Arbeiten jeglicher Art befinden sich darunter auch ältere Porzellane verschiedener Herkunft. Das Hauptstück der Sammlung dürfte die Vorderseite des Pracht-bettes aus Schloß Linderhof sein. Der Katalog ist mit einer Anzahl Tafeln in Lichtdruck geziert." Anonymus, Kunstmarkt, in: Kunstchronik. Wochenschrift für Kunst und Kunstgewerbe 23 (1887/88), Nr. 44, 20. September 1888, S. 706–707. Auktionskatalog: Duss, Katalog, 1888.

436 StA Worms, Abt. 186, Nr. 1174, Cataloge der Kunstsachen welche sich befinden im: Heylshof in Worms. Angefertigt von Frau Sophie für Herrn Cornelius Heyl, den 10. Febr. 1886.

437 Ludwig II an Richard Wagner, zit. n.: Petzet, Träume, 1995, S. 36.

438 Petzet, König Ludwig II., 1968, S. 64.

Aus der Sammlung König Ludwigs II. erwarben Sophie und Cornelius Wilhelm Heyl zudem eine silberne Schale mit einer Schwanenverzierung (Nr. 14), die ihrer Wagnerbegeisterung entsprach. Ludwig II. hatte sich mit der Sagengestalt Lohengrin identifiziert, entsprechend orientierte sich die Ausstattung seines Architekturprogramms bis ins kleinste Detail an der Gralswelt:[439] Das Schwanenmotiv zierte die Innenräume seiner Schlösser, es fand sich aber auch auf Speiseservices und Gegenständen des täglichen Gebrauchs. Die Schale im Besitz der Familie Heyl könnte als eine Nachempfindung der Gralsschale gedacht gewesen sein. Ebenfalls zur Wagnerbegeisterung der Heyls passten die Aquarelle, die sie aus der Sammlung Ludwigs II. ankauften. Es handelte sich um mehr als zehn Arbeiten, unter anderem mit Motiven aus den Opern *Parsifal* und *Der Ring des Nibelungen*.[440]

Ebenfalls aus dem Nachlass König Ludwigs II. stammte eine goldbronzene Kopie nach einer Reiterstatue Louis' XIV., ausgeführt von Michael Wagmüller (1839–1881), auf „buntem Marmorsockel", für die der Preis von 500 Mark angegeben war (Nr. 31).[441] Wagmüller war ein sehr erfolgreicher Münchner Bildhauer, dessen Hauptauftraggeber König Ludwig II. war. Er hatte einen Großteil der Brunnenfiguren von Schloß Linderhof nach Wagmüllers Entwürfen herstellen lassen und das gesamte künstlerische Programm der Schlossfassade dieses Schlosses und des Gartens der Verherrlichung des Sonnenkönigs gewidmet.[442] Rolf Kurda, der die Hauptbücher der königlichen Kabinettskasse der Jahre 1864 bis 1886 im Hinblick auf die Ausgaben für Schloss Linderhof und Herrenchiemsee ausgewertet hat, listet für das Jahr 1868 auch 600 Gulden zugunsten Michael Wagmüllers für eine Statue Louis XIV. (Modell und Bronzeguss sowie Vergoldung) auf, die für den Innenraum vorgesehen war.[443] Mit seinem im Stil des Neorokoko erbauten Schloss Linderhof und Schloss Herrenchiemsee, dem „Neuen Versailles auf der Herreninsel", brachte Ludwig II. seine Verehrung für den Sonnenkönig zum Ausdruck.[444] Mit den aus seiner Sammlung erworbenen Artefakten holten sich Cornelius Wilhelm und Sophie Heyl den Glanz der schillernden Persönlichkeit Ludwigs II. und seiner königlichen Residenzen in den Heylshof.

Zahlreiche Stücke brachte das Ehepaar von Fernreisen mit nach Worms, sodass sie ihren exklusiven Lebensstil, zu dem auch Auslandsaufenthalte gehörten, in der Kunstsammlung im Heylshof demonstrieren konnten. In den Memoiren Ella von Guil-

439 Petzet, Gralswelt, in: Baumstark/Koch (Hrsg.), Gral, 1996, S. 65.

440 StA Worms, Abt. 186, Nr. 1174, Cataloge der Kunstsachen welche sich befinden im: Heylshof in Worms. Angefertigt von Frau Sophie für Herrn Cornelius Heyl, den 10. Febr. 1886, „Moderne Bilder / Büsten", Nr. 38, 39, 40.

441 StA Worms, Abt. 186, Nr. 1174, Cataloge der Kunstsachen welche sich befinden im: Heylshof in Worms. Angefertigt von Frau Sophie für Herrn Cornelius Heyl, den 10. Febr. 1886.

442 Kurda, Michael Wagmüller, 2004, URL: https://edoc.ub.uni-muenchen.de/archive/00003157/ [23.02.2021], S. 2, 70.

443 Kurda, Michael Wagmüller, 2004, URL: https://edoc.ub.uni-muenchen.de/archive/00003157/ [23.02.2021], S. 215.

444 Petzet, Träume, 1995, S. 227.

leaumes (1875–1972), die über die Familie Deichmann mit den Heyls verschwägert war, ist sehr bildlich über die Fernreisepraxis reicher Eliten um die Jahrhundertwende nachzulesen:

> Das Reisen ins Ausland war damals wirklich sehr bequem! Man brauchte keinen Pass, man steckte Geld ein, soviel man wollte, ließ es wechseln, war accreditiert auf einer Bank in Paris, London oder wo man sonst gerade war, man bestellte Schlafwagen und erreichte London oder Paris in 10–12 Stunden.[445]

Auch für diesen Zusammenhang erweist sich Sophies Katalog als wertvolle Quelle, da sie hier einige Reiseeinkäufe festgehalten hat.[446] Sie notierte verschiedene eingerahmte Stiche nach Bildern, die „in Gallerien auf Reisen gekauft" wurden, zwei Bilder in Goldrahmen, die Cornelius Wilhelm aus Florenz mitgebracht hatte und einen Gobelin sowie einen venezianischen Lüster, ebenfalls „in Florenz gekauft".[447] Weitere venezianische Lüster brachten sie aus Venedig und Basel mit. In Bologna kauften die Heyls eine Elfenbeinfigur, einen kleinen Altar aus dem 15. Jahrhundert und Bronzestatuetten. Einen Abguss der „Venus[, einen] kleinen Amor tragend" bezogen sie direkt von der Pariser Bronzewarenfabrik François Barbédiennes, der sich auf die Reproduktion antiker und mittelalterlicher Plastiken spezialisiert hatte.[448] Aus Antwerpen brachte das Sammlerpaar eine Madonnenfigur und eine Rokokouhr mit, in Brügge erwarben sie einen aufwendigen Glasschrank. Auch ihre regelmäßigen Aufenthalte in der Schweiz nutzten sie zur Erweiterung ihrer Sammlung.[449] In den Memoiren des Bildhauers Joseph von Kopf (1827–1903) findet sich ein Bericht über eine Urlaubsbegegnung mit dem frisch verheirateten Ehepaar Heyl im Jahr 1869 in St. Moritz. Im Zuge der gemeinsamen Sommerfrische ließen Sophie und Cornelius Willhelm Büsten von sich anfertigen.[450]

---

445 von Guilleaume [geb. Deichmann], Erinnerungen, 1954, S. 68. Auch das Ehepaar Ella und Arnold von Guilleaume brachten von ihren Fernreisen verschiedenste Artefakte für ihre Kunstsammlung mit. Ein Exemplar der Memoiren liegt in der Universitätsbibliothek Bonn vor. Hier wurde ein privates Exemplar aus dem Familienarchiv der von Guilleaumes in München verwendet, das eine persönliche Widmung für die Urenkelin Alexandra von Guilleaume von 1965 enthält.

446 StA Worms, Abt. 186, Nr. 1174, Cataloge der Kunstsachen welche sich befinden im: Heylshof in Worms. Angefertigt von Frau Sophie für Herrn Cornelius Heyl, den 10. Febr. 1886.

447 StA Worms, Abt. 186, Nr. 1174, Cataloge der Kunstsachen welche sich befinden im: Heylshof in Worms. Angefertigt von Frau Sophie für Herrn Cornelius Heyl, den 10. Febr. 1886.

448 Zu Barbédienne s. Rionnet, Rôle, 2006; Rionnet, Maison, 2008.

449 StA Worms, Abt. 186, Nr. 1174, Cataloge der Kunstsachen welche sich befinden im: Heylshof in Worms. Angefertigt von Frau Sophie für Herrn Cornelius Heyl, den 10. Febr. 1886: Eine Standuhr aus Luzern, das Gemälde einer betenden Nonne aus Thur, ein Schränkchen mit Elfenbeinintarsien aus St. Moritz, einen venezianischen Lüster und Holzbildwerke aus Basel sowie ein Elfenbeinrelief aus Rorschach.

450 Auszug aus den Memoiren von Josef von Kopf: „In St. Moritz machten wir die Bekanntschaft der Familie Vom Rath aus Köln [verwandt mit der Familie Stein, Anm. I. H.], C. Heyl aus Worms und Korn aus Breslau. Mit diesen freundlichen und heiteren Menschen waren wir viel zusammen. [...] Vom Rath,

Ebenso wie auf allen anderen Feldern der Kulturförderung, auf denen die Heyls aktiv waren, folgten sie in ihrer Kunstsammlung – gleichwohl sie moderne Malerei aussparten – neuen Moden und Geschmackstrends. Ob sie auf den gerade entstehenden Japonismus erstmals in Paris stießen, ist nicht mehr nachzuvollziehen, aber aus Sophies Katalog geht hervor, dass sie da einen japanischen Schrank kauften. Nachdem Japan 1867 einen Pavillon auf der Weltausstellung gestaltet hatte, wurde Paris von einer umfassenden Faszination für japanische Kunst und Kunsthandwerk erfasst und Schiffsladungen mit japanischem Bric-à-Brac strömten auf den Markt: Fächer, Kimonos, Lacke, Kleinmöbel, Bronzen und Seide.[451] In der Heylschen Kunstsammlung befanden sich schließlich zahlreiche Objekte aus Japan, darunter auch Vasen, die sich bereits im Besitz der Dalbergs auf Schloss Herrnsheim befunden hatten. Zusätzlich erstanden die Heyls in München, Köln und Brüssel weitere japanische Vasen „für die Nischen im Vestibül" des Heylshofs.[452] Ein zweiter japanischer Schrank mit farbigen Figuren auf weißem Grund kam aus dem Auktionsgeschäft Rudolf Bangel in Frankfurt nach Worms, ebenso ein Tisch mit Goldbronzedekor. Auch in die Porzellansammlung fand der Japonismus mit einer kleinen Dose, auf der ein japanischer Fischer dargestellt war, Eingang.

Während die Einkäufe, die sie von ihren Reisen mitbrachen, sowie japanische und orientalische Objekte einen Eindruck vom Lebensstil der Familie vermittelten, folgten andere Werke der Sammlung dem kunsthistorischen Kanon: Heilige und biblische Gestalten sowie Darstellung aus der antiken Mythologie, Porträts, Landschaften, Stillleben und Interieurs. Darüber hinaus lassen sich die Kategorien ‚Mittelalterbegeisterung und Wappen', ‚Jagd', ‚Heimat', ‚Mythen und Sagen', und ‚große Männer der Geschichte' herausarbeiten. Diese können als eine Art Ikonographie der Heylschen Prestigepolitik gewertet werden, da die Sammler mit diesen Motiven ihren Wertehorizont und ihr

Heyl und Graf Seinsheim gaben ein Abschiedsessen [...]: es wurde dabei ausgemacht, daß ich die schöne junge Frau Heyl, die wie eine Lerche ihre Lieder in den Bergen von St. Moritz sang, in Berchtesgaden modellieren sollte, wohin sie sogleich abreisten. Dort hatte Herr Julius Schön [Cousin von Cornelius Wilhelm Heyl] sich eine reizende Villa erbaut, dort sollte ich meine Kunst erproben. [...] Eine genußreiche, lustige Fahrt an den Königssee leitete unsere Arbeit in der Villa Schön ein. ‚Am 6. August fing ich die Büste der Frau Heyl an. Sie sitzt sehr gut, oft zweimal am Tage; es ist aber nicht leicht, das auszusprechen, was in diesem ruhigen, schönen Gesichte mit den himmelklaren Augen sich ausspricht. Die stattliche Figur, die zwischen Fülle und Schlankheit die Mitte hält, muß ich auch bei der Büste herausfühlen lassen. Und dann, wie soll ich die Büste abschneiden? Das ist immer eine schwierige Frage. Am 16. August war die Büste vollendet und die Zufriedenheit des Herrn Heyl erreicht. Auch das Relief desselben modellierte ich noch; ich denke mir, wenn er älter geworden, werden sich seine Züge mehr markieren.' [...] Frau Stein aus Köln kam auch noch an und verschönerte mit ihren zwei Töchtern die ohnehin schon glänzende Gesellschaft." s. Kopf, Lebenserinnerungen, 1899, S. 372–374 u. S. 393 f.

451 Ives, Japonisme, in: Heilbrunn, 2000, URL: http://www.metmuseum.org/toah/hd/jpon/hd_jpon.htm [23.02.2021].

452 StA Worms, Abt. 186, Nr. 1174, Cataloge der Kunstsachen welche sich befinden im: Heylshof in Worms. Angefertigt von Frau Sophie für Herrn Cornelius Heyl, den 10. Febr. 1886.

Selbstbild kommunizierten. Es handelte sich um Repräsentationen spezifisch adliger Interessen, mit denen der Adel seine Elitestellung demonstrierte: Heraldik, Dynastie, Jagd und Bodenbindung.[453]

Im Katalog Swarzenskis finden sich allein über 70 Einträge mit Wappenmotiven, insbesondere in den Abteilungen Glasmalerei und Steinzeug. Hier zeigt sich erneut die Begeisterung Heyls für das Themengebiet der Heraldik, das die Familie für ihre Integration in die Adelsgeschichte nutzte.[454] Die Mittelalterbegeisterung der Familie tritt insbesondere in der Kunstgewerbesammlung deutlich zutage, etwa mit zahlreichen Bildscheiben sowie Elfenbein- und Holzbildwerken aus dem 14. und 15. Jahrhundert. Zum spätmittelalterlichen Kosmos zählte auch das prominente, für 2.400 Mark angekaufte sogenannte Lüsterweibchen, das Sophie in ihrem Katalog als „Lüsterweiberl aus d. Sammlung Meyer Miniaturen, Holzschnitzereien in Mersburg sehr fein (sehr wertvoll)" bezeichnete.[455] Objekte wie dieser Geweihleuchter, der zwar aus dem 16. Jahrhundert stammte, waren besonders im Spätmittelalter beliebt und wurden von Künstlern wie Albrecht Dürer entworfen.[456]

Nicht ganz so häufig, aber dennoch auffallend oft und insbesondere in Form der umfangreichen Porzellangruppen, erscheint in der Heylschen Sammlung das Motiv der Jagd – einer adligen Praxis, die Cornelius Heyl intensiv pflegte und zur Netzwerkpflege nutzte. 10.500 Mark gaben die Heyls für ein Jagdstillleben von Jan Weenix (1640–1719) aus.[457] Damit handelte es sich um das teuerste Gemälde, das Sophie in ihrem Katalog angab. In der zweiten Ankaufsphase nach 1886 kamen kostspieligere Werke hinzu, die aber nicht mehr von ihr verzeichnet wurden. Bislang war die Herkunft des Gemäldes nicht bekannt, aber Sophies Angaben zufolge stammte es aus der Sammlung von Eugène Kraetzer (1816–1881) in Mainz, die 1869 in Paris versteigert wurde. Im Auktionskatalog steht es unter dem Titel „Gibier et Ustensiles de chasse" mit folgender Beschreibung:

> Sur une console de marbre est posé un faisan au plumage fin et soyeux; à un crochet eu fer est accroché un lièvre dont la fête et une partie du corps reposent sur la console; au-dessus, deux perdrix et quelques instruments de chasse pendus à un fil dans le fond, les filets et une gibecière.

---

453 Vgl. die Überlegungen zum Adel als Erinnerungsgruppe nach Marburg und Matzerath in Kapitel 3.3. Marburg/Matzerath, Stand, in: Marburg/Matzerath (Hrsg.), Schritt, 2001, S. 5–16.

454 Vgl. Kapitel 3.3.6.

455 StA Worms, Abt. 186, Nr. 1174, Cataloge der Kunstsachen welche sich befinden im: Heylshof in Worms. Angefertigt von Frau Sophie für Herrn Cornelius Heyl, den 10. Febr. 1886, Lüster, Nr. 7.

456 Von Albrecht Dürer existiert ein Aquarell mit einem vergleichbaren Motiv: *Leuchterweibchen* 1513, Federzeichnung mit Wasserfarbe getuscht, 15,3 x 19,5 cm, Wien, Kunsthistorisches Museum, Kunstkammer, Inv. Nr. KK 5127.

457 StA Worms, Abt. 186, Nr. 1174, Cataloge der Kunstsachen welche sich befinden im: Heylshof in Worms. Angefertigt von Frau Sophie für Herrn Cornelius Heyl, den 10. Febr. 1886, Alte Bilder, Nr. 50.

> Magnifique tableau de la plus grande finesse et d'une parfaite conservation. Signé dans le haut, à droite: J. Weenix F., 1677. Toile. – H. 125 c. L. 101 c.[458]

Diese Darstellung, die Hinweise auf Signatur und Datierung und die Maße stimmen mit dem Gemälde im Heylshof (Inv. Nr. 63) überein.

Mittels Porträts, Miniaturen und Kleinplastiken versammelten die Heyls ‚Große Männer der Geschichte' in ihren Räumlichkeiten. Fürsten, Feldherren und Staatslenker fanden sich hier in einer bunten Mischung ein, sei es die Kopie der Reiterstatue von Louis XIV. aus der Sammlung Ludwigs II., Miniaturen von Napoleon Bonaparte und dessen General Herzog von Valmy, ein Porträt Otto von Bismarcks aus dem Atelier Franz von Lenbachs (Inv. Nr. 97) oder eine Bronzefigur des Reichskanzlers.[459] Eine Kuriosität war ein Spazierstock des Mainzer Kurfürsten Carl Theodor von Dalberg. (1744–1817) Im Verein mit dem historischen Kunstgewerbe ließen diese Bildwerke und Artefakte die Kunstsammlung im Heylshof als begehbares Geschichtsbuch erscheinen. Die Ausstrahlung der ‚großen Männer' konnten die Heyls für ihre wiederholt angewandte Praxis der „Selbsterhöhung durch Geschichte"[460] nutzen und mit ihren Besuchern und Besucherinnen teilen. Ebenso nutzten die Heyls das Nibelungensujet, das sie als personalisierte Familienikonographie etablierten. Die Mythen und Sagen ihrer Heimatregion fanden mit Darstellungen aus den Wagneropern aus der Sammlung Ludwigs II. und einem Aquarell der Loreley Eingang in ihre Sammlung.[461]

Cornelius Wilhelm Heyl ging in seinen Memoiren nur mit wenigen Bemerkungen auf die Privatsammlung im Heylshof ein, die er gemeinsam mit seiner Frau aufgebaut hatte. Ihre gemeinsame Sammeltätigkeit charakterisierte er als ein amateurhaft betriebenes Freizeitvergnügen, ohne Struktur oder Plan: „Da wir beide Liebhaberei an Antiquitäten besassen, begannen wir ohne Programm nur nach dem Schönheitsgefühl auf unserer Berliner Reise Bilder und kunstgewerbliche Gegenstände zu sammeln."[462]

Der Umfang der Sammlung, die regelmäßige Aktivität des Sammlerehepaars auf Auktionen und der teilweise museal konzipierte Bestand mancher Abteilungen wider-

---

458 Auktionskatalog: Kohlbacher, Catalogue, 1869, S. 29. Ebenfalls aus der Sammlung Kraetzer stammte das Gemälde Pieter van Slingelands *Bildnis eines Malers*. In Schenkluhns Gemäldekatalog wird die Provenienz als „wahrscheinlich 1869 auf der Versteigerung der Mainzer Slg. E. Kraetzer in Paris" angegeben, vgl. Schenkluhn, Kritischer Katalog, in: Schenkluhn (Hrsg.), Stiftung Kunsthaus Heylshof, 1992, Inv. Nr. 45. Die Beschreibung im Auktionskatalog von 1869 entspricht dem Porträt im Heylshof: „Portrait d'un artiste. Il est vu à mi-corps, représenté dans son atelier, la figure presque de face, grands cheveux blonds tombant sur ses épaules, veste noire avec grand manteau de la même couleur; il montre avec sa main droite un tableau posé sur un chevalet. Bois. – H. 17 c. L. 15 c." In Sophies Katalog fehlt dieses Gemälde.

459 StA Worms, Abt. 186, Nr. 1174, Cataloge der Kunstsachen welche sich befinden im: Heylshof in Worms. Angefertigt von Frau Sophie für Herrn Cornelius Heyl, den 10. Febr. 1886, Broncen, Nr. 4.

460 Clemens, Sanctus, 2004, S. 389.

461 Jakob Eduard von Steinle: Die Loreley, 1863, Aquarell mit Bleistift auf Papier, Inv. Nr. 82.

462 StA Worms, Abt. 170/26, Nr. 5, Cornelius Wilhelm von Heyl, Aus meinem Leben, Manuskript o. J., Transkript 1966, S. 26.

sprechen jedoch dieser Aussage. Es handelte sich um eine systematisch erarbeitete, repräsentative Universalsammlung, die den zeitgenössischen Gepflogenheiten auf großstädtischem Niveau auch im internationalen Vergleich entsprach. Insbesondere in der zweiten Ankaufsphase, die nach dem Einzug in den Heylshof und der erlangten Nobilitierung einsetzte, forcierten die Heyls eine Qualitätssteigerung ihrer Sammlung. In diese Phase fallen die Ankäufe, die sich als Hauptwerke der Heylschen Sammlung herauskristallisierten sollten: die Gemälde von Peter Paul Rubens, Franz Hals, Anthonis van Dyck, Thomas des Keyser und Jan Miense Molenaer. Diese Erwerbungen sind das Resultat des umfassenden Kunstmarktnetzwerks, das sich die Heyl im Verlauf ihrer kulturfördernden Praxis als Bestandteil ihrer Prestigepolitik aufgebaut hatten.

Insbesondere ihren versierten Händlern, Ankäufern und Beratern hatten es die Heyls zu verdanken, dass sie das Konzept der repräsentativen Sammlung konsequent verfolgen und ausführen konnten. Dazu gehörten der Hofantiquar Julius Böhler (1860–1934) in München[463], die Kölner Kunsthändler Frères Bourgeois[464], der Kunst- und Antiquitätenhändler Julius Goldschmidt (1858–1932) in Frankfurt[465] und der Kunsthistoriker Jean Paul Richter (1847–1937)[466] in München. Letzterer schickte ihnen Auktionsberichte und vermittelte unter anderem ein Gemälde von Tintoretto.[467] Über den Kunsthändler Nicolaus Steinmeyer in Köln erwarben die Heyls eine Muttergottesdarstellung von Rubens, die er für 45.000 Mark aus London akquirierte.[468] Außerdem ist der österreichische Kunsthändler Charles Sedelmeyer (1857–1925) zu nennen, der in Paris tätig war.[469] Ebenso pflegten die Heyls sehr gute Kontakte zum Museumsdirektor des Städelschen Kunstinstituts in Frankfurt Georg Swarzenski. Der renommierteste Berater der Familie war jedoch der Generalverwalter der königlichen Museen Wilhelm von Bode. Im Folgenden wird dieses Kunstnetzwerk anhand von Beispielen ausgewertet und gezeigt, dass der Heylschen Sammlung ein immenser Aufwand und die Expertise zahlreicher Fachleute zugrunde lagen.

---

463 Vgl. Lenman, Kunstmarkt, in: Mai/Paret (Hrsg.), Sammler, S. 138.

464 Die Brüder Stephan (1838–1899) und Caspar Bourgeois (1848–1904). Vgl. dazu auch: Effmert, Sal. Oppenheim, 2006, S. 163.

465 *J. & S. Goldschmidt, Antiquitäten – Curiositäten*, Kaiserstr. 15, Frankfurt am Main. Für 62.720 Mark kaufte Cornelius Wilhelm Heyl dort beispielsweise das Porträt eines vornehmen Herren von Anthonis van Dyck, 1628, Öl auf Leinen, 63,5 x 47 cm, Kunsthaus Heylshof, Inv. Nr. 20 (StA Worms, Abt. 186, Nr. 112). Außerdem steigerte Julius Goldschmidt für Cornelius Wilhelm Heyl auf Auktionen mit (StA Worms, Abt. 186, Nr. 1174).

466 Jean Paul Richter war ein ausgewiesener Experte für italienische Kunst der Renaissance und baute u. a. Henriette Hertz' Privatsammlung auf. Vgl. Rischbieter, Henriette Hertz, 2004, S. 88 f.

467 StA Worms, Abt. 186, Nr. 1174, Telegramm vom 02.12.1913.

468 Nicolaus Steinmeyer, Kunst & Luxuswaaren, Wallrafsplatz 6, Köln, bestätigte den Kauf am 13.05.1895. (StA Worms, Abt. 186, Nr. 1202).

469 Zu Charles (ursprünglich Carl) Sedelmeyer vgl. Huemer, Charles Sedelmeyer, in: Bakoš (Hrsg.), Artwork, 2004, S. 110 u. Huemer, Charles Sedelmeyer, in: Belvedere 2 (1999), S. 5 f.

4.2.2.2 Das Heylsche Kunst- und Kulturnetzwerk als europäischer Kommunikations- und Informationsraum

Das Kunstmarktnetzwerk um Cornelius Wilhelm und Sophie Heyl kann auf der Basis eines umfangreichen Quellenbestandes rekonstruiert werden. Unter der Bezeichnung „Besondere Briefe – Kunst betreffend“ archivierte Heyl mehr als 500 Briefe, Telegramme, Auktionsberichte, Rechnungen, Quittungen, Inventarlisten sowie Empfehlungs-, Angebots- und Provenienzschreiben. Damit dokumentierte er die intensiven Kontakte der Familie mit den prägenden Akteuren auf dem Kunstmarkt des Kaiserreichs und darüber hinaus.[470] Es handelt sich um einen ungeordneten Bestand aus zumeist handschriftlich verfassten Dokumenten aus dem Zeitraum zwischen 1858 und 1923, wobei die ersten Briefe der 1850er und 1860er Jahre aus der Korrespondenz Marie Antoinette Steins stammen und aus ihrem Nachlass in das Konvolut Cornelius Wilhelms Heyls aufgenommen wurden. Die meisten Dokumente datieren auf die Jahrzehnte von 1880 bis ca. 1910. Räumlich erstreckt sich der überlieferte Kommunikationsraum über ganz Deutschland und bis ins europäische Ausland: nach Basel, Zürich, Brüssel, London, Paris, Florenz, Capri und Rom.[471] Insgesamt konnten 265 Absender und Absenderinnen identifiziert werden.

Cornelius Wilhelm und Sophie Heyl nutzten das Netzwerk, um ihre Kunstsammlung zusammenzutragen und zu präsentieren sowie um weitere Projekte auf den Feldern der Kulturförderung zu verwirklichen. Denn ihre Pläne gelangen nur, wenn sie immer wieder neue Partner gewinnen konnten und die vorhandenen Kontakte pflegten. Es war zudem wichtig, Experten über Qualitätsfragen befragen zu können. Nicht zuletzt kamen aus diesem Netzwerk wiederum neue Impulse und Ideen für Vorhaben.

Zu den Absendern der Briefe in diesem Konvolut gehörte auch Cornelius Wilhelm Heyls Bruder Maximilian, der ebenfalls auf dem Kunstmarkt aktiv war.[472] Weiterhin wurden Briefe von prominenten Adligen archiviert, vor allem wenn sie auf die Aktivitäten der Heyls reagierten oder wenn der Sammler sie als ‚besondere Briefe‘ aufbewahren wollte. Die Archivierung weist allerdings auch Lücken auf, wobei nicht herauszulesen ist, nach welchen Kriterien Cornelius Wilhelm vorging. Er legte sicherlich Korrespondenzen ab, die für ihn von Bedeutung waren, teils spielte aber auch der Zu-

---

470 StA Worms, Abt. 186, Nr. 1217, 1174, 1202, 1165, 1266, 1416, 937, 1761, 1502 u. 1492.

471 Neben Worms lassen sich folgende Absendeorte nachweisen: Ahrenshoop, Andernach, Ayrshire (Schottland), Bad Kissingen, Basel, Bayreuth, Berchtesgaden, Berlin, Brüssel, Capri, Coburg, Darmstadt, Dresden, Düsseldorf, Florenz, Frankfurt am Main, Friedrichsruh, Gauting bei München, Hamburg, Heidelberg, Herbstein in Oberhessen, Holzhausen am Ammersee, Karlsruhe, Köln, London, Königsberg, Leipzig, Lörrach, Mainz, Mannheim, Michelstadt im Odenwald, München, Ohlstadt bei Murnau, Ostheim bei Lutzbach, Padua, Paris, Rom, Schleissheim, Schon, Straßburg, Stuttgart, Tölz, Wildungen, Würzburg, Zürich.

472 Die Kunstsammlung von Maximilian und Doris Heyl wurde am 30. Oktober 1930 versteigert, dazu erschien ein Auktionskatalog: Helbing, Kunstsammlungen Baron Heyl, 1930 (StA Worms, Abt. 170/26, Nr. 58a–b). Vgl. dazu auch: Bönnen, Maximilian und Doris (von) Heyl, in: Jülich et al. (Hrsg.), Goldschmuck, 2017, S. 63–81 u. Howaldt, Kunstsammlung, in: Christ (Hrsg.), Arnold Böcklin, 1977, S. 47–50.

fall eine Rolle, worauf inhaltsleere Briefe und Nachrichten sowie Anfragen unbedeutender Personen in diesem Bestand hinweisen.

Der Schriftverkehr schuf einen Kommunikationsraum mit eigenen Regeln. Bemerkenswert ist, dass das Briefeschreiben zumeist eigenhändig vorgenommen wurde. Zwar konnten die Briefe eine persönliche Aussprache nicht ersetzen, doch erwies sich eine vielseitige Korrespondenz als wesentlich für die Entscheidungskompetenz Heyls in Bezug auf zu erwerbende Kunstwerke.[473] Wesentliche Kategorien der schriftlichen Zeugnisse waren Auktionsberichte, Berichte über den Zustand einzelner Werke im Handel, Informationen über Kaufoptionen und nicht zuletzt auch eine profunde Beratung bezüglich der Frage, ob die geplante Anschaffung in den Sammlungskontext passte. Die Künstler betrieben innerhalb des Netzwerks Eigenwerbung und berichteten über eigene Ausstellungen oder prestigeträchtige Aufträge. Darüber hinaus wurden Informationen über Fachleute ausgetauscht. Mittels Empfehlungsschreiben konnten weitere Geschäftsbeziehungen vermittelt und das Beziehungsgeflecht verdichtet werden.

Adelheid von Saldern stellt am Beispiel der Korrespondenz des Schoeller-Familienunternehmens im frühen 19. Jahrhundert fest, dass sich Geschäftspartner auch über diverse Sachthemen, beispielsweise Gesundheitsfragen austauschten.[474] Sie unterscheidet verschiedene Beziehungsarten innerhalb ökonomischer Netzwerke im frühen 19. Jahrhundert: Funktionsorientierte Beziehungen (Kunde-Lieferant), persönliche Geschäftsfreundschaften und Verwandtschaft.[475] Dieses Schema lässt sich auf das von Cornelius Wilhelm Heyl geschaffene Kunstmarktnetzwerk übertragen: Es finden sich funktionsorientierte Beziehungen zwischen Händler und Käufer oder zwischen Künstler und Auftraggeber, halbprivate Geschäfts- und Verwandtschaftsbeziehungen. Die Grenzen dieser Klassifizierungen sind jedoch fließend. Die Akteure engagierten sich in verschiedenen Netzwerken, die sich teilweise überlappten. Es ist davon auszugehen, dass Cornelius Wilhelm Heyl den Netzwerkaufbau strategisch forcierte, indem er vor allem renommierte Persönlichkeiten als Interaktionspartner integrierte. Als zentraler Aspekt bildete das Vertrauen die Grundlage von „Kooperation und Regelhaftigkeit innerhalb der Netzwerkstrategie".[476]

Auf dem Feld des Kunsthandels war und ist der Aufbau von Vertrauensverhältnissen zwischen den Partnern unabdingbar. Der Wunsch nach Diskretion und das Risiko von Fehlkäufen und Fälschungen legen dies nahe. Cornelius Wilhelm und Sophie Heyl investierten daher Zeit und Geld in ihre Netzwerkpflege und auch ihre Kooperationspartner bemühten sich stets um die Aufrechterhaltung von Vertrauen. Je weiter und tiefer das Beziehungsnetz sich ausdehnte, desto größer wurde das damit verbundene

473 Vgl. Saldern, Netzwerkökonomie, 2009, S. 245 u. 270.

474 Vgl. Saldern, Netzwerkökonomie, 2009, S. 260.

475 Vgl. Saldern, Netzwerkökonomie, 2009, S. 13.

476 Berghoff, Vertrauen, in: Ellerbrock/Wischermann (Hrsg.), Wirtschaftsgeschichte, 2004, S. 59.

soziale Kapital. Im Sinne des Kapitalsortentransfers Bourdieus konnte dieses soziale Kapital wieder in ökonomisches und symbolisches Kapital umgewandelt werden.[477] Die Positionierung der Familie Heyl in der Gesellschaft – ihre Integration und Distinktion im Verhältnis zu anderen sozialen Gruppen – ist eng mit ihrem Selbstverständnis, also ihren Normen, Lebenskonzepten und habituellen Praktiken verbunden. Wesentlich für die Stabilität der Beziehungen war der gemeinsame Wertehorizont der Akteure.[478] Ein wiederkehrendes Motiv in der Kunstkorrespondenz war die Beteuerung der patriotischen Gesinnung und des Strebens nach einer ‚deutschnationalen Kunstpflege‘ durch die Absender. Dies lässt sich als ein Angebot zur Schaffung eines gemeinsamen Wertehorizonts im Kommunikationsraum deuten. Ein gemeinsamer Wertehorizont konnte auch auf der Ebene von Referenzpersonen entstehen. Indem sie sich auf Personen aus dem gemeinsamen Umfeld oder auf bekannte Persönlichkeiten bezogen, die von Cornelius Wilhelm Heyl als positive Akteure oder Autoritäten anerkannt waren, konnten die Schreibenden indirekt Auskunft über den eigenen Bezugsrahmen geben.

Obwohl die Korrespondenz auch Verbindungen zwischen einzelnen Akteuren des Heylschen Briefnetzwerks dokumentiert, lässt es sich nur in seiner Beziehung zur Familie Heyl lesen und verstehen. Aufgrund der Schlüsselrolle, die Wilhelm von Bode für die Kulturförderung der Heyls gespielt hatte, wurde im Archiv des Preußischen Kulturbesitzes auch die Gegenüberlieferung recherchiert und ausgewertet. Ein intensiver Austausch fand auch mit dem Heraldiker Otto Hupp in Bayern statt, daher wurde im Zuge der Recherchen auch die Gegenüberlieferung im Nachlass des Künstlers im Bayerischen Hauptstaatsarchiv ausgewertet.

Die Kunsthändler im Netzwerk

Ein großer Teil der überlieferten Korrespondenz stammte von Kunsthändlern[479], mit denen die Heyls in Verbindung standen, von denen sie Angebote einholten und schließlich Käufe abschlossen. Erhalten sind Rechnungen, Quittungen, Auktionsberichte, Nachfragen zu Liefermodalitäten und Terminen, Kaufangebote sowie Telegramme

477 Vgl. Saldern, Netzwerkökonomie, 2009, S. 21 f.

478 Vgl. Saldern, Netzwerkökonomie, 2009, S. 20. Hartmut Berghoff bezeichnet Vertrauen als die „Grundlage von Kooperation und Regelhaftigkeit“, Berghoff, Vertrauen, in: Ellerbrock/Wischermann (Hrsg.), Wirtschaftsgeschichte, 2004, S. 59.

479 Innerhalb der Korrespondenz ließen sich folgende Kunst- und Antiquitätenhändler identifizieren (Korrespondenzzeiträume in Klammern): Julius Böhler, Hofantiquar, München (1896–1917); Frères Bourgeois, Kunst- und Antiquitätenhändler, Köln (1886–1903); Albert Duss, Antiquitätenhändler, Stuttgart (1886); Rudolf Gedon, Antiquitätenhändler, München (1903–1905); Julius Goldschmidt, Kunst- und Antiquitätenhändler, Frankfurt am Main (1904–1906); Alexander Günther, Kunsthändler, München (1886); J. M. Heberle (H. Lempertz’ Söhne), Kunst- und Auktionshaus, Köln (1881–1897); Gebrüder Heilbronner, Antiquitätenhändler, München (1886); Le Roy Frères, Galerie, Brüssel (1895); Scharold, Kunsthändler, Würzburg; Charles Sedelmeyer, Editeur de Maîtres Anciens et Modernes, Paris (1896–1903); Albert Steiger, Kunsthändler, München (1896); N. Steinmeyer, Kunst- und Luxuswaaren, Köln (1895–1896); Strauß, Antiquitätenhändler, o. O. (1909); Antiquitätenhandlung, Worms (1894).

mit Auktionsnummern und Preisen. Teilweise legten die Händler ihren Briefen Fotografien möglicher Kaufobjekte bei, gelegentlich wurden auch Originale zur Ansicht mitgeschickt. Die Händler informierten Cornelius Wilhelm Heyl über anstehende Auktionen, Kaufoptionen und für ihn reservierte Objekte. Sie weckten das Kaufinteresse des Sammlerehepaars, indem sie mehr oder weniger detaillierte Objektbeschreibungen lieferten und ein Werk individuell und argumentativ als eine lohnende Ergänzung der Heylschen Sammlung einordneten. Als zusätzlichen Kaufanreiz nannten die Händler teilweise andere Interessenten, die mit den Heyls um den Zuschlag konkurrierten. In manchen Fällen finden sich Mitteilungen über die Provenienz der Werke, ihre Zwischenstationen im Kunsthandel und Gutachten über ihre Echtheit. Wichtig waren darüber hinaus Hinweise über bereits erfolgte oder noch ausstehende Restaurierungsarbeiten und nicht zuletzt Angaben zu Preisen und Kaufmodalitäten. Auch die Versicherung von Diskretion, verbunden mit der Bitte, Informationen und Verträge ebenfalls vertraulich zu behandeln, gehören zu den geläufigen Phrasen der Kunsthändler in der Korrespondenz. Um das Vertrauen zu stärken, fügten manche Händler – wenn auch viel seltener als Experten oder Künstler innerhalb des Netzwerks – ihren Briefen kurze persönliche Textzeilen mit Einschätzungen zur politischen Lage oder Mitteilungen über die Gesundheit hinzu. Nachfragen nach Ehefrau und Familie gehörten, auch in der formalen Korrespondenz, zum guten Ton.

Mit 24 überlieferten Dokumente, darunter Briefen, Telegrammen und Rechnungen im Zeitraum zwischen 1886 und 1903, sind die Kunsthändler Frères Bourgeois in Köln besonders gut überliefert. Die beiden Brüder Stephan und Caspar Bourgeois vertrieben Kunstsachen und Antiquitäten des 6. bis 19. Jahrhunderts, darunter Steinzeug, Porzellan und Glas, sowie Gemälde des 14. bis 18. Jahrhunderts. Sie hatten ihr Geschäft in den 1870er Jahren gegründet und bezogen 1879 ein großes Eckhaus neben dem Wallraf-Richartz-Museum. Außerdem leitete Stephan Bourgeois eine Filiale in Paris.[480] Ihre Bestände bezogen sie mehrheitlich aus Auktionen im In- und Ausland, wobei sie einzelne Objekte auch auf individuellen Kundenwunsch erwarben und in manchen Fällen komplette Sammlungen aufkauften. Als mit Caspar Bourgeois der letzte Inhaber der Firma 1904 verstarb, wurde der umfassende Bestand bei J. M. Heberle (H. Lempertz' Söhne) in Köln versteigert.[481] Domkapitular Professor Dr. Alexander Schnütgen (1843–1918), selbst ein bedeutender Kunstsammler, verfasste das Vorwort zum Auktionskatalog und betonte die Bedeutung des Unternehmens.[482] Die Pariser Filiale habe die Bedeutung des Stammhauses gesteigert und wenn Stephan Bourgeois in Köln zugegen gewesen sei, hörten die rheinischen Museumsherren und Sammler mit Vorliebe „den gewandten und liebenswürdigen Vermittler […] von seinen Reisen und Entdeckungen, seinen Verbindungen und Erfolgen“ erzählen.[483] Laut Schnütgen überzeugten die Frè-

480 Schnütgen, Geleitswort, in: Heberle (Hrsg.), Collection, 1904, o. S.
481 Schäfke, Kunsthaus, 2015, S. 201–204.
482 Schnütgen, Geleitswort, in: Heberle (Hrsg.), Collection, 1904, o. S.
483 Schnütgen, Geleitswort, in: Heberle (Hrsg.), Collection, 1904, o. S.

res Bourgeois durch Kennerschaft und Zuverlässigkeit, sodass sie das Vertrauen einer stetig steigenden Anzahl von Sammlern gewinnen konnten.

Cornelius Wilhelm und Sophie Heyl kauften bei Frères Bourgeois Westerwälder Steinzeug aus dem frühen 17. Jahrhundert, Zinn, Pokale, Hörner, Kleinode aus Elfenbein und Bronze, Holzbildwerke, japanisches Porzellan und Porzellanfiguren. Außerdem gibt es für einige Gemälde der Heylschen Kunstsammlung Hinweise darauf, dass sie durch die Kunsthandlung Frères Bourgeois vermittelt wurden. Dazu gehört das Bild *Fröhliche Gesellschaft* von Jan Miense Molenaer aus dem Jahr 1629. Bisher war die Provenienz dieses Gemäldes unbekannt, aber Sophie Heyl Katalog steht als Herkunft die Auktion der Sammlung von Münchhausen, die im Oktober 1887 bei Lempertz in Köln stattfand.[484] Als Preis gibt sie 6.500 Mark an. Einer Besprechung in der *Kunstchronik* zufolge handelte es sich um eine sehr prominent besuchte Auktion im Kölner Kasino; Cornelius Wilhelm wird als Besucher namentlich genannt.[485] Das Gemälde Molenaers, „das wohl merkwürdigste Bild der Auktion" sei für 6.400 Mark den Frères Bourgeois zugeschlagen worden – „man sagte für Baron von Heyl".[486]

1888 kam es zu mehreren Ankäufen durch die Frères Bourgeois, wie etwa aus dem folgenden Brief der Kunsthandlung hervorgeht, in dem von Auktionen in London und Würzburg die Rede ist. Das Dokument zeigt anschaulich die Verfahrensweise der Händler. Sie versuchten ein möglichst transparentes Bild ihres Vorgehens und der Preise zu vermitteln, trafen Aussagen zur Qualität der Objekte und gingen auf die individuelle Situation der Heylschen Kunstsammlung ein:

> Gestern abend bin ich von London retour gekommen, auf dieser Auction war für Sie nichts, wir kauften sehr schöne Waffen, aber Waffen sammeln Sie ja nicht.[487] In Würzburg haben wir für

---

484 StA Worms, Abt. 186, Nr. 1174, Cataloge der Kunstsachen welche sich befinden im: Heylshof in Worms. Angefertigt von Frau Sophie für Herrn Cornelius Heyl, den 10. Febr. 1886, Alte Bilder, Nr. 66a; Bredius, Kunstmarkt, 1887/88, S. 85 f.

485 Bredius, Kunstmarkt, 1887/88), S. 85 f.

486 Die Beschreibung des Bildes stimmt mit dem Gemälde im Heylshof überein: „Nr. 101. Das war wohl das merkwürdigste Bild der Auktion: ein großes, frühes Bild des Jan Miense Molenaer, bezeichnet J. MoR. 1629. Die gute Abbildung des Katalogs giebt den Eindruck des Werkes richtig wieder. Drei junge Männer mit einem Mädchen sind um einen Tisch gruppirt. Rechts gießt der eine aus der Höhe Wein in einen Römer aus einer zinnernen Kanne; links gießt lächelnd ein anderer den Rest aus seinem Glase auf den Kopf des vorn stehenden Mädchens, das eine Schüssel festhält, darauf ein Käse (?) liegt, den der dritte junge Mann, der hinter dem Tisch sitzt, aushöhlt. Die Gruppirung ist sehr gelungen; der Ausdruck auf den Gesichtern der zwei Figuren links vortrefflich, die Malerei breit, durchaus von Hals inspirirt, die etwas ins Graue spielende Farbe gleichfalls an diesen Meister erinnernd. Die Hände sind etwas roh, in der Zeichnung, gut dagegen die Hand des Mädchens vorn, die von die von Hals selbst gemalt sein könnte. Dieses Bild bekundet am deutlichsten, daß Molenaer ein Schüler des Hals gewesen ist; ähnlich wie das herrliche Bild des Meisters aus dem selben Jahre bei dem Landrate von Niesewand in Mühlheim. Das Bild wurde für 6400 Mk. zugeschlagen (Bourgeois, man sagte für Baron von Heyl, Worms)." Bredius, Kunstmarkt, 1887/88, S. 89 f.

487 Da die Heyls kaum Waffen sammelten, fasste Sophie in einer kleinen Rubrik 30 Objekte unter dem Titel „Alte Waffen, Spiegelchen, Pfeifen, Leuchter etc." zusammen. Hier verzeichnete sie einige

> Sie gekauft auf der Auction Adelmann[488]: [...] Krug 520M; [...] flasche 210M; Zunfthumpen 400M; Zunftpocal 405M; Zunftkanne 330M; Aufgeld Lempertz 186,50M; unsere Commission 93,25M; Verpackung 15M; Ges.: 2159,75M. Alle Gegenstände sind ächte und gute. Die Holzfigur N° 1231 Gothenkönig haben wir für Mark 470 mit Aufgeld zu 517 Mark erstanden. Sollen wir Ihnen dieselbe zur Ansicht senden? Die Krüge und Zinnkannen ließen wir direkt von Würzburg an Ihre werthe Adresse nach Worms senden, hoffendlich werden Sie dort alles in bestem Zustande vorfinden. N° 96 war keine gute Qualität darum kauften wir sie nicht.[489]

Im selben Jahr verhandelten die Frères Bourgeois mit Cornelius Wilhelm über ein Gemälde von Aert van der Neer (1603–1677) und argumentierten, dass sie den Heyls besonders im Preis entgegenkommen würden, um sie als Neukunden in dieser Produktsparte zufrieden zu stellen – das Bild Molenaers war der erste Gemäldeankauf der Heyls bei den Frères Bourgeois, zuvor hatten sie nur Kunstgewerbe und Antiquitäten von dort bezogen. Das Gemälde van der Neers hätte laut Bourgeois 800 Pfund Sterling gekostet und werde für 17.000 Mark an die Heyls weiterverkauft. In routinierter Händlerrhetorik schrieben sie:

> Wir sehen jedoch einen großen Werth darin, Ihnen [...] das schönste Bild Ihrer Sammlung geliefert zu haben in der festen Ueberzeugung, daß Sie uns dadurch ein neuer Kunde auf ganz prima Bilder werden, und nehmen Ihr Gebot unter der Bedingung an, daß Sie uns den Gefallen thun und den Preis Niemandem mittheilen [...].[490]

Im selben Brief an Cornelius Wilhelm Heyl brachten die Brüder als Verkaufsargument zudem an, dass Sophie das Bild bereits wohlwollend in Augenschein genommen hätte: „Frau Baronin Heyl hat uns mit Ihrem geschätzten Besuch beehrt und hat derselben das Bild sehr gut gefallen."[491] Wenige Tage nach Eingang des ersten Verkaufsangebots boten die Frères Bourgeois die Zusatzkondition an, sie würden van der Neers Bild im Zeitraum von fünf Jahren für 16.000 Mark zurücknehmen, sollte dies gewünscht sein.[492] Nachdem die Verhandlungen abgeschlossen waren, traf schließlich die Rechnung für das Gemälde in Worms ein.[493] Zusätzlich geht aus der Rechnung hervor, dass die Heyls auch ein Gemälde von Emanuel de Witte (1617–1692) für 3.000 Mark, eine Christusfigur in Bronze für 1.100 Mark und zwei Hörner aus der Auktion der Sammlung des Münchner Waffensammlers Ullmann zu jeweils 155 Mark und 285 Mark erworben hatten. Weitere Hinweise auf Ankäufe aus der Kunsthandlung Frères Bour-

---

Helme und Lanzen sowie eine Armbrust und ein gewelltes Schwert. (StA Worms, Abt. 186, Nr. 1174, Cataloge der Kunstsachen welche sich befinden im: Heylshof in Worms. Angefertigt von Frau Sophie für Herrn Cornelius Heyl, den 10. Febr. 1886).

488 Heberle (Hrsg.), Katalog Adelmann, 1888.

489 StA Worms, Abt. 186, Nr. 1202/110, Bourgeois Frères Cologne, 21.07.1888.

490 StA Worms, Abt. 186, Nr. 937, Bourgeois Frères Cologne an Cornelius Wilhelm Heyl, 01.11.1888.

491 StA Worms, Abt. 186, Nr. 937, Bourgeois Frères Cologne an Cornelius Wilhelm Heyl, 01.11.1888.

492 StA Worms, Abt. 186, Nr. 937, Bourgeois Frères Cologne an Cornelius Wilhelm Heyl, 03.11.1888.

493 StA Worms, Abt. 186, Nr. 937, Rechnung von Bourgeois Frères Cologne an Cornelius Wilhelm Heyl, 05.11.1888.

geois finden sich für die 1890er Jahre, darunter Informationen über Gemälde von Anton Woensam von Worms (vor 1500–1541) und Salomon van Ruysdael (1600/03–1670).[494]

Die Beratung der Bourgeois beschränkte sich nicht nur auf ihre eigene Kunsthandlung, sondern wurde auch auf Auktionen ausgedehnt. Gerne nahm das Sammlerehepaar das Angebot der Brüder an, sich auf Auktionspräsentationen zu treffen, um dort in ihrer Begleitung die angebotenen Werke vorab zu besichtigen und eine erste Auswahl zu treffen.[495] Von besonderem Nutzen waren dabei die Insiderkenntnisse der Kunsthändler, die beispielsweise vom Kauf eines überrestaurierten Gemäldes auf der Auktion der Sammlung Edward Habichs 1892 abrieten: „P. d. Horgh können wir Ihnen nicht empfehlen, das Bild kauften Habichs seiner Zeit auf einer Auction, zu 4400 M., war eine Ruine und hat H. dasselbe Restaurieren lassen […].“[496] Die Briefe und Telegramme der Frères Bourgeois bieten sehr gute Einblicke in die Verfahrensweise dieser Kunsthändler, die durch seriöse und individualisierte Beratung einen exklusiven Kundenkreis bedienten.

Für die Jahre 1896 bis 1917 ist der Kontakt zu Hofantiquar Julius Böhler mit insgesamt 20 Schreiben gut überliefert.[497] Von ihm kauften die Heyls Gemälde, unter anderem eine Joachim Patinir (1475/1480–1524) zugeschriebene Darstellung der Ölbergszene (Inv. Nr. 4), sowie Kleinplastik, Kunstgewerbe und Purpursamt.[498] Außerdem nahmen sie bei Böhler Serviceleistungen wie Beratung, Auktionsbeteiligungen und die Vergabe von Restaurierungsmaßnahmen in Anspruch. Nach dem Tod von Sophie Heyl wurde er außerdem mit der Inventarisierung ihres Kunstnachlasses betraut.[499]

---

494 StA Worms, Abt. 186, Nr. 1202, Telegramm von Bourgeois Frères Cologne an Cornelius Wilhelm Heyl, 04.06.1894; Nr. 1165, Bourgeois Frères Cologne an Cornelius Wilhelm Heyl, 01.05.1892: „Bei der Auction Habich sind einige gute Sachen, aber im allgemeinen ist dieselbe nicht von großer Bedeutung. Unter den von Ihnen bezeichneten Bildern können wir Ihnen Jacob Ruysdael empfehlen denselben schätzen wir auf 7–8000 Mark.“

495 StA Worms, Abt. 186, Nr. 1165, Caspar Bourgeois an Cornelius Wilhelm Heyl, 1.05.1892: „Bei der Auction Habich sind einige gute Sachen, aber im allgemeinen ist dieselbe nicht von großer Bedeutung. […] Bitte sehr geehrter Herr Baron theilen Sie mir gütigst mit, an welchem Tage Sie in Cassel eintreffen, dann werde ich sorgen dort zu sein, um die Collection mit Ihnen besichtigen zu können.“

496 StA Worms, Abt. 186, Nr. 1165, Caspar Bourgeois an Cornelius Wilhelm Heyl, 1.05.1892.

497 StA Worms, Abt. 186, Nr. 937, 1165, 1174, 1202 u. 1416. Es handelt sich um Briefe, Telegramme und Rechnungen.

498 StA Worms, Abt. 186, Nr. 1174, Korrespondenz zur Erwerbung des Patinir Gemäldes mit Julius Böhler: Briefe vom 13.10.1916, 14.10.1916, 16.10.1916, 18.10.1916 und 21.10.1916.

499 StA Worms, Abt. 186, Nr. 1036, Julius Böhler, Aufnahme der Kunstgegenstände im Heylshof. Nachlass der Sophie von Heyl. Auflistung der Kunstgegenstände. Böhler ermittelte einen Taxationswert von 424.657 Mark. Im Mai 1917 erklärten sich die Kinder damit einverstanden, dass sämtliche Kunstgegenstände von ihrem Vater Cornelius Wilhelm Heyl zum Taxationswert käuflich zu freiem Eigentum übernommen werden. Den Kindern wurde ihr jeweiliger Anteil ausbezahlt. Vgl. StA Worms, Abt. 186, Nr. 1040, Erklärungen und Quittungen der Kinder.

Nachdem Julius Böhler, ursprünglich Wanderhändler aus dem Schwarzwald, 1880 seine Kunsthandlung für Gemälde, Skulpturen und Zeichnungen, die vom Spätmittelalter bis zum ausgehenden 18. Jahrhundert reichten, in München gegründet hatte, stieg er zum „Königlich Bayerischen und Kaiserlichen und Königlichen Hofantiquar" auf.[500] Diesen Titel verdankte er laut Henrik Hanstein, dem Vorstand des Kunsthauses Lempertz sowie der künstlerischen Qualität, die er als „oberstes Gebot" in seinem Haus vertrat: „Mit dem Namen Böhler verbinden sich die glanzvollen Momente in der Geschichte des deutschen Kunsthandels."[501] Für die Inszenierung seiner exklusiven Geschäftstätigkeit ließ Böhler 1902 ein „Kunsthandelspalais"[502] nach den Plänen von Gabriel Seidl errichten.[503] Auch mit Wilhelm von Bode, der im Netzwerk der Heyls eine wesentliche Rolle spielte, kooperierte Böhler bei Ankäufen für den Kaiser-Friedrich-Museumsverein, in dem auch Heyl Gründungsmitglied war.[504]

Zunächst war Böhler auf Auktionen für Cornelius Wilhelm Heyl tätig, kümmerte sich aber auch um die fachkundige Restaurierung der Erwerbungen:

> Ich bin gerne bereit bei der Auktion Helbing für Herrn Baron zu steigern und bin mit 5 % Provision vollauf zufrieden, überhaupt wenn Sie irgend bei Auktionen Ankäufe machen wollen so bin ich immer gerne bereit Ihnen die Sachen zu expertieren und für Sie zu kaufen. Wegen dem goth. Altar habe ich heute meinen Bildhauer und Vergolder befragt und würde sich die Reparatur auf 80–120 M. belaufen.[505]

Im Laufe der Zeit fügte Böhler auch persönliche Mitteilungen in seine Briefe ein, sodass die geschäftliche Beziehung im Gegensatz zur Verbindung zu den Frères Bourgeois eine größere Vertrauensbasis erhielt. In Randbemerkungen tauschten sich der Kunsthändler und Cornelius Wilhelm Heyl etwa über körperliche Beschwerden oder über das politische Zeitgeschehen aus:

> Was mir Excellenz über die Berliner Stimmung schrieb war mir sehr interessant & danke ich vielmals. Es wäre ja gut, wenn sich im Osten etwas machen liess.- Mein Hexenschuss hat sich unterdessen als Gicht herausgestellt & werde ich noch einige Tage damit zu tun haben.[506]

In einer späteren Nachricht teilte er Heyl mit, dass er nun ein von ihm empfohlenes Medikament einnehme, das bereits Wirkung zeige.[507] Nach der Netzwerktheorie Adel-

500 Zu Julius Böhler vgl. Hanstein, Julius Böhler, in: Schäfke, Kunsthaus, 2015.
501 Hanstein, Julius Böhler, in: Schäfke, Kunsthaus, 2015, S. 247.
502 Hanstein, Julius Böhler, in: Schäfke, Kunsthaus, 2015, S 247. Nach dem Ersten Weltkrieg gründete Julius Böhler Niederlassungen in Berlin, New York und in der Schweiz. 1994 wurden die Bestände der Kunsthandlung bei Lempertz versteigert.
503 S. Kapitel 3.4.2.
504 StA Worms, Abt. 186, Nr. 1174, Wilhelm von Bode an Cornelius Wilhelm Heyl, 24.08.1906.
505 StA Worms, Abt. 186, Nr. 1165, Julius Böhler an Cornelius Wilhelm Heyl, 23.05.1896.
506 StA Worms, Abt. 186, Nr. 1174, Julius Böhler an Cornelius Wilhelm Heyl, 16.10.1916.
507 StA Worms, Abt. 186, Nr. 1174, Julius Böhler an Cornelius Wilhelm Heyl, 18.10.1916. Heyl hatte per Telegramm das Medikament Hexosen empfohlen.

heid von Salderns diente der persönliche Austausch als Methode, um Vertrauen herzustellen.[508]

Die hier zitierte Korrespondenz fand im Zuge der Erwerbung des Patinirs statt, über den bisher noch nichts Näheres bekannt war. Nachdem Böhler auf das Gemälde aufmerksam gemacht hatte, nannte er die Privatsammlung des Hofrats Sigmund Röhrer (1861–1929) am Ammersee als Provenienz.[509] Danach schickte er eine Fotografie nach Worms und schließlich sandte er das Original gemeinsam mit einer Konzertdarstellung Jacob van Ochtervelts (1634–1682) (Inv. Nr. 43) zur Ansicht: „Die beiden Bilder Konzert & Oelberg gehen heute per Eilzug nach Herrnsheim ab & wünsche besten Empfang. Die Bilder sind auf das allerbeste verpackt & hoffe ich, dass sie gut dort ankommen werden."[510] Heyl schickte die Bilder nicht zurück, sondern behielt sie gleich in der Sammlung. Böhler hatte den Ochtervelt vor der Versendung überarbeiten lassen und schrieb:

> Auf dem Bild Ochtervelde ist die Magd jetzt durch eine kleine Patinierung weiter zurück gekommen & ist die Wirkung jetzt eine bedeutend bessere, da die Magd viel entfernter erscheint & sich die Vorderfiguren kräftiger davon abheben. und glaube ich, dass das Bild Excellenz so auch besser gefallen wird.[511]

Es ist unklar, ob der Eingriff im Rahmen einer Restaurierungsmaßnahme stattfand oder, wie das Anschreiben Böhlers eher vermuten lässt, aus ästhetischen Erwägungen vorgenommen wurde.

Zum Kreis der Kunsthändler, die entscheidend auf die Genese der Heylschen Kunstsammlung einwirkten, gehörte nicht zuletzt Charles Sedelmeyer. Sedelmeyer, der ursprünglich aus Wien stammte, hatte sich als „Selfmademan" in Paris niedergelassen.[512] Er zählte zu den führenden Kunsthändlern der Welt und seine Niederlassung galt als beste Kaufadresse für Niederländer des 17. Jahrhunderts.[513] Er hatte von dem steigenden Angebot aus englischen Sammlungen aristokratischer Provenienz profitiert, die aufgrund des sogenannten Settled Lands Act, einer Neuregelung der britischen Erbgesetzgebung, 1882 auf den Markt kamen.[514] Vor dieser Reform hatte jedes Familienmitglied den Status eines Treuhänders des Vermögens inne, um eine Zerstreuung der Besitztümer zu verhindern. Die neue Regelung erlaubte nun die Herauslösung einzelner Vermögensbestände. Innerhalb kurzer Zeit stiegen die Werte der veräußerten Kunstwerke um das zehn- bis zwanzigfache.[515]

---

508 Vgl. Saldern, Netzwerkökonomie, 2009, S. 260.
509 Zur Sammlung Röhrer s. Feulner, Sammlung, 1926.
510 StA Worms, Abt. 186, Nr. 1176, Julius Böhler an Cornelius Wilhelm Heyl, 13./16./18.10.1916
511 StA Worms, Abt. 186, Nr. 1176, Julius Böhler an Cornelius Wilhelm Heyl, 18.10.1916.
512 Huemer, Charles Sedelmeyer, in: Belvedere 2 (1999), S. 5.
513 Huemer, Charles Sedelmeyer, in: Bakoš (Hrsg.), Artwork, 2004, S. 5.
514 Huemer, Charles Sedelmeyer, in: Belvedere 2 (1999), S. 17.
515 Huemer, Charles Sedelmeyer, in: Belvedere 2 (1999), S. 17.

Sedelmeyer übernahm freiwillig die Haftung für die Echtheit der von ihm verkauften Alten Meister, gewann dadurch das Vertrauen exklusiver Kunden und erwarb den Ruf eines ausgezeichneten Kunstkenners. Zu seinen prominentesten Kunden gehörte Wilhelm von Bode[516], aber auch Käufer aus den Vereinigten Staaten wie der amerikanische Kunstmäzen John Pierpont Morgan (1837–1913), der 1896 in der Galerie Sedelmeyer ein Altarbild Raphaels für 2,5 Millionen Francs erwarb.[517] In einem prächtigen Hôtel in der Rue de la Rochefoucauld führte er seine Galerie *de dernier chic*.[518] Sedelmeyer hatte eigens ein *Mis en scène* für seine Verkaufsstrategie erdacht: Nachdem die Kunden die Galerie durch einen parkähnlichen Garten erreicht hatten, wurden sie von einer Art Zeremonienmeister und livrierten Dienern in den luxuriös ausgestatteten Räumen empfangen: „everything presents the air of a luxurious and well kept private residence, until you enter the great galleries, or rather warehouses."[519]

Aus diesem noblen Ambiente kamen zwei Gemälde von Frans Hals, die das Sammlerehepaar Heyl 1896 für jeweils 35.000 Mark erwarb und die ursprünglich aus der Sanderstead Court Collection stammten.[520] Es handelte sich um das Ensemble aus einem Männer- und einem Frauenporträt. Eugen Fischhof (1853–1926), dessen Name im Zusammenhang mit diesem Kauf in der Korrespondenz erscheint, war der Schwiegersohn Sedelmeyers, führte dessen Geschäfte in Amerika und machte sich als eigenständiger Kunsthändler in Paris selbständig.[521] In der Rechnung für das Damenporträt verpflichtete sich Sedelmeyer, das Gemälde innerhalb einer bestimmten Frist „bei einem eventuellen Ankauf eines anderen Gemäldes von ungefähr gleichem oder höheren Wert zum vollen Preis anzunehmen."[522] Im selben Jahr kauften die Heyls in der Galerie Sedelmeyer außerdem das Gemälde *Der Fischkauf* von Quieringh Brekelenkam (um 1620–1667/68) (Inv. Nr. 42) für 35.000 Mark sowie eine Ölskizze der *Beweinung Christi* von Peter Paul Rubens (Inv. Nr. 21)[523] für 2.000 Mark. Weitere Rechnungen sind für ein

516 Charles Sedelmeyer verlegte Wilhelm von Bodes monumentales Rembrandtwerk, ein Projekt, das sich über zwölf Jahre erstreckte und von dem der Kunsthändler profitierte, da er währenddessen mehrere versteckte Rembrandtgemälde aus Privatbesitz erwerben konnte. Insgesamt sind 500 Briefe Sedelmeyers an Bode überliefert. Vgl. Huemer, Charles Sedelmeyer, in: Belvedere 2 (1999), S. 18.

517 Huemer, Charles Sedelmeyer, in: Belvedere 2 (1999), S. 17.

518 Vgl. Huemer, Charles Sedelmeyer, in: Bakoš (Hrsg.), Artwork, 2004, S. 110. Außerdem Huemer, Charles Sedelmeyer, in: Belvedere 2 (1999), S. 5 f.

519 The Art Amateur. Devoted to art in the household 43, 4 (1900), zit n. Huemer, Thresholds, in: Anderson (Hrsg.), Cultures, 2009, S. 1008.

520 StA Worms, Abt. 186, Nr. 937, Rechnung von Charles Sedelmeyer an Cornelius Wilhelm Heyl, 24.02.1896.

521 Eugen Fischhof heiratete Emma Sedelmeyer. Vgl. Huemer, Charles Sedelmeyer, in: Belvedere 2 (1999), S. 6. Zu Fischhof s. Kirby (Hrsg.), Master Works, 1900 u. Galerie Georges Petit Paris (Hrsg.), Catalogue Fischhof, 1913.

522 StA Worms, Abt. 186, Nr. 937, Rechnung von Charles Sedelmeyer an Cornelius Wilhelm Heyl, 10.03.1896.

523 Laut Sedelmeyer handelte es sich um eine Skizze „zum großen Bild im Brüsseler Museum." StA Worms, Abt. 186, Nr. 937, Rechnung von Charles Sedelmeyer an Cornelius Wilhelm Heyl, 24.02.1896. Im

Gemälde von Anthonis van Dyck über 20.000 Mark[524] und für das Bild *La Diseuse de bonne aventure* von Jean Baptiste Greuze (Inv. 71) Nr. über 30.000 Mark erhalten.[525] Sedelmeyer kommunizierte mit den Heyls von Paris aus, aber auch aus London und stellte sich als international agierenden Geschäftsmann und Kunstagenten dar:

> Ihre werthen Zeilen [...] sind mir [nach London, Anm. I. H.] zugesandt worden. Ich gehe von hier nach Antwerpen und werde in 8 Tagen wieder in Paris sein, von wo aus ich mir erlauben werde [...] einige Photos von Bildern ersten Ranges einzusenden.[526]

In den Quellen stellt es sich so dar, dass der Kontakt der Heyls zu Sedelmeyer und dessen Schwiegersohn Fischhof über Wilhelm von Bode hergestellt worden sei und der Sammler den Rat des Experten bei Ankäufen aus der Galerie Sedelmeyer einholte.[527] Wie aus den Briefen an Cornelius Wilhelm hervorgeht, gab Sedelmeyer die von den Heyls erworbenen Werke bei Bedarf direkt in die Werkstatt von Alois Hauser (1857–1919), der von 1887 bis 1919 als Restaurator an der Berliner Gemäldegalerie unter der Direktion Bodes tätig war.[528]

Unklar ist die Rolle Sedelmeyers in der Ankaufsgeschichte des prominentesten Werkes der Heylschen Sammlung – *Maria mit Kind* von Peter Paul Rubens (Inv. Nr. 17). Aus den Quellen lässt sich eindeutig belegen, dass die Heyls das Werk aus der Kölner Kunsthandlung von Nicolaus Steinmeyer bezogen hatten. Für den Kauf liegt eine Quittung über den Erhalt von 45.000 Mark vom 29. Mai 1895 durch Steinmeyer vor.[529] Der

---

Musée Royaux de Beaux-Arts de Belgique existiert ein Gemälde *Pietà avec saint François* mit ähnlicher Komposition (Inv. Nr. 164).

524 StA Worms, Abt. 186, Nr. 1202, Rechnung von Charles Sedelmeyer für das Gemälde van Dycks an Cornelius Wilhelm Heyl, 24.02.1896: „Rechnung für ein Gemälde von A. v. Dyck: Portrait des General Spinola Herzog von San Severino von der Collection W. H. Wayne Esq; Beschrieben in Smith Cat. Rob III n° 702, Exposé Royal Academy London 1886, „Van Dyck Ausstellung" 1887, Gravirt von Soutman von Loys; Preis: 20000M. Dem Auftrage des Herrn Baron gemäß wird das vorstehende Bild heute dem Herrn Restaurator Hauser des Museums in Berlin übergeben." Im Jahr 1906 kauften die Heyls von der Frankfurter Kunsthandlung Julius Goldschmidt ein weiteres Herrenbildnis von Anthonis van Dyck. Das Bild ging während der Kriegsauslagerung 1942 bis 1944 verloren, tauchte aber 2004 als Objekt in einer Auktion wieder auf und konnte nach einer juristischen Auseinandersetzung wieder für das Museum Heylshof zurückgewonnen werden.

525 StA Worms, Abt. 186, Nr. 1202, Rechnung von Charles Sedelmeyer für das Gemälde Greuze an Cornelius Wilhelm Heyl, 07.12.1903. Aus der Galerie Sedelmeyer wurden zudem eine Landschaftsdarstellung von Jakob Isaacksz. van Ruisdael (Inv Nr. 53) und ein Gemälde von Gerard Ter Borch (Inv. Nr. 37), das ursprünglich aus der Sammlung des Colonel Hankley, Beaulieu, Hastings stammte, angekauft.

526 StA Worms, Abt. 186, Nr. 1202, Charles Sedelmeyer an Cornelius Wilhelm Heyl, 13.05.1898.

527 Korrespondenz zwischen Cornelius Wilhelm Heyl und Wilhelm von Bode über Charles Sedelmeyer: StA Worms, Abt. 186, Nr. 937, 04.03.1896; Nr. 1174, 18.12.1903, 28.12.1903 u. 19.11.1904; Nr. 1202, 11.02.1904; SMB-ZA, NL Bode, Nr. 25190, 24.11.1904 u. 06.12.1907.

528 StA Worms, Abt. 186, Nr. 937, Charles Sedelmeyer an Cornelius Wilhelm Heyl, 24.02.1896 u. 10.03.1896.

529 StA Worms, Abt. 186, Nr. 1202.

Kunsthändler hatte den Heyls aus London von dem Fund des angeblichen Rubens telegrafiert:

> Werk gehört zu den lieblichsten Schöpfungen des Meisters Schülerhand ausgeschlossen Kind entzückend Hände Füße Meisterhandschrift mit einfachsten Mitteln Gewandfarbe blau und rot sicher gerade zu den verkäuflichsten gehörend seine kirchlichen Madonnen haben Aurolen ums Haupt Preis durchaus würde warmöglich herunterdrücken Periode höchste Qualität mein glänzenster Fund bis dato. Steinmeyer[530]

Steinmeyer garantierte persönlich für die Echtheit des Gemäldes und die Eigenhändigkeit Rubens'. Außerdem bürgte er für den „ungestörten Besitz und auch daß keinerlei Reclamationen früherer Besitzer erfolgen werden, noch können".[531] Zur Provenienz teilte er mit, dass sich das Bild bis ca. 1880 im Besitz eines „englischen Edelmannes" befunden habe, der anonym bleiben wollte.[532] Danach sei es in die Sammlung Secrétan gekommen, wo es „zu den berühmtesten Perlen zählte und jahrelang verblieb".[533] Schließlich sei es in den Besitz der Tochter Eugène Secrétans gekommen, die nun einen Privatverkauf anstrebe, in einer Auktion sei das Gemälde nie gewesen. Steinmeyer musste seine Diskretion zusichern.[534]

Charles Sedelmeyer hatte die Sammlung Secrétans aber 1889 in einer spektakulären Auktion in Paris zur Versteigerung angeboten. Offensichtlich hatte Cornelius Wilhelm Heyl Nicolaus Steinmeyer danach gefragt, da dieser in einem Brief darauf einging: „Vorgestern traf ich Herrn Sedelmeyer hier und frug denselben, ob Alles, was er mir gesagt, stimme, er bestätigte mir, daß das Bild nie eine Auktion passiert habe."[535] Außerdem erläuterte Steinmeyer, dass das Rubensgemälde – laut Sedelmeyer – ursprünglich aus dessen Galerie an Secrétan verkauft worden sei. Abschließend gab er an, Sedelmeyer hätte seinen Preis als viel zu niedrig beurteilt und sei der Meinung gewesen, dass er für das Bild 80.000 Mark hätte erzielen könnte.[536]

Nach der Durchsicht der Korrespondenz und weiterer Quellen erscheint der Rubensankauf zumindest merkwürdig. Steinmeyer stellte die Angelegenheit so dar, dass er die Madonnendarstellung direkt in London akquiriert habe und feierte das Bild als eigene Entdeckung. Mit der Sammlung Secrétan als Provenienz erschien jedoch der Kunsthändler Sedelmeyer auf der Bildfläche, der weitere Angaben und sogar entscheidende Preiseinschätzungen einwarf. Darüber hinaus erschien im Jahr des Rubensankaufs durch die Familie Heyl eine Abbildung exakt des gleichen Gemäldes als Nr. 33 in Sedelmeyers *Illustrated Catalogue of the second hundred of Paintings by Old Masters belonging to the Sedelmeyer Gallery – Paris 1895*. In diesem Katalog findet sich als Nr.

530 StA Worms, Abt. 186, Nr. 1202, Nicolaus Steinmeyer an Cornelius Wilhelm Heyl, 15.05.1895.
531 StA Worms, Abt. 186, Nr. 1202, Nicolaus Steinmeyer an Cornelius Wilhelm Heyl, 21.05.1895.
532 StA Worms, Abt. 186, Nr. 1202, Nicolaus Steinmeyer an Cornelius Wilhelm Heyl, 21.05.1895.
533 StA Worms, Abt. 186, Nr. 1202, Nicolaus Steinmeyer an Cornelius Wilhelm Heyl, 21.05.1895.
534 StA Worms, Abt. 186, Nr. 1202, Nicolaus Steinmeyer an Cornelius Wilhelm Heyl, 21.05.1895.
535 StA Worms, Abt. 186, Nr. 1202, Nicolaus Steinmeyer an Cornelius Wilhelm Heyl, 11.05.1895.
536 StA Worms, Abt. 186, Nr. 1202, Nicolaus Steinmeyer an Cornelius Wilhelm Heyl, 11.05.1895.

13 auch Frans Hals' *Portrait of a Gentleman*, das von den Heyls erworben wurde. Durch die Korrespondenz kann zwar jetzt einwandfrei festgestellt werden, dass die Heyls das Bild von Steinmeyer für einen Preis von 45.000 Mark kauften, die Beziehung Steinmeyers zu seinem österreichischen Kollegen Sedelmeyer in Paris bei diesem Handel ist jedoch nicht zu erschließen.

Kunstexperten im Netzwerk

Bei ihren Käufen verließen sich die Heyls jedoch nicht allein auf das Urteil renommierter Händler, sondern holten den Rat einschlägiger Kunstexperten ein, die zumeist Schlüsselpositionen in Kulturinstitutionen bekleideten.[537] Teilweise beauftragte das Sammlerehepaar Kunsthistoriker auf Honorarbasis, um bei der Erweiterung der Kunstsammlung zu beraten. Andere Kontakte generierten sie aus ihrem Engagement in kulturfördernden Vereinen und Initiativen, ihrer Stiftertätigkeit und vor allem aus ihrer Beteiligung als Leihgeber an Kunstausstellungen. Die Kunstexperten vermittelten aufgrund ihrer fachlichen Kompetenz den Eindruck, verbindliche, unbestechliche und objektive Standpunkte zu vertreten. Sie lieferten den Heyls persönliche, auf sie zugeschnittene Einschätzungen zu Echtheit, zum Erhaltungszustand der Werke sowie zur Preisgestaltung und Seriosität der Angebote. Teilweise wurde auch Fotomaterial ausgetauscht, außerdem versorgten sie Sophie und Cornelius Wilhelm Heyl mit weiterführender Literatur und verwiesen sie auf analoge Werke. In manchen Fällen holten die angefragten Kunsthistoriker die Meinungen weiterer Kollegen ein, worüber sie die Sammler wiederum informierten.

Die Beratung durch die Experten beinhaltete detaillierte Auktionsberichte mit individuellen Kauf- und Zuschlagsempfehlungen ebenso wie praktische Fragen der Aufhängung und Präsentation der Werke im Heylshof. Manchmal kam es auch zu Veräußerungen aus der eigenen Privatsammlung oder zu Verkaufsarrangements mit an-

---

537 Innerhalb der Korrespondenz ließen sich folgende Kunstexperten identifizieren (Korrespondenzzeiträume in Klammern): Dr. Heinrich Angst, Direktor des schweizerischen Landesmuseums, Zürich (1903–1904); Prof. Dr. Friedrich Back, Direktor der Kunst- und historischen Sammlungen des Großherzoglichen Landesmuseums, Darmstadt (1907); Ludwig Bamberger, später Berger genannt, Kunsthistoriker, Mainz u. Heidelberg (1913); Prof. Dr. Georg Biermann, Künstlerischer Beirat im Kabinett des Großherzogs Ernst Ludwig von Hessen, Darmstadt (1916); Prof. Dr. Wilhelm von Bode, Generaldirektor der Königlichen Museen zu Berlin (1894–1917); Prof. Dr. Heinrich Boos, Historiker, Basel (1899–1917); Prof. Dr. Paul Martin Clemen, Provinzialkonservator, Bonn (1904); Prof. Dr. von Falke, Museumsdirektor des Kunstgewerbe-Museums der Stadt Köln, Köln (1903–1916); G. Fuchs, Dombaumeister, Köln (1891–1893); W. Lang, Kunsthistoriker, Städelsches Kunstinstitut, Frankfurt a. M. (1923); Dr. Jean Paul Richter, Kunsthistoriker, Schloss Fürstenau Odenwaldkreis, Frankfurt, München u. a. (1916–1918); Gustav von Römheld, Direktor des Hessischen Landesmuseums Darmstadt, Darmstadt, (1907); Prof. Dr. Georg Schaefer, Prof. für Kunstgeschichte an der TH Darmstadt, Darmstadt (1888); Prof. Dr. Erich Schmidt, Prof. für deutsche Sprache und Literatur an der Friedrich-Wilhelms-Universität Berlin, Berlin (1905); Prof. Dr. Georg Swarzenski, Direktor des Städelschen Kunstinstituts in Frankfurt am Main (1914–1921); Prof. Dr. H. Weizsäcker, Prof. an der TU Stuttgart, Stuttgart (1915).

deren Sammlern oder Händlern. Der Austausch führte nicht selten zu neuen Kontakten und damit zu einer Erweiterung des Netzwerks. Die Heyls steigerten mit ihren Beziehungen zu Fachleuten zudem die Bekanntheit ihrer Sammlung in den exklusiven Kunstkreisen, erwarben kunsthistorische Kenntnisse und eröffneten sich weitere Möglichkeiten, als Leihgeber an bedeutenden Ausstellungen mitzuwirken. Naturgemäß kommunizierten die Experten – ähnlich wie die Künstler – privater als die Händler. In den Briefen herrschte häufig ein persönlicher Ton. Die Korrespondenten äußerten sich in einem gewissen Rahmen zu Tagespolitik und gesellschaftlichen Fragen, schilderten aber auch ihr berufliches und familiäres Leben, was auf einen gegenseitigen Austausch hinweist. Außerdem finden sich zahlreiche Reaktionen auf Einladungen nach Worms oder Erinnerungen an erfolgte Besuche.

Die Untersuchung der kulturfördernden Projekte der Familie Heyl hat gezeigt, dass Wilhelm von Bode eine zentrale Persönlichkeit innerhalb des Heylschen Kunstnetzwerks war. Seine Funktion als Vermittler und Ratgeber der Heyls in den unterschiedlichsten Bereichen, sei es das Cornelianum, der Siegfriedbrunnen oder Fragen zum Denkmalschutz, basierte auf seiner Beratungstätigkeit für ihre Kunstsammlung. Viele der bedeutendsten Werke in dieser Sammlung sind auf seine Expertise und seine internationalen Kontakte auf dem Kunstmarkt zurückzuführen.

Im Heylschen Nachlass sind 58 Briefe und Telegramme Bodes überliefert, wobei der Großteil an Cornelius Wilhelm und fünf Briefe an Maximilian Heyl adressiert sind. Der Zeitraum erstreckt sich über die Jahre 1894 bis 1917. Im Nachlass Wilhelm von Bodes befinden sich 41 Briefe Cornelius Wilhelm Heyls zwischen 1891 und 1916.[538] Bode war ein unermüdlicher Briefeschreiber und die vorliegende Korrespondenz ist ausnahmslos eigenhändig. Täglich soll er mehrere Dutzend Briefe verfasst haben.[539] Seinen Kontakt zu Cornelius Wilhelm Heyl erwähnte Bode auch in seiner Autobiographie:

> Die häufigen Reisen in diesen Jahren boten mir Gelegenheit, auch Privatsammlern in reicherem Maße als bisher durch Erwerbungen behilflich zu sein. [...] Oskar Hainauer, Wilhelm Gumprecht und Adolf Thiem in Berlin wie H. Vieweg in Braunschweig und Baron Heyl von Herrnsheim in Worms war ich nach wie vor beim Sammeln behilflich.[540]

Die beiden trafen sich zudem im Reichstag.[541] Im Januar 1894 bedankte sich Heyl, verbunden mit Neujahrswünschen, für Bodes Rat und seine Bemühungen.[542] Bode hatte

538 SMB-ZA, NL Bode, Nr. 2519, Briefeingänge Cornelius Wilhelm Heyl, Nr. 1–41.

539 Vgl. auch Knopp, Blick, 1995, S. 10.

540 Bode, Leben, Bd. 2., 1930, S. 39.

541 StA Worms, Abt. 186, Nr. 1165, Wilhelm von Bode an Cornelius Wilhelm Heyl, 31.05.1896.

542 SMB-ZA, NL Bode, Nr. 2519-009, Cornelius Wilhelm Heyl an Wilhelm von Bode, 05.01.1894. Diesem gingen Briefe aus den Jahren 1891 und 1892 voraus, auf die sich aber keine Antworten finden lassen. Heyl ersuchte darin Bodes Hilfe für die Ausstattung eines Gipsmuseums in Worms. Offensichtlich bestellte er bei Bode zu diesem Zweck einige Gipsabgüsse von Kunstwerken der italienischen Frührenaissance. Vgl. SMB-ZA, NL Bode, Nr. 2519-005 u. 006, Cornelius Wilhelm Heyl an Wilhelm von Bode, 31.10.1891 u. 15.01.1892.

ihm ein Bild von Lorenzo di Credi[543] über den italienischen Kunsthändler Stefano Bardini für 60.000 Francs vermittelt und eine Preisminderung erreicht: „Seither habe ich nur Niederländer gesammelt, [...] Sodaß daher Credi mein erstes italienisches Bild und wie ich glaube ein guter Anfang in dieser Richtung ist."[544] Wilhelm von Bodes erster überlieferter Brief an Cornelius Wilhelm Heyl datiert auf den 11. Januar 1894 und dokumentiert diesen ersten Handel:

> Mein verehrtester Herr Baron, besten Dank für Ihre freundliche Karte. Es ist mir sehr lieb zu hören, daß Sie mit der Erwerbung zufrieden sind u. daß dieselbe gerade rechtzeitig in Worms eintraf. Gern werde ich Ihnen gelegentlich weiter behilflich sein, das eine oder andere Stück alter Kunst dazu zu erwerben. Vielleicht machen Sie mir die Freude Ihnen gelegentlich unsere nova in der Galerie [...] zu zeigen, dann können Sie mich gleichzeitig vor den Sachen auf die Künstler u. Meister aufmerksam machen, die Ihnen besonders erwünscht wären.[545]

Auch der nächste Brief Bodes im März 1896 belegt diese Berater- und Händlertätigkeit. Bode hatte Cornelius Wilhelm Heyl, wie oben geschildert, wohl an den Pariser Kunsthändler Charles Sedelmeyer vermittelt und kontaktierte ihn nun, um ihn wegen der Frans Hals Gemälde auf dem Laufenden zu halten: „Hat Ihnen Fischhof schon verraten, daß er gleich nach dem Mann d. Frans Hals die Frau desselben erhalten hat?"[546] Darüber hinaus gab er auch eine konkrete Handlungsanweisung: Der Baron solle direkt reagieren, damit das Bild in der Berliner Gemäldegalerie in der Restaurierung zurückbleibe. Damit verband Bode den Versuch, Cornelius Wilhelm Heyl für seinen neu zu gründenden Kaiser-Friedrich-Museumsverein zu gewinnen. Dieser telegraphierte direkt zurück: „vielen dank erbat mir satzungen ihres neuen vereins habe fischhof zusammenkunft frankfurt vorgeschlagen gruesze – heyl"[547]

Die zitierten Briefe bieten einen guten Einblick in die Funktionsweise des Netzwerks: Bode und Heyl erscheinen als Interaktionspartner mit jeweils eigenen Zielen. Während Heyl bestrebt war, seine Kunstsammlung weiter auszubauen, erwies sich Bode als hilfsbereiter und kompetenter Berater, der auch spontan im Sinne Heyls agierte. Neben größeren Erwerbungen half er bei der Suche nach entsprechenden Bilderrahmen[548] und führte Heyl durch die Berliner Sammlungen. Schließlich konnte

---

543 Es handelt sich um das Bild aus dem Umkreis Lorenzo di Credis (1459- 1537) *Maria mit Kind, Johannes und Engel*, Erstes Viertel des 16. Jahrhunderts, Öl auf Laubholz, Durchmesser 86,2 cm, Kunsthaus Heylshof, Inv. Nr. 9.

544 Zu Stefano Bardini: Bode, Leben Bd. 1, 1930, S. 122. Valerie Niemeyer Chini analysierte die Korrespondenz zwischen Stefano Bardini und Wilhelm Bode 1875–1920, s. Niemeyer-Chini, Stefano Bardini, 2009.

545 StA Worms, Abt. 186, Nr. 1165, Wilhelm von Bode an Cornelius Wilhelm Heyl, 11.01.1894.

546 StA Worms, Abt. 186, Nr. 0937/014, Wilhelm von Bode an Cornelius Wilhelm Heyl, 04.03.1896.

547 SMB-ZA, NL Bode, Nr. 2519-011, Telegramm von Cornelius Wilhelm Heyl an Wilhelm von Bode, 08.03.1896.

548 SMB-ZA, NL Bode, Nr. 2519-010, Cornelius Wilhelm Heyl an Wilhelm von Bode, 23.02.1896: „Sollten Sie es ermöglichen für die Skizze [...] Rahmen zu bestellen, wäre ich Ihnen sehr zu Dank verpflichtet."

Bode durch die investierte Netzwerkpflege Cornelius Wilhelm Heyl als Förderer für seine neuen Projekte gewinnen: Heyl wurde 1896 Gründungsmitglied in dem von Wilhelm von Bode ins Leben gerufenen Kaiser-Friedrich-Museumsverein. Hier versammelten sich bedeutende Mäzene aus Kreisen des Hochadels und des Wirtschaftsbürgertums. Neben Industriellen wie Alfred Krupp und Eduard Arnhold und Künstlern wie Max Liebermann, gehörten auch Adlige wie Fürst Carl Egon zu Fürstenberg und Graf Dönhoff-Friedrichstein zu diesem Zirkel.[549] In einem Brief an Cornelius Wilhelm Heyl im Dezember 1896 verwies Bode auf das prominenteste Gründungsmitglied des Vereins, Kaiser Wilhelm II: „Graf Dönhoff hat sich bereit erklärt 1. Vorsitzender unseres Museumsvereins zu werden, dem S. Majestät zuzutreten mir persönlich zugesagt hat. [...] In dem Kaiser haben wir jedenfalls ein sehr frisches und begeistertes Mitglied für den Kreis gewonnen."[550]

Bode kreierte mit dem Verein ein „kollektiv organisiertes Mäzenatentum", das in der Lage war, eine eigene Sammlung aufzubauen und diese an das Kaiser-Friedrich-Museum verlieh.[551] 1904 öffnete das Museum und zeigte Bodes neues Ausstellungskonzept, das „erstmalig in Deutschland weitreichende Parallelen zur Inszenierung von Kunst in Privatsammlungen aufzeigte."[552] Im Februar 1904 bat Heyl Bode darum, ihn durch die Sammlung James Simon zu führen: „Dort möchte ich Ihren [...] edlen Kunstsinn genießen."[553] Es handelte sich um das sogenannte Kabinett Simon im neu eröffneten Kaiser-Friedrich-Museum. Der jüdische Großkaufmann Simon sammelte seit den 1880er Jahren holländische Gemälde des 17. Jahrhunderts und Kunstgegenstände aus der Renaissance. Der aktuellen Mode entsprechend gestaltete er das Interieur seines Wohnhauses im Stil der „repräsentativen Kunstsammlung" nach dem beschriebenen französischen Vorbild.[554] Wie Heyl gehörte James Simon zu den Gründungsmitgliedern des Kaiser-Friedrich-Museumsvereins. Seine Renaissancesammlung stiftete er zur Gründung 1904 vollständig dem Kaiser-Friedrich-Museum. Bode inszenierte sie dort in Kabinettform, in der Form des ursprünglichen Herrenzimmers Simons und imitierte damit die Atmosphäre des Privathauses.[555]

Bode ging sehr herzlich auf Heyls Anliegen ein und ermutigte ihn, gemeinsam mit Sophie auch James Simon persönlich zu treffen und dessen Privatsammlung zu besichtigen. Offensichtlich hatte Heyl auf eine Empfehlung von Bode für einen Besuch gehofft, der jedoch versicherte, dass dies nicht nötig sei, da die beiden schließlich durch

549 Karsten Borgmann listet für den Zeitraum 1896 bis 1905 105 Vereinsmitglieder auf, davon 43 Sammler. Vgl. Borgman, Museum, 1992, S. 127–138, zit. n. Kuhrau, Kunstsammler, 2005, S. 129.

550 StA Worms, Abt. 186, Nr. 1165, Wilhelm von Bode an Cornelius Wilhelm Heyl, 12.12.1896.

551 Vgl. Kuhrau, Kunstsammler, 2005, S. 131.

552 Kuhrau, Kunstsammler, 2005, S. 135.

553 SMB-ZA, NL Bode, Nr. 2519-024, Cornelius Wilhelm Heyl an Wilhelm von Bode, 11.02.1904.

554 Vgl. Kuhrau, Kunstsammler, 2005, S. 10 u. 285 f.

555 Kuhrau, Kunstsammler, 2005, S. 136 f.

ihre Mitgliedschaft im Kaiser-Friedrich-Museumsverein „im gewissen Sinn Freimaurerbrüder“ seien.[556]

Aus dem exklusiven Verein kamen nicht nur Stiftungen an das Museum, er stellte auch Mittel für Neuerwerbungen zu Verfügung und organisierte Ausstellungen, die mit Leihgaben aus den Privatsammlungen der Mitglieder bestückt wurden. An solchen beteiligten sich auch die Heyls, beispielsweise 1906 mit vier Gemälden an einer Ausstellung zur Feier der Silberhochzeit des Kaiserpaars. Damit schlossen sie sich der Leihgeberliste der bekannten Berliner Sammler an, die dort mit ihren Spitzenwerken aufwarteten.[557] Bode informierte Cornelius Wilhelm Heyl im September 1905 über die Planung dieser Ausstellung und richtete sich mit einer direkten Anfrage an ihn:

> Ich vergaß Ihnen neulich zu schreiben, daß wir seitens des Vereins eine Ausstellung alter Bilder zur Silberhochzeit planen, da ja S. Majestät Mitglied ist. Und zwar mit Bildern aus Besitz von Mitgliedern. [...] Wir hoffen sehr, daß auch Sie uns ein paar ganz gute Stücke spenden werden: die 2 F. [Frans] Hals, der Th. [Thomas] de Keyser [Der Spazierritt, 1660]? – Was denken Sie darüber?[558]

Cornelius Wilhelm Heyl konnte dieses Angebot kaum abschlagen, schließlich eröffnete ihm diese Ausstellung die Möglichkeit, dem Kaiser zu begegnen. Er verlieh vier Bilder: neben den drei angefragten, außerdem das Kölner Dombild *Verherrlichung Mariens*. Aufgrund der hohen Werte verlangte Heyl, eine fachlich kompetente „Urkundeperson“ im Bahnwaggon und einen Wächter im Packwagen mitzuschicken, und fragte an, ob die Reise- und Transportkosten durch den Verein getragen würden.[559]

Bode hielt kontinuierlich Kontakt mit Cornelius Wilhelm Heyl. Er schickte Informationen über Verkaufsoptionen und organisierte restauratorische Maßnahmen, und er öffnete ihm die Türen zum internationalen Kunstmarkt. Beispielsweise informierte Bode Heyl, als der Kunsthändler Otto Gutekunst (1865–1947), Teilhaber der Londoner Kunsthandlung Colnaghi, in Berlin „eine Anzahl sehr guter [...] Bilder“ verkaufte.[560] Im Angebot waren Werke von Rembrandt, Rubens, Nicolas Maes, Aert van de Neer und Jan Davidszoon de Heem – eine Auswahl, die dem Sammlungssammlungsschwerpunkt im Heylshof entsprach. Die Kunsthandlung Paul & Dominic Colnaghi hatte eine lange Tradition, galt als eine der besten Adressen und handelte vor allem mit englischer Kunst, aber auch mit holländischen und flämischen Werken des 17. Jahrhunderts.[561]

---

556 StA Worms, Abt. 186, Nr. 1202, Wilhelm von Bode an Cornelius Wilhelm Heyl, 11.02.1904.

557 Vgl. Kaiser-Friedrich-Museums-Verein (Hrsg.), Zur Feier der Silbernen Hochzeit, 1906.

558 StA Worms, Abt. 186, Nr. 1174, Wilhelm von Bode an Cornelius Wilhelm Heyl, 20.09.1905, Anm. im Zitat I. H.

559 Als Versicherungswerte werden angegeben: zwei Frans Hals Gemälde à 30.000 Mark, ein Gemälde von Thomas de Kayser 20.000 Mark, ein Kölner Dombild 3.000 Mark. Vgl. SMB-ZA, NL Bode, Nr. 2519-029, Cornelius Wilhelm Heyl (Verwaltung) an Wilhelm von Bode, 13.01.1906. Bei dem Kölner Dombild handelt es sich um die *Verherrlichung Mariens* des Meisters der Verherrlichung Mariens, um 1470, Kunsthaus Heylshof, Inv. Nr. 2, aus der Sammlung Carl Martin Stein, Köln.

560 StA Worms, Abt. 186, Nr. 1165, Wilhelm von Bode an Cornelius Wilhelm Heyl, 09.02.1898.

561 Vgl. Wolff-Thomson, Wachsbüste, 2006, S. 180. Vgl. auch Bode, Leben, Bd. 2, 1930, S. 70.

Besonders nützlich für den Kunstsammler Heyl waren schließlich Mitteilungen wie diese: „Bitte schreiben Sie Böhler [Hofantiquar Julius Böhler, München, Anm. I. H.] nicht, daß ich das Bild [angeblich von Willem Kalf, niederländischer Stilllebenmaler, 17. Jahrhundert, Anm. I. H.] für eine Kopie halte. Ich bin Böhler gern nützlich, da er auch für uns jederzeit entgegenkommend ist. Daher möchte ich ihn nicht brüskieren."[562] Diese Information zeugt von einer bereits aufgebauten Vertrauensbasis. Auskünfte dieser Art konnten nur sehr vorsichtig gegeben werden, da sie einen sensiblen Bereich berührten.

Es war aber stets klar, dass es sich bei der Beziehung zwischen dem Museumsmann und dem Kunstsammler um ein *do ut des*- Verhältnis handelte und Bode von Heyl erwartete, sich auch finanziell am Aufbau seines Museumsprojekts zu beteiligen. Bode formulierte seine Ansprüche recht frei heraus und nicht ohne selbstironische Randbemerkungen:

> Dabei fällt mir noch ein – entschuldigen Sie den hässlichen Schluss, aber Bode ist der schlimmste Räuber, pflegt S. M. ja zu sagen, wenn er mich jemand vorstellt – würden Sie sich an dem Geschenk von ein paar sehr interessanten Bildern von Mantegna-Schüler Parentino, das Vereinsmitglieder dem K. F. M. vermachen wollen (ich habe schon 3/4 zusammen) mitbetheiligen?[563]

Wilhelm von Bode und Cornelius Wilhelm Heyl hatten eine stabile Beziehung geschaffen, die sie mit Geschenksendungen[564], Einladungen und persönlichen Mitteilungen, vor allem über Gesundheit und Krankheit, untermauerten. Diese drehten sich allerdings vornehmlich um Bode, der nach Ansicht Heyls seine Gesundheit opferte.[565] Wenn Bode über seine hohe Arbeitsbelastung klagte – „[Ich] gehe langsam ein über aller Arbeit und Ärger" –, immer wieder von erneuter Krankheit schrieb – „Ich habe mich noch immer nicht erholt."[566] – und darüber hinaus seine geplante Grabinschrift mitteilte – „Museis inserviendo consumor. Diese anständige Grabschrift möchte ich verdienen."[567] –, antwortete Heyl mit heroischen Lobeshymnen auf den Museumsdirektor:

> So lange Sie aber der Kunst, dem ewig Schönen auf allen Gebieten, mit solcher Hingebung dienen wie seither tragen Sie eher zur Blüthe derselben in ganz Deutschland bei als zur Steigerung Ihrer Gesundheit. Doch die heilige Arbeit für das Vaterland ist ja das höchste Glück, sollte es wenigstens sein.[568]

562 StA Worms, Abt. 186, Nr. 1174, Wilhelm von Bode an Cornelius Wilhelm Heyl, 24.08.1906.
563 StA Worms, Abt. 186, Nr. 1202, Wilhelm von Bode an Cornelius Wilhelm Heyl, 11.02.1904.
564 StA Worms, Abt. 186, Nr. 1165, Wilhelm von Bode an Cornelius Wilhelm Heyl, 09.02.1898, Sendung des von Heyl finanzierten Prachtbands zur Geschichte der Stadt Worms. Bode schickte Heyl hingegen Museologien und eigene Publikationen, vgl. SMB-ZA, Abt. NL Bode, Nr. 2519-003, Cornelius Wilhelm Heyl an Wilhelm von Bode, 08.10.1902 und 22.06. o. J.
565 SMB-ZA, NL Bode, Nr. 2519-021, Cornelius Wilhelm Heyl an Wilhelm von Bode, 20.12.1896.
566 StA Worms, Abt. 186, Nr. 1165, Wilhelm von Bode an Cornelius Wilhelm Heyl, 24.10.1896.
567 StA Worms, Abt. 186, Nr. 1165, Wilhelm von Bode an Cornelius Wilhelm Heyl, 24.10.1896.
568 SMB-ZA, NL Bode, Nr. 2519-021, Cornelius Wilhelm Heyl an Wilhelm von Bode, 20.12.1896.

Eine Äußerung von Unmut findet sich nur in einem Brief aus dem Jahr 1911, als Bode den Freiherrn für den Ausschuss seines Vereins für Deutsche Kunstwissenschaft gewinnen wollte.[569] Hier warf er Heyl vor, sich nicht ausreichend für das „Deutschtum" zu engagieren und stattdessen „Berliner Juden" das Feld zu überlassen.[570] An dieser Stelle zeigte sich das oftmals impulsive Verhalten des Generaldirektors. Auch Anspielungen auf antisemitisch geprägte Ressentiments erschienen ihm als wirksames Mittel, um Druck aufzubauen, obwohl er zeitlebens mit vielen Juden in freundschaftlichem Kontakt stand. Inwiefern die Beziehung zu Cornelius Wilhelm Heyl unter diesem eindringlichen Appell litt, ist aus den überlieferten Briefen nicht zu ersehen.

Ein Kunstberater, der Cornelius Wilhelm Heyl in den letzten aktiven Sammlerjahren begleitete, war der Archäologe und Kunsthistoriker Jean Paul Richter (1847–1937), ein führender Experte im transnationalen europäischen Kunstmarkt des 19. und frühen 20. Jahrhunderts.[571] Als Herausgeber des schriftlichen Nachlasses Leonardo da Vincis bekannt geworden, hatte sich Richter einen Namen als ausgewiesener Kenner der Kunst der italienischen Renaissance gemacht. So baute er etwa die Privatsammlung von Ludwig Mond (1839–1909) und Henriette Hertz (1846–1913) auf, führte Katalogisierungsarbeiten für König Ludwig II. von Bayern und für die Wallace Collection in Hertford House London durch und forschte für die Londoner National Gallery.

Für Cornelius Wilhelm Heyl war Jean Paul Richter in den Jahren 1916 bis 1918 tätig. Aus diesem Zeitraum sind 17 Briefe und ein Telegramm im Nachlass erhalten. Zunächst führte Richter eine Begutachtung von Bildern der Böhlerschen Kunstsammlung durch. Es ging hierbei insbesondere um die Fälschung eines Palma Vecchio.[572] Weiterhin wurde Richter mit der Katalogisierung der Sammlung alter Handzeichnungen betraut, die 1919 gedruckt wurde, jedoch ohne die ausführliche Einleitung Richters, die lediglich handschriftlich vorliegt.[573] Richter suchte unter anderem in Dresden nach Gemälden, die zu den Zeichnungen der Heylschen Sammlung gehörten.[574] Außerdem stellte ihm der bekannte Schweizer Kunsthistoriker und Spezialist für Renaissance und Barock Heinrich Wölfflin (1864–1945), zu diesem Zeitpunkt Professor an der Ludwig-Maximilians-Universität München, seine Privatbibliothek für die Forschung an der Heylschen Sammlung zur Verfügung.[575]

---

569 S. Kapitel 4.1.2.2

570 StA Worms, Abt. 186, Nr. 1174/045, Wilhelm von Bode an Cornelius Wilhelm Heyl, 05.10.1915.

571 Vgl. Seybold, Schlaraffenleben, 2014; Rischbieter, Henriette Hertz, 2004, S. 158; Richter, Malerei, 1960.

572 Für die Begutachtung erhielt Richter ein Honorar von 300 Mark. StA Worms, Abt. 186, Nr. 1174, Jean Paul Richter an Cornelius Wilhelm Heyl, 15.11.1916.

573 StA Worms, Abt. 212, Nr. 206, Beschreibung und Erklärung von 174 Zeichnungen Alter Meister in alphabetischer Anordnung in Schloss Herrnsheim im Besitz seiner Exzellenz des Freiherrn Dr. C. W. von Heyl zu Herrnsheim durch J. P. Richter, 10. Februar 1919, handschriftliche Einleitung.

574 StA Worms, Abt. 186, Nr. 1202, Jean Paul Richter an Cornelius Wilhelm Heyl, 05.08.1917.

575 StA Worms, Abt. 186, Nr. 1202, Jean Paul Richter an Cornelius Wilhelm Heyl, 29.01.1917.

Aus dem Nachlass der Heyls geht nicht hervor, auf welchem Weg sie Richters Bekanntschaft machten und daraufhin seine Beratertätigkeit in Anspruch nahmen. In ihrem Kunstnetzwerk gab es gemeinsame Kontakte zu Wilhelm von Bode und Franz von Lenbach. Eine enge Beziehung pflegte Richter zudem mit der Grafenfamilie von Erbach-Fürstenau, die er um 1900 in Rom kennengelernt hatte. In ihrem Wasserschloss im Odenwald verbrachte Richter die Kriegszeit zwischen 1916 und 1918 und unternahm von dort aus Reisen zu Auktionen und weiteren Auftraggebern. Einige Briefe an Heyl tragen folglich auch den Absender „Schloss Fürstenau, Post Michelstadt im Odenwald".[576] Die Heyls waren aufgrund der gemeinsamen Mitgliedschaft in der Ersten Kammer des Großherzogtums Hessen mit den Grafen persönlich bekannt. Sophie Heyl tauschte sich mit der Gräfin über private Angelegenheiten aus und man lud sich gegenseitig zu Wohltätigkeitsveranstaltungen ein.[577] Als es im Dezember 1917 um die Frage der Drucklegung von Richters Katalogs ging, hielt die Gräfin ihn über die Terminvorstellungen der Heyls auf dem Laufenden.[578] Letztlich konnten jedoch die Pläne für ein Buch nach dem Vorbild des „Jubiläumsbuches der Großherzoglichen Regierung", wie es Cornelius Wilhelm Heyl vorschwebte, nicht umgesetzt werden.[579] Es entstand lediglich eine schlichte kommentierte Liste der vorhandenen Zeichnungen.

Im Münchner Auktionshaus Helbing besichtigte und prüfte Richter 1917 im Auftrag Cornelius Wilhelm Heyls Gemälde, für die der Freiherr bereits ein Kaufinteresse angegeben hatte.[580] Seine Berichte gestaltete Richter sehr lebendig und reicherte sie mit detaillierten Beschreibungen, Diskussionen und Fachexpertise an. Dabei legte er Wert darauf, individuell auf die Sammlung seines Auftraggebers einzugehen und ihm auch von möglichen Fehlkäufen abzuraten, etwa im Fall einer *Madonna mit Kind* von Hans Holbein, die er nicht zum Ankauf empfahl, da es als feierliches Kirchenbild nicht in Privatgemächer passe. Hingegen befürwortete er ein Landschaftsbild von Patinir, da es seiner Meinung nach ein Christusgemälde desselben Künstlers gut ergänzte, das sich bereits in der Heylschen Sammlung befand.[581]

Als Richter 1918 erneut Bilder bei Böhler in München begutachtete, ging er intensiv auf ein Gemälde Meindert Hobbemas (1638–1709) ein, für das sich Heyl interessierte:

576 StA Worms, Abt. 186 Nr. 1217, Jean Paul Richter an Cornelius Wilhelm Heyl, 28.09.1916; StA Worms, Abt. 186 Nr. 1202, Jean Paul Richter an Cornelius Wilhelm Heyl, 15.09.1916, 05.08.1917 und 08.02.1918.

577 StA Worms, Abt. 186, Nr. 1416 u. 549, Gräfin zu Erbach Fürstenau an Cornelius Wilhelm Heyl, 30.10.1916 u. Sophie Heyl an Cornelius Wilhelm Heyl, o. D. um 1891.

578 StA Worms, Abt. 186, Nr. 1174, Jean Paul Richter an Cornelius Wilhelm Heyl, 30.12.1917.

579 StA Worms, Abt. 186, Nr. 1202, Jean Paul Richter an Cornelius Wilhelm Heyl, 08.02.1918.

580 StA Worms, Abt. 186, Nr. 1202 u. 1174, Jean Paul Richter an Cornelius Wilhelm Heyl, 02.12.1917 u. 03.12.1917.

581 StA Worms, Abt. 186, Nr. 1202, Jean Paul Richter an Cornelius Wilhelm Heyl, 02.12.1917.

> Von den übrig bleibenden Bildern [...] möchte ich B. (Hobbema) bei Seite schieben, weil der sehr hohe Preis nach meiner Ansicht aus Conjunkturen sich rechtfertigen läßt, welche wohl für den Händler maßgebend sind, weniger oder gar nicht für den Sammler. [...] Echt ist das Bild ohne Zweifel, aber Hobbema hat nicht wenige weitaus schönere Bilder gemalt. Solche Bilder schildern fast immer ein von der Sommersonne aufgehelltes Waldesinnere. Darin lag Hobbemas Meisterschaft. [...] Das Bild bei Böhler besitzt diesen einzigartigen Vorzug nicht. Darum möchte ich nicht zuraten in Anbetracht des superlativen Preises. An trüben Wintertagen muß der von diesem Bilde gebotene Genuss ein recht mässiger sein.[582]

Es wird deutlich, dass Richter als unabhängiger Gutachter offen seine Bedenken und aufrichtige Empfehlungen vorbringen konnte. Im Gegensatz zu den Kunsthändlern, die Heyl als Kunden bedienten, offerierte Richter allein seine Expertise im Sinne seines Auftraggebers. Während auch bei Bode eigene Interessen respektive die Interessen des Kaiser-Friedrich-Museumsvereins eine Rolle spielten, trat Richter, soweit ersichtlich, meinungsstark und unabhängig auf. Persönliche Kommentare zur aktuellen Situation, zu Befindlichkeiten oder familiären Angelegenheiten spielten in der Korrespondenz Richters keine Rolle. Seine Briefe waren inhaltlich vollkommen auf die zu leistende Aufgabe konzentriert.

Künstler im Netzwerk

Die Künstlerbriefe heben sich in ihrer Individualität innerhalb des Korrespondenznetzwerks ab. Die Gruppe der Künstler war sehr heterogen – vom Malerfürsten bis zum Kunststudenten waren alle Formen von Künstlerexistenzen im Netzwerk vertreten.[583] Auch von Künstlerseite erreichten die Heyls Angebote, Briefe mit Terminabspra-

---

582 StA Worms, Abt. 186, Nr. 1202, Jean Paul Richter an Cornelius Wilhelm Heyl, 19.09.1918.

583 Innerhalb der Korrespondenz ließen sich folgende bildende Künstler und Kunsthandwerker identifizieren (Korrespondenzzeiträume in Klammern): Christian Wilhelm Allers, Capri (1894–1895); Max Bewer, Schriftsteller, Dresden (1912–1913); Johann Caspar Bluntschli, Architekt, Zürich (1915); Hans Christiansen, Künstler, Künstlerkolonie Darmstadt (1905); Wanda von Cranach, Modeatelierleiterin, München (1908); Aloys Delug, Künstler, Prof. an der Kunstakademie in Wien (1890er Jahre); Michael Zeno Diemer, Künstler, München (1903–1905); Gustav Eberlein, Künstler, Prof., Akademie der Künste Berlin (1906); Fritz Erler, Künstler, Prof. und Ehrenmitglied der Kunstakademie München (o. J.); Lorenz Gedon, Künstler, München (1881); Hans Haggenmiller, Künstler, München (1893); Adolf von Hildebrand, Künstler, Prof. und Ehrenmitglied der Dresdner Kunstakademie, München (1899–1901); Johannes Hirt, Künstler, Karlsruhe (1902); Johannes Hort, Künstler, München (1889–1892); Johann Emil Hünten, Künstler, Prof. an der Kunstakademie Düsseldorf, (1889–1892); Otto Hupp, Künstler und Heraldiker, Königlicher Prof., Schleißheim (1887–1922); Friedrich August Kaulbach, Künstler, Prof., Direktor der Kunstakademie München (1886–1916); Max Koner, Künstler, Prof., Kunstakademie Berlin (1899–1900); Carl Küstner, Künstler, Prof., Kunstakademie München (1914); Gustav Laeverenz, Künstler, München (1894); Franz von Lenbach, Künstler, Prof., München (1883–1904); Hans Müller-Hickler, Glasmaler, Darmstadt (1905); Alois Müller, Künstler, München (1893); Ernst Müller, Künstler, Berlin (1901); Wilhelm Pape, Künstler, Berlin (1903–1904); Friedrich Perlberg, Künstler, München (1914); Joseph Sattler, Künstler, Berlin (1898–1905); Karl Schmoll von Eisenwerth, Künstler, Prof., TH Stuttgart (1914–1920); Gustav Schönleber, Künstler, Prof., Großherzoglich Badische Kunstschule Karlsruhe (1902–

chen, Rechnungen und Hinweise auf Zahlungsmodalitäten. Sie hielten die Heyls mit Berichten über den Fortgang und Verlauf von Projekten und Auftragsarbeiten auf dem Laufenden. Aber noch augenscheinlicher als die Händler und Experten nutzten viele Künstler ihre Briefe an Heyl als Plattform zur Selbstvermarktung und -darstellung. Außerdem geht aus der Korrespondenz hervor, dass dem Sammlerehepaar in einigen Fällen sehr daran gelegen war, die Beziehungen freundschaftlich und persönlich zu gestalten. Die Künstler berichteten über Verkaufserfolge, prominente Auftraggeber und Ausstellungsprojekte, an denen sie beteiligt waren. ‚Namedropping' war hier ein bewährtes Stilmittel, das auch auf Händler- und Expertenseite auftauchte, wenn auch weniger intensiv. Adlige Persönlichkeiten als indirekte Referenz wurden in diesem Kontext auffallend häufig bemüht. Im Sinne der Selbstdarstellung stellten die Künstler entweder ihre Zugehörigkeit zu einer bestimmten Gruppe heraus oder sie betonten ausdrücklich ihre Alleinstellungsmerkmale. Für die Eigenwerbung erwähnten die Künstler außerdem Preise und Ehrungen, die sie erhalten hatten. Einige schickten Geschenke und Fotografien sowie Einladungen zu Atelierbesuchen.

Mehr noch als andere Korrespondenzpartner legten die Künstler Wert auf die Gestaltung ihrer Schreiben, indem sie beispielsweise das Schriftbild künstlerisch ausführten, Zeichnungen integrierten und ihre Schreibkompetenz sowie Ausdrucksfähigkeit zur Schau stellten. Die in den Briefen enthaltenen Informationen wurden mit persönlichen Erlebnisschilderungen, Befindlichkeiten und politischen Meinungen angereichert, wobei sich oft die nationale Einstellung Heyls widerspiegelte. Einige, wie Franz von Lenbach oder Christian Wilhelm Allers (1857–1915), setzten auf eine humoristische Ansprache, andere gingen sehr persönlich auf ihre freundschaftliche Beziehung zur Familie Heyl ein, wie etwa der Heraldiker Otto Hupp oder Lorenz Gedon. Viele nutzten Neujahrskarten, um bei den Sammlern auch außerhalb von konkreten Projekten präsent zu sein. Damit konnten sie eine gewisse Kontinuität herstellen, die Verbindlichkeit demonstrierte. Die Aufrechterhaltung des Kontakts gelang teilweise über die eigentliche Zusammenarbeit hinaus.[584] Oft wurden die eigene Familie und die Familie Heyl respektive die Ehefrauen in die Grußfloskel mit einbezogen. Schmeicheleien und die direkte Ansprache Heyls als Förderer der Kunst sollten den Sammler für die eigene Kunst gewinnen und weiter als Mäzen motivieren.[585]

1913); Franz Triebsch, Künstler, Prof., Berlin (1916–1917); Wilhelm Trübner, Künstler, Prof., Städelsches Kunstinstitut Frankfurt (1902); Benjamin Vautier, Künstler, Königlicher Prof., Düsseldorf (1877); D. Vollgold & Sohn, Hofgoldschmiede Seiner Majestät des Kaisers und Königs, Berlin (1902); Georg Waltenberger, Künstler, Berchtesgarden (1904); Theodor Wende, Künstler, Künstlerkolonie Darmstadt (1913); Carl Winterhalter, Silberschmied, München (1894); Heinrich Wolff, Künstler, Prof., Kunstakademie Königsberg (1906–1907); Georg Wrba, Künstler, München (1909).

584 Noch 1915 besuchte die Tochter des Architekten Bluntschli den Heylshof und schickte ihrem Vater Fotografien des Palais, für die er sich wiederum bei Heyl bedankte. StA Worms, Abt. 186, Nr. 1174, Alfred Friedrich Bluntschli an Cornelius Wilhelm Heyl, 02.02.1915.

585 Überliefert sind 20 Neujahrsbriefe, u. a. von Otto Hupp, Friedrich August von Kaulbach, Franz von Lenbach, Joseph Sattler und Georg Swarzenski. Der Düsseldorfer Künstler Emil Hünten bezeich-

Aus der Künstlerkorrespondenz geht hervor, dass die Heyls durchaus Wert darauf legten, ‚ihren‘ Künstlern in ihrer elitären Lebenswelt einen herausgehobenen Platz einzuräumen und sich mit ihnen zu umgeben. Dies wird durch die zahlreichen Kommentare zu Einladungen, sei es zur Jagd, anderen Anlässen oder individuellen Besuchen deutlich, die sich in den Künstlerbriefen finden. Wertschätzung und Anerkennung zollte das Sammlerehepaar einigen Künstlern mit der Zusendung von kleinen Aufmerksamkeiten und Geschenken. Außerdem unterrichteten sie ihre Korrespondenzpartner fortlaufend über eigene kulturfördernde Projekte, indem sie ihnen Informationen und Denkschriften über ihre Stiftungen zuschickten. Die Heyls nutzten die Beziehungen zu einzelnen Künstlern, um wiederum neue Bekanntschaften zu schließen, junge Künstler zu fördern, in der Kunstwelt auf dem Laufenden zu bleiben und um Informationen über den Kunstmarkt zu erhalten. Sie holten sich Rat von etablierten Künstlern und nutzten deren Kontakte, um Restauratoren, Kopisten und Fotografen für kleinere Aufträge zu finden.

Insbesondere die Münchner Künstlerszene fand sich eng verzweigt im Netzwerk der Heyls wieder. Zahlreiche Künstler, die im Künstlerverein Allotria organisiert waren, arbeiteten für die Heyls – teilweise auch zusammen – an verschiedenen Projekten.[586] 1873 von Franz von Lenbach und Lorenz Gedon gegründet, eröffnete diese Künstlervereinigung soziale Räume und bot unterschiedlichste Gelegenheit für informelle ebenso wie geradezu ‚zeremonielle‘ Treffen von Künstlern, Kunstagenten, Museumsleuten, Sammlern sowie kulturellen und politischen Eliten.[587] Aus dem Kreis der Allotria lassen sich zehn Persönlichkeiten in der Heylschen Korrespondenz identifizieren: Die Gründer Franz von Lenbach[588] und Lorenz Gedon[589], Friedrich August von Kaulbach[590], Gabriel Seidl[591], Rudolf Seitz[592], Wilhelm Busch[593], Gustav Laeve-

nete Cornelius Wilhelm Heyl in seiner Neujahrskarte vom 03.01.1892 als „Förderer meiner besten Bestrebungen auf künstlerischem Gebiet.“, StA Worms, Abt. 186, Nr. 1202.

586 Vgl. dazu Kapitel 4.1.2.2.

587 Vgl. Lehmann, Künstlerfeste, in: Bundeskunsthalle Bonn (Hrsg.), Malerfürsten, 2018, S. 234.

588 StA Worms, Abt. 186, Nr. 1165, 1174, 1202, 1207 u. 1217, 28 Briefe von Franz von Lenbach an Cornelius Wilhelm Heyl; StA Worms, Abt. 186, Nr.1174, ein Brief an Sophie Heyl, 06.11.1883.

589 StA Worms, Abt. 186, Nr. 1199, drei Briefe aus dem Jahr 1881 von Lorenz Gedon an Marie Antoinette Stein. Gedon wird mehrmals in Franz von Lenbachs Briefen erwähnt.

590 StA Worms, Abt. 186, Nr. 1199, drei Briefe aus den Jahren 1882 bis 1884 von Friedrich August von Kaulbach an Marie Antointte Stein; StA Worms, Abt. 186, Nr. 1165, 1174 u. 1202, 20 Briefe aus den Jahren 1884 bis 1916 von Friedrich August von Kaulbach an Cornelius Wilhelm Heyl; StA Worms, Abt. 186, Nr. 1165, zwei Briefe von Friedrich August von Kaulbach aus den Jahren 1891 und 1896 an Sophie Heyl.

591 StA Worms, Abt. 186, Nr. 1165, 1174 u. 1202, neun Briefe aus den Jahren 1892 bis 1910 von Gabriel Seidl an Cornelius Wilhelm Heyl; StA Worms, Abt. 186, Nr. 1174, ein Brief von Gabriel Seidl an Sophie Heyl, 16.06.1909.

592 Rudolf Seitz wird mehrmals in den Briefen von Gabriel Seidl und Otto Hupp erwähnt. Hupp wurde von Seitz in den Allotria-Kreis eingeführt. Vgl. Mannsbart, Einführung, in: Mannsbart (Hrsg.), Nachlass Otto Hupp, 2001, o. S.

593 Wilhelm Busch wird in den Briefen von Franz von Lenbach und Otto Hupp erwähnt.

renz[594], Otto Hupp[595] sowie der Goldschmied Alois Müller[596] und der Restaurator der Münchener Pinakothek, Professor Alois Hauser d. Ä.[597] Von Wilhelm von Diez, der ebenfalls Mitglied der Allotria war, ist zwar keine Korrespondenz erhalten, aber ein Gemälde befindet sich in der Heylschen Sammlung.[598] Neben den Projekten der Heyls lassen sich in den überlieferten Briefen gute Verbindungen und Freundschaften sowie ein gewisses Zusammengehörigkeitsgefühl der Allotria-Künstler ablesen,[599] auch wenn einige zweifellos miteinander konkurrierten.[600] Indem die Künstler Heyl von ihren gemeinsamen Aktivitäten berichteten, ihm hin und wieder einen Kollegen empfahlen oder in die Wormser Projekte miteinbezogen und ihm Grüße aus ihrem Freundeskreis bestellten, ließen sie auch den Mäzen an dieser Gemeinschaft teilhaben und gaben ihm das Gefühl, Teil ihrer Künstler- und Freundesgruppe zu sein.

Heyl nahm die Möglichkeit des persönlichen Kontakts gerne wahr und führte später auch seinen ältesten Sohn Cornel in den Münchner Künstlerkreis ein, wie aus einem Brief an Sophie hervorgeht. Im September 1893 schrieb er ihr aus der Stadt München, die er als „so herrlich reizend“ charakterisierte „wie es keine zweite gibt.“[601] Seine Begegnungen mit den Künstlern schilderte er folgendermaßen:

> Am Dienstag Morgen ging ich mit Cornel zu Lenbach fragen ob er dort sei und da steckte er den Kopf aus dem Atelier und führte uns persönlich 1 1/2 Stunden in seinem Zauberschloß herum. Frau von Lenbach lernte ich nach der Oper kennen. Am Mittwoch aßen wir bei Seidl dessen Frau charmant ist und besuchten Hupp in Schleißheim was uns sehr interessirte. Kaulbach war zufäl-

---

594 StA Worms, Abt. 186, Nr. 1202, Gustav Laeverenz an Cornelius Wilhelm Heyl, 28.08.1894.

595 BayHStA, NL Hupp, Nr. 2272, 40 Briefe aus den Jahren 1885 bis 1923 von Cornelius Wilhelm Heyl an Otto Hupp. StA Worms, Abt. 186, Nr. 1165, 1202 u. 1174, 56 Briefe von Otto Hupp an Cornelius Wilhelm Heyl aus den Jahren 1887 bis 1922.

596 StA Worms, Abt. 186, Nr. 1165, Alois Müller an Cornelius Wilhelm Heyl, 27.10.1893. Müller wird außerdem in einem Brief von Otto Hupp erwähnt, der den Goldschmied an einem Auftrag der Heyls beteiligte. StA Worms, Abt. 186, Nr. 1165, Otto Hupp an Cornelius Wilhelm Heyl, 30.12.1891.

597 StA Worms, Abt. 186, Nr. 1492, Alois Müller an Maximilian Heyl, 30.05.1900. Der gleichnamige Sohn Müllers arbeitete als Restaurator in der Gemäldegalerie Berlin. Wilhelm von Bode erwähnte beide in seinen Memoiren mit großer Hochachtung. Vgl. Bode, Leben, Bd. 1, 1930, S. 100.

598 Wilhelm von Diez, *Kriegsgefangene*, 1895, Schenkluhn, Kritischer Katalog, in: Schenkluhn (Hrsg.), Stiftung Kunsthaus Heylshof, 1992, Inv. Nr. 96.

599 Lenbach ließ in einem Brief Grüße von Kaulbach und Gedon ausrichten. StA Worms, Abt. 186, Nr. 1174, o. D. 1883, Lenbach hatte etwa den Kontakt zu Laeverenz hergestellt und stellte ihn als guten Freund von Gedon, Lenbach, Seidl und sich selbst dar. StA Worms, Abt. 186, Nr. 1165, 09.10.1894. Kaulbach lobte die Arbeit Seidls für die Gottliebenkapelle der Heyls. StA Worms, Abt. 186, Nr. 1165, 25.10.1893.

600 So schrieb Otto Hupp 1892 an Heyl über die Vorbereitungen für die Weltausstellung in Chicago, für die Gabriel von Seidl die deutsche Abteilung übernommen hatte. Die Deckenmalerei des Hauptsaals sollte von Lenbach und Seitz ausgeführt werden, der Nachbarsaal war für Hupp zur Ausmalung bestimmt worden: „[U]nd jetzt können Sie sich denken wie wenig gern ich hinter den Beiden mit denen ich nun gewissermaassen concurriren muss, zurückbleiben möchte.“ StA Worms, Abt. 186, Nr. 1165, 31.12.1892.

601 StA Worms, Abt. 186, Nr. 555, Cornelius Wilhelm Heyl an Sophie Heyl, 01.09.1893.

lig angekommen sodaß wir auch ihn besuchen und seine Wohnung sehen konnten. Höchster Luxus bei Lenbach und Kaulbach [...] aber alle Räume zu voll.[602]

In diesem Briefzitat sind die vier Künstler aus dem Allotria-Zirkel genannt, die für die Heyls von herausragender Bedeutung waren: Zu Otto Hupp pflegten sie einen besonders intensiven Kontakt und er war kontinuierlich in verschiedensten Projekten sowie über einen langen Zeitraum hinweg für sie tätig. Darüber hinaus zeichnete er für das Corporate Design der Familie verantwortlich.[603] Gabriel Seidl hatte die Gottliebenkapelle für die Familie entworfen. Besonders wichtig für die Heyls waren die sogenannten Malerfürsten Franz von Lenbach und Friedrich August von Kaulbach. Lenbach führte 1883 ein großformatiges Porträt Cornelius Wilhelm Heyls aus.[604] Als Pendant malte Kaulbach 1886 ein etwa gleichgroßes Kniestück von Sophie Heyl (Abb. 32).[605] Seit der Eröffnung des Museums Heylshof sind die beiden Gemälde als Stifterporträts prominent im Foyer platziert und begrüßen die Besucher und Besucherinnen.

Abb. 32: Friedrich August von Kaulbach: Sophie von Heyl zu Herrnsheim, 1886, 146 x 98,5 cm, Museum Kunsthaus Heylshof, Inv. Nr. 103.

602 StA Worms, Abt. 186, Nr. 555, Cornelius Wilhelm Heyl an Sophie Heyl, 01.09.1893.

603 Vgl. dazu Kapitel 3.3.6.

604 Die Korrespondenz enthält drei Briefe Franz von Lenbachs an Cornelius Wilhelm Heyl zur Entstehung des Porträts: StA Worms, Abt. 186, Nr. 1174 u. 1202, 06.11.1883, 15.11.1883 u. 21.12.1883.

605 Die Korrespondenz enthält drei Briefe Friedrich August von Kaulbachs an Cornelius Wilhelm Heyl zur Entstehung des Porträts: StA Worms, Abt. 186, Nr. 1174, 29.04.1886, 03.07.1886 u. 15.08.1886.

Die Wahl ihrer Porträtisten fügte sich schlüssig in die Prestigepolitik der Heyls ein, nutzten sie doch auf diese Weise den „adelnden Pinsel des Malerfürsten", der „der Erhaltung und Erhöhung von Eliten ebenso wie der Legitimation sozialer Aufsteiger" diente, wie die Kunsthistorikerin Doris H. Lehmann feststellte.[606] Wesentlich war dabei insbesondere die „Aura" des Malerfürsten, die er durch die Inszenierung seines Lebensstils ebenso wie durch den „Anschein von Altmeisterlichkeit" seiner Kunst, die dem Geschmack des Hofes und des Großbürgertums entsprach, erzielte.[607] Anne-Marie Bonnet, die den Typus des sogenannten Malerfürsten untersuchte, kam zu dem Ergebnis, dass es sich bei diesen konservativ anmutenden Künstlern letztlich um moderne Geschäftsmänner, begabte Netzwerker und „Selbstpromoter" handelte.[608] Das Phänomen des modernen Malerfürsten sei bislang von der Kunstgeschichtsschreibung jedoch mehrheitlich übersehen worden, obwohl der charakteristische Habitus und Status dieser Art des Künstlertums ebenso als spezifisch moderne Erscheinungsform anzuerkennen sei, wie der antibürgerliche Bohemien, der bisher das Forschungsfeld dominiert.[609] Es handelte sich um ein „komplexes Erfolgsmodell", so auch Lehmann, dessen Wiederentdeckung als Teil der Moderne bislang noch ausstehe.[610]

Im Zitat Cornelius Wilhelm Heyls wird deutlich, wie wichtig die Inszenierung des Ateliers und der Wohnräume für Lenbach und Kaulbach waren. Die Künstlervilla Lenbachs, von Heyl als „Zauberschloss" bezeichnet,[611] diente dem Maler als Wohnsitz, Werkstatt, Bühne und Verkaufsraum. Hier zeigte sich wieder der Ideentransfer aus der Weltstadt Paris, wo sich die Inszenierung der repräsentativen Edelkaufhäuser und Kunsthandlungen in den privaten und musealen Ausstellungsräumen wiederfand und umgekehrt.[612] Lenbach verfolgte mit der altmeisterlichen Einrichtung seiner Räume bereits zu Lebzeiten seine eigene Musealisierung und Historisierung. Sein Atelier wurde auf diese Weise zu einem Beleg seiner Leistungen und Erfolge sowie seiner Etablierung.[613] Lehmann streicht in ihrer Studie zu den Malerfürsten heraus, dass ihre Blütezeit als Phänomen des sogenannten Historismus zu verorten ist, da gerade aus der bewussten Rückschau auf frühere Epochen dieses in der Romantik verwurzelte Konstrukt bestehen konnte: „Die Maler selbst, aber auch ihre Unterstützer konnten auf Vorbilder wie Tizian oder Rubens verweisen."[614] Diese Strategie zeigt deutliche Paralle-

---

606 Lehmann, Malerfürsten, in: Bundeskunsthalle Bonn (Hrsg.), Malerfürsten, 2018, S. 12.

607 Lehmann, Kulissen, in: Bundeskunsthalle Bonn (Hrsg.), Malerfürsten, 2018, S. 212; Bonnet, Musealisierung, in: Bundeskunsthalle Bonn (Hrsg.), Malerfürsten, 2018, S. 39.

608 Bonnet, Musealisierung, in: Bundeskunsthalle Bonn (Hrsg.), Malerfürsten, 2018, S. 39.

609 Bonnet, Musealisierung, in: Bundeskunsthalle Bonn (Hrsg.), Malerfürsten, 2018, S. 39.

610 Lehmann, Malerfürsten, in: Bundeskunsthalle Bonn (Hrsg.), Malerfürsten, 2018, S. 9.

611 StA Worms, Abt. 186, Nr. 555, Cornelius Wilhelm Heyl an Sophie Heyl, 01.09.1893.

612 Bonnet, Musealisierung, in: Bundeskunsthalle Bonn (Hrsg.), Malerfürsten, 2018, S. 38. Mit weiterer Literatur: Hopp, Art, in: Journal for Art Market Studies 1 (2018), URL: https://fokum-jams.org/index.php/jams/article/view/35/63 [23.02.2021].

613 Vgl. Bonnet, Musealisierung, in: Bundeskunsthalle Bonn (Hrsg.), Malerfürsten, 2018, S. 39.

614 Lehmann, Malerfürsten, in: Bundeskunsthalle Bonn (Hrsg.), Malerfürsten, 2018, S. 11.

len zur Prestigepolitik und der Selbstinszenierungspraxis der Familie Heyl auf. Auch sie verfolgte eine moderne Unternehmenspolitik, während sie gleichzeitig eine Metamorphose zu einer adligen Dynastie forcierte.

Die Malerfürsten Kaulbach und Lenbach unterschieden sich durch ihr „fürstliches Leben“ mit repräsentativen Verpflichtungen deutlich von anderen Malern.[615] Neben diesem Lebensstil war dieser Künstlertypus durch seinen guten Ruf und seinen Humor gekennzeichnet.[616] Außerdem setzten sich die sogenannten Künstlerfürsten für die Förderung der Künste ein.[617] Diese Charakteristik lässt sich in der überlieferten Korrespondenz Lenbachs im Nachlass der Heyls nachvollziehen. Mit seinem individuellen und launigen Schreibstil hebt sich der Künstler von den übrigen Korrespondenzpartnern ab. Zwar zeugen auch die Briefe Lenbachs von einer funktionalen Beziehung, in der Cornelius Wilhelm und Sophie Heyl als Auftraggeber erscheinen, aber sein Ton ist familiärer. Intensiv nutzte der Künstler die Briefe, um die Aura des Malerfürsten zu vermitteln und scheinbare Einblicke in sein künstlerisches Schaffen sowie Seelenleben preiszugeben. Halbprivate Inhalte trugen zur Aufrechterhaltung der Beziehung über einen längeren Zeitraum bei. Als Anrede für Sophie Heyl wählte Lenbach „Verehrte Gönnerin“, während er Cornelius Wilhelm mit „Mein lieber und verehrter Freund“ ansprach, womit die Zuschreibungen als Auftraggeber und Angehörige des Münchner Freundeskreises zur Anwendung kamen.

Franz von Lenbach galt im Kaiserreich als „einer der größten Künstler seiner Zeit“.[618] Karin Althaus, die Nachrufe auf den Künstler aus seinem Todesjahr 1904 untersuchte, stellt ihn als „repräsentativen Künstler“ dar, der das Ideal schlechthin verkörpert habe.[619] Die Zeitgenossen habe insbesondere das souveräne Agieren unter seinen Auftraggebern imponiert. In einem Nachruf heißt es:

> Man kann fast sagen: ‚er hat die Großen der Erde gemalt‘, so wenige fehlen in der Reihe derer, die Lenbach konterfeite. Sein Werk als Maler Bismarcks allein macht ihn unsterblich. Drei bayerische Könige und drei deutsche Kaiser, die großen Schriftsteller und bildenden Künstler, Musiker, Gelehrte, Staatsmänner, Kirchenfürsten, die Größen der Industrie und Finanz, die schönen Frauen aller Länder bis hinüber zu den stolzen Dollarfürstinnen der neuen Welt, Bühnensterne und schillernde Sterne der Halbwelt, alle Meteore exotischer Schönheit, die gelegentlich am deutschen Himmel aufleuchteten, und viele schlichte, ernste Menschen dieser Zeit und seines Kreises hat sein Pinsel verewigt.[620]

---

615 Lehmann, Malerfürsten, in: Bundeskunsthalle Bonn (Hrsg.), Malerfürsten, 2018, S. 13.

616 Lehmann, Malerfürsten, in: Bundeskunsthalle Bonn (Hrsg.), Malerfürsten, 2018, S. 13.

617 Lehmann, Malerfürsten, in: Bundeskunsthalle Bonn (Hrsg.), Malerfürsten, 2018, S. 13.

618 Althaus, Franz von Lenbach, in: Stiftung Brandenburger Tor (Hrsg.), Künstlerfürsten, 2009, S. 35–44.

619 Vgl. Althaus, Franz von Lenbach, in: Stiftung Brandenburger Tor (Hrsg.), Künstlerfürsten, 2009, S. 35.

620 Nachruf auf Franz von Lenbach 1904, zit. n. Althaus, Franz von Lenbach, in: Stiftung Brandenburger Tor (Hrsg.), Künstlerfürsten, 2009, S. 36.

Als sich Cornelius Wilhelm 1883 und später Sophie Heyl – 1901 als Pastellporträt – von Lenbach malen ließen, reihten sie sich damit in die Liste prominenter Persönlichkeiten wie Papst Leo XIII. (um 1885) und Kaiser Wilhelm I. (um 1886) ein.[621] Ihre persönliche Bekanntschaft mit Lenbach kam möglicherweise über Lorenz Gedon zustande, der die Innenausstattung des Heylshofes gestaltete und den eine enge Freundschaft mit Lenbach verband. Insgesamt erwarben Cornelius Wilhelm und Sophie Heyl neun Werke Lenbachs, darunter ein Bildnis Otto von Bismarcks, den sowohl das Sammlerehepaar als auch der Künstler gleichermaßen verehrten[622], und ein Porträt von Lorenz Gedon, das seit Ende des Zweiten Weltkriegs in der Sammlung fehlt.[623]

In der überlieferten Korrespondenz Cornelius Wilhelm Heyls finden sich 26 Briefe Lenbachs aus dem Zeitraum zwischen 1883 und 1904, wovon drei direkt an Sophie Heyl gerichtet sind. Dies verweist auf eine Besonderheit des Mäzenatentumnetzwerks. Generell lag zu dieser Zeit meist eine geschlechtsspezifische Trennung von Männer- und Frauennetzwerken vor, mit der Ausnahme von Familiennetzwerken. Allerdings zeigt die neuere Geschichtsschreibung, dass sich Frauen nicht auf den privaten Raum beschränken ließen.[624] Das Feld der Kunstförderung und Philanthropie bot ihnen die Möglichkeit, Handlungsräume zu gewinnen. Auch wird deutlich, dass Sophie nicht nur das Kunstinteresse ihres Ehemannes fundierte, sondern die mäzenatische Praxis aktiv mitgestaltete.

Lenbach nutzte die Briefe an seine Auftraggeber strategisch zur Verbreitung eines idealen Künstlertypus, indem er Pressestimmen für sich vereinnahmte. Er griff den Topos des ‚Seelenmalers', als den ihn die Presse feierte, in einem Brief an Sophie auf, in dem er sich zu ihrem Pastellporträt äußerte: „Was die Farbe betrifft so ist diese Art psychologische Gattung Portraits gar nicht auf viel Colorit ausgelegt. Es soll mehr die Seele als den Körper geben."[625] Um die Jahrhundertwende hatten zahlreiche Aristokraten und Neureiche das Bedürfnis nach einer „malerischen Psychoanalyse" durch Lenbach, was sie sich zwischen 5.000 und 20.000 Mark kosten ließen.[626] In einem Brief an Cornelius Wilhelm Heyl verwies Lenbach auf seine Stimmungslage und vermittelte das Bild eines kapriziösen Künstlers, dessen Gemütsverfassung in seine Malerei ein-

621 Franz von Lenbach, drei Bildnisse von Cornelius Wilhelm Heyl, 1883, Stiftung Kunsthaus Heylshof, Inv. Nr. 100, 101 und 103a. Bildnis von Sophie Heyl, Stiftung Kunsthaus Heylshof, Inv. Nr. 102. Vgl. außerdem StA Worms, Abt. 186, Nr. 1202, Franz von Lenbach an Cornelius Wilhelm Heyl, 24.11.1901; StA Worms, Nr. 186, Abt. 1202, Franz von Lenbach an Cornelius Wilhelm Heyl, 21.12.1883.

622 Bildnis Otto von Bismarcks, Öl auf (Linden)Holz, zwischen 1880 und 1885, 66,1 x 53,8 cm, Stiftung Kunsthaus Heylshof, Inv. Nr. 97. Vgl. außerdem StA Worms, Abt. 186, Nr. 1202, Quittung über die erhaltenen 5000 Mark als Kaufpreis für ein Porträt des Fürsten Bismarck durch Alexander Günther zugunsten Cornelius Wilhelm von Heyl, 23.03.1886.

623 Bildnis Lorenz Gedon, Stiftung Kunsthaus Heylshof, Inv. Nr. 99.

624 Vgl. Saldern, Netzwerkökonomie, 2009, S. 23.

625 StA Worms, Abt. 186, Nr. 1202, Franz von Lenbach an Sophie Heyl, 24.11.1901.

626 Vgl. Böller, Franz von Lenbach, in: Stiftung Brandenburger Tor (Hrsg), Künstlerfürsten, 2009, S. 107.

floss: „Ich war selbst sehr melancholisch in letzter Zeit und habe davon gewiß in die Bilder gebracht.“[627] Lenbach gelang das Kunststück, den Eindruck von Altmeisterlichkeit zu schaffen und gleichzeitig mit Fotografien und elektrischem Licht an seinen Porträts zu arbeiten, um möglichst effizient und schnell zu sein.[628]

Wie bei Wilhelm von Bode bestand auch zwischen Lenbach und den Heyls eine stabile Vertrauensbasis durch privaten Austausch. Aus den Briefen Lenbachs geht hervor, dass auch das Sammlerehepaar stets den Kontakt zu ihm suchte. Cornelius Wilhelm Heyl machte ihm beispielsweise Buchgeschenke, für die er sich überschwänglich bedankte:

> Das herrliche Album [Gottliebenkapelle-Album, Anm. I. H.] habe ich erhalten u. macht mir die größte Freude. Danke herzlichst. Bin nun noch ärger Ihr Schuldner. Hoch lebe das ganze Haus Heyl! Meine Gattin empfiehlt sich ergebenst mit wärmsten Grüßen. Ganz Ihr Lenbach.[629]

Sophie Heyl lud Lenbach nach Worms und Herrnsheim ein. Im Gegenzug offerierte er ihnen einen Besuch in Rom, wo er ab Februar 1883 Räume im Palazzo des Fürsten Marc Antonio Borghese gemietet hatte. Dort soll er „die ganze Aristokratie Roms“ um sich versammelt haben.[630] Wie Lehmann feststellte, bat er ‚besondere Gäste‘ vorab um Nachricht, um sie im Palazzo Borghese festlich empfangen zu können.[631] Auch die Heyls hatte er nach Rom eingeladen und schrieb 1886 bedauernd: „Schade, daß der liebe Freiherr von Worms nicht kommen, würde so famos die Honeurs des ewigen Städtchens machen können.“[632]

Anlässlich ihrer Nobilitierung 1886 sandte Lenbach ein Gratulationsschreiben, das über den Habitus des Sammlerehepaares Aufschluss gibt und zeigt, wie die Heyls ihre Rolle in der ‚guten Gesellschaft‘ des Kaiserreichs in den Augen Lenbachs erfüllten:

> Mit Freude habe ich Ihren sehr lieben Brief durchflogen, u. gratuliere wärmstens zu dem schönen Titel, der sich doch so gut ausnimmt bei allen denen, die dergleichen eigentlich nicht brauchen. Nach iure ipso waren Sie mir immer schon längst Freiherr, ein Aristokrat im wirklichen Sinn des Wortes.[633]

Lenbach selbst kommunizierte Heyl seine Nähe zum Adel und Hochadel, indem er ihm von persönlichen Treffen und Aufträgen berichtete, etwa über ein Porträt, das er für Königin Margarethe von Italien ausführte.[634] Außerdem verkaufte er ihm ein Pastell-

627 StA Worms, Abt. 186, Nr. 1202, Franz von Lenbach an Cornelius Wilhelm Heyl, 03.01.1884.
628 Vgl. Bonnet, Musealisierung, in: Bundeskunsthalle Bonn (Hrsg.), Malerfürsten, 2018, S. 37.
629 StA Worms, Abt. 186, Nr. 1165, Franz von Lenbach an Cornelius Wilhelm Heyl, 23.10.1893.
630 Vgl. Althaus, Franz von Lenbach, in: Stiftung Brandenburger Tor (Hrsg.), Künstlerfürsten, 2009, S. 37.
631 Lehmann, Kulissen, in: Bundeskunsthalle Bonn (Hrsg.), Malerfürsten, 2018, S. 212.
632 StA Worms, Abt. 186, Nr. 1202, Franz von Lenbach an Cornelius Wilhelm Heyl, 11.04.1886.
633 StA Worms, Abt. 186, Nr. 1202, Franz von Lenbach an Cornelius Wilhelm Heyl, 11.04.1886.
634 StA Worms, Abt. 186, Nr. 1174, Franz von Lenbach an Cornelius Wilhelm Heyl, 06.07.1886.

porträt von Ada Constance Herzogin von Sermoneta (Inv. Nr. 98).[635] Zu seiner humorvollen Seite und dem launigen, bayerischen Ton seiner Briefe gehörte zudem, dass er die Fürsten seiner Zeit mit Spitznamen versah, so nannte er den Kaiser „Wilhelm der Famose" und den Prinzregenten von Bayern „Luipoldo".[636] Ein weiteres Merkmal des Malerfürsten, seine Betätigung als Förderer der Künste, fand ebenfalls in die Korrespondenzmit Cornelius Wilhelm Heyl Eingang. Als die Allotria 1899 den Bau eines Künstlerhauses in München fertigstellte, wandte sich Lenbach mit der Bitte, um eine Geldspende an Heyl:

> Wir hatten endlich schon unser geldlüsternes Auge auf Sie geworfen – das besagte Haus bräuchte noch etwa 30.000 Mark zur inneren Ausgestaltung, die größere Summe haben wir schon – und es muß der schönste Saal der Welt um Neujahr eröffnet werden.[637]

Im Hinblick auf eine weitere Vernetzung der Heyls mit der Kunstszene ist vor allem ein Akteur wichtig, den Lenbach erwähnt: der Münchner Kunstsammler und Privatier Alexander Günther (1838–1926), der sein Vermögen hauptsächlich in Kunst und Antiquitäten investierte und sich als Kunstberater der Rothschilds in Kennerkreisen einen Namen gemacht hatte. Laut Bode verkaufte Günther seine gesamte Sammlung an Maximilian Heyl in Darmstadt.[638] Seine Freunde, zu denen neben Lorenz Gedon, Wilhelm Busch, Friedrich August von Kaulbach auch Lenbach gehörten, soll Günther großzügig mit Kunstwerken beschenkt haben.[639] So hielt Günthers Architekt in seinen Memoiren fest: „Fast alles, was Lenbach an alten Kostbarkeiten besaß, die Tizian, die herrlichen Brunnen, stammte aus Günthers Händen."[640]

Innerhalb des Kunstmarktnetzwerks der Heyls trat Günther als Makler für deren Kauf des Bismarckporträts von Lenbach auf.[641] Außerdem vermittelte er ihnen den Gobelin *Pan im Schilf,* den er zuvor restaurieren ließ.[642] In einem Brief informierte er Cornelius Wilhelm Heyl über Lenbachs zahlreiche prominente Kunden und Kontakte. Er berichtete auch über einen Besuch Lenbachs bei Bismarck, für den er ein großes Familienbild malen sollte. Außerdem habe Lenbach den Kaiser skizziert: „Der alte Herr hat ihm in liebenswürdiger Weise gesessen, die Kronprinzessin ebenfalls, dann die Fürstin Radzinvill, eine wirklich wundervolle Frau und die junge Fürstin Fürstenberg eben-

635 StA Worms, Abt. 186, Nr. 1202, Franz von Lenbach an Cornelius Wilhelm Heyl, 12.12.1883.
636 StA Worms, Abt. 186, Nr. 1165, Franz von Lenbach an Cornelius Wilhelm Heyl, 19.07.1886.
637 StA Worms, Abt. 186, Nr. 1165, Franz von Lenbach an Cornelius Wilhelm Heyl, 20.10.1899.
638 Vgl. Bode, Leben, Bd. 2, 1930, S. 30 und 32.
639 Vgl. Schlorhaufer, Alexander Günther, in: Schlorhaufer/Grote (Hrsg.), Architektur, 2017, S. 67.
640 Fritz Schumacher, zit. n. Schlorhaufer, Alexander Günther, in: Schlorhaufer/Grote (Hrsg.), Architektur, 2017, S. 69.
641 StA Worms, Abt. 186, Nr. 1202, Quittung über die erhaltenen 5000 Mark als Kaufpreis für ein Porträt des Fürsten Bismarck durch Alexander Günther zugunsten Cornelius Wilhelm von Heyl, 23.03.1886.
642 StA Worms, Abt. 186, Nr. 1416, Alexander Günther an Cornelius Wilhelm Heyl, 23.09.1886.

falls.“[643] Mit diesen Worten vermittelte Günther dem Unternehmer zum einen das Gefühl als Auftraggeber und Freund des Künstlers zur exklusiven Elite des Landes zu gehören, zum anderen trat er als Promoter Lenbachs auf.

Einen gemeinsamen Wertehorizont, der wesentlich zur Stabilität von Netzwerkbeziehungen beiträgt, schuf Lenbach durch kleinere Kommentare zum politischen Tagesgeschehen, in denen er sich zumeist auf sein freundschaftliches Verhältnis zu Bismarck berief und Cornelius Wilhelm Heyl stets einbezog. Nach dem Rücktritt des Kanzlers 1891 schrieb Lenbach:

> Ich war auch in Varzin vor 10 Tagen u. fand unseren Abgott [Otto von Bismarck, Anm. I. H.] famos beisammen, rosig rüstig geistig u. körperlich ganz frisch, – u. äußerlich auch wenig verbittert. [...] Haben Sie nicht Lust den Fürsten auch mal zu besuchen? Thät ihn gewiß sehr freuen weiß er doch, daß Sie zu den Getreuen gehören u. selbst ein famoser Kanzler in Ihrem eigenen Kreise sind.[644]

Zusammenfassend eröffnen die Briefe Lenbachs das Bild einer Künstlerpersönlichkeit, die mit zahlreichen Facetten der Selbstdarstellung das vom Auftraggeber herbeigewünschte Ideal eines Malerfürsten bedienen konnte. Mal voller Melancholie und Seelenschau, mal überschwänglich und humorig schillernd: Lenbach wusste seinen Auftraggeber zu unterhalten und bei schleppender Auftragserfüllung ebenso hinzuhalten. Auch Selbstironie war ihm nicht fremd und ließ ihn um so souveräner über den Dingen stehen.

Ebenfalls zum Kreis der Allotria um Franz von Lenbach gehörte der Künstler und Heraldiker Otto Hupp. Wie kein anderer war er kontinuierlich in die verschiedensten Projekte der Heyls involviert und stand über den langen Zeitraum von 1880 bis zu Cornelius Wilhelm Heyls Tod 1923 mit ihnen in Kontakt. Mit seiner vielseitigen Arbeit begleitete und visualisierte er ihren gesellschaftlichen Aufstieg von der Unternehmerfamilie zur adligen Dynastie, indem er ein historistisches Corporate Design schuf, das in den verschiedensten Varianten zum Einsatz kam.[645] Hupp war ein wahrer Allrounder und führte Aufträge in den Bereichen Grafik, Buchkunst, Schmuck- und Objektgestaltung sowie Wandmalerei aus. Im Netzwerk der Heyls zählten der Großherzog von Hessen, die Familien Stumm, Krupp-Bohlen, Bassermann-Jordan und Cosima Wagner zum Kundenkreis Hupps, aber auch Familienmitglieder wie Maximilian Heyl und Julius Cornelius Schoen sowie die Steins und die Deichmanns.[646] Mit dem Archivar Heinrich Boos, der ebenfalls über viele Jahre für die Heyls arbeitete, war Hupp freundschaftlich verbunden, wovon Briefe, Gedichte und Erinnerungen im Künstlernachlass zeugen. Als Hupp Subskriptionen bekannter Persönlichkeiten für ein Städtewappenbuch einholte, erhielt er unter anderem Empfehlungen von der Kaiserin und Königin Friedrich,

643 StA Worms, Abt. 186, Nr. 1202, Alexander Günther an Cornelius Wilhelm Heyl, 24.03.1886.
644 StA Worms, Abt. 186, Nr. 1165, Franz von Lenbach an Cornelius Wilhelm Heyl.
645 Vgl. dazu Kapitel 3.3.6.
646 BayHStA, NL Hupp, Nr. 36, 232, 248, 382, 1046, 1397, 2257 u. 3048.

von Gabriel von Seidl, Rudolf von Seitz und Franz von Lenbach. Auch Cornelius Wilhelm Heyl trug sich auf der Subskriptionsliste ein.[647]

Im Heylschen Nachlass liegen 56 Briefe von Hupp. Aufgrund seiner herausragenden Funktion für die Prestigepolitik der Familie wurde auch der Nachlass des Künstlers, der im Bayerischen Staatsarchiv aufbewahrt wird, ausgewertet. Dort sind 40 Briefe von Cornelius Wilhelm Heyl an Hupp überliefert, die sich zumeist mit der Ausgestaltung von Wappendarstellungen beschäftigen, wobei die Ablage unvollständig ist. Darüber hinaus legte der Künstler Konzeptbücher an, in denen er die Briefe an seine Wormser Auftraggeber entwarf, bevor er sie ins Reine schrieb.[648] Die stets eigenhändig ausgeführten Briefe Hupps zeichnen ihn als Typographen und Schriftkünstler aus, stets sind sie sorgfältig und formvollendet gestaltet (Abb. 33a-b). Auch Tagebücher, Skizzen und Dokumentationen zu diversen Aufträgen sowie Notizen zu Einkünften sind im Künstlernachlass erhalten.

I

← Originalgrösse.
Schleissheim am 21.
Dez. 86.

Verehrter Herr Geheimrath!
Hiermit erhalten Sie das
Buch & mein Wunsch wäre: dass es
Ihnen Freude mache! Für das
Siegel habe ich diese Skizzen ge-

647 BayHStA, NL Hupp, Nr. 1692.
648 StA Worms, Abt. 186, Nr. 1165, 1202 u. 1174 und BayHStA, Nachlass Hupp Nr. 2272.

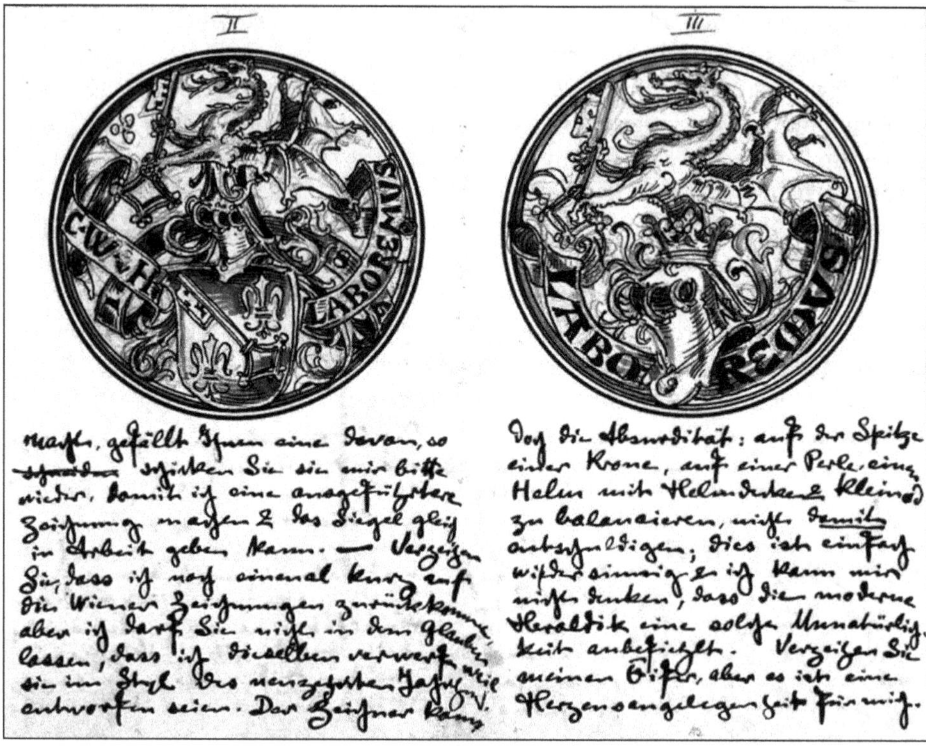

macht, gefällt Ihnen eine davon, so schicken Sie sie mir bitte wieder, damit ich eine ausgeführtere Zeichnung machen & das Siegel gleich in Arbeit geben kann. — Verzeihen Sie, dass ich noch einmal kurz auf die Wiener Zeichnungen zurückkomme, aber ich darf Sie nicht in dem Glauben lassen, dass ich dieselben verwerfe, wie sie im Styl des neunzehnten Jahrh. entworfen seien. Der Zeichner kann

doch die Absurdität: auf der Spitze einer Krone, auf einer Perle, einen Helm mit Helmdecke & Kleinod zu balancieren, nicht damit entschuldigen; dies ist einfach widersinnig & ich kann mir nicht denken, dass die moderne Heraldik eine solche Unnatürlichkeit anbefiehlt. Verzeihen Sie meinen Eifer, aber es ist eine Herzensangelegenheit für mich.

Abb. 33a-b: Brief von Otto Hupp an Cornelius Wilhelm Heyl, 21.12.1886.

Der erste von Hupp verzeichnete Auftrag für die Heyls war die Herstellung eines Stammbuches mit Ledereinband im Jahr 1880. Später kamen Bibeln, Einladungskarten, Weinetiketten, Medaillen und Schmuckstücke dazu. Für die Heylschen Lederwerke gestaltete Hupp Firmenzeichen, Ehrendiplome für Angestellte und Arbeiter sowie Wertpapiere. Ab 1885 dominierte die Gestaltung des Heylschen Wappens die Aufträge, sodass in den beiden Jahren um die Nobilitierung 1885 und 1886 insgesamt zwanzig Arbeiten für die Heyls anfielen. Für die Jahre 1898 bis 1926 notierte Hupp insgesamt 29 Auftragsarbeiten für die Familie. Nach dem Tod Cornelius Wilhelms arbeitete er weiterhin für dessen Söhne. Noch 1947, zwei Jahre vor seinem Ableben, war Hupp mit der Grabsteingestaltung für die Heylsche Ruhestätte Gottlieben beschäftigt.

Aus dem Briefwechsel zwischen Hupp und Heyl geht hervor, dass zwischen den beiden eine Sympathie herrschte, die über eine reine Geschäftsbeziehung hinausging. Im Laufe der Zeit schrieben sie sich immer freigiebiger über ihre Befindlichkeiten. Gerade in den letzten Lebensjahren scheint Hupp für Cornelius Wilhelm Heyl eine vertraute Person gewesen zu sein, mit der er auch die Sorgen des Krieges, der Nachkriegszeit und die Trauer um persönlichen Verlust teilen konnte. So schrieb er 1919: „Da der Heylshof von den Franzosen besetzt ist lebe ich still und einsam in Herrnsheim.“[649]

Ganz deutlich zeigt die Korrespondenz, dass die ständige Beteuerung eines gemeinsamen Wertehorizonts als starkes Mittel zur Schaffung von Verbindlichkeit und Vertrauen funktionierte. So kommt im Briefwechsel vor dem Ersten Weltkrieg mehrfach die von Hupp und Heyl geteilte deutschnationale Gesinnung zur Sprache. Cornelius Wilhelm Heyl betonte stets die – seiner Meinung nach – grundlegende Bedeutung von Hupps Arbeit für die ‚vaterländische‘ Kultur:

> Durch die künstlerische Wiederbelebung der stolzen Kunst der Heraldik wird der historische Sinn unseres Volkes befestigt und da wo derselbe fehlt, zu neuem Leben erweckt. […] Ein solches Vorbild wirkt in unserer hastenden Zeit wie frischer Thau auf vertrocknenden Blumen.[650]

Heyl kommentierte auch die Deckenmalerei, die Hupp für den Reichstag ausgeführt und einen archaischen „deutschen Geist“, den er darin heraufbeschworen hatte. Dabei stellte er sich gleichzeitig als Hupps Förderer dar, der den Künstler bestärkt und an seine Erfolge glaubt:

> Ihr Kurs führt sicher und fest in aufsteigender Linie stets nach oben. Das haben mir Ihre Arbeiten im Reichstag im ersten Augenblick als ich durch diesen überrascht und in Begeisterung versetzt wurde, gleich gesagt. Das ist reiner unverfälschter deutscher Geist, welcher aus dem Wirrwarr von vielen anderen Beigaben, zu dem Manne spricht, welcher dort seinem Vaterlande dienen soll. Es muthet einem eine Turnierstimmung, ein Gefühl an, wie es nur durch ritterliche Gesinnung erzeugt werden kann.[651]

Hupp schickte seinerseits Briefe, in denen er Cornelius Wilhelm Heyl als Wohltäter der Nation feierte: „Möge die Tüchtigkeit und Geisteskraft, durch die Sie Ihr Haus so glänzend erhoben haben, auf unabsehbare Zeiten hinaus das charakteristische Erbteil Ihres Geschlechts bilden, zum Segen für die Familie und das Vaterland!“[652] Während und nach dem Krieg häuften sich antifranzösische Parolen und den Krieg verharmlosende Bemerkungen.[653] Hupp begrüßte mit den folgenden Worten den militärischen Einsatz der Söhne Heyls an der Front:

649 BayHStA, NL Hupp, Nr. 2272, Cornelius Wilhelm Heyl an Otto Hupp, 14.11.1919.

650 BayHStA, NL Hupp, Nr. 2272, Cornelius Wilhelm Heyl an Otto Hupp, 30.12.1894.

651 BayHStA, NL Hupp, Nr. 2272, Cornelius Wilhelm Heyl an Otto Hupp, 30.12.1894; BayHStA, NL Hupp, Nr. 1413, Ausmalung des Gewölbes im Erfrischungssaal des Berliner Reichstags. 6 kolorierte Tuschezeichnungen auf Papier, 1894. In einem anderen Brief verglich Cornelius Wilhelm Heyl seinen Heraldiker und Grafiker mit den Künstlern des 15. Jahrhunderts. BayHStA, NL Hupp, Nr. 2272, Cornelius Wilhelm Heyl an Otto Hupp, 05.05.1923.

652 StA Worms, Abt. 186, Nr. 1202, Otto Hupp an Cornelius Wilhelm Heyl, 01.01.1910.

653 StA Worms, Abt. 186, Nr. 1174, Otto Hupp an Cornelius Wilhelm Heyl, 28.02.1918; BayHStA, NL Hupp, Nr. 2272, Cornelius Wilhelm Heyl an Otto Hupp, 26.12.1914, 01.03.1917, 16.01.1918, 12.11.1919, 14.11.1919, 23.12.1922 u. 21.01.1923.

> […] ich finde es auch recht und gerecht, daß die jungen Leute ihr Alles einsetzen, nicht bloss um des Vaterlandes willen, sondern auch deshalb, weil ja die jüngere Generation auch weit grössere Vorteile von den Segnungen des Friedens hat, den sie erstreitet, als wir Gesetzten. Hoffen wir nur, daß die Diplomaten auch festzuhalten zu verstehen, was blutig erkämpft worden ist und noch wird.[654]

Der Heraldiker hatte sich zwar bereits als Gestalter des Corporate Designs für die Familie unentbehrlich gemacht, was kontinuierlich neue Aufträge generierte, aber die Heyls zogen ihn auch darüber hinaus zu prestigeträchtigen Projekten hinzu. Sicherlich zählten sie dabei stets auf die hohe Qualität seiner Produkte und seine guten Kontakte zu den Handwerksmeistern in München. Doch auch seine Loyalität zur Familie, die er immer wieder bekundete,[655] trug sicherlich zu einem Gefühl der Verbundenheit mit dem Künstler bei. Eine bemerkenswerte Zuneigungsbekundung an Heyl machte Hupp beispielsweise 1891:

> Wenn es Sitte wäre, bei der Erbauung eines kleinen Bauernhauses einen Grundstein zu legen, so täte ich Ihren lieben Brief vom 4. in die Höhlung. Damit man in ferner Zeit noch sähe wie nett Sie mir einst geschrieben und wie werth mir dieser Beweis Ihrer Zuneigung war. […] Nächste Woche beginnt das Bauen [Wohnhaus, entworfen von Gabriel von Seidl, Anm. I. H.] und hoffe ich […] noch im Spätherbst mit allem dem Guten was Sie mir gewünscht einzuziehen. Sie werden mich ja wohl auch einmal durch einen Besuch in meinem Korbe erfreuen!?[656]

In seinen letzten Lebensjahren schrieb Heyl häufig von seinem Landsitz im Schweizer Pfauenmoos, aber auch aus dem bayerischen Gerstruben an Otto Hupp, dem er 1922 mitteilte, dass ein französischer General in den Heylshof in Worms einquartiert war. Die Briefe, die aus den Nachkriegsjahren überliefert sind, belegen eindrücklich Heyls Beharrung auf seinem adligen Status, den er mit dem Zusammenbruch des Kaiserreichs nicht begraben wissen wollte. Trotz seines fortgeschrittenen Alters und den Nöten und Unsicherheiten der Nachkriegszeit, bestellte er weiterhin die unterschiedlichsten künstlerischen Ausführungen seines Wappens. Er ersuchte um Entwürfe für Briefpapier, für ein Ofengitter und ein Fassadenschild in Pfauenmoos, in Marmor und auf Leinwand. Dabei dachte er gemeinsam mit Hupp darüber nach, wie groß die Freiherrenkrone auf den Darstellungen in der Schweiz sein durfte[657] und ob sie in der Weimarer Republik überhaupt auf dem Wappen erscheinen sollte, obwohl Heyl von einem Weiterbestehen des Adels überzeugt war: „Ob man in der Republik die Krone beibehalten soll weiß ich nicht. Der Adel besteht weiter und Berlin hat bereits abgewirthschaf-

654 StA Worms, Abt. 186, Nr. 1174, Otto Hupp an Cornelius Wilhelm Heyl, 28.12.1914.

655 StA Worms, Abt. 186, Nr. 1165, Briefe von Otto Hupp an Cornelius Wilhelm Heyl, 30.12.1891; Nr. 1174, 31.03.1912, 31.03.1912, 28.02.1918.

656 StA Worms, Abt. 186, Nr. 1165, Otto Hupp an Cornelius Wilhelm Heyl, 10.06.1891.

657 BayHStA, NL Hupp, Nr. 2272, Cornelius Wilhelm Heyl an Otto Hupp, 21.01.1923.

tet.“[658] Als Kompromiss schlug er seinem Heraldiker vor, zur Sicherheit zwei Stempel anzufertigen: „mit Krone und ohne Krone.“[659]

Die Briefe im Kunstnetzwerk, insbesondere die zugewandten Schreiben Hupps, dienten Heyl auch der Selbstvergewisserung, als Mäzen das Richtige zu tun und sich als Mäzen zu fühlen. Die Briefeschreiber bedienten dieses Bedürfnis und verwendeten bestimmte Codes, um dieses Gefühl in Cornelius Wilhelm Heyl wachzuhalten. Dazu gehörten Namedropping, überschwängliches Lob sowie eine Perspektiverweiterung auf den Feldern des Kunsthandels, der Experten, der Kunstförderung oder des selbständigen Künstlerdaseins. Außerdem bestätigten die Korrespondenzpartner Heyl immer wieder, einen wertvollen Dienst für die Nation zu leisten. Er bekam aus den Briefen also Impulse für sein eigenes Selbstbild. Dabei handelte es sich um einen reziproken Prozess – auch die Künstler und Kunstexperten fanden in der Korrespondenz Bestätigung, Selbstvergewisserung und neue Anregungen. Das jeweilige Selbstbild wurde vom Gegenüber gespiegelt und führte zu einer Erweiterung der Eigensicht als Mäzen, Künstler oder Kenner. Heyl tat innerhalb des Netzwerks ebenfalls sehr viel, um sich gemeinsam mit Sophie als Mäzene zu inszenieren. Er berichtete von ihren Vorhaben, griff selbst auf Namedropping zurück und verbreitete mit der Versendung von Festschriften Informationen über ihre mäzenatischen Projekte. Mit Veranstaltungen in ihren Schlössern und Jagdgütern vermittelte das nobilitierte Unternehmerpaar das Bild einer adligen, kunstsinnigen Familie in kaiserzeitlichen Elitekreisen.

658 BayHStA, NL Hupp, Nr. 2272, Cornelius Wilhelm Heyl an Otto Hupp, 03.11.1920.
659 BayHStA, NL Hupp, Nr. 2272, Cornelius Wilhelm Heyl an Otto Hupp, 03.11.1920.

5 Zusammenfassung

Und so kommt zum guten Ende
Alles unter einen Hut
Ist das nötige Geld vorhanden
Ist das Ende meistens gut.[1]
Bertold Brecht

Mit diesen Versen endet die Moritat in Bertolt Brechts Drehbuch zum Dreigroschenfilm und so könnte auch die Aufstiegsgeschichte der Unternehmer und Freiherren von Heyl im Kaiserreich rasch zusammengefasst werden – schließlich bestand am nötigen Geld in dieser Familie kein Mangel. Doch Geld allein machte noch keinen (Leder-)König. Symbolisches Kapital war nicht einfach gegen ökonomisches Kapital einzutauschen und Cornelius Wilhelm und Sophie Heyl reichte es nicht aus, lediglich dem Geldadel anzugehören. Sie versuchten, sich in die gesellschaftliche Gruppe des Adels zu integrieren, weil sich dort, insbesondere im Hochadel, weiterhin das deutsche Establishment formierte. In ihrer neu gegründeten Freiherrendynastie entwickelten die Heyls ein Standesbewusstsein, das dem altadliger Familien gleichkam. Außerdem verfolgten sie ein Lebensmodell, das sehr stark an dem der Hocharistokratie orientiert war und in dem Karitas sowie Kulturpflege feste Bestandteile waren. Durch die Aneignung von Symbolen und Narrativen schlossen sich die Heyls der adligen „Erinnerungsgruppe“[2] an.

Ihre umfassende Prestigepolitik beinhaltete nach der Erlangung der einschlägigen Titel und Fideikommissstiftungen die Etablierung einer eigenen Geschichte samt Stammbaum und Wappen. Äußerungen ihres Selbstverständnisses fanden sich in ihrer Wohnkultur, ihrer Lebensweise und der Wahl der Ehepartner für ihre Kinder. Diese Heiratsbeziehungen mit vornehmlich (alt)adligen Familien dokumentierten ihre Integrationserfolge. Die Kulturförderung bildete nicht nur eine dekorative Klammer um die vielseitigen Etablierungsmaßnahmen der Heyls, sondern zeichnete die Familie letztendlich als „Experten der Sichtbarkeit“[3] aus. Da sich aus einer gelebten Adelsmentalität ein gesellschaftlicher Vorranganspruch und damit eine Herrschaftsbefähigung ableitete, gelang es den Heyls schließlich, sich in die Elite des Kaiserreichs zu integrieren.

Die private Kulturförderung zur Zeit des Kaiserreichs gewinnt durch die Erforschung der Familie Heyl zahlreiche neue Perspektiven. Die einmalige Quellenlage erlaubt eine dichte Beschreibung ihres Engagements und eine tiefgehende Erforschung ihres weitreichenden Netzwerks, in dem sie ihre Projekte entfaltete. Abschließend lassen sich folgende Ergebnisse der Untersuchung zusammenfassen:

1 Bertolt Brechts Drehbuchentwurf *Die Beule* zum Dreigroschenfilm entstand 1930. Brecht, Beule, in: Hecht (Hrsg.), Bertolt Brecht, 1997, S. 320.
2 Marburg/Matzerath, Stand, 2001.
3 Reif, Adel, 1999, S. 25.

https://doi.org/10.1515/9783110683431-005

1. Die Familie Heyl zeigte typische Handlungs- und Verhaltensmuster auf, die zu ihrer Zeit für Aufsteiger und für die Elitenbildung auch in den europäischen Nachbarländern galten.

   Der gesellschaftliche Aufstieg der Heyls folgte einem europäischen Muster. Sie adaptierten die Kulturpraxis der europäischen bürgerlich-adligen Eliten, die aus einer Kombination aus Repräsentationsarchitektur, Kunstsammeln sowie Förderung der bildenden Künste, Literatur und Musik bestand. Das Engagement auf dem Kunst- und Kulturfeld wurde dabei stets von einem publikumswirksamen Einsatz im Wohltätigkeitssektor begleitet, das genderspezifisch insbesondere von der Ehefrau nach außen getragen wurde. Eine wesentliche Rolle innerhalb der Prestigepolitik spielte die private Kunstsammlung, die – integriert in die Wohnlandschaft – zur Selbstinszenierung und Repräsentation des ökonomischen und kulturellen Kapitals diente. Kunstsammlungen wurden als Symbole adliger Identität gedeutet und dazu genutzt, eine aristokratische Lebensführung zu präsentieren. Als Höhepunkt der gesamten Kulturförderung einer Person oder Familie galt die Stiftung der zusammengetragenen Kunstobjekte an die Heimatstadt oder das Heimatland. Im Sinne der Familienmemoria bestanden die Schenkenden auf eine Kennzeichnung der Sammlungen mit ihrem Namen. Cornelius Wilhelm Heyl stiftete seine Sammlungen 1920 an die Stadt Worms und legte die Benennung ‚Kunsthaus Heylshof – Stiftung Freiherr Cornelius Wilhelm und Freifrau Sophie von Heyl zu Herrnsheim' fest.

2. Die Nobilitierung 1886 war nur möglich, weil sich die nobilitierte Generation auf die Leistungen und vielseitigen Etablierungsstrategien von mindestens drei Vorgängergenerationen stützen könnte.

   Die Aufstiegsgeschichte der Familie Heyl beruhte auf ökonomischem Erfolg, sozialer Distinktion und Integration in elitäre Netzwerke. Die mehrere Generationen umfassende Untersuchung des gesellschaftlichen Aufstiegs der Familie im langen 19. Jahrhundert erbrachte die Unterscheidung von drei Phasen: Die Etablierung in die städtische Elite, die Erlangung der Adelswürde und die Konsolidierung der Adelszugehörigkeit. Letztere war besonders auf die zukünftigen Generationen ausgerichtet und mit einer ausgeprägt dynastisch konnotierten Memoriapolitik verbunden. Es zeigte sich, dass die Familie bereits zu Beginn des Jahrhunderts ein Maßnahmenrepertoire für Prestigepolitik erprobt und tradiert hatte, auf das die folgende Generation zurückgreifen konnte, um es weiter auszubauen. Dazu gehörten politische Partizipation, Vernetzung mit Eliten, strategische Verheiratung der Kinder und Herstellung von Sichtbarkeit. Cornelius Wilhelm Heyl verdichtete gemeinsam mit seiner Ehefrau Sophie das Engagement seiner Vorfahren und verfolgte schließlich einen Lebensstil nach dem Aristokratiemodell. Damit integrierte er erstmals einen enormen Einsatz auf dem kulturellen Feld in das Handlungsrepertoire der Familie. Eine zentrale Rolle kam dabei Sophie zu:

Sie verfügte durch ihre Abstammung über ein inkorporiertes kulturelles Kapital, das für eine erfolgreiche Kulturförderung mit Ausstrahlungskraft notwendig war. Cornelius Wilhelm Heyl eignete sich dieses Kapital durch die Heirat an.

3. Aus der Unternehmensführung Cornelius Wilhelm Heyls kamen wichtige Impulse, die sein Engagement auf dem kulturellen Feld und der Kunstsammlung beeinflussten: Internationalität, Streben nach Sichtbarkeit und Machtlegitimation durch Selbstinszenierung als Wohltäter.

   In der Untersuchung stellte sich deutlich heraus, dass die Kulturförderung der Heyls nicht als isoliertes Phänomen zu betrachten ist. Sie stand vielmehr in einer Wechselbeziehung zum Unternehmen und den spezifischen Herausforderungen der modernen Unternehmensführung. In der international vernetzten Firma nahm Cornelius Wilhelm Heyl die Rolle einer patriarchalisch agierenden Autorität ein und gewann dadurch eine Selbstverständlichkeit darin, Macht über eine große Gruppe Menschen auszuüben. Um diese Macht zu legitimieren, nutzte er die zeitgenössischen Maßnahmen der betrieblichen Wohlfahrt, sammelte aber auch schon früh Erfahrungen als ‚Mäzen im eigenen Haus'. Zudem erlaubte das Unternehmen eine zusätzliche Verankerung der Familie in der Stadt, ermöglichte Sichtbarkeit und Inszenierungen im Stadtraum sowie darüber hinaus.

4. Die Familie Heyl entwickelte einen auf die Mittelstadt angepassten Typus der Kulturförderung.

   Die Heyls konzentrierten ihre Kulturförderung auf Worms, das Zentrum ihres Wirkungskreises. Die Provinzstadt bot im Gegensatz zur Großstadt größere Möglichkeiten der Einflussnahme und bessere Profilierungschancen. In Worms fanden die Heyls eine überschaubare Bühne, um sich zunächst lokal von der städtischen Gesellschaft abzuheben. Da die Stadt bisher kulturell wenig erschlossen war, fiel es ihnen leicht, eine dominante Position zu besetzen. Sie legten zudem ihre Projekte medienwirksam an, um auch über Worms hinaus als prägende Mitglieder der kulturellen Elite wahrgenommen zu werden. Gleichzeitig forderte die Provinzialität ihres Standorts aber dazu heraus, sich auch in einem größeren Maßstab, etwa in München oder Berlin zu profilieren. Für eine bestmögliche Sichtbarkeit griff die Familie auf ein populäres historistisches Bildprogramm zurück, das die Projekte wie ein roter Faden verbindet. Mit der regionalen Sagentradition, die sie mit nationalen Inhalten aufwerten konnten, fanden Cornelius Wilhelm und Sophie Heyl eine Möglichkeit, Alleinstellungsmerkmale der Historie von Worms zu identifizieren und diese auszufüllen. Sie wählten das populäre Narrativ der Nibelungensage und setzten den Mythos als wiederkehrendes ikonografisches Motiv für ihre mäzenatischen Projekte ein. Dies trug zu einer starken Wahrnehmbarkeit mit Wiedererkennungseffekt bei.

Auch die Kennzeichnung der geförderten Kunst- und Bauwerke mit einem fiktiv mittelalterlichen Familienwappen verhalf zu einer Verankerung der Familie in der Wormser Stadtgeschichte und regionalen Identität. Durch dieses historistische Programm mit personalisiertem Zuschnitt betrieben die Heyls ihre Selbsterhöhung durch Geschichte. Zahlreiche Projekte wurden außerdem nach aristokratischem Vorbild mit Familienereignissen wie Hochzeiten oder Jubiläen verknüpft.

5. Die Heyls nutzten die Kulturförderung als Distinktionsmittel und Bestandteil einer vielseitigen Integrations- und Etablierungsstrategie in die kaiserzeitliche ‚gute Gesellschaft', in der weiterhin aristokratische Leitbilder dominierten.

   Innerhalb der Etablierungsstrategie der Heyls erfüllte das Mäzenatentum eine Schlüsselfunktion: Die Ausübung und Förderung dieser kulturellen Praxis bot der Familie ideale Möglichkeiten, ihre gesellschaftliche Position auch nach ihrer Nobilitierung zu stärken und schuf die Voraussetzung zur Vernetzung mit der kaiserzeitlichen Elite. Während die Heylsche Kulturförderung in den Anfängen auf die Arbeiter des eigenen Unternehmens gerichtet war und damit vor allem erzieherische Ziele verfolgte, weitete sie sich im Lauf der Zeit auf die Wormser Stadtgesellschaft und schließlich auf das gesamte Reich aus. Infolgedessen demonstrierte sie zunehmend den kulturellen Führungs- und generellen Machtanspruch der Familie Heyl – ganz dem Selbstverständnis der aristokratischen Elite des Deutschen Kaiserreichs entsprechend. Das mäzenatische Handeln der Heyls war konservativ und basierte auf einem monarchistischen Weltbild. Es orientierte sich an nationalen, aber auch europäischen Vorbildern. Dabei lag den geförderten Kulturprojekten durchgängig ein historistisches Bildprogramm zugrunde, was sie auch für ein internationales, prominentes Publikum attraktiv machte. Indem die Kulturförderung in die Lebensweise der Familie eingebettet war, wurde sie zu einem integralen Bestandteil ihres Habitus.

6. Nur durch aufwändige Netzwerkpflege war es den Heyls möglich, eine hohe Qualität ihrer Projekte zu garantieren und eine bestmögliche Informationspolitik über die mäzenatische Praxis in der ‚guten Gesellschaft' herzustellen.

   Für ihre kulturfördernden Projekte engagierten die Heyls prominente Akteure. Die Prominenz und Internationalität ihrer Berater, Künstler und Händler garantierten sie neben einem hohen Einsatz ökonomischen Kapitals auch mittels einer intensiven Netzwerkpflege. Dadurch konnte Cornelius Wilhelm Heyl sein kulturelles Kapital weiter erhöhen. Innerhalb dieses Kommunikationsraums versicherten sich die Akteure – einschließlich Heyls – gegenseitig der gemeinsamen Arbeit für eine nationale deutsche Kultur und damit eines gemeinschaftlichen Wertehorizonts. Dies förderte die Kooperation und damit auch ökonomische sowie prestigepolitischer Ziele.

7. Die Familie Heyl lebte einen vorindustriellen Habitus, den sie auf dem ökonomischen Feld mit einer modernen wirtschaftlichen Vorgehensweise vereinte.

   Die Heyls nutzten vermeintlich anachronistische Sichtbarkeitsstrategien innerhalb einer durchdachten Corporate-Identity-Kampagne. Diese Praxis zeigte sich besonders deutlich an ihrer umfassenden Verwendung von Heraldik. Ihr Wappen sollte nicht nur die neue Familiendynastie Heyl repräsentieren, sondern als werbewirksames Signet auch das visuelle Erscheinungsbild des Unternehmens prägen. Das Heylsche Wappenschild, das die neu nobilitierte Familie gleichermaßen mit der Adelsdynastie der Dalbergs und der Stadt Worms verband, zierte mit einem martialischen Drachen als Schildhalter ab 1886 nicht nur alle Visitenkarten, Briefbögen, Siegel, Exlibris und Publikationen, sondern fungierte ebenfalls als Firmenlogo und kennzeichnete all ihrer Schlösser und Bauten. Darüber hinaus markierten die Heyls mit dem Wappen all ihre sozialen Stiftungen sowie mäzenatischen Projekte. Diese Projekte waren damit ebenfalls Teil der ausgefeilten Markenstrategie, die von der Familie mit großem Ressourceneinsatz betrieben wurde.

Die bisherige Bürgertumsforschung muss im Hinblick auf das Mäzenatentum im Kaiserreich teilweise revidiert werden. Die Sicht auf die Kulturförderung der Familie Heyl als Prestigepolitik macht deutlich, dass die Ergebnisse der neueren Adelsforschung herangezogen werden müssen, um die Elitenbildung im Kaiserreich in ihrer Komplexität zu erfassen. Es zeigt sich, dass die Orientierung am aristokratischen Habitus zur Zeit des Kaiserreichs durchaus ein zukunftsfähiges Elitenmodell offerierte, das nicht als rein defensiv und anachronistisch zu bewerten ist. Obwohl der historische Adel an Funktionen eingebüßt hatte, lieferte er auch in der „Krise der Moderne“ weiterhin anschlussfähige und attraktive Konzepte zur Elitenbildung.[4]

Cornelius Wilhelm und Sophie Heyl vereinten die eingangs charakterisierten Gegensätze des Kaiserreichs. Sie profitierten von den Modernisierungen in den Bereichen Wirtschaft, Technik, Medien, Transport, politische Partizipation, Vernetzung und Kommunikation. Sowohl in ihrem Unternehmen als auch in ihrer Kulturförderung orientierten sie sich an internationalen Entwicklungen. Zugleich pflegten sie einen vormodern anmutenden Habitus sowie eine historistische Ästhetik und repräsentierten einen traditionalistisch-konservativen bis zunehmend chauvinistisch-völkischen Wertehorizont. Mit all diesen Widersprüchlichkeiten bewegten sich die Heyls auf der Höhe Zeit. Die von ihnen musterhaft vorgeführte Elitenpraxis vereinte „alles unter einem Hut“. Am Beispiel der Heyls ließen sich typische Etablierungsstrategien des langen 19. Jahrhunderts nachweisen.

Zukünftige Studien können an diese Ergebnisse anknüpfen. Um Etablierungsstrategien im langen 19. Jahrhundert noch besser fassen und verorten zu können, bietet

4 Vgl. Conze, Aristokratismus, in: Conze et al. (Hrsg.), Aristokratismus, 2013, S. 19–21.

sich ein systematischer internationaler Vergleich an. Mit einem größeren Sample sozialer Aufsteiger könnten beispielsweise Nobilitierungspraktiken im Hinblick auf Philanthropie, Kulturförderung, Aufstiegsmöglichkeiten, Durchlässigkeit und Kooperation vor dem Hintergrund tradierter adliger und bürgerlicher Muster untersucht werden. Insbesondere müssten die Schlüsselfunktion und die Netzwerke von Frauen in der Prestigepolitik und Kulturförderung vertiefend und vergleichend untersucht werden. Gewinnbringend für die zukünftige Forschung wäre zudem eine Visual History der Prestigepolitik sozialer Aufsteiger im Zusammenhang einer erweiterten Elitenbildung: Kunstsammlungen und Bildprogramme, Selbstrepräsentationen und die mediale Selbst- und Fremddarstellung könnten im Hinblick auf eine Ikonografie der Prestigepolitik systematisiert und erforscht werden.

Anhang

Verzeichnis (1) der Amts- und Mandatsträger während Cornelius Wilhelm Heyls Mitgliedschaft in der Ersten Kammer des Großherzogtums Hessen 1877–1918

Erster Präsident	
Carl Graf von Schlitz gen. von Görtz	1875–1885
Alexander Prinz von Hessen und bei Rhein	1886–1888
Bruno Fürst zu Ysenburg und Büdingen in Büdigen[1]	1889–1900
Emil Graf von Schlitz gen. von Görtz	1900–1914
Carl Fürst zu Solms-Hohensolms-Lich	1914–1918
Zweiter Präsident	
Friedrich Freiherr von Schenk zu Schweinsberg	1875–1878
Bruno Fürst zu Ysenburg und Büdingen in Büdigen	1878–1889
Friedrich Graf zu Solms-Laubach	1889–1900
Adalbert Graf zu Erbach-Fürstenau	1900–1908
Carl Fürst zu Solms-Hohensolms-Lich	1908–1914
Emich Fürst von Leiningen	1914–1918
Dritter Präsident (Zweiter Vizepräsident)	
Jakob Finger	1901–1903
Ludwig Knorr von Rosenroth	1903–1905
Wilhelm Freiherr von Heyl zu Herrnsheim	**1905–1918**
Erster Sekretär	
Bruno Fürst zu Ysenburg und Büdingen in Büdigen	1866–1878
Gustav Graf zu Erbach-Schönberg	1878–1890
Emil Graf von Schlitz gen. von Görtz	1890–1900
Otto Graf zu Solms-Laubach	1900–1904
Carl Fürst zu Solms-Hohensolms-Lich	1904–1908
Franz Joseph Fürst von Isenburg-Birstein	1908–1918
Zweiter Sekretär	
Wilhelm Freiherr von Willich gen. von Pöllnitz	1875–1884
Philipp Freiherr Wamboldt von Umstadt	1884–1887
Theodor Goldmann	1887–1905

1 Bruno Fürst zu Ysenburg und Büdingen in Büdingen (1837–1906) war der Vater von Prinzessin Mathilde Ysenburg zu Büdingen und Büdingen in Büdingen, die 1907 Cornelius Wilhelm Karl Freiherr von Heyl zu Herrnsheim heiratete.

https://doi.org/10.1515/9783110683431-006

Moritz Riedesel Freiherr zu Eisenbach[2]	1905–1918
Stellvertretender Sekretär	
Philipp Hangen	1914–1918
Ludwig Strecker	1914–1918
Mandatsträger der Ersten Kammer	
Prinzen des großherzoglichen Hauses Hessen und bei Rhein	
Ludwig Prinz von	1863–1877
Wilhelm Prinz von	1872–1900
Heinrich Prinz von	1881–1900
Mandatsinhaber der Familien Standesherren der Familie Riedesel Freiherren zu Eisenbach Erbach-Fürstenau Erbach-Schönberg Isenburg-Birstein Leiningen Leiningen-Westerburg-Altleinigen Löwenstein-Wertheim-Rosenberg Riedesel Freiherren zu Eisenbach Schlitz gen. von Görtz Solms-Braunfels Solms-Hohensolms-Lich Solms-Laubach Solms-Rödelheim und Assenheim Solms-Wildenfels Stolberg-Roßla-Ortenberg Stolberg-Wernigerode (-Gedern) Ysenburg und Büdingen in Büdingen Ysenburg und Büdingen in Meerholz Ysenburg und Büdingen in Wächtersbach	
Katholische Bischöfe und Geistliche	
Generalvikar Johann Baptist Heinrich	1878–1887
Bischof Paul Leopold Haffner	1887–1899
Bischof Heinrich Brück	1900–1903
Geistl. Rat Friedrich Elz	1903
Bischof Georg Heinrich Maria Kirstein	1904–1906
Protestantische Prälaten	
Carl Schmitt	1873–1885
Victor Habicht	1886–1902
Carl Walz	1902–1907
Friedrich Flöring	1907–1914

2 Moritz Riedesel Freiherr zu Eisenbach (1849–1923) war der Vater von Anna Riedesel Freiin zu Eisenbach, die 1917 Maximilian Otto Rudolf Cornelius Freiherr von Heyl zu Herrnsheim heiratete.

Ferdinand Euler	1914–1918
Landesuniversität Gießen	
Kanzler Prof. Hermann Wasserschleben	1875–1883
Kanzler Prof. Karl Gareis	1884–1888
Prof. August Streng	1889–1895
Prof. Paul Jörs	1895–1896
Prof. Otto Behaghel	1896
Prof. Arthur Benno Schmidt	1897–1913
Prof. Alexander Leist	1913–1917
Prof. Gustav Krüger	1917–1918
Technische Hochschule Darmstadt	
Alexander Koch	1911–1918
Berufene Mitglieder auf Lebenszeit	
Friedrich Freiherr von Schenk zu Schweinsberg	1856–1878
Christian Lauteren	1857–1865
Reinhard Freiherr von Dalwigk zu Lichtenfels	1862–1880
Wilhelm Wernher	1872–1884
Hermann Wasserschleben	1873–1875
Karl Dornseiff	1873–1886
Georg Buff	1873–1881
Carl Franz Deninger	1873–1884
Wilhelm Freiherr von Willich gen. von Pöllnitz	1874–1884
Otto Zentgraf	1876–1883
Heinrich Stüber	1876–1887
Wilhelm Freiherr von Heyl zu Herrnsheim	**1877–1918**
Karl Theodor Wecker	1878–1893
Ludwig Freiherr von Leonhardi[3]	1881–1884
Joseph Görz	1883–1899
Hermann Wasserschleben	1884–1889
August Schleiermacher	1884–1892
Julius Rinck Freiherr von Starck	1884–1902
Stephan Karl Michel	1884–1906
Hugo Buderus	1886–1907
Theodor Goldmann	1887–1905
Wilhelm Merck	1889–1899
Ludwig Knorr (von Rosenroth)	1889–1905
Clemens Lauteren	1889–1893 (–1908)

3 Vater von Hugo von Leonhardi, der 1891 Martha Freiin von Heyl heiratete.

Friedrich Küchler	1893–1898
Eduard Oehler	1896–1907
Hermann Weber	1898–1902
Ludwig Hallwachs	1898–1903
Jakob Finger	1899–1903
Erasmus Kittler	1899–1918
Friedrich Franz Conradi	1903–1911
Adolf Lippold	1905–1910
Ernst Wernher	1905–1907
Adolf Morneweg	1905–1909
Ludwig Merck	1905–1913
Carl Kleinschmidt	1905–1918
Otto Gastell	1906–1918
Wilhelm Gail	1907–1918
Carl Parcus	1907–1918
Friedrich Stroh	1907–1918
Ludwig Strecker	1909–1918
Wilhelm Joseph Valckenberg	1909–1914
Philipp Hangen	1911–1918
Emil Göttelmann	1911–1918
Emanuel Merck	1913–1918
Vertreter des Handels und der Industrie 1911–1918	
Franz Bamberger	1911–1918
Vertreter der Landwirtschaft 1911–1918	
Wilhelm Haas	1911–1913
Jacob Walter	1913–1918
Vertreter des Handwerks 1911–1918	
Johann Falk	1911–1918
Grundherrlicher Adel	
Philipp Freiherr von Wamboldt von Umstadt	1872–1873
Bertold Freiherr von Bibra	1873–1878
Ludwig Riedesel Freiherr zu Eisenbach	1878–1897
Ferdinand Freiherr von Nordeck zur Rabenau	1887–1892
Adolf von Harnier	1893–1899
Moritz Riedesel Freiherr zu Eisenbach	1897–1918
Albrecht Riedesel Freiherr zu Eisenbach	1900–1902

Moritz Freiherr von Leonhardi[4]	1902–1910
Philipp Freiherr von Wamboldt von Umstadt	1911–1918

Verzeichnis (2) Cataloge der Kunstsachen welche sich befinden im: Heylshof in Worms. Angefertigt von Frau Sophie für Herrn Cornelius Heyl, den 10. Febr. 1886[5]

Porzellanfiguren Frankenthal, Meißen, etc.

Nr.	Bezeichnung	Preise Gulden (fl.)
1	Mann mit Schinken Ludwigsburg	20 fl.
2	Frau mit Topf Ludwigsburg	20 fl.
3	Mann mit Schneeball werfend weiß Frankenthal	15 fl.
4	Flötist	20 fl.
5	Musicierende sitzende Frau	20 fl.
6	Gelehrter mit einer Weltkugel	14 fl.
7	kleiner Winter	10 fl.
8	Mann ein Schaaf scheerend	20 fl.
9	Perlhühner kl. Gruppe	20 fl.
10	kl. Vogel als Bonboniere	10 fl.
11	bunter Tänzer	18 fl.
12	Frau mit Obstkorb	8 fl.
13	Füchse u. Haasen kl. Gruppe	24 fl.
14	Knabe mit Schneeballen	10 fl.
15	tanzende Figur mit Marke	10 fl.
16	Citronenverkäufer	10 fl.
17	Chinese mit Sonnenschirm	8 fl.
18	Frau mit Vogelkäfig Ludwigsburg	15 fl.
19	Cavalier in reichem Costüm dazu	35 fl.
20	die Dame	35 fl.
21	kleine sitzende Venus	20 fl.
22	Dame mit Schirmchen	[k. A.]
23	Mohr Frankenthaler	50 fl.

4 Bruder von Hugo von Leonhardi, der 1891 Martha Freiin von Heyl zu Herrnsheim heiratete.
5 Handschriftliches Manuskript von Sophie Heyl, StA Worms, Abt. 186, Nr. 1174.

Nr.	Bezeichnung	Preise Gulden (fl.)
24	Paar mit Blumen	20 fl.
25	Venus mit einem Bündel Pfeile	30 fl.
26	Spinnerin Ludwigsburg	27
27	Türke mit Vergoldung Höchst[6]	40 fl.
28	Mohr zu N° 23 passend	50 fl.
29	Venus mit grün u. Weißem Gewand	30 fl.
30	kl. nackte Figur mit Buch	15 fl.
31	Fischer klein	20 fl.
32	Fischerin klein	20 fl.
33	Engel die vier Jahreszeiten vorstellend vier einzelne Figuren	100 fl.
34	"	
35	"	
36	"	
37	Gärtner	30 fl.
38	kleiner Gärtner	20 fl.
39	kleines Dämchen	20 fl.
40	Mädchen mit Schirmchen	20 fl.
41	kl. Schmidt den Hammer schwingend	12 fl.
42	kl. Soldat	20 fl.
43	Jäger	10 fl.
44	Tänzer, alt Frankenthal sehr fein	168 fl.
45	Tänzerin, "	
46	Meergott Frankenthal sehr fein	350 fl.
47	Meergöttin, "	
48	kl. Schneider mit Schere	15 fl.
49	Türkin mit Mandoline	25 fl.
50	Carl Theodor als Türke verkleidet	30 fl.
51	Frau mit Obstkorb	[k. A.]
52	weißer Tänzer	12 fl.
53	weißer Obstverkäufer	12 fl.
54	weißer Mann mit Muff	12 fl.
55	Katz	7 fl.
56	2 Hunde (Möpse)	7 fl.
57	weißer größerer Amor	12 fl.

6 Meister, Porzellan des 18. Jahrhunderts, 1967; Stahl/Ohlig, Höchster Porzellan, 1994.

Nr.	Bezeichnung	Preise Gulden (fl.)
58	Göttin mit Blumenkorb u. buntem Gewand	[k. A.]
59	Mann mit Maske in d. Hand	15 fl.
60	weißer Amor	7
61	} Zwei Göttinnen zusammen	48 fl.
62	}	
63	kleiner Obstverkäufer gelber Rock	7 fl.
64	Mädchen mit Schaf weiß	10 fl.
65	kleine Bachantin	12 fl.
66	große Venus, sehr fein u. billig	35 fl.
67	2 kleine Amors, einer davon mit Schild, sehr fein	25 fl.
68	2 kleine sitzende Amors	20 fl.
69	trauernder Amor, fein u. billig	12 fl.
70	kleines Mädchen	14 fl.
71	kl. Mädchen mit Körbchen	18 fl.
72	ein Windhund	10 fl.
73	ditto	10 fl.
74	sitzender Hund	10 fl.
75	Juno mit Pfau	60 fl.
76	Venus in Wolken	50 fl.
77	Göttin mit Amor u. Aehren	[k. A.]
78	Hundekopf als Bonboniere	12 fl.
79	weißes Bübchen	[k. A.]
80	Döschen [Sèvres?]	5 fl.
81	Weißes Porträt Carl Theodor	39 fl.
82	Quacksalber mit Affe	60 fl.
83	ditto in anderem Costum	60 fl.
84	Mann mit Salzfaß	38 fl.
85	kleine gemalte Bonboniere	20 fl.
86	Postillon zu Pferde	50 fl.
87	Göttin mit Früchten	[k. A.]
88	alter Soldat auf Holzstuhl Geschenk	
89	Juno mit dem Pfau	60 fl.
90	Gott mit Hunden groß	150 fl.
91	Chinesische weibliche Figur	10 fl.
92	ditto	
93	} feine Meißener Engelchen	[k. A.]

Nr.	Bezeichnung	Preise Gulden (fl.)
94	}	"
95	}	"
96	} Fünf ganz feine mittelgroße Figuren Götter vorstellend Frankenthaler	"
97	}	"
98	}	"
99	}	"
100	}	"
101	kl. schwarz gekleidete Figur mit Krönchen in Mannheim gekauft	"
102	} 2 gleiche schwarz gekleidete Figuren	"
103	}	
104	Mann mit Schubkarre	"
105	Frau mit [?] fein	34 fl.
106	Invalide als Bettler	34 fl.
107	sitzende kleine Göttinnen lesend	[k. A.]
108	und schreibend	"
109	kl. Figur mit bunter Schürze Fürstenberg	24 fl.
110	} zwei mittelgroße Frankenthaler ähnlich wie N° 100	[k. A.]
111	}	
112	} 3 Frankenthaler Engelchen	
113	}	
114	}	
115	Mann mit Vogelbauer mittelgroß	[k. A.]
116	Hasentreiber weiß	12 fl.
117	kl. Cavalier Hut in der Hand weiß	12 fl.
118	[k. A.]	[k. A.]
119	kl. Mann mit Zopf in weißem Rock	[k. A.]
120	Jäger und Jägerin Ludwigsb. Gruppe	300 Mrk.
121	die Froschkönigin große Gruppe	[k. A.]
122	3 kleine Amors gleicher Nummer ohne Zeichen Nymphenburg	[k. A.]
123	kleiner Japanfischer Döschen	[k. A.]
124	Salzfäßchen in Herzform	[k. A.]
125	2 Hirsche gleicher Nummer	[k. A.]
126	3 kleine Büsten gleicher Nummer	[k. A.]
127	[k. A.]	[k. A.]
128	Frau mit einem Korb auf d. Kopf worin Gänse	[k. A.]
129	Mann mit Säcken Ludwigsburg	[k. A.]

Nr.	Bezeichnung	Preise Gulden (fl.)
130	Mädchen mit Gießkanne	[k. A.]
131	weißer Amor Höchst	[k. A.]
132	4 kl. frankenthaler Figürchen gleicher Nummer 2 davon mit weißen Schlafmützchen auf dem Kopf	[k. A.]
133	2 kleine Amors männlich und weiblich	[k. A.]
134	Mädchen mit blau u. weißem Kleid u. Schürzchen Ludwigsburg	[k. A.]
135	Mädchen an der Waschbütte stehend (Geschenk)	[k. A.]
136	Bonboniere viereckig klein Geschenk von Doris	[k. A.]
137	Kleines emailliertes Ei Riechdöschen	[k. A.]
138	feine Bonboniere [hier Doppel-C für Ludwigsburger Porzellan] mit Krone	[k. A.]
139	Spinetspielerin sehr fein aus der Auction Murschel in Stuttgart[7]	140 Mrk.
140	ein Violinspieler aus der Auction Murschel in Stuttgart	} 345 fl.
141	Clarinettbläser aus der Auction Murschel in Stuttgart	}
142	Opfernde Bachantin aus der Auction Murschel in Stuttgart	345 fl.
143	Bonboniere aus der Auction Murschel in Stuttgart	66 fl.
144	Aufwartende Kellnerin sehr klein und fein	}350 fl.
145	Kellner dito	}
146	kleines Figürchen mit hoher Mütze	[k. A.]
147	große Minerva von Bourgois in Coeln	[k. A.]
148	Dame mit blauem Kragen u. Spiegel	[k. A.]
149	kleineres Mädchen mit Buch beide von Bourgois	[k. A.]

Vasen, Körbchen etc.

Nr.	Bezeichnung	Preise Gulden (fl.)
1	Wiener Vase	50 fl.
2	größere ditto	60 fl.
3	emaillierter Porzellanleuchter	140 fl.

7 Der Konditor Wilhelm Murschel besaß eine bedeutende Porzellansammlung. 1879–1883 schenkte er jährlich zum Geburtstag des Königs ein Objekt an die Staatssammlung vaterländischer Kunst- und Altertumsdenkmale von Württemberg, vgl. Hauptstaatsarchiv Stuttgart, E 14 Bü 1575-91-100, Münz- und Medaillenkabinett, Kunst- und Altertümersammlung. Das Verzeichnis der Porzellansammlung Murschel liegt im Stadtarchiv Stuttgart, StArchiv Stuttgart-2726, Nachlass Wilhelm Murschel, Porzellansammlung.

Nr.	Bezeichnung	Preise Gulden (fl.)
4	"	[k. A.]
5	Meißener Körbchen [?] Dose zum Geschenk erhalten	[k. A.]
6	"	[k. A.]
7	"	[k. A.]
8	[Sèvres?] Tasse dunkelblau	[k. A.]
9	Bouillontasse Meißen	50 fl.
10	kl. Berliner Vase	18 Mrk.
11	ditto	"
12	mittelgroße Vase weiß mit bunten Bouquets Frankenthal	40 fl
13	Körbchen mit Goldbroncefuß (Wien)	45 fl.
14	1 Vase mit Broncefuß ohne Deckel	35 fl.
15	weißes Körbchen	20 fl.
16	kleines buntes Körbchen	18 fl.
17	größeres mit kleinen lila Blumen	24 fl.
18	Weiße reichverzierte Höchster Vase mit Figur auf d. Deckel	34 fl.
19	Postament weiß	[k. A.]
20	weiße Frankenth. Vase mit Holzdeckel	[k. A.]
21	weiße einfache Vase	[k. A.]
22	Porzellanbildchen weiß Friedrich der Große darstellend	15 Mrk.
23	Tintenfaß Meißen	24 fl.
24	" mit bunten Landschaften Fürstenberg	60 fl.
25	Tintenfaß mit Engelchen Ludwigsburg	300 fl.
26	Vase wie Theebüchse Frankenthal	[k. A.]
27	Ditto	[k. A.]
28	} 3 weiße Fruchtkörbchen im Gebrauch	} 26 fl.
29	}	}
30	}	}
31	} 2 ganz kleine Väschen	} 12 fl.
32	}	}
33	} 2 kl. Leuchter	} 50 fl.
34	}	}
35	} 2 ganz kleine Väschen	} 18 fl.
36	}	}
37	Körbchen [Zeichen für Höchster Porzellan] gezeichnet bunt Grundton gelb	[k. A.]
38	} 3 ähnliche Körbchen durchbrochen ziemlich hoch eines etwas größer	[k. A.]
39	}	[k. A.]

Nr.	Bezeichnung	Preise Gulden (fl.)
40	}	[k. A.]
41	ditto kleineres rundes Körbchen	[k. A.]
42	Vase Frankenthal	[k. A.]
43	"	55 fl.
44	Körbchen Wein	[k. A.]
45	[?] Tasse	[k. A.]
46	bunte Tasse Frankenthal	[k. A.]
47	Tasse, Kopf auf rothem Grund Frank.	[k. A.]
48	Tasse mit Landschaften Frankenthal	[k. A.]
49	6 frankenth. Tassen gleicher Nummer	[k. A.]
50	2 weiße kleine Lauben	[k. A.]
51	2 Tassen Frankenth. mit spitzen Henkeln	[k. A.]
52–53	} zwei Vasen ziemlich groß mit Deckel wahrscheinlich aus Ostende	[k. A.]
54–59	6 feine Tassen mit Amoretten aus der Murschelschen Sammlung in Stuttgart	205 fl.
60–63	4 Caffetassen	60 fl.
64	feine kleine Theebüchse auch aus St[uttgart]	42 fl.
65–68	4 Tassen weißer Grund durch Strauch in Stuttgart gesteigert	45 fl.
69–70	2 helle Vasen Marseiller Fabrikat	350frs.
o. N.	Frankenthaler Bonb. mit Deckel	[k. A.]

Miniaturen Holzschnitzereien Kästchen

Nr.	Bezeichnung	Preise
1–2	Napoleon I, Josephine aus Nürnberg, Geschenk von Ihnen selbst	30fl
3	Urgroßvater Heyl	[k. A.]
4	Herr mit Puderperücke	10Thlr
5	Dame mit gepudertem Haar	20Thlr
6	Bischof sehr klein und fein	25Thlr
7	Mädchen im Hemde Brustbild	165fl
8	Elfenbeinschnitzerei in schwarz Rähmch.	20fl
9	Pergamentbildchen Madonna in schwarz u. goldenem Rähmchen	25fl
10	Elfenbeinchristus in reichem Gold u. Silberrahmen auf schwarz. Samt aus Zürich	700frs
11–12	Heilg. Michael kl. Figur in Buchs u. weibliche Figur mit Krone (Basel)	120frs
13	Krieger mit Gewehr in Buchs	12 fl
14	Krieger mit Lanze in Bronce	

Nr.	Bezeichnung	Preise
15	kleines Elfenbein Crucifix	15fl
16–17	kl. Nürnberger Leuchter	36Mrk
18	goldenes Kästchen mit 4 Schlössern	130Mrk
19	Elfenbein [?]	60fl
20	Weihkesselchen mit Alabasterkopf	220frs
21	Charlotte Corday[8] in goldenem Roccocorähmchen	[k. A.]
22	Elfenbeinjagdform	60fl
23	Buchsfigürchen Nymphe	240Mrk
24	Dolch mit Silberverziehrungen	180Mrk
25	Relief in Buchs alter Kopf	30fl
26	Silberne Renaissancekette per Loth 2 Thlr 25	
27	Holzbüste auf Sockel ungarischer König	80Mrk
28	Miniatur nach Grenze aus Paris	150frs
29	Dame mit Puderfrisur u. Hut	200frs
30	Dame mit Puderfrisur ohne Hut	200frs
31	Miniatur v. Erwin v. Maler Klimsch[9] aus Frankfurt kostete	500Mrk
32	Heilige Familie mit d. Kinde in Holz aus Basel	300frs
33	Madonna mit d. Kinde in Holz bemalt v. Meyer in Berlin	75Thlr
34–35	2 heilige Männer aus einer Auction in Coeln Mittelgröße	50 Mrk
36	Heilige mit gefaltenen Händen aus einer Auction aus Coeln	30Mrk
37	Madonna von Burgois in Coeln	25Mrk
38	heiliger Johannes mit d. Kinde	180Mrk
39	kl. Christuskind mit d. Wanderstab	60Mrk
40	kl. Madonna mit d. Kinde	60Mrk
41	ganz kleine Madonna	20Mrk
42	mittelgroße Madonna mit gefaltenen Händen (aus München)	50Mrk
43	Madonna [zopfartig?] mit gefaltenen Händen (München)	18fl
44	Dammstein [=Bernstein] Frau mit Hut	240Mrk
45	Dammstein Frau mit einer Halskrause	24Mrk
46	Mann mit langem Haar (Dammstein)	24Mrk
47	Gott u. Göttin kleine Gruppe in Ton	60fl
48	Relief der Geißelung	}100 Thlr

8 Charlotte Corday war eine französische Adelige, die dafür bekannt war, dass sie Jean Paul Marat getötet hatte und daraufhin 1793 hingerichtet wurde.

9 Eugen Klimsch (1839–1896) war ein Maler und Zeichner mit Schaffensmittelpunkt in Frankfurt a. M. Vor allem durch seine Miniaturmalerei und durch seine Präsenz auf den Weltausstellungen erlangte er internationale Bekanntheit in Paris, London und New York. Vgl. Holland, Klimsch, Eugen, in: Allgemeine Deutsche Biographie 51 (1906), S. 228–230.

Nr.	Bezeichnung	Preise
49	Relief heil. Familie von einem Engel bedient	}
50	Maria u. Johannes	}300fl
51	Jesus mit gebundenen Händen auf der Ausstellung in München gekauft	}
52	Maria mit mehreren Figuren über ihr die Laube (Relief)	30fl
53	altes Elfenbeinrelief Kreuz darunter Maria u. Johannes u. oben 2 Engel von Bourgois in Coeln	80Thlr
54	Elfenbeinrelief Maria Himmelfahrt von Challan in Rorschach [Schweiz]	60frs
55–56	zwei Holzfiguren Musicanten	600Mrk
57	eine fein geschnitzte Holzpfeife	25Mrk
58	fein geschnitzter Holzloeffel	66Mrk
59	Madonna mit Kind und Krone (Antwerpen)	[k. A.]
60	Dammstein in hellem Holz junger Mann mit Mütze	60Mrk
61–66	sechs feine Miniaturen	[k. A.]
67–68	2 ganz feine Limogesalzfässer aus der Sammlung Parpart[10]	3000 Mrk
69–70	Miniatures Marie Luise u. Napoleon I. Geschenk von Max	[k. A.]
71	Elfenbein Christuskindchen	[k. A.]
72	aus einer Muschel geschnitten 2 Porträts (Großherzog von Hessen und seine Gemahlin)	[k. A.]
73	Miniatur, Dame im decoltierten Kleide	[k. A.]
74	Feine Miniatur aus Herrnsheim	[k. A.]
75	Portrait des Marschall Kellermann	[k. A.]
76	Portrait des Merlin v. Thionville	[k. A.]
77	kl. Statuette in Goldbronce Napoleon I.	[k. A.]
78–79	2 relgiöse Miniaturen aus einem alten Buch auf Pergament gemalt	[k. A.]

10 Ein Teil des Kunstbesitzes der Familie von Parpart mit Sitz in Schloss Hünegg am Thuner See wurde 1884 versteigert. Zu einer zweiten Versteigerung kam es 1912 durch Rudolph Lepke's Kunst-Auctions-Haus, Berlin. Im Auktionskatalog wurde die Sammlung mit der des Freiherren Ad. v. Lanna verglichen. In beiden überwiegen Objekte des deutschen Kunstgewerbes. Die Sammlung Parpart umfasste – neben italienischen Majoliken und französischen Emaillearbeiten – Hafnerarbeiten (Töpferwaren) der Renaissance, Steinzeugkrüge aus dem Rheinland sowie aus Westerwald, Sachsen und Böhmen, künstlerische Fayence und Porzellan des 17. und 18. Jahrhunderts, geschnittene und punktierte deutsche und böhmisch Gläser, Edelmetallarbeiten der Renaissance sowie Arbeiten in verschiedenem Materialien wie Holz, Perlmutt, Elfenbein, Schildpatt und Stein. Des weiteren befanden sich darin einige Gemälde Alter Meister wie Lucas Cranach und Adriaen van der Werff. Vgl. Krüger, Einleitung, in: Lepke (Hrsg.), Kunstsammlungen, 1912, S. 9–10.

Nr.	Bezeichnung	Preise
80–90	zehn kleine Bildchen aus der Sammlung Milani in Frfurt[11] verschiedener Größe darunter eines von Elsheimer und Tenier	[k. A.]
91–95	kleine Miniatur in hübschen Rähmchen die Herren in Puderfrisur darstellen, aus Florence mitgebracht	[k. A.]
96	Miniaturbildniß d. Charlotte Corday aus d. Sammlung von Wahle [? nicht identifizierbar] in Mannheim	14 Mrk
97	zwei Bilder in Goldrahmen aus kleinen Miniaturenbildchen bestehend diese beiden brachte Wilhelm mit aus Florence	[k. A.]
98	goldenes kl. Kästchen mit bunten Steinen (modern)	[k. A.]
99	gothische Holzschnitzerei Page etc aus d. Sammlung Felix[12]	4000Mrk
100	Porträt in Holz sehr fein aus der Sammlung Felix	600Mrk
101	feine kleine Elfenbeindame gothisch aus der Sammlung Felix	120Mrk
102	Limogedose aus d. Sammlung Felix	250Mrk
103	3 ganz fein geschnitzte Holzrähmchen vergoldet für Miniaturs	[k. A.]
104	Pilger in Efenbein aus Bologna steht auf Postament	100frs
[105]	Madonna kleine Elfenbeinfigur	[k. A.]
[106]	Jäger mit Horn aus d. Nachlaß des Koenigs von Bayern	[k. A.]
[107]	Elepfant darauf ein Inder reitend ganz aus Elfenbein aus d. Sammlung d. Koenigs von Baiern	500Mrk

[Gläser]

Nr.	Bezeichnung	Preise
1	Opalglas mit Deckel auf goldverziertem Fuß	280fl
2	großes venetianisches Flügelglas	150fl
3	ein etwas kleineres mit blauen Flügeln	75fl
4	ein noch kleineres mit blauen Flügeln	60fl
5	[k. A.]	[k. A.]
6	Venetianisches sehr hohes Champagnerglas	40fl
7	ein Venetianisches Champagnerglas	40fl
8	kl. venetianisches Glas mit blau und weißem Fuß	35fl
9	kleines geschliffenes Glas	10fl
10	deutsches kleines Glas mit einer Karte	24fl
11	kleines geschliffenes Glas aus der Familie	[k. A.]

11 Die Kunst- und Antiquitätensammlung von Carl Anton Milani wurde nach dessen Tod 1883 in Frankfurt versteigert. Vgl. Auktionskatalog: Prestel (Hrsg.), Catalog Milani, 1883.

12 Auktionskatalog: Heberle (Hrsg.), Catalog Eugen Felix, 1886.

Nr.	Bezeichnung	Preise
12	kl. Glas mit doppeltem Boden u. roth u. goldenen Wappen	20fl
13	Glas mit Deckel geschliffen	15fl
14	Dito	20fl
15	ein etwas größeres	30fl
16	Venetianisches Mus[s]elingläschen	35fl
17	Glas mit Deckel aus d. Familie vom UrUrgroßvater stammend	[k. A.]
18	Glaskanne auch aus d.Familie	[k. A.]
19	Venetianisches Champagnerglas mit blau u. weißem Fuß	64fl
20	großes geschliffenes Glas mit Deckel	20fl
21	Champagnerglas sehr groß ganz weiß sehr feines Glas	175fl
22	geschliffenes Glas mit Deckel	20fl
23	Venetianisches Flügelglas auf hohem Fuß u. blauen Flügeln	60Mrk
24	kleiner grüner Römer	[k. A.]
25	Chrystallglas aus d. Sammlung von Meyer	[k. A.]
26	ditto Krug aus Chrystall mit Goldverziehrung	[k. A.]
27	feines buntes Glas mit Deckel der Fuß mit Goldverziehrung	[k. A.]
28	großes Glas darauf eine Tischgesellschaft in bunt ohne Deckel	[k. A.]
29–30	zwei venetianische weiße Gläser	1500Mrk
31	kleines grünes deutsches Glas	[k. A.]
32	5 kl. Umgebogene sehr dünne geschliffene deutsche Gläschen	[k. A.]
33	6 geschliffene deutsche Gläschen	[k. A.]
34	2 geschliffene böhmische Gläser	[k. A.]
35	Venetianisches Glaskännchen mit weißen Streifchen	[k. A.]
36	deutsches kl. Glas	[k. A.]
37	2 gerippte mittelhohe deutsche Gläser	[k. A.]
38	weißes Glas ohne Fuß etwas graviert	[k. A.]
39	2 mittelgroße geschliffene Gläser darauf Hunde einen Hirsch jagend	[k. A.]
40	1 mittelgroßes Glas mit weißen geschliffenen Verziehrungen	[k. A.]
41	änlich wie N° 40 deutsches Glas	[k. A.]
42	Venetianisches latigio Glas aus d. Sammlung Felix	800Mrk
43	Venetianisches kleines Kelchglas mit etwas blauer Verziehrung achteckig aus d. Sammlung Felix	[k. A.]

Gruppen in Porcellan

Nr.	Bezeichnung	Preise
1	Weiße Gruppe Mann, Frau und Kind unter einem Baum	45fl
2	Savoyardenkinder mit Hund	80fl
3	Ziegenhirten	80fl
4	Harlequins Kindergruppe	30fl
5	Masken Chines u. Mädchen	15fl
6	große weiße Gruppe Toilette der Venus	90fl
7	Amoretten mit Käfig	60fl
8	Amoretten ohne Käfig, Amoretten (3 größeren Engeln) gleicher Nummer (8)	[k. A.]
9	Schäfer und Schäferin	50fl
10	Musicierende Kinder (Meißen)	28fl
11	Meergott eine Göttin im Wagen entführend (Wien)	80fl
12	Paar unter Architectur sitzend neben einander Laute spielend 2 ähnliche Gruppen welche die gleiche Nummer (12) haben	[k. A.]
13	Toilette der Venus (aus Berlin)	[k. A.]
14	Hänsel u. Grethel	15fl
15	Gegenstück	[k. A.]
16	Dame u. Herr Laute spielend	140fl
17	weiße Gruppe küssendes Paar mit Ziege	60fl
18	Figurenleuchter (Wien)	150fl
19	Dito	150fl
20	Aeneas Meißen	45fl
21	Kaufmann, 2 Figuren sehr fein	110fl
22	Dame mit Dienstmädchen welches weint	100fl
23	Winter (sehr alt)	[k. A.]
24	Mutter mit 3 Kindern (fein)	220fl
25	zwei Paare Wein trinkend eine Gruppe bildend	120fl
26	Stier von Hunden verfolgt	100fl
27–30	Vier sogenannte Ehestandsgruppen Frankenthal sehr fein!	510fl
31	Amor u. Psyche weiß Bisquit	25fl
32	große weiße Gruppe	[k. A.]
33	Herr u. Dame Karten spielend	[k. A.]
34	[k. A.]	[k. A.]
35	[k. A.]	[k. A.]
36	alter Mann u. Frau sich küssend	[k. A.]
37	Mann mit Hacke, Frau mit Katze auf d. Rücken	[k. A.]
38	ganz feine Einzelgruppe 4 Engel einer hällt ein Kännchen	[k. A.]

Nr.	Bezeichnung	Preise
39	Einzelgruppe mit einer Lira [Drehleier] 2 Engel	[k. A.]
40	kleines Paar mit Früchten	[k. A.]
41	Kleines Paar mit Geisbock u. Früchten	[k. A.]
42–43	2 frankenthaler Bildchen	28fl
44	Mann u. Mädchen Feuer anmachend	[k. A.]
45	junges Paar Wein trinkend	[k. A.]
46	bunte Gruppe ([Porzellanmarke Zeichnung] gezeichnet)	[k. A.]
47	Tänzerin mit 2 Tänzern (fein)	[k. A.]
48	Ludwigsburger Gruppe Jäger und Jägerin	[k. A.]
49	Venus mit kl. Amor d. d. Bogen hällt	[k. A.]
50	Brautpaar aus d. Murschelschen Sammlung in Stuttgart	[k. A.]
51	Chinesisches Paar aus der gleichen Sammlung	[k. A.]

Krüge Kannen u. Vasen

Nr.	Bezeichnung	Preise
1	Apostelkrug	205fl
2	bunter Jagdkrug mit Perückenköpfen	[k. A.]
3	Dito	55fl
4	bunter Krug mit Arabesken	[k. A.]
5	dito	[k. A.]
6	hoher Krug bunt mit Cruzifix	48fl
7	Kanne mit Deckel bunt	60fl
8	Apostelkrug hoch ohne Henckel	[k. A.]
9	kleiner Krug mit Perückenkopf	42fl
10	blauer Apostelkrug sehr fein	60fl
11	kl. Perückenkrug	[k. A.]
12	Krug mit bunten Arabesken	55fl
13	Krug mit blauen Arabesken	50fl
15	brauner Bartmann groß in Worms ausgegraben kostete	20 Mrk Werth 60fl
14	bunter Krug mit Deckel	[k. A.]
16	blau u. grauer dicker Krug	35fl
17	kleiner grauer Bartmann	25fl
18–20	Gelb-braune Krüge mit Figurenfries	20fl
21–23	alte Majolika Kannen ohne Deckel aus Salzburg gelblich	[k. A.]
24	große Zinnkanne Nürnberg	[k. A.]

Nr.	Bezeichnung	Preise
25	Zinnteller Nürnberg	30fl
26	kleiner grau u. blauer Krug	15fl
27	dito	10fl
28	blau u. weißer Humpen mit Deckel	27fl
29	große Delphtervase	20fl
30	Humpen aus Holz Norwegisch Geschenk	[k. A.]
31	mittelgroße Delphtervase	20fl
32–33	Delphterkännchen à 15frs	30frs
34	größere Delphtervase	20fl
35	kleine Delphtervase	8fl
36	Mittelgroße Delphtervase	12fl
37	Kopferschüssel	12fl
38	kl. Majolicakännchen	15fl
39–40	kl. bunte chinesische Väschen	20frs
41–44	chinesische bunte Kümpchen [Trinkschalen] Geschenk von Papa erhalten	[k. A.]
45–47	alte Majolicateller nicht nummeriert	75frs
48–49	Majolicateller alt	30frs
50	chinesische Schüssel nicht nummeriert	60fl
51–52	2 chinesische hohe Vasen Geschenk	[k. A.]
53–54	hellblaue [Sever?]vasen cachepots Geschenk	[k. A.]
55	Blaue Delphtervase mit Deckel billig taxirt	25fl
56–58	drei änliche Delphtervasen billig taxirt	36fl
59–61	Drei weitere Delphtervasen billig taxirt	36fl
62–64	3 große Majolicaschüsseln aus Salzburg gelblich bemalt	60fl
65–66	zwei kleine dito	40fl
67	große chinesische Schüssel bläulich	[k. A.]
68–79	12 chinesische Teller Geschenk in Gebrauch von Papa erhalten wurden taxirt à 3 Mrk	36Mrk
80–81	Majolikateller zu N° 48–49 passend	40Mrk
82	Metallschale fein gearbeitet von Max erhalten	[k. A.]
83	[Zin?]	[k. A.]
84	vier feine frankenthaler Tassen mit gemalten Figuren darauf	28fl
85	Apostelkrug mit Wappen 1668 gezeichnet Catharina Maria Reinelin	70Thlr
86	großer Schweizer Krug mit emailliertem Wappen auf blauen Grund	120Thlr
87–88	2 feine Meißener Tassen auf Füßchen stehen u. Deckelchen à 25fl	50fl
89	Majolicateller mit erhabenen Figuren	120Mrk
90	moderner großer Majolicakrug	30Mrk
91–92	2 Zinnteller ein großer u. ein kleiner	[k. A.]

Nr.	Bezeichnung	Preise
93	Apostelkrug	[k. A.]
94	ditto etwas kleiner	[k. A.]
95	Planetenkrug (fein)	[k. A.]
96	ganz kleiner Apostelkrug sehr fein	[k. A.]
97	etwas größerer Apostelkrug mit 4 Aposteln auf blauem Grund	[k. A.]
98–99	zwei kleine breite Krüge mit einem Baum u. d. andere mit Pelican	[k. A.]
100	großer bunter Apostelkrug mit Henkel	[k. A.]
101	Jagdkrug gezeichnet Arnold Müller	[k. A.]
102	bunter Krug wie eine Kanne gezeichnet Joh. Georg Fischer	[k. A.]
103–106	vier ähnliche kannenartige schwarzgrundige Krüge darunter einer mit einem Cruzifix	[k. A.]
107	etwas kleiner aber ähnlich wie N° 106 ohne Deckel	[k. A.]
108	kleines graues Krüglein	[k. A.]
109	etwas größerer blau u. grau	[k. A.]
110	bunter Arabeskenkrug	[k. A.]
111	ditto kleinerer	[k. A.]
112	moderner Perrückenkrug	[k. A.]
113	großer gelblich brauner	[k. A.]
114	großer Zinnteller	[k. A.]
115–116	zwei kleine Zinnteller	24frs
117–118	zwei kleine Zinnhümpchen mit Deckel	20frs
119	altes schweizer Majolicateller	70frs
120	Große schöne Majolicavase aus der Sammlung Parpart	2400Mrk
121–123	Teller (Majolica) Castelle gemalt aus d. Sammlung Parpart	250Mrk
124–125	2 feine Obertassen ebenfalls Majolica aus d. Sammlung Parp.	300Mrk
126	ein großer Zinnpockal aus d. Sammlung Gedon[13] und 2 Zinnvasen aus d. Sammlung Parpart	600Mrk
127–128	Limoges in schwarzen Rähmchen	3000Mrk
129–130	Salzfässer sehr fein	[k. A.]
131	2 chinesische Teller mit grünlichem Fond u. bunten Blumen (Blankenberge [Belgien])	[k. A.]
132	zwei mit zackigem Rand haben aber Sprünge (bunt bemalt)	[k. A.]
133	unbedeutendes Majolicateller	[k. A.]
135	2 Vasen die in Herrnsheim waren japanisch dunkelblau mit Gold, 2 ditto, alle ohne Deckel	[k. A.]
134	Majolicateller imitirt unbedeutend	[k. A.]
136	2 schöne Japanische Vasen mit Deckel aus Herrnsheim	[k. A.]

13 Auktionskatalog: Heberle (Hrsg.), Catalog Lorenz Gedon, 1884.

Nr.	Bezeichnung	Preise
137	2 bunte gebauchte [bauchige] Japanische Vasen mit Deckel	[k. A.]
138	2 große japanische Vasen ohne Deckel in matten Farben für die Nischen im Vestibül (aus München und Bruxelles)	[k. A.]
139–141	drei gleiche bunte Väschen mittelhoch mit Deckel die Blumen bunt u. etwas erhaben (Bruxelles)	[k. A.]
142	sehr feines kleines japanisches Väschen mit Deckel in matten Farben	[k. A.]
143	auch klein aber weniger fein	[k. A.]
144–145	Vasen mit erhabenen Blumen ohne Deckel zu N° 140 passend	[k. A.]
146	Blumenvase mit dunkelblauer Bemalung ohne Deckel	[k. A.]
147–148	dunkelblaue kleine Väschen ohne Deckel (fluites)	[k. A.]
149–150	2 braune (Moines) ohne Deckel ähnlich wie	[k. A.]
151	kleines geripptes gelbliches Väschen mt bunten Bemalungen mit Deckel	[k. A.]
152	etwas größeres Väschen blau u. roth	[k. A.]
153	Braune Vase (Moine) zu 150 passend mit Deckel	[k. A.]
154–155	zwei kleine fluites blau u. roth verziehrt	[k. A.]
156–157	zwei gerippte Väschen wie N° 151	[k. A.]
158–159	zwei kleine fluites ähnlich wie 154	[k. A.]
160–161	zwei kleine bunte Väschen mit Deckel	[k. A.]
162–164	drei kleine Väschen mit Deckel worauf kleine Japanische [Häuser?] aus Bruxelles	[k. A.]
165–166	zwei kleine fluites blau u. rothe Verziehrungen	[k. A.]
167–168	zwei offen gerippte Väschen in apparter Form zu N° 151 passend gezeichnet AR	[k. A.]
169–171	drei ganz gleiche japanische Schüsseln Tellerform	[k. A.]
172–173	zwei achteckige feine Schüsseln mittelgroß blau roth u. golden verziehrt mit durchbrochenen Einsatz am Rand	[k. A.]
174	chinesische Schüssel auf grünlichem Grund mit Blumen	[k. A.]
175–176	zwei rechteckige braune Schüsseln aus Herrnsheim Sever	[k. A.]
177–178	zwei Severteller lädirt mit blau u. rothem Rand in d. Mitte Bilder Herrnsheim	[k. A.]
179–181	drei feine Krüge bei Heilbronner [gemeint ist sicherlich Josef Heilbronner[14]] in München gekauft für	2000Mrk
182	Zinnpokal auch v. Heilbronner	350
	Aus der Sammlung Felix [bezieht sich wahrscheinl. auf N° 183–185]	
183	1 große weißgelblich graue Schnalle	300 Mrk
184	1 kleinere	[k. A.]
185	1 bunter rheinischer Krug mit Blumen auf weißem Grund feinem Goldbroncedeckel	[k. A.]
[o. Nr.]	sehr großer blau u. grauer Krug	1100Mrk
186	1 großer brauner Krug	1200Mrk
187	1 Kreusener [Creussener Steinzeug] Krug fein gemustert	250Mrk

14 Vgl. Auktionskatalog: Auktionshaus Helbing (Hrsg.), Katalog Josef Heilbronner, 1897.

Nr.	Bezeichnung	Preise
188	großer Krug grau u. blau	850 Mrk
189	großer Krug grau blau u. rothbraun	900Mrk
190	1 Teller Castellé Daphnis u. Cloe	100frs
191	1 Teller römisches Fabrikat	600frs
192	ganz feiner emaillierter Kupferteller venetianisches Fabrikat	2000frs
[193]	2 große Alabastervasen mit prachtvoller Bronceverziehrung aus d. Sammlung des Koenigs von Baiern d. Stück 1000Mrk	2000Mrk
[194]	Kreusener [Creussener Steinzeug] Krug sächsisches Wappen (Jagdkrug)	520Mrk
[195]	Krug (Kreusen) [Creussener Steinzeug] J. J. Redwitz Wappen 1649 (Flasche)	210Mrk
[195–196]	2 große Vasen japanisch heller Grund mit blau u. brauner Zeichnung u. Deckel von Bourgois	[k. A.]

Pokale u. feine Gefäße in Gold u. Silber

Nr.	Bezeichnung	Preise
1	großer getriebener Goldpokal 2Thlr 25Gr per Loth von Meyer aus Berlin	[k. A.]
2	Mittelgroßer Pokal getrieben mit reichen Gold u. Silberverziehrungen auch 2 Thlr 25	[k. A.]
3–4	zwei kleinere änliche Pokale auch aus Berlin d. Loth 2Thlr 25	[k. A.]
5	Goldgefäß [Th?] vorstellend	138fl
6	Muschel weiß auf goldverziehrtem hohen Fuß	80fl
7	Kokosnußpokal mit Silber u. bunten Steinen verziehrt	360Mrk
8	Kokosnußpokal d. Fuß eine kleine Figur darstellend	60fl
9	großer goldener Pokal Augsburger Arbeit	600fl
10	bycanthinischer Kelch in Kupfer	30fl
11–12	2 fein cicelierte Schalen in Silber für d. jüdischen Cultus s. Zeit bestimmt	35Thlr
13	sehr feiner Pokal in Gold mit Teller und emaillierten Bildchen sehr reich aus d. Sammlung Meyer	[k. A.]
[14]	Eine Schal[l?]e in Silber mit einem Schwan darauf aus d. Nachlaß des Koenigs von Baiern	[k. A.]
[15]	Zinn Zunfthumpen Würzburg Sammlung Adelmann[15]	400Mrk
[16]	Zunftpokal Würzburg Sammlung Adelmann	405Mrk
[17]	Zunftkanne Würzburg Sammlung Adelmann	330Mrk

15 Die Sammlung von Carl Adelmann wurde 1888 von J. M. Heberle (H. Lempertz' Söhne) versteigert. Vgl. Auktionskatalog: Heberle (Hrsg.), Katalog Leofrid Adelmann, 1888.

Nr.	Bezeichnung	Preise
[18]	Renaissance Zinnpokal mit Fahne in Zinn Gedon [ergänzt durch eine kleine Skizze]	450Mrk
[19]	Zinnpokal mit Fahne in Stoff	350Mrk

Broncen

Nr.	Bezeichnung	Preise
1	alte italienische Broncegruppe ein Centaur eine Nymphe entführend in Nürnberg bei Antiquar Piquert [Max Pickert, Antiquar und Kunsthändler, Nürnberg[16]] gekauft	1200Mrk
2	Venus kleinen Amor tragend in Paris bei Barbedienne gekauft[17]	500frs
3	Kleine Diana ebendaselbst gekauft	80frs
4	Bismark [sic] in ganzer Figur in Zinkbronce	[k. A.]
5	Neptun auf einem Delphin reitend kleine Fontaine von Piquert [Max Pickert, Antiquar und Kunsthändler, Nürnberg]	80fl
6	Löwe in Bronce	[k. A.]
7	Hirsch	[k. A.]
8	[k. A.]	[k. A.]
9	modern italienisch zwei singende Römerinnen	[k. A.]
10	ein junger Italiener die Mandoline spielend	[k. A.]
11	kleine dem Bade ensteigende Venus in Goldbronce (Geschenk)	[k. A.]
12	Mercur mit Goldschärpe aus Florence	[k. A.]
13	Minervakopf aus Florence	[k. A.]
14	Venus auf Broncesockel sehr fein auch aus Florence	1200frs
15	Engelchen auf Marmorsockel	120frs
16	1 Pferd mittelgroß / Florence	350frs

16 Zu Hofantiquar Pickert s. Auktionskatalog: Heberle (Hrsg.), Catalog A. Pickert, 1881/1882. Die jüdische Kunsthändlerfamilie Pickert führte erst ein Geschäft in Fürth und ab 1855 in Nürnberg am Albrecht-Dürer-Platz 10. Den Grundstock der Handlung bildeten zunächst Objekte aus den im Verlauf der Säkularisation aufgehobenen bayerischen Klöstern und Kirchen. Ab 1850 trug der Gründer Abraham Pickert den Titel eines Königlich Bayerischen Hofantiquars. In den reich ausgestalteten Verkaufsräumen wurden verschiedenste kunstgewerbliche Artefakte sowie Skulpturen und Gemälde angeboten. Zu den prominenten Kunden des Hauses gehörten Hans Freiherr von Aufseß, August von Eye, Jakob von Eye, Jakob von Falke, Prinz Adalbert von Bayern, John Charles Robinson und Henry Cole vom South Kensington Museum – dem heutigen Victoria and Albert Museum in London – und Alfred Émilien Comte de Nieuwerkerke, Generaldirektor des Louvre. Als regional bedeutende Institution zählte allerdings das Bayerische Gewerbemuseum in Nürnberg zu den wichtigsten Kunden. Zwischen 1872 und 1881 sowie zwischen 1892 und 1898 kaufte es insgesamt 694 Kunstgegenstände bei Pickert an. 1881 kam es zu einer vorläufigen Geschäftsaufgabe und ein großer Teil der Sammlung, d. h. 3.369 Posten, wurde versteigert. 1894 eröffnete Max Pickert nochmals und führte die Handlung bis ca. 1910.

17 Rionnet, Barbedienne, 2002, S. 301–324; Rionnet, Rôle, 2006; Rionnet, Maison, 2008.

Nr.	Bezeichnung	Preise
17	1 Pferd kleiner / aus Florence	500frs
18	Büste einer Frau Bologna gekauft	120frs
19	auf einer Kugel stehender Engel	110frs
20	schwebende Figur auf d. Rad stehend	110frs
21	Adonis nach Jean de Bologne von Bardini in Florenz[18]	1200frs
22	kleine goldene Nymphe (Nürnberg)	80frs
23	Kleiner [?-]Altar 15. Jahrhundert in Bologna gekauft	160frs
24	Münze Maximilian I. mit langem Haar	120frs
25	kl. Broncerelief von [Moderni?] Herkules	90frs
26	Dito Relief Kreuzigung nach Donatello	120frs
27	Malatesta Nachbildung aus 16. Jahrhundert	60frs
28	Medaille mit d. Kopf eines bologneser Professors Garganello	70frs
29	kl. Medaille Malatesta	20frs
30	Marai Medici medailla Blei vergoldet	20frs
[31]	Goldbroncene Reiterstatue / Copie des Louis XIV. / sehr fein von Wagmüller [Michael Wagmüller[19]] aus dem Nachlaß des Koenigs von Bayern auf buntem Marmorsockel	500Mrk
[32]	ein Horn Auction Ullmann [nicht identifiziert]	155Mrk
[33]	dito N° 622	285Mrk
[34]	Kleiner Broncestiehr römisch aus Coeln	[k. A.]
[35]	sehr schönes Broncekruzifix auf Sammt von Bourgois in Coeln	1100Mrk
[36]	[?]römisch in Bronce aus Coeln Antiquar Offermann [Kunst- und Antiquariatshaus Carl Offermann in Köln[20]]	[k. A.]
[37]	wundervolle römische sitzende Figur wahrscheinlich eine kleine Brunnenfigur bei Coeln gefunden Gärtner vorstellend (Offermann)	[k. A.]

18 Zu Stefano Bardini: Bode, Leben, Bd. 1, 1930, S. 122. Zur Korrespondenz zwischen Stefano Bardini und Wilhelm Bode 1875–1920 s. Niemeyer Chini, Stefano Bardini, 2009.

19 Michael Wagmüller (1839–1881) war ein sehr erfolgreicher Münchner Bildhauer unter den bayerischen Königen Maximilian II. und Ludwig II, seinem Hauptauftraggeber. Vgl. Kurda, Michael Wagmüller, 2004.

20 Der Antiquar wird genannt in: Carl Bertram Hommen: Verlorene Zeugen mittelrheinischer Geschichte. Breisiger Frankenschätze heute Glanzstücke im Metropolitan Museum of Art in New York, URL: https://relaunch.kreis-ahrweiler.de/kvar/VT/hjb1993/hjb1993.16.htm [26.05.2022]. Der genannte Auktionskatalog von 1896 ist nicht auffindbar. Offensichtlich wurde das Geschäft 1911 aufgegeben, davon zeugt der Auktionskatalog: Helbing (Hrsg.), Antiquitäten der Frau Carl Offermann, 1911.

Alte Waffen, Spiegelchen, Pfeifen, Leuchter etc.

Nr.	Bezeichnung	Preise
1	Helm	}140fl
2	zwei Lanzen	}
3	zwei eingelegte Haubeile	}
4	zwei weitere Helme	}
5	eine Armbrust	24fl
6	Spazierstock Carl Theodors	9fl
7	zwei Empire Broncearmleuchter für 3 Kerzen	70fl billig!
8	zwei Goldbronceleuchter für 1 Kerze	50fl
9	4 Wandspiegelchen mit versilberten Rahmen für eine Kerze	100fl
10	ein gewelltes Schwerdt	75fl
11	eine Wasserpfeife in Metall aus Damascus Geschenk	[k. A.]
12	eine dito mit Perlmutter eingelegt	[k. A.]
13	Lanze	} 36fl
14	dito	}
15	dito	}
16	großer kupferner Wandleuchter	20fl
17	dito	20fl
18	ein alter Schellenzug / Blumenbouquet aus Schmiedeeisen	60frs
19	ein schmiedeeisernes Thürchen im Thurm angebracht	300frs
20	ein Empire Tafelaufsatz mit großem goldenem Korb von Figuren getragen & Vasen, Spiegeln etc. u.	[k. A.]
21	6 dazu gehörigen Leuchtern	1200Mrk
	aus Herrnsheim:	
22	2 Bronceleuchter im selben Styl	[k. A.]
23	Roccocospiegelchen in bunt in Dresden gekauft N° 24 ähnlich aus der Sammlung von Oberst Chaland [nicht identifiziert]	[k. A.]
24	[s. N° 23]	[k. A.]
25–26	zwei kleine alte etwas restaurierte (ursprünglich von Doris geschenkt)	[k. A.]
27–28	zwei prachtvolle große Barockspiegel aus d. Sammlung Disch[21]	[k. A.]
29	zwei vergoldete Untersätze aus Herrnsheim für den Tisch	[k. A.]
30	1 Pfeife Bauernpfeife mit Silberbeschlag (Geschenk)	[k. A.]

21 Vgl. Auktionskatalog: Heberle (Hrsg.), Catalog Carl Damian Disch, 1881.

Alte Möbel, Kasten etc.

Nr.	Bezeichnung	Preise
1	Zopfschrank	120fl
2	Zopfeckschränkchen für Figuren	170fl
3	schwarzes Schränkchen mit Elfenbein eingelegt aus St. Moritz	400fl
4	großes Renaissancesopha aus Coeln	800Mrk
5	Genschnitzter Renaissancespiegel mit Köpfen	600Mrk
6	großer Kleiderschrank in verschiedenen Holzarten eingelegt / sehr fein	600fl
7	kleine Holzbank zugleich Kiste	50fl
8	eine größere dito	[k. A.]
9	Moebelchen mit Wascheinrichtung	120Mrk
10	kleines Schränkchen in dunkelen Holz	[k. A.]
11	kleiner Kasten mit Schublädchen worauf Marmorbildchen	195Mrk
12	sehr feiner Lederkasten mit Goldbeschlägen und Gold u. Silberarbeiten Köpfen, Figürchen etc. aus der Sammlung Minutoli [Alexander von Minutoli[22]]	1884Mrk
13	Handtuchgestell	[k. A.]
14	Wappen mit Engelchen daran in Holz	[k. A.]
15	kleine Wiege in Holz	12Mrk
16	Schachbrett mit eingelegten Figuren kleiner schwarzer Kasten mit emaillieartigen Bildchen	384Mrk
17	kleines Altärchen in gleicher Art	[k. A.]
18	In Brüge [Brügge?] kauften wir im September 1880 einen Glasschrank mit verschiedenen Holzsorten eingelegt	[k. A.]
19	ein fast gleicher	[k. A.]
20	ein fein eingelegter büffetartiger geschlossener Schrank	[k. A.]
21	ein eingelegter Spieltisch	[k. A.]
22	ein länglicher kl. Tisch ebenfalls eingelegt aber weniger bunt	[k. A.]
23	Comödchen in gleicher Art	[k. A.]
24–25	zwei Barockcomödchen aus Berlin mit grauer Marmorplatte	[k. A.]
26	Toiletten oder Nähtischchen in gleicher Art	[k. A.]
27	eine etwas größere Comode mit Beschlägen ohne Füße	[k. A.] [Notiz: Ady]
28	ein Sekretär in verschiedenem Holz eingelegt (in Darmstadt stehend)	[k. A.]
29	Puttchen aus Herrnsh. genommen und restaurieren lassen	[k. A.]

22 Keller, Alexander von Minutoli, 1996, S. 16–19; Vogelsang, Beamteneinkauf, 1986; Palica, Kunstsammlungen, in: Harasimowicz/Weber (Hrsg.), Adel, 2010.

Nr.	Bezeichnung	Preise
30	feiner Roccocoschrank auf hohen Füßen mit Schildplatt eingesetzt u. Bronceverziehrungen aus d. Sammlung Disch in Coeln ebendaselb 5 Sesselchen[23]	[k. A.]
31	6 feine Stühle	[k. A.]
32	für das Studio und Bibliothekzimmer von Wilhelm kaufte er in München die Holzarbeiten einer großen Bibliothek des Grafen Bassenheim[24]	[k. A.]
33	zwei Barocksessel für d. Corridor mit rother Seide überzogen	[k. A.]
34	zwei Trumeaux Tische mit Marmorplatten für d. Corridor aus Florence	[k. A.]
35–36	aus der Sammlung Gedon 2 kleine feine mit rothem Sammt überzogene Stühle gestickt italienisch	800Mrk
37	1[?] fein geschnitzt dunkel	[k. A.]
38	1 mit Stickerei überzogenes Stühlchen aus d. Sammlung v. Chaland [nicht identifiziert]	[k. A.]
39	ein Lederstuhl das Leder geschnitten alt und fein	[k. A.]
40	2 Holzsockel vergoldet reich geschnitzt aus Florence	[k. A.]
41	2 alte italienische Laternen im Treibhaus	[k. A.]
42	ein Baldachin mit Engelsköpfchen ebendaselbst	[k. A.]
43	zwei alte Lederkissen	[k. A.]
44	zwei Holzsockeln aus Florence weniger schön wie N° 40	[k. A.]
45	schöner alter Renaissanceschrank	[k. A.]
46	große Comode mit Schrankaufsatz u. Pult (aus Mannheim)	[k. A.]
47	Schwarzer Japanischerschrank mit Etagere in Paris gekauft (in Darmstadt)	[k. A.]
48	altes Schränkchen für Schmuck	[k. A.]
49	alter Nähkasten mit Kupfergriffen aus Herrnsheim	[k. A.]
50	alter kl. Secretair aus Herrnsheim	[k. A.]
51	altes Tischchen aus Herrnsheim einfach	[k. A.]
52	zwei alte Toilettentischchen Empire-Zeit aus Herrnsheim	[k. A.]
[53]	Schweizerstühle sogenannte Melkstühlchen	[k. A.]
[54]	Schweizersessel	[k. A.]
[55]	Holzsessel	[k. A.]
[56]	ein eingelegter Tisch mit Schieferplatte	[k. A.]
[57]	ein Tisch mit verschiedenem Holz eingelegt kleine Landschaften	[k. A.]
[58]	1 alter schweizer Sessel mit minderem Lederbezug u. der Jahreszahl 1670	[k. A.]

23 Vgl. Auktionskatalog: Heberle (Hrsg.), Catalog Carl Damian Disch, 1881.

24 Die gräfliche Familie Waldbott-Bassenheim mit Sitz auf Schloss Buxheim besaß die Bibliothek eines ehemaligen Karthäuserklosters. Graf Hugo Philipp von Waldbott-Bassenheim (1820–1895) verkaufte die Bibliothek 1883 durch Carl Förster, München, auf einer Auktion. Vgl. Wetzel, Handschriften, 1994, S. 48; Auktionskatalog: Carl Förster'sche Kunstauction, Catalog der Bibliothek, 1883; Raberg, Handbuch, 2001, S. 968. Hier ist Graf Bassenheim als erbliches Mitglied der Herrenbank des Herzogtums Nassau und als erbliches Mitglied der Kammer der Reichsräte der Krone Bayerns verzeichnet.

Nr.	Bezeichnung	Preise
[59]	1 feiner japanischer Tisch hoch mit Goldbronce	500frs
[60]	Ein [?-] Nähkasten röthlich mit Goldbronceverziehrung	[k. A.]
[61]	sehr schöner Marmortisch roth mit Goldbroncefüßen	[k. A.]
[62–63]	Modern: Untersatz für Vogelkäfig kleiner Engel mit Füllhorn bunt lakiert / Untersatz für eine Lampe kleiner Mohr	[k. A]
[64]	deutscher Aufsatzschreibtisch aus der Murschelschen Sammlung in Stuttgart	1200[?]
[65]	Fein eingelegtes indisches Tischchen von Herrn Müller aus Indien	[k. A.]
[66]	alter japanischer Schrank mit bunten Figuren etc auf weißem Grunde von Bangel[25] durch Strauch gekauft	[k. A.]

Alte Bilder

Nr.	Bezeichnung	Preise
1	Wouwermann[26] [	[k. A.]
2	[Querenburg?] Reitergefecht	[k. A.]
3	Jan Both [Bleistiftnotiz Fragezeichen] Landschaft sehr fein	1010Mrk
4	Breugel heilige Familie mit kl. Engeln	551Mrk
5	Anbetung der Könige und Hirten von Januarius Zick (von Wahle in Mannheim)	211Mrk
6–7	zwei ganz kleine Teniers auf Holz Landschaftchen sehr fein	2160Mrk
8	Maria Verkündigung großes Bild hängt im Schlößchen aus der Kirche in Oppenheim v. Bandel gekauft	30fl
9	kleine Landschaft von Breugel	[k. A.]
10	Bildchen ein genre v. Tenier raufende Burschen	[k. A.]
11	Betende Nonne in Thur gekauft	[k. A.]
12	kl. Bild Mann ein Glas haltend	[k. A.]
13	Landschaft von Rosa di Tivoli	[k. A.]
14–15	zwei Surportes desselben Meisters im Speisezimmer	360fl
16	Bild über d. Camin im Schlößchen aus der Sammlung Bandel[27]	[k. A.]
17	Mann mit rothem Tuch auf d. Kopf kleines Bildchen	[k. A.]
18	[k. A.]	[k. A.]
19	[k. A.]	[k. A.]
20	[k. A.]	[k. A.]

25 Rudolf Bangel, Kunst- Auktionsgeschäft in Frankfurt a. M., gegr. 1869

26 Schenkluhn, Katalog, 1992, Inv. Nr. 57: Philips Wouwermann, *Halt einer Reitergesellschaft am Bauernhaus*; erworben 1870 bei Kohlbacher, Frankfurt am Main. Stammt aus der Sammlung Brentano-Birkenstock.

27 Mahlerwein, Johann Philipp Bandel, 2011.

Nr.	Bezeichnung	Preise
21	Oelbild nicht eingerahmt Landschaft	[k. A.]
22	alte Familienbilder 4 im Schlößchen im Coridor eines nicht eingerahmt	[k. A.]
23	Madonna v. Carlo Dolce aus Mannheim	[k. A.]
24	kleines Stilleben	[k. A.]
25	große alte Landschaft in einfachem Holzrahmen	[k. A.]
26	C. Koekoek [Barend Koekkoek] Landschaft sehr fein[28]	2230Mrk
27	Carl Rottmann 1 Aquarell	395Mrk
28	Christus am Kreuz darunter Maria u. Johannes auf Pergament gemalt	[k. A.]
30	12 italienische Aquarelle die uns Max schenkte meistens ungerahmt	[k. A.]
31	Tenier Rauchender Mann ohne Kopfbedeckung im Vordergrund Sammlung [Mons?]	6000Mrk
32	kleiner Tenier auch einen [sic!]	[k. A.]
33	Mieris Mann mit Weinglas u. Würfeln auf d. Auction [Ruhl/Buhl?] gekauft	750Thlr
34	Van der Werff Bildhauer	320Thlr
35	Frau mit Katze Mohr etc. von Vanslingeland Auction Hardy in Mainz 15. October 78	380Thlr
36	K. W. Heda Stilleben	565Mrk
37	De Heem Stilleben[29]	1550Mrk
38	H. Aeverkcamp kleine Winterlandschaft	350Mrk
39	Belloti Canale	285Mrk
40	Salomon Ruysdael Eine Canal Landschaft aus d. Sammlung Ruhl	1010Mrk
41	ditto größere Landschaft aus der Sammlung Melani (sehr fein)	[k. A.]
42	Otto Marcellis [Otto Marcelis, Schmetterlinge etc. aus d. Sammlung Neven März 78	420Mrk
43	Peter Monlyn (Harlem) Landschaft	550Mrk
44	W. v. der Velde marine (Auction v. Stange steht im Smith? Cataloge)	4025Mrk
45	kl. Portrait v. Gelderofes (Auction von Neven)	365Mrk
46	altes spanisches Bild spanisch gezeichnet wahrscheinlich Alonso Cano einen Mönch darstellend kam aus einem Bankrott aus Spanien durch Zufall nach Mannheim	175fl
47	Portrait v. Mierevelt mit einem Wappen aus einer Mainzer Sammlung	30fl
48	Lautenspielerin v. Honthorst aus d. Sammlung des alten Herrn Bollermann in Mainz	175Mrk
49	kleiner Kopf eines jungen Mannes v. Porbus (aus Aachen)	60Thlr
50	Venix [Jan Weenix] schönes Stilleben aus d. Sammlung Kratzer [Kraetzer] in Mainz	10500Mrk
51	Handecotter aus einem Privathause in Amsterdam war dort in d. Täfelung eines Zimmers eingelassen	6500fl
52	feiner Tenier Mann mit irdener Pfeife vorne sitzend aus d. Sammlung von Milani in Frankfurt	5000fl

28 Dem Kunsthaus nicht übergeben, Swarzenski, Kunstsammlung, 1921, Inv. Nr. 93.
29 Dem Kunsthaus nicht übergeben, Swarzenski, Kunstsammlung, 1921, Inv. Nr. 60.

Nr.	Bezeichnung	Preise
53	Portrait in ~~Helbener Manier~~ Amberger	4000fl
54	Landschaft von Goyen	3000fl
55	ditto eine kleinere	2400fl
56	Bild ein genre Peter de Hogues von J. v. d. Meer	2000fl
57	Consales Kock Porträt eines Geistlichen	1200fl
58	Cuip Männerporträt	2000fl
59	Portrait einer Dame	[k. A.]
60	kleines Damenporträt von Largillcire	400fl
61	kl. Porträt einer mit Federkopfputz	[k. A.]
62	J. A. Both (aus d. Sammlung Disch)	3190Mrk
63	Alter Mann v. Tintoretto aus d. Sammlung Milani	[k. A.]
64	Maria Verkündigung (alt Cölnische Schule Sammlung Ruhl)	120Thlr
65	Familienbilder 7 Stück von Großmama Heyl geerbt	[k. A.]
66	Molenas auf d. Auction von Münchhausen in Hannover in Coeln gekauft Grisaille von van Dyck ebendaselbst sehr fein!	4500Thlr
67	Emanuel de Witt durch Bourgois	3000Thlr
[68]	große Landschaft S. Ruisdael (Sammlung Milani)	5500Mrk
[69]	[?-]Landschaft Tenier Herrnsheim (Sammlung Milani	1200Mrk
[70]	kleiner Tenier (heiliger Antonius) Milani	200Mrk
[71]	Elsheimer Landschaft Sammlung Milani (Werth 4000)	500Mrk
[72]	Elsheimer klein (S? in einer Stadt) Sammlung Milani	100Mrk
[73]	Elsheimer Landschaft Engel begleitet den Knaben mit dem Fisch	80Mrk
[74]	Große Landschaft von aus der Sammlung [sic!]	[k. A.]

Alte Uhren

Nr.	Bezeichnung	Preise
1	Silberuhr mittelgroß mit [?-]Deckel u. Kupferzifferblatt	35fl
2	kleinere Uhr in derselben Art mit Holzzifferblatt	35fl
3	Kleines versilbertes Uhrchen in derselben Art	[k. A.]
4	Uhr in einer goldenen runden Dosenform fein gearbeitet mit Figuren etc.	105fl
5	Versilberte Hängeuhr mittelgroß	35fl
6	große eingelegte Standuhr auf einer Console in Luzern gekauft	450frs
7	große ähnliche Standuhr mit schwarz u. Bronce verziehrt (Geschenk v. Mutter)	300fl werth
8	ganz kleines Stehührchen Roccoco	[k. A.]

Nr.	Bezeichnung	Preise
9	Größere Stehuhr mit silbernem getriebenem Cifferblatt in einem Holzkasten aus der Schweiz respektive Berchtesgaden	60frs
10	größere Uhr mit Silber Zifferblatt	[k. A.]
11	kleinere Stehuhr auf Console [in Bowlegenre?] modern Geschenk	[k. A.]
12	Goldbronce Pendule aus Herrnsheim	[k. A.]
13	Kleine Wanduhr Renaissance versilbertes Zifferblatt in Holzeinfassung	[k. A.]
14	Goldbronce Pendule von Großmama Heyl geerbt	[k. A.]
[15]	Standuhr mit Musikwerk Roccoco aus Antwerpen	800Mrk

Alte roemische u. deutsche Gläser Kannen etc.

Nr.	Bezeichnung	Preise
1–8	8 Stück große Gläser darunter 2 hohe Becher und 2 schön geformte Kannen	[k. A.]
1–56 [sic!]	56 Stück mittelgroße Gläser Becher und kleine Kannen	[k. A.]
57–58	Scherben schöner Gefäße	[k. A.]
1–20 [sic!]	20 Stück ganz kleine Gläschen	
[o. Nr.]	Broncegefäß ziemlich groß auf drei Füßen stehend	{
[o. Nr.]	eine Schale mit Griffen ebenfalls Bronce	{
[o. Nr.]	5 Ringe	{
[o. Nr.]	2 Loeffel	{
[o. Nr.]	1 Spiegel	{
[o. Nr.]	1 sehr schöner Armring und mehrere weniger feine	{
[o. Nr.]	stehende Broncefigur klein	{
[o. Nr.]	1 liegende kleine Broncefigur	{
[o. Nr.]	Perlen	{
[o. Nr.]	Nadeln Agraffen Haarnadeln	{
[o. Nr.]	Griffel für Wachstafeln	{
[o. Nr.]	3 Dolche	{
[o. Nr.]	Verschiedene Schmucksachen in Bronce	{
[o. Nr.]	Münzen	{
[o. Nr.]	7 Schalen in rothem Ton	{
[o. Nr.]	12 Tonkännchen darunter 4 Stück mit Köpfen	{
[o. Nr.]	Aschenkrüge alter Art kl. Lampen etc.	{
	Werth zusammen circa	{1000fl
	wurden meistens in Maria Münster gefunden	

Nr.	Bezeichnung	Preise
[o. Nr.]	weibliche lebensgroße Tonbüste aus Florenz von Bastianini	1000frs
22–23	zwei sehr feine Terracottafigürchen theilweise bemalt Christuskindchen schlafend u. der kleine Johannes aus Florence 14. Jahrh. [100Mrk pro Stück]	200Mrk
24	Feines Büstchen von Donatello einen kl. Johannes darstellend in Terracotta aus d. Sammlung Bardini dazu ein vergoldetes Consolchen	3000frs
25	ein knieender Wachsengel sehr fein von Bardini 14. Jahrhund.	2000frs
[o. Nr.]	sehr schöne goldene Schmuckgegenstände in Coeln gefunden	[k. A.]

Alte Öfen und Winterthurer Teller

Nr.	Bezeichnung	Preise
1	sehr alter schweizer Ofen im Herrnstudierzimmer Heylshof derselbe ist bemalt mit Bildern aus d. Passion von Dürer	4500
2	bunter Ofen im Heylshof Cretonnezimmer mit Watteaufiguren	600
3	blau u. weißer Ofen im Holzzimmer nach d. Anlage	250
4	schöner blau u. weißer zupfartiger [?] Ofen im Schlafzimmer	400
5	großer gewönlicher Ofen mit einigen kirchlichen Bildern in der Mitte ein Crucifix	400
6	sogenannter Amoris Ofen als selten zu betrachten steht im Frühstückszimmer	300
7	7 Stück verschiedene Winterthurer Teller à 150 Mrk	1050Mrk
8	kleines durchbrochenes Tellerchen Winterthur	[k. A.]
9	Teller	[k. A.]
10	kleiner durchbrochener Teller	[k. A.]
11	4 Stück blau grün u. gelb bemalte Teller darunter 2 etwas kleiner	[k. A.]
12	1 Teller worauf „die Stercke“ gemalt ist	[k. A.]
13	Teller mit einem Wappen der Grund des Tellers ist ganz weiß	[k. A.]

Frankenthaler Service etc.

	Kaffeekanne	12fl
	2 Milchkannen	10fl
	1 Zuckerdose	6fl
	3 durchbrochene ovale Körbchen	49fl
	4 kleinere runde hohe Körbchen 10 u. 14fl	24fl
	11 Teller	33fl
	1 Blumenhohlschüssel	[k. A.]
	Suppenterrine mit einer Citrone	3fl

2 längliche Schüsseln mit kl. Landschaften	[k. A.]
1 Kaffeekanne 1 Milchkanne	9fl
2 Senftöpfchen	[k. A.]
2 Thee[?]	[k. A.]
6 verschiedene Teller	12fl
3 Teller mit durchbrochenem Rand	9fl
1 Zuckerdose	5fl
12 Tassen	24fl
2 Caffeschalen mit Henkeln an jeder Seite	[k. A.]
2 Butterdosen eine mit Figuren u. eine mit einer Kuh auf d. Deckel	[k. A.]
Caffeekanne Milchkanne u. Zuckerdose in weiß u. roth Geschenk	[k. A.]
eine Waschschüssel Frankenthal	[k. A.]
Porzellanfontaine mit Wasserbehälter etc. zum Händewaschen wahrscheinlich französisch	[k. A.]
ein feines Ludwigsburger dejeuner für eine Person	[k. A.]
Teller mit durchbrochenem Rand in Ostende gekauft	[k. A.]
1 Sauciere	[k. A.]
4 ovale große Schüsseln	[k. A.]
1 Teller mit Watteau Gruppen, aus der Murschelschen Sammlung in Stuttgart ferner	52 [k. W.]
1 Teller mit Maskenfiguren	42 [k. W.]
1 Teller mit Costumbild	95 [k. W.]
1 Teller mit Landschaft	52 [k. W.]
Teller mit Hirschjagd	62 [k. W.]
Teller mit Löwe	34 [k. W.]
Teller mit Reitergefecht	95 [k. W.]
Auf der Auction von Zwirlein [Hans von Zwierlein][30] in Geisenheim gekauft: [nicht ausgeführt]	

30 Im September 1887 wurde die Kunstsammlung des 1885 verstorbenen Freiherrn Hans von Zwierlein in Geisenheim versteigert. Die Kunstsammlung des Zwierlein'schen Hofs in Geisenheim ging vor allem auf die Sammlertätigkeit des Geheimen Reichsprokurators Hans Carl von Zwierlein zurück. Dessen Sohn Hans von Zwierlein sammelte ebenfalls, vor allem Porzellan und Gemälde. Bedeutend war der Bestand an gemalten Scheiben des 14. bis 17. Jahrhunderts. Der Kritiker hebt aus den versteigerten Gemälden vor allem die Porträts heraus. Vgl. Weerth, Berichte, 1888, S. 262–273; Auktionskatalog: Heberle (Hrsg.), Zwierlein'schen Sammlungen, 1887.

Moderne Bilder, Büsten etc.

1	Landschaft von Oswald Achenbach	7200 [k. W.]
2	Landschaft von Arntz Waldblick	1500 [k. W.]
3	schöne Landschaft von Andreas Achenbach im Vordergrund ein Bach	2500Thlr.
4	Kleines Seestück von demselben	1200 [k. W.]
5	Landschaft von Hildebrandt klein	[k. A.]
6	Genrebild Mutter mit zwei Kindern von Knauss	9600 [k. W.]
7	ditto ein kleineres Bild mit Amoretten	1600Thlr.
8	Marmorrelief von Wilhelm von Kopf in Rom	[k. A.]
9	kleines Relief von Wilhelm von Relief von [Fuchs?] in Coeln	[k. A.]
10	Büste von Wilhelm von Kopf in Rom	[k. A.]
11	Büste von Sophie von Kopf in Rom	[k. A.]
12	dazu Marmorsäulen	[k. A.]
13	4 Gypsbüsten nach alten aus Florence	[k. A.]
14	1 Relief singende Knaben nach [Luca del?]	[k. A.]
15	3 Relief Darstellungen Gyps	[k. A.]
16	großes Bild von Vautier die Civiltrauung im Elsaß [gemeint ist wahrscheinlich „Der Gang zur Civiltrauung“]	5000Thlr
17	kl. Kopf v. Gabriel Max	160fl
18	kl. Kopf einer Schweizerin von Dietz in München	80fl
19	Kinderporträt von [Schrondel?]	2500Thlr
20	Madonna in d. Rosenlaube nach d. Original im Coelner Museum gemalt von Fuchs auf Pergament dazu das Rähmchen von Bildhauer Fuchs in Coeln	[k. A.]
21	kleine Mondscheinlandschaft von [Nord?] im Kunstverein gewonnen wurde taxirt zu	350Mrk
22	Kleines Seestück von Andreas Achenbach „Die verfehlte Landung“	1500Mrk
23	Scizze von Feuerbach die Jagd der Amazonen auf Wölfe	1200Mrk
24	Skizze einer dem Meer entstiegenem Ariaden von Böcklin aus d. Sammlung Gedon	1500Mrk
25	kleines Genrebild von dem holländischen Maler [keine nähere Angabe]	1400Mrk
26	Kreidezeichnung von Erwin als er 6 ½ Jahre alt war von Kaulbach	2000Mrk
27	Porträt von Wilhelm von Lenbach	[k. A.]
28	2 Köpfe auf Holz u. Pappendeckel ferner verschiedene Skizzen	[k. A.]
29	1 Kreidezeichnung von Wilhelm von Lenbach	[k. A.]
30	1 Kreidezeichnung Damenkopf von Lenbach Geschenk	[k. A.]
31	Aquarelle von Passini Mädchenkopf	1400Mrk

32	zwei Aquarelle von Maler Osterwald „die Villa am Thürmchen“ und eine „Ansicht von Coeln“	[k. A.]
33	Nymphe ins Wasser schreitend von F. A. Kaulbach	1200Mrk
34	Portrait von Sophie in Oel	[k. A.]
35	Portrait von Sophie in Stiften	[k. A.]
36	Bildchen von Alice in Stiften	[k. A.]
37	in Oel gemalte Scizze von Bismark mit d. Hut von Lenbach	500Mrk
38	aus des Koenigs von Bayern Nachlaß kaufte Wilhelm verschiedene Aquarelle:	
39	2 aus Parcival (in Darmstadt)	300Mrk
40	5 Stück aus d. Nibelungen (in Darmstadt)	750Mrk
41	1 Innere eines Roccocsaales (in Darmstadt)	150Mrk
42	1 Holzkutsche (in Darmstadt)	150Mrk
43	Hohenschwaangau in Stiften (in Darmstadt)	150Mrk
44	und mehrere die in Schmittshausen sind	
45	1 Falkenstein Aquarelle	150Mrk
	Durchschnittlich im Preis von 150Mrk	

Alte Glasmalereien Fenster etc.

Nr.	Bezeichnung	Preise
1	großes Fenster aus kleinen Scheiben zusammengesetzt aus der Sammlung Brentano (billig)	90fl
2	Wappenscheibe mit blau grünem Arabeskenrand	Kosten per Stück von 50 bis 80Thlr
3	dito	"
4	kleine Scheibe Krönung der Maria vorstellend	"
5	dito kleiner Maria von Gottvater Sohn gekrönt	"
6	kl. Scheibe d. Gerechtigkeit darstellend	"
7	1 Wappenscheibe mit blauem Rand	"
8	eine ebensolche	"
9	Christi Himmelfahrt größere Scheibe mit mehreren Figuren	"
10	groeßere Wappenscheibe oben zwei Figuren Lorbeerkränze haltend	"
11	schwarz u. gelbe Wappenscheibe mit Inschrift	"
12	groeßerer Wappen von 2 Löwen gehalten von kleinen Wappen umgeben	"
[o. Nr.]	2 Glasscheiben alt Schweiz mit Figuren aus der Zunft / Schmiede etc.	252Mrk

Nr.	Bezeichnung	Preise
	Stück sehr feine große Scheiben aus der Sammlung Meyer, von Lübke in seiner Kunstgeschichte beschrieben. Dieselben sind mit Monogrammen versehen u. waren seiner Zeit in einem Kloster / Kloster Rathhausen bei St. Gallen FF. gezeichnet von Franz Fallender Glasmaler Luzern gemalt	
1	Christusgeburt	800Mrk
2	Begegnung Maria u. Elisabeth	1500Mrk
3	David singend mit der Leier	1200Mrk
4	Abendmal	1400Mrk
5	die Aussendung der Apostel	1800Mrk
6	Christi Versuchung	1200Mrk
7	ein Engel bei Jakob	1200Mrk
[o. Nr.]	2 St. Gallener [?-]scheiben	200frs
[o. Nr.]	2 Wappenscheiben (sehr fein) aus St. Gallen	200frs
[o. Nr.]	Wappenscheibe (Schabrinsky) Sammlung Challande in Rorschach	150frs
	Aus der Sammlung Zwirlein in Geisenheim	
	In Herrnsheim waren verschiedene alte Scheiben die zusammmengestellt wurden und im Heylshof hängen	

Lüster

Nr.	Bezeichnung	Preise
1	Venetianischer alter Lüster billig gekauft in Venedig	{ 50frs
2	dito kleinerer / zusammen	{
3	einer der kleiner wie N° 1 in Basel gekauft	100frs
4	Venetianischer reicher bunter alter Lüster aus Florenz	500Mrk
5	feiner Empirelüster in Goldbronce	[k. A.]
6	kleiner reicher Chrystalllüster ein Geschenk von Mutter	[k. A.]
7	Lüsterweiberl aus d. Sammlung Meyer Miniaturen, Holzschnitzereien in Mersburg sehr fein (sehr wertvoll)	2400Mrk

Stiche [ohne Nummern]

Nr.	Bezeichnung	Preise
	sehr feiner Stich Kampf der Horatier u. Curatier aus der Sammlung des alten Herrn Binder	92fl
	Stich Raphael Morgen d. Jagd d. Diana	38fl
	eine Mappe mit 44 alten Stichen u. Radierungen	60fl

Nr.	Bezeichnung	Preise
	Cleopatra von Wille	[k. A.]
	Fries von Salm Romano	[k. A.]
	Gardez les jeunes filles par Frey	[k. A.]
	La lisense gravé par Willé	[k. A.]
	Napoleon le Grand (Stich)	[k. A.]
	Napoleon I Todtenmaske	[k. A.]
	Sutties vor Carl dem 5ten	[k. A.]
	großer Stich les filles de Gethro par Andran sculp.	[k. A.]
	Ansicht des Wormser Bischofsschlosses vor seiner Zerstörung aquarell	[k. A.]
	Jupiter u. Calioste	[k. A.]
	Le jugement de Paris	[k. A.]
	Portrait de Raphael Sanzio	[k. A.]
	Tailette de Venus (alter Stich)	[k. A.]
	Maria von Engeln bedient	[k. A.]
	altes Porträt Stich v. [?]	[k. A.]
	Porträt des Cardinal Geisel bei welchem Wilhelms Vater erzogen wurde	[k. A.]
	Le tibes gestochen von Derrexit	[k. A.]
	Sonnengott mit Göttinnen von Raphael Morgan	[k. A.]
	Gruppe di Putti nach Coreggio (Stich)	[k. A.]
	Pendant hierzu	[k. A.]
	Verschiedene Aquarelle aus Italien, die Max uns mitbrachte meistens Figürlich	[k. A.]
	Verschiedene eingeramte Stiche nach Bildern in Gallerien auf Reisen gekauft	[k. A.]
	Stich von Großmama geerbt	[k. A.]
	Les illusions perdues	[k. A.]
	Un reve de boucheur	[k. A.]
	Schlittenfahrt in Rußland (in Darmstadt)	[k. A.]
	Caravane in die Wüste (in Darmstadt)	[k. A.]
	[?] vor dem Consil	[k. A.]
	Der junge Schiller beim Lesen der Räuber überrascht	[k. A.]
	Madonna aus d. dresdener Gallerie u. die beiden Engel	[k. A.]
	Die Geburt der Maria in schwarzem Rahmen	[k. A.]
	Columbus entdeckt Amerika	[k. A.]

Gobelins Stoffe etc. Teppiche

Nr.	Bezeichnung	Preise
1	langer schmaler Gobelin mit zopfartigem Blumenrand aus der Sammlung Parpart	2500 Mrk
2	Gobelin mit dem [?]wappen in Florenz gekauft	3000Mrk
3	altes rothes Meßgewand aus Florenz	[k. A.]
4	mehrere Meßgewänder welche zu einem kl. Sopha u. 2 Sesselchen bearbeitet wurden	[k. A.]
5	schönes Kissen aus d. Schweiz Jahreszahl 1618	[k. A.]
6	Flügeldecke aus gelber Seide silberne Stickereien	[k. A.]
7	Stickerei gelblicher Fond als Sophabehang	[k. A.]
8	rothe dito	[k. A.]
9	zwei alte Stickereien weißer Grund auf Comodchen im Saal	[k. A.]
[o. Nr.]	alter Sammtstoff aus Florenz in hellen Farben zu einer Decke verarbeitet	[k. A.]
[o. Nr.]	2 alte Lederkissen aus Florenz	[k. A.]
[o. Nr.]	1 rothes kleines Deckchen	[k. A.]
[o. Nr.]	1 grün grau goldenes Deckchen mit Franzen	[k. A.]
[o. Nr.]	1 gelbliches kleines Deckchen	[k. A.]
[o. Nr.]	1 altes Leinendeckchen mit alter Spitz	[k. A.]
[o. Nr.]	3 alte Theedeckchen etwas restaurirt	[k. A.]
[o. Nr.]	1 ditto aus der Schweiz	[k. A.]
[o. Nr.]	20 Stück alter Teppiche von Mainz aus einem Engroslager	[k. A.]
[o. Nr.]	4 Kissen mit Cameelstaschen	[k. A.]
[o. Nr.]	2 Puffs mit alten Stoffen	[k. A.]
[o. Nr.]	2 spanische Wände mit alten Stoffen	[k. A.]
[o. Nr.]	1 dito mit alten Stoffen	[k. A.]
[o. Nr.]	alter Stoff über d. Sopha Cretonnezimmer	[k. A.]
[o. Nr.]	großer Gobelin für's Treppenhaus aus dem Altelier Pylatis in München	[k. A.]
[o. Nr.]	Gobelin Vorhang mit Wappen dito	4500Mrk
[o. Nr.]	1 altes Deckchen aus 2 Theilen bestehend mit weißer Stickerei und modernen Spitzeneinsätzen u. Besatz (Schweiz)	[k. A.]

Verzeichnis (3) zur Provenienz der Gemäldesammlung im Heylshof

In dieser vergleichenden Übersicht wurden nur die Gemälde verzeichnet, für die sich neue Erkenntnisse seit dem Kritischen Katalog 1992 gewinnen ließen.

Bezeichnung nach Schenkluhn, Kritischer Katalog, in: Schenkluhn (Hrsg.), Stiftung Kunsthaus Heylshof, 1992.	**Herkunft nach Schenkluhn, Kritischer Katalog, in: Schenkluhn (Hrsg.), Stiftung Kunsthaus Heylshof, 1992.**	**Bezeichnung nach Sophie Heyl, Cataloge der Kunstsachen, 1886.**	**Herkunft nach Sophie Heyl, Cataloge der Kunstsachen, 1886.**	**Zusätzliche / revidierende Information aus dem Quellenmaterial zur Provenienz**
Inv.Nr. 4 Joachim Patinir [?] (um 1480–1524) *Christus am Ölberg* um 1515, Öl auf Eichenholz, 72 x 53,6 x 0,4 cm	Erworben nach 1902. Stammt aus der Slg. Röhrer, München.			Erworben über Böhler.[31] Böhler nennt Sammlung Röhrer am Ammersee.[32] Heyl erwähnt das Gemälde in einem Brief an Otto Hupp am 16.01.1918: „An Bildern habe ich einen Patinir (primitive Niederlande?) und einen großen Quardi (...) erworben. er schreibt sich aber mit G. Die meisten Auctionen in Berlin beherrscht von den Kriegsgewinnlern habe ich wohl besuchen lassen aber nicht in Anspruch genommen Galizische und Oestereichische Juden haben hauptsächlich dort gekauft und die Preise in die Unendlichkeit getrieben. Bode schrieb mir einen sehr traurigen Brief darüber."[33]

31 StA Worms, Abt. 186 Nr. 1174, Brief Böhler an Cornelius Wilhelm Heyl, 21.10.1916.

32 Korrespondenz zum Kauf des Patinir mit Julius Böhler: StA Worms, Abt. 186, Nr. 1174/113–118, 13.10.1916, 14.10.1916, 16.10.1916, 18.10.1916, 21.10.1916. Zur Sammlung Röhrer s. Feulner, Sammlung Hofrat Sigmund Röhrer, 1926.

33 BayHStA, NL Hupp, 2272-017.

Bezeichnung nach Schenkluhn, Kritischer Katalog, in: Schenkluhn (Hrsg.), Stiftung Kunsthaus Heylshof, 1992.	Herkunft nach Schenkluhn, Kritischer Katalog, in: Schenkluhn (Hrsg.), Stiftung Kunsthaus Heylshof, 1992.	Bezeichnung nach Sophie Heyl, Cataloge der Kunstsachen, 1886.	Herkunft nach Sophie Heyl, Cataloge der Kunstsachen, 1886.	Zusätzliche / revidierende Information aus dem Quellenmaterial zur Provenienz
Inv.Nr. 5 Brüsseler Meister um 1520 *Mariae Verkündigung* um 1520, Öl auf Eichenholz, 42,5 x 30,5 x 0,6 cm	Erworben vor 1887.			
Inv.Nr. 6 Dirck Jacobsz. (1497–1567) *Bildnis des Brant Hoppesack* 1530, Öl auf Eichenholz, 39,5 x 31,2 x 0,5 cm	Slg. des Malers Löhr, München.	Nr. 53 Portrait Amberger [lt. Schenkluhn-Katalog schrieb man das Bild fälschlicherweise Christoph Amberger zu.]	4000 fl	
Inv.Nr. 7 Anton Woensam von Worms (vor 1500–1541) *Die heilige Anna mit Anverwandten* vor 1540, Öl auf Eichenholz, 69,5 x 65 x 0,3 cm	Erworben 1894 in Köln auf einer Auktion bei J. M. Heberle (H. Lempertz' Söhne) aus der Slg. Clavé von Bouhaben, Köln 1894.			Frères Bourgeois erwähnten Anton Woensam von Worms in verschiedenen Telegrammen als „Wormser“ oder Meister von Worms. So heißt es in einem Telegramm vom 04.06.1894: „Meister von Worms wird wohl auch sehr hoch gehen. Kolosale Betheiligung. Bourgeois“[34]

34 StA Worms, Abt. 186, Nr. 1202.

Bezeichnung nach Schenkluhn, Kritischer Katalog, in: Schenkluhn (Hrsg.), Stiftung Kunsthaus Heylshof, 1992.	Herkunft nach Schenkluhn, Kritischer Katalog, in: Schenkluhn (Hrsg.), Stiftung Kunsthaus Heylshof, 1992.	Bezeichnung nach Sophie Heyl, Cataloge der Kunstsachen, 1886.	Herkunft nach Sophie Heyl, Cataloge der Kunstsachen, 1886.	Zusätzliche / revidierende Information aus dem Quellenmaterial zur Provenienz
Inv.Nr. 9 Umkreis Lorenzo di Credi (1459–1537) *Maria mit Kind, Johannes und Engel* Erstes Viertel des 16. Jahrhunderts, Öl auf Laubholz, 86,2 cm Durchmesser	Unbekannt			Das Bild wurde über Bode von Bardini erworben. Brief von Heyl an Bode, 05.01.1894 „Das Bild ist zum Weihnachtsabend hier angelangt und hat mich neuerdings wieder außerordentlich überrascht durch die Feinheit des Tones u. die gute Erhaltung. Seither habe ich nur Niederländer gesammelt, welche in guter Kenntnis in den letzten Jahren [...] immer seltener vorkommen. Sodaß daher Credi mein erstes italienisches Bild und wie ich glaube ein guter Anfang in dieser Richtung ist, Bardini hatte nur 60.000 Frs gefordert sodaß Sie eine Verminderung des Preises erreicht haben, was mir sehr angenehm war und mich Ihnen zum Dank verpflichtet.“[35]
Inv.Nr. 10 Jacobo Robusti, genannt Tintoretto (1518–1594) *Männerbildnis* um 1580, Öl auf Leinwand, 64,8 x 51,2 cm	Erworben vor 1887.	Nr. 63 Alter Mann v. Tintoretto	aus d. Sammlung Milani	

35 SMA-Z, IV/NL Bode 2519-009.

Bezeichnung nach Schenkluhn, Kritischer Katalog, in: Schenkluhn (Hrsg.), Stiftung Kunsthaus Heylshof, 1992.	Herkunft nach Schenkluhn, Kritischer Katalog, in: Schenkluhn (Hrsg.), Stiftung Kunsthaus Heylshof, 1992.	Bezeichnung nach Sophie Heyl, Cataloge der Kunstsachen, 1886.	Herkunft nach Sophie Heyl, Cataloge der Kunstsachen, 1886.	Zusätzliche / revidierende Information aus dem Quellenmaterial zur Provenienz
Inv.Nr. 11 Adam Elsheimer [?] (1578–1610) *Christi Verurteilung* k. A., Öl auf Kupfer, 6,4 x 15,4 cm	Unbekannt	Nr. 72 Elsheimer klein (Szene in einer Stadt)	Sammlung Milani 100 Mrk	

Bezeichnung nach Schenkluhn, Kritischer Katalog, in: Schenkluhn (Hrsg.), Stiftung Kunsthaus Heylshof, 1992.	Herkunft nach Schenkluhn, Kritischer Katalog, in: Schenkluhn (Hrsg.), Stiftung Kunsthaus Heylshof, 1992.	Bezeichnung nach Sophie Heyl, Cataloge der Kunstsachen, 1886.	Herkunft nach Sophie Heyl, Cataloge der Kunstsachen, 1886.	Zusätzliche / revidierende Information aus dem Quellenmaterial zur Provenienz
Inv.Nr. 13 Umkreis Adam Elsheimer [?] *Landschaft mit Paulus von Theben* k. A., Öl auf Eichenholz, 15 x 20 cm	Vermutlich 1894 aus der Slg. Clavé-Bouhaben in Köln (Verst.-Kat. Heberle, Köln 1894)[36] Durch die rückseitige Beschriftung liegt der Schluß nahe, daß es über den Kölner Kunsthändler Bourgeois in die Sammlung gekommen ist. Nach Swarzenski (1921, S. 7) soll das Gemälde aus der Slg. Krätzer in Mainz stammen, ist aber im Verst.-Kat. Paris 1869 nicht aufgeführt. Da sich dort aber das *Bildnis eines Mannes* befindet, handelt es sich wohl um eine Verwechslung.	Nr. 71 Elsheimer Landschaft	Sammlung Milani 500 Mrk (Werth 4000)	In einem Telegramm der Frères Bourgeois vom 04.06.1894 teilten diese mit: „Elsheimer gekauft 600M“[37] Bild stimmt mit Beschreibung in Katalog Clavé-Bouhaben überein.

36 Beschreibung: „Landschaft. Hohes dichtes Gebüsch verdeckt zum Theil einen nach rechts ziehenden Fluss, auf dessen jenseitigem Ufer hoher Gebirgszug, vor welchem eine Häusergruppe. Als Staffage der hl. Benedictus, dem ein Rabe Brot bringt. Vorzügliches, in satten Farbentönen ausgeführtes Bild von minutiöser Ausarbeitung. Holz. Höhe 15, Breite 20 Cent.“ Heberle, Katalog, 1894, S. 7, Nr. 33.

37 StA Worms, Abt. 186, Nr. 1202/097.

Bezeichnung nach Schenkluhn, Kritischer Katalog, in: Schenkluhn (Hrsg.), Stiftung Kunsthaus Heylshof, 1992.	**Herkunft nach Schenkluhn, Kritischer Katalog, in: Schenkluhn (Hrsg.), Stiftung Kunsthaus Heylshof, 1992.**	**Bezeichnung nach Sophie Heyl, Cataloge der Kunstsachen, 1886.**	**Herkunft nach Sophie Heyl, Cataloge der Kunstsachen, 1886.**	**Zusätzliche / revidierende Information aus dem Quellenmaterial zur Provenienz**
Inv.Nr. 14 Unbekannter Meister des 17. Jahrhunderts Kopie nach Adam Elsheimer (1578–1610) *Landschaft mit Tobias und dem Engel* k. A., Gouache auf Papier auf Eichenholz, 10,3 x 13,4 cm	Aus der Slg. Milani, Frankfurt am Main.	[Nr. 73 Elsheimer Landschaft Engel begleitet den Knaben mit dem Fisch; trifft auch auf Inv. Nr. 15 zu]	[80 Mrk]	
Inv.Nr. 15 Unbekannter Meister des 17. Jahrhunderts Kopie nach Adam Elsheimer *Tobias mit dem Engel* k. A., Öl auf Kupfer, 9,8 x 7,2 cm	Unbekannt	[Nr. 73 Elsheimer Landschaft Engel begleitet den Knaben mit dem Fisch; trifft auch auf Inv. Nr. 14 zu]	[80 Mrk]	

Bezeichnung nach Schenkluhn, Kritischer Katalog, in: Schenkluhn (Hrsg.), Stiftung Kunsthaus Heylshof, 1992.	Herkunft nach Schenkluhn, Kritischer Katalog, in: Schenkluhn (Hrsg.), Stiftung Kunsthaus Heylshof, 1992.	Bezeichnung nach Sophie Heyl, Cataloge der Kunstsachen, 1886.	Herkunft nach Sophie Heyl, Cataloge der Kunstsachen, 1886.	Zusätzliche / revidierende Information aus dem Quellenmaterial zur Provenienz
Inv.Nr. 16 Franz Pourbus der Jüngere (1569–1622) *Bildnis eines Jünglings* 1607, Öl auf Kupfer, 19 x 16 cm	Unbekannt	Nr. 49 kleiner Kopf eines jungen Mannes v. Porbus	aus Aachen 60 Thlr	
Inv.Nr. 17 Peter Paul Rubens (1577–1640) *Maria mit Kind* 1620/25, Öl auf Eichenholz, 96 x 72 x 0,5 cm	Erworben wahrscheinlich 1895 bei Sedelmeyer, Paris (ehemals Slg. Secrétan, Paris).[38]			Erworben bei Steinmeyer 1895. Die Sammlung Secrétan stimmt.
Inv.Nr. 18 Peter Paul Rubens *Maria von Medici als Bellona* 1622, Öl auf Eichenholz, 42,2 x 29,5 x 0,4 cm	Nach Swarzenski (1921, S. 8, Nr. 18) angeblich Aus der Slg. Sir A. Hume; zuvor mit Sicherheit in der Slg. B. R. C. Tower.			Nicht näher definierte Rubensskizzen sind in der Korrespondenz von Bode, Böhler und Richter erwähnt.[39]

38 Sedelmeyer Gallery, Catalogue, 1895, Nr. 33.

39 StA Worms, Abt. 186, Nr. 1202: Cornelius Wilhelm Heyl an Wilhelm von Bode, 23.02.1896, Rubensskizze an Hauser zur Reinigung geschickt; Wilhelm von Bode, 09.02.1898, Rubensskizze bei Colnaghi; Julius Böhler, 29.08.1911, Angebot für eine Rubensskizze; Julius Böhler, 21.08.1917; Jean Paul Richter, 13.08.1918, Angebot einer Originalskizze von Rubens; Jean Paul Richter, 19.09.1918, Erwähnung einer Rubensskizze bei Böhler.

Bezeichnung nach Schenkluhn, Kritischer Katalog, in: Schenkluhn (Hrsg.), Stiftung Kunsthaus Heylshof, 1992.	Herkunft nach Schenkluhn, Kritischer Katalog, in: Schenkluhn (Hrsg.), Stiftung Kunsthaus Heylshof, 1992.	Bezeichnung nach Sophie Heyl, Cataloge der Kunstsachen, 1886.	Herkunft nach Sophie Heyl, Cataloge der Kunstsachen, 1886.	Zusätzliche / revidierende Information aus dem Quellenmaterial zur Provenienz
Inv.Nr. 19 Peter Paul Rubens *Der Wettlauf der Atalante* um 1636, Öl auf Eichenholz, 27,2 x 32,1 x 0,4 cm	Erworben 1896; wahrscheinlich aus der Slg. des Herzog von Osuna, Madrid; zuvor in der Slg. des Herzogs von Infantando.			
Inv.Nr. 20 Anthonis van Dyck (1599–1641) *Bildnis eines vornehmen Herrn* 1628, Öl auf Leinen, 63,5 x 47 cm [galt als verloren; Das Gemälde kam nach Kriegsauslagerung nicht mehr zurück.[40] Seit 2009 ist das Gemälde wieder im Heylshof, Worms]	Unbekannt			Antiquitäten/Curiositäten Goldschmidt, Julius (Sitz in Frankfurt), 23.11.1906 zerrissene Rechnung (Fragment): „[…]eines vornehmen Herren, von Dyck, […], Berlin 1906 (Catalog Nummer 13): 56000 Mark plus Aufgeld > ges.: 62720 Mark“[41]

40 Schenkluhn, Einführung, in: Schenkluhn (Hrsg.), Stiftung, 1992, S. 12.
41 StA Worms, Abt. 186, Nr. 1202/118.

Bezeichnung nach Schenkluhn, Kritischer Katalog, in: Schenkluhn (Hrsg.), Stiftung Kunsthaus Heylshof, 1992.	**Herkunft nach Schenkluhn, Kritischer Katalog, in: Schenkluhn (Hrsg.), Stiftung Kunsthaus Heylshof, 1992.**	**Bezeichnung nach Sophie Heyl, Cataloge der Kunstsachen, 1886.**	**Herkunft nach Sophie Heyl, Cataloge der Kunstsachen, 1886.**	**Zusätzliche / revidierende Information aus dem Quellenmaterial zur Provenienz**
Inv.Nr. 21 Peter Paul Rubens (1577–1640) *Beweinung Christi* um 1616, Öl auf Eichenholz, 63,8 x 49,8 x 0,3 cm	Wahrscheinlich bei Sedelmeyer in Paris erworben. Laut aufgeklebtem Zettel auf der Rückseite stammt das Bild aus einer englischen Sammlung.			Rechnung von Sedelmeyer, 24.02.1896 „Rechnung für die nachstehenden Gemälde: Frans Hals Portrait d'homme from Sanderstead Court Collection: 35000M; Brekelen Kamp Die Fischhändlerin: 3200M; P. P. Rubens Grablegung Skizze zum großen Bild im Brüsseler Museum: 2000M-Ges.: 40200M. Dem Auftrage des Herrn Baron gemäß wird der Hals und Rubens heute dem Herrn Restaurator Hauser des Museums hier übergeben. Der Brekeln Kamp geht heute an Herrn Baron v. Heyl nach Worms ab."[42]
Inv.Nr. 22 Anthonis van Dyck (1599–1641) *Bildnis des Johann von Montfort* vor 1628, Öl auf Eichenholz, 24,7 x 18,7 x 0,4 cm	Unbekannt	Nr. 66 a Grisaille von van Dyck	Auction von Münchhausen in Hannover, in Cöln 4.500 Mrk	Die Auktion der Gemäldesammlung der Gemäldesammlungen von Münchhausen fand am 28. und 29. Oktober 1887 in Köln statt.[43]

42 StA Worms, Abt. 186, Nr. 937.
43 Die Auktion wurde in der Zeitschrift *Kunstchronik* dokumentiert: Bredius, Kunstmarkt, in: Kunstchronik 5 (1887/88), S. 85–92.

Bezeichnung nach Schenkluhn, Kritischer Katalog, in: Schenkluhn (Hrsg.), Stiftung Kunsthaus Heylshof, 1992.	**Herkunft nach Schenkluhn, Kritischer Katalog, in: Schenkluhn (Hrsg.), Stiftung Kunsthaus Heylshof, 1992.**	**Bezeichnung nach Sophie Heyl, Cataloge der Kunstsachen, 1886.**	**Herkunft nach Sophie Heyl, Cataloge der Kunstsachen, 1886.**	**Zusätzliche / revidierende Information aus dem Quellenmaterial zur Provenienz**
Inv.Nr. 23 Gonzales Coques (1614–1684) *Bildnis eines Geistlichen* k. A., Öl auf Eichenholz, 52,9 x 39 x 1 cm	Erworben vor 1887. Auf alten Innenaufnahmen des Heylshofes von 1883/84 im Speisezimmer zu erkennen.	Nr. 57 Consales Kock Porträt eines Geistlichen	1200 fl	
Inv.Nr. 25 David Teniers der Jüngere (1610–1690) *Tabagie* um 1645/50, Öl auf Kupfer, 36,2 x 28,6 cm	Erworben 1879. Auf alten Innenaufnahmen des Heylshofes von 1883/84 im Speisezimmer zu erkennen.	Nr. 31 Tenier Rauchender Mann ohne Kopfbedeckung im Vordergrund	Sammlung [Mons?] 6.000 Mrk	
Inv.Nr. 26 David Teniers der Jüngere *Der Raucher in der Wirtsstube* vor 1650, Öl auf Eichenholz, 19,2 x 24,5 x 0,4 cm	Unbekannt	Nr. 52 feiner Tenier Mann mit irdener Pfeife vorne sitzend	aus der Sammlung von Milani in Frankfurt 5000 fl	

Bezeichnung nach Schenkluhn, Kritischer Katalog, in: Schenkluhn (Hrsg.), Stiftung Kunsthaus Heylshof, 1992.	**Herkunft nach Schenkluhn, Kritischer Katalog, in: Schenkluhn (Hrsg.), Stiftung Kunsthaus Heylshof, 1992.**	**Bezeichnung nach Sophie Heyl, Cataloge der Kunstsachen, 1886.**	**Herkunft nach Sophie Heyl, Cataloge der Kunstsachen, 1886.**	**Zusätzliche / revidierende Information aus dem Quellenmaterial zur Provenienz**
Inv.Nr. 27 David Teniers der Jüngere *Zwei Dorfstraßen* (1) undatiert, Öl auf Eichenholz, 11,9 x 19,2 x 1 cm	Erworben vor 1883/84, da auf alter Innenaufnahme des Heylshofes im Speisezimmer zu identifizieren. Wahrscheinlich aus Frankreich.	Nr. 6–7 zwei ganz kleine Teniers auf Holz Landschaften sehr fein	beide Bilder 2.160 Mrk	
Inv.Nr. 29 David Teniers der Jüngere *Versuchung des hl. Antonius* undatiert, Öl auf Eichenholz, 11,3 x 8,5 x 0,8 cm	Unbekannt	Nr. 70 kleiner Tenier (heiliger Antonius)	Sammlung Milani 200 Mrk	
Inv.Nr. 30 David Teniers der Jüngere *Zwei Raucher am Kamin* undatiert, Öl auf Eichenholz, 11,5 x 8,2 x 0,7 cm	Unbekannt			Entspricht auf der Auktion Kraetzer der Nr. 42, S. 26: „Deux Fumeurs“ von David Teniers le jeune: „L’un debout et vu de face, tient une cruche d’une main et une pipe de l’autre; le second assis auprès d’une cheminée où pétille un bon feu, est occupé à allumer sa pipe, il a près de lui une cruche. Joli petit Tableau du maître, signé du monogramme.“[44]

44 Kohlbacher, Catalogue, 1869.

Bezeichnung nach Schenkluhn, Kritischer Katalog, in: Schenkluhn (Hrsg.), Stiftung Kunsthaus Heylshof, 1992.	Herkunft nach Schenkluhn, Kritischer Katalog, in: Schenkluhn (Hrsg.), Stiftung Kunsthaus Heylshof, 1992.	Bezeichnung nach Sophie Heyl, Cataloge der Kunstsachen, 1886.	Herkunft nach Sophie Heyl, Cataloge der Kunstsachen, 1886.	Zusätzliche / revidierende Information aus dem Quellenmaterial zur Provenienz
Inv.Nr. 31 Gerrit van Honthorst (1590–1656) *Violaspielerin* undatiert, Öl auf Leinwand doubliert, 83,5 x 68,8 cm	Unbekannt	Nr. 48 Lautenspielerin v. Honthorst	aus d. Sammlung des alten Herrn Bollermann in Mainz 175 Mrk	Wahrscheinlich Versteigerung der Gemäldesammlung der Witwe Margarethe Bollermann-Wild 1877.
Inv.Nr. 32 Jacob Gerritsz. Cuyp (1594–1651/52) *Herrenbildnis* undatiert, Öl auf Eichenholz, 100,5 x 73,3 x 1,2 cm	Erworben vor 1887; nach Swarzenski (1921, S. 11) aus der Slg. Milani, Frankfurt.	Nr. 58 Cuip [sic!] Männerporträt	2000 fl	Bode erwähnt ein Gemälde von Cuyp im Dezember 1896: „Sie werden dann auch bei Hauser den A. Cuyp den Fischhof auf meinen Wunsch herschicken ließ zur Ansicht für Sie, vorfinden.“[45]
Inv.Nr. 34a Michiel van Mierevelt (1567–1641) *Herrenbildnis* undatiert, Öl auf Eichenholz, 62 x 49 x 0,8 cm	Unbekannt	Nr. 47 Portrait v. Mierevelt mit einem Wappen	aus einer Mainzer Sammlung 30 fl	(nicht im Katalog Swarzenskis, wahrscheinlich nach Fertigstellung des Manuskripts angekauft)[46]

45 StA Worms, Abt. 186, Nr. 1165/054.
46 Schenkluhn, Einführung, in: Schenkluhn (Hrsg.), Stiftung, 1992, S. 13.

Bezeichnung nach Schenkluhn, Kritischer Katalog, in: Schenkluhn (Hrsg.), Stiftung Kunsthaus Heylshof, 1992.	Herkunft nach Schenkluhn, Kritischer Katalog, in: Schenkluhn (Hrsg.), Stiftung Kunsthaus Heylshof, 1992.	Bezeichnung nach Sophie Heyl, Cataloge der Kunstsachen, 1886.	Herkunft nach Sophie Heyl, Cataloge der Kunstsachen, 1886.	Zusätzliche / revidierende Information aus dem Quellenmaterial zur Provenienz
Inv.Nr. 35 Jan Miense Molenaer (um 1610–1668) *Fröhliche Gesellschaft* 1629, Öl auf Leinwand doubliert, 103,5 x 124,3 cm	Erworben vor 1890.	Nr 66a Molenar [sic!]	auf der Auction von Münchhausen in Hanover in Coeln gekauft 6.500 Thlr	„Äußerst zahlreich besuchte Auktion. Man bemerkte die Herren Habich aus Kassel, Generalkonsul Thieme aus Leipzig, Konsul Weber aus Hamburg, Senator Dr. Laporte, Baron von Heyl aus Worms, Geheimrat St. Michel aus Mainz und noch viele andere gewählte Sammler im großen Saale des Kölner Kasinos.“[47] Beschreibung des Bildes „Das Bild wurde für 6400 Mk. zugeschlagen (Bourgeois, man sagte für Baron von Heyl, Worms).“[48]
Inv.Nr. 36 (verschollen nach Kriegsauslagerung) Gerard ter Borch (1617–1681) *Herrenbildnis*				Rechnung über 25.000 Mark von Julius Böhler, 19.09.1908: „Porträt eines älteren Mannes in Braunem Mantel m. rotem Futter gelben Handschuhen neben einem mit roter Sammtdecke bedeckten Tisch stehend, gemalt von Gerard Ter Borgh, Zwolle & Amsterdam 1617–1681 garantiert alt und vom Meister. Echtheit garantiert.“[49]

47 Bredius, Kunstmarkt, in: Kunstchronik 5 (1887/88), S. 85 f.
48 Bredius, Kunstmarkt, in: Kunstchronik 5 (1887/88), S. 89 f.
49 StA Worms, Abt. 186, Nr. 1202.

Bezeichnung nach Schenkluhn, Kritischer Katalog, in: Schenkluhn (Hrsg.), Stiftung Kunsthaus Heylshof, 1992.	Herkunft nach Schenkluhn, Kritischer Katalog, in: Schenkluhn (Hrsg.), Stiftung Kunsthaus Heylshof, 1992.	Bezeichnung nach Sophie Heyl, Cataloge der Kunstsachen, 1886.	Herkunft nach Sophie Heyl, Cataloge der Kunstsachen, 1886.	Zusätzliche / revidierende Information aus dem Quellenmaterial zur Provenienz
Inv.Nr. 39 Emanuel de Witte (1617–1692) *Innenansicht der Oude Kerk in Delft* um 1520, Öl auf Eichenholz, 38 x 29 x 0,2 cm	Erworben 1885 aus der Slg. A. J. Bösch, Wien.	Nr. 67 Emanuel de Witt [sic!]	durch Bourg[e]ois 3.000 Mrk	Rechnung der Frères Bourgeois in der Korrespondenz erhalten: „1 Emanuel Witt [sic!]: 3000 M", 15.11.1888.[50]
Inv.Nr. 40 Thomas de Keyser (1596/97–1667) *Der Spazierritt* 1660, Öl auf Leinwand doubliert, 77,5 x 64,5 cm	Unbekannt			1898 empfiehlt Bode einige Bilder des Kunsthändlers Colnaghi, „darunter auch ein Gemälde de Keysers."[51] Bode erwähnte den de Keyser der Heyls zuerst 1905, um das Gemälde in der Ausstellung zur Silberhochzeit des Kaiserpaares auszustellen.[52]

50 StA Worms, Abt. 186, Nr. 0937/018.
51 StA Worms, Abt. 186, Nr. 1174/133, Wilhelm von Bode an Cornelius Wilhelm Heyl, 20.09.1905.
52 StA Worms, Abt. 186, Nr. 1174/133, Wilhelm von Bode an Cornelius Wilhelm Heyl, 20.09.1905.

Bezeichnung nach Schenkluhn, Kritischer Katalog, in: Schenkluhn (Hrsg.), Stiftung Kunsthaus Heylshof, 1992.	Herkunft nach Schenkluhn, Kritischer Katalog, in: Schenkluhn (Hrsg.), Stiftung Kunsthaus Heylshof, 1992.	Bezeichnung nach Sophie Heyl, Cataloge der Kunstsachen, 1886.	Herkunft nach Sophie Heyl, Cataloge der Kunstsachen, 1886.	Zusätzliche / revidierende Information aus dem Quellenmaterial zur Provenienz
Inv.Nr. 41 Nicolaus Maes (1634–1693) *Junge Klöpplerin und alte Frau bei einer Wiege vor der Haustür* 1654, Öl auf Eichenholz, 71,3 x 54,3 x 0,5 cm	Erworben 1894 auf der Versteigerung der Slg. Clavé Bouhaben bei J. M. Heberle in Köln (Aukt.-Kat. Köln 1894, S. 41, Nr. 263 mit Abb.).[53]			Wahrscheinlich über Frères Bourgeois auf der Auktion Clavé-Bouhaben erworben.[54]
Inv.Nr. 41a Pieter van Anraedt (vor 1640–1678) *Frauenportrait* 1673, Öl auf Leinwand doubliert, 78 x 65 cm	Unbekannt	[viell. Nr. 59 Porträt einer Dame]	[k. A.]	(nicht im Swarzenski Katalog, wahrscheinlich erst nach der Fertigstellung des Manuskripts angeschafft)[55]

53 Heberle, Katalog, 1894.

54 StA Worms, Abt. 186, Nr. 1202/096, Telegramm von Frères Bourgeois an Cornelius Wilhelm Heyl, 05.06.1894: „Maes [wahrscheinl. Nicolaes, Anm. I. H.] bis 16000, Metsu [Gabriel] 7000 sicher erforderlich viele Reflectanten. Bourgeois"; StA Worms, Abt. 186, Nr. 1202/093, Telegramm mit Auktionsnummern, die Bourgeois für Cornelius Wilhelm Heyl gekauft hat, 05.06.1894.

55 Schenkluhn, Einführung, in: Schenkluhn (Hrsg.), Stiftung, 1992, S. 13.

Bezeichnung nach Schenkluhn, Kritischer Katalog, in: Schenkluhn (Hrsg.), Stiftung Kunsthaus Heylshof, 1992.	Herkunft nach Schenkluhn, Kritischer Katalog, in: Schenkluhn (Hrsg.), Stiftung Kunsthaus Heylshof, 1992.	Bezeichnung nach Sophie Heyl, Cataloge der Kunstsachen, 1886.	Herkunft nach Sophie Heyl, Cataloge der Kunstsachen, 1886.	Zusätzliche / revidierende Information aus dem Quellenmaterial zur Provenienz
Inv.Nr. 42 Quieringh Brekelenkam (um 1620–1667/68) *Der Fischkauf* nach 1660, Öl auf Eichenholz, 57,5 x 41,5 x 0,6 cm	Dem Siegel nach bei Sedelmeyer in Paris erworben. Bis 1839 im Besitz der Slg. Bleuland Utrecht.			Rechnung Sedelmeyer, 24.02.1896 „Rechnung für die nachstehenden Gemälde: Frans Hals Portrait d'homme from Sanderstead Court Collection: 35000M; Brekelen Kamp Die Fischhändlerin: 3200M; P. P. Rubens Grablegung Skizze zum großen Bild im Brüsseler Museum: 2000M-Ges.: 40200M. Dem Auftrage des Herrn Baron gemäß wird der Hals und Rubens heute dem Herrn Restaurator Hauser des Museums hier übergeben. Der Brekelen Kamp geht heute an Herrn Baron v. Heyl nach Worms ab."[56]
Inv.Nr. 43 Jacob van Ochtervelt (1634–1682) *Das Duett* 1676–80, Öl auf Leinwand, 90 x 74,7 cm	Erworben 1916 bei Julius Böhler, München.			In der Korrespondenz wird das Gemälde „Konzert" genannt; Böhler unterrichtet Heyl 1916 über Restaurierungsmaßnahmen.[57]

56 StA Worms, Abt. 186, Nr. 937.
57 StA Worms, Abt. 186, Nr. 1174.

Bezeichnung nach Schenkluhn, Kritischer Katalog, in: Schenkluhn (Hrsg.), Stiftung Kunsthaus Heylshof, 1992.	Herkunft nach Schenkluhn, Kritischer Katalog, in: Schenkluhn (Hrsg.), Stiftung Kunsthaus Heylshof, 1992.	Bezeichnung nach Sophie Heyl, Cataloge der Kunstsachen, 1886.	Herkunft nach Sophie Heyl, Cataloge der Kunstsachen, 1886.	Zusätzliche / revidierende Information aus dem Quellenmaterial zur Provenienz
Inv.Nr. 44 Willem van Mieris (1662–1747) *Der Spieler* 1685, Öl auf Eichenholz, 17,5 x 14,4 x 1 cm	Erworben 1876 als signierter Frans van Mieris bei Heberle/Lempertz, Köln, 1876. Stammt aus der Slg. Chr. R. Ruhl, Köln, zuvor in der Slg. Baron Heusch.	Nr. 33 Mieris Mann mit Weinglas u. Würfeln	auf d. Auction Ruhl gekauft 750 Thlr	
Inv.Nr. 46 Pieter van Slingeland (1640–1691) *Bildnis einer Dame mit Vogelbauer* 1672 [?], Öl auf Pergament auf Laubholztafel, 17,7 x 12,7 cm	Erworben 1876 bei Heberle/Lempertz, 1876. Stammt aus der Slg. Ch. R. Ruhl, Köln, zuvor in der Slg. Baron Heusch.	Nr. 35 Frau mit Katze Mohr etc. von Vanslingeland [sic!]	Auction Hardy in Mainz 15. Oktober 78 380 Thlr	Auktion der Gemäldesammlung von Edmund Hardy: Bangel, Katalog, 1878.
Inv.Nr. 47 Adriaen van der Werff (1659–1722) *Selbstbildnis* Frühe achtziger Jahre, Öl auf Eichenholz, 15 x 13 x 0,8 cm	Erworben 1876 bei Heberle/Lempertz, 1876. Stammt aus der Slg. Ch. R. Ruhl, Köln, zuvor in der Slg. Baron Heusch. Auf alten Innenaufnahmen des Heylshofes von 1883/84 im Speisezimmer zu sehen.	Nr. 34 van der Werff Bildhauer	320 Thlr	

Bezeichnung nach Schenkluhn, Kritischer Katalog, in: Schenkluhn (Hrsg.), Stiftung Kunsthaus Heylshof, 1992.	**Herkunft nach Schenkluhn, Kritischer Katalog, in: Schenkluhn (Hrsg.), Stiftung Kunsthaus Heylshof, 1992.**	**Bezeichnung nach Sophie Heyl, Cataloge der Kunstsachen, 1886.**	**Herkunft nach Sophie Heyl, Cataloge der Kunstsachen, 1886.**	**Zusätzliche / revidierende Information aus dem Quellenmaterial zur Provenienz**
Inv.Nr. 48 Hendrick Averkamp (1585–1634) *Auf dem Eise* k. A., Öl auf Eichenholz, 14,8 x 11,5 x 0,3 cm	Erworben 1878 bei Kohlbacher/Bangel in Frankfurt. Stammt aus der Slg. E. Hardy, Mainz.	Nr. 38 H. Aeverkamp kleine Winterlandschaft	350 Mrk	Auktion der Gemäldesammlung von Edmund Hardy: „Avercam (Hendrik) um 1580. Winterlandschaft. Auf dem Eise links zwei Zelte mit Fahnen geschmückt, vor welchen Schlitten halten; rechts mehrere Schlittschuhläufer. Holz H. 11. Br. 16.“[58]
Inv.Nr. 49 Jan van Goyen (1596–1656) *Kanallandschaft* um 1632, Öl auf Holztafel, 22,2 x 32,4 x 0,8 cm	Unbekannt	Nr. 55 ditto [Landschaft von Goyen] eine kleinere	2.400 fl	
Inv.Nr. 50 Jan van Goyen *Blick auf Rhenen* um 1642/43, Öl auf Eichenholz, 27,5 x 52,5 x 1 cm	Erworben vor 1887. Auf alten Innenaufnahmen des Heylshofes von 1883/84 im Speisezimmer zu erkennen.	Nr. 54 Landschaft von Goyen	3.000 fl	

58 Bangel, Katalog, 1878, S. 1, Nr. 3.

Bezeichnung nach Schenkluhn, Kritischer Katalog, in: Schenkluhn (Hrsg.), Stiftung Kunsthaus Heylshof, 1992.	**Herkunft nach Schenkluhn, Kritischer Katalog, in: Schenkluhn (Hrsg.), Stiftung Kunsthaus Heylshof, 1992.**	**Bezeichnung nach Sophie Heyl, Cataloge der Kunstsachen, 1886.**	**Herkunft nach Sophie Heyl, Cataloge der Kunstsachen, 1886.**	**Zusätzliche / revidierende Information aus dem Quellenmaterial zur Provenienz**
Inv.Nr. 51 Salomon van Ruysdael (1600/03–1670) *Kanallandschaft mit Fischerboot* um 1650, Öl auf Eichenholz, 30 x 46,2 x 0,4 cm	Erworben 1878 bei Kohlbacher/Bangel in Frankfurt. Stammt aus der Slg. E. Hardy, Mainz; zuvor Slg. Gsell, Wien. Nach alten Innenaufnahmen des Heylshofes von 1883/84 im Speisezimmer aufgehängt.	Nr. 40 Salomon Ruysdael Eine Canal Landschaft	aus der Sammlung Ruhl 1.010 Mrk	Sophie verwechselte die Herkunft des Slingeland aus der Sammlung Ruhl mit dem Ruysdael aus der Sammlung Hardy.
Inv.Nr. 52 Jacob Salomonsz. van Ruysdael (1629/30–1681) *Trift im Walde* k. A., Öl auf Eichenholz, 52,8 x 79,5 x 0,7 cm	Unbekannt	Nr. 41 ditto größere Landschaft (sehr fein) oder Nr. 68	aus der Sammlung Milani	Auf der Auktion der Sammlung Habich, Kassel, 9. und 10. Mai 1892 interessierte sich Heyl für ein Gemälde Ruysdaels.[59]

59 StA Worms, Abt. 186, Nr. 1165, Frères Bourgeois an Cornelius Wilhelm Heyl, 01.05.1892: „Bei der Auction Habich sind einige gute Sachen, aber im allgemeinen ist dieselbe nicht von großer Bedeutung. Unter den von Ihnen bezeichneten Bildern können wir Ihnen Jacob Ruysdael empfehlen denselben schätzen wir auf 7–8000 Mark."

Bezeichnung nach Schenkluhn, Kritischer Katalog, in: Schenkluhn (Hrsg.), Stiftung Kunsthaus Heylshof, 1992.	**Herkunft nach Schenkluhn, Kritischer Katalog, in: Schenkluhn (Hrsg.), Stiftung Kunsthaus Heylshof, 1992.**	**Bezeichnung nach Sophie Heyl, Cataloge der Kunstsachen, 1886.**	**Herkunft nach Sophie Heyl, Cataloge der Kunstsachen, 1886.**	**Zusätzliche / revidierende Information aus dem Quellenmaterial zur Provenienz**
Inv.Nr. 53 Jacob Isaacksz. van Ruisdael (1628/29–1682) *Ruinenlandschaft mit Wasserfall* 1660/70, Öl auf Leinwand zweifach doubliert, 70 x 55 cm	Erworben 1896 bei Sedelmeyer, Paris. Nach Sedelmeyer aus der Slg. M. Dreyfus de Gonzales, Paris.	Nr. 68 große Landschaft von Ruisdael oder Nr. 41	Sammlung Milani 5.500 Mrk	
Inv.Nr. 54 Aert van der Neer (1603/04–1677) *Kanallandschaft im Mondschein* nach 1650, Öl auf Leinwand doubliert, 78,5 x 100 cm	Spätestens seit 1887 im Besitz des Freiherren von Heyl. Vermutlich aus der Slg. Dalberg.			Rechnung über ein Gemälde von van der Neer der Frères Bourgeois, 5.11.1888 (bezieht sich wohl nicht auf Nr. 54): „1 Bild von van der Neer: 17000M“ (gemeinsam erworben mit: „1 Emanuel Witt: 3000M; – 1 Christus in Bronze: 1100M; – 1 Horn Auktion Ullmann N° 633: 155M; – 1 Horn Auktion Ullmann N° 622: 285M“[60]

60 StA Worms, Abt. 186, Nr. 937, Frères Bourgeois an Cornelius Wilhelm Heyl, 01.11.1888; StA Worms, Abt. 186, Nr. 937, Frères Bourgeois an Cornelius Wilhelm Heyl, 03.11.1888: Zusage, dass das Geschäft Frères Bourgeois, das am 01.11.1888 gekaufte Bild von A. van der Neer (Preis 17.000 M) im Zeitraum von fünf Jahren zu 16.000 M (bar) zurücknimmt.

Bezeichnung nach Schenkluhn, Kritischer Katalog, in: Schenkluhn (Hrsg.), Stiftung Kunsthaus Heylshof, 1992.	Herkunft nach Schenkluhn, Kritischer Katalog, in: Schenkluhn (Hrsg.), Stiftung Kunsthaus Heylshof, 1992.	Bezeichnung nach Sophie Heyl, Cataloge der Kunstsachen, 1886.	Herkunft nach Sophie Heyl, Cataloge der Kunstsachen, 1886.	Zusätzliche / revidierende Information aus dem Quellenmaterial zur Provenienz
Inv.Nr. 55 Jan Diercksz. Both (etwa 1618–1652) *Italienische Straßenszene* k. A., Öl auf Eichenholz, 57,3 x 47,3 x 0,5 cm	Vor 1887 im Besitz des Freiherrn von Heyl. Auf alten Innenaufnahmen des Heylshofes von 1883/84 im Speisezimmer zu erkennen.	[Nr. 3 Jan Both [Bleistiftnotiz Fragezeichen] Landschaft sehr fein; 1.010 Mrk oder Nr. 62 J. A. Both (aus der Sammlung Disch; 3190 Mrk]		
Inv.Nr. 56 Jan Wijnants (1630/35–1684) *Waldlandschaft* k. A., Öl auf Eichenholz, 32 x 23,5 x 0,5 cm	Vermutlich 1894 aus der Slg. Clavé-Bouhaben in Köln.			Entspricht der Beschreibung im Katalog Clavé-Bouhaben.[61]
Inv.Nr. 57 Philips Wouwerman (1619–1668) *Halt einer Reitergesellschaft am Bauernhaus* Spätwerk, Öl auf Eichenholz, 44 x 37 x 0,3/0,9 cm	Erworben 1870 bei Kohlbacher, Frankfurt am Main, 1870. Stammt aus der Slg. Brentano-Birkenstock.	Nr. 1 Wouwerman		

61 Heberle, Katalog, 1894.

Bezeichnung nach Schenkluhn, Kritischer Katalog, in: Schenkluhn (Hrsg.), Stiftung Kunsthaus Heylshof, 1992.	**Herkunft nach Schenkluhn, Kritischer Katalog, in: Schenkluhn (Hrsg.), Stiftung Kunsthaus Heylshof, 1992.**	**Bezeichnung nach Sophie Heyl, Cataloge der Kunstsachen, 1886.**	**Herkunft nach Sophie Heyl, Cataloge der Kunstsachen, 1886.**	**Zusätzliche / revidierende Information aus dem Quellenmaterial zur Provenienz**
Inv.Nr. 58 Willem van de Velde der Jüngere (1633–1707) *Bewegte See* k. A., Öl auf Leinwand doubliert, 53 x 77,3 cm	Spätestens seit 1887 in der Slg. Heyl.	Nr. 44 W. v. der Velde marine	Auction v. Stange steht im Smith? Cataloge 4.025 Mrk	
Inv.Nr. 59 Willem Claesz. Heda (1593/94–1680/82) *Stilleben* vor 1645, Öl auf Eichenholz, 35,7 x 54,9 x 0,4 cm	Erworben von Böhler, München. Von diesem 1907 bei Ch. Sedelmeyer, Paris, ersteigert.	Nr. 36 K. W. [sic!] Heda Stilleben [Die Zuordnung ist nicht eindeutig.]	565 Mrk	

Bezeichnung nach Schenkluhn, Kritischer Katalog, in: Schenkluhn (Hrsg.), Stiftung Kunsthaus Heylshof, 1992.	Herkunft nach Schenkluhn, Kritischer Katalog, in: Schenkluhn (Hrsg.), Stiftung Kunsthaus Heylshof, 1992.	Bezeichnung nach Sophie Heyl, Cataloge der Kunstsachen, 1886.	Herkunft nach Sophie Heyl, Cataloge der Kunstsachen, 1886.	Zusätzliche / revidierende Information aus dem Quellenmaterial zur Provenienz
Inv.Nr. 60a Cornelis de Heem (1631–1695) *Stilleben* nach 1650, Öl auf Eichenholz, 57,5 x 44 x 0,9 cm	Unbekannt			In Sophies Verzeichnis ist ein Stillleben von De Heem für 1.550 Mrk aufgeführt. Im Katalog Swarzenskis mit der Inv.Nr. 60. Vermutlich wurde dieses Gemälde nicht an das Kunsthaus übergeben. Dafür kaufte die Familie Heyl zwischen 1925 und 1939 ein Stilleben de Heems, das heute mit der Inv.Nr. 60a verzeichnet ist.[62] Paul Richter kümmerte sich 1918 um die Erwerbung eines „Fruchtstückes“ von de Heem bei Böhler. Heyls Höchstgebot betrug 20.000 Mark.[63]
Inv.Nr. 61 Otto Marseus von Schrieck (1619/20–1678) *Stilleben* nach 1660, Öl auf Eichenholz, 28,9 x 21,7 x 1 cm	Erworben 1878 bei Kohlbacher/Bangel in Frankfurt. Stammt aus der Slg. E. Hardy, Mainz.			Unter Verwendung des Namens Otto Marcellis, Aukt. Kat. S. 18.

62 Schenkluhn, Einführung, in: Schenkluhn (Hrsg.), Stiftung, 1992, S. 12 f.

63 StA Worms, Abt. 186, Nr. 1174/077, Jean Paul Richter an Cornelius Wilhelm Heyl, 27.09.1918.

Bezeichnung nach Schenkluhn, Kritischer Katalog, in: Schenkluhn (Hrsg.), Stiftung Kunsthaus Heylshof, 1992.	**Herkunft nach Schenkluhn, Kritischer Katalog, in: Schenkluhn (Hrsg.), Stiftung Kunsthaus Heylshof, 1992.**	**Bezeichnung nach Sophie Heyl, Cataloge der Kunstsachen, 1886.**	**Herkunft nach Sophie Heyl, Cataloge der Kunstsachen, 1886.**	**Zusätzliche / revidierende Information aus dem Quellenmaterial zur Provenienz**
Inv.Nr. 62 Melchior D'Hondecoeter (1636–1695) *Geflügel* k. A., Öl auf Leinwand zweifach doubliert, 111 x 143 cm	Auf alten Innenaufnahmen des Heyls-Hofes von 1883/84 im Speisezimmer zu sehen.	Nr. 51 Hondecotter [sic!]	aus einem Privathause in Amsterdam war dort in d. Täfelung eines Zimmers eingelassen 6.500 fl	
Inv.Nr. 63 Jan Weenix (1642 [?]–1719) *Jagdstilleben* 1677, Öl auf Leinwand doubliert, 124,6 x 102,2 cm	Spätestens seit 1887 in der Slg. Heyl.	Venix schönes Stilleben	aus d. Sammlung Kratzer [Kraetzer] in Mainz 10.500 Mrk	Das Jagdstilleben von Jan Weenix hatte bisher noch keinen Herkunftsnachweis. Sophie nannte in ihrem Katalog ein „schönes Stilleben aus d. Sammlung Kratzer in Mainz" von „Venix" (Nr. 50) und meinte Weenix' *Gibier et Ustensiles de chasse* aus der Sammlung Eugène Kraetzer, Mainz.
Inv.Nr. 64 Alonso Cano [?] (1601–1667) *Bildnis eines Mönches* k. A., Öl auf Leinwand doubliert, 64 x 54 cm	Vor 1887 in der Slg. Von Heyl.	altes spanisches Bild spanisch gezeichnet wahrscheinlich Alonso Cano einen Mönch darstellend	kam aus einem Bankrott aus Spanien durch Zufall nach Mannheim 175 fl	

Bezeichnung nach Schenkluhn, Kritischer Katalog, in: Schenkluhn (Hrsg.), Stiftung Kunsthaus Heylshof, 1992.	Herkunft nach Schenkluhn, Kritischer Katalog, in: Schenkluhn (Hrsg.), Stiftung Kunsthaus Heylshof, 1992.	Bezeichnung nach Sophie Heyl, Cataloge der Kunstsachen, 1886.	Herkunft nach Sophie Heyl, Cataloge der Kunstsachen, 1886.	Zusätzliche / revidierende Information aus dem Quellenmaterial zur Provenienz
Inv.Nr. 65 August Querfurt (1696–1761) *Der Überfall* k. A., Öl auf Kupfer, 32,5 x 42,5 cm	Unbekannt	Nr. 2 Querfurt Reitergefecht	k. A.	
Inv.Nr. 66 Januarius Zick (1730–1797) *Die Anbetung der Hirten* 1793, Öl auf Kupfer, 47,2 x 38,0 x 0,1 cm	Unbekannt	Nr. 5 Anbetung der Könige und Hirten von Januarius Zick	von Wahle in Mannheim 211 Mrk	
Inv.Nr. 68a Francesco Guardi (1712–1793) *Ruinen mit Staffage* 1750/53, Öl auf Leinwand doubliert, 104 x 123 cm	Erworben 1913 aus der Slg. von Nemes, Budapest; zuvor Slg. Lazzaroni, Paris.			Heyl erwähnt das Bild in einem Brief an Otto Hupp, 16. 01. 1918: „An Bildern habe ich einen Patinir (primitive Niederlande) und einen großen Quardi (...) erworben.“[64]

64 BayHStA, NL Hupp, 2272-017.

Bezeichnung nach Schenkluhn, Kritischer Katalog, in: Schenkluhn (Hrsg.), Stiftung Kunsthaus Heylshof, 1992.	**Herkunft nach Schenkluhn, Kritischer Katalog, in: Schenkluhn (Hrsg.), Stiftung Kunsthaus Heylshof, 1992.**	**Bezeichnung nach Sophie Heyl, Cataloge der Kunstsachen, 1886.**	**Herkunft nach Sophie Heyl, Cataloge der Kunstsachen, 1886.**	**Zusätzliche / revidierende Information aus dem Quellenmaterial zur Provenienz**
Inv.Nr. 71 Französischer Miniaturist (ca. 2. Hälfte 18. Jahrhundert) *Damenbildnis (Madame de Pompadour)* um 1790, Öl auf Eisen, 12,4 x 9,7 cm	nach Swarzenski (1921, S. 21, Nr. 71) aus der Slg. K. A. Milani, Frankfurt Main.	Nr. 60 kleines Damenporträt von Largilliere [SvH meinte Nicolas Largillières]	400 fl	
Inv.Nr. 72 Französischer Miniaturist (ca. 2. Hälfte 18. Jahrhundert) *Damenbildnis* um 1790, Öl auf Nussbaumholz, 15,5 x 15,5 x 1 cm	nach Swarzenski (1921, S. 22, Nr. 72) aus der Slg. K. A. Milani, Frankfurt Main.	Nr. 61 kleines Porträt einer Dame mit Federkopfputz	k. A.	

Bezeichnung nach Schenkluhn, Kritischer Katalog, in: Schenkluhn (Hrsg.), Stiftung Kunsthaus Heylshof, 1992.	Herkunft nach Schenkluhn, Kritischer Katalog, in: Schenkluhn (Hrsg.), Stiftung Kunsthaus Heylshof, 1992.	Bezeichnung nach Sophie Heyl, Cataloge der Kunstsachen, 1886.	Herkunft nach Sophie Heyl, Cataloge der Kunstsachen, 1886.	Zusätzliche / revidierende Information aus dem Quellenmaterial zur Provenienz
Inv.Nr. 75 Jean-Baptiste Greuze (1725–1805) *Die Wahrsagerin* nach 1770, Öl auf Leinwand, 99,6 x 80,6 cm	Erworben 1904 von Ch. Sedelmeyer, Paris. Aus der Slg. des Marquis du Blaisel. Erscheint noch 1905 im Kat. Ch. Sedelmeyer, Paris, als dessen ehemaliger Besitz.[65]			Bode an Heyl, 11.02.1904:„Es freut mich, dass Sie den Greuze behalten haben. Ich finde diese größeren genreartigen Gemälde von ihm durch ihre helle dekorative […] künstlerisch feiner als den kleinen Mädchenkopf auf der ersten Unschuld, für welches bis zu 900.000 frcs bezahlt worden sind.“[66]
Inv.Nr. 76 Leopold Rottmann (1812–1881) *Das Tennengebirge* um 1838, Aquarell auf Papier, 18,1 x 23,8 cm	Unbekannt	Nr. 27 [Carl?] Rottmann 1 Aquarell	395Mrk	
Inv.Nr. 85 Ludwig Knaus (1829–1910) *Die junge Mutter* vor 1872, Öl auf Leinwand, 48,5 x 38 cm	Erworben vor 1883/84, da auf einer alten Inneaufnahme im Speisezimmer des Heylshofes zu sehen. Wahrscheinlich von Ch. Sedelmeyer.	MB 6 Genrebild Mutter mit zwei Kindern von Knauss [sic!]	9.600 [k. W]	

65 Sedelmeyer Gallery, Catalogue, 1905, Nr. 65.
66 StA Worms, Abt. 186, Nr. 1202/022.

Bezeichnung nach Schenkluhn, Kritischer Katalog, in: Schenkluhn (Hrsg.), Stiftung Kunsthaus Heylshof, 1992.	**Herkunft nach Schenkluhn, Kritischer Katalog, in: Schenkluhn (Hrsg.), Stiftung Kunsthaus Heylshof, 1992.**	**Bezeichnung nach Sophie Heyl, Cataloge der Kunstsachen, 1886.**	**Herkunft nach Sophie Heyl, Cataloge der Kunstsachen, 1886.**	**Zusätzliche / revidierende Information aus dem Quellenmaterial zur Provenienz**
Inv.Nr. 86 Ludwig Knaus *Satyrknaben und Mädchen nach der Traubenernte* 1876 [?], Öl auf Leinwand, 23 x 34,9 cm	Unbekannt	MB 7 ditto [Ludwig Knaus] ein kleineres Bild mit Amoretten	1.600 Thlr	
Inv.Nr. 87 Marc Louis Benjamin Vautier (1829–1898) *Dorfkirche mit Andächtigen* 1858, Öl auf Leinwand doubliert, 85 x 73 cm	1890 aus der Slg. C. M. Stein, übernommen.			In der Korrespondenz befindet sich ein Brief Vautiers aus dem Jahr 1858, der an die Familie Stein gerichtet war.[67]
Inv.Nr. 88 Marc Louis Benjamin Vautier *Italienischer Schäferknabe* 1850, Aquarell auf Papier, 21,7 x 18,8 cm	Unbekannt			Von Vautier ist ein weiteres Gemälde in Sophies Katalog überliefert: „großes Bild von Vautier die Civiltrauung im Elsaß“ für 5000 Taler. In der Korrespondenz liegen zwei weitere Briefe von Vautier aus dem Jahre 1877 vor, in denen der Künstler ein für den Empfänger bestimmtes Bild nennt. Preis: 15.000 Mark.[68]

67 StA Worms, Abt. 186, Nr. 1202.
68 StA Worms, Abt. 186, Nr. 1202/048/049.

Bezeichnung nach Schenkluhn, Kritischer Katalog, in: Schenkluhn (Hrsg.), Stiftung Kunsthaus Heylshof, 1992.	Herkunft nach Schenkluhn, Kritischer Katalog, in: Schenkluhn (Hrsg.), Stiftung Kunsthaus Heylshof, 1992.	Bezeichnung nach Sophie Heyl, Cataloge der Kunstsachen, 1886.	Herkunft nach Sophie Heyl, Cataloge der Kunstsachen, 1886.	Zusätzliche / revidierende Information aus dem Quellenmaterial zur Provenienz
Inv.Nr. 89 Andreas Achenbach (1815–1910) *Seesturm* 1873, Öl auf Mahagoniholz, 27 x 36,5 x 1 cm	Erworben vor 1883/84, da auf einer alten Innenaufnahme im Speisezimmer identifizierbar.	MB 4 Kleines Seestück von demselben [A. Achenbach] oder MB 22 Kleines Seestück von Andreas Achenbach „Die verfehlte Landung“	1.200 [k. W.] oder 1.500 Mrk	
Inv.Nr. 90 Andreas Achenbach *Bergbach* 1868, Öl auf Leinwand, 71 x 100 cm	Unbekannt Möglicherweise identisch mit einem 1872 in Wien versteigerten Gemälde.	MB 3 schöne Landschaft von Andreas Achenbach im Vordergrund ein Bach	2.500 Thlr.	
Inv.Nr. 91 Oswald Achenbach (1827–1905) *Sommerlandschaft am Albanersee* k. A:, 100,5 x 134 cm	Unbekannt	MB 1 Landschaft von Oswald Achenbach	7.200 [k. W.]	

Bezeichnung nach Schenkluhn, Kritischer Katalog, in: Schenkluhn (Hrsg.), Stiftung Kunsthaus Heylshof, 1992.	**Herkunft nach Schenkluhn, Kritischer Katalog, in: Schenkluhn (Hrsg.), Stiftung Kunsthaus Heylshof, 1992.**	**Bezeichnung nach Sophie Heyl, Cataloge der Kunstsachen, 1886.**	**Herkunft nach Sophie Heyl, Cataloge der Kunstsachen, 1886.**	**Zusätzliche / revidierende Information aus dem Quellenmaterial zur Provenienz**
Inv.Nr. 92 Eduard Hildebrandt (1818–1868) *Madeira (Camara de Lobos)* 1851, Öl auf Leinwand, 64 x 93 cm	1890 aus Slg. C. M. Stein, Köln, übernommen. Von diesem 1876 bei R. Lepke, Berlin gekauft (Swarzenski, 1921, S. 27, Nr. 92).	[möglicherweise MB 5 Landschaft von Hildebrandt klein]	k. A.	
Inv.Nr. 94 Ludwig Johann Passini (1832–1903) *Italienerin* 1884, Aquarell auf Papier, 35,7 x 25,4 cm	Unbekannt	MB 31 Aquarelle von Passini Mädchenkopf	1.400 Mrk	
Inv.Nr. 95 Arnold Böcklin (1827–1901) *Venus Anadyomene* um 1870, 59 x 48,2 cm	Unbekannt	MB 24 Skizze einer dem Meer entstiegenem Ariaden von Böcklin	aus der Sammlung Gedon	1.500 Mrk

Bezeichnung nach Schenkluhn, Kritischer Katalog, in: Schenkluhn (Hrsg.), Stiftung Kunsthaus Heylshof, 1992.	Herkunft nach Schenkluhn, Kritischer Katalog, in: Schenkluhn (Hrsg.), Stiftung Kunsthaus Heylshof, 1992.	Bezeichnung nach Sophie Heyl, Cataloge der Kunstsachen, 1886.	Herkunft nach Sophie Heyl, Cataloge der Kunstsachen, 1886.	Zusätzliche / revidierende Information aus dem Quellenmaterial zur Provenienz
Inv.Nr. 97 Franz von Lenbach (1836–1904) *Bildnis Otto von Bismarck* 1880/85 [?], Öl auf Lindenholz [?], 66,1 x 53,8 x 1 cm	Vermutlich von Cornelius Wilhelm Heyl beim Maler direkt erworben.	MB 37 In Oel gemalte Scizze von Bismark [sic!] mit d. Hut von Lenbach	5.000 Mrk	Alexander Günther, ein Münchner Kunsthändler, Kunstberater der Rothschilds sowie Freund von Lorenz Gedon und von Friedrich August Kaulbach, wickelte den Kauf des Bismarckporträts ab.[69] Lenbach erwähnte in seinen Briefen an Heyl Zusammentreffen mit Bismarck.[70]
Inv.Nr. 98 Franz von Lenbach *Damenbildnis* *(Bildnis einer neapolitanischen Prinzessin)* Undatiert, Pastell auf Karton, 61 x 48 cm	Unbekannt	MB 30 1 Kreidezeichnung Damenkopf von Lenbach Geschenk	Geschenk [von Lenbach persönlich]	Lenbach sandte Heyl das Bild gemeinsam mit anderen Bildern und einem Porträt Lorenz Gedons: „Ein paar Striche zur Erinnerung an das Pastell der Herzogin v. Sermoneta das Ihnen gut zu gefallen schien, erlaube ich auch Ihnen darzubringen.“[71]

69 StA Worms, Abt. 186, Nr. 1202, Quittung über die erhaltenen 5.000 Mark als Kaufpreis für ein Porträt des Fürsten Bismarck durch Alexander Günther zugunsten Cornelius Wilhelm von Heyl, 23.03.1886.

70 StA Worms, Abt. 186, Nr. 1165/010–011, Franz von Lenbach an Cornelius Wilhelm Heyl, 26.10.1891, 26.12.1891.

71 StA Worms, Abt. 186, Nr. 1202/030, Franz von Lenbach an Cornelius Wilhelm Heyl, 21.12.1883: Die Gräfin von Sermoneta schuf eine berühmte Gartenanlage in Ninfa.

Bezeichnung nach Schenkluhn, Kritischer Katalog, in: Schenkluhn (Hrsg.), Stiftung Kunsthaus Heylshof, 1992.	**Herkunft nach Schenkluhn, Kritischer Katalog, in: Schenkluhn (Hrsg.), Stiftung Kunsthaus Heylshof, 1992.**	**Bezeichnung nach Sophie Heyl, Cataloge der Kunstsachen, 1886.**	**Herkunft nach Sophie Heyl, Cataloge der Kunstsachen, 1886.**	**Zusätzliche / revidierende Information aus dem Quellenmaterial zur Provenienz**
Inv.Nr. 100 Franz von Lenbach *Bildnis Cornelius Wilhelm Heyl* undatiert, Öl auf Lindenholz, 60,7 x 47,5 x 0,6 cm	Portraitauftrag	[MB 27 Porträt von Wilhelm von Lenbach]	k. A.	
Inv.Nr. 102 Franz von Lenbach *Bildnis Sophie Freifrau von Heyl, geb. Stein* 1901, Pastell und Kreide auf Karton, 75,5 x 64,3 cm	Portraitauftrag			Das Porträt kostete 2.000 Mark und wurde direkt von Lenbach zugesandt.[72] Lenbach begann 1898 daran zu arbeiten.[73]
Inv.Nr. 103a Franz von Lenbach *Bildnis Cornelius Wilhelm Heyl* 1883, Öl auf Leinwand, 145 x 99 cm	Portraitauftrag			Im Dezember 1883 sandte Lenbach vier Kisten mit Bildern nach Worms. Sie enthielten auch Porträts Heyls.[74]

72 StA Worms, Abt. 186, Nr. 1165/077, Franz von Lenbach an Cornelius Wilhelm Heyl, 05.12.1901.
73 StA Worms, Abt. 186, Nr. 1165/060, Franz von Lenbach an Cornelius Wilhelm Heyl, 24.07.1898.
74 StA Worms, Abt. 186, Nr. 1202/030, Franz von Lenbach an Cornelius Wilhelm Heyl, 21.12.1883.

Bezeichnung nach Schenkluhn, Kritischer Katalog, in: Schenkluhn (Hrsg.), Stiftung Kunsthaus Heylshof, 1992.	Herkunft nach Schenkluhn, Kritischer Katalog, in: Schenkluhn (Hrsg.), Stiftung Kunsthaus Heylshof, 1992.	Bezeichnung nach Sophie Heyl, Cataloge der Kunstsachen, 1886.	Herkunft nach Sophie Heyl, Cataloge der Kunstsachen, 1886.	Zusätzliche / revidierende Information aus dem Quellenmaterial zur Provenienz
Inv.Nr. 103 Friedrich August von Kaulbach (1850–1923) *Bildnis Sophie Heyl, geb. Stein* um 1885, Öl auf Leinwand, 146 x 98,5 cm	Portraitauftrag	MB 34 Porträt von Sophie in Oel [weitere Bilder von Kaulbach: MB 26 Kreidezeichnung von Erwin als er 6 ½ Jahre alt war (2.000Mrk) MB 33 Nymphe ins Wasser schreitend (1.200 Mrk) MB 35 Portrait von Sophie in Stiften MB 36 Bildchen von Alice in Stiften]	k. A.	Kaulbach stellte das Porträt 1886 fertig. Es kostete 21.740 Mark.[75] Kaulbach an Heyl, 15.08.1886: „Am Dienstag wird […] Bild und Kleid per Eilzug an Sie abgesandt und möchte ich wünschen, daß es sowohl Ihre Zimmer nicht verdirbt, als auch selbst nicht durch einen ungünstigen Fond Schaden leidet, es wäre die Arbeit der letzten Wochen umsonst gewesen, welche hauptsächlich daraus bestanden hat dem Bild eine coloristisch feine Stimmung zu geben! – Sollte es mir gelungen sein das erreicht zu haben so wäre ich Ihnen wie gesagt sehr dankbar wenn Sie bei der Placierung einige Rücksicht darauf nehmen möchten!.“[76]

75 StA Worms, Abt. 186, Nr. 1174.

76 StA Worms, Abt. 186, Nr. 1165, In der Korrespondenz sieht es so aus, als hätte es auch ein Kaulbach-Porträt von Cornelius Wilhelm Heyl gegeben, das 1895/96 entstanden war und 6.000 Mark gekostet hatte. Es gab eine Porträtzeichnung Kaulbachs von Heyl. In den Inventaren des Heylshofs von Sept./Okt. 1925 und Juli 1925 im Familienzimmer ohne Nummer angegeben: „Zeichnung Ihrer Excellenz von Kaulbach“, StA Worms, Abt. 185, Nr. 2554.

Archivbestände

Stadtarchiv Worms

StA Worms, Abt. 5, Nr. 456, 457 und 461, Höchstbesteuerte
Sta Worms, Abt. 42, Nr. 159, Verzeichnis der Höchstbesteuerten 1855–1879
StA Worms, Abt. 170/26, Familie/Firma (von) Heyl
StA Worms, Abt. 180/2, Lederwerke Cornelius Heyl AG
StA Worms, Abt. 185, Familien- und Firmenarchiv Ludwig C. Freiherr von Heyl
StA Worms, Abt. 186, Familienarchiv Leonhard Frhr. von Heyl/Nonnenhof
StA Worms, Abt. 187, Nachlass Marie-Elisabeth Klee (geb. von Heyl)
StA Worms, Abt. 202, Kleine Nachlässe /Einzelstücke
StA Worms, Abt. 204, Wormser Dokumentation/Sammlung
StA Worms, Abt. 212, Sammlung Carl J. H. Villinger
StA Worms Abt. 302, Christian Herbst

Bayerisches Hauptstaatsarchiv

BayHStA, Nachlass Hupp
BayHStA, Adelsmatrikel, Fr H 58, Acta des Königl. Bayerischen Reichsheroldenamtes, 1902.

Zentralarchiv der Staatlichen Museen zu Berlin

SMA-ZA IV, Nachlass Bode 3598

Veröffentlichte Quellen

Amtliche Quellen

Bureau des Reichstags: Reichstags-Handbuch, 13. Legislaturperiode. Herausgegeben vom Bureau des Reichstags, Berlin 1912.
Bodmann, Ferdinand: Statistisches Jahrbuch für das Departement von Donnersberg, Mainz 1811.
Großherzogliches Ministerium des Innern und der Justiz, Großherzoglich Hessisches Regierungsblatt
Jérome, Joseph: Rheinhessen: Statistisches Jahrbuch Der Provinz Rheinhessen, Mainz 1824.
Königl. Statisch-topographischen Bureau: Hof- und Staatshandbuch des Königreichs Württemberg, Stuttgart 1877.
Verhandlungen des Reichstags.
Wagner, Georg Wilhelm Justin: Allgemeine Statistik des Großherzogthums Hessen, Darmstadt 1831.

Zeitungen

Darmstädter Zeitung
Neue Wormser Zeitung
Wormser Tageblatt
Wormser Zeitung
Vorwärts. Central-Organ der Sozialdemokratie Deutschlands

Zeitschriften

Architektonische Zeitschrift
Bayerischer Kunstgewerbe-Verein (Hrsg.): Kunst und Handwerk. Zeitschrift für Kunstgewerbe und Kunsthandwerk seit 1851
Die Gartenkunst
Die Graphischen Künste
Deutsche Kunst und Dekoration. Illustrierte Monatshefte für moderne Malerei, Plastik, Architektur, Wohnungskunst und künstlerische Frauenarbeiten
Der Kunstwanderer
Der wahre Jakob
Die Kunst für alle
Die Kunstwelt
Die lustigen Blätter
Die Werkstatt der Kunst. Organ für die Interessen der bildenden Künstler
Gazette des Beaux-Arts
Illustrierte Monatshefte für Moderne Malerei, Plastik, Architektur, Wohnungs-Kunst und künstlerische Frauenarbeiten
Jugend
Kladderadatsch
Korrespondenzblatt des Gesamtvereins der Deutschen Geschichts- und Altherthumsvereine
Kunst-Blatt
Kunstchronik. Deutsche Kunstzeitung. Hauptorgan der deutschen Kunstvereine
Kunstchronik. Wochenschrift für Kunst und Kunstgewerbe
Kunstgewerbeblatt
La chronique des arts et de la curiosité
La Plume
L'art. Revue hebdomadaire illustré
L'Illustration
Magazin für die Literatur des Auslandes
Pan
Westdeutsche Zeitschrift für Geschichte und Kunst
The International Studio. An Illustrated Magazine of Fine an Applied Art
Zeitschrift für Bildende Kunst
Zeitschrift für christliche Kunst

Zeitgenössische Lexika und Nachschlagewerke

Allgemeine deutsche Biographie. Nachträge bis 1899: Kàlnoky – Lindner, Band 51, Leipzig 1906.
Bibliographisches Institut: Meyers Großes Konversations-Lexikon. Eine Encyclopädie des allgemeinen Wissens. Mit geographischen Karten, naturwissenschaftlichen und technologischen Abbildungen., 4., Leipzig und Wien 1888.
Bibliographisches Institut: Meyers Großes Konversations-Lexikon. Eine Encyclopädie des allgemeinen Wissens. Mit geographischen Karten, naturwissenschaftlichen und technologischen Abbildungen., 6., Leipzig und Wien 1905.
Encyklopädie des gesammten Erziehungs- und Unterrichtswesens: Göthe – Kindsmädchen, Band 3. Göthe-Kindsmädchen, Gotha 1862.

Königliche Museen zu Berlin: Kunsthandbuch, Berlin 1904.
Thieme, Ulrich/Becker, Felix (Hrsg.): Künstlerlexikon, Bd. 3, Leipzig 1909.
Thieme, Ulrich/Becker, Felix (Hrsg.): Künstlerlexikon, Bd. 17, Leipzig 1924.
Waagen, Gustav Friedrich: Kunstwerke und Künstler in London und Paris, Bd. 1, Berlin 1837.

Sonstige publizierte Quellen

Andersen, Hans Christian: Nur ein Geiger, in: Katscher, Leopold (Hrsg.): Hans Christian Andersen's ausgewählte Werke. Neu übersetzt auf Grund der vom Verfasser selbst besorgten deutschen Ausgabe, Bd. 1, Leipzig 1880.
Auktionshaus Helbing: Katalog der Sammlung Josef Heilbronner in München. Antiquitäten und Kunstsachen. Keramische Arbeiten, Arbeiten in Glas, Arbeiten in edlem Metalle, Arbeiten in Bronze, Kupfer, Messing, Zinn, Eisen, Arbeiten in Email, Miniaturen, Verschiedenes, München 1897.
Bangel, Rudolf: Katalog der Gemälde-Sammlung des in Mainz verstorbenen Rentier Herrn Edmund Hardy im Kunstverein zu Frankfurt a. M., Frankfurt am Main 1878.
Beckmann, Wilhelm: Im Wandel der Zeiten, Berlin 1930.
Bode, Wilhelm von: Die Kunstsammlungen ihrer Majestät der Kaiserin und Königin Friedrich: in Schloss Friedrichshof, Berlin 1896.
Bode, Wilhelm von: Aufgaben der Kunstgewerbemuseen, in: Pan 2 (1896/97), S. 121–127.
Bode, Wilhelm von: Kunst und Kunstgewerbe am Ende des 19.Jahrhunderts, Berlin 1901.
Bode, Wilhelm von: Die Sammlung Oscar Huldschinsky, Verst.-Kat, Berlin 1909.
Bode, Wilhelm von: Mein Leben, Bd. 1, Berlin 1930.
Bonin, Daniel: Cornelius Heyl. Großindustrieller. 1782–1858, in: Haupt, Hermann (Hrsg.): Hessische Biographien, Darmstadt 1918, S. 177–179.
Boos, Heinrich: Urkundenbuch der Stadt Worms. 672–1300, Bd. 1, Berlin 1886 (Quellen zur Geschichte der Stadt Worms, 3 Bde.).
Boos, Heinrich: Urkundenbuch der Stadt Worms. 1301–1400, Berlin 1890 (Quellen zur Geschichte der Stadt Worms, 3 Bde.).
Boos, Heinrich: Monumenta Wormatiensia. Annalen und Chroniken, Bd. 3, Berlin 1893 (Quellen zur Geschichte der Stadt Worms, 3 Bde.).
Bredius, A.: Vom Kunstmarkt. Auktion der Gemäldesammlungen von Münchhausen, Franz Reichardt, J. P. Weyer u. a. Köln, 28. und 29. Oktober 1887, in: Kunstchronik. Wochenschrift für Kunst und Kunstgewerbe 23 (1887/88), Nr. 5, S. 85–92.
Bülow, Bernhard von: Denkwürdigkeiten. Bd. 2: Von der Marokko-Krise bis zum Abschied, Berlin 1930.
Carl Förster'sche Kunstauction: Catalog der Bibliothek des ehemaligen Carthäuser-Klosters und gräflich Waldbott-Bassenheimischen Schlosses Buxheim. Auction in München (XXX. Abtheilung II. Bibliotheca Buxiana), München 1883.
Donath, Adolph: Psychologie Des Kunstsammelns, Berlin 1911.
Duss, Albert (Hrsg.): Katalog der Kunstgegenstände, Gemälde, Marmor-Statuen, Bronze und Porzellan etc. aus dem von Herrn Commerzienrat Geo Ehni erworbenen berühmten Nachlass. Versteigerung zu Stuttgart in der Gewerbehalle, Montag den 1. Oktober 1888 und die folgenden Tage, Stuttgart 1888.
Eckert, Christian: Lederwerke Cornelius Heyl A.-G. Werden und Wirken, Worms 1940.
Eckert, Christian: J. H. Stein: Werden und Wachsen eines Kölner Bankhauses in 150 Jahren (1790–1940), Berlin 1941.
Ernst-Ludwig-Verein Darmstadt/Hessischer Zentralverein für Errichtung billiger Wohnungen/Protektor Seine Königliche Hoheit der Grossherzog: Praktische Wohnungsfürsorge in Hessen, Darmstadt 1908.
Eynern, Gert von: Die Unternehmungen der Familie vom Rath: ein Beitrag zur Familiengeschichte, Bonn 1930.

F. A. C. Prestel, Kunsthandlung: Catalog der Kunst- und Antiquitäten-Sammlung des verstorbenen Herrn Carl Anton Milani, Frankfurt am Main 1883.

Feulner, Adolf: Die Sammlung Hofrat Sigmund Röhrer im Besitz d. Stadt Augsburg, Augsburg 1926.

Förster, Otto H.: Kölner Kunstsammler vom Mittelalter bis zum Ende des bürgerlichen Zeitalters: Ein Beitr. zu d. Grundfragen d. neueren Kunstgeschichte, Berlin 1931.

Galerie Georges Petit Paris: Catalogue des tableaux anciens des écoles anglaise, flamande, française, hollandaise, italienne de XVe, XVIe, XVIIe, XVIIIe et XIXe siècles. Pastels et miniatures composant la collection de M. Eugène Fischhof, Paris 1913.

Galerie Hugo Helbing: Antiquitäten, Kunst und Einrichtungsgegenstände, Gemälde, Keramik, Silber, Metall, Elfenbein, Möbel, Holzfiguren, Textilien, Miniaturen, Ölgemälde Hauptsächlich der Niederländischen Schule des 16. & 17. Jahrhunderts aus dem Besitze der Frau Carl Offermann, Niederdollendorf a. Rh. wegen vollständiger Geschäftsaufgabe, München 1911.

Gerhardt, Dagobert von (Pseudonym: Gerhard von Amyntor), Das bist Du. Erstes Buch, Berlin 1882.

Grautoff, Otto: Die Entwicklung der modernen Buchkunst in Deutschland, Leipzig 1901 (Heidelberger historische Bestände).

Guilleaume, Ella von [geb. Deichmann], Erinnerungen 1875 bis 1939, niedergeschrieben 1944, Köln 1954.

Hanisch, Johannes: Deutschlands Lederproduktion und Lederhandel, Stuttgart 1905.

Heberle, J. M.: Catalogue der Sammlungen von Musterwerken der Industrie und Kunst zusammengebracht durch Herrn Freiherrn Dr. Alexander von Minutoli Geheimer Regierungsrath in Liegnitz auch enthaltend die wertvollen Miniaturen, Antiken und Gläser aus dem Nachlasse sr. Exzellenz des Herrn General Freiherrn Heinrich von Minutoli, Berlin 1875.

Heberle, J. M., H. Lempertz Söhne: Catalog der Kunst-Sammlungen des Carl Damian Disch, Köln 1881.

Heberle, J. M., H. Lempertz Söhne: Einleitung des Auktionskatalogs, in: Catalog der Kunst-Sammlungen des Carl Damian Disch, Köln 1881, O. S.

Heberle, J. M., H. Lempertz Söhne: Catalog der Kunst-Sammlungen des Kgl. Bayer. Hofantiquars Herrn A. Pickert in Nürnberg. 2 Bde., Köln 1881.

Heberle, J. M., H. Lempertz Söhne: Catalog der nachgelassenen Kunst-Sammlungen des Bildhauers und Architekten Herrn Lorenz Gedon in München. Kunsttöpferei, Glas, Arbeiten in edlem Metall, Arbeiten in Bronze, Kupfer, Eisen und Zinn, Arbeiten in Elfenbein, Emaille etc., ...; Versteigerung zu München den 17. – 21. Juni 1884, München 1884.

Heberle, J. M., H. Lempertz Söhne: Catalog der reichhaltigen Kunst-Sammlung des Herrn Eugen Felix in Leipzig, Köln 1886.

Heberle, J. M., H. Lempertz Söhne: Die Freiherrlich von Zwierlein'schen Sammlungen von gebrannten Glasfenstern, Kunstsachen und Gemälden zu Geisenheim. Versteigerung wegen Erbtheilung den 12.-15. September 1887 im v. Zwierlein'schen Hofe zu Geisenheim durch J. M. Heberle (H. Lemperts Söhne) aus Cöln, Köln 1887.

Heberle, J. M., H. Lempertz Söhne: Katalog der reichhaltigen Sammlungen von Kunstsachen und Gemälden aus dem Nachlasse des Herrn Dr. Leofrid Adelmann in Würzburg, Köln 1888.

Heberle, J. M., H. Lempertz Söhne: Katalog der Sammlungen von Kunstsachen und Gemälden aus dem Nachlasse des Leofrid Adelmann in Würzburg. Versteigerung zu Würzburg 1888 durch J. M. Heberle, Köln 1888.

Heberle, J. M., H. Lempertz' Söhne: Katalog der ausgewählten und reichhaltigen Gemälde-Galerie aus dem Nachlasse der Frau Wwe Franzisca von Clavé-Bouhaben zu Köln (ehemals Zanoli'sche Sammlung) nebst kleineren Nachlässen. Versteigerung zu Köln, den 4. bis 5. Juni 1894, Köln 1894.

Heberle, J. M., H. Lempertz Söhne: Collection Bourgeois Frères. Katalog der Kunstsachen und Antiquitäten des VI. bis XIX. Jahrhunderts. Versteigerung zu Köln 19. Oktober bis 27. Oktober 1904, Köln 1904.

Helbing, Hugo: Die Kunstsammlungen Baron Heyl/Darmstadt (2 Bde.), München 1930.

Hermann, Friedrich Benedict Wilhelm von: Bericht der Beurtheilungs-Commission bei der Allgemeinen Deutschen Industrie-Ausstellung zu München im Jahr 1854, München 1855.

Hertel, Carl: Die Katharinenkirche zu Oppenheim und Denkmäler. Mit erläuterndem Text von Friedrich Schneider, Mainz 1877.

Heße, W. F.: Rheinhessen in seiner Entwicklung von 1798 bis Ende 1834. Ein statistisch staatswissenschaftlicher Versuch, Mainz 1835.

Heyl, Cornelius Wilhelm: Denkschrift über die Wohlfahrts-Einrichtungen für die Arbeiter des Hauses Cornelius Heyl in Worms am Rhein. Zusammengestellt für die Deutsche Allgemeine Ausstellung für Unfallverhütung Berlin 1889, Frankfurt am Main 1889.

Heyl, Cornelius Wilhelm: Oberflächliche Bemerkungen und Gedanken auf meiner zum Vergnügen unternommenen Reise durch Teile von Frankreich, der Schweiz, Italien und Deutschland aus dem Jahre 1812. Reisebeschreibung eines Wormsers aus dem Jahre 1812, in: Vom Rhein. Monatsschrift des Altertumsvereins für die Stadt Worms 1 (November 1902), S. 46–48.

Heyl, Cornelius Wilhelm: Arbeiterfürsorge im Hause Heyl Worms a. Rhein, Leipzig 1913.

Hildebrand, Adolf: Das Problem der Form in der Bildenden Kunst, Strassburg 1893.

Huizinga, Johan: Herbst des Mittelalters: Studie über Lebens- und Gedankenformen des 14. und 15. Jahrhunderts in Frankreich und den Niederlanden, Stuttgart 1924.

Illert, Friedrich M.: Umriß einer Geschichte des Hauses Heyl, Worms 1934.

K. K. Österreichisches Central- Comité: Officieller Ausstellungs-Bericht. Glas- und Thonwaaren- Fabrikation und chemische Industrie auf der Welt-Ausstellung zu Paris im Jahre 1867, Wien 1868.

Kaiser-Friedrich-Museums-Verein: Zur Feier der Silbernen Hochzeit des Allerhöchsten Kaiserpaares. Ausstellung von Werken alter Kunst aus dem Privatbesitz der Mitglieder des Kaiser Friedrich-Museums-Vereins im ehemaligen Gräflich Redern'schen Palais Unter den Linden 1, Berlin 1906.

Kirby, Thomas E.: Master works of the early English, Dutch, French and Flemish Schools belonging to Eugène Fischhof, Paris and T. J. Blakeslee New York. To be sold at absolute public sale at Chickering Hall, New York 1900.

Kohlbacher, [Georg Ludwig] (Hrsg.): Catalogue de tableaux anciens composant la Collection de M. Eugène Kraetzer de Mayence, Hotel Drouot, 31.3. 1869, Paris 1869.

Kopf, Joseph von: Lebenserinnerungen eines Bildhauers, Stuttgart/Leipzig 1899.

Kreyenberg, Gotthold: Mädchenerziehung und Frauenleben im Aus- und Inlande: Mit einem Anhange: Deutsche Frauenthätigkeit während des Krieges 1870/71, Berlin 1872.

Krüger, Alfred: Das Kölner Bankiergewerbe: vom Ende des 18. Jahrhunderts bis 1875, Essen 1925 (Veröffentlichungen des Archivs für Rheinisch-Westfälische Wirtschaftsgeschichte (Rheinisch-Westfälisches Wirtschaftsarchiv in Köln) 10).

Kruger, H. C.: Einleitung, in: Rudolph Lepke's Kunst- Auctions-Haus (Hrsg.): Kunstsammlungen F. von Parpart, Berlin 1912, O. S.

Link, Adolf: Die deutsche Lederindustrie: eine Standortstudie, Tübingen 1913.

Martin, Rudolf: Jahrbuch des Vermögens und Einkommens der Millionäre in Bayern, Berlin 1914 (Band 4).

Maupassant, Guy de: Bel-Ami, München 2012 [1885].

Mensch, Ella: Erinnerungen an Sophie Freifrau von Heyl zu Herrnsheim, Darmstadt 1917.

Nover, Jakob: Das alte und neue Worms in Schrift und Bild, Worms 1895.

Nowak, Karl Friedrich / Thimme, Friedrich (Hrsg.): Erinnerungen des Botschafters Anton Graf Monts, Berlin 1932.

Pauli, Philipp August: Die römischen und deutschen Alterthümer am Rhein. Erste Abtheilung, Mainz 1820.

Pauli, Philipp August: Geschichte Der Stadt Worms, Worms 1828.

Rudolph Lepke's Kunst- Auctions-Haus: Kunstsammlungen F. von Parpart, Berlin 1912.

Sardou, Victorien: La famille Benoiton: comédie en cinq actes, en prose, 22e éd., Paris 1866.

Schinnerer, Johannes: Otto Hupp, in: Kunst und Handwerk. Zeitschrift für Kunstgewerbe und Kunsthandwerk, 59/8 (1908/1909), S. 217–300.

Schneider, Friedrich: Die St. Paulus-Kirche zu Worms – Ihr Bau und ihre Geschichte. Festgabe zur Eröffnung des Paulus-Museums zu Worms 9. Oktober 1881, Worms 1881.

Schnütgen, Alexander: Glasgemälde der Sammlung Vincent in Konstanz, in: Zeitschrift für christliche Kunst, 6 (1891), Sp. 169–170.

Schnütgen, Alexander: Geleitwort, in: Heberle, J. M., H. Lempertz Söhne (Hrsg.): Collection Bourgeois Frères. Katalog der Kunstsachen und Antiquitäten des VI. bis XIX. Jahrhunderts. Versteigerung zu Köln 19. Oktober bis 27. Oktober 1904, Köln 1904, O. S.

Sedelmeyer Gallery (Hrsg.): Illustrated Catalogue of the second hundred of Paintings by Old Masters belonging to the Sedelmeyer Gallery, Paris 1895.

Sedelmeyer Gallery (Hrsg.): Illustrated catalogue of the ninth series of 100 paintings by old masters: of the Dutch, Flemish, Italian, French, and English schools, being a portion of the Sedelmeyer Gallery, Paris 1905.

Soldan, Friedrich: Worms. Mit Illustrationen und einem Stadtplan, Zürich 1889.Staudinger, Franz: Sprüche der Freiheit: wider Nietzsche's und anderer Herrenmoral, Darmstadt 1904.

Swarzenski, Georg: Denkschrift zur Einweihung des Neuen Rathauses insbesondere des Cornelianums, Worms 15. Dezember 1910, Darmstadt 1910.

Swarzenski, Georg: Die Kunstsammlung im Heylshof zu Worms, Frankfurt am Main, o. J. [1921].Swarzenski, Georg: Der Siegfriedbrunnen in Worms, Worms 1921.

Swarzenski, Georg: Führer durch die Kunstsammlungen des Heylshofs, Worms 1925.

Thimme, Friedrich/Nowak, Karl Friedrich: Erinnerungen und Gedanken des Botschafters Anton Graf Monts, Berlin 1932.

Waldeyer-Hartz, Wilhelm von: Lebenserinnerungen, Bonn ^{2}1921.

Wallner, Edmund: Vierhundert Sujets zu lebenden Bildern. Ein Verzeichniß von 400 kleineren wie größeren bekannten Genrebildern, historischen Gruppen und biblischen Tableaux, welche sich zur Darstellung im Familienkreis wie für größere Gesellschaften besonders eignen, Erfurt 1870.

Weckerling, August: Worms am Rhein und Umgebung, Stuttgart ^{3}1906.

Weerth, Ernst aus'm: Berichte und Mittheilungen aus Sammlungen und Museen, über staatliche Kunstpflege und Restaurationen, neue Funde. Die von Zwierlein'sche Kunstsammlung in Geisenheim, in: Repertorium für Kunstswissenschaft 3 (1888), S. 262–273.

Weizsäcker, Heinrich: Die Nibelungen-Wandgemälde im Cornelianum zu Worms, Stuttgart 1915.

Wiener, Wilhelm: Gedenkblatt aus der Zeit der großen Überschwemmung 1882/83, in: Germania Kalender (1884), S. 140–146.

Wiese, Leopold von: Die Funktion des Mäzens im gesellschaftlichen Leben: Fest-Rede, geh. bei d. Gründungsfeier d. Univ. Köln am 4. Mai 1929, Köln 1929.

Wörner, Ernst: Kunstdenkmäler im Grossherzogthum Hessen: Inventarisirung und beschreibende Darstellung der Werke der Architektur, Plastik, Malerei und des Kunstgewerbes bis zum Schluss des XVIII. Jahrhunderts. Provinz Rheinhessen. Kreis Worms., Darmstadt 1887.

Zobeltitz, Fedor Karl Maria Hermann August von: Besser Herr als Knecht, Berlin 1903.

Zobeltitz, Fedor Karl Maria Hermann August von: Smoking und Überrock – Der erste Kavalierball – Pressefest – Januarball bei Hofe. 30. Januar 1895, in: Zobeltitz, Fedor Karl Maria Hermann August von (Hrsg.): Chronik der Gesellschaft unter dem letzten Kaiserreich, Bd. 1: 1894–1901, Hamburg 1922, S. 63–66.

Zola, Émile: La curée, Paris ^{16}1879 [1871].

Literaturverzeichnis

Adam, Thomas/Lässig, Simone/Lingelbach, Gabriele (Hrsg.): Stifter, Spender und Mäzene. USA und Deutschland im historischen Vergleich, Stuttgart 2009.

Adelung, Bernhard: Sein und Werden. Vom Buchdrucker in Bremen zum Staatspräsidenten in Hessen, Offenbach 1952.

Althammer, Beate: Das Bismarckreich 1871–1890, Paderborn ^{2}2017.

Althaus, Karin: Franz von Lenbach – „einer der größten Künstler seiner Zeit", in: Stiftung Brandenburger Tor (Hrsg.): Künstlerfürsten: Liebermann, Lenbach, Stuck, Berlin 2009, S. 35–44.

Altmann, Bernd: „Mein Motto fürs Leben bleibt Renaissance." Der Architekt Alfred Friedrich Bluntschli (1842–1939), Trier 2000.

Anderson, Jaynie: The Travel Diaries of Otto Mündler 1855–1858, in: The Volume of the Walpole Society 51 (1985), S. 7–68.

Anderson, Jaynie: Crossing Cultures. Conflict, Migration and Convergence, Victoria 2009.

Anderson, Margaret Lavinia: Ein Demokratiedefizit? Das Deutsche Kaiserreich in vergleichender Perspektive, in: Geschichte und Gesellschaft 44 (2018), H. 1, S. 367–398.

Apolloni, Marco Fabio: La Villa di Alessandro Torlonia, in: Ricerche di Storia dell'arte (1987), H. 28–29, S. 5–35.

Ariès, Philippe: Geschichte des Todes, München, Wien 1980.

Augustine, Dolores L.: Patricians and Parvenus. Wealth and High Society in Wilhelmine Germany, Oxford u. a. 1994.

Ayçoberry, Pierre: Köln zwischen Napoleon und Bismarck. Das Wachstum einer rheinischen Stadt, Köln 1996 (Kölner Schriften zu Geschichte und Kultur 20).

Bacot, Jean-Pierre: La presse illustrée au XIXe siècle. Une histoire oubliée, Limoges 2005.

Bader, Bernd: Mäzene – Künstler – Büchersammler. Exlibris der Universitätsbibliothek Gießen, Gießen 2007.

Baker, Margaret: Discovering London Statues and Monuments, Buckinghamshire ^{5}2002.

Bakoš, Ján: Artwork through the market the past and the present, Bratislava 2004.

Baranenko, Klaus/Bickel, Wolfgang: Die Lederwerke Cornelius Heyl AG in Worms. Wo einst Arbeit war...; ein Nachruf, Worms 1998.

Barratt, Carrie Rebora: Queen Victoria and Thomas Sully, Princeton 2000.

Bauer, Oswald Georg: „Habent sua fata et imagines". Die wiederentdeckten Bühnenbildentwürfe von Josef Hoffmann zum ‚Ring' der ersten Bayreuther Festspiele 1876, in: Wagner, Wolfgang (Hrsg.): Bayreuther Festspiele 2006 (Festspielbuch), Bayreuth 2006, S. 14–29.

Bauer, Oswald Georg: Josef Hoffmann: Der Bühnenbildner der ersten Bayreuther Festspiele, München 2008.

Bauer, Oswald Georg: Worms und Bayreuth. Die Familie von Heyl als Mäzen und Besucher der Bayreuther Festspiele, in: Bönnen, Gerold/Werner, Ferdinand (Hrsg.): Die Wormser Industriellenfamilie von Heyl. Öffentliches und privates Wirken zwischen Bürgertum und Adel, Worms 2010, S. 371–396.

Bauer, Susanne: Carl Röchling und Karl Ferdinand von Stumm-Halberg. Das Mäzenatentum der Stahlbarone an der Saar, Trier 2017.

Baumann, Günter: Dichtung als Lebensform. Wolfgang Frommel zwischen George-Kreis und Castrum Peregrini, Würzburg 1995 (Epistemata. Reihe Literaturwissenschaft 153).

Baumann, Kurt: Gienanth, Johann Michael Ludwig Ritter von, Freiherr von, in: Stolberg-Wernigerode, Otto zu (Hrsg.): Neue deutsche Biographie. Bd. 6: Gaál – Grasmann / [Schriftl. Otto Graf zu Stolberg-Wernigerode u. a.], Berlin 1964, S. 372–373.

Baumgärtel, Bettina: Die Düsseldorfer Malerschule und ihre internationale Ausstrahlung 1819–1918, Bd. 2, Petersberg 2011.

https://doi.org/10.1515/9783110683431-007

Baumgärtel, Bettina: Die Düsseldorfer Malerschule und ihre internationale Ausstrahlung, in: Baumgärtel, Bettina (Hrsg.): Die Düsseldorfer Malerschule und ihre internationale Ausstrahlung 1819–1918, Bd. 1, Petersberg 2012, S. 24–49.

Bautier, Anne-Marie/Bautier, Robert-Henri: Nélie Jacquemart-André. Artiste, collectionneuse, mécène ou la passion de l'œuvre d'art, in: Gazette des Beaux-Arts (Februar 1995), S. 79–114.

Bayer AG – Kulturabteilung: Kulturarbeit bei Bayer. Von der Volksbildung zum modernen Kultur-Management. Eine Dokumentation, Leverkusen 1986.

Bayer, Thomas M./Page, John R.: The Development of the Art Market in England. Money as Muse, 1730–1900, London 2011.

Behrman, Samuel Nathaniel: Duveen und die Millionäre. Zur Soziologie des Kunsthandels in Amerika, Hamburg 1960.

Belitz, Ina: Befreundung mit dem Fremden. Die Deutsch-Französische Gesellschaft in den deutsch-französischen Kultur- und Gesellschaftsbeziehungen der Locarno-Ära. Programme und Protagonisten der transnationalen Verständigung zwischen Pragmatismus und Idealismus, Frankfurt am Main u. a. 1997.

Bender, Ellen: Rezeption des Nibelungenliedes in Worms, in: Hörner, Petra/Wisniewski, Roswitha (Hrsg.): Begegnung mit Literaturen. Festschrift für Carola L. Gottzmann zum 65. Geburtstag, Berlin 2008, S. 275–286.

Bensimon, Doris: Adolph Donath (1876–1937). Ein jüdischer Kunstwanderer in Wien, Berlin und Prag, Frankfurt am Main 2001.

Beresnevičiūtė-Nosálová, Halina: Artists and Nobility in East-Central Europe. Elite Socialization in Vilnius and Brno Newspaper Discourse in 1795–1863, Berlin/Boston 2018.

Berger, Ursel: Begas' Porträtplastiken. Zwischen Naturalismus und Neubarock, in: Sünderhauf, Esther Sophia (Hrsg.): Begas – Monumente für das Kaiserreich. Eine Ausstellung zum 100. Todestag von Reinhold Begas, Dresden 2010, S. 129–138.

Berghahn, Volker R.: Handbuch der deutschen Geschichte; Bd. 16, 19. Jahrhundert (1806–1918). Das Kaiserreich 1871–1914, Stuttgart [10]2003.

Berghoff, Aristokratisierung des Bürgertums? Zur Sozialgeschichte der Nobilitierung von Unternehmern in Preußen und Großbritannien 1870 bis 1918, in: Vierteljahrschrift für Sozial- und Wirtschaftsgeschichte 81/2 (1994), S. 178–204.

Berghoff, Hartmut: Moderne Unternehmensgeschichte. Eine themen- und theorieorientierte Einführung, Paderborn 2004.

Berghoff, Hartmut: Vertrauen als ökonomische Schlüsselvariable. Zur Theorie des Vertrauens und der Geschichte seiner privatwirtschaftlichen Produktion, in: Ellerbrock, Karl-Peter/Wischermann, Clemens (Hrsg.): Die Wirtschaftsgeschichte vor der Herausforderung durch die new institutional economics, Münster 2004, S. 58–71.

Bernhard, Helmut: Römische Gläser in Worms. Erschienen aus Anlaß einer Sonderausstellung zum 100-jährigen Jubiläum des Altertumsvereins Worms e. V., 18. August–31. Oktober 1979, Worms 1979.

Beßlich, Barbara: Der deutsche Napoleon-Mythos. Literatur und Erinnerung 1800 bis 1945, Darmstadt 2007.

Beutin, Ludwig: Geschichte der südwestfälischen Industrie- und Handelskammer, Hagen 1956.

Biedermann, Birgit: Bürgerliches Mäzenatentum im 19. Jahrhundert. Die Förderung öffentlicher Kunstwerke durch den Kunstverein für die Rheinlande und Westfalen, Petersberg 2001.

Blachetta, Petra: Auf- und Abstieg der Wormser Lederindustriellen Heyl, in: Bönnen, Gerold/Werner, Ferdinand (Hrsg.): Die Wormser Industriellenfamilie von Heyl. Öffentliches und privates Wirken zwischen Bürgertum und Adel, Worms 2010, S. 339–354.

Böcher, Otto: Der Heraldiker Otto Hupp und seine Schöpfungen für Rheinhessen und die Pfalz, in: Der Wormsgau: Wissenschaftliche Zeitschrift der Stadt Worms und des Altertumsvereins Worms e. V. (1992), H. 16, S. 127–184.

Bock, Benedikt: Baedeker & Cook. Tourismus am Mittelrhein 1756 bis ca. 1914, Frankfurt am Main 2010.

Boehm, Gottfried: Bildnis und Individuum. Über den Ursprung der Porträtmalerei in der italienischen Renaissance, München 1985.

Böller, Susanne: Franz von Lenbach – Malerfürst und Seelenmaler, in: Stiftung Brandenburger Tor (Hrsg.): Künstlerfürsten. Liebermann, Lenbach, Stuck, Berlin 2009, S. 105–109.

Bönnen, Gerold: Zur Familie und Firma (von) Heyl, in: Bönnen, Gerold (Hrsg.): Das Stadtarchiv Worms und seine Bestände, Koblenz 1998 (Veröffentlichungen der Landesarchivverwaltung Rheinland-Pfalz, Band 79), S. 173–176.

Bönnen, Gerold: Geschichte der Stadt Worms, Stuttgart 2005.

Bönnen, Gerold: Die Blütezeit des hohen Mittelalters. Von Bischof Burchard zum Rheinischen Bund (1000–1254), in: Bönnen, Gerold (Hrsg.): Geschichte der Stadt Worms, Stuttgart 2005, S. 133–179.

Bönnen, Gerold: Quellen zur Geschichte der Lederindustrie im Stadtarchiv Worms, in: Archiv und Wirtschaft 23 (2010), H. 1, S. 23–32.

Bönnen, Gerold: Die Familie Heyl und ihr Wirken (ca. 1850–1980), in: Bönnen, Gerold/Werner, Ferdinand (Hrsg.): Die Wormser Industriellenfamilie von Heyl. Öffentliches und privates Wirken zwischen Bürgertum und Adel, Worms 2010, S. 35–186.

Bönnen, Gerold: Bemerkungen zu ländlicher Bindung, Wohnungsfürsorge und Mobilität der Arbeiterschaft in der Wormser Lederindustrie (ca. 1890–1955), in: Krauß, Martin/Niess, Ulrich (Hrsg.): Stadt, Land, Heimat. Beiträge zur Geschichte der Metropolregion Rhein-Neckar im Industriezeitalter, Ubstadt-Weiher 2011, S. 133–142.

Bönnen, Gerold: Eine furchtbar ernste Zeit. Worms, die Region und der „Große Krieg" 1914–1918, in: Der Wormsgau: Wissenschaftliche Zeitschrift der Stadt Worms und des Altertumsvereins Worms e. V. Beiheft 41 (2014).

Bönnen, Gerold: Reichsstädtische Vergangenheiten links des Rheins. Worms und Speyer zwischen Zäsuren und Neu-Aneignung, in: Wittmann, Helge (Hrsg.): Tempi passati. Die Reichsstadt in der Erinnerung, Petersberg 2014 (Studien zur Reichsstadtgeschichte, Bd. 1), S. 115–148.

Bönnen, Gerold: Die „Neuerfindung" städtischer Identität. Der Wandel von kollektiver Erinnerung und Gedächtnis der Stadt Worms im langen 19. Jahrhundert, in: Halbekann, Joachim/Widder, Ellen/Heusinger, Sabine von (Hrsg.): Stadt zwischen Erinnerungsbewahrung und Gedächtnisverlust, Ostfildern 2015, S. 255–299.

Bönnen, Gerold: Wilhelmine Heyl. Unternehmerin mit Weitblick, in: Heimkreitner, Veronik/Schäfer, Ulrike (Hrsg.): Wormserinnen, Worms 2016, S. 36–41.

Bönnen, Gerold: Maximilian und Doris (von) Heyl und der Mainzer Goldschmuck, in: Jülich, Theo/Lambacher, Lothar/Siebert, Kristine (Hrsg.): Der Mainzer Goldschmuck: Ein Kunstkrimi aus der deutschen Kaiserzeit, Regensburg 2017, S. 63–81.

Bönnen, Gerold/Werner, Ferdinand: Die Wormser Industriellenfamilie von Heyl: Öffentliches und privates Wirken zwischen Bürgertum und Adel, Worms 2010.

Bönnen, Gerold/Werner, Ferdinand: Fabrikant und Händler, Politiker und Konsul. Leonhard Heyl II. (1814–1877). Sein gesellschaftlich-wirtschaftlicher Aufstieg und die Wormser Gründerzeit, in: Bönnen, Gerold/Werner, Ferdinand (Hrsg.): Die Wormser Industriellenfamilie von Heyl. Öffentliches und privates Wirken zwischen Bürgertum und Adel, Worms 2010, S. 313–338.

Bönnen, Gerold/Werner, Ferdinand: Gabriel Seidl und die Gottliebenkapelle in Herrnsheim, in: Bönnen, Gerold/Werner, Ferdinand (Hrsg.): Die Wormser Industriellenfamilie von Heyl. Öffentliches und privates Wirken zwischen Bürgertum und Adel, Worms 2010, S. 397–412.

Bonnet, Anne-Marie: Die Musealisierung der Malerfürsten. Winkelzüge der Moderne?, in: Bundeskunsthalle Bonn (Hrsg.): Malerfürsten, München 2018, S. 30–39.

Boos, Heinrich: Geschichte der Rheinischen Städtekultur von Ihren Anfängen bis zur Gegenwart, mit besonderer Berücksichtigung der Stadt Worms, 4 Bde., Berlin 2019.

Borchmeyer, Dieter: Richard Wagner. Werk – Leben – Zeit, Stuttgart 2013.

Borgmann, Karsten: Das Museum als bürgerliche Kulturinstitution? Kulturelles Engagement bürgerlicher Kreise im Berlin der Jahrhundertwende am Beispiel der Gründung des KFM, Magisterarbeit FU Berlin, Berlin 1992.

Borgolte, Michael: Einleitung, in: Borgolte, Michael (Hrsg.): Stiftungen in Christentum, Judentum und Islam vor der Moderne. Auf der Suche nach ihren Gemeinsamkeiten und Unterschieden in religiösen Grundlagen, Berlin 2005, S. 9–21.

Boudon, Jacques-Olivier/Horn, Pierre: Police et gendarmerie dans l'Empire napoléonien: Institut Napoléon N° 9, Paris 2013.

Bourdieu, Pierre: Ökonomisches Kapital, kulturelles Kapital, soziales Kapital, in: Kreckel, Reinhard (Hrsg.): Soziale Ungleichheiten, Göttingen 1983, S. 183–198.

Bourdieu, Pierre: Die feinen Unterschiede, Frankfurt am Main ^{2}1988.

Bourdieu, Pierre: Praktische Vernunft. Zur Theorie des Handelns, Frankfurt am Main 1998.

Bourdieu, Pierre /Darbel, Alain: Die Liebe zur Kunst. Europäische Kunstmuseen und ihre Besucher. Konstanz 2006. (Originalausgabe: L'amour de l'art. Les musées d'art européens et leur public, Paris 1966).

Bourdieu, Pierre / Wacquant, Loïc J. D., Reflexive Anthropologie, Frankfurt am Main, 1996.

Braun, Rudolf: Konzeptionelle Bemerkungen zum Obenbleiben. Adel im 19. Jahrhundert, in: Wehler, Hans-Ulrich (Hrsg.): Europäischer Adel 1750–1950, Göttingen 1990, S. 87–95.

Brecht, Bertolt: Die Beule, in: Hecht, Werner u. a. (Hrsg.): Bertolt Brecht. Prosa 4. Geschichten, Filmgeschichten, Drehbücher, 1913-1939, Berlin u. a. 1997, S. 307-320.

Briatte, Anne-Laure: Bevormundete Staatsbürgerinnen: Die „radikale“ Frauenbewegung im Deutschen Kaiserreich, Frankfurt 2020.

Brophy, James M.: Denkmal im sozialen Raum. Nationale Symbole in Deutschland und Frankreich im 19. Jahrhundert, in: Central European History 29 (1996), H. 3, S. 430–432.

Brüchert, Hedwig: Soziale Verhältnisse und Arbeitsbedingungen in der Industriestadt Worms bis zum Ersten Weltkrieg, in: Bönnen, Gerold (Hrsg.): Geschichte der Stadt Worms, Stuttgart 2005, S. 793–823.

Budde, Gunilla: Blütezeit des Bürgertums. Bürgerlichkeit im 19. Jahrhundert, Darmstadt 2009.

Budde, Rainer/Krischel, Roland: Genie ohne Namen. Der Meister des Bartholomäus-Altars, Köln 2001.

Bundeskunsthalle Bonn: Malerfürsten, München 2018.

Bürgel, Judith: „Da wir beide Liebhaberei an Antiquitäten besaßen“. Die Gemäldesammlung von Cornelius Wilhelm und Sophie von Heyl, in: Schenkluhn, Wolfgang (Hrsg.): Stiftung Kunsthaus Heylshof. Kritischer Katalog der Gemäldesammlung, Worms 1992, S. 51–71.

Burhop, Carsten: Wirtschaftsgeschichte des Kaiserreichs 1871–1918, Göttingen 2012.

Büttner, Frank: Die Kunst, in: Schmid, Alois/Spindler, Max (Hrsg.): Handbuch der bayerischen Geschichte. Bd. 4, Teilbd. 2: Das neue Bayern von 1800 bis zur Gegenwart Die innere und kulturelle Entwicklung, München ^{2}2007, S. 616–668.

Caruso, Amerigo: Nationalstaat als Telos? Der konservative Diskurs in Preussen und Sardinien-Piemont 1840–1870, Berlin 2017.

Caruso, Amerigo: „Blut und Eisen auch im Innern“: Soziale Konflikte, Massenpolitik und Gewalt in Deutschland vor 1914, Frankfurt 2021.

Cassis, Yousseff: Wirtschaftselite und Bürgertum. England, Frankreich und Deutschland um 1900, in: Kocka, Jürgen (Hrsg.): Bürgertum im 19. Jahrhundert, Bd. 2, München 1988, S. 9–34.

Clemens, Gabriele B.: Immobilienhändler und Spekulanten. Die sozial- und wirtschaftsgeschichtliche Bedeutung der Großkäufer bei den Nationalgüterversteigerungen in den rheinischen Departements (1803–1813), Boppard am Rhein 1995 (Forschungen zur deutschen Sozialgeschichte 8).

Clemens, Gabriele B.: Sanctus amor patriae. Eine vergleichende Studie zu deutschen und italienischen Geschichtsvereinen im 19. Jahrhundert, Tübingen 2004 (Bibliothek des Deutschen Historischen Instituts in Rom, Bd. 106).

Clemens, Gabriele B.: Christoph Philipp Nell (1753–1825). Vom rheinischen Holzhändler zum Notabel des Grand Empire, in: Irsigler, Franz/Minn, Gisela (Hrsg.): Porträt einer europäischen Kernregion. Der Rhein-Maas-Raum in historischen Lebensbildern, Trier 2005, S. 214–226.

Clemens, Gabriele B.: Auf Biegen und Brechen. Bürgerliches Mäzenatentum im urbanen Kontext des 19. Jahrhunderts, in: Informationen zur modernen Stadtgeschichte 2 (2008), H. 2, S. 71–78.

Clemens, Gabriele B.: Schuldenlast und Schuldenwert. Kreditnetzwerke in der europäischen Geschichte 1300–1900, Trier 2009.

Clemens, Gabriele B.: Sammler und Mäzene im Europa des 19. Jahrhunderts, in: Bönnen, Gerold/Werner, Ferdinand (Hrsg.): Die Wormser Industriellenfamilie von Heyl. Öffentliches und privates Wirken zwischen Bürgertum und Adel, Worms 2010, S. 11–20.

Clemens, Gabriele B.: Städtische Kunstsammler und mäzenatisches Handeln. Französisch-deutscher Kulturtransfer im 19. Jahrhundert, in: Gammal, Jean El/Lüsebrink, Hans-Jürgen/ Clemens, Gabriele B. (Hrsg.): Städtischer Raum im Wandel/Espaces urbains en mutation: Modernität – Mobilität – Repräsentationen, Berlin 2011, S. 105–120.

Clemens, Gabriele B.: Obenbleiben mittels Historiographie. Adeligkeit als Habitus, in: Clemens, Gabriele B./König, Malte/ Meriggi, Marco (Hrsg.): Hochkultur als Herrschaftselement. Italienischer und deutscher Adel im langen 19. Jahrhundert, Berlin 2011, S. 189–209.

Clemens, Gabriele B.: Der rheinische Kunstmarkt. Mäzene und Sammler im langen 19. Jahrhundert, in: Rheinische Vierteljahresblätter (2012), H. 76, S. 205–225.

Clemens, Gabriele B.: Kontinuität und Wandel. Ökonomische Verhältnisse und staatliche Wirtschaftspolitik im Rheinland während der französischen Zeit (1792–1814), in: Wilhelm, Jürgen/Mölich, Georg/ Schmalz, Alexander (Hrsg.): Napoleon am Rhein. Wirkung und Erinnerung einer Epoche, Köln 2012, S. 13–36.

Clemens, Gabriele B.: Francesco Hayez. Die nationale Ikone risorgimentaler Historienmalerei, in: Clemens, Gabriele B./Späth, Jens (Hrsg.): 150 Jahre Risorgimento – geeintes Italien?, Trier 2014, S. 147–166.

Clemens, Gabriele B.: Händler, Sammler und Museen. Der europäische Kunstmarkt um 1900. in: Themenportal Europäische Geschichte, 2014, URL: www.europa.clio-online.de/essay/id/fdae-1638 [08.02.2022].

Clemens, Gabriele B.: Riesling adelt. Spitzenweingüter an der Mosel im langen 19. Jahrhundert, in: Nipperdey, Justus/Reinholdt, Katharina (Hrsg.), Essen und Trinken in der Europäischen Kulturgeschichte, Münster 2016, S. 249–262.

Clemens, Gabriele B.: Die Kunstverkäufe des römischen Adels. Eine Basis neuer europäischer Sammlungen, in: Putz, Hannelore/Fronhöfer, Andrea (Hrsg.): Kunstmarkt und Kunstbetrieb in Rom, Berlin u. a. 2019, S. 49–69.

Clemens, Gabriele B.: Art market and art enjoyment. Elitist designs and pretentious passions for collecting, in: Kohlrausch, Martin/Heyrman, Peter/Maeyer, Jan de (Hrsg.): Leisure and Elite Formation. Arenas of Encounter in Continental Europe, 1815–1914, Berlin u. a. 2020, S. 99–118.

Clemens, Gabriele B./Jakobs, Melanie: Fürstliches Mäzenatentum in Südwestdeutschland im 19. Jahrhundert, in: Zeitschrift für Württembergische Landesgeschichte 75 (2016), S. 171–192.

Clemens, Gabriele B./König, Malte/Meriggi, Marco: Einleitung, in: Clemens, Gabriele B./König, Malte/ Meriggi, Marco (Hrsg.): Hochkultur als Herrschaftselement. Italienischer und deutscher Adel im langen 19. Jahrhundert, Berlin 2011, S. 1–17.

Conrad, Sebastian/Osterhammel, Jürgen: Das Kaiserreich transnational. Deutschland in der Welt 1871–1914, Göttingen ^{2}2004.

Conze, Eckart: Adeliges Familienbewußtsein und Grundbesitz. Die Auflösung des Gräflich Bernstorffschen Fideikommisses Gartow nach 1919, in: Geschichte und Gesellschaft 25 (1999), H. 3, S. 455–479.

Conze, Eckart: Adel in Hessen. Herrschaft, Selbstverständnis und Lebensführung vom 15. bis ins 20. Jahrhundert, Marburg 2010 (Veröffentlichungen der Historischen Kommission für Hessen 70).

Conze, Eckart: Aristokratismus und Moderne 1890–1945, in: Conze, Eckart et al. (Hrsg.): Aristokratismus und Moderne. Adel als politisches und kulturelles Konzept, 1890–1945, Köln 2013, S. 9–29.

Conze, Eckart: Editorial zur Reihe „Adelswelten", in: Conze, Eckart u. a. (Hrsg.): Aristokratismus und Moderne. Adel als politisches und kulturelles Konzept, 1890–1945, Köln 2013, S. 7–8.

Conze, Eckart: Schatten des Kaiserreichs. Die Reichsgründung von 1871 und ihr schwieriges Erbe, München 2020.

Conze, Eckart: Wilhelms Reich in neuem Glanz, in: Die Zeit vom 06. Januar 2021.

Conze, Eckart: Jenseits des Sonderwegs. Autoritarismus und Nationalismus im Deutschen Kaiserreich, in: Geschichte für heute. Zeitschrift für historisch-politische Bildung 1 (2023), S. 9–24.

Conze, Werner/Kocka, Jürgen: Bildungssystem und Professionalisierung in internationalen Vergleichen, Stuttgart 1985 (Bildungsbürgertum im 19. Jahrhundert Band 1).

Corley, Brigitte: Maler und Stifter des Spätmittelalters in Köln 1300–1500, Kiel 2009.

Darmstaedter, Robert/Hase-Schmundt, Ulrike von: Reclams Künstlerlexikon, Stuttgart [3]2002.

Delarue, Dominic Eric/Kaffenberger, Thomas: Lebensräume gestalten. Heinrich Metzendorf und die Reformarchitektur an der Bergstraße, Worms 2013.

Diekamp, Busso: Die Familie Heyl und die Wormser Buch- und Bibliothekskultur, in: Bönnen, Gerold/Werner, Ferdinand (Hrsg.): Die Wormser Industriellenfamilie von Heyl. Öffentliches und privates Wirken zwischen Bürgertum und Adel, Worms 2010, S. 431–466.

Discher, Sibylle: Der Mäzen Heinrich Kirchhoff (1874–1934) und seine Wiesbadener Kunstsammlung. Eine vergleichende Studie zur privaten Sammlerkultur vom Wilhelminischen Kaiserreich bis zum Ende der Weimarer Republik, Wiesbaden 2018.

Doerfel, Marianne: Engländer in einer preußischen Internatsschule. Die Knabenanstalt Neuwied/Rh. 1756–1913, in: GWU (1986), H. 37, S. 420–434.

Dönike, Martin: Antonio Canovas Herakles und Lichas oder die Unmöglichkeit des Schlachtendenkmals, in: Martus, Steffen/Münkler, Marina/Röcke, Werner (Hrsg.): Schlachtfelder. Codierung von Gewalt im medialen Wandel, Berlin 2003, S. 93–116.

Dorrmann, Michael: Eduard Arnhold (1849–1925). Eine biographische Studie zu Unternehmer- und Mäzenatentum im Deutschen Kaiserreich, Berlin 2002.

Duffy, Stephen/Hedley, Jo: The Wallace Collection's Pictures. A Complete Catalogue, London 2004.

Duhamelle, Christophe: Eheschließungen im Europa des 18. und 19. Jahrhunderts: Muster und Strategien, Göttingen 2003.

Dumont, Franz: Worms im Zeitalter der Französischen Revolution und Napoleons (1789/92–1814/16), in: Bönnen, Gerold (Hrsg.): Geschichte der Stadt Worms, Stuttgart 2005, S. 353–400.

Durth, Werner: Deutsche Architekten. Biographische Verflechtungen 1900–1970, Stuttgart 2001.

Duwe, Georg: Erzkämmerer, Kammerherren und ihre Schlüssel. Historische Entwicklung eines der ältesten Hofämter vom Mittelalter bis 1918, Osnabrück 1990.

Effmert, Viola: Sal. Oppenheim jr. & Cie. Kulturförderung im 19. Jahrhundert, Köln 2006.

Ege, Konrad: Karikatur und Bildsatire im Deutschen Reich. Der „Wahre Jakob", Hamburg 1879/80, Stuttgart 1884–1914. Mediengeschichte, Mitarbeiter, Chefredakteure, Grafik, Münster 1992.

Ehrismann, Otfrid: Nibelungenlied. Epoche, Werk, Wirkung, München [2]2002.

Eichler, Inge: Victoria als Malerin, Sammlerin und Mäzenin, in: Hessen, Rainer von (Hrsg.): Victoria Kaiserin Friedrich. Mission und Schicksal einer englischen Prinzessin in Deutschland, Frankfurt am Main 2002, S. 134–150.

Einholz, Sybille: Reinhold Begas und sein Kreis. Schüler und Weggefährten, in: Sünderhauf, Esther Sophia (Hrsg.): Begas – Monumente für das Kaiserreich: Eine Ausstellung zum 100. Todestag von Reinhold Begas, Dresden 2010, S. 169–178.

Elias, Norbert: Studien über die Deutschen: Machtkämpfe und Habitusentwicklung im 19. und 20. Jahrhundert, Frankfurt am Main 1992.

Engels, Peter: Die Familie Heyl und Darmstadt, in: Bönnen, Gerold/Werner, Ferdinand (Hrsg.): Die Wormser Industriellenfamilie von Heyl. Öffentliches und privates Wirken zwischen Bürgertum und Adel, Worms 2010, S. 499–518.

Epkenhans, Michael: Friedrich Alfred Krupp. Ein Großindustrieller im Spannungsfeld von Firmeninteresse und Politik, in: Epkenhans, Michael/Stremmel, Ralf (Hrsg.): Friedrich Alfred Krupp. Ein Unternehmer im Kaiserreich, München 2010, S. 28–77.

Epkenhans, Michael/Stremmel, Ralf: Friedrich Alfred Krupp. Ein Unternehmer im Kaiserreich, München 2010.

Erbach-Schönberg, Marie: Memoiren 1852–1923. Marie Fürstin zu Erbach-Schönberg Prinzessin von Battenberg, Bensheim i. e. Lorsch 1958.

Eyll, Klara van: Das Kölner Hotel Disch im Kaiserreich, in: Wunsch, Stefan/Deres, Thomas/Oepen, Joachim (Hrsg.): Köln im Kaiserreich. Studien zum Werden einer modernen Großstadt, Köln 2010, S. 117–219.

Felisini, Daniela: „Quel capitalista per ricchezza principalissimo". Alessandro Torlonia principe, banchiere imprenditore nell'Ottocento romano, Soveria Mannelli 2004.

Felisini, Daniela: Geld, Macht und politischer Einfluss. Der principe Alessandro Torlonia im Rom des 19. Jahrhunderts, in: Clemens, Gabriele B./König, Malte/Meriggi, Marco (Hrsg.): Hochkultur als Herrschaftselement. Italienischer und deutscher Adel im langen 19. Jahrhundert, Berlin 2011 (Reihe der Villa Vigoni. Deutsch-italienische Studien, Bd. 25), S. 211–232.

Fiebig von Hase, Ranghild: Lateinamerika als Konfliktherd der deutsch-amerikanischen Beziehungen 1890–1903. Vom Beginn der Panamerikapolitik bis zur Venezuelakrise von 1902/03, Göttingen 1986.

Finocchio, Ross: The one that got away. Holbein's Christina of Denmark and British portraits in the Frick Collection, in: Reist, Inge (Hrsg.): British Models of Art Collecting and the American Response. Reflections Across the Pond, Burlington 2014, S. 181–193.

Fischer-Lichte, Erika: Einleitung. Theatralität als Modell, in: Fischer-Lichte, Erika u. a. (Hrsg.): Theatralität als Modell in den Kulturwissenschaften, Tübingen 2004, S. 7–26.

Flach, Hans Dieter: Ludwigsburger Porzellan. Fayence, Steingut, Kacheln, Fliesen, Stuttgart 1997.

Flaig, Egon: Pierre Bourdieu. Entwurf einer Theorie der Praxis (1972), in: Erhart, Walter/Jaumann, Herbert (Hrsg.): Jahrhundertbücher. Große Theorien von Freud bis Luhmann, München 2002, S. 358–382.

Fleck, Peter: Die Verfassung des Großherzogtums Hessen 1820–1918, in: Böhme, Klaus/Heidenreich, Bernd (Hrsg.): Hessen. Verfassung und Politik, Bd. 4, Stuttgart 1997, S. 86–107.

Flöter, Jonas: Einleitung, in: Flöter, Jonas/Ritzi, Christian (Hrsg.): Bildungsmäzenatentum. Privates Handeln, Bürgersinn, kulturelle Kompetenz seit der Frühen Neuzeit, Köln 2007, S. 11–25.

Flöter, Jonas: Eliten-Bildung in Sachsen und Preußen. Die Fürsten- und Landesschulen Grimma, Meißen, Joachimsthal und Pforta (1868–1933), Köln u. a. 2009.

Flöter, Jonas/Ritzi, Christian: Vorwort, in: Flöter, Jonas/Ritzi, Christian (Hrsg.): Bildungsmäzenatentum. Privates Handeln, Bürgersinn, kulturelle Kompetenz seit der Frühen Neuzeit, Köln 2007, S. 9–10.

Fohrbeck, Karla: Renaissance der Mäzene? Interessenvielfalt in der privaten Kulturfinanzierung, Köln 1989.

Fohrmann, Jürgen/Voßkamp, Wilhelm: Wissenschaftsgeschichte der Germanistik im 19. Jahrhundert, Stuttgart/Weimar 1994.

Franke, Christoph: Alter Adel – neuer Adel. Großherzoglich-hessische Nobilitierungen im 19. Jahrhundert, in: Conze, Eckart (Hrsg.): Adel in Hessen. Herrschaft, Selbstverständnis und Lebensführung vom 15. bis ins 20. Jahrhundert, Marburg 2010 (Veröffentlichungen der Historischen Kommission für Hessen 70), S. 359–374.

Franke, Manfred: Leben und Roman der Elisabeth von Ardenne Fontanes „Effi Briest", Düsseldorf 1994.

Franz, Eckhart G.: Hof- und Hofgesellschaft im Großherzogtum Hessen, in: Möckl, Karl (Hrsg.): Hof und Hofgesellschaft in den deutschen Staaten im 19. und beginnenden 20. Jahrhundert, Boppard am Rhein 1990 (Büdinger Forschungen zur Sozialgeschichte 1985/1986), S. 156–176.

Franz, Eckhart G.: Otto Rudolf von Brentano (1855–1927). Hessischer Minister und stellvertretender Ministerpräsident, in: Heidenreich, Bernd (Hrsg.): Geist und Macht. Die Brentanos, Wiesbaden 2000, S. 181–196.

Franzen, Werner: Gottesdienststätten im Wandel. Evangelischer Kirchenbau im Rheinland 1860–1914, Düsseldorf 2004 (Schriften des Archivs der Evangelischen Kirche im Rheinland, Nr. 34).

Fraser, Rebecca: Charlotte Bronte, London 2012.

Frey, Manuel: Die Moral des Schenkens. Zum Bedeutungswandel des Begriffs Mäzen in der Bürgerlichen Gesellschaft, in: Braun, Günter/Gaehtgens, Thomas W./Schieder, Martin (Hrsg.): Mäzenatisches Handeln. Studien zur Kultur des Bürgersinns in der Gesellschaft. Festschrift für Günter Braun zum 70. Geburtstag, Berlin 1998 (Bürgerlichkeit, Wertewandel, Mäzenatentum, Bd. 1), S. 11–29.

Frey, Manuel: Macht und Moral des Schenkens. Staat und bürgerliche Mäzene vom späten 18. Jahrhundert bis zur Gegenwart, Berlin 1999 (Bürgerlichkeit, Wertewandel, Mäzenatentum, Bd. 4).

Freytag, Nils/Petzold, Dominik: Das „lange" 19. Jahrhundert. Alte Fragen und neue Perspektiven, München 2007.

Frie, Ewald: Friedrich August Ludwig von der Marwitz: 1777–1837. Biographien eines Preußen, Paderborn u. a. 2001.

Frie, Ewald/Neuheiser, Jörg (Hrsg.): Noble ways and democratic means, in: Journal of modern European history 11 (2013), H. 4, S. 433–453.

Funck, Marcus: Vom Höfling zum soldatischen Mann. Varianten und Umwandlungen adeliger Männlichkeit zwischen Kaiserreich und Nationalsozialismus, in: Conze, Eckart/Wienfort, Monika (Hrsg.): Adel und Moderne. Deutschland im europäischen Vergleich im 19. und 20. Jahrhundert, Köln u. a. 2004, S. 205–236.

Funck, Marcus/Malinowski, Stephan: Geschichte von oben. Autobiographien als Quelle einer Sozial- und Kulturgeschichte des deutschen Adels in Kaiserreich und Weimarer Republik, in: Historische Anthropologie 7 (1999), H. 2, S. 236–270.

Fürstenberg, Jeannette zu: Die Wechselwirkung zwischen Unternehmerischer Innovation und Kunst. Eine Wissenschaftliche Untersuchung in der Renaissance und am Beispiel der Medici, Wiesbaden 2012.

Gaehtgens, Thomas W.: Die Museumsinsel, in: François, Etienne/Schulze, Hagen (Hrsg.): Deutsche Erinnerungsorte, Bd. 3, München 2001, S. 86–106.

Gaehtgens, Thomas W./Braun, Günter: Wilhelm von Bode und seine Sammler, in: Mai, Ekkehard/Paret, Peter/Severin, Ingrid (Hrsg.): Sammler, Stifter und Museen. Kunstförderung in Deutschland im 19. und 20. Jahrhundert, Köln 1993, S. 153–172.

Gaehtgens, Thomas W./Braun, Günter: Mäzenatisches Handeln. Studien zur Kultur des Bürgersinns in der Gesellschaft. Festschrift für Günter Braun zum 70. Geburtstag, Berlin 1998.

Gaehtgens, Thomas W./Paul, Barbara: Wilhelm von Bode. Mein Leben, 2 Bde., Berlin 1997.

Gall, Lothar: Stadt und Bürgertum im Übergang von der traditionalen zur modernen Gesellschaft, München 1993 (Stadt und Bürgertum 4), S. 1–12.

Gall, Lothar: Die Stadt der bürgerlichen Gesellschaft. Das Beispiel Mannheim, in: Hein, Dieter/Schulz, Andreas/Treichel, Eckhardt (Hrsg.): Bürgertum, liberale Bewegung und Nation. Ausgewählte Aufsätze, München 1996, S. 38–54.

Gall, Lothar: Eisenbahn in Deutschland. Von den Anfängen bis zum Ersten Weltkrieg, in: Gall, Lothar/Pohl, Manfred (Hrsg.): Die Eisenbahn in Deutschland. Von den Anfängen bis zur Gegenwart, München 1999, S. 13–71.

Galle, Maja: Der Erzengel Michael in der deutschen Kunst des 19. Jahrhunderts, München 2016.

Gallé, Volker: Technik, Krieg und Frieden. Politische Gedanken eines Wormser Nobelpreisträgers, in: Stadt Worms (Hrsg.): Worms: Heimatjahrbuch für die Stadt Worms, Bd. 6, Worms 2011, S. 150–173.

Galli Michiero, Lavinia: Gian Giacomo Poldi Pezzoli. Lineamenti per una biografia, in: Galli Michiero, Lavinia/Mazzocca, Fernando (Hrsg.): Gian Giacomo Poldi Pezzoli. L'uomo e il collezionista del Risorgimento, Turin 2011, S. 21–31.

Galli Michiero, Lavinia: La parabola di un collezionista, in: Galli Michiero, Lavinia/Mazzocca, Fernando (Hrsg.): Gian Giacomo Poldi Pezzoli. L'uomo e il collezionista del Risorgimento, Turin 2011, S. 51–70.

Galli Michiero, Lavinia: Katalogbeitrag zu: Laurent Isidore Deroy La Camera Francesco I nell' Hôtel de Cluny. Dall' Album di Alexandre du Sommerard, Parigi 1838–1846, in: Galli Michiero, Lavinia/Mazzocca, Fernando (Hrsg.): Gian Giacomo Poldi Pezzoli. L'uomo e il collezionista del Risorgimento, Turin 2011, S. 98–99.

Gast, Uwe/Rauch, Ivo: Die mittelalterlichen Glasmalereien in Oppenheim, Rhein- und Südhessen, Berlin 2011.

Gaus, Joachim: „Herr, sie werden im Licht deines Antlitzes wandeln." Der Thomas-Altar des Meisters des Bartholomäus-Altares, in: Budde, Rainer/Krischel, Roland (Hrsg.): Genie ohne Namen. Der Meister des Bartholomäus-Altars, Köln 2001, S. 44–51.

Gedon, Brigitte: Lorenz Gedon. Die Kunst des Schönen, München 1994.

Geertz, Clifford (Hrsg.): Dichte Beschreibung: Beiträge zum Verstehen kultureller Systeme, Frankfurt am Main 1987

Geertz, Clifford: Dichte Beschreibung. Bemerkungen zu einer deutenden Theorie von Kultur, in: Geertz, Clifford (Hrsg.): Dichte Beschreibung: Beiträge zum Verstehen kultureller Systeme, Frankfurt am Main 1987, S. 7–44.

Geertz, Clifford: „Deep play". Bemerkungen zum balinesischen Hahnenkampf, in: Geertz, Clifford (Hrsg.): Dichte Beschreibung: Beiträge zum Verstehen kultureller Systeme, Frankfurt am Main 1987, S. 202–260.

Gehm, Matthias H.: Das Einkommensteuergesetz vom 12. August 1848 – Ein Beitrag des Großherzogtums Hessen zur Besteuerung nach der Leistungsfähigkeit, in: Archiv für Hessische Geschichte 65 (2007), S. 97–120.

Gerstner, Alexandra: Neuer Adel. Aristokratische Elitekonzeptionen zwischen Jahrhundertwende und Nationalsozialismus, Darmstadt 2008.

Gillen, Anja: 1870–1891. Die Großstadt kündigt sich an, in: Niess, Ulrich/Caroli, Michael (Hrsg.): Geschichte der Stadt Mannheim, Bd. 2: 1801–1914, Heidelberg 2007, S. 414–497.

Goldfarb, Hilliard Todd: The Isabella Stewart Gardner Museum. A Companion Guide and History, New Haven 1995.

Gorißen, Stefan: Netzwerkanalyse im Personenstandsarchiv? Probleme und Perspektiven einer historischen Verflechtungsanalyse, in: Joergens, Bettina/Reinicke, Christian (Hrsg.): Archive, Familienforschung und Geschichtswissenschaft. Annäherungen und Aufgaben, Düsseldorf 2006, S. 159–174.

Grabas, Margrit: Konjunktur und Wachstum in Deutschland von 1895 bis 1914, Berlin 1992.

Graf, Andreas: Familien- und Unterhaltungszeitschriften, in: Jäger, Georg (Hrsg.): Geschichte des deutschen Buchhandels im 19. und 20. Jahrhundert. Bd. 1, Teil 2: Das Kaiserreich 1871–1918, Berlin/Boston 2003, S. 409–523.

Gramlich, Johannes: Die Thyssens als Kunstsammler. Investition und symbolisches Kapital, Paderborn 2015.

Grawe, Christian: Das Beispiel Schiller. Zur Konstituierung eines Klassikers in der Öffentlichkeit des 19. Jahrhunderts, in: Fohrmann, Jürgen/Voßkamp, Wilhelm (Hrsg.): Wissenschaftsgeschichte der Germanistik im 19. Jahrhundert, Stuttgart/Weimar 1994, S. 638–668.

Groß, Günter: Das Lohgerberhandwerk im Erzgebirge, in: Kroker, Werner/Georg-Agricola-Gesellschaft zur Förderung der Geschichte der Naturwissenschaften und der Technik (Hrsg.): Vom Leder zum Chemiewerkstoff. Vorträge der Jahrestagung der Georg-Agricola-Gesellschaft 1999 in Weinheim (Bergstraße), Bochum 2000 (Die Technikgeschichte als Vorbild moderner Technik 25), S. 59–74.

Gründer, Horst/Hiery, Hermann: Die Deutschen und ihre Kolonien. Ein Überblick, Berlin 2017.

Gründer, Horst/Hiery, Hermann: Zur Einführung, in: Gründer, Horst/Hiery, Hermann (Hrsg.): Die Deutschen und ihre Kolonien. Ein Überblick, Berlin 2017, S. 9–26.

Grünewald, Mathilde: Max von Heyl und das Paulus-Museum, in: Der Wormsgau: Wissenschaftliche Zeitschrift der Stadt Worms und des Altertumsvereins Worms e. V. (1992), H. 16, S. 12–19.

Grünewald, Mathilde: Maximilian (von) Heyl und Friedrich Schneider. Eine ökumenische Freundschaft, in: Hinkel, Helmut (Hrsg.): Friedrich Schneider. Ein Mainzer Kulturprälat (1836–1907), Mainz 2008, S. 149–162.

Haardt, Oliver F. R.: Bismarcks ewiger Bund. Eine neue Geschichte des Deutschen Kaiserreichs. Die Entwicklung vom Fürstenbund zur Reichsmonarchie. Interdisziplinäre Studie zur Reichsgründung 1871 und ihren Auswirkungen, Darmstadt 2020.

Haarmann, Hermann: „Pleite glotzt euch an. Restlos". Satire in der Publizistik der Weimarer Republik. Ein Handbuch, Wiesbaden 1999.

Hadijkakou, Eftychia: Die Privatsammlung Carl Anton Milanis, in: Herfort-Koch, Marlene (Hrsg.): Begegnungen. Frankfurt und die Antike, Frankfurt am Main 2010, S. 305–310.

Hainbuch, Dirk: Biographisches Lexikon zur Geschichte der deutschen Sozialpolitik 1871 bis 1945. Band 1: Sozialpolitiker im Deutschen Kaiserreich 1871 bis 1918, Kassel 2010.

Hansemann, Klaus: Der Heylshof. Unternehmerschloß und Privatmuseum, in: Schenkluhn, Wolfgang (Hrsg.): Stiftung Kunsthaus Heylshof. Kritischer Katalog der Gemäldesammlung, Worms 1992, S. 19–50.

Hansen, Eckhard/Tennstedt, Florian: Biographisches Lexikon zur Geschichte der deutschen Sozialpolitik 1871 bis 1945. Sozialpolitiker im Deutschen Kaiserreich 1871 bis 1918, Bd. 1, Kassel 2011.

Hanstein, Henrik: Julius Böhler – zur Geschichte des Kunsthandels, in: Schäfke, Werner (Hrsg.): Kunsthaus Lempertz. Eine Kulturgeschichte, Köln 2015, S. 247–248.

Harasimowicz, Jan/Weber, Matthias: Adel in Schlesien. Bd. 1: Herrschaft – Kultur – Selbstdarstellung., München 2010.

Hartung, Jörg/Kraus, Otto: Der Zarenbesuch auf dem Kühkopf. Eine Dokumentation zum Jagdausflug des Zaren Nikolaus II. von Russland auf dem Kühkopf am 03. November 1903, Riedstadt 2004.

Haupt, Heinz-Gerhard: Konsum und Handel. Europa im 19. und 20. Jahrhundert, Göttingen 2003.

Heidenreich, Bernd: Geist und Macht. Die Brentanos, Wiesbaden 2000.

Heidenreich, Bernd/Franz, Eckhart G.: Kronen, Kriege, Künste: das Haus Hessen im 19. und 20. Jahrhundert, Frankfurt am Main 2009.

Heimkreitner, Veronik/Schäfer, Ulrike: Wormserinnen, Worms 2016.

Heinickel, Gunter: Adelsreformideen in Preußen. Zwischen bürokratischem Absolutismus und demokratisierendem Konstitutionalismus (1806–1854), Berlin u. a. 2014 (Elitenwandel in der Moderne, Bd. 16).

Heisig, Ines: „Besondere Briefe Kunst betreffend". Einblicke in die Vernetzung von Cornelius Wilhelm und Sophie von Heyl im Kunstmarkt zur Zeit des Kaiserreichs, in: Bönnen, Gerold/Werner, Ferdinand (Hrsg.): Die Wormser Industriellenfamilie von Heyl. Öffentliches und privates Wirken zwischen Bürgertum und Adel, Worms 2010, S. 487–498.

Heisig, Ines: Die Unternehmerfamilie von Heyl in Worms. Aspekte privater Kulturförderung im Kaiserreich, in: Clemens, Gabriele B./König, Malte/Meriggi, Marco (Hrsg.): Hochkultur als Herrschaftselement. Italienischer und deutscher Adel im langen 19. Jahrhundert, Berlin 2011 (Reihe der Villa Vigoni. Deutsch-italienische Studien, Bd. 25), S. 233–262.

Heisig, Ines: Wohnst du noch oder inszenierst du schon? Repräsentatives Wohnen als Elitenpraxis im Kaiserreich am Beispiel des Heylshofs in Worms, in: Haberland, Irene/Winzen, Matthias (Hrsg.): Schein oder Sein. Der Bürger auf der Bühne des 19. Jahrhunderts, Oberhausen 2019, S. 327–353.

Heisig, Ines: Das Germanische Nationalmuseum Nürnberg als Elitenprojekt 1830–1871: in: Silvia Cavicchioli, Gabriele B. Clemens, (Hrsg.): Luoghi controversi della memoria – I musei nazionali europei / Kontroverse Erinnerungesorte – Europäische Natinalmuseen (Annali dell'Istituto storico italo-germanico in Trento / Jahrbuch des italienisch-deutschen historischen Instituts in Trient, Bd. 46), Bologna 2020, S. 41–76.

Held, Dorothea: „Im Interesse der Kunst und zur Ehre der deutschen Nation“ zur Wiederherstellung von St. Katharinen in Oppenheim; 1689–1889, Alzey 2009.
Henning, Hansjoachim: Das westdeutsche Bürgertum in der Epoche der Hochindustrialisierung 1860–1914. Soziales Verhalten und soziale Strukturen, Wiesbaden 1972.
Herfurth, Dietrich: Die Geschichte der Orden und Ehrenzeichen, in: Henning, Eckart/Herfurth, Dietrich (Hrsg.): Orden und Ehrenzeichen. Handbuch der Phaleristik, Köln/Wien 2010, S. 95–144.
Hermsen, Thomas: Kunstförderung zwischen Passion und Kommerz. Vom bürgerlichen Mäzen zum Sponsor der Moderne, Frankfurt am Main 1997.
Hertz-Eichenrode, Dieter: Die Feudalisierungsthese – ein Rückblick, in: Vierteljahrschrift für Sozial- und Wirtschaftsgeschichte (VSWG) 89 (2002), H. 3, S. 265–287.
Herzog, Katharina: Mythologische Kleinplastik in Meißener Porzellan 1710–1775, Passau 2012.
Herzog, Reinhart/Koselleck, Reinhart: Epochenschwelle und Epochenbewusstsein, München 1987.
Heß, Klaus: Junker und bürgerliche Großgrundbesitzer im Kaiserreich. Landwirtschaftlicher Großbetrieb, Großgrundbesitz und Familienfideikommiß in Preußen (1867/71–1914), Stuttgart 1990.
Hettling, Manfred/Hoffmann, Stefan-Ludwig: Der bürgerliche Wertehimmel. Innenansichten des 19. Jahrhunderts, Göttingen 2000.
Heyl, Gudrun von: Sophie von Heyl. Wohltäterin und Kunstsammlerin, in: Heimkreitner, Veronik/Schäfer, Ulrike (Hrsg.): Wormserinnen, Worms 2016, S. 57–64.
Higgott, Suzanne: Sales, Status, Shops and Swaps. An Overview of Ways of Collecting Glass in the 19th Century with some Case Studies from Paris and London, in: Revista de Històrla da Arte (2015), H. 3, S. 119–130.
Hinkfort, Uwe: Theodor Fischer und das Cornelianum, in: Bönnen, Gerold/Werner, Ferdinand (Hrsg.): Die Wormser Industriellenfamilie von Heyl. Öffentliches und privates Wirken zwischen Bürgertum und Adel, Worms 2010, S. 361–370.
Hirsch, Frank: Netzwerke in der Neueren Geschichte, in: Hergenröder, Curt Wolfgang (Hrsg.): Gläubiger, Schuldner, Arme. Netzwerke und die Rolle des Vertrauens, Wiesbaden 2010, S. 133–142.
Hobsbawm, Eric/Ranger, Terence (Hrsg.): The Invention of Tradition, Cambridge 1983.
Hoffmann, Bianca: Untersuchungen zum politischen Wirken des Wormser Lederindustriellen C. W. (v.) Heyl, Landau 2001.
Hopp, Meike: Art Trade Places. Galleries of art dealers as architectural task and their reception in Munich around 1900, in: Journal for Art Market Studies 1 (2018), https://doi.org/10.23690/jams.v2i1.35.
Horn, Pierre: Commissariat général et commissariats spéciaux de police dans le département annexé de la Roër – Wesel et Cologne (1809–1813), in: Boudon, Jacques-Olivier/Horn, Pierre (Hrsg.): Police et gendarmerie dans l’Empire napoléonien: Institut Napoléon N° 9, Paris 2013, S. 91–110.
Hörner, Petra/Wisniewski, Roswitha: Begegnung mit Literaturen. Festschrift für Carola L. Gottzmann zum 65. Geburtstag, Berlin 2008.
Howaldt, Gabriele: Zur ehemaligen Kunstsammlung Heyl in Darmstadt, in: Christ, Dorothea (Hrsg.): Arnold Böcklin 1827–1901. Gemälde, Zeichnungen, Plastiken. Ausstellung zum 150. Geburtstag veranstaltet vom Kunstmuseum Basel und vom Basler Kunstverein 11. Juni – 11. September 1977, Basel 1977, S. 47–50.
Howaldt, Gabriele: Malerei 1800 bis um 1900, Hanau 1979.
Hudemann, Rainer/Hahn, Marcus: Stätten grenzüberschreitender Erinnerung. Spuren der Vernetzung des Saar-Lor-Lux-Raumes im 19. und 20. Jahrhundert, Saarbrücken ^{2}2002.
Huemer, Christian: Charles Sedelmeyer (1837–1925). Kunst und Spekulation am Kunstmarkt in Paris, in: Belvedere 2 (1999), S. 4–19.
Huemer, Christian: Charles Sedelmeyer’s theatricality. Art and speculation in late 19th-century Paris, in: Bakoš, Ján (Hrsg.): Artwork through the market the past and the present, Bratislava 2004, S. 109–123.

Huemer, Christian: Crossing Thresholds. The hybrid identities of late nineteenth-century art dealers, in: Anderson, Jaynie (Hrsg.): Crossing Cultures. Conflict, Migration and Convergence, Victoria 2009, S. 1007–1011.

Hufschmidt, Tamara: Adolf von Hildebrand, Architektur und Plastik seiner Brunnen um 1900, München 1995.

Hütt, Wolfgang: Die Düsseldorfer Malerschule: 1819–1869, Leipzig ^{3}1995.

Illgen, Gudrun: Die großherzogliche Porzellansammlung in Darmstadt, in: Keramos. Zeitschrift der Gesellschaft der Keramikfreunde e. V. (1959), H. 4, S. 34–36.

Imorde, Joseph/Piper, Jan: Die Grand Tour in Moderne und Nachmoderne, Tübingen 2008 (Reihe der Villa Vigoni, Bd. 20).

Irsigler, Franz/Minn, Gisela: Porträt einer europäischen Kernregion. Der Rhein-Maas-Raum in historischen Lebensbildern, Trier 2005.

Ives, Colta: Japonisme, in: The Metropolitan Museum of Art (Hrsg.): Heilbrunn Timeline of Art History, New York 2000.

Jäger, Jens: Das vernetzte Kaiserreich. Die Anfänge von Modernisierung und Globalisierung in Deutschland, Stuttgart 2020.

Jäger, Wolfgang: „Menschenwissenschaft" und historische Sozialwissenschaft. Möglichkeiten und Grenzen der Rezeption von Norbert Elias in der Geschichtswissenschaft, in: Archiv für Kulturgeschichte 77 (1995), H. 1, S. 85–116.

Jansen, Dorothea: Einführung in die Netzwerkanalyse. Grundlagen, Methoden, Forschungsbeispiele, Wiesbaden ^{3}2006.

Joachimedes, Alexis u. a.: Museumsinszenierungen. Zur Geschichte der Institution des Kunstmuseums. Die Berliner Museumslandschaft, 1830–1990, Dresden/Basel 1995.

Joergens, Bettina/Reinicke, Christian: Archive, Familienforschung und Geschichtswissenschaft. Annäherungen und Aufgaben, Düsseldorf 2006.

Johnston, Marlo: Guy de Maupassant, Paris 2012.

John-Willeke, Bettina: Frankenthaler Porzellan im Spiegel dynastischer Beziehungen, in: Christ, Alexa-Beatrice/John-Willeke, Bettina (Hrsg.): Frankenthaler Porzellan. Der Bestand der Großherzoglich-Hessischen Porzellansammlung Darmstadt, Stuttgart 2006, S. 7–11.

Jooss, Birgit: „Bauernsohn, der zum Fürsten der Kunst gedieh". Die Inszenierungsstrategien der Künstlerfürsten im Historismus, in: Plurale: Zeitschrift für Denkversionen 5 (2005), S. 196–228.

Jopek, Norbert: Von „einem Juden aus Fürth" zur „Antiquitätensammlung des verdienstvollen Herrn Pickert". Die Kunsthändlerfamilie Pickert und die Sammlungen des Germanischen Nationalmuseums (1850 bis 1912), in: Anzeiger des Germanischen Nationalmuseums (2008), S. 93–105.

Jülich, Theo/Lambacher, Lothar/Siebert, Kristine: Der Mainzer Goldschmuck. Ein Kunstkrimi aus der deutschen Kaiserzeit, Regensburg 2017.

Jungbluth, Franz: Mannheim 1914 – Stadtgesellschaft, Weltkriegsmobilisierung und Burgenfriedenspolitik, Ubstadt-Weiher 2013.

Kaelble, Hartmut: Wie feudal waren die deutschen Unternehmer im Kaiserreich? Ein Zwischenbericht, in: Tilly, Richard H. (Hrsg.): Beiträge zur quantitativen vergleichenden Unternehmensgeschichte, Stuttgart 1985, S. 148–174.

Kaplan, Marion: For Love or Money. The Marriage Strategies of Jews in Imperial Germany, in: The Leo Baeck Institute Year Book 28 (1983), H. 1, S. 269.

Kaudelka-Hanisch, Karin: Preußische Kommerzienräte in der Provinz Westfalen und im Regierungsbezirk Düsseldorf, Dortmund 1993.

Keller, Peter: Alexander von Minutoli (1806–1886) – Die Vorbildersammlung des Gewerbedezernenten, in: Julius-Lessing-Gesellschaft, Kunstgewerbemuseum Berlin (Hrsg.): Glück, Leidenschaft und Verantwortung: das Kunstgewerbemuseum und seine Sammler, Berlin 1996, S. 16–19.

Kemperdick, Stephan/Weniger, Matthias: Der Bartholomäusmeister. Herkunft und Anfänge seines Stils, in: Budde, Rainer/Krischel, Roland (Hrsg.): Genie ohne Namen. Der Meister des Bartholomäus-Altars, Köln 2001, S. 26–43.

Kirchner, Heinz/Thiel, Hermann W./Laitenberger, Birgit (Hrsg.): Deutsche Orden und Ehrenzeichen, Köln [5]2005.

Kisluk-Grosheide, Daniëlle O.: French Royal Furniture in the Metropolitan Museum, in: The Metropolitan Museum of Art Bulletin (2006), H. 3, S. 5–48.

Klein, Adolf: Köln im 19. Jahrhundert. Von der Reichsstadt zur Großstadt, Köln 1992.

Kleine Bornhorst, Josef/Gesellschaft für Mittelrheinische Kirchengeschichte (GMrhKg): St. Paulus Worms 1002–2002. Kollegiatstift – Museum – Dominikanerkloster, Mainz 2002 (Quellen und Abhandlungen zur mittelrheinischen Kirchengeschichte, Bd. 102).

Knaus, Karoline: Die Rezeption Friedrich Ludwig Jahns zwischen Nationalsozialismus und Wiedervereinigung, in: Freytag, Nils/Petzold, Dominik (Hrsg.): Das „lange“ 19. Jahrhundert: Alte Fragen und neue Perspektiven, München 2007, S. 261–274.

Knodt, Manfred: Ernst Ludwig, Großherzog von Hessen und bei Rhein. Sein Leben und seine Zeit, Darmstadt 1978.

Knopp, Wilhelm: Blick auf Bode, in: Der Kaiser-Friedrich-Museums-Verein (Hrsg.): Wilhelm von Bode, Museumsdirektor und Mäzen. Wilhelm von Bode zum 150. Geburtstag., Berlin 1995, S. 7–20.

Koch, Jörg: Bismarckdenkmäler und Bismarckgedenken am Oberrhein. Marmor, Stein und Bronze spricht, Ubstadt-Weiher 2015.

Koch, Ursula E.: Der Teufel in Berlin. Von der Märzrevolution bis zu Bismarcks Entlassung. Illustrierte politische Witzblätter einer Metropole, 1848–1890, Köln 1991.

Kocka, Jürgen: Unternehmensverwaltung und Angestelltenschaft am Beispiel Siemens 1847–1914. Zum Verhältnis von Kapitalismus und Bürokratie in der deutschen Industrialisierung, Stuttgart 1969 (Industrielle Welt 11).

Kocka, Jürgen: Bürgertum und bürgerliche Gesellschaft im 19. Jahrhundert. Europäische Entwicklungen und deutsche Eigenarten, in: Kocka, Jürgen (Hrsg.): Bürger und Bürgerlichkeit im 19. Jahrhundert, Göttingen 1987, S. 11–76.

Kocka, Jürgen: Bürgertum im 19. Jahrhundert, Bd. 2, München 1988.

Kocka, Jürgen: Politischer Einfluss und gesellschaftliche Formation, Stuttgart 1989 (Bildungsbürgertum im 19. Jahrhundert, Teil 4).

Kocka, Jürgen: Bürger als Mäzene. Ein historisches Forschungsproblem, in: Braun, Günter/Gaehtgens, Thomas W./Schieder, Martin (Hrsg.): Mäzenatisches Handeln: Studien zur Kultur des Bürgersinns in der Gesellschaft, Berlin 1998, S. 30–39.

Kocka, Jürgen: Asymmetrical Historical Comparison. The case of the German Sonderweg, in: History and Theory (1999), H. 38/1, S. 40–50.

Kocka, Jürgen: Das lange 19. Jahrhundert. Arbeit, Nation und bürgerliche Gesellschaft, Stuttgart 2001 (Gebhardt Handbuch der deutschen Geschichte, 13).

Kocka, Jürgen: Looking back on the Sonderweg, in: Central European History 51 (2018), S. 137–142.

Kocka, Jürgen/Frey, Manuel: Bürgerkultur und Mäzenatentum im 19. Jahrhundert, Berlin 1998.

Kocka, Jürgen: Einleitung und einige Ergebnisse, in: Kocka, Jürgen/Frey, Manuel (Hrsg.): Bürgerkultur und Mäzenatentum im 19. Jahrhundert Berlin 1998, S. 7–17.

Köhler, Ingo: Wirtschaftsbürger und Unternehmer. Zum Heiratsverhalten deutscher Privatbankiers im Übergang zum 20. Jahrhundert, in: Ziegler, Dieter (Hrsg.): Die wirtschaftsbürgerliche Elite im 20. Jahrhundert, Göttingen 2000, S. 116–143.

Kohlrausch, Martin/Heyrman, Peter/Maeyer, Jan de: Elites and leisure. Arenas of encounter in Europe. 1815–1914, in: Kohlrausch, Martin/Heyrman, Peter/Maeyer, Jan de (Hrsg.): Leisure and Elite Formation. Arenas of Encounter in Continental Europe, 1815–1914, Berlin/Boston 2020, S. 1–18.

Kohut, Thomas A.: Wilhelm Busch. Die Erfindung eines literarischen Nationalhelden (1902–1908), in: Literaturwissenschaft und Linguistik 34 (2004), H. 2, S. 147–157.

Körner, Stefan: Prince Nicolaus II Esterhazy. Art and collecting, or how to win royal status, in: Arminjon, Catherine (Hrsg.): Magnificence & Grandeur of the Royal Houses in Europe, Mailand 2012, S. 294–307

Körner, Stefan: Nikolaus II. Esterházy (1765–1833) und die Kunst. Biografie eines manischen Sammlers, Wien 2013.

Koselleck, Reinhart: Das achtzehnte Jahrhundert als Beginn der Neuzeit, in: Herzog, Reinhart/Koselleck, Reinhart (Hrsg.): Epochenschwelle und Epochenbewusstsein, München 1987, S. 269–282.

Koselleck, Reinhart: Bildungsgüter und Bildungswissen, Stuttgart 1990 (Bildungsbürgertum im 19. Jahrhundert, Teil 2).

Koselleck, Reinhart/Dipper, Christof: Begriffsgeschichte, Sozialgeschichte, begriffene Geschichte. Reinhart Koselleck im Gespräch mit Christof Dipper, in: Neue Politische Literatur (1998), H. 43, S. 187–205.

Koselleck, Reinhart/Schreiner, Klaus: Bürgerschaft. Rezeption und Innovation der Begrifflichkeit vom Hohen Mittelalter bis ins 19. Jahrhundert, Stuttgart 1994 (Sprache und Geschichte, Bd. 22).

Koselleck, Reinhart/Spree, Ulrike/Steinmetz, Willibald: Drei bürgerliche Welten? Zur vergleichenden Semantik der bürgerlichen Gesellschaft in Deutschland, England und Frankreich, in: Puhle, Hans-Jürgen (Hrsg.): Bürger in der Gesellschaft der Neuzeit. Wirtschaft, Politik, Kultur, Göttingen 1991 (Bürgertum, Bd. 1), S. 14–58.

Krais, Beate/Gebauer, Gunter: Habitus, Bielefeld [3]2002.

Kraus, Elisabeth: Aus Tradition modern. Zur Geschichte von Stiftungswesen und Mäzenatentum in Deutschland im 19. und 20. Jahrhundert, in: Historisches Jahrbuch 121 (2001), S. 400–420.

Krauss, Marita: Die bayerischen Kommerzienräte. Eine deutsche Wirtschaftselite von 1880 bis 1928, München 2016.

Krauß, Martin: Wachstum und Verflechtung. Aspekte der demographischen, wirtschaftlichen und politischen Entwicklung im Rhein-Neckar-Raum (1870–1970), in: Krauß, Martin/Niess, Ulrich (Hrsg.): Stadt, Land, Heimat. Beiträge zur Geschichte der Metropolregion Rhein-Neckar im Industriezeitalter, Ubstadt-Weiher 2011, S. 11–24.

Krebs, Gerhild: „Saarabien“ in der Ära Carl Ferdinand von Stumm-Halberg, in: Hudemann, Rainer/Hahn, Marcus (Hrsg.): Stätten grenzüberschreitender Erinnerung: Spuren der Vernetzung des Saar-Lor-Lux-Raumes im 19. und 20. Jahrhundert, Saarbrücken [2]2002.

Kretschmer, Anja: Häuser der Ewigkeit. Mausoleen und Grabkapellen des 19. Jahrhunderts. Eine Einführung in die Sepulkralarchitektur am Beispiel Mecklenburg-Vorpommerns, Hamburg 2012.

Kriegbaum, Günther: Die parlamentarische Tätigkeit des Freiherrn C. W. Heyl zu Herrnsheim, Meisenheim am Glan 1962.

Kroker, Werner/Georg-Agricola-Gesellschaft zur Förderung der Geschichte der Naturwissenschaften und der Technik (Hrsg.): Vom Leder zum Chemiewerkstoff: Vorträge der Jahrestagung der Georg-Agricola-Gesellschaft 1999 in Weinheim (Bergstraße), Bochum 2000 (Die Technikgeschichte als Vorbild moderner Technik 25).

Krüger, Christine G.: Das deutsche Kaiserreich in vergleichender und transnationaler Perspektive, in: Geschichte für heute. Zeitschrift für historisch-politische Bildung 1 (2023), S. 25–33.

Kubrova, Monika: Vom guten Leben. Adelige Frauen im 19. Jahrhundert, Berlin 2011 (Elitenwandel in der Moderne, Bd. 12).

Kučera, Rudolf: Staat, Adel und Elitenwandel. Die Adelsverleihungen in Schlesien und Böhmen 1806–1871 im Vergleich, Göttingen 2012.

Kühn, Hans: Politischer, wirtschaftlicher und sozialer Wandel in Worms 1789–1866. Unter besonderer Berücksichtigung der Veränderungen in der Bestellung, den Funktionen und der Zusammensetzung der Gemeindevertretung, in: Der Wormsgau: Wissenschaftliche Zeitschrift der Stadt Worms und des Altertumsvereins Worms e. V. (1975), Beiheft 26.

Kuhrau, Sven: Der Kunstsammler im Kaiserreich. Kunst und Repräsentation in der Berliner Privatsammlerkultur, Kiel 2005.
Kunth, Felicitas: Die Rothschild'schen Gemäldesammlungen in Wien, Wien 2006.
Kunze, Rolf U.: Nation und Nationalismus, Darmstadt 2005.
Kurda, Rolf: Michael Wagmüller. Ein Bildhauer im Dienste König Ludwigs II. München – Linderhof – Herrenchiemsee, München 2004.
Landwehr, Eva-Maria: Kunst des Historismus, Köln u. a. 2012.
Langenstein, York: Der Münchner Kunstverein im 19. Jahrhundert. Ein Beitrag zur Entwicklung des Kunstmarkts und des Ausstellungswesens, München 1983.
Langer, Axel/Walton, Chris: Minne, Muse und Mäzen. Otto und Mathilde Wesendonck und ihr Zürcher Künstlerzirkel, Zürich 2002.
Langewiesche, Dieter: Reich, Nation, Föderation. Deutschland und Europa, München 2008.
Lässig, Simone: Jüdische Wege ins Bürgertum. Kulturelles Kapital und sozialer Aufstieg im 19. Jahrhundert, Göttingen 2004.
Laukötter, Anja: Von der „Kultur" zur „Rasse" – vom Objekt zum Körper? Völkerkundemuseen und ihre Wissenschaften zu Beginn des 20. Jahrhunderts, Bielefeld 2007.
Lehmann, Doris H.: Vor und hinter den Kulissen. Die Netzwerke der Malerfürsten, in: Bundeskunsthalle Bonn (Hrsg.): Malerfürsten, München 2018, S. 211–213.
Lehmann, Doris H.: Künstlerfeste, in: Bundeskunsthalle Bonn (Hrsg.): Malerfürsten, München 2018, S. 233–235.
Leicht, Johannes: Heinrich Claß 1868–1953. Die politische Biographie eines Alldeutschen, Paderborn 2012.
Lemberg, Margret: Die Schillerfeiern 1859 und 1905 in Gießen, Marburg und Frankfurt am Main, in: Mitteilungen des Oberhessischen Geschichtsvereins Gießen 91 (2006), S. 95–118.
Lengemann, Jochen: MdL Hessen 1808–1996. Biographischer Index, Marburg 1996.
Lenger, Friedrich: Metropolen der Moderne. Eine europäische Stadtgeschichte seit 1850, München 2013.
Lenman, Robin: Der deutsche Kunstmarkt 1840–1923. Integration, Veränderung, Wachstum, in: Mai, Ekkehard/Paret, Peter/Severin, Ingrid (Hrsg.): Sammler, Stifter und Museen. Kunstförderung in Deutschland im 19. und 20. Jahrhundert, Köln 1993, S. 135–152.
Leonhard, Jörn/Wieland, Christian: Noble identities from the sixteenth to the twentieth century: European aristocratic cultures in law, politics and aesthetics, in: Leonhard, Jörn (Hrsg.): What Makes the Nobility Noble? Comparative Perspectives from the Sixteenth to the Twentieth Century, Göttingen 2011, S. 7–32.
Leonhardt, Nic: Piktoral-Dramaturgie. Visuelle Kultur und Theater im 19. Jahrhundert, Bielefeld 2007.
Lepsius, Mario Rainer: Bürgertum als Gegenstand der Sozialgeschichte, in: Schieder, Wolfgang/Sellin, Volker (Hrsg.): Soziale Gruppen in der Geschichte, Bd. 4, Göttingen 1987 (Sozialgeschichte in Deutschland), S. 61–80.
Lepsius, Mario Rainer: Zur Soziologie des Bürgertums und der Bürgerlichkeit, in: Lepsius, M. Rainer. Interessen, Ideen und Institutionen, Wiesbaden 1990, S. 153–169.
Lepsius, Mario Rainer: Lebensführung und ständische Vergesellschaftung, Stuttgart 1992 (Bildungsbürgertum im 19. Jahrhundert, Band 3).
Lexikon der Düsseldorfer Malerschule. 1819–1918, Bd. 3, München 1998.
Liebsch, Katharina: Identität und Habitus, in: Korte, Hermann/Schäfers, Bernhard (Hrsg.): Einführung in Hauptbegriffe der Soziologie, Wiesbaden 72008, S. 70–86.
Lillie, Roland: 1908–1914. Mit „musischen Werksvereinen" fing es an..., in: Bayer AG – Kulturabteilung (Hrsg.): Kulturarbeit bei Bayer. Von der Volksbildung zum modernen Kultur-Management. Eine Dokumentation, Leverkusen 1986, S. 7–18.
Lindemann, Bernd Wolfgang: Gemäldegalerie, in: Schultz, Bernd/Matthes, Olaf/Butz, Herbert (Hrsg.): James Simon. Philanthrop und Kunstmäzen = philanthropist and patron of the arts, München/New York ^{2}2007, S. 86–87.

Loos, Adolf: Die Fussbekleidung 1898, in: Opel, Adolf (Hrsg.): Adolf Loos Gesammelte Schriften, Wien 2010, S. 120–125.

Lundgreen, Peter: Sozial- und Kulturgeschichte des Bürgertums. Eine Bilanz des Bielefelder Sonderforschungsbereichs (1986–1997), Göttingen 2000 (Bürgertum, Bd. 18).

Lüsebrink, Hans-Jürgen: Der Kulturtransferansatz, in: Solte-Gresser, Christiane/ Lüsebrink, Hans-Jürgen/ Schmeling, Manfred (Hrsg.): Zwischen Transfer und Vergleich: Theorien und Methoden der Literatur- und Kulturbeziehungen aus deutsch-französischer Perspektive, Stuttgart 2013, S. 37–50.

Mahlerwein, Gunter: Die Reichsstadt Worms im 17. und 18. Jahrhundert, in: Bönnen, Gerold (Hrsg.): Geschichte der Stadt Worms, Stuttgart 2005, S. 291–352.

Mahlerwein, Gunter: Das Wirken der Familie Heyl in der Wormser Lese- und Casinogesellschaft bis zu Ende des 19. Jahrhunderts, in: Bönnen, Gerold/Werner, Ferdinand (Hrsg.): Die Wormser Industriellenfamilie von Heyl. Öffentliches und privates Wirken zwischen Bürgertum und Adel, Worms 2010, S. 355–360.

Mahlerwein, Gunter: Johann Philipp Bandel (1785–1866). Ein Wormser Demokrat und Kunstsammler, Worms 2011.

Mai, Ekkehard: Carl Ferdinand Sohn, in: Lexikon der Düsseldorfer Malerschule. 1819–1918, Bd. 3, München 1998, S. 291–294.

Mai, Ekkehard: Die deutschen Kunstakademien im 19. Jahrhundert: Künstlerausbildung zwischen Tradition und Avantgarde, Köln 2010.

Mai, Ekkehard/Paret, Peter/Severin, Ingrid: Mäzene, Sammler und Museen. Problematisches zur Einleitung, in: Mai, Ekkehard/Paret, Peter/Severin, Ingrid (Hrsg.): Sammler, Stifter und Museen. Kunstförderung in Deutschland im 19. und 20. Jahrhundert, Köln 1993, S. 1–11.

Mai, Klaus: Siegfrieds Wappen und Heldentaten im Nibelungenlied – Legende oder geschichtliche Wirklichkeit? J. Siebmacher's Großes Wappenbuch. Ausgewählte Beiträge zur Heraldik, Bd. 1, Insingen 2010.

Malinowski, Stephan: Vom König zum Führer. Deutscher Adel und Nationalsozialismus, Frankfurt am Main 2010.

Mannsbart, Claudia: Einführung Otto Hupp (1859–1949), in: Mannsbart, Claudia (Hrsg.): Nachlass Otto Hupp, München 2001.

Marburg, Silke: Adel und Verein in Dresden, in: Matzerath, Josef/Marburg, Silke (Hrsg.): Der Schritt in die Moderne. Sächsischer Adel zwischen 1763 und 1918, Köln u. a. 2001, S. 45–61.

Marburg, Silke/Matzerath, Josef: Vom Stand zur Erinnerungsgruppe. Zur Adelsgeschichte des 18. und 19. Jahrhunderts, in: Marburg, Silke (Hrsg.): Der Schritt in die Moderne. Sächsischer Adel zwischen 1763 und 1918, Köln u. a. 2001, S. 5–16.

Martin, Monique de Saint: L'espace de la noblesse, Paris 1993.

Marx, Karin: Das Erbe der Heiligen Elisabeth. Sozialer Einsatz der Frauen des Hauses Hessen, in: Heidenreich, Bernd/Franz, Eckhart G. (Hrsg.): Kronen, Kriege, Künste. Das Haus Hessen im 19. und 20. Jahrhundert, Frankfurt am Main 2009, S. 141–163.

Matthes, Olaf: James Simon. Mäzen im Wilhelminischen Zeitalter, Berlin 2000.

Matzerath, Horst: Urbanisierung in Preußen 1815–1914, Stuttgart 1985.

Matzerath, Josef: Adelsprobe an der Moderne: Sächsischer Adel 1763 bis 1866. Entkonkretisierung einer traditionalen Sozialformation, Stuttgart 2006.

Mayer, Arno J.: Adelsmacht und Bürgertum. Die Krise der europäischen Gesellschaft 1848–1914, München 1984.

Meister, Peter Wilhelm: Porzellan des 18. Jahrhunderts, Bd. 1: Meissen; Band 2: Höchst, Frankenthal, Ludwigsburg, Frankfurt am Main 1967.

Menning, Daniel: Standesgemäße Ordnung in der Moderne. Adlige Familienstrategien und Gesellschaftsentwürfe in Deutschland 1840–1945, Berlin/Boston 2014 (Ordnungssysteme 42).

Mension-Rigau, Eric: Aristocrates et grands bourgeois. Éducation, traditions, valeurs, Paris 1994.

Mergel, Thomas: Die Bürgertumsforschung nach 15 Jahren. Für Ulrich Wehler zum 70. Geburtstag., in: Archiv für Sozialgeschichte 41 (2001), S. 515–538.
Meriggi, Marco: Das Bürgertum Mailands im Spiegel des Vereinswesens, in: Stekl, Hannes u. a. (Hrsg.): „Durch Arbeit, Besitz, Wissen und Gerechtigkeit“: 2. Bürgertums-Tagung in Brixen im November 1990, Wien 1992 (Bürgertum in der Habsburgermonarchie 2).
Mettele, Gisela: „Bildungssinn und Bürgergeist“. Gesellige Kultur in Köln im 19. Jahrhundert, in: Kaufhold, Karl Heinrich/Sösemann, Bernd (Hrsg.): Wirtschaft, Wissenschaft und Bildung in Preußen. Zur Wirtschafts- und Sozialgeschichte Preußens vom 18. bis zum 20. Jahrhundert, Stuttgart 1998, S. 161–178.
Mettele, Gisela: Weltbürgertum oder Gottesreich. Die Herrnhuter Brüdergemeine als globale Gemeinschaft 1727–1857, Göttingen 2009.
Meumann, Markus: Rezension von: Roland Vetter: „Kein Stein soll auf dem andern bleiben“. Mannheims Untergang während des Pfälzischen Erbfolgekrieges im Spiegel französischer Kriegsberichte, Heidelberg 2002, in: sehepunkte 4 (2004), H. 2 [15.02.2004], URL: http://www.sehepunkte.de/2004/02/2454.html [18.09.2018].
Meyer, Andrea: In guter Gesellschaft. Der Verein der Freunde der Nationalgalerie Berlin von 1929 bis heute, Berlin 1998.
Meyer, Dietrich: Zinzendorf und die Herrnhuter Brüdergemeine, 1700–2000, Göttingen 2009.
Mittig, Hans-Ernst/Plagemann, Volker: Denkmäler im 19. Jahrhundert. Deutung und Kritik, München 1972.
Möckl, Karl: Hof und Hofgesellschaft in Bayern in der Prinzregentenzeit, in: Pariser Historische Studien (1985), H. 21, S. 183–235.
Möckl, Karl: Hof und Hofgesellschaft in den deutschen Staaten im 19. und beginnenden 20. Jahrhundert, Boppard am Rhein 1990 (Büdinger Forschungen zur Sozialgeschichte 1985/1986).
Monnier, Virginie: Edouard André: Un homme, une famille, une collection, Paris 2006.
Montebianco, Roland: Sir Richard Wallace, Paris 2007.
Moureyre, Françoise de la: Édouard et Nélie André en quête de sculptures italiennes, in: Gazette des Beaux-Arts (Februar 1995), S. 123–138.
Münkler, Herfried: Die Deutschen und ihre Mythen, Berlin ^{4}2009.
Muthesius, Stefan: The „altdeutsche“ Zimmer or cosiness in plain pine. An 1870s Munich Contribution to the definition of interior design, in: Journal of Design History (2003), H. 16, S. 269–290.
Nees, Christa-Irene: Schloss Rauischholzhausen: Wohnsitz eines Industriellenerben im frühen deutschen Kaiserreich, Norderstedt 2010.
Niemeyer Chini, Valerie: Stefano Bardini e Wilhelm Bode. Mercanti e Connaisseur fra Ottocento e Novecento, Florenz 2009.
Niess, Ulrich/Caroli, Michael: Geschichte der Stadt Mannheim, Bd.2, 1801–1914, Heidelberg 2007.
Nipperdey, Thomas: Nationalidee und Nationaldenkmal in Deutschland im 19. Jahrhundert, in: c 206 (1968), H. 3, S. 529–585.
Nipperdey, Thomas: Der Kölner Dom als Nationaldenkmal, in: Historische Zeitschrift 233 (1981), S. 595–613.
Nipperdey, Thomas: Deutsche Geschichte 1866–1918; Bd. 1: Arbeitswelt und Bürgergeist, München 1990.
Nonn, Christoph: Das deutsche Kaiserreich. Von der Gründung bis zum Untergang, München 2017.
o. A.: „Heyl, Johann Cornelius“, in: Hessische Biografie, URL: https://www.lagis-hessen.de/pnd/1096770490 [13.06.2020].
Ohlsen, Manfred: Wilhelm von Bode. Zwischen Kaisermacht und Kunsttempel, Berlin 1995.
Ohmann, Oliver: Berlin 1912. Unsere Stadt vor 100 Jahren. Schlagzeilen, Meldungen und Kurioses aus der „BZ am Mittag“, Berlin 2011.
Opel, Adolf: Adolf Loos Gesammelte Schriften, Wien 2010.
Otto, Sigrid: Wilhelm von Bode. Journal eines tätigen Lebens, in: Bode, Wilhelm von/Kaiser-Friedrich-Museums-Verein (Hrsg.): Wilhelm von Bode, Museumsdirektor und Mäzen. Wilhelm von Bode zum 150. Geburtstag, Berlin 1995, S. 23–50.

Padgett, John F./Ansell, Christopher K.: Robust Action and the Rise of the Medici, 1400–1434, in: American Journal of Sociology 98 (1993), H. 6, S. 1259–1319.

Pakula, Hannah: An Uncommon Woman. The Empress Frederick Daughter of Queen Victoria, Wife of the Crown Prince of Prussia, Mother of Kaiser Wilhelm, New York 1995.

Palica, Magdalena: Kunstsammlungen des niederschlesischen Adels in preußischer Zeit, in: Harasimowicz, Jan/Weber, Matthias (Hrsg.): Adel in Schlesien. Bd. 1: Herrschaft – Kultur – Selbstdarstellung, München 2010, S. 515–530.

Paul, Barbara: „Das Kollektionieren ist die edelste aller Leidenschaften!". Wilhelm von Bode und das Verhältnis zwischen Museum, Kunsthandel und Privatsammlertum, in: Kritische Berichte. Zeitschrift für Kunst- und Kulturwissenschaften, 21 (1993), S. 41–64.

Petzet, Michael: König Ludwig II. und die Kunst. Ausstellung in der Münchner Residenz vom 20. Juni–15. Okt. 1968. Ausstellungskatalog, München 1968.

Petzet, Michael: Die Gralswelt König Ludwigs II. Neuschwanstein als Gralsburg und die Idee des Gralstempels, in: Baumstark, Reinhold/Bauer, Oswald Georg (Hrsg.): Der Gral. Artusromantik in der Kunst des 19. Jahrhunderts, Köln 1995, S. 63–68.

Philipps, Sören: Hildesheimer Gedächtnisorte. Eine Lokalstudie zum kollektiven Gedächtnis von der Kaiserzeit bis heute, Berlin 2002.

Pielhoff, Stephen: Mäzenatentum, Stadt und Musikkultur im 19. und 20. Jahrhundert. Studien zur Musikförderung in Dortmund, Münster und Wuppertal, in: Adam, Thomas/Lässig, Simone/Lingelbach, Gabriele (Hrsg.): Stifter, Spender und Mäzene. USA und Deutschland im historischen Vergleich, Stuttgart 2009, S. 219–250.

Pielhoff, Stephen: Nicht aus einem Guss. Friedrich Alfred Krupps Beziehungen als Stifter und Mäzen, in: Epkenhans, Michael/Stremmel, Ralf (Hrsg.): Friedrich Alfred Krupp. Ein Unternehmer im Kaiserreich, München 2010, S. 109–130.

Pierenkemper, Toni: Gewerbe und Industrie im 19. und 20. Jahrhundert, München 1994.

Pilger, Kathrin: Der Kölner Zentral-Dombauverein 1840/42–1880. Zur Konstituierung des Bürgertums durch formale Organisation, Köln 2004.

Pinnau, Peter: Gruft, Mausoleum, Grabkapelle. Studien zur Sepulkralarchitektur des 19. und des 20. Jahrhunderts mit besonderer Hinsicht auf Adolf von Hildebrand, München 1992.

Piper, Jan: Die Grand Tour in Moderne und Nachmoderne. Zur Einführung, in: Imorde, Joseph/Piper, Jan (Hrsg.): Die Grand Tour in Moderne und Nachmoderne, Tübingen 2008 (Reihe der Villa Vigoni, Bd. 20), S. 3–7.

Plagemann, Volker: Bismarck-Denkmäler, in: Mittig, Hans-Ernst/Plagemann, Volker (Hrsg.): Denkmäler im 19. Jahrhundert. Deutung und Kritik., München 1972, S. 217–252.

Planert, Ute: Nation, Politik und Geschlecht. Frauenbewegungen und Nationalismus in der Moderne, Frankfurt am Main u. a. 2000 (Reihe „Geschichte und Geschlechter" 31).

Planert, Ute: Nationalismus und weibliche Politik. Zur Einführung, in: Planert, Ute (Hrsg.): Nation, Politik und Geschlecht. Frauenbewegungen und Nationalismus in der Moderne, Frankfurt am Main u. a. 2000 (Reihe „Geschichte und Geschlechter" 31), S. 9–14.

Planert, Ute: Vater Staat und Mutter Germania. Zur Politisierung des weiblichen Geschlechts im 19. und 20. Jahrhundert, in: Planert, Ute (Hrsg.): Nation, Politik und Geschlecht. Frauenbewegungen und Nationalismus in der Moderne, Frankfurt am Main u. a. 2000 (Reihe „Geschichte und Geschlechter" 31), S. 15–65.

Plate, Markus/Groth, Torsten: Große deutsche Familienunternehmen. Generationenfolge, Familienstrategie und Unternehmensentwicklung, Göttingen 2011.

Plate, Markus/Groth, Torsten: Kommanitgesellschaft Freudenberg & Co, in: Planert, Ute (Hrsg.): Große deutsche Familienunternehmen. Generationenfolge, Familienstrategie und Unternehmensentwicklung, Göttingen 2011, S. 322–329.

Plate, Markus/Simon, Fritz B.: 100 Jahre und älter. Die Leistung und Entwicklungsschritte von Mehrgenerationen-Familienunternehmen, in: Plate, Markus/Groth, Torsten (Hrsg.): Große deutsche Familienunternehmen. Generationenfolge, Familienstrategie und Unternehmensentwicklung, Göttingen 2011, S. 18–42.

Pohl, Hans: Staatliche, städtische, betriebliche und kirchliche Sozialpolitik vom Mittelalter bis zur Gegenwart. Referate der 13. Arbeitstagung der Gesellschaft für Wirtschaftsgeschichte – Beihefte, Band 95), Stuttgart 1991.

Pons, Bruno: Grands décors français, 1650–1800. Reconstitués en Angleterre, aux États-Unis, en Amérique du Sud et en France, Dijon 1995.

Prass, Rainer: Agitation und öffentliche Funktion der sozialistischen Presse (frühes 20. Jahrhundert), in: Zimmermann, Clemens/Schmeling, Manfred (Hrsg.): Die Zeitschrift – Medium der Moderne/La Presse magazine – un média de l'époque moderne. Deutschland und Frankreich im Vergleich/Étude comparative France-Allemagne, Bielefeld 2015 (Jahrbuch des Frankreichzentrums 6), S. 111–134.

Prevost-Marcilhacy, Pauline: James de Rothschild à Ferrières. Les projets de Paxton et de Lami, in: Revue de l'Art, 100 (1993), S. 58–73.

Pritzkoleit, Kurt: Das kommandierte Wunder. Deutschlands Weg im 20. Jahrhundert, Wien u. a. 1959.

Probst, Hansjörg: Kleine Mannheimer Stadtgeschichte, Regensburg 2005.

Putz, Hannelore: Für Königtum und Kunst. Die Kunstförderung König Ludwigs I. von Bayern, München 2013.

Putz, Hannelore: Die Leidenschaft des Königs. Ludwig I. und die Kunst, München 2014.

Putz, Hannelore/Fronhöfer, Andrea: Kunstmarkt und Kunstbetrieb in Rom, Berlin/Boston 2019.

Raberg, Frank: Biographisches Handbuch der württembergischen Landtagsabgeordneten, Stuttgart 2002.

Rauch, Ivo: Die Farbverglasung der Oppenheimer Katharinenkirche. Ihre Wiederherstellung zwischen Romantik und Historismus, in: Bornschein, Falko/Brinkmann, Ulrike/Rauch, Ivo (Hrsg.): Erfurt – Köln – Oppenheim. Quellen und Studien zur Restaurierungsgeschichte mittelalterlicher Farbverglasungen, Berlin 1996, S. 150–201.

Rees, Joachim/Siebers, Winfried/Tilgner, Hilmar (Hrsg.): Europareisen politisch-sozialer Eliten im 18. Jahrhundert. Theoretische Neuorientierung – kommunikative Praxis – Kultur- und Wissenstransfer, Berlin 2002.

Regnath, R. Johanna/Riepl-Schmidt, Mascha/Scherb, Ute: Eroberung der Geschichte. Frauen und Tradition, Hamburg 2007.

Reibel, Carl W.: Handbuch der Reichstagswahlen 1890–1918. Bündnisse – Ergebnisse – Kandidaten, Düsseldorf 2007.

Reif, Heinz: Westfälischer Adel 1770–1860. Vom Herrschaftsstand zur regionalen Elite, Göttingen 1979.

Reif, Heinz: Adelserneuerung und Adelsreform in Deutschland 1815–1874, in: Fehrenbach, Elisabeth (Hrsg.), Adel und Bürgertum in Deutschland 1770–1848, Berlin, 1994, S. 203–230.

Reif, Heinz: Adel im 19. und 20. Jahrhundert, München 1999.

Reif, Heinz: Adel, Aristokratie, Elite. Sozialgeschichte von Oben, Berlin/Boston 2016.

Reif, Heinz: „Adeligkeit" – historische und elitentheoretische Überlegungen zum Adel in Deutschland seit der Wende um 1800, in: Reif, Heinz (Hrsg.): Adel, Aristokratie, Elite. Sozialgeschichte von Oben, Berlin/Boston 2016, S. 323–337.

Reinis, Joseph George: The Founders and Editors of the Barye Bronzes, New York 2007.

Reissberger, Mara: „Die ‚Sprache' der lebenden Bilder", in: Folie, Sabine/Glasmeier, Michael (Hrsg.): Tableaux Vivants. Lebende Bilder und Attitüden in Fotografie, Film und Video, Wien 2002, S. 189–211.

Reitmayer, Morten: „Bürgerlichkeit" als Habitus. Zur Lebensweise deutscher Großbankiers im Kaiserreich, in: Geschichte und Gesellschaft 25 (1999), H. 1, S. 66–93.

Reitmayer, Morten: Bankiers im Kaiserreich. Sozialprofil und Habitus der deutschen Hochfinanz, Göttingen 2000.

Reitmayer, Morten/Marx, Christian: Netzwerkansätze in der Geschichtswissenschaft, in: Stegbauer, Christian/Häußling, Roger (Hrsg.): Handbuch Netzwerkforschung, Wiesbaden 2010, S. 869–880.

Reulecke, Jürgen: Geschichte der Urbanisierung in Deutschland, Hrsg. von Wehler, Hans-Ulrich, Frankfurt am Main 1985.

Reulecke, Jürgen: Geschichte des Wohnens, Bd. 3, Stuttgart 1997.

Reuter, Fritz: Friedrich Wilhelm von Schön. Eine biographische Skizze, in: Stadtverwaltung Worms (Hrsg.): Städtisches Spiel- und Festhaus. Festschrift zur Einweihung des wiederaufgebauten Hauses am 6. November 1966, Worms 1966, S. 31–43.

Reuter, Fritz: Die Gottlieben-Kapelle in Herrnsheim, in: Wormser Monatsspiegel (1973), H. 12, S. 5–8.

Reuter, Fritz: Warmaisa. 1000 Jahre Juden in Worms, Frankfurt am Main 1987.

Reuter, Fritz: Karl Hofmann und „das neue Worms“. Stadtentwicklung und Kommunalbau, 1882–1918, Darmstadt 1993.

Reuter, Fritz: Worms zwischen Reichsstadt und Industriestadt 1800–1882, Worms 1993.

Reuter, Fritz: Vom Nebeneinander von Katholiken und Protestanten in Worms vom 16. bis zum 20. Jahrhundert, in: Blätter für pfälzische Kirchengeschichte und religiöse Volkskunde (1995), H. 62, S. 317–334.

Reuter, Fritz: Rosenfest und Rosengarten in Worms, in: Dipper, Christof (Hrsg.): Hessen in der Geschichte. Festschrift für Eckhart G. Franz zum 65. Geburtstag, Darmstadt 1996 (Arbeiten der Hessischen Historischen Kommission, N. F., Bd. 11), S. 326–341.

Reuter, Fritz: St. Paulus von der Säkularisation bis zum Paulusmuseum, in: Kleine Bornhorst, Josef/Gesellschaft für Mittelrheinische Kirchengeschichte (GMrhKg) (Hrsg.): St. Paulus Worms 1002–2002. Kollegiatstift – Museum – Dominikanerkloster, Mainz 2002 (Quellen und Abhandlungen zur mittelrheinischen Kirchengeschichte, Bd. 102), S. 253–290.

Reuter, Fritz: Zwischen Reaktion und hessischer Städteordnung (1852–1874), in: Bönnen, Gerold (Hrsg.): Geschichte der Stadt Worms, Stuttgart 2005, S. 441–478.

Richter, Hedwig: Aufbruch in die Moderne. Reform und Massenpolitisierung im Kaiserreich, Berlin 2021.

Richter, Hedwig: Nicht nur tumbe Untertanen. Das Kaiserreich war moderner, als seine Kritiker glauben. Eine Replik auf Eckart Conze, in: Die Zeit vom 20. Januar 2021.

Ridler, Gerda: Privat gesammelt – öffentlich präsentiert. Über den Erfolg eines neuen musealen Trends bei Kunstsammlungen, Bielefeld 2012.

Ring, Christian: Christian Ring, Gustav Pauli und die Entstehung des modernen Galeriekataloges, in: AKMB-news. Informationen zu Kunst, Museum und Bibliothek 2 (2008), S. 32–39.

Rionnet, Florence: Barbedienne ou la fortune de la sculpture au XIXe siècle, in: Bulletin de la Société de l'Histoire de l'Art français. Année 2001 (2002), S. 301–324.

Rionnet, Florence: Le rôle de la Maison Barbedienne (1834–1954) dans la diffusion de la sculpture aux XIXe et XXe siècles. Considérations sur les bronzes d'édition et l'histoire du goût, Paris 2006.

Rionnet, Florence: La maison Barbedienne. Correspondances d'artistes, Paris 2008.

Rischbieter, Julia Laura: Henriette Hertz. Mäzenin und Gründerin der Bibliotheca Hertziana in Rom, Stuttgart 2004.

Ritter, Gerhard A./Kocka, Jürgen: Deutsche Sozialgeschichte 1870–1914. Dokumente und Skizzen, München 1982.

Ritter, Gerhard A./Tenfelde, Klaus: Geschichte der Arbeiter und der Arbeiterbewegung in Deutschland seit dem Ende des 18. Jahrhunderts, Bd. 5: Arbeiter im Deutschen Kaiserreich, Bonn 1992.

Rommel, Martina: Die Wormser und ihre Stadt 1750–1875. Demographische, soziale und konfessionelle Aspekte des Wandels von der Ackerbürger- zur Fabrikarbeiterstadt, Darmstadt u. a. 1996 (Quellen und Forschungen zur hessischen Geschichte 107).

Rowe, Michael: From Reich to State. The Rhineland in the Revolutionary Age, 1780–1830, Cambridge 2003.

Rüfenacht, Andreas: Johann Gottlob von Quandt (1787–1859). Kunst fördern und ausstellen, Berlin 2019.

Rürup, Reinhard: Deutschland im 19. Jahrhundert, 1815–1871, Göttingen 1992.

Rusterholz, Peter: Theatrum vitae humane. Funktion und Bedeutungswandel eines poetischen Bildes. Studien zu den Dichtungen von Andreas Gryphius, Christian Hofmann von Hofmannswaldau und Daniel Casper von Lohenstein, Berlin 1970.

Sainte Fare Garnot, Nicolas: L'hôtel Jacquemart-André, in: Gazette des Beaux-Arts (Februar 1995), S. 115–122.

Saldern, Adelheid von: Netzwerkökonomie im frühen 19. Jahrhundert. Das Beispiel der Schoeller-Häuser, Stuttgart 2009 (Beiträge zur Unternehmensgeschichte, Bd. 29).

Salie, Beate: Vorderasiatisches Museum, in: Schultz, Bernd/Matthes, Olaf/Butz, Herbert (Hrsg.): James Simon. Philanthrop und Kunstmäzen = philanthropist and patron of the arts, München/New York [2]2007, S. 46–47.

Sattler, Florian: Adolf von Hildebrand und seine Welt. Briefe und Erinnerungen, München 2008.

Sattler, Florian: Nachwort, in: Sattler, Florian (Hrsg.): Adolf von Hildebrand und seine Welt. Briefe und Erinnerungen, München 2008, S. 169–176.

Savoy, Bénédicte: Projektionen. Eine „geteilte" Ikone, in: Kunst- und Ausstellungshalle der Bundesrepublik Deutschland GmbH, Bonn (Hrsg.): Napoleon und Europa. Traum und Trauma, München u. a. 2010, S. 337–349.

Schäfke, Werner: Kölnischer Bildersaal. Die Gemälde im Bestand des Kölnischen Stadtmuseums einschließlich der Sammlung Porz und des Kölner Gymnasial- und Stiftungsfonds, Köln 2006.

Schäfke, Werner: Kunsthaus Lempertz. Eine Kulturgeschichte, Köln 2015.

Scharf, Helmut: Kleine Kunstgeschichte des deutschen Denkmals, Darmstadt 1984.

Schenkluhn, Wolfgang (Hrsg.): Stiftung Kunsthaus Heylshof. Kritischer Katalog der Gemäldesammlung, Worms 1992.

Schenkluhn, Wolfgang: Einführung, in: Schenkluhn, Wolfgang (Hrsg.): Stiftung Kunsthaus Heylshof. Kritischer Katalog der Gemäldesammlung, Worms 1992, S. 11–15.

Scherb, Ute: Auf den Sockel gebracht. Frauen und Denkmäler in Kaiserreich und Republik, in: Regnath, R. Johanna/Riepl-Schmidt, Mascha/ Scherb, Ute (Hrsg.): Eroberung der Geschichte. Frauen und Tradition, Hamburg 2007, S. 143–184.

Schieder, Wolfgang (Hrsg.): Säkularisation und Mediatisierung in den vier rheinischen Departements, 1803–1813. Edition des Datenmaterials der zu veräußernden Nationalgüter, Boppard am Rhein 1991.

Schildt, Gerhard: Die Arbeiterschaft im 19. und 20. Jahrhundert, München 1996.

Schiller, René: Vom Rittergut zum Großgrundbesitz. Ökonomische und soziale Transformationsprozesse der ländlichen Eliten in Brandenburg im 19. Jahrhundert, Berlin 2003.

Schlorhaufer, Bettina/Grote, Georg: Architektur wird Region. Die Regionalisierung von Architektur in Südtirol von circa 1880 bis in die Zwischenkriegszeit, Basel 2017.

Schlorhaufer, Bettina/Günther, Alexander: Kunstsammler und Sonderling, in: Schlorhaufer, Bettina/Grote, Georg (Hrsg.): Architektur wird Region. Die Regionalisierung von Architektur in Südtirol von circa 1880 bis in die Zwischenkriegszeit, Basel 2017, S. 67–69.

Schlottau, Klaus: Von der handwerklichen Lohgerberei zur Lederfabrik des 19. Jahrhunderts. Zur Bedeutung nachwachsender Rohstoffe für die Geschichte der Industrialisierung, Opladen 1993.

Schmid, Alois/Spindler, Max: Handbuch der bayerischen Geschichte. Bd. 4, Teilbd. 1: Das neue Bayern von 1800 bis zur Gegenwart Staat und Politik, München [2]2003.

Schmid, Wolfgang: Netzwerk-Analysen. Der Bartholomäusmeister und das soziale Umfeld der Kölner Kartause, in: Budde, Rainer/Krischel, Roland (Hrsg.): Genie ohne Namen. Der Meister des Bartholomäus-Altars, Köln 2001, S. 52–53.

Schmitt, Jean-Claude: Das Mark des Mittelalters, in: Kühne, Hartmut/Brumme, Carina/Koenigsmarková, Helena (Hrsg.): Jungfrauen, Engel, Phallustiere. Die Sammlung mittelalterlicher französischer Pilgerzeichen des Kunstgewerbemuseums in Prag und des Nationalmuseums Prag, Berlin 2012, S. 9–14.

Schmoll gen. Eisenwerth, Josef Adolf: Der Wormser Nibelungen-Wandbildzyklus von Karl Schmoll von Eisenwerth, in: Heinzle, Joachim/Klein, Klaus/Obhof, Ute (Hrsg.): Die Nibelungen: Sage – Epos – Mythos, Wiesbaden 2003, S. 621–635.

Schneider, Romana: Volkshausgedanke und Volkshausarchitektur, in: Lampugnani, Vittorio Magnago/ Schneider, Romana (Hrsg.): Moderne Architektur in Deutschland 1900 Bis 1950. Reform Und Tradition, Stuttgart 1992, S. 185–199.

Schneider, Ute: Politische Festkultur im 19. Jahrhundert, Essen 1995.

Schnitzler, Thomas: Denkmäler für „Turnvater" F. L. Jahn, Köln 2002.

Schoenebeck, Anna von/Bloch, Peter: 90 Jahre Kaiser-Friedrich-Museums-Verein-Berlin, Berlin 1987.

Schoeps, Julius H./Ludewig, Anna-Dorothea/Sonder, Ines: Aufbruch in die Moderne. Sammler, Mäzene und Kunsthändler in Berlin 1880–1933, Köln 2012.

Schreiber, Stefan: Der Römerbrief, in: Ebner, Martin/Schreiber, Stefan (Hrsg.): Einleitung in das Neue Testament, Stuttgart 2007, S. 277–302.

Schultz, Bernd: Der vergessene Mäzen, in: Schultz, Bernd/Matthes, Olaf/Butz, Herbert (Hrsg.): James Simon. Philanthrop und Kunstmäzen = philanthropist and patron of the arts, München/New York ^{2}2007, S. 10–24.

Schulz, Andreas: Lebenswelt und Kultur des Bürgertums im 19. und 20. Jahrhundert, Berlin/München u. a. ^{2}2014.

Schulz, Günter: Betriebliche Sozialpolitik in Deutschland seit 1850, in: Pohl, Hans (Hrsg.): Staatliche, städtische, betriebliche und kirchliche Sozialpolitik vom Mittelalter bis zur Gegenwart. Referate der 13. Arbeitstagung der Gesellschaft für Wirtschaftsgeschichte – Beihefte, Band 95, Stuttgart 1991, S. 137–176.

Schütz, Bernhard: Die Katharinenkirche in Oppenheim, Berlin/New York 1982.

Schütz, Rüdiger: Preußen und das französisch-napoleonische „Erbe" in den westlichen Provinzen, in: Veltzke, Veit (Hrsg.): Napoleon. Trikolore und Kaiseradler über Rhein und Weser, Köln 2007, S. 495–514.

Schwankl, Herbert R.: Das württembergische Ausstellungswesen. Zur Entwicklung der allgemeinen Gewerbe- und Industrieausstellungen im 19. Jahrhundert, St. Katharinen 1988.

See, Klaus von: Das Nibelungenlied – ein Nationalepos?, in: Heinzle, Joachim/Klein, Klaus/Obhof, Ute (Hrsg.): Die Nibelungen. Sage – Epos – Mythos, Wiesbaden 2003, S. 309–343.

Seele, Sieglinde: Lexikon der Bismarck-Denkmäler. Türme, Standbilder, Büsten, Gedenktafeln, Petersberg 2005.

Segieth, Clelia: Im Zeichen des „Secessionismus", die Anfänge der Münchner „Jugend". Ein Beitrag zum Kunstverständnis der Jahrhundertwende im München, 1994.

Settis, Salvatore/Gasparri, Carlo: I Marmi Torlonia. Collezionare Capolavori, Mailand 2020.

Seybold, Dietrich: Das Schlaraffenleben der Kunst. Eine Biografie des Kunstkenners und Leonardo da Vinci-Forschers Jean Paul Richter, Paderborn 2013.

Seyler, Gustav A.: Geschichte der Heraldik. Wappenwesen, Wappenkunst, Wappenwissenschaft. J. Siebmacher's großes Wappenbuch, Neustadt an der Aisch 1970.

Siebel, Ernst: Der großbürgerliche Salon, 1850–1918. Geselligkeit und Wohnkultur, Berlin 1999.

Siegrist, Hannes/Höpel, Thomas: Politische und gesellschaftliche Funktionen von Kunst in Europa (19.–20. Jahrhundert). In: Themenportal Europäische Geschichte, 2020, URL: www.europa.clio-online.de/essay/id/fdae-50320 [08.02.2022].

Singer, Johanna M.: Arme adlige Frauen im Deutschen Kaiserreich, Tübingen 2016 (Bedrohte Ordnungen 5).

Soénius, Ulrich S.: Stein, in: Neue deutsche Biographie, Bd. 25: Stadion – Tecklenborg, Berlin 2013, S. 135–137.

Speitkamp, Winfried: Die Verwaltung der Geschichte. Denkmalpflege und Staat in Deutschland 1871–1933, Göttingen 1996 (Kritische Studien zur Geschichtswissenschaft, Band 114).

Spille, Irene: Von den Lederwerken in Worms, in: Baranenko, Klaus/Bickel, Wolfgang (Hrsg.): Die Lederwerke Cornelius Heyl AG in Worms: Wo einst Arbeit war ... Ein Nachruf, Worms 1998, S. 55–59.

Spille, Irene/Dellwing, Herbert: Kulturdenkmäler in Rheinland-Pfalz, Stadt Worms, Bd. 10, Worms 1992 (Denkmaltopographie Bundesrepublik Deutschland).

Squizzato, Alessandra: Trivulzio e Poldi Pezzoli. Il collezionismo come vocazione di famiglia, in: Galli Michiero, Lavinia/Mazzocca, Fernando (Hrsg.): Gian Giacomo Poldi Pezzoli. L'uomo e il collezionista del Risorgimento, Turin 2011, S. 51–70.

Stadtverwaltung Worms: Städtisches Spiel- und Festhaus. Festschrift zur Einweihung des wiederaufgebauten Hauses am 6. November 1966, Worms 1966.

Tom Stammers: The purchase of the past. Collecting culture in post-revolutionary Paris c. 1790–1890, Cambridge 2020.

Stegbauer, Christian: Netzwerk, soziales, in: Schäfers, Bernhard/Kopp, Johannes/Lehmann, Bianca (Hrsg.): Grundbegriffe der Soziologie, Wiesbaden [9]2006, S. 207–213.

Stahl, Patricia: Höchster Porzellan 1746–1796. Katalog zur Ausstellung Höchster Porzellan 1994. Historisches Museum der Stadt Frankfurt am Main, Heidelberg 1994.

Stein, Hans-Konrad: Der preußische Geldadel des 19. Jahrhunderts. Untersuchungen zur Nobilitierungspolitik der preußischen Regierung und zur Anpassung der oberen Schichten des Bürgertums an den Adel, Hamburg 1982.

Steindl, Barbara: Mäzenatentum im Rom des 19. Jahrhunderts: Die Familie Torlonia, Hildesheim/New York 1993 (Studien zur Kunstgeschichte, Bd. 65).

Stern, Fritz: Gold and Iron. Bismark, Bleichroder, and the Building of the German Empire, New York 1977.

Stiftung Brandenburger Tor: Künstlerfürsten. Liebermann, Lenbach, Stuck, Berlin 2009.

Stockhausen, Tillmann von: Gemäldegalerie Berlin. Die Geschichte ihrer Erwerbungspolitik 1830–1904, Berlin 2000.

Stourton, James: The Revolving door. Four centuries of British Collecting, in: Reist, Inge (Hrsg.): British Models of Art Collecting and the American Response. Reflections Across the Pond, Burlington 2014, S. 27–59.

Stutzinger, Dagmar: Griechen, Etrusker und Römer. Eine Kulturgeschichte der antiken Welt im Spiegel der Sammlungen des Archäologischen Museums Frankfurt, Regensburg 2012.

Süchting-Hänger, Andrea: „Gleichgroße mut'ge Helferinnen" in der weiblichen Gegenwelt. Der Vaterländische Frauenverein und die Politisierung konservativer Frauen 1890–1914, in: Planert, Ute (Hrsg.): Nation, Politik und Geschlecht. Frauenbewegungen und Nationalismus in der Moderne, Frankfurt am Main u. a. 2000 (Reihe „Geschichte und Geschlechter" 31), S. 357.

Süchting-Hänger, Andrea: Das „Gewissen der Nation". Nationales Engagement und politisches Handeln konservativer Frauenorganisationen 1900 bis 1937, Düsseldorf 2002 (Schriften des Bundesarchivs 59).

Suckale, Robert: Kunst in Deutschland. Von Karl dem Großen bis Heute, Köln 2005.

Tacke, Charlotte/Wolff, Peter: Denkmal im sozialen Raum. Nationale Symbole in Deutschland und Frankreich im 19. Jahrhundert, Göttingen 1995.

Tilgner, Hilmar: Kavalierstour, in: Jaeger, Friedrich (Hrsg.): Enzyklopädie der Neuzeit. Bd. 6: Jenseits – Konvikt, Stuttgart/Weimar 2007, S. 523–526.

Tilly, Richard H.: Beiträge zur quantitativen vergleichenden Unternehmensgeschichte, Stuttgart 1985.

Tönsmeyer, Tatjana: Adelige Moderne. Großgrundbesitz und ländliche Gesellschaft in England und Böhmen 1848–1918, Köln/Wien 2012 (Industrielle Welt 83).

Trapp, Wolfgang: Kleines Handbuch der Münzkunde und des Geldwesens in Deutschland, Stuttgart 1999.

Trinkaus, Fabian: Überlegungen zur „Identität" von Hüttenarbeitern. Einige paradigmatische Aspekte am Beispiel der Industriegemeinden Düdelingen/ Luxemburg und Neunkirchen/ Saar (ca. 1880–1914), in: Université de la Grand Region/Universität der Großregion, École doctoral „Logos"/Doktorandenschule „Logos", Universität Luxemburg, 3./4.06.2010.

Trinkaus, Fabian: Arbeiterexistenzen und Arbeiterbewegung in den Hüttenstädten Neunkirchen/Saar und Düdelingen/Luxemburg (1880–1935/40). Ein historischer Vergleich, Saarbrücken 2014.

Ulmer, Renate: „Mein Hessenland blühe und in ihm die Kunst". Großherzog Ernst Ludwig von Hessen und bei Rhein, in: Heidenreich, Bernd/Franz, Eckhart G. (Hrsg.): Kronen, Kriege, Künste. Das Haus Hessen im 19. und 20. Jahrhundert, Frankfurt am Main 2009, S. 164–189.

Veltzke, Veit: Vom Patron zum Paladin. Wagnervereinigungen im Kaiserreich von der Reichsgründung bis zur Jahrhundertwende, Bochum 1987.

Vétois, Isabelle: Les arts décoratifs français dans les appartements de Nélie et Édouard André, in: Gazette des Beaux-Arts (Februar 1995), S. 191–200.

Vogelsang, Bernd: Beamteneinkauf. Die Sammlungen des Freiherrn von Minutoli in Liegnitz. Eine Dokumentation zur Geschichte des ersten deutschen Kunstgewerbemuseums, Dortmund 1986.

Vogt, Adolf Max: Das architektonische Denkmal – seine dritte Kulmination im 18. Jahrhundert, in: Mittig, Hans-Ernst/Plagemann, Volker (Hrsg.): Denkmäler im 19. Jahrhundert. Deutung und Kritik., München 1972, S. 27–47.

Waagen, Gustav Friedrich: Treasures of art in Great Britain, Bd. 2, London 1970.

Wagner, Christoph: Porträt und Selbstbildnis, in: Dülmen, Richard van (Hrsg.): Entdeckung des Ich. Die Geschichte der Individualisierung vom Mittelalter bis zur Gegenwart, Köln u. a. 2001, S. 79–101.

Walser Schuster, Sibylla: Feine Leder von der Bergstraße. Die Gründungsgeschichte des Unternehmens Carl Freudenberg in Weinheim, in: Laufer, Ulrike/Ottomeyer, Hans (Hrsg.): Gründerzeit 1848–1871. Industrie & Lebensträume zwischen Vormärz und Kaiserreich, Dresden 2008, S. 300–303.

Walz, Günter: Die Geschichte des Theaters in Mainz. Ein Rückblick auf 2000 Jahre Bühnengeschehen, Mainz 2004.

Wandel, Eckhard: Banken und Versicherungen im 19. und 20. Jahrhundert, Bd. 45, München 1998 (Enzyklopädie deutscher Geschichte).

Wappenschmidt, Heinz-Tono: Nibelungenlied und Historienmalerei im 19. Jahrhundert. Wege der Identitätsfindung, in: Heinzle, Joachim/Klein, Klaus/Obhof, Ute (Hrsg.): Die Nibelungen. Sage – Epos – Mythos, Wiesbaden 2003, S. 583–602.

Warnke, Martin: Hofkünstler. Zur Vorgeschichte des modernen Künstlers, Köln [2]1996.

Warren, Jeremy: The 4th Marquess of Hertford and Sir Richard Wallace as Collectors. Chalk and Cheese? Or Father and Son?, in: Reist, Inge (Hrsg.): British Models of Art Collecting and the American Response. Reflections Across the Pond, Burlington 2014, S. 117–131.

Weber, Max: Gesammelte Aufsätze zur Soziologie und Sozialpolitik, 2. unv. Nachdr. Edition, Stuttgart 1988.

Weber, Max: Agrarstatistische und sozialpolitische Betrachtungen zur Fideikommißfrage in Preußen, in: Weber, Max (Hrsg.): Gesammelte Aufsätze zur Soziologie und Sozialpolitik, 2. unv. Nachdr. Edition, Stuttgart 1988, S. 323–393.

Weber, Wilhelm: Luther-Denkmäler – Frühe Projekte und Verwirklichungen, in: Mittig, Hans-Ernst/Plagemann, Volker (Hrsg.): Denkmäler im 19. Jahrhundert. Deutung und Kritik., München 1972, S. 183–215.

Wehler, Hans-Ulrich: Wie „bürgerlich" war das Deutsche Kaiserreich?, in: Kocka, Jürgen (Hrsg.): Bürger und Bürgerlichkeit im 19. Jahrhundert, Bielefeld 1987, S. 243–280.

Wehler, Hans-Ulrich: Deutsche Geschichte. Das Deutsche Kaiserreich 1871–1918.: Bd 9, 7., bibl. ergänzte Edition, Göttingen 1994.

Wehler, Hans-Ulrich: Deutsche Gesellschaftsgeschichte, Bd. 3: Von der „Deutschen Doppelrevolution" bis zum Beginn des Ersten Weltkrieges 1849–1914, München 1995.

Wehler, Hans-Ulrich: Sonderwegsdebatte, in: Behnen, Michael (Hrsg.): Lexikon der deutschen Geschichte. 2. Teil: Lexikon der deutschen Geschichte von 1945 bis 1990, Stuttgart 2002, S. 531–534.

Wehler, Hans-Ulrich: Deutsche Gesellschaftsgeschichte, Bd.2: Von der Reformära bis zur industriellen und politischen „Deutschen Doppelrevolution" 1815–1845/49, München 2005.

Welskopp, Thomas: Betriebliche Sozialpolitik im 19. und frühen 20. Jahrhundert. Eine Diskussion neuerer Forschungen und Konzepte und eine Branchenanalyse der deutschen und amerikanischen Eisen- und

Stahlindustrie von den 1870er bis zu den 1930er Jahren, in: Archiv für Sozialgeschichte 34 (1994), S. 333–374.
Wendland, Ulrike: Biographisches Handbuch deutschsprachiger Kunsthistoriker im Exil. Leben und Werk der unter dem Nationalsozialismus verfolgten und vertriebenen Wissenschaftler, München 1999.
Werner, Ferdinand: Von Wohnhäusern, Landsitzen und Villen, in: Bönnen, Gerold/Werner, Ferdinand (Hrsg.): Die Wormser Industriellenfamilie von Heyl. Öffentliches und privates Wirken zwischen Bürgertum und Adel, Worms 2010, S. 187–312.
Werner, Ferdinand: Wirklichkeit und Utopie. Die Westendsiedlung und Projekte für Cornelius Wilhelm von Heyl in Worms, in: Delarue, Dominic Eric/Kaffenberger, Thomas (Hrsg.): Lebensräume gestalten. Heinrich Metzendorf und die Reformarchitektur an der Bergstraße, Worms 2013, S. 73–90.
Werner, Ferdinand/Bittel, Charles: Cornelius Wilhelm von Heyl und Heinrich Metzendorf, in: Der Wormsgau. Wissenschaftliche Zeitschrift der Stadt Worms und des Altertumsvereins Worms e. V. 30 (2013), S. 237–273.
West, Shearer: Grand Manner Portraiture, in: Bindman, David/Ayers, Tim (Hrsg.): The History of British Art 600–1600, London 2008, S. 144–145.
Wetzel, René: Deutsche Handschriften des Mittelalters in der Bodmeriana, Bd. 7. Katalog, Cologny-Genève 1994.
Weyrauch, Peter: Der Bildhauer Ludwig Habich 1872–1949, Darmstadt/Marburg 1990.
Wienfort, Monika: Gesellschaftsdamen, Gutsfrauen und Rebellinnen. Adelige Frauen in Deutschland 1890–1939, in: Conze, Eckart/Wienfort, Monika (Hrsg.): Adel und Moderne. Deutschland Im Europäischen Vergleich im 19. und 20. Jahrhundert, Köln 2004, S. 181–204.
Wienfort, Monika: Adel in der Moderne. Eine Einführung, Göttingen 2006.
Wiesemann, Gabriele: Die Deichmannsaue. Großbürgerliche Sommerresidenz, Botschaft der Vereinigten Staaten, Bundesbauministerium, Sitz des Bundesamtes für Bauwesen und Raumordnung und der Bundesanstalt für Landwirtschaft und Ernährung, Bonn 2006.
Wildung, Dietrich: Ägyptisches Museum und Papyrussammlung, in: Schultz, Bernd/Matthes, Olaf/Butz, Herbert (Hrsg.): James Simon. Philanthrop und Kunstmäzen = philanthropist and patron of the arts, München/New York ^{2}2007, S. 26–27.
Wilhelm, Jürgen (Hrsg.): Napoleon am Rhein. Wirkung und Erinnerung einer Epoche, Köln 2012.
Willems, Herbert: Theatralität als (figurations-) soziologisches Konzept. Von Fischer-Lichte über Goffmann zu Elias und Bourdieu, in: Willems, Herbert (Hrsg.): Theatralisierung der Gesellschaft. Soziologische Theorie und Zeitdiagnose, Bd. 1, Wiesbaden 2009, S. 75–110.
Winkler, Heinrich August: War Hitler doch ein Betriebsunfall?, in: Die Zeit vom 03. Februar 2021.
Wolff-Thomsen, Ulrike: Die Wachsbüste einer Flora in der Berliner Skulpturensammlung und das System Wilhelm Bode. Leonardo da Vinci oder Richard Cockle Lucas?, Kiel 2006.
Zanni, Annalisa: La fondazione artistica Poldi Pezzoli. Lungimirante novità del collezionista Gian Giacomo Poldi Pezzoli, in: Galli Michiero, Lavinia/Mazzocca, Fernando (Hrsg.): Gian Giacomo Poldi Pezzoli. L'uomo e il collezionista del Risorgimento, Turin 2011, S. 36–39.
Ziegler, Dieter: Eisenbahnen und Staat im Zeitalter der Industrialisierung. Die Eisenbahnpolitik der deutschen Staaten im Vergleich, Stuttgart 1996.
Zimmermann, Andrew: Ethnologie im Kaiserreich. Natur, Kultur und „Rasse“ in Deutschland und seinen Kolonien, in: Conrad, Sebastian/Osterhammel, Jürgen (Hrsg.): Das Kaiserreich transnational. Deutschland in der Welt 1871–1914, Göttingen ^{2}2004, S. 191–212.
Zimmermann, Clemens: Die Zeit der Metropolen. Urbanisierung und Großstadtentwicklung, Köln u. a. 1996.
Zimmermann, Clemens: Wohnen als sozialpolitische Herausforderung. Reformerisches Engagement und öffentliche Aufgaben, in: Reulecke, Jürgen (Hrsg.): Geschichte des Wohnens, Bd. 3, Stuttgart 1997, S. 503–636.
Zimmermann, Clemens: Die Zeitschrift – Medium der Moderne. Publikumszeitschriften im 20. Jahrhundert, in: Zimmermann, Clemens/Schmeling, Manfred (Hrsg.): Die Zeitschrift – Medium der Moderne/La

Presse magazine – un média de l'époque moderne. Deutschland und Frankreich im Vergleich/Etude comparative France-Allemagne, Bielefeld 2015, S. 15–42.

Zimmermanns, Klaus: Friedrich August von Kaulbach. 1850–1920. Monographie und Werkverzeichnis, Fritz-Thyssen-Stiftung. Arbeitskreis Kunstgeschichte (= Materialien zur Kunst des 19. Jahrhunderts. Band 26), München 1980.

Zschaler, Frank E. W.: Die wirtschaftlichen, sozialen, kulturellen und politischen Folgen der Mediatisierung der Reichsstädte, in: Müller, Rainer A./Flachenecker, Helmut/Kammerl, Reiner (Hrsg.): Das Ende der kleinen Reichsstädte 1803 im süddeutschen Raum, München 2007, S. 29–40.

Abbildungsverzeichnis

Abb. 1 StA Worms, Abt. 186, Nr. 1654.
Abb. 2 Schenkluhn, Kritischer Katalog, in: Schenkluhn (Hrsg.), Stiftung Kunsthaus Heylshof, 1992.
Abb. 3 Schenkluhn, Kritischer Katalog, in: Schenkluhn (Hrsg.), Stiftung Kunsthaus Heylshof, 1992.
Abb. 4 StA Worms, Abt. 186, Nr. 1174, Foto: Ines Heisig.
Abb. 5 SMB-ZA, IV/NL Bode 2519, Foto: Ines Heisig.
Abb. 6a-b StA Worms, Abt. 170/26, Nr. 145.
Abb. 7a-b StA Worms.
Abb. 8 StA Worms.
Abb. 9 Ines Heisig.
Abb. 10 Ines Heisig.
Abb. 11 StA Worms, Abt. 170/26, Nr. 40 (6).
Abb. 12 Förster, Kölner Kunstsammler, 1931, S. 133, Abb. Nr. 78.
Abb. 13 Schenkluhn (Hrsg.), Stiftung Kunsthaus Heylshof, 1992.
Abb. 14 Katalog Swarzenski 1921, Inv. Nr. Sw 772.
Abb. 15 Rainer Budde u. Roland Krischel (Hrsg.), Genie ohne Namen. Der Meister des Bartholomäus-Altars, Köln 2001, S. 417, Kfat. Nr. 82.
Abb. 16 Schenkluhn, Kritischer Katalog, in: Schenkluhn (Hrsg.), Stiftung Kunsthaus Heylshof, 1992, S. 306.
Abb. 17 StA Worms, Abt. 170/26, Nr. 145.
Abb. 18 BayHStA, NL Hupp, Nr. 988.
Abb. 19 StA Worms, Abt. 186.
Abb. 20 StA Worms, Abt. 212.
Abb. 21 BayHStA NL Hupp Nr. 1248.
Abb. 22a-b Ines Heisig.
Abb. 23 Ines Heisig.
Abb. 24 Ines Heisig.
Abb. 25 StA Worms, Fotoabt., Nr. 9954a.
Abb. 26 StA Worms Abt. 302 CH Nr. 549.
Abb. 27 Zürich (Foto: Zürich, ETH, gta-Archiv 11-51-4) entnommen aus: Werner, Von Wohnhäusern, in: Bönnen/Werner (Hrsg.): Industriellenfamilie, 2010, S. 208, Abb. 32.
Abb. 28 Ines Heisig.
Abb. 29 StA Worms.
Abb. 30 StA Worms.
Abb. 31 StA Worms.
Abb. 32 Schenkluhn, Kritischer Katalog, in: Schenkluhn (Hrsg.), Stiftung Kunsthaus Heylshof, 1992.
Abb. 33a-b BayHStA, NL Hupp, Nr. 2272.

https://doi.org/10.1515/9783110683431-008

Personenregister

Das Personenregister verzichtet auf die Nennung von Sophie und Cornelius Wilhelm Heyl, da sie als die zentralen Akteure omnipräsent sind.

https://doi.org/10.1515/9783110683431-009

www.ingramcontent.com/pod-product-compliance
Lightning Source LLC
LaVergne TN
LVHW081356011026
849161LV00013BA/2828